Johann Friedrich von Schulte

Zweiter und dritter Theil - Das evangelische Recht,

die evangelischen Schriftsteller, die Geschichte der wissenschaftlichen Behandlung

Johann Friedrich von Schulte

Zweiter und dritter Theil - Das evangelische Recht,
die evangelischen Schriftsteller, die Geschichte der wissenschaftlichen Behandlung

ISBN/EAN: 9783743452435

Hergestellt in Europa, USA, Kanada, Australien, Japan

Cover: Foto ©ninafisch / pixelio.de

Manufactured and distributed by brebook publishing software (www.brebook.com)

Johann Friedrich von Schulte

Zweiter und dritter Theil - Das evangelische Recht,

DIE

Geschichte der Quellen und Literatur

des

Canonischen Rechts

von

Gratian bis auf die Gegenwart.

Von

Dr. Joh. Friedrich von Schulte.

Drei Bände.

—

Dritter Band.

Die Geschichte der Quellen und Literatur von der Mitte des 16. Jahrhunderts bis zur Gegenwart.

STUTTGART.

Verlag von Ferdinand Enke.

1880.

DIE

Geschichte der Quellen und Literatur

des

Canonischen Rechts

von

der Mitte des 16. Jahrhunderts bis zur Gegenwart.

Von

Dr. Joh. Friedrich von Schulte.

Geheimem Justizrath und Professor der Rechte in Bonn.

———

Zweiter und dritter Theil.

Das evangelische Recht, die evangelischen Schriftsteller, die Geschichte
der wissenschaftlichen Behandlung, Uebersicht.

STUTTGART.

Verlag von Ferdinand Enke.

1880.

Die

Geschichte der Quellen und Literatur des evangelischen Kirchenrechts

in

Deutschland und Oesterreich.

(1517—1879.)

Erste Abtheilung.

Die Rechtsquellen.

Erstes Kapitel.

Geschichte der Entwicklung.

§. 1.

1. Deutschland *).

I. Der von *Luther* und den übrigen Reformatoren anfänglich auf-gestellte Gesichtspunkt [1] über das Wesen der Kirche und deren Leitung ist sehr bald aufgegeben worden. Bis zum Jahre 1525 hatte das neue Kirchenwesen keine eigentlich feste äussere Gestaltung angenommen: eine Anzahl von Geistlichen und Gemeinden hatten sich der Bewegung angeschlossen, und den Kultus durch Abschaffung mancher Formen verändert. Die politischen Verhältnisse und Vorgänge, namentlich der

---

*) *L. Richter*, Geschichte der evang. Kirchenverfassung in Deutschland. Leip-zig 1851. *Dorner*, Geschichte der protest. Theologie u. s. w. München 1867 hat die rechtliche Seite total vernachlässigt. *v. Mühler*, Geschichte der evang. Kirchen-verfassung in der Mark Brandenburg. Weimar 1846. *Gieseler*, Kirchengeschichte. *Arnoldt*, preuss. Kirchengeschichte. *Jacobson*, Geschichte der Quellen Th. I. Bd. 2, Th. IV. Bd. 3. *Ders.*, Das evang. Kirchenrecht des preuss. Staates, B. I., wo für Preussen die weiteren Hülfsmittel gegeben sind. Die Literatur in Abth. II. Kap. III. *Die Entwicklung des §. 1. Nr. III. ff. Th. I. ist selbstredend in Betracht zu ziehen.*

[1] *Schenkel*, über das ursprüngliche Verhältniss der Kirche zum Staate auf dem Gebiete des evang. Protestantismus (Studien und Kritiken 1850, Heft 1. 2). Die erste Auffassung Luther's in „An den Adel deutscher Nation" *(Zimmermann*, Die reformat. Schriften Luther's. I. 475, *Walch* X.), „Von weltlichen Obrigkeiten" u. s. w. *Walch* X. 425 ff. u. a. S. *Dorner* S. 165 ff. — Die von *Carlstadt* verfasste Witten-berger Ordnung von 1522 *(Richter*, Evangel. Kirchenordnung II. 484). die Luther anhob, die von *Leisnig* 1523 (das. I. 10) sind unfruchtbar gebliebene Ansätze zu dem Versuche, aus dem allgemeinen Priesterthume eine praktische Gestaltung des Kirchenregiments zu schaffen.

Bauernkrieg und die wiedertäuferischen Unruhen einerseits, der nur
durch die Landesherren und Stadtobrigkeiten geübte und mögliche
Schutz der Reformatoren gegen die päpstlichen und kaiserlichen Mass-
regeln andrerseits führte zu der Anschauung, die äussere Ordnung des
Kirchenwesens falle dem Landesherrn zu. Sie fand einen vorzüglichen
Halt darin, dass in den von der reformatorischen Lehre ergriffenen
Territorien die bischöfliche Gewalt in der bisherigen Weise faktisch
bald fortfiel, die Bischöfe aber sich mit wenigen Ausnahmen der
Reformation gegenüber schroff ablehnend verhielten, die wenigen, welche
sich ihr zuwandten [2]), entweder keine Landesherren waren, oder ihres
Amtes enthoben wurden [3]). Die Reichsgesetzgebung (Theil I. §. 1 Nr. III)
legte die ganze Ordnung des Kirchenwesens in die Macht der Reichsstände. Es gelang deren Gesammtheit nicht, die Vereinigung herzustellen,
es kam zu keinem allgemeinen Concil, bevor der Riss unausfüllbar geworden war. Was nun eintrat, findet gleichwohl in den Verhältnissen
keine innere Berechtigung. Denn wenn das evangelische Prinzip lebens-
fähig war, eine bestimmte äussere Verfassungsform zu gebären, lag
auch die Möglichkeit vor, eine einheitliche Gestaltung des Kirchenwesens
zu schaffen, weil die evangelischen Reichsstände nicht gehindert waren,
einheitlich vorzugehen, und das von ihnen als richtig Erkannte zum
Ausdruck kommen zu lassen. Es ist vielmehr die vollständige Unklarheit [4]) der Anschauung bei den Reformatoren, und die Absicht derselben,
das Erreichte festzuhalten, vor Allem das Bestreben der Landesherren,
die erlangte Gewalt nicht wieder preiszugeben, welche die Entwicklung
herbeigeführt haben. Man sah den Landesherrn als befugt an, die
äussere Ordnung zu wahren, zugleich für die Reinheit der Lehre zu
sorgen. Auf den so zum *custos utriusque tabulae,* wie man sich aus-
drückte, gewordenen Landesherrn liess man dann, nachdem durch die
Reichsgesetze die bischöfliche Jurisdiction über die Augsburgischen

---

[2]) Siehe *Laspeyres*, Geschichte, der die Einführung der Reformation in den
östlichen Provinzen Preussens nachweist.

[3]) Hermann V. Graf von Wied und Gebhard II. von Köln.

[4]) Da ich nicht beabsichtige, eine Geschichte der evangelischen Kirchenverfassung, oder des Wandels in den Anschauungen der Reformatoren zu schreiben,
so kann ich nur andeuten. Der zuletzt von *Richter*, Geschichte, S. 27 ff. gemachte
Versuch, die eingetretene Entwicklung als die nothwendige zu begründen, ist m.
E. gänzlich verfehlt. Das zeigt schon der schroffe Gegensatz, in dem *Richter*,
Stahl, *Puchta* u. a. stehen, obwohl sich jeder auf die Reformatoren beruft. Die im
17. Jahrhundert aufgekommene Anschauung, *die Stellung der Landesherren sei nicht
die Folge der durch die Reichsgesetze suspendirten Gewalt der Bischöfe, sondern eine
Wiederaufnahme des ihnen zustehenden und von den Päpsten und Bischöfen an sich
gerissenen Rechts*, findet weder in der Schrift eine innere Berechtigung, noch in
der Geschichte eine wirklich historische.

Confessions-Verwandten suspendirt worden, die bischöfliche Gewalt übergehen, bezeichnete sein Recht als *jus episcopale*, ihn selbst als *Oberbischof, summus episcopus*, und legte ihm die ganze Kirchengewalt bei [5]).

II. Eine Verschiedenheit der Verfassungsbildung war insofern eingetreten, als sich in den Ländern des *lutherischen* Bekenntnisses mit der *Consistorialverfassung* das reine landesherrliche Kirchenregiment ausgebildet hatte, das auch hinsichtlich der Gesetzgebung dadurch kaum modiflzirt wurde, dass der Fürst sich geistlichen Beiraths bedienen sollte, weil er an diesen nicht gebunden war. Nur in den Städten, sowohl den Reichsstädten, wie einzelnen landesherrlichen [6]) war das Regiment an die Stadtobrigkeit gelangt und hatte insofern einen etwas anderen Charakter angenommen. Gegenüber der lutherischen bildete sich in der *reformirten* Kirche jener Länder, deren Fürsten ihr nicht angehörten, eine eigentlich kirchliche, nicht auf landesherrlicher Macht, sondern auf Synodalschlüssen ruhende Gesetzgebung aus [7]); analog baute sich in solchen auch das Recht der lutherischen Kirche auf presbyterialer Grundlage auf [8]). Wo der Landesherr der reformirten Lehre zugethan war, wie in Preussen (Brandenburg), Hessen, kam die Gesetzgebung, obgleich mehrfach unter Mitwirkung der Synoden, an denselben.

III. Der seit dem Ausgang des 17. Jahrhunderts eingetretene lebhafte Streit über den Grundcharakter des Kirchenregiments hat zunächst keinen wesentlichen Einfluss gehabt. Mag das sogenannte *Episkopalsystem*, als dessen Hauptvertreter *Johann Benedict Carpzov* erscheint, dem Landesherrn das Kirchenregiment als Folge der auf ihn übergegangenen Gewalt zuschreiben, oder das sog. *Territorialsystem*, das in *Christian Thomasius* seinen vorzüglichsten Vertheidiger fand, dessen Berechtigung in der landesherrlichen Gewalt als solcher finden, es blieb bei der Uebung des Regiments und als Ausfluss desselben bei der Gesetzgebung in kirchlichen Dingen durch den Landesherrn und seine Organe. Auch die im *Collegialsystem* liegende Reaction gegen beide hat keine Aenderung hervorzubringen vermocht. Wie die protestantischen, so übten auch die katholischen Landesherren in einzelnen Gebieten, wo es protestantische Unterthanen gab, einen gesetzgeberischen

---

[5]) Wittenberger Gutachten von 1594. Siehe *Richter*, Geschichte S. 105.

[6]) So in *Magdeburg* am frühesten. *Funk*, Mittheilungen aus der Geschichte des evangelischen Kirchenwesens in Magdeburg. Magdeb. 1842. *Ad. Frantz*, Die evangelische Kirchenverfassung in den deutschen Städten des 16. Jahrhunderts. Leipzig 1878.

[7]) So in *Cleve, Jülich, Berg, Mark, Ravensberg. Jacobson*, Preuss. Kirchenrecht 1. S. 67 und dessen Urkunden. Dazu die „conföderirten Gemeinden in Niedersachsen" (Braunschweig, Celle, Hannover, Göttingen, Münden, Rückeburg).

[8]) *Jacobson* a. a. O. S. 68.

Einfluss[9]), in einigen [10]) war durch den westfälischen Frieden die Selbstständigkeit der evangelischen Kirche gewahrt. Das neunzehnte Jahrhundert war der evangelischen Kirche insofern günstig, als nur ein einziger katholischer Regent, Baiern, Länder mit protestantischer Bevölkerung erwarb.

IV. Die neueste Zeit weist eine wesentliche Aenderung auf. Wenige[11]) deutsche Staaten haben die protestantische Kirche als alleinige Landeskirche beibehalten, in den meisten ist entweder volle Parität der christlichen Kirchen, oder vollständige Ignorirung einer Staatskirche Rechtens; das Reichsrecht kennt keinen Unterschied der Staatsbürger in politischer und bürgerlicher Hinsicht. Dies und die, mit Ausschluss von Mecklenburg, überall herrschende constitutionelle Verfassung hat von verschiedenen Seiten einen Kampf hervorgerufen gegen das Kirchenregiment und die bischöfliche Gewalt in der Hand des Landesherrn. Bis heute ist indessen aus ganz anderen Motiven nur in einem einzigen Staate[12]) die Gewalt vom Landesherrn einem Staatsorgan übertragen worden, was juristisch als eine viel grössere Anomalie erscheint. Dagegen haben die zum Theil mit den politischen zusammenhängenden kirchlichen Bestrebungen, sodann die allmälig zum Durchbruch gekommene Ueberzeugung in der Wissenschaft, dass das bisherige System im Widerspruch steht mit den Grundprinzipien der Reformation, vor Allem aber 'die Absicht[13]), unleugbaren grossen Schäden innerhalb der Kirche durch Heranziehung der Gemeinden zur grösseren Theilnahme am kirchlichen Leben abzuhelfen, in verschiedenen Ländern dazu geführt, dass das Institut der *Synoden* theils in's Leben gerufen, theils mehr ausgebildet wurde, und dass die *innerkirchliche Gesetzgebung solchen unter Vorbehalt der landesfürstlichen Bestätigung und Publikation zugewiesen* wurde. Das ist der Fall in *Preussen*[14]), im linksrheinischen

---

[9]) So z. B. die Aebte von Corvey. *Jacobson*, Kirchenrecht I. 77.

[10]) Z. B. in Erfurt. *Jacobson* a. a. O. I. 61.

[11]) Mecklenburg-Schwerin und Strelitz, Sachsen-Meiningen, S.-Altenburg, Bremen, Hamburg, Lübeck. *Mein Lehrbuch* S. 185.

[12]) Königreich *Sachsen*, wo (Edict über die inneren Angelegenheiten der protest. Gesammtgemeinden §§. 1, 18, 19; Kön. Erklärung vom 28. Oct. 1824 und 2. Juli 1831) ein für allemal die oberste Behörde, die ,in Evangelicis beauftragten Staatsminister' die sonst dem Landesherrn persönlich zustehenden Rechte ausüben.

[13]) Siehe z. B. den preuss. A.-H.-Erlass vom 20. Jan. 1876 (Ges.-Samml. S. 7).

[14]) Und zwar 1) für die *acht älteren* (jetzt 9) *Provinzen*: Ost-West-Preussen, Pommern, Brandenburg, Posen, Schlesien, Sachsen, Westfalen, Rheinprovinz: *Generalsynodal-Ordnung* vom 20. Jan. 1876 (S. 6—10) für *landeskirchliche Gesetze* (Zustimmung der Generalsynode in den 8 aufgezählten Fällen). *Kirchen-, Gemeinde- und Synodal-Ordnung* vom 10. Sept. 1873 für die 6 (7) erstgenannten östlichen Provinzen. Nach §. 65 Nr. 3 kann ohne Zustimmung der Provinzialsynode kein kirchliches Gesetz erlassen werden, dessen Geltung sich auf die Provinz beschränken

Theile des Königreichs *Baiern* [15]), Königreich *Sachsen* [16]), Königreich *Württemberg* [17]), Grossherzogthum *Baden* [18]), *Oldenburg* [19]), Herzogthum *Braunschweig* [20]), Fürstenthum *Waldeck-Pyrmont* [21]), *Hamburg* [22]), *Sachsen-Weimar-Eisenach* [23]), *Hessen-Darmstadt* [24]). In den übrigen deutschen Staaten hat es bisher sein Bewenden bei der landesherrlichen Machtvollkommenheit, oder es findet eine Mitwirkung der Stände Statt [25]). Diese erklärt sich aus dem besonderen Entwicklungsgange des Landes und kann, soweit das der Fall ist, ebensowenig verworfen werden, als das jus episcopale des Landesherrn selbst.

V. Sachlich ist die kirchliche Gesetzgebung mit der Gerichtsbarkeit allmälig bedeutend eingeschränkt worden. Seit 1570 schloss man sich mehr und mehr wieder thatsächlich an das canonische Recht an und zog so ziemlich dieselben Gegenstände in den Kreis der Kirchengesetzgebung, die das canonische Recht ordnete [26]). Die Landesherren konn-

---

soll. Dasselbe Recht hat die westfälische und rheinische Provinzialsynode (Kirchenordnung vom 5. März 1835. §. 49) mit grösserer Competenz (Gen.-Syn.-Ordn. §. 10). — 2) In der Provinz *Schleswig-Holstein:* Kirchen-Gemeinde- und Synodalordnung vom 4. Nov. 1876. §. 92, Kreis Herz. *Lauenburg* (dieselbe Ordnung eingeführt mit A.-H.-Erlass vom 7. Nov. 1877). — 3) Im Bezirk des Consistoriums von *Wiesbaden* (Nassau) nach Kirchengemeinde- und Synodalordnung vom 4. Juli 1877, §. 72, die Bezirkssynoden. Die Kreissynoden (1 u. 3) können nur statutarische Ordnungen mit Zustimmung der höheren Synode und des Consistoriums machen. — 4) Provinz *Hannover* nach Kreisvorsteher- und Synodal-Ordnung vom 9. Oct. 1864, §. 65, für die Landessynode. — 5) In *Hessen* ist die Zustimmung der Synode nur für liturgische Sachen nöthig: Verf.-Urk. vom (5. Jan. 1831 §. 134) 13. April 1852 §. 102.

[15]) Unionsurkunde vom 10. Oct. 1818 (*Döllinger* S. 1290), §. 17. Die Generalsynode im rechtsrheinischen Gebiete hat nur berathenden Charakter.

[16]) K.-Vorsteher- und Synodal-Ordnung vom 30. März 1868, §. 46.

[17]) Synodal-Ordnung vom 20. Dez. 1867, §. 14 ff.

[18]) Kirchen-Verfassung vom 5. Sept. 1861, §. 60 ff.

[19]) Revidirte Kirchenverfassung vom 11. April 1853, Art. 79 ff.

[20]) Gesetz vom 31. Mai 1871, §. 20.

[21]) Synodal-Ordnung vom 29. August 1872, §. 40.

[22]) Verfassung der evangel.-luther. Kirche im Hamburger Staate vom 9. Dez. 1870. §. 42. (Die Bestätigung haben nach §. 5 sub 1 „die evangel.-luther. Mitglieder des Senats" als Patronat der Kirche.)

[23]) Synodal-Ordnung vom 29. März 1873, §. 19 (jedoch mit weitgehendem Widerspruchsrecht jeder Gemeinde).

[24]) Gr. Edict vom 6. Januar 1874, die Verfassung der evangelischen Kirche betreffend, §. 107.

[25]) So in S.-Altenburg nach Grundgesetz vom 29. April 1831, §. 132 ff., wo Generalsynode, Consistorium, Landesherr, Landschaft Theil nehmen. Die Fürsten wiesen vielfach die Mitwirkung unter Berufung auf die Reichsgesetze ab (Mecklenburg), in anderen Territorien fand sie bis auf die Neuzeit statt. Vergl. *Richter*, Geschichte. S. 113.

[26]) Die Braunschweig'sche Kirchen-Ordnung von 1528 umfasst ausser den

ten das in Folge des jus episcopale um so mehr thun, als bisher in diesen Dingen die Kirche allein die Gesetzgebung und Jurisdiction gehabt hatte, mithin den Ständen (der Landschaft) nach dem Herkommen nirgends ein Recht der Mitwirkung zustand. Es blieb dabei im Ganzen bis in die Mitte des vorigen Jahrhunderts. Die Ausbildung des modernen Staats, das Beispiel Frankreichs, vor Allem die Theorie führte dahin, dass man die eigentlich kirchliche Gesetzgebung auf die wirklich kirchlichen Dinge beschränkte, hingegen die rechtliche Stellung der Geistlichen, das Kirchenvermögen nach seiner privatrechtlichen Seite, das Strafrecht in seiner Einwirkung auf das bürgerliche Recht u. s. w., als Gegenstand der eigentlich staatlichen Gesetzgebung auffasste [17]). Das ist allmälig allenthalben Recht geworden, so dass in der Gegenwart staatliche Mitwirkung zu jeder kirchlichen Ordnung gehört, welche in das Rechtsgebiet eingreift [18]).

§. 2.
2. Oesterreich. Ungarn *).

I. Im 16. Jahrhundert hatte der Protestantismus in allen deutschen Erbstaaten des Kaisers, Tyrol ausgenommen, so sehr Boden gefasst,

---

eigentlichen Kirchensachen das Schul-Armen-Wesen; dies wird ziemlich in allen geregelt; 1537 erging schon in Württemberg eine eigne Eheordnung, auf's Neue 1553, die das Eherecht regelt; die Constitution und Artikel des geistl. Consistorii zu Wittenberg vom 1542 weisen demselben zu die Gerichtsbarkeit in Ehesachen, Verbrechen gegen die Sittlichkeit, Wucher, Gotteslästerung u. dgl.; weiter gehen die Jenaische Consistorial-Ordnung von 1569, Mecklenburg von 1570 u. s. w.

[17]) Das ist der Standpunkt des preuss. Allg. Landrechts und aller seitdem erlassenen Civilrechtsbücher.

[18]) Desshalb sind in soweit die Kirchengesetze der neuesten Zeit durch besondere Landesgesetze anerkannt worden. So in Preussen durch Gesetz vom 25. Mai 1874, 3. Juni 1876, 6. April 1878 bezüglich der in Anm. 14 angeführten Kirchengesetze. Diese Staatsgesetze regeln: die Rechte der Gemeinde-Organe bezüglich des Vermögens, fordern für Beschlüsse über Umlagen auf die Gemeindeglieder die Vollzugreiferklärung der Staatsbehörde, für Aenderungen der K.-G. und S.-O. durch Statuten die Anerkennung der Staatsbehörde, dass sie dem Gesetze nicht zuwider sind, gestatten Rekurs der Gemeinden an die Staatsbehörde gegen Beschlüsse der Kreissynode wegen Repartition der zur Kreis-Synodalkasse erforderlichen Beträge, fordern für Umlagen zu provinziellen und landeskirchlichen Zwecken die Bestätigung durch Staatsgesetz, wenn dieselben, abgesehen von den Synodalkosten, 4 Prozent der Gesammtsumme der Klassen- und Einkommensteuer der zur evang. Landeskirche gehörigen Bevölkerung übersteigen u. s. w. Aehnliche Gesetze sind erlassen für: Waldeck 31. Jan. 1873, K. Sachsen 16. April 1873.

*) Es muss verwiesen werden für die Geschichte auf die Werke von *Bernh. Raupach*, Evangelisches Oesterreich, 5 Thle., 1732—41. *G. E. Waldau*, Geschichte der Protestanten in Oesterreich, Steyermark, Kärnthen und Krain vom J. 1520 bis

dass nicht blos zahlreiche Gemeinden bestanden, sondern in einzelnen Ländern (Böhmen, Mähren, Schlesien u. a.) die Mehrzahl des Adels und auch vielfach der Bevölkerung ihm zugethan war. Kaiser Ferdinand I. liess denselben volle Duldung angedeihen, sein Sohn Kaiser Maximilian II. gestattete denselben in Oesterreich, Ungarn und den Utraquisten in Böhmen freie Religionsübung [1]). Diese wurde für Oesterreich von Matthias am 19. März 1609 erweitert, für Böhmen von Rudolf II. im Majestätsbriefe [2]) vom 11. Juni 1609 gegeben und am 20. August 1609 auf Schlesien ausgedehnt. Die Ereignisse des Jahres 1618 und der durch sie hervorgerufene dreissigjährige Krieg vernichteten die Stellung der Protestanten. Der Westfälische Friede nahm von den massgebenden, das Kirchenwesen betreffenden Bestimmungen die kaiserlichen Erblande mit unbedeutenden Ausnahmen aus [3]). Die schon vorher von Ferdinand II. und Ferdinand III. und von letzterem nachher in's Werk gesetzte Gegenreformation vernichtete den Protestantismus; die wenigen Protestanten mussten sich jedweder über die Hausandacht hinausgehenden Religionsübung enthalten. Erst das Toleranz-Patent Kaiser Josephs II. gab ihnen einen halbwegs erträglichen Zustand. Das Jahr 1848 führte eine gänzliche Wendung herbei. Die Verf. v. 4. März 1849, die V.-O. v. 31. Dez. 1851 stellten die protestantische Kirche prinzipiell als der katholischen gleichberechtigt und selbstständig hin. In Folge kaiserlichen Patents wurde zunächst die Verfassung provisorisch geregelt [4]), darauf mit Staatsministerial-Erlass vom 20. März 1864 eine General-Synode des augsburgischen und helvetischen Bekenntnisses nach Wien einberufen [5]). Der von dieser gemachte Revisions-Entwurf ist durch kaiserliche Bestätigung als Verfassung der evangel. Kirche augsb. und helvet. Bekenntnisses vom 6. Januar 1866 für die gesammten deutsch-slavischen Länder in Kraft getreten. Er giebt der Kirche eine auf

auf die neueste Zeit. 2. Thle., 1794. Hist. ecclesiae reformatae in Hungaria et Transsylvania a *Paulo Debreceno*, locupletata a *Fr. Ad. Lampe.* 1728. *G. Hauer,* Hist. ecclesiarum transsylvanicarum, 1694. *G. D. Teutsch,* Urkundenbuch der evang. Landeskirche A. B. in Siebenbürgen. Hermannst. 1862. *Ders.,* Die Rechtslage der evangel. Kirche A. B. in Siebenbürgen in *Dore's Zeitschrift* III. 1—29. — Literatur in Abtheil. II. Kap. III.

[1]) *J. G. Böhme,* De Maximiliano II. Imp. erga rem evangelicam indulgentia. 1779.

[2]) *Gindely,* Geschichte des Majestätsbriefes von 1609. Prag. 1858.

[3]) J.-P.-O., Art. V. §. 38—41. Ueber das anerkannte jus reformandi siehe Theil I., §. 1. Anmerkung 62.

[4]) Kaiserl. Patent vom 8. April 1861 und Verordnung des Staatsmin. vom 9. April 1861.

[5]) Die erste General-Synode der evangel. Kirche Augsburg. und Helvetischen Bekenntnisses in den deutsch-slavischen Ländern Oesterreichs. Mai—Juli 1864. Wien 1864.

weitester presbyterialer Grundlage ruhende Verfassung, welche ihre volle
Selbstständigkeit, namentlich für die innerkirchliche Gesetzgebung, in
weit höherem Masse anerkennt, als dies in den meisten deutschen
Staaten der Fall ist. Im Uebrigen gelten die Staatsgesetze, welche in
einzelnen Punkten[6]) auf die Protestanten besondere Rücksicht nehmen.

II. In Ungarn hatte der Protestantismus und zwar in der reformirten Gestalt früh Boden gefasst; die Duldung unter Ferdinand I. und
Maximilian II. festigte ihn. Der Friede von Wien 1606[7]) und von
Linz 26. Juli 1645[8]) sicherte die freie Religionsübung den Protestanten
auf's Neue. Durch den Gesetz-Artikel 26 von 1791[9]) wurde ihre volle
öffentliche Religionsübung anerkannt. Der im Jahre 1856 vorgelegte
Entwurf[10]) einer Verfassung der evangelischen Kirche kam wegen des
erhobenen Widerspruchs nicht zur Ausführung. Es verblieb bei der
bisherigen vollen Autonomie der protestantischen Kirche, welche zur
Uebung der vollen kirchlichen Gesetzgebung auf Synoden mit der Massgabe berechtigt ist, dass die organischen Dekrete der königlichen Bestätigung bedürfen.

III. Aehnlich war der Entwicklungsgang in *Siebenbürgen*[11]). Die
,Universität der Sachsen' anerkannte bereits 1550 durch förmliches
Statut nicht blos die eingetretene Reform, sondern erklärte die ,Kirchenordnung aller Deutschen in Siebenbürgen'[12]) als unbedingt massgebend.
Die kirchlichen Angelegenheiten blieben der vollen autonomen Gesetzgebung auf Synoden unterstellt; am 4. Juli 1572 wurde die Kirche auf
dem Boden des Augsburgischen Bekenntnisses von Stephan Bathori
zufolge der Bitte der Synode förmlich anerkannt und seitdem Staatskirche des Sachsenlandes, einschliesslich der sächsischen Gebietstheile
der ungarischen Comitate[13]). Der Staat übte lediglich das Schutz- und

---

[6]) Eherecht: a. b. G. B. §§. 115 ff.

[7]) Abgedruckt in *Staatsgrundgesetze der österr. Monarchie.* Wien 1861, S. 66.
Dazu 1. Ges.-Art. von 1608 das. S. 83. Gegen denselben hat der kathol. Klerus
Verwahrung eingelegt. Siehe die Dokumente von 1608 bei *Peterffy.* Concilia II.
191 sqq.

[8]) 5. Ges.-Art. von 1646—47, abgedruckt daselbst S. 85.

[9]) Abgedr. Staatsgrundgesetze S. 108 ff. Bezüglich Kroatiens und Slavoniens
enthielt §. 14 mehrfache Beschränkungen.

[10]) Siehe *Richter* in *Dove's* Zeitschr. I. 138.

[11]) Ausser den in Anmerkung 6 genannten *F. Schuler r. Libloy,* Protestant.
Kirchenrecht vornehmlich der Evang. A. B. in Siebenbürgen. Hermannstadt 1871.

[12]) Reformatio ecclesiarum saxonicarum in Transsilvania (von *Joh. Honterus*
verfasst) bei *Teutsch,* Urk.-Buch S. 6. 36.

[13]) Siehe *Teutsch* in *Dove's* Zeitschrift, der die Landtagsbeschlüsse von Madiasch
1554, Klausenburg 1556, Thorenburg und Weissenburg 1558, Schässburg 1564 mittheilt, die diesen Zustand bestätigen und volle Freiheit der Kulte gestatten. 1571
wurde in Neumarkt auch das *unitarische* Glaubensbekenntniss anerkannt. So gab

Schirmrecht, gewann aber auf die Gesetzgebung der Einzelkirchen keinen Einfluss [14]). Dabei blieb es auch, als das Land unter Kaiser Leopold I. in den erblichen Besitz des habsburgischen Hauses kam [16]). Die evangelische Kirche besitzt somit das vollkommene Recht der autonomen Gesetzgebung und hat auf einer Landeskirchenversammlung im April 1861 mehrfache Aenderungen des bisherigen Zustandes vorgenommen.

Zweites Kapitel.

Die Quellen.

§. 3.

1. Die symbolischen Bücher.

I. In der *lutherischen Kirche,* oder, wie sie auch, namentlich in Oesterreich und Ungarn gesetzlich genannt wird, der *evangelischen Kirche augsburgischen Bekenntnisses,* sind als authentische Darstellungen [1]) des Bekenntnisses *allgemein* anerkannt:

1. *Enchiridion. Der kleine Katechismus D. Martini Lutheri. Ench. Cat. Minor . . . pro parochis et concionatoribus.*

2. *Der grosse Katechismus. Cat. Maior Luthers.*

---

es dort nebeneinander anerkannt: katholische, lutherische, calvinische, arianische (8. Art. von 1595).

[14]) *Teutsch,* a. a. O., S. 13 ff. Die Fürsten mussten beim Regierungsantritt die Freiheit auch der Kirchen beschwören.

[15]) Wiener Vertrag vom 28. Juni 1686, Vertrag vom 27. Oct. 1687 zwischen dem H. Karl von Lothringen als kais. Mandatar und dem Lande. Leopoldinisches Diplom vom 4. Dez. 1691 (auch gedr. in cit. Staatsgrundges. S. 517), Diplom vom 9. April 1693 (das. S. 523), Szathmarer Friede von 1711, Punkt 3, 6. Art. von 1744, Assecuranzrescript von 1791 (auch das. S. 541), 2. Art. von 1791, Franz II. (das. S. 548), Art. 53 ff. von 1837. Siehe die weitere Gestaltung bei *Teutsch* a. a. O., S. 25 ff.

[1]) *Sammlungen:* Concordia, christliche wiederholte einmüthige Bekenntniss u. s. w. Dresden 1580, ed. *Rechenberg,* Lips. 1678, 1756. Christl. Concordienbuch. deutsch und lateinisch mit histor. Erklärungen von *Walch,* Jena 1750. Libri symbolici ecclesiae evang. ed *Hase,* Lips. 1827, ed. *Franke,* ib. 1846 sq. 3 vol. Die symbol. Bücher der evangel.-luther. Kirche, deutsch und latein., herausgegeben von *J. T. Müller,* Stuttgart 1848, 1860. Libri symb. eccl. luther. ad edit. principalem ed. *H. A. G. Meyer,* Göttingen 1830. Concordia ad edit. Lips. anni 1584. Berol. 1857. Andere Ausgaben, Spezialausgaben, Erläuterungs-Schriften bei *Müller* (neuere unten). Historisches das. XXXIII ff.

3. *Die Augsburgische Confession oder Bekenntniss des Glaubens etlicher Fürsten und Städte, überantwortet Kais. Majestät zu Augsburg. Anno 1530. Confessio fidei exhibita Invictissimo Imperatori Carolo V. Caesari Augusto in Comitiis Augustae Anno MDXXX.* Sie wurde vorgelegt von Kurfürst Johann von Sachsen, Markgraf Georg von Brandenburg, Herzog Ernst zu Lüneburg, Landgraf Philipp zu Hessen (Herzog Johann Friedrich von Sachsen, Herzog Franz von Lüneburg), Fürst Wolfgang von Anhalt, Stadt Nürnberg und Reutlingen [2]). Sie ist redigirt von *Melanchthon.*

4. Die von *Melanchthon* lateinisch, von *Justus Jonas* verdeutschte *Apologia Confessionis Augustanae* vom Jahr 1531 [3]).

5. *Artikel christlicher Lehre, so da hätten sollen aufs Concilium zu Mantua, oder wo es sonst worden wäre, überantwort werden von unsers Theils wegen, und was wir annehmen oder nachgeben könnten, oder nicht, durch D. Martin Luthern geschrieben Anno 1537* (und lateinisch). Sog. Schmalkaldische Artikel.

6. Keine allgemeine Anerkennung hat gefunden die sog. *Concordienformel* [4]) (1578—1580).

II. In der *deutsch-reformirten* [5]) Kirche hat kein einzelnes Buch eine allgemeine und unbedingte Geltung erlangt, so ziemlich allgemein wurden angenommen:

1. *Catechesis religionis christianae, quae in ecclesiis et scholis electoralis Palatinatus traditur,* sog. *Heidelberger Katechismus* von 1562.

2. *Märkische Confession* (Kurfürst Johann Sigismund's von Brandenburg) 1614, vielfach auch

3. *Gallicarum ecclesiarum confessio fidei Carolo IX. regi a. 1581 exhibita,* sog. *Gallikanische Confession* [6]).

---

[2]) Ueber die Abweichungen der Hss. *Müller,* der sie mittheilt. Die sämmtlichen angeführten Namen stehen unter dem lateinischen Text, die eingeklammerten nicht unter dem deutschen. Der R.-A. von 1530, §. 1 nennt alle, ausserdem die Städte *Kempten, Heilbronn, Winsheim* und *Weissenburg* im Nordgau.

[3]) *G. Plitt,* Die Apologie der Augustana geschichtlich erklärt. Erlangen 1873.

[4]) *H. Heppe,* Geschichte der luther. Concordienformel und Concordia. Marb. 1857 ff. 2 Bde. Den Catalogus der Unterzeichner auch bei *Müller,* S. 733—796.

[5]) Sammlung (die Gesch. und Ausgaben bei *Augusti* Diss. histor. et litteraria p. 578—651): Corpus librorum symbolicorum, qui in ecclesia Reformatorum auctoritatem publicam obtinuerunt cet. *Jo. Christ. Guil. Augusti.* Elberfeld 1828, ed. 2. Lips. 1846 (nur lateinisch, deutsch nur die märkische und Leipziger). Deutsche Uebersetzung von *Mess,* Neuwied 1828 ff. 3 Bde.; *Beck,* Neustadt a. d. O. 1846. 2 Bde.; *Böckel,* Leipzig 1847, *H. Heppe,* Elberfeld 1840.

[6]) Die anderen sind: die *drei helvetischen* von 1532 und 1536 bezw. 1561, 1566, 1581; *Confessio Anglicana* von 1562 (im Convent zu Wesel 1568, Synode zu Emden 1571 weiter fortgebildet, auch im H. Cleve und Grafschaft Mark von den Lutheranern angenommen); Conf. *scotica* von 1560 (siehe auch *Al. Taylor Innes,*

Für das *Recht* sind diese Schriften zunächst insofern von Bedeutung, als sie den Lehrbegriff feststellen und dadurch für die Beurtheilung der Rechtgläubigkeit in Betracht kommen, zumal die Geistlichen noch in den meisten Ländern auf dieselben verpflichtet werden. Sodann enthalten sie die Grundprinzipien für die Verfassung und sind daher massgebend insbesondere für die concrete Frage: ob eine Aenderung vorliege. Dagegen sind sie für das Detail des Rechts ohne Bedeutung.

§. 4.

2. Die Kirchenordnungen.

I. Der Aufbau des Rechts in der protestantischen Kirche erfolgte durch jene Ordnungen, welche mit dem Namen *Kirchenordnungen* [1]) bezeichnet zu werden pflegen. Sie sind sehr verschieden. Die einen, anfangend mit der von *Carlstadt* 1522 zu Wittenberg aufgerichteten, enthalten neben Sätzen über die Lehre Bestimmungen über die Einrichtung des Gottesdienstes, welche auch in besonderen, *Agenden* genannt, niedergelegt wurden, daneben über die Verrichtungen des geistlichen Amts, das Schul- und Armenwesen, die Verwaltung des Kirchenguts, des Armenvermögens u. s. w. Eine zweite Klasse giebt Anleitungen über die Art und Weise, wie die Visitation der Kirchen vorzunehmen, Missbräuche abzuschaffen, das ,reine Wort Gottes' herzu-

---

The law of creeds in Scotland. Edinb. and London 1867 p. 8 sqq.); Conf. *belgica* von 1571; *Synode von Dortrecht* 1618 und 1619: Conf. *hungarica* von 1557 oder 1558 u. s. w.

In wie weit die protestantische Kirche die *ökumenischen* Synoden anerkennt, braucht hier nicht untersucht zu werden.

Das *canonische Recht* wurde von *Luther* sehr bald angegriffen; er fordert (Schrift an den christl. Adel, *Walch* XXI. 286. 346), dass man dasselbe auf den Universitäten nicht fernerhin vortrage, sondern dass es als ketzerische, unchristliche, unnatürliche Dinge enthaltend, abgeschafft werde, veranstaltete am 10. Dez. 1520 ein Auto-da-fé, indem er das Corpus juris canonici feierlich den Flammen übergab; die (Homberger Synode von 1526) Reformatio ecclesiarum Hassiae cap. 29 erklärt denn auch rücksichtlich der Universität Marburg (*Richter*, Kirchenordnung I. S. 68): ,Porro jus illud contra fas vocatum Canonicum, omnino legi prohibemus.' Geholfen hat das Alles nichts, es blieb auch *in der protest. Kirche als subsidiäre Quelle anerkannt*. Natürlich genügt hier diese Erwähnung. Das Weitere Abth. II. Kap. 11.

[1]) Verzeichnisse in *Koenig*, Bibliotheca agendorum. Celle 1726, 4. *Sammlungen: Moser*, Corpus iur. evangelicorum ecclesiastici. Jülich 1737 sq., 2 Thle. (K.- und Schulordn. aus dem 16. u. 17. Jahrhundert). *A. L. Richter*, Die evang. Kirchenordnung des 16. Jahrh. Weimar 1846, 2 Bde. 4. (einzelne nur im Auszuge). Die für die preuss. alten Provinzen zählt sämmtlich auf *Jacobson*, Preuss. Kirchenrecht. Siehe über sie *Jacobson* in *Herzog*, Encykl. VII. 662 ff. *Richter*, Geschichte bes. §. 8. *Dess.* Beiträge, herausgegeben von *Hinschius* S. 4 ff.

stellen sei, sog. *Visitations-Artikel* oder *Ordnungen*. Eine dritte Klasse, welche mit der ‚Constitution und Artickel des Geistl. Consistorii zu Wittembergk' vom J. 1542 beginnt, begreift die *Consistorialordnungen*, welche das Kirchenregiment, Verfassung, Competenz, Geschäftsgang der Consistorien u. s. w. regeln. Dazu kommen noch besondere *Eheordnungen*. Vielfach, und das wurde die Regel, werden aber alle diese Punkte in einheitlichen Ordnungen zusammengefasst bald unter dem häufigsten Namen der Kirchenordnung, bald unter combinirtem. Ihre Zahl ist eine überaus grosse, die meisten fallen in's 16. Jahrhundert [2]), aber auch das siebzehnte weist deren noch eine Anzahl auf, die jedoch im Ganzen auf den vorhergehenden ruhen: im achtzehnten sind nur ganz vereinzelt solche erlassen worden. Man hatte sich einerseits erschöpft, andererseits fehlte das Interesse, da in der lutherischen Kirche, ganz entgegen ihren Anfängen, den Gemeinden keinerlei wirklich kirchliche Thätigkeit belassen worden war. So fand weder eine eigentliche Weiterbildung, noch eine Revision Statt, die Gewohnheit, die Theorie und für dringende Fälle Einzelverordnungen halfen. Erst am Ende des vorigen Jahrhunderts wurde in *Preussen*, hervorgerufen durch das Bestreben, an die Stelle der bunten Mannigfaltigkeit der Provinzialrechte ein einheitliches Recht zu setzen, der Versuch gemacht, für die protestantische Landeskirche das Kirchenrecht in einem Gesetze zusammenzufassen. Das ‚*Allg. Preuss. Landr.*' (Theil I. §. 14 III.) beabsichtigt nicht, die innere Seite des geistlichen Amts zu regeln [3]), sondern zieht blos die äusseren rechtlichen Materien, soweit eine bürgerliche Wirkung, ein richterliches Urtheil Platz greifen kann, in seinen Kreis. Soweit also das Gesetzbuch keine Bestimmung enthielt, blieben neben ihm die zahlreichen provinziellen Ordnungen in Kraft, nur ging selbstverständlich bei einem Widerspruche das Landrecht vor [4]). Durch das Landrecht war ein grosser Theil des Inhalts der Kirchenordnungen antiquirt.

II. Die Kirchenordnungen der *lutherischen* Kirche vom 16. bis 19. Jahrhundert sind mit ganz wenigen Ausnahmen, welche der ersten Zeit des 16. Jahrhunderts angehören [5]), wo sich die ganze Bewegung

---

[2]) Die Sammlung von *Richter* hat 165 ausser den 7 im Anhange.

[3]) A. L. R. II. 11. §. 66: ‚Die besonderen Rechte und Pflichten eines kathol. Priesters, in Ansehung seiner geistlichen Amtsverrichtungen, sind durch die Vorschriften des Canonischen Rechts; der protest. Geistlichen durch die Consistorial- und Kirchenordnungen bestimmt.'

[4]) A. L. R. Publikat. Pat. §. II. Ueber die Frage selbst *Richter*, Beitr. S. 17 und die dort Genannten. Es gehört Verleugnung jedes juristischen Sinnes und reiner Parteigeist dazu, um vom Standpunkte des positiven Rechts eine andere Ansicht aufzustellen.

[5]) So die von *Carlstadt* 1522 für Wittenberg gegebene (*Richter* II. 484). die Böhmische von 1524 (das. S. 485). Luther's Ordnung von 1523 (das. I. 1) u. s. w.

noch im ungeordneten Zustande befand, ausschliesslich von den Landesherren oder Stadtobrigkeiten [6]) erlassen worden. Ihre Abfassung ist
fast ausnahmslos, soweit dies überhaupt bekannt ist, von hervorragenden
Reformatoren ausgegangen [7]). In dieser Mitwirkung hat die Theorie,
soweit namentlich die Fürstenthümer in Betracht kommen, die *Mitwirkung der Kirche* gefunden und daraus den Anspruch hergeleitet,
dass *das geistliche Amt bei der Ordnung des Kirchenwesens mitzuwirken
befugt sei*. Ob dieser Gesichtspunkt wirklich massgebend gewesen ist,
lässt sich bezweifeln, da die Abfassung selbstverständlich nicht von den
Landesherren in Person ausgehen konnte. In der *reformirten* Kirche
haben bald die Stadtobrigkeiten, so namentlich in der Schweiz, bald die
Synoden, einzeln jedoch auch die Landesherren sie erlassen; die Redaktion
fällt auch hier den Reformatoren oder hervorragenden Theologen zu.

III. Sieht man auf die historische Bedeutung der Ordnungen, so
ist dieselbe eine sehr verschiedene. Einzelne haben überhaupt nie
praktische Geltung erlangt [8]), andere sind auf den lokalen Kreis beschränkt geblieben. Von den bedeutenderen hat die hervorragendste
Rolle durch ihren Einfluss auf andere gespielt die *Braunschweigische*
von 1528 [9]), auch das *Sächsische Visitationsbuch* [10]) von 1528, sodann

---

[6]) Leisnig 1533; Magdeburg 1524. 1554; Nördlingen 1525. 1538; Stralsund
1526. 1555; Braunschweig 1528; Hamburg 1529. 1539; Minden 1530; Frankfurt
1530. 1554. 1565; Göttingen 1530; Rostock 1530; Lübeck 1531; Goslar 1531. 1555;
Ulm 1531; Soest 1532; Wittenberg 1533; Strassburg 1534. 1598; Bremen 1534;
Esslingen 1534; Hannover 1536; Northeim 1539; Cassel 1539; Halle 1541; Schwäb.-
Hall (1526), 1543; Schweinfurt 1543; Osnabrück 1543.

[7]) *Richter* giebt vor jeder kurze historische und literarische Notizen. *Luther*
gehören nur wenige an, und diese beziehen sich nur auf den Gottesdienst und
Taufe. Hervorragend ist die Thätigkeit von: *Bugenhagen* [Braunschweig 1528,
Hamburg 1529, Lübeck 1531, Pommer'sche 1535. 1542. Schleswig-Holsteinische
1542, Braunschweig-Wolfenbüttel 1543 (mit *Corvin* und *Görlitz*). Hildesheim 1544
(mit *Corvin* und *Winkel*)] und *Brenz* (Hall. die von Nürnberg mit *Osiander*, Württembergische von 1536 mit *Schnepf*, 1553). *Melanchthon* hat theils allein (Unterr.
der Visitatoren 1528, Reformatio Witteb. 1545), theils mit andern (Cölnische 1543,
Mecklenburgische 1552) solche verfasst. *Jonas, Cellarius, Chytraeus* u. a. kommen
noch in Betracht.

[8]) Z. B. Hessische von 1532. Reformatio Wittebergensis von 1545 ein Gutachten.

[9]) Sie liegt durchweg zu Grunde folgenden: Hamburgische 1529, Minden
1530, Göttingen 1530, Lübeck 1530 (schliesst sich direkter an die genannte Hamburgische an). Soest 1532, Wittenbergische von 1533 in einzelnen Theilen. Bremen
1534 (zugleich an Hamburg), Pommer'sche 1535 (zugleich an die Hamburg. und
Lübeckische), Schleswig-Holsteinische 1542, Osnabrückische 1543, Wolfenbüttelische
1543 (zugleich an die Schleswig-Holstein.). Hildesheim 1544 u. s. w.

[10]) Ganz besonders für die Nürnbergische von 1533. Meissnische 1539. Oesterreichische 1571.

die *Brandenburg-Ansbach-Nürnbergische* [11]) von 1533, *Mecklenburgische* [12]) von 1552, *Württembergische* [13]) von 1553, der Württ. *Summarische Begriff* [14]) von 1559. Einzelne haben geringeren Einfluss geübt [15]). Die älteren Ordnungen eines Landes bilden regelmässig die Grundlage der späteren desselben, jedoch kommen auch bedeutende Wechsel vor [16]). Von Interesse ist die *Pfälzische* von 1563, weil sie eine merkwürdige Mischung [17]) darbietet, sodann die *Pfälzische Kirchenraths-Ordnung* von 1564, welche die Consistorial-Verfassung in die reformirte Kirche eingeführt hat.

IV. Hat auch die grosse Mannigfaltigkeit der Kirchenordnungen zu einer Masse von partikulären Verschiedenheiten geführt, so ergiebt deren Vergleichung wiederum zwei Punkte. Es lassen sich erstens· gewisse Gruppen unterscheiden; die *lutherische* und *reformirte*, in jener die *sächsische* (norddeutsche) und *süddeutsche* (württembergische). Sodann zeigt sich trotz der Verschiedenheit als Folge des Anlehnens an

---

[11]) Auf ihr ruhen namentlich: Württembergische 1536, Mecklenburgische 1540 (wörtlich), Brandenburgische 1540, Calenberg-Göttingen'sche 1542 (zugleich auf der vorhergehenden), Schwäbisch-Hall 1543 (zugleich auf der Württemberg. von 1536), Pfälzische 1543 (und auf der Brandenburgischen), Cölnische 1543 (aber zugleich auf der Sächsischen von 1539 und Casseler), Erbachische 1560, Oesterreichische 1571.

[12]) Selbst auf der Reformatio Witteberg. 1545 ruhend ist sie Grundlage für: Pfalz-Zweibrücken'sche 1557, Wittenbergische 1559 (blosser Abdruck), Braunschweig-Lüneburgische 1564, Leiningen'sche 1566, Oldenburgische 1573.

[13]) Selbst theilweise auf der von Schwäbisch-Hall fussend ist sie wesentlich benutzt in: Pfälzische 1554, Baden-Pforzheimische 1555, Pfalz-Zweibrücken'sche 1557, Preussische 1557, Wormsische 1560, Leiningen'sche 1566, Strassburgische 1598.

[14]) Für die von Mömpelgart 1560, Br. Wolfenbüttel 1569, Kursächsische von 1580.

[15]) Das Brandenburg-Ansbachische Mandat ist benutzt in der Nassauischen 1532, die Wittenberg. von 1533 in der Hallischen von 1541, die Hessische Kastenordnung von 1533 in Württemberg 1536, sächsische von 1539 in Brandenb. 1540 und Kölnische 1543, Witteub. 1557 in Liegnitzer 1594 (wörtlich), Strassburg von 1534 in Casseler 1539, letztere in Erbachischer 1561, die Jenaische Consistorial-Ordnung von 1569 in Mecklenburg. C.-O. von 1570, in letzterer auch die Goslarische von 1555, Pommer'sche von 1542 in Stralsunder von 1555, Lüneburg. von 1564 in Br. Wolfenbüttel von 1569, Hessische Reform von 1572 in Hess. K.-O. von 1574 und Nassauischer 1576.

[16]) So war in Preussen 1557 die Württembergische (Anm. 13) normgebend gewesen, die preuss. von 1568 verlässt diese Grundlage und kehrt zu der preuss. von 1544 zurück, die dem sächsischen Boden angehört.

[17]) Aus Genfer Liturgie, Lasky'scher K.-O., französischer, sächsischer Agende und Brandenburg-Nürnberger von 1533.

Ein Versuch, der *Reformation vom katholischen Boden aus zu entsprechen*, ist die *Clevische* von 1532, welche sich dem Brandenb.-Ansbachischen Mandat von 1526 anschliesst.

frühere Vorbilder sowohl innerhalb der lutherischen, wie der reformirten [18]) Kirche, doch eine gewisse Gleichförmigkeit sowohl in den Institutionen selbst, als in vielen praktischen Bestimmungen. Darin liegt begründet, dass man ungeachtet aller Verschiedenheiten doch fortwährend von einem *gemeinen evangelischen Kirchenrechte* in Deutschland reden konnte [19]).

V. Vom juristischen Gesichtspunkte aus sind die Kirchenordnungen im Ganzen sehr unbedeutend. In den älteren hat die mühevolle Absicht [20]), aus dem über Bord geworfenen katholischen Kirchenwesen zu retten, was möglich war, zu einer Anhäufung von biblischen Sprüchen und allgemeinen Gedanken geführt, welche durchweg bei der Scheu scharfer Bestimmungen keine juristische Formulirung aufkommen liessen. Das wird allmälig besser. Man hielt sich im Ganzen an die Sätze des canonischen Rechts über das Pfarramt, stellte einen Ersatz des bischöflichen her in dem des Superintendenten, welcher z. B. in der Braunschweigischen von 1528 in dem Adjutor auch ein Ebenbild des Generalvicars erhält und keiner bestimmten Pfarrei vorsteht, schloss sich mehr und mehr den Bestimmungen des canonischen Benefizialwesens an, nahm herüber die Sätze desselben über Baulast, wie sie sich praktisch ausgebildet hatten, wahrte dem Zehentrecht seine Geltung, schuf ein im Wesentlichen auf dem canonischen ruhendes Visitationsrecht, wobei auch das Analogon der Prokurationen nicht fehlte, gab Bestimmungen über Sektenwesen, Bann, Gerichtsbarkeit u. s. w., die ihre Grundlage im canonischen Rechte haben. Es ist unzweifelhaft, dass gerade jene Partieen, die sich an dieses anlehnen, die einzigen sind, welche juristisch greifbare Sätze enthalten; der Rest leidet durchweg an solcher, wesentlich den theologischen Autoren zu dankender Unklarheit oder Verschwommenheit, dass hierin der Grund zu suchen ist, wesshalb das evangelische Kirchenrecht in einer Reihe von Punkten bis zum heutigen Tage nicht dazu gelangt ist, scharfe, juristische Begriffe zur Anerkennung zu bringen, und der Subjektivismus in keiner positiven Wissenschaft auch nur eine annähernd gleiche Rolle spielt. Ja man darf sagen, dass das heutige Kirchenrecht auf den Kirchenordnungen des 16. Jahrhunderts fast gar nicht mehr ruht. Dieselben sind, je mehr das

---

[18]) In dieser haben „Les Ordonnances ecclésiastiques de l'Eglise de Genève. Item L'ordre des écoles de la dite cité. Gen. 1541. 4.“ sowohl in Frankreich, als in Deutschland einen grossen Einfluss geübt.

[19]) Ein anderer Grund hierfür liegt freilich in dem *faktischen Anschlusse an das canonische Recht.*

[20]) Man lese, um sich davon zu überzeugen, nur die betr. Abschnitte der Braunschweiger K.-O. von 1528 und der Mecklenb. von 1552 über die Nothwendigkeit, für den Unterhalt der Geistlichen zu sorgen, über die innere Begründung des geistlichen Amts.

Kirchenwesen sich consolidirte, der kirchliche Besitzstand gesichert war und es sich in erster Linie nicht mehr darum handelte, gegen das katholische Boden zu gewinnen [21]), durch die Gewohnheit, die Praxis und die spätere Gesetzgebung so sehr antiquirt worden, dass sie allmälig fast in Vergessenheit geriethen [22]).

VI. Höchst fruchtbar an neuen Ordnungen war das neunzehnte Jahrhundert [23]). Sie unterscheiden sich wesentlich von den früheren, weil sie durchgehends auf Grund synodaler Verhandlungen ihre heutige Gestaltung erlangt haben, das Institut der Synoden meistens neu oder doch als ein organisches einfügen, zugleich eine scharfe Organisation der Gemeinden selbst schaffen und diesen ganz neue Rechte geben, sich auf die innerkirchliche Seite beschränkend Alles bei Seite lassen, was der Staatsgesetzgebung zufällt. Sie sind vielfach das Resultat von Compromissen zwischen den Parteien — den Orthodoxen, Radikalen und Unionisten — können nach ihrer Geschichte nicht als der unzweideutige Ausdruck der Anschauung angesehen werden, welche in der evangelischen Kirche Deutschlands über die Organisation der Kirche herrscht, sondern nur als das Resultat dessen, was zu erreichen war ohne vollständigen Bruch mit dem fürstlichen Summepiskopat, ohne gänzliches Aufgeben der historischen Stellung des geistlichen Amtes und ohne Einführung des rein politischen Vertretungsmodus in die Kirche. Ihre Bedeutung geht noch hierüber hinaus. Es ist nicht zu leugnen, dass sie, wenngleich in verschiedenem Masse, das der reformirten Kirche angehörige *presbyteriale Element* zum Ausdrucke bringen. Das ist unzweifelhaft dem Einflusse der *Rheinisch-Westfälischen Kirchen-Ordnung* von 1835 zu danken, welche anknüpfend an die reformirte Gestaltung dieser Kirchen das consistoriale und synodal-presbyteriale Wesen mit einander verband. So scheint in dieser Entwicklung die Möglichkeit einer grösseren Einigung der Landeskirchen geschaffen zu sein.

VII. Für die geschichtliche Entwicklung, nicht als eigentliche Rechtsquelle, kommen noch in Betracht die *Conclusa Corporis Evangelicorum* [24]). Die unter Kursachsens Vorsitz seit etwa 1633 statt-

---

[21]) Die meisten Bestimmungen z. B. über die Visitation (die Fragen über Lehre u. s. w. des Geistlichen u. dgl.) konnten auf die Dauer nicht geübt werden.

[22]) Es bedarf nur eines Hinweises auf die grossen Rechte, welche sie den Gemeinden geben und den bis auf die neueste Zeit in fast allen lutherischen Ländern geltenden Zustand des Mangels an allen gemeindlichen Rechten.

[23]) Sie sind oben §. 1, in den Anmerkungen 14 bis 24 angeführt.

[24]) G. Sam. Treuer, De comitiis Corporis Evangelici. Helmst. 1723. Braunschweig u. Leipzig. 1727. 4. F. L. Carove, Meditatt. academ. de origine, progressa et juribus Corp. Ev. in Imperio. Trier 1755. 4. J. J. Moser, von dem Ausdruck: Corp. Ev. Regensburg 1772. 4. Ders., Von des Corporis Evang. Vertretungsrecht seiner Glaubensgenossen u. s. w. das. 1772. 4. Ders., Von der evang. Reichsstände

gefundene Vereinigung der evangelischen Reichsstände [15]) hat dadurch,
dass sie sich jeder Beschwerde wegen Verletzung der Evangelischen,
welche angebracht wurde, annahm und über die im Interesse der
Evangelischen liegenden Schritte berieth, Beschlüsse fasste u. s. w., in
manchen Punkten Einfluss erlangt.

§. 5.
3. Die Staatsgesetzgebung.

I. Die geschichtliche Entwicklung des Protestantismus brachte von
selbst mit sich die Geltung der Staatsgesetze in der Kirche und deren
Anerkennung durch diese. Bis in's neunzehnte Jahrhundert verstand
sich das um so mehr, als die Vereinigung der kirchlichen und staatlichen Gesetzgebung in einer Hand einen Zwiespalt und Widerspruch
nicht aufkommen liess, die Kirchenordnungen u. s. w. zugleich als
Staatsgesetze angesehen werden können. Die Gesetze des ehemaligen
deutschen Reichs bildeten die Hauptquelle für die rechtliche Stellung
der Kirche. Während aber, wie schon angedeutet, die innerkirchlichen
Angelegenheiten bis in das Ende des 18. Jahrhunderts durch besondere
kirchliche, wenngleich von der Staatsgewalt ausgehende, Ordnungen
geregelt wurden, der staatliche Charakter mancher Materien darum
nicht in den Vordergrund trat, weil den Consistorien die Gerichtsbarkeit
zustand, trat mit der Gesetzgebung in **Preussen** unter Friedrich II.
eine Wendung ein. Mit der *Allgemeinen Gerichtsordnung* vom 6. Juli 1793
hörte jede Gerichtsbarkeit derselben auf, das *Allg. preuss. Landrecht*
von 1794 ordnete selbst innerkirchliche Dinge und unterstellte sie damit
der staatlichen Gerichtsbarkeit und Administration. Zugleich lag in
letzterem der Versuch vor, Kirchliches und Weltliches zu scheiden [1]).

Collegial-Rechten, bes. in Anschung ihrer innern Verfassung. das. 1772. 4. *Ders.*,
Von der teutschen Religions-Verfassung, S. 339 ff. *F. L. Posselt*, Hist. Corporis
Evang. Kehl 1784. *Ejusd.*, Systema jurium Corporis Ev. Strasb. 1786. *H. W.
v. Bülow*, Ueber Geschichte und Verf. des Corp. Ev. u. s. w. Regensb. 1795. —
Eb. Ch. W. v. Schauroth, Vollst. Sammlung aller Conclusorum, Schreiben und anderen übrigen Verordnungen des Corporis Ev. vom J. 1663—1752. Regensb. 1753 ff.
3 Bde. Forts. von *N. A. Herrich*. das. 1786 fol. *Ch. G. Oertel*, Repertorium der
gesammten Religionsbeschwerden bey dem Corpore Ev. von 1720—70. Reg. 1771 fol.
Dess., Vollst. Corpus gravaminum Evang. 1771—75. 3 Thle. fol.
[15]) Die eigentliche Grundlage war Art. V. §. 52. J. P. O., der die Majoritäts-
beschlüsse in Religions- und ähnlichen Sachen nicht zulässt.
[1]) Derselbe ist allerdings auf Kosten der Kirche gemacht. Ueber den Geist
des Landrechts s. noch *Laspeyres*, Geschichte S. 457 ff. *J. Merkel*, in (Rudelbach
und Guericke) Zeitschrift f. luth. Theol. 1860. S. 1 ff. *Jacobson*, Preuss. Kirchenr.
I. 23 ff. *Richter*, Beitr. S. 12 ff.

Die neuere Gesetzgebung hat an dieser Scheidung festgehalten, jedoch das Kirchliche von sich gänzlich ausgeschieden. Der nächste ähnliche Versuch wurde gemacht für **Baden** in dem *Edict, die kirchliche Staatsverfassung betr.,* vom 14. Mai 1807, nachdem durch das Edict vom 3. Februar desselben Jahres [Publikation des französischen Civilgesetzbuches (mit Zusätzen) in deutscher Bearbeitung] für die Gegenstände des Civilrechts der Bruch mit dem bisherigen Rechte erfolgt war. Dieses badische Edict überschreitet vorzugsweise dadurch das Gebiet eines Staatsgesetzes, dass es nicht etwa das aufstellt, was dem Staat zukommt, sondern auch die innerkirchlichen Rechte aufzählt. Der dritte deutsche Staat, der eine solche Regelung unternahm, war **Baiern**. Bereits im Edict vom 24. März 1809 *über die äusseren Rechts-Verhältnisse der Einwohner des Königr. B. in Beziehung auf Religion und kirchliche Gesellschaften* war das Grenzgebiet zwischen Kirche und Staat gezogen, das Edict vom 26. Mai 1818 wiederholte das frühere im wesentlichen, das Edict *über die inneren kirchlichen Angelegenheiten der protest. Gesammtgemeinde im Königr. B.* vom selben Tage ordnete die kirchliche Verfassung selbst. Letzteres ist durch spätere [2]) Erlasse im Sinne grösserer Selbstständigkeit der Kirche erläutert worden. Durch die bereits angeführten Kirchen- und Staatsgesetze [3]) ist man in den beiden erstgenannten Staaten vollständig, desgleichen für einen Theil des letzteren der Forderung kirchlicher Selbstständigkeit gerecht geworden. Es ergiebt sich aus der früheren Darstellung, in wieweit in den übrigen Staaten das innerkirchliche Recht auf Kirchen- oder Staatsgesetzen ruhet.

II. Die neuere Entwicklung der Staatsgesetzgebung hat den Kreis dessen, was dem Kirchenrechte im Gegensatze zu dem staatlichen Rechte anheimfällt, wesentlich beschränkt. Wie für die katholische Kirche [4]), so sind für die protestantische die neueren Reichsgesetze massgebend. Ebenso kommen verschiedene neuere Staatskirchengesetze auch für sie in Betracht [5]).

III. **Das Resultat der Entwicklung in allen deutschen Ländern und in Oesterreich** lässt sich für das geltende Recht gleichmässig der katholischen wie der evangelischen Kirche gegenüber folgenderweise angeben.

---

[2]) Vom 28. Oct. 1824 (*Döllinger* S. 1299) und 2. Juli 1831 (das. S. 1326).

[3]) Siehe §. 1, Anm. 14, 15, 18, 28.

[4]) Siehe Th. I. §. 13, Anm. 3.

[5]) So die im Theil I., §. 13, Anm. 20 unter 1, 2, 3, 7 angeführten für *Preussen*, mehrere der daselbst Anm. 22 für *Baden*, die in Anm. 25 für *Hessen*. Vgl. auch §. 2.

Es kann selbstverständlich eine Aufzählung der einzelnen Staatsgesetze nicht beabsichtigt werden.

Ausschliesslich der Staatsgesetzgebung *) *fallen anheim:* die Rechte der Kirche, der kirchlichen Gesellschaften, Vereine, des Klerus in bürgerlicher (privatrechtlicher) und politischer Beziehung; die Wirkungen kirchlicher Akte für das äussere staatliche Rechtsgebiet; die mit Klage geltend zu machenden kirchlichen Ansprüche an den Einzelnen; das Eherecht. *Der Staat ordnet selbstständig sein Rechtsgebiet gegenüber der Kirche,* seine Gesetze, mögen sie von den kirchlichen Organen anerkannt werden, oder nicht, bilden allein Recht. Insoweit kirchliche Rechtssätze für das Gebiet der dem Staate zufallenden Gesetzgebung noch praktische Geltung haben (z. B. im Eherechte), kommt ihnen diese nicht zu, weil sie kirchliche sind, sondern weil der Staat sie recipirt und in Geltung gelassen hat.

*) Mag diese in einem reinen Staatsgesetze, oder in einem staatlicherseits bestätigten Kirchengesetze (wie §. I, Anm. 28) ihren Ausdruck finden.

Zweite Abtheilung.

Die Literatur.

Erstes Kapitel.

Die Schriftsteller und ihre Werke.

§. 6.

A. Die Deutschen.

1. Konrad Mauser.

Professor in Wittenberg, begraben am 23. Oct. 1548. *Adelung,*
Forts. IV. 1057.

> *Tr. jur. de nuptiis cet. ed. C. Questalius.* Jen. 1682. 4., zuerst Witt.
1569. 4.

2. Basilius Monner.

Geboren zu Weimar, studirte die Rechte in Jena, erst Rector in
Gotha, dann Rath in Weimar, 1554 erster Prof. der Rechte und Pro-
kanzler in Jena, wo er 6. Jan. 1566 starb. *Zeumer,* Vitae Nr. III. *Adr.
Beier,* Syll. p. 536. *Jöcher* III. 536.

> 1. *De matrimonio brevis et methodica explicatio.* Francof. 1561. 4.
>
> 2. *Tract. duo I. de matrimonio. II. de clandestinis conjugiis, una cum
> decisione quaestionis: ecquid sacerdotum in ecclesiis reformatis maritorum liberi
> sint legitimi?* 2 ed. Jen. 1604, 1616. Lips. 1617. 4.

3. Melchior Kling *).

I. Er ist geboren zu Steinau an den Strassen in der Grafschaft
Hanau am 1. Dezember 1504 [1]. Nachdem er unter lauter Entbeh-

---

*) Hallische Beitr. zu der jur. Gel. Historie II. 141. die hier citirten Schriften
der Ges. zu Halle. *Jugler,* Beiträge IV. I. *Muther,* Zur Gesch. der Rechtswiss.
S. 149. Ders., Univ. u. Gel. Leben an verschiedenen Stellen.

[1] Sein Bild auf der Bibl. zu Halle hat: ,obiit. a. 1571 aetatis 66 ann.'

rungen ²) seine erste Jugend verlebt, studirte er in Wittenberg (immatrikulirt 4. Sept. 1527) die Rechte vorzüglich unter *Hier. Schurff*, und wurde hier im Nov. 1533 Dr. jur. utr., 1534 für die Lectura des Sextus mit 50 Gulden angestellt, seit 1534 vom Kurf. Johann Friedrich von Sachsen als Consulent benutzt ³), wie wir ihn denn auch im Jahr 1536 als einen der Schiedsrichter in dem Streite zwischen dem Kurfürsten und Herzog Georg von Sachsen finden. Zugleich wurde er vom Kurf. Albrecht von Mainz zu Geschäften verwandt und war Prokurator am sächsischen Oberhofgericht. Bei der Restauration der Universität Wittenberg im Jahre 1536 erhielt er die zweite Lectura ordinaria (der Dekretalen) und damit das Assessorat im Hofgericht daselbst, war im Sommersemester 1539 Rector, 1541 als kurf. sächs. Rath in Regensburg, 1543 und 1544 in Speier bei der Visitation des Kammergerichts. Im letztern Jahre wurde er wegen Verdachts übler Nachrede gegen den Kurfürsten Johann Friedrich verhaftet, Fastnacht 1545 freigelassen und auf's neue Professor, lebte aber seit 1547 in Halle, für verschiedene Fürsten Geschäfte besorgend ⁴). Er war zweimal verheirathet, hatte zehn Kinder und starb mit Hinterlassung eines bedeutenden Vermögens zu Halle am 25. Febr. 1571.

II. Ausser einem Versuche, den Sachsenspiegel systematisch zu ordnen, der Ausgabe von *Henning Göde's* Consilia ⁵) und einer Schrift zu den Institutionen hat er folgende Schriften hinterlassen, die uns angehen:

1. *In praecipuos, et eos, qui ad usum forensem prae ceteris faciunt, secundi libri antiquar. decretalium titulos commentaria.* Francof. 1550, 1553, 1562 fol., 1591, 1606. 8. Lugd. 1551. Diese Schrift nebst den *Enarrationes in Institutiones* wird im Index als zu den proscribirten gehörig erwähnt. Sie steht auch im Index libror. prohibitor. et expurgandorum. Matr. 1627 f. (Sotomayor) p. 792.

2. *Ad librum III. decretalium in usus feudorum commentaria (et enarrationes aliquot legum D. de legat. et fideic. primo).* Francof. 1563 fol.

3. *Explicatio et continuatio titulorum juris civ. et canonici.* Lugd. 1550. 8. Colon. 1561. 8. Francof. 1563 fol.

4. *Super secundum sexti decretalium lectura.* Francof. 1562 fol.

---

²) Seine Eltern waren arm, er hat in seiner Jugend in Halle durch Singen vor den Häusern — man nannte solche *Currentaner* — und durch Aufziehen der Soole aus dem Salzbrunnen sich mühsam Geld verdient, dann kleinen Kindern Unterricht ertheilt.

³) *Muther* hebt hervor, dass die falsche Nachricht, er sei *Christian Beyer's* Nachfolger und kurfürstl. Kanzler in Dresden geworden, daher rührt, dass B. bis zu seinem Tode des Kurfürsten Geschäfte besorgte.

⁴) Siehe Halle'sche Beitr. u. Muther, der bestreitet, dass er Magdeburgischer Kanzler gewesen. *Luther* mochte ihn nicht leiden, weil er für die fortdauernde Geltung des canonischen Rechts auftrat. Man sehe die Notizen bei den genannten.

⁵) Wittenb. 1541 fol. auf Befehl des Kurfürsten. Vgl. Bd. II. S. 374.

5. *Matrimonialium caussarum tractatus methodico ordine scriptus.* Francof. 1553, 1559 fol.; 1577, 1581, 1592. (letzte Ausgabe mit *Hotmann* de veteri ritu nuptiarum vermehrt) 1617. Lips. 1618. 4.

Eine aus ältern Canonisten, insbesondere Hostiensis, Joh. Lupus, Bohic, Panormitanus, der Glosse u. a. geschöpfte überaus lichtvolle Darstellung, welche zur Orientirung über das vortridentinische Recht eine der besten ist. Die Vorrede *de origine et autoritate juris canonici ad cognitionem ac decisionem causarum matrimonialium* ist ebenfalls lesenswerth. Mit ihr tritt er auch für das canonische Recht als einer der ersten Systematiker dieser Periode auf.

4. Thomas Naogeorgi.

Kirchmeyer, Kirchbauer, Neubauer, Hubelschmeiser — unter diesen Namen kommt er vor — ist geboren 1511 zu Straubing, ein bekannter evangel. Prediger, der wegen seiner Lehre den Wohnort oft wechselte, bis er am 29. Dez. 1563 als Pfarrer zu Wiesloch in der Pfalz starb. *Jöcher* III. 813.

Rubricae s. summae cupitulorum jur. can. eccl. Basil. Dedication an den Nürnberger Senat, datirt 5. Jan. 1551.

Eine Uebersicht der Rechtssätze des Dekrets in dessen Ordnung, zum Schluss Zusammenstellung der Canones nach einzelnen Rubriken, z. B. de potestate papae et rom. eccl., de accusat. et accusator., de matrimonio.

5. Erasmus Sarcerius.

Er wurde 1549, nachdem er vom Grafen Wilhelm von Nassau wegen Verweigerung der Unterzeichnung des Interims entlassen worden, Pastor bei St. Thomas in Leipzig, 1552 als Vertreter nach Trient gesandt, reiste am 13. Januar ab, kam aber nur bis Nürnberg und am 18. Mai zurück, wurde im Jahre 1559 Pastor in Eisleben, später in Magdeburg, wo er starb. *Vogel*, Annal. 188, 193, 208.

1. *Ein Buch rom h. Ehestande und ron Ehesachen mit allen umbstendigkeiten zu diesen Dingen gehörig.* 1553. Leipzig 1556.

2. *Corpus juris matrimonialis.* Francof. 1569.

6. Georg Nigrinus.

Geboren zu Battenberg 13. Sept. 1530, nach einem sehr wechselvollen Leben zuletzt 1564 Stadtpfarrer und 1580 Superintendent in Giessen, wo er am 10. Oct. 1602 starb. *Strider* X. 81, XV. 354.

1. Päpstische Inquisition. Frankf. 1582, 1589 f.

2. Von rechter ordentlicher Wahl, und dem Beruff der Evang. Prediger, Und woher ir Ampt krefftig sey, Allen gemeinen Pastoren nützlich und tröstlich zu lesen. Darinnen ein beständige Antwort und gründl. Widerlegung ist,

der jetzigen Papistischen Clamanten, sonderl. M. Caspari Franken, Hoffpredigers zu München, Lesterung, das die Ev. Prediger nicht macht haben zu predigen, und die Sacramente auszutheilen, und das jr Ampt gantz krafftloss sei. Von Georg Nigrino Batrimontano, Pred. zu Giessen. Anno 1573. 4. Ur-cl.

3. Deutsche Uebersetzung von *Godelmann*, Tract. de magis u. s. w. Frankf. 1592, 1606. 4. *Chemnitz*, examen Conc. Trid. das. 1576 f., von *Nic. Hemming* vom Ehestand, Ehescheiden und allerhand Ehefällen. Ursel 1585.

7. Franz Burghard (Burchardi).

Geboren zu Löwenberg in Schlesien, Prediger in Riesenburg. 1555 Prediger in Danzig, 1560 in Thorn, gest. als Pastor zu Gross-Zieder 1590. *Jöcher* I. 1490.

Erster (anderer — dritter) Theil des Tractats: De autonomia. d. i. von Freystellung mehrerlay Religion. Münch. 1586, 93, 1602. 4. Dazu *Dommerein von Dissingew*, kurze Information und Anleitung von der Autonomia, zu Erleuterung des Tr. von der Freystellung u. s. w. Christlingen 1610. 4.

8. Joachim Mynsinger von Frundeck *).

Geboren zu Stuttgart den 13. Aug. 1517, nicht 1514, wurde unterrichtet von Alex. Marcoleon (*Märklin*, ehem. Dominikaner, erster evang. Schulvorsteher), bezog dann die Universitäten von Dôle, 1531 Tübingen, 1532 Padua, nachdem er bereits geheirathet hatte, Freiburg i. B., wo er *Ulrich Zasius* hörte, wurde hier mit 19 Jahren Professor der Rechte, im J. 1548 vom K. Karl V. für den oberrhein. Kreis zum Reichskammergerichtsassessor ernannt, ging 1556 als Kanzler H. Heinrichs von Braunschweig-Lüneburg nach Wolfenbüttel, wurde Erbkämmerer des Fürstenthums Braunschweig, nahm 1563 als braunschweigischer subdelegirter Rath an der Visitation des Kammergerichts Theil [1], machte 1568 eine allgemeine Kirchenvisitation aus Auftrag des H. Julius, erhielt 1571 vom Kaiser die Burgtorfischen Reichslehnstücke und Güter im Hildesheimischen, vom Magdeburger Domkapitel Amt und Stadt Möckern zu Lehen. Im J. 1573 erreichte er auf vieles Bitten seine Pensionirung und zog nach Helmstädt auf den zum Erbkämmerer-Amt gehörigen Burghof, wo er ganz besonders für die Stiftung der Universität (15. Oct. 1576) thätig war, bei deren Eröffnung er den Kaiser vertrat; er starb am 3. Mai 1588 auf seinem Schlosse Alsleben an der Bode und wurde begraben in Helmstädt.

*) *Jugler*, Beitr. II. 1, der die älteren Quellen anführt. Weil er einen Zahn mit auf die Welt brachte, schrieb er sich auch *M., dentatus, a F. Schreiber*, Gesch. II. 84 u. ö.

[1] Man wollte ihn erst nicht zulassen, weil er in den ‚*Singularium Observationum iudicii imp. camerae centuriae IV.*‘ die Gerichtsgeheimnisse gegen seinen Eid verrathen habe. Als er von den kais. Commissarien u. Visitatoren anerkannt wurde, protestirte das Gericht. *Strube*, Nebenstunden IV. 213.

Seine schriftstellerische Thätigkeit [2]) erstreckt sich auf Lehrgedichte, Röm. Recht, Prozess, ein Gebetbuch und:

Commentarii practici in libri II. decretal. tit. de probationibus, de test. et attest. Helmst. 1582, 1600 fol. Francof. 1602 von *Reyger* mit Zusätzen edirt. — *in tit. 3. de fide instrum. et in solemne cap. quoniam frequenter tit. 6. decretal.* ib. 1582 fol. Francof. 1602. 8. von *Reyger.*

9. Joachim von Beust.

Geboren am 19. April 1522 zu Möckern als Sohn des dortigen Amtshauptmanns *Achim v. B.* und der *Elisabeth,* geb. *v. Randau-Zabern,* studirte seit 1539 zu Leipzig unter *Joach. Camerarius* und *Modestin Pistor,* reiste 1544 nach Italien, wo er *A. Alciat* und *M. Socinus* jun. hörte und 1548 in Bologna Dr. jur. wurde. Nachdem er 1550 Rath des Kurf. Moritz von Sachsen geworden, erhielt er zwei Jahre später eine Professur der Rechte in Wittenberg, vertauschte diese aber 1580 mit einer Assessorstelle am Consistorium zu Dresden. Im J. 1586 wurde er vom Kurf. Christian als Rath an den Hof gezogen, im J. 1591 zum Oberhofmeister der unmündigen Söhne Christians vom Administrator Herzog Friedrich Wilhelm zu Sachsen-Altenburg ernannt. Das nächste Jahr sah ihn mit der allgemeinen Kirchenvisitation zur Absetzung calvinischer Geistlichen und Beamten betraut; bald nachher pensionirt zog er sich nach dem von ihm erworbenen Rittergute Planitz bei Zwickau zurück, wo er am 4. Febr. 1597 starb. *Jugler,* Beitr. II. 20.

Neben einigen civilistischen, ascetischen, erbaulichen und literarhistorischen Schriften hinterliess er:

Tract. de sponsalibus et matrimoniis ad praxin forensem accommodatus. Viteb. 1586, 1588, Lips. 1591 als „*de jure connubior. et dotium*' cet. Die Abhandlung *de dotibus* steht in den frühern nicht, 1597, 1618. Jena 1618, stets in 4. [1]).

10. Georg Coelestin.

Geb. zu Plauen im Voigtlande 1523, seit 1571 Dompropst in Berlin, gest. das. 13. Dez. 1579. (Brecher in Allg. D. Biogr. IV. 388 und die dort Genannten.)

Von der Thumstifft Ursprung, und der Stiffts-Personen christl. Emptern, dazu sie von christl. Keysern, Königen und Fürsten erstlich fundiret, und so reichlich begabet sein. Gründl. und nützl. Bericht durch Doct. *Georgium Coelestinum,* Thum-Probst der Stifftsk. zu Cöln an der Spree, zusammengezogen a. 1572. — Lediglich einige historische Reflexionen, dann Statuta, erläutert mit Kalender u. s. w.

[2]) Ueber sein Verdienst rücksichtlich der R. K. Gerichtspraxis s. *Pütter,* Liter. des teutsch. Staatsr. I. 120.

[1]) Mit seiner *lectura in tit. Dig. de jurejurando* auf den Index gesetzt 3. Juli 1623.

11. Nicolaus Vigel (Vigelius) *).

I. Er ist geboren zu Dreysa (Hessen) im J. 1529, hat einige Zeit
in Heidelberg studirt, war aber im Ganzen Autodidakt, wurde 1560
Professor der Rechte in Marburg, 1564 Dr. jur. Ergrimmt über seines
ehemaligen Schülers und nunmehrigen Collegen *Herm. Vulte* (Vultejus)
Einfluss beim Hofe und an der Universität, sowie über das Abweichen
von seiner Methode, griff er Hof, Geistlichkeit und Vulte im ,*Examen
Ictorum*' 1593 dergestalt an, dass eine Untersuchungscommission ein-
gesetzt wurde. Er musste vor Rector und Professoren Abbitte thun,
wurde hierauf mit Pension entlassen und angewiesen, ohne Censur der
Fakultät nichts mehr drucken zu lassen, 1594. Er starb privatisirend
daselbst am 20. (nach Einigen 10.) Juni 1600. Selbstüberschätzung, die er
aus dem Bewusstsein schöpfte, die Rechtswissenschaft umgestalten zu
können, und daraus als Folge der Neid haben diesem Manne das Leben
getrübt, dessen grosse Verdienste um die Wissenschaft unbestreit-
bar sind.

II. Seine literarische Thätigkeit ist dem Civil-, Lehn-, Straf-, Pro-
zess-, canonischen Recht gewidmet, letzterem in:

1. *Methodus regularum utriusque iuris* cet. Francof. 1564, Basil. 1584.

Diese Schrift, worin er seinen Gefühlen Luft macht [1]), giebt in
10 Kap. die Rechtsregeln systematisch, vorzugsweise aus allgemeinen
Prinzipien schöpfend. Sie hat das Verdienst, selbstständige allgemeine
Gesichtspunkte aufzustellen und sich von der herkömmlichen Schablone

---

*) *Freher*, Theatrum p. 952. *Jugler*, Beitr. II. 79.

[1]) Im Dedicationsschreiben an Eckbrecht von Malsburg heisst es: ,Nam apud
Turcas Icti moribus hominum regendis ac iuri dicendo praeficiuntur, qui et ius
certum curant, et *iurisprudentiam eloquentiae proponunt*, morumque praestantia
praestant. Sed apud Christianos contra *oratores*, quorum vis virusque in lingua
sita est, quique perpetuo inter se dissident, Ictis praeferuntur. Icti moribus hominum
regendis praeficiuntur, ipsi moribus praediti pessimis, cumque iuri dicendo praesint,
ius certum aspernantur.. calumnias et obtrectationes effugere nequeo. Hinc fit, ut
quem ob bene merita sua laudet Germania, laudet Italia, laudet Gallia, laudet
Hispania (quod sine arrogantia scriptum volo) eum rideat, vexet, contemnat, calum-
nietur Hassia, patria sua. Tales honores, taliaque praemia non meis laboribus,
quos in adiuvandis iuris studiis exhausi maximos, ab oratoribus nostris mihi sunt
exspectanda.'

Ueber das *Examen Ictorum* cet. 1593 s. *Jugler* S. 93. Auf Requisition des
Cassel'schen Hofes wurde es in Frankfurt und Basel — in letzterer Stadt ist es
wohl erschienen — confiscirt, der Drucker bestraft. Seine Klagen über Ausdehnung der Prozesse u. dgl. sind wahr, aber nicht neu. Als ein weiterer Beitrag
seines erregten Gemüthes erscheint:

*Wahrhafftig ursach, warumb das alt Römische Reich zertrent, und nuhn mehr
in Türcken und Christen zertheilt, auch warumb Gott den Türcken verhengt, dass sie
der Christen Adell und Ritterschaft vertilgen* u. s. w. Basel 1588.

zu entfernen. Dieses tritt noch mehr in den folgenden hervor, welche durch ihre Originalität ersetzen, was ihnen an Umfang und praktischer Brauchbarkeit abgeht.

2. *De caussis matrimonialibus liber, et progymnasmata fori.* Basil. 1575.

Ein Compendium, das fast ohne alle Rücksicht auf Literatur den Gegenstand erörtert, mit allgemeinen Regeln zersetzt, die wichtigsten Quellenstellen mittheilt.

3. *Methodus universi juris pontificii absolutissima in quinque libros distincta.* ib. 1577, 80, 97 (*nunc demum additionibus methodi jur. controversi aucta*), 1616. Lugd. 1581.

Eigenthümliches System. L. I. de legibus, magistratibus et jud. priv. (haeresis, usura), II. de jud. priv. (Prozess), III. de re ecclesiast. (Personen, Benefizien, Vermögen), IV. de actibus eccl. (Lehre, Sakramente, Almosen u. dgl., Ehe, Begräbniss), V. de reliquo jure publ. (Usucapion, Obligationen, Delicte). In lauter regulae et exceptiones mit Citaten aus dem can. und röm. Rechte. Eigentlich nichts als ein Repertorium des can. Rechts in Form von allgemeinen Sätzen, jedoch geeignet, einen Einblick in dessen Bau zu thun.

Es zeigt sich bei Vigel lebhaft, dass die autodidaktische Bildung, zufolge deren er die nackten Quellen allein berücksichtigte, für ihn ein Hinderniss wurde, bahnbrechend aufzutreten, was er bei seiner Tüchtigkeit hätte zu Stande bringen können: er legt zu viel Gewicht auf die allbekannten Anfangsgründe, d. h. den blossen Wortlaut der Jedem zugänglichen Quellen.

12. Simon Schard.

Geboren um 1535, seit 1557 Assessor des Reichskammergerichts in Speyer, gest. 26. Mai 1573.

1. *Hypomnema de fide, observantia ac benevolentia pontificum Rom. erga imperatores germanicos* cet. Basil. 1566.

2. *De jurisdictione, auctoritate et praeeminentia imperiali ac potestate ecclesiastica, deque juribus regni et imperii rariorum authorum . . . scripta.* Basil. (Dedication an K. Maxim. gez. 20. März 1566, am Schlusse mense Martio) 1566 fol. Argent. 1618 fol. Am 3. Juli 1623 auf den Index gesetzt.

3. *Delineatio juris ab augustiss. imperatoribus olim in approbandis confirmandisque pontificibus romanis usurpati et riceversa.* cet. Hamb. s. a.

13. Andreas Freyhub.

Aus Sprottau in Schlesien, 22. März Lic., 25. Mai 1558 Dr. und Prof. der Theologie in Leipzig, Canonicus von Meissen, 1576 als Sacramentirer entfernt, nach kurzer Haft entlassen und des Landes verbannt, gest. in Zerbst. *Heydenreich* p. 170. *Vogel,* Annales Lipsienses p. 206 sq. 236. *Brockhaus* in Allg. D. Biogr. VII. 369 lässt ihn am 3. Aug. 1576 in Zerbst gestorben sein, während Heydenreich und nach ihm Vogel u. A. diesen Tag als denjenigen angeben, wo er nach Zerbst zog.

Capitula disputationis, in qua asseritur, jus vocandi et ordinandi ministros verbi dei ad universam ecclesiam spectare cet. Leipzig 1571. Gegen *Turrianus* und die bischöfliche Ordination.

14. Paul Cypraeus *).

I. Am 16. April 1536 zu Schleswig als Sohn des Bürgermeisters *Nikolaus Kupferschmidt* geboren, studirte er dort, seit 1552 in Wittenberg Theologie, sodann durch drei Jahre in Löwen die Rechte, lebte verschiedene Jahre auf englischen Universitäten, hierauf in Frankreich, fünf Jahre in Orleans, wo er *Fournier* hörte, Advokat der deutschen Nation war, nahm dort das Doktorat und ging über Spanien und Italien in seine Heimath zurück. Hier erhielt er 1565 vom H. Adolph von Holstein-Gottorf ein Canonicat in Schleswig und die Stelle eines Hofraths und Beisitzers im Obergerichte zu Gottorp; zugleich war er Consistorialassessor. Nachdem er verschiedene diplomatische Aufträge ausgeführt, bekleidete er einige Jahre das Amt des Rechtslehrers auf dem 1576 zu Schleswig errichteten Gymnasium. Er starb zu Schleswig den 2. Juni 1609. Einer seiner Söhne, *Johann Adolph*, Prediger in Schleswig, trat 1633 zu Köln zur kath. Kirche über.

II. Ausser historischen Schriften, namentlich zur Geschichte Schleswigs und einem Commentar zu den Gesetzen seines Vaterlandes schrieb er:

1. *Diss. de nuptiis.* Aurel. 4. Diese Inauguraldiss. wurde erweitert zu

2. *Tractatus de jure connubiorum.* Francof. 1605. 4. (herausgegeben von seinem Sohne *Hieronymus*), Leipzig 1622. 4. Siehe das Urtheil von *Westphalen.*

15. Johann Münch (Monachus).

Geboren 15. Aug. 1536 zu Schneeberg, 1560 Dr. phil. in Jena, dann Dr. jur. in Basel, 1573 Professor in Jena, 1579 Syndicus in Nürnberg, 1588 Ordinarius der Juristenfakultät zu Leipzig, 1593 Rector, 1594 auch Rathsherr und Proconsul, 1596 Bürgermeister, gestorben 1599. Als Bürgermeister beseitigte er den Gebrauch, den Bürgereid auf den Reliquienkasten abzulegen. *Vogel*, Annales p. 254. *Zeumer* XVIII. *Will*, Nürnberg. Gel.-Lex. I. 651. *Gerber*, Leipz. Ordinarien XVIII.

In decretales juris pontificii commentaria ut nova ita doctissima et utilissima cet. *opera et studio Hier. Carmelini auditoris authoris JC.* Mulhusii 1602. 4.

Zu einer Anzahl von Kapiteln des 2. Buchs, wegen der Bezugnahme auf das sächsische Recht und die Darstellung der Unterschiede des Civilrechts nicht ohne Werth.

---

*) *Moller*, Cimbria lit. I. 120. *von Westphalen*, Mon. inedita rer. Germ. III. praef. p. 33. *Jugler*, Beitr. VI. 9.

16. Joachim Stephani.

Aus Pyritz, 1572 Prof. der Mathematik, 1778 Dr. und Professor der Rechte in Greifswald, herzogl. Pommer'scher Rath, Syndikus und Direktor des Consistoriums, gest. 1617. *Kosegarten* I. 218.

1. *Institutiones juris canonici in 3 libros* cet. Greifsw. 1599. Frankf. 1604, 1612.

Ein auf die magersten Definitionen und Expositionen unter Berufung auf die Quellenstellen beschränktes Lehrbuch, das im Institutionensystem die Materien der Dekretalentitel, kirchliche wie bürgerliche, behandelt.

2. *De jurisdictione Judaeorum, Graecorum, Romanorum et Ecclesiasticorum libri quatuor.* Greifsw. 1582. 4. Frankf. 1604.

Dieses mit Dekr. v. 16. Dez. 1605 auf den Index gesetzte Werk enthält im 4. Buche in 17 Kapiteln eine kurze Darstellung des Kirchenrechts, jedoch vorzugsweise des die Personen betreffenden, ohne besondern Werth, nicht ungeschickt und mit manchen curiosen, jedoch nicht immer richtigen Notizen.

17. Nikolaus von Reusner *).

Geb. 2. Febr. 1545 zu Lemberg (Schlesien), hier und in Breslau vorgebildet, studirte in Wittenberg seit 1560 Philosophie, Medizin und Mathematik, seit 1563 in Leipzig die Rechte, 1564 wieder in Wittenberg, ein Jahr Professor am Gymnasium in Augsburg, dann in Neuburg, 1583 Dr. jur. in Basel, Assessor des R.-Kammergerichts, Professor der Rechte in Strassburg, 1589 Senior der Juristenfakultät, Beisitzer des Hofgerichts und Schöppenstuhls in Jena [1]), bald wirkl. Rath, besorgte verschiedene Staatsgeschäfte, 'Comes palatinus' und auf's neue geadelt, gestorben 12. April 1602 als Rector.

1. *Oeconomia juris utriusque, civilis et canonici, brevibus tabellis comprehensa.* Argent. 1584, 1626. 4.

2. *Centuria conclusionum de sponsalibus et nuptiis ex jure civ. et canon.* Jen. 1592. 4. Am 12. Dez. 1624 auf den Index gesetzt.

18. Joh. Bapt. Nicolai.

Regularum juris tam civilis quam pontificii, ex celeberr. et celsiss. doctoribus . . . cum suis ampliationibus, limitationibus, et fallentiis. Francof. 1586. 2 vol. f.; auf dem 2. Bde., der Buch 10—19 enthält, *Math. Sasbout* genannt als Herausgeber.

---

*) *Adam*, Vitae 379. *Freher*, Theatrum. *Zeumer*, Vitae jurisc. p. 61. *Beier*, Syll. Rect. et. prof. Jen. p. 148. 575. *Jugler*, Beitr. V. 296 (zählt 83 Schriften auf). *Günther* S. 55.

[1]) Als Curiosum sei erwähnt, dass man ihm 1400 fl. Reisegeld zahlte.

19. Dethard Horst.

Geb. zu Norden (Ostfriesland) 10. Aug. 1546, Professor in Helmstädt, zuletzt Advokat in Wittenberg, gest. 1. Febr. 1618. *Jöcher*
II. 1716.

De finibus jurisprudentiae et studiis theol. a studiis juris divini recte dignos-
cendis. . . . apologema cet. Helmst. 1592.

20. Friedrich Petri.

Geb. 10. März 1549, gest. 1617 als Senior des Ministerii zu Braunschweig. *Jöcher* III. 1441. *Adelung,* Forts. V. 2053.

Censura canonicorum d. i. heilsamer Unterricht von Canonicis oder Stifts-
herrn u. s. w. Frankf. 1693. 4.

21. Eberhard von Weyhe.

Geboren 1553, Dr. jur. und 1580 Prof. der Rechte in Wittenberg,
trat 1585 in Dienste des Herzogs von Holstein-Gottorf, nach zwei Jahren
wieder Prof. in Wittenberg, 1589—91 Rector, wegen Verdachts des
Calvinismus entlassen, Rath und Kanzler in Kassel, 1610 schaumburg.,
1614 braunschweig. Kanzler, starb quiescirt zu Lüneburg 1629.

De controversia, an jus pontificium s. canon. merito et licite in scholis et
foro fidelium locum obtinere possit? cet. Viteb. 1588. 4.

22. Johann Goeddaeus.

Geb. 7. Dez. 1555 zu Schwerte in Westfalen, 1585 Dr. jur. in
Marburg, Privatdozent, 1588 ord. Prof. der Rechte in Herborn, 1594
in Marburg, gest. 5. Jan. 1632. *H. Müller* in Allg. D. Biogr. IX. 313.

De sequestratione possessionum et fructuum, qui est tit. 17. l. II. decret.
Greg. IX. repetitio. Herbornae 1589, 99. Francof. 1607.

23. Bernhard Speckhahn.

Gebürtig aus Bremen, in Helmstädt 1581 Dr. jur., später auch
Professor der Rechte, gest. 1627.

Tract. de methodo, oeconomia et synoptica distributione et exegesi quinque
librorum decretal. epistolar. Gregorii IX. P. M. Helmst. 1708, s. l. anno 1719.

Lediglich klare Auseinandersetzung des Inhalts, ein Werk ähnlich
wie das von Pacius, nur kürzer, die Ausg. von 1708 hat 61 Seiten kl. 8.

24. Johann Zanger *).

I. Geb. 1557 zu Braunschweig, wo sein aus Ungarn gekommener
Vater Johann Pastor an der Peterskirche war, studirte seit 1576 in
Heidelberg unter *H. Donell,* dann in Italien und zu Basel, wo er am

---

*) *Jugler,* Beitr. I. 362, der seine Quellen anführt.

2. Febr. 1580 Dr. jur. zugleich mit *II. Vulte* wurde. Im J. 1581 wurde er Beisitzer des Hofgerichts und Professor der Rechte zu Wittenberg, später auch Beisitzer des Schöppenstuhls, Consistoriums und Niederlausitzer Landgerichts, 1594 erster Professor und Ordinarius der Fakultät: er starb daselbst am 6. Sept. 1607.

II. Er besass eine seltene Arbeitskraft, praktische Gewandtheit, allseitige Bildung. Seine Schriften gehören dem Civil-, Criminal- und canonischen Rechte an, diesem:

1. Orationes duae *1. quod, licet Pontifex Rom. nullam habeat potestatem condendae legis, tamen jus can. licite in scholis et foro doceatur et observetur* (die 2. über die Eigenschaften des Urtheils) Vit. 1601, gehalten 1594, auch gedruckt 1595, 1600.

2. Diss. theologico - juridica *de excommunicatione maiore, qua toties in principes tam nefarie pontifices romani fuere abusi.* Vit. 1607. 4. Mit Beantwortung der Frage: ,Utrum magistratus politicus possit per statutum, seu edictum, prohibere subditis, ne bona sua, praesertim immobilia, titulo quovis in ecclesiam, vel ecclesiasticos, alienent?' von *Andr. Seifard*, Dr. in Halle. Von der Wiener Hofcommission verboten (Catal. libror. a Com. aulica prohibitor. Wien 1765. S. 182).

3. Commentationes in libri II. decretal. quatuor titulos de sent. et re jud., appellat., clericis perigrin., et confirm. utili et inutili cet. Vit. 1620, 1644, 1661. 4., edirt zuerst vom Sohne *Daniel Z.* aus einem Collegienhefte. Am 8. März 1662 auf den Index gesetzt. Der Commentar ist sehr umständlich, liefert gutes praktisches Material, die römische Censur ist durch keine besonderen Gründe motivirt.

25. Johann Georg Godelmann.

Geb. 12. Mai 1559 in Tuttlingen, 1580 Dr. juris in Basel, Dozent in Rostock, 1592 Hofrath in Dresden, gest. daselbst 20. Febr. 1611. *Distel* in Allg. D. Biogr. IX. 316.

Tract. de magis, veneficis et lamiis deque his recte cognoscendis et puniendis cet. Frankf. 1591, 1601. 4.

Bekämpft darin den Hexenglauben. Siehe das Nähere *C. G. v. Wächter*, Beitr. z. Deutsch. Gesch. S. 294.

26. Conrad Rittershusius.

Geboren zu Braunschweig 25. Sept. 1560, studirte zu Helmstädt, Altorf und Ingolstadt, 1592 Dr. jur. in Basel, dann Prof. der Rechte in Altorf, wo er 25. Mai 1613 starb. *Zeidler* p. 150.

Differentiarum juris civilis et canonici seu pontificii libri VII. Argentor. 1616. 4.; 1618. 8.; 1638, 1668. 4. (mit dem Ms. collationirt, ergänzt und mit Indices versehen).

Die prima classis L. I. u. II. behandelt die Differenzen bezüglich des Eherechts, L. III. die Verträge, IV. Erbrecht, usurae, Rentenkauf, Verjährung, V. das Gerichtswesen, VI. Criminalrecht, VII. die kirchlichen Personen.

Der Ausgabe von 1668 sind angehängt noch diff. anonymi, von *Ge. Lauterbeg*, dann *Jo. Emerici ab Rosbach* De comparatione jur. civilis et canonici tr., in quo utriusque differentia seu diversa constitutio ostenditur cet. — *Rittershausen's* Schrift wurde am 10. Mai 1619 auf den Index gesetzt.

27. Leopold Hackelmann *).

Geboren zu Stade 1563, studirte in Helmstädt, Leipzig und Jena, wurde hier Dr. jur., 1594 Prof. der Pandekten, 1596 Ordinarius, 1599 Rath des Erzb. von Magdeburg, 1612 Prof. und Ordinarius in Leipzig und Canonicus in Merseburg, 1613 Rector, gest. 11. Nov. 1619.

Disputationes selectiss. ex juris can. materiis cet. Francof. ed. 2. 1602. 4. Die 4 ersten zu X. I. Tit. 2, 3, 5 ff., Nr. 5—7 zu X. II. 4, 10, 16, Nr. 8—10 zu X. III. 30, 48, 49, 13, 38, Nr. 11 zu X. V. 3, 39. Eigentlich lauter ausführliche Thesen mit Anmerkungen (Quellen, Autoren u. s. w.) verschiedener genannter Disputirender.

28. Henning Arnisaeus.

Geboren zu Schlanstädt bei Halberstadt, Mediziner und Philosoph, Prof. der Moral in Frankfurt a. O., 1613 der Medizin in Helmstädt, 1620 in Kopenhagen als königl. Leibarzt, gest. 1636. *Jöcher* I. 554. *Adelung* I. 1112.

1. *De subjectione et exemptione clericorum contra Bellarminum.* Frankf. 1612, Arg. 1635, 73. 4.

2. *De potestate temporali pontificis in principes* u. s. w. Frankf. 1612. 4. mit 1.

3. *De jure connubiorum.* Frankf. 1613. 4. Strassb. 1636. 4.

29. Hermann Fabronius.

Geboren 21. Juli 1570 zu Gemünden in Oberhessen, Sohn des Bürgermeisters H. Faber, nannte sich erst Fabricius, dann Fabronius (Faber Aonius), seit er 1594 von Gratz als Poet gekrönt war, gest. als Superintendent und Dekan des Stifts Rotenburg 12. April 1634. *Strieder*, Grundlage zu einer hess. Gelehrtengesch. IV. 55.

De jure eccles. liber episcopalis ex jure divino, can. et civili conscriptus ad regimen ecclesiae Christi perutilis studio. Hirsfeld 1632.

Nichts als Definitionen unter Berufung auf Bibel, Corp. jur. und einige Schriftsteller (Panorm., Duaren) über Kirche, Bischöfe, Patronat,

---

*) *Beier*, Syll. p. 161. 578. *Zeumer*, Vitae p. 71. *Jöcher* II. 1303. *Günther* S. 55. *Gerber* Nr. 20 hat 1558 als Geburtsjahr: dass er 1563 geboren und am genannten Tage gestorben ist, ergiebt sich aus *Vogele*, Leipz. Geschicht.-Buch. Leipz. 1714. fol. p. 372.

Recht der evang. Landesherren, die ,sie facti non episcopi, sed juris episcopalis administratores et possessores', weil der Papst die Zerreissung der Einheit verschuldet, Visitation, Synode, Pfarramt (conventus classici), Gehalt.

30. Matthias Stephani *).

I. Bruder des Joachim, war geboren zu Pyritz in Pommern 1570 von 1590—1603 Privatdozent der Rechte in Königsberg, Frankfurt und Rostock, 1604 ausserord., 1624 ord. Professor zu Greifswald, Pommerscher Hofrath; er starb den 26. Aug. 1646.

II. Kirchenrechtliche Schriften:

1. Von dem für seine Zeit trefflichen Werke *Tract. De jurisdictione.* Libri 3.' gehört hierher Lib. III. pars I.: quae est de pontificis, cardinalium, patriarcharum, archiep., episcop., consistoriorum ecclesiast., superintendentum, patronorumque in ecclesiis iurisdictione, iuribus officiis et eminentiis: itemque de concessionibus professionum et parochiarum, harumque resignationibus et permutationibus, et aliis quibusdam. Frankf. a. M. Lib. I. 1611, L. II. 1610, L. III. 1611; neu 1623. 4. ').

Voraus eine Einleitung über die Quellen. Die Darstellung ist kurz, klar, ohne Eingehen auf Casuistik u. s. w. Es handelt sich hier nicht um die Darstellung der Jurisdiction im engern Sinne (Gerichtsbarkeit), sondern des Rechtskreises der Personen. Derselbe entwickelt als der Erste besonders das *jus episcopale* der evang. Landesherren, das zufolge der Suspension der Jurisdiction der kath. Bischöfe durch die Reichsgesetze in allen Dingen, welche nicht den ordo voraussetzen, auf sie übergegangen sei und sich wesentlich unterscheide von dem ihnen als Landesherren zustehenden jus territoriale in ecclesiasticis.

2. *Tract. de jure patronatus, in duas partes tributus, quarum I. est de jure patr. ecclesiarum et beneficiorum ecclesiasticorum etc.*, II. *de jure patronatus academiarum, et scholarum inferiorum* cet. Frankf. u. Leipzig 1631, 1639, 1701. 4. (edirt von *Sam. Reyher,* Prof. in Kiel). Gothae 1672. 4. als secunda editio, priore duplo auctior bezeichnet.

Eine der besten Monographieen über den Gegenstand. Steht sie auch für die casuistische Praxis hinter einzelnen zurück, so übertrifft sie dieselben durch klare, lediglich die Rechtssätze gebende Darstellung. Der zweite Theil behandelt ein vor ihm nur sehr wenig bebautes Feld. Sie beschränkt sich übrigens nicht auf das Patronatsrecht im engern Sinne, sondern nimmt dasselbe in der seit der Reformation herkömmlichen Bedeutung, behandelt desshalb auch die Berufung der Geistlichen

---

*) *Aug. de Balthasar,* Progr. de vitis Ictor. gryphisw. Rost. 1758. *Dan. Nettelbladt,* Observat. jur. eccl. p. 124, 128. *Glück,* Praecognita p. 197. *Kosegarten* I. 218.
') Das ganze Werk ist mit Dekret v. 12. Dez. 1624 auf den Index gesetzt.

überhaupt, namentlich in der evang. Kirche, dann die Gerichtsbarkeit und das Verfahren in Patronatsstreitigkeiten.

31. Daniel Nebel.

Geboren im Fürst. Anhalt-Bernburg, bezog 1592 Heidelberg, wo er von 1598 bis zu seinem am 4. Febr. 1626 erfolgten Tode Professor der Rechte war. *Adelung* Forts. V. 437. *Hautz* III. 146.

De jure patronatus et praesentatione. Heidelb. 1616. 4.

32. Johann Kitzel.

Geboren zu Epstein 10. Febr. 1574, an dem neu errichteten Gymnasium in Giessen 1605 Professor der Institutionen und Mathematik, gab die letztere Stellung vor Ablauf von zwei Jahren auf, wurde 1614 Dr. jur., im Jahre 1618 Prokanzler der Universität, 1625 nach Marburg versetzt mit der Universität, starb in Giessen den 30. Aug. 1627. *Nebel*, Prof. jur. p. 3.

Synopsis matrimonialis theorico-practica jura constituendorum et dissolvendorum matrimoniorum nec non etiam modum eorundem expediendorum in judicio . . . exhibens. Giess. 1620. 4.

In der Form eines Diktats, das ausgeführt wird, werden unter den einzelnen §§. theoremata aufgestellt und in Anmerkungen dazu ausgeführt. Die benedictio solemnis nuptiarum coram facie eccl. (pag. 174) gehört nicht zur Substanz, sondern nur zur Feierlichkeit und zur Sicherung des Beweises. Als Scheidungsgründe hat er nur Ehebruch und bösliche Verlassung (p. 238). Die Wiederverehelichung gestebt er nur dem unschuldigen Theil zu, erwähnt aber, dass Einige sie auch dem schuldigen geben, wenn er verziehe (p. 260). Die Darstellung ist sehr klar, jede Casuistik vermieden.

33. Val. Wilh. Forster.

Geboren in Marburg 1574, seit 1608 Adjunct der jurist. Fakultät in Wittenberg, 1609 Professor, gest. 29. Oct. 1620. *Stintzing* in Allg. D. Biogr. VII. 182.

De jure can., quatenus in academiis reform. et judiciis lutheranor. retineri possit, judicia collecta. Wittenb. 1618. 4.

34. Melchior Goldast von Haiminsfeld.

Geboren 6. Jan. 1576 zu Espen bei Bischofszell (Schweiz), führte ein höchst unstetes Leben; bald in Privat- bald in Staatsdiensten, bald privatisirend, von der Schriftstellerei und der Correctur in Druckereien kärglich lebend, endlich fest in Hessen-Darmstädtischen Diensten, gest. als Kanzler der Universität Giessen im Jahre 1635. Dieser durch Herausgabe historischer Quellen, die freilich nicht überall zuverlässig sind, bekannte Gelehrte verdient genannt zu werden wegen mehrerer Ausgaben bezw. Schriften, welche auf Kirchenrechtliches bezügliche Dokumente enthalten [1]):

1. *Monarchia s. Rom. Imp. sive tractatus de jurisdictione imperiali seu regia et pontificia s. sacerdotali, deque potestate imperiali ac papae cum distinctione utr. reg. pol. et eccl.* . . . *a catholicis doctoribus conscripti atque editi et nunc iterum ex tenebris producti recensiti* cet. Hanoviae 1612 (1 tr.) Francof. 1614 (2 tr.), 1613 (3 tr.), neu Francof. 1668 fol. — Enthält eine Anzahl kirchen-politischer Schriften, z. B. die Bd. II. S. 178, 371, 375 u. a. genannten.

2. *Replicatio pro sac. caesarea et regia Francorum majestate, illustr. imperii ordinibus adversus Jac. Gretseri . . . crimina . . .* Hanov. 1611. 4.

Allerlei, z. B. cap. VII. Zusammenstellung der Schmähungen von Päpsten u. s. w. gegen die Kaiser und andere Fürsten, cap. VIII. de potestate Rom. Pont. in spiritualibus u. s. w.

3. *Apologia pro Imp. Henrico IV.* ib. eod.

4. *Simonia curiae Rom.* Francof. 1612. 4.

5. *Discursus epistolares politico-theolog.* Francof. 1610. 4.

35. Sigismund Finckelthaus *).

Dieser Jurist gehörte sein ganzes Leben Leipzig an. Hier wurde er 1580 geboren, 30. März 1609 Doktor der Rechte, 1615 Rector der Universität, 21. Juni 1636 als Ordinarius der Juristenfakultät investirt, 1639 Bürgermeister, zugleich Mitglied des Schöppenstuhls und Consistorial-präses, Canonicus von Merseburg; er starb zu Dresden am 12. Aug. 1644.

Ausser Schriften über Lehnrecht und Gerichtspraxis, die in An-sehen standen, verfasste er:

Tract. de jure patronatus ecclesiastico . . . ut hodie ecclesiarum Augustanae confessionis usui et praxi in foro electoratus Saxoniae commode inservire possit. Lips. 1639. 4. In der 2. Ausgabe: Cui accesserunt *conclusiones juridicae de jure sepulturae* etc. Lips. 1680. 4.

Ist durch Rücksicht auf das deutsche, insbesondere sächsische Recht (Consistorialordnungen u. dergl.) für das protest. Kirchenrecht höchst wichtig und von Anschen gewesen: die Darstellung hat übrigens auch für das kath. Recht den Vorzug einer knappen, klaren, quellen-mässigen Behandlung.

---

[1]) Seine sämmtlichen Werke sind am 4. März 1709. seine Politica imperialis auch schon 23. Aug. 1634 auf den Index gesetzt worden.

*) G. H. Gortzii, Vita Sig. F. Lubec. 1723. *Vogel*, Canales p. 341, 530, 615. *Gerber*, Leipz. Ordinarien Nr. XXII. *Muther* in Allg. D. Biogr. VII. 20. Ueber Differenzen zwischen dem Leipziger Schöppenstuhl und der Juristenfakultät, die 1660 eine kurfürstl. Deputation hervorriefen und auf Gegensätze von ihm und *B. Carpzow* zurückgeführt werden, siehe des letzteren Biographie von *Muther*. F. schrieb und sprach das Griechische geläufig.

Auf den Tractat folgt *Programma et Oratio de collegiorum juridi-corum origine, auctoritate, officio atque utilitate* (bei der Habilitation als Ordinarius des Dekretalenrechts) in beiden Ausgaben.

Die *Conclusiones (respond. Joh. Schiltero)* enthalten Aufstellung von Rechtssätzen betreffs des Begräbnisses, welche in Anmerkungen weiter ausgeführt werden, übrigens auch andere kuriose Dinge, z. B. XXIV. an spectra et daemones circa sepulchra versantur? Er bestreitet die Geistererscheinungen, lässt aber den Teufel sich in deren Gestalten stecken; sie erörtern weiter die Verletzung der Gräber, Leichen, die Zulässigkeit der Secirung der Leichen und dergl.

36. Joh. Himmeli.

Geboren zu Stolpe in Pommern 27. Dez. 1581, machte seine Studien in Wittenberg, Jena und Giessen. Rector in Durlach, Prediger in Speier, 1617 Professor der Theologie in Jena, wo er 31. März 1642 starb. *Günther,* Lebensskizzen S. 18.

Tr. de canonicatu, jure can. et theol. scholastica cet. Jen. 1632. 12.

Echt scholastisch. Standpunkt p. 553: ‚Sed uno verbo Lombardus fidem, gratianus jura obscuravit, nam per illum veritas, per istum aequitas ferme obliterata est.' Anknüpfend an Luther's Worte eine Schrift gegen das can. Recht.

37. Erasmus Ungepauer *).

Geboren zu Naumburg den 2. Febr. 1582, studirte die Rechte in Jena und Wittenberg, in Jena 1612 Dr. jur., ging im Dez. 1614 als Professor des Lehnrechts nach Altdorf, wurde 1616 Rathsconsulent in Nürnberg, 1635 Professor der Rechte in Jena und Beisitzer des Hofgerichts, 1641 Ordinarius, war 1640 und 1642 Rector und starb daselbst am 23. April 1659.

Commentarius super decretales. Opus posth. cet. Jen. 1661, 1672. 4.

Eine kurze, mit ziemlicher Willkürlichkeit die Commentatoren, jedoch genauer die Parallelstellen des Corp. jur. civ. und can. anführende summa titulorum. Am Ende mancher Titel Notabilia (Regeln, die sich auf den Inhalt beziehen und aus den angeführten Stellen ent-nommen); am Ende einzelner unter der Rubrik Error verworfene Sätze, z. B. II. 2: ‚Error. Rom. Ecclesia est omnium ecclesiarum mater atque magistra d. cap. ult. vers. Quia tamen omnium', I. 21: ‚Bigamus non potest ordinari.' Der Umfang der einzelnen Titel ist nach ihrer juristischen und praktischen Bedeutung verschieden.

---

*) *Freher,* Thesaurus p. 1151. Hist. Schauplatz N. 22. S. 180. Porträt in der 1. Auflage. *Zeumer* p. 115. *Günther* S. 58.

38. Johann Dauth *).

Miscellaneae secundum ordinem decretalium quaestiones (Inauguraldissert.) Bas. 1614. 4.

Nur die 4. über Consens zur Ehe von Mädchen und Wittwen hierher.

39. Wilhelm Schmuck.

Geboren zu Suhla, 9. Mai 1611 lic. und 26. März 1612 Dr. jur. in Leipzig, Professor in Suhla, gest. 25. Dez. 1634.

Synopsis in jus canonicum: decretum, decretales et reliquas eius partes. Lips 1631. 4.

40. Theodor (Dieterich) von Reinking (Reinkingk) **).

I. Geboren am 10. März 1590 in Curland, wurde vorgebildet im elterlichen Hause bis ins 13. Jahr, dann in Osnabrück, Lemgo und Stadthagen, setzte die begonnenen juristischen Studien zu Köln, Marburg und Giessen fort, promovirte hier 1616 und erhielt gleich darauf eine Professur. Im Jahr 1617 wurde er Beisitzer des Revisionsgerichts, im folgenden ord. Rath bei der Justizkanzlei in Giessen. Nachdem er 1621 den Landgrafen *Ludwig V.* zum Reichstage nach Regensburg begleitet hatte, 1623 und 1624 in der marburgischen Successionssache mit Erfolg am kaiserlichen Hofe thätig gewesen war, auch gleichzeitig mit Zustimmung seines Fürsten für den Erzbischof von Bremen, Johann Friedrich namentlich beim Reichskammergerichte Geschäfte besorgt hatte, wurde er Vicekanzler der Regierung in Marburg. Auf einer Gesandtschaft an den Kaiser wurde er 1628 auf der Rückreise von Räubern geplündert. Die ihm angebotene Kanzlerstelle des Pfalzgrafen von Sulzbach schlug er aus, trat hingegen 1632, von seinem Landesherrn in der huldvollsten Weise entlassen, in den Dienst des Herzogs von Mecklenburg als Kanzler, in welcher Eigenschaft er wichtige Angelegenheiten besorgte. Im Jahr 1635 wurde er von den Schweden als Geisel mitgenommen, trat 1636 in den Dienst des letzten Erzbischofs von Bremen, Friedrich, als Kanzler, wurde 1645 von den Schweden gefangen genommen. Nach Monate langer Gefangenschaft war er in Osnabrück und Münster beim Friedenscongresse thätig, wurde dann vom König von Dänemark, dem bisherigen Erzbischof Friedrich von Bremen, zum Geh. Rath und Kanzler von Schleswig-Holstein erhoben

---

*) Neffe des 1544 geborenen, 1612 in Magdeburg verstorbenen Juristen gleichen Namens; *Steffenhagen*, in Allg. D. Biogr. IV. 775.

**) *Arend*, Laudatio funebris Th. R. in *Witte* memoriae Ictorum decad. III. 397. *Moller*, Cimbria liter. II. 697. *Jugler*, Beitr. V. 219. die von diesem angeführten anderen Schriften habe ich nicht benutzen können. *Moser*, Bibl. jur. publ. 529. der besonders die Urtheile über *de reg. succ. cet.* zusammenstellt. *Pütter*, Lit. d. T. Staatsr. I. 174. *Glück*, Praecogn. p. 204. *Nebel* p. 5.

(1648), 1650 Präsident des obersten Gerichts in Pinneberg, 1655 Vormundschaftsrath des Prinzen *Johann August zu Schleswig-Holstein*, vom Kaiser *Ferdinand III.* in den Adelstand erhoben. Er starb zu Glückstadt den 15. Dez. 1664.

II. Seine literarische Bedeutung liegt auf dem Gebiete des Staatsrechts; hier wird ihm der Vorwurf gemacht, er habe dem Kaiser zu viel eingeräumt. Uns gehen an:

Diss. (decis. 290) *de brachio saeculari et ecclesiastico.* Giss. 1616. Er arbeitete diese Inauguraldissertation um zu seiner bedeutendsten Schrift: *de regimine saeculari et ecclesiastico, exhibens brevem et methodicam juris publ. delineationem ac praecipuarum controversiarum circa hodiernum S. Imperii Rom. statum ac gubernationem* cet. Giss. 1619, verm. u. verb. 1632. 4., Bas. 1622, 1662. Nachdruck Marb. 1632. 4., 1641. 4., Frkf. 1651, 1659, 1663. 4. Augsb. 1717. 4. Köln 1736.

Das Werk[1] hat heftigen Tadel erfahren, namentlich von *Hippol. a Lapide (Chemnitz)* de ratione status in imp. R. G. I. Sect. II. c. 3. 4. 9. 18., worauf R. in der 5. Auflage antwortet, und auch die Setzung auf den Index durch Alexander's VII. Dekret v. 4. Juli 1661 erlebt. Es ist ein kurzes Handbuch des Staatsrechts, darin auch der Rechte in geistlichen Dingen vom Standpunkte eines gemässigten Territorialismus aus[2].

41. Christian Weber.

Pastor in Halle, gest. 3. Juli 1664 im 64. Jahre.

1. Introductio episcopalis oder gründliche Bezeigung, wie ein Bischof und Ertzbischof nach Laut und Gehalt der geistl. beschriebenen Rechten eingeführt wird, darinnen das ganze bischöfl. Wesen verfasset ist und mit dem Exempel des Primas und Ertz-Stiftes Magdeburg applicatione illustriret wird. Hall i. S. 1638. 4.

2. *Tract. rotundu can. jur. patronatus ad facilem ac felicem perceptionem totius materiae publicata* et nunc auctius iterata. Arnstad. 1647.

3. *De salariis ecclesiasticis.*

4. *De jure consistoriorum* (in *A. Fritsche*, jus eccl. trip.).

42. Benedict Carpzov *).

1. Er war als zweiter Sohn erster Ehe des früheren, am 26. Nov. 1624 verstorbenen Professors in Wittenberg gleichen Namens am

---

[1] Siehe darüber *Nettelblatt* Observat. jur. eccl. p. 124.

[2] Ein (1636 in 4. Frkf. gedr.) Bedenken, betr. die Wirkung des *Interim* in *Läning*, Staatsconsilien II. 184.

*) Progr. acad. Lips. In obitum B. C. 1666. 4. in *Witten.* Memor. Jurisc. p. 458. *Vogel*, Annales an verschiedenen Stellen. *Jugler*, Beitr. I. 280. *Glück*, Praecognita § 109. p. 206. *Gerber*, Leipziger Ordin. Nr. XXIII. *Muther* in Allg. D. Biogr. IV. 11. — Urtheile über ihn von *Wächter*, Gem. Recht Deutschlands. Leipzig 1844 S. 103, das Gerber abdruckt. und von *Muther* a. a. O.

27. Mai 1595 geboren zu Wittenberg, studirte seit dem 16. Jahre auf der dortigen Universität, sodann von 1615 ab in Leipzig und Jena. Nachdem er in letzterer Stadt bereits öffentliche Disputationen abgehalten und Privatvorlesungen gegeben, ging er 1718 nach Wittenberg zurück, erwarb im Febr. des folgenden Jahres die Doktorswürde und machte vom April an eine wissenschaftliche Reise durch Süddeutschland, Italien bis Rom, über Turin zu *Ant. Faber* nach Frankreich, England und Belgien. Hier ereilte ihn die Rückberufung seines Vaters, um eine ausserordentliche Beisitzerstelle am Leipziger Schöppenstuhl zu übernehmen. Am 25. April 1620 wurde er verpflichtet, erhielt 1623 eine ordentliche Stelle. Auf diesem Posten sammelte er eine überaus reiche Erfahrung, durcharbeitete das kolossale dort aufgespeicherte praktische Material (gegen 400 handschriftliche Bände von Urtheilen u. s. w.) und befähigte sich zur Abfassung jener Schriften, welche durch ihre massenhaften praktischen Belege und den Wust von Citaten dem Geschmacke der Zeit gerecht wurden und ihm einen Ruf einbrachten, den er weder durch historische Kenntnisse, noch durch hervorragende Quellenexegese, noch durch eigne Ideen verdient. Im Jahre 1636 wurde er unter Beibehaltung des bisherigen Postens Assessor des Leipziger Obergerichts (curia provincialis suprema), 1639 Rath beim Appellationsgericht in Dresden. Nachdem er die Stelle eines kursächs. Hofraths neben der beim Appellationsgerichte angenommen und im Nov. 1644 nach Dresden gezogen war, erhielt er vier Monate nachher beim Ableben von *Finkelthaus* durch kurfürstliche Ernennung die Stelle des Ordinarius und ständigen Dekans an der Juristenfakultät in Leipzig. Die Direktion des Consistoriums lehnte er ab, nahm aber die erste Assessur am Hofgerichte an und blieb Senior des Schöppenstuhls. Als Professor (am 24. April 1645 eingetreten) nahm er das canonische Recht in den Kreis seiner Vorlesungen auf. Das Jahr 1653 entzog ihn der Universität, indem er wider Willen in das Geheimerathscollegium nach Dresden berufen wurde. Aber er wurde des Lebens am Hofe überdrüssig, erhielt 1661 auf seine Bitte den Abschied unter Belassung des Titels eines Geheimeraths und der Assessur beim Appellationsgerichte und zog im August wiederum nach Leipzig, wo er die eben erledigte Beisitzerstelle im Schöppenstuhl bekam. Der Tod seiner Vormänner verschaffte ihm zum zweitenmale das Seniorat. Am 30. Aug. 1666 raffte ihn der Tod hinweg.

II. C. war als Mensch hochgeachtet und untadelhaft, von grosser Frömmigkeit, ging fast allmonatlich zum Abendmahl, las unausgesetzt in der Bibel. Er war orthodox im strengsten Sinne, huldigte dem Aberglauben seiner Zeit namentlich im Punkte der Hexen[1]). Sein

---

[1]) *Wächter*, Beitr. z. deutschen Gesch. insbes. des deutschen Strafr. Tüb. 1845

Einfluss auf die Wissenschaft und Praxis ist ein so mächtiger gewesen, wie ihn kein zweiter Jurist seit dem Mittelalter aufzuweisen hat. Auf dem Gebiete des Strafrechts und Prozesses hat er vielfach bis in unser Jahrhundert hinein geherrscht. Der Grund liegt darin, dass er trotz seiner nicht hervorragenden geistigen Bedeutung Werke[2]) zu Stande brachte, welche das wirklich im Rechtsleben geltende, auf dem Boden des fremden und einheimischen Rechts erwachsene Material in höchst klarer und fasslicher Weise darstellten und durch unbedingte Vollständigkeit und scheinbare Wissenschaftlichkeit imponirten, obwohl sie vielfach nur Compilationen sind, deren Hauptwerth in dem fleissigen Zusammentragen besteht. Darf er in gewissem Sinne als Vater des deutschen Criminalrechts und Prozesses bezeichnet werden, so hat er für das Kirchenrecht eine gleich grosse Bedeutung durch sein Werk:

1. *Opus definitionum ecclesiasticarum seu consistorialium*, auch u. d. T. *Jurisprudentia ecclesiastica seu consistorialis* cet. Lips. 1649, 1655, 1665, 1673, 1685, 1695, 1708, 1721 fol. Hanov. 1652. 4.[3]). Auf dem Index 15. Mai 1714.

In diesem Werke hat er gesammelt und verarbeitet, was in den Kirchenordnungen, Reichsgesetzen, theologischen und juristischen Werken für das evang. Kirchenrecht vorlag. Wo es anging, belegte er durch das Corp. jur. can. und civ.; zahlreiche Mittheilungen aus der Praxis — die des Dresdener Oberconsistoriums sind einer von dem Wittenberger Professor *Corn. Croll* als Sekretär desselben gemachten Sammlung entlehnt, welche dessen Erben ihm zu benutzen gestatteten — ergänzen. Indem er ausschied, was nicht zur Praxis der Consistorien gehörte, namentlich den Civil- und Criminalprozess, *schuf er recht eigentlich die Doktrin des evangelischen Kirchenrechts*. Das Werk ist trotz des Orthodoxismus, des Vorwiegens des Episkopalsystems, mancher ‚papistischer‘ Neigungen für die Praxis massgebend geworden und bis in die neuere Zeit ‚beinahe wie ein symbolisches Buch‘ betrachtet[4]).

S. 292 f. zeigt, wie er sich bezüglich der *Hexen* auf *Bodinus*, *Remigius*, *Del Rio*, selbst *Binsfeld* und den *malleus malleficarum* stützt, dass er (S. 92) mehr als hundert Hexen zum Scheiterhaufen verurtheilte.

[2]) Practica nova imperialis saxonica rerum criminalium. Vitemb. 1635 (auf dem Index 24. Nov. 1655), zuletzt c. observ. J. S. F. de Böhmer Frkf. a. M. 1758, 3 vol. fol. — Jurisprud. forensis Romano-Saxonica cet., auch Opus definitionum forensium s. judicialium, Lips. 1638. — Processus juris in foro saxonico. Jen. 1657, 1692 fol. Lips. 1708 fol.

[3]) *Andr. Beyer*, Additiones ad Carpzovii iurispr. eccl. Dresd. 1718 fol. *Synopsis* (derselben) von *Paul Baumann*, Lips. 1683, cum et. imp. *Jo. Christ. Starck*, Dresd. et Lips. 1718. 1722, zugleich mit Zusätzen aus Beyer.

[4]) *Thomasius* 1722 (*Jugler* S. 297): ‚Opus hodienum ut libellum symbolicum, articulos fidei continentem, exscribere solent Leguleii et Rabulae, et tantum non adorant.‘

Er befolgt das Institutionensystem, handelt in 3 Büchern: de iure personarum eccles. s. clericorum (vocatio, officia, reditus, salaria) — de rebus ac bonis eccles., causisque spirit. ac mixtis — de judicio et processu eccles. poenisque in hoc foro dictandis.

Ob ihm die pseudonyme Schrift:

2. *Ludoricus de Montesperato, Vindiciae Pacis Osnabrugensis et Monasteriensis, a declaratione nullitatis articulorum arrogantiae pontificiae temerariae praejudicialium, impudenter satis et audacter attentata ab Innoc. X.* Londini 1653. 4. (deutsch: Rettung des Osnabr. und Münster. Friedens wider Inn. X. Nullitäts-Erklärung. S. l. et a. Frankfurt?)

zuzuschreiben ist, steht nicht fest, ist aber wahrscheinlich. Vgl. *Jugler* S. 300.

Die ihm zugeschriebene

3. *Diss. de jure connubiorum.* Jen. 1617. (Bibl. Ludewigiana p. 470). ist mir nicht bekannt.

43. Nicolaus Wedel (Vedelius) *).

Aus der Pfalz, studirte in Heidelberg, Genf und Basel, wo er 1630 Doktor wurde, Professor des Hebräischen in Deventer, dann seit 1639 der (reformirten) Theologie in Franeker, wo er im Jahre 1642 starb.

Von seinen meist controversistischen und polemischen Schriften berührt das canonische Recht nur:

Disputatio theologica de magistratu adr. Card. Bellarmini librum de laicis. Daventr. 1638. Von Neuem unter dem Titel: *De episcopatu Constantini magni, seu de potestate magistratuum reformatorum circa res ecclesiasticas.* Franek. 1642. 12. Delphis 1661 in 12°.

Vertritt die Ansicht der reform. Kirche, dass die Obrigkeit in rebus ecclesiasticis nicht unter dem Klerus steht, sondern in allen Dingen das Regiment hat.

44. Nicolaus Lange.

Gestorben 1643 als Professor der Rechte zu Groningen. *Moller,* Cimbria liter. I. 325.

De jure connubiorum. Vit. 1611. Unter *Hunnius'* Namen.

45. Jakob Gribe.

De jure connubiorum. Giss. 1617. Unter *Hunnius'* Namen.

46. Johann Bechstadt.

Sachsen-Coburg. Hofrath und Beisitzer des Consistorialgerichts.

Collatio jurium connubialium, tam universor. et communium, quam municipalium quorundam, inter cognatos et affines, annexo jure dispensationis respectu utrorumque cet. Coburgi 1627. 4.

---

*) *Foppens,* Bibl. II. 924.

Eine eingehende, für das praktische Bedürfniss gemachte Erörterung
der verbotenen Grade, Bezeichnungen u. s. w. mit Präjudizien von
Gerichten, Anführung von Gesetzen, Gutachten von *F. Pfeils, L. Kirchoe,
Joach. Mynsinger, Nik. Reusner, Fichard,* der Fakultäten Leipzig, Jena u. s. w.

47. Peter Philips.

Gestorben 16. Mai 1659 im 61. Jahre als Pastor und Canonicus
zu Halberstadt. *Jöcher* III. 1519, wo er *Philippi* bezeichnet ist.

Cleri apostolici-cath. Assertor et vindex: Das ist: Gründliche und Schrift-
mässige Resolution Von dem Ampte und Stande derer Clericorum und Stiffts-
Persohnen Welche in denen der Apostolisch-Cathol. Religion u. Augsb. Confession
zugethanen Ertz- und Stiffern, Wie auch Klöstern und anderen geistl. Collegiis
sich befinden u. s. w. Von *Petro Philips* der H. Schrifft D. Dom-Predigern zu
Halberstadt und des Stiffts SS. Petri et Pauli Can. Vermehrt u. s. w. von
M. Ern. Christ. Petri F. Philips der Obergrafsch. Hoya Superint. u. Predigern
zu Sulingen. Bremen 1668. 4. Theologisches und Juristisches, histor. Reflexionen u. s. w., vorzüglich von den Amtsverrichtungen.

48. Christof Philipp Richter.

Geboren 26. Aug. 1602 zu Eisfeld (Franken), zu Jena 1630 Dr.,
1637 Professor der Rechte, 1647 Comes palatinus, 1659 Ordinarius,
gest. 31. Dez. 1673. *Zeumer*, Vitae p. 122. *Jöcher* III. 2085. *Adelung*,
Fortsetz. VI. 2063.

1. *Com. ad tit. decr. de jud.* Jen. 1680. 4.
2. *De collectis.* 1648.
3. Disp. inaug. *de pallio episcopali* (resp. *Christoph. Kbe*). 1672. 4.

49. Johann Otto Tabor.

Geboren 3. Sept. 1604 zu Bautzen, zu Strassburg 1631 Dr. jur.,
Syndikus in der Heimath, Professor der Rechte in Strassburg, Kanzler
in Güstrow, 1659 Kanzler der Universität Giessen, gest. 12. Dez. 1674
zu Frankfurt. *Jöcher* IV. 979.

De regimine imperantium ecclesiastico dissertationes acad. Argent. 1657. 4.

50. Heinrich Hahn *).

I. Zu Hildesheim, wo sein Vater Rathsmitglied war, am 28. Aug.
1605 geboren, erwarb er hier und in Goslar eine treffliche Vorbildung,
bezog im 18. Jahre die Universität Helmstädt, ging, als wegen der
Pest und Kriegsunruhen die Universität 1625 stillstand, nach Rostock,
kehrte 1631 nach Helmstädt zurück, betrieb neben den Studien Privatunterricht und Gerichtspraxis, erlangte 1640 die Doktorswürde und

---

*) *Jugler*, Beitr. II. 166, mit Angabe der älteren Quellen. Er führt 81 Schriften
auf, dann eine grosse Zahl unter seinem Vorsitz gehaltener Disputationen.

Anfangs des folgenden Jahres eine juristische Professur, welche er, später zugleich Beisitzer am Hofgericht zu Wolfenbüttel, bis zu seinem am 24. Febr. 1668 in Folge der Rose eingetretenen Tode bekleidete. Seine grosse Lehrgabe — er las übrigens stets vom Hefte ab und disputirte wenig — und praktische Gewandtheit wirkten bedeutend auf die Frequenz der Universität und machten das dortige Spruchkolleg sehr gesucht.

II. Eine lange Reihe von juristischen Dissertationen hat er verfasst, beziehungsweise veranlasst, durchgesehen und edirt, für das Kirchenrecht [1]):

1. *De juribus ac immunitatibus ss. ecclesiarum.* 1655.
2. *De ambitu ecclesiastico, simonia.* 1656.
3. *De purgatione can. et civili.* 1658.
4. Ἀναγράμματα *Judaeorum. Jüden-Ordnung ex jure caesareo et pontificio concinnata.* 1673. 4., 3. ed. — Alle erschienen in Helmstädt.

51. Hermann Conring.

Für das deutsche Recht bahnbrechender Gelehrte, Mediziner, Nationalökonom und Jurist, geb. zu Norden in Ostfriesland 9. Nov. 1606, gest. als Professor in Helmstädt 12. Dez. 1681. *Bresslau* in Allg. D. Biogr. IV. 446, der die Liter. angiebt und seine mannigfache Bedeutung darlegt. *O. Stobbe*, Herm. Conring. Berl. 1870.

De constitutione episcoporum Germaniae. Helmst. 1617. 4.

52. Christof Joachim Bucholtz.

Zwillingsbruder des Theologen *Andr. Heinr.* B. geb. 25. Nov. 1607 zu Schöningen, Dr. jur. in Helmstädt 1636, Professor in Rinteln, zuletzt Bürgermeister von Hameln. *Jöcher* I. 1451.

Behandelt eine Eherechtsfrage in:

1. *Pro matrimonio principis cum defunctae uxoris sorore contracto responsum juris collegii Ictor. in academia Rintelensi elaboratum a Ch. J. B.* Rint. 1652. 4. [2]).
2. *Examen adsertionis responsi non Mosis, sed Dr. Mich. Haremanni contra matr. cum def. uxor. sorore, quo omnibus argumentis contrariis, ordine*

---

[1]) Die *Differentiae iuris civ. et canonici* sind nach deren Vorrede in den späteren Ausgaben von *Christoph Wegner* unter *Joach. Weck's* Vorsitze 1635 in Helmst. disputirt, von H. nur neu edirt, in einzelnen Ausgaben seit 1681 *Schilter's* Inst. angehängt.

[2]) Ueber denselben Gegenstand: *Hochangelegene und bishero vielfältig bestrittene Gewissens-Frage, Nemlich: ob Jemand seines verstorbenen Weibes Schwester sonder Uebertrettung Göttlicher und Natürlicher Gesetze in wiederholter Ehe zu heyraten berechtiget?* u. s. w. Frkf. u. Leipz. 1682. 4. Enthält 22 Gutachten u. dgl., gegeben bezw. angeregt durch ein am 10. Oct. 1681 auf der fürstl. Residenz in Oettingen gehaltenes Colloqium.

rejectis, nec a Mose, nec a natura istas, et id genus alias nuptias prohibitas esse, solide demonstratur. Brem. 1662. 4.

3. *Vindiciae secundum dispensationem matrimonii cum defunctae uxoris sorore ab infelici defensione mosaica Dr. Mich. Hacemanni liberatam cum app. ad speculum propinquitatis conjugalis Dr. Matthaei Bugaei* cet. Helmst. 1769. 4.

53. Gottl. Wernsdorf.

Geboren 25. Febr. 1608 zu Schönwald in Sachsen, in Wittenberg 1699 Professor der Theologie, zuletzt erster Professor, Generalsuperintendent u. s. w., gest. 11. Juni 1729. *Jöcher* IV. 1904.

De potestate principis circa symbola civium in religione ab ipso dissentientium. Vitemb. 1711, 1719. 4.

54. Johann Brunnemann *).

I. Geboren als Predigerssohn zu Kölln a. d. Spree (Berlin) 7. April 1608, hatte in Wittenberg Philosophie und Theologie studirt, daselbst 1627—30 dozirt, wurde 1636 ord. Professor der Logik in Frankfurt a. d. O., trat zur Rechtswissenschaft über, darin 1638 Doktor, 1640 Professor, 1653 der Dekretalen und Ordinarius der Fakultät, 1664 kurbrand. Rath, gest. 15. Dez. 1672.

II. Ausser grösseren Commentaren zum Codex, den Pandekten und criminalistischen Werken schrieb er:

1. *De jure ecclesiastico tractatus* posthumus [1]), in usum ecclesiarum evangelicarum et consistoriorum concinnatus, edirt von seinem Schwiegersohne *Sam. Stryk.* Francof. ad V. et Lips. 1682, 1686, 1699, 1708. Witeb. 1690, 1721. 4. Der Herausgeber fügte Zusätze in Gestalt von Anmerkungen und seinen tract. *de dissensu sponsalitio* und praelectiones ad regulas jur. can. hinzu. Der Buchhändler Zimmermann gab Wittemb. 1735 die alten Exemplare heraus mit neuem Titel als: *B. Compendium iur. eccles. ex principiis genuinis, annotationibus perpetuis auctum.*

Das Werk rief wegen der Polemik gegen *B. Carpzov* verschiedene Gegenschriften hervor [2]). Es ist ein ausführliches Lehrbuch im Institutionensystem und von *Thomasius* (Hist. contentionis inter imp. et sacerdotium p. 651) gut charakterisirt, indem er sagt, B., obwohl er die Mängel *Carpzov's* und die Fehler im protest. Kirchenwesen erkannt, ver-

*) *Beemann,* Not. univ. Francof. p. 213. *Jugler,* Beitr. z. jur. Biogr. IV. 330, VI. 375, der Aeltere anführt. *(Hymmen)* Beitr. z. jur. Lit. in d. preuss. Staaten IV. 278. *Glück,* Praecognita p. 208. Ueber ihn als Criminalisten *Biener,* Gesch. d. Inquis. Proz. S. 174.

[1]) *Jac. Gabriel Wolf's Institutiones jurisprud. ecclesiasticae, in usum tractatus Brunnemanniani de jure eccl. adornatus* Lips., Berol. 1713 sind, wie Jugler richtig sagt, ein verbesserter und ergänzter Auszug daraus.

[2]) Von *W. E. Schmidt,* Trutina doctrinarum J. Brunnemanni. 1697. Siehe darüber und über andre Hallische Beitr. I. 405.

falle, den Grund der papistischen Ueberbleibsel verkennend, in den Fehler seiner Zeit, die mit Strafgesetzen Alles bessern zu können glaubte, er verkenne, dass es auch eine ‚pietas larvata' gebe; sein Schwiegersohn *Stryk* hätte in dem philosophischen Räsonnement seiner Zeit ohne Kenntniss der Kirchengeschichte durch sein Supplement wenig gebessert.

2. *Judicium succinctum de exemtione clericorum evangelicorum.* Vit. 1657. Ohne sein Vorwissen und seinen Namen durch eine Person veröffentlicht, welcher er die Handschrift geliehen hatte.

55. Georg Werner.

Geboren 1608 zu Bopfingen, Dr. jur. und seit 1645 Professor in Helmstädt, wo er 1671 starb. *Jöcher* IV. 1903.

Diss. jur. prima de origine et auctoritate jur. can. in foro civili et terris protestantium. Helmst. 1669. 4.

56. Franz Stypmann.

Geboren zu Greifswald, im Oct. 1639 ord. Professor der Rechte daselbst, gest. 1650. *Kosegarten* I. 257.

Tr. posthumus de salariis clericorum. Greifsw. 1650, Kiel 1667.

57. Heinrich Binn.

Geboren im Jahre 1610, starb als Professor in Helmstädt 1665. *Freher* Theatr. p. 1171.

De jure patronatus ecclesiastici. Helmst. 1645.

Unter H. Hahn's Vorsitz vertheidigt, aber von B. gemacht. S. *Jugler* Beiträge II. 182.

58. Johann Strauch *).

I. Er war am 12. Sept. 1612 geboren zu Kolditz in Meissen, studirte in Leipzig, Wittenberg und Jena und wurde 1638 Magister und Adjunct der philosophischen Fakultät zu Leipzig. Nachdem er 1648 Professor der lateinischen Sprache, 1652 der Geschichte geworden, wandte er sich der Jurisprudenz zu und wurde 1655 Doktor und bald darauf Professor der Rechte in Jena. Er verliess aber die Universität, führte einige Zeit das Amt des Protosyndikus in Braunschweig, nahm jedoch 1668 von Neuem die Professur in Jena an. Nachdem er geheimer Rath, Viceekanzler und Kanzler des Consistoriums geworden, ging er 1676 als Professor der Rechte und Prokanzler nach Giessen, wo er am 2. Dez. 1697 starb.

II. Canonistische Schriften:

1. *De constitutionibus principum, rescriptis et decretis ex jure civili et canonico.* Jen. 1654. 4. (def. *Joach. Friedr. von dem Knesebeck*).

2. *Ad cap. ven. X. de elect.* Jen. 1657. 4. Auctor *F. Helm.*

---

*) *Brier,* Syll. p. 323, 609. *Zeumer,* Vitae p. 166. *Pütter,* Lit. II. 241. *Nebel* p. 12. *Günther* S. 61.

3. *De statu ecclesiastico superioris seculi, Vom Kirchen-Zustande des vorigen Seculi, comparato ad reteres can. et pontificum decretales.* Wit. 1744. 4. (resp. *Godofr. Graulius*).

4. *De jure sepulturae.* Jen. 1668. 4. Auctor *E. Bock.*

5. *Innocentius III. Independentiae regni Galliae assertor, seu dissertationum canon. tertia ad cap. Per venerabilem X. decr. tit. qui filii sint leg.* (def. *Jo. Just. Mühlpfort*). Jen. 1670. 4. Eine gute Abhandlung.

6. *Dissert. canonicarum solennium trias.* Jen. 1673. 4., verarb. i. d. Amoenit.

7. *De annatis ad instrum. Pacis caes. suer. art. 5. §. 5 vers. si quid annat.* Jen. 1673. 4. (resp. *J. Pape*).

8. *Lucubrationes canonicae Gratiani conciliatoris.* Giss. 1677. 4. Vgl. *Struve*, Bibl. jur. ed. *Buder* p. 559.

9. *De pontificis rom. partibus circa electionem imperatoris germ.* Frankf. u. Leipzig 1680. 4.

10. *Amoenitates jur. can. semestria duo.* Jen. 1672, 1674, 1675, 1718, 1732. Ecloga 1. Ueber Quellen (orient. und occidental.) und Lit. des canon. Rechts nach *Epo, Florent, Alb. Gentilis, Ant. Augustinus* u. A., das Prooemium decretalium (Gregor IX., päpstl. Titel etc.). Ecl. II. Excurse zu verschiedenen Kapiteln der Tit. X. I—VI zu verschiedenen canones leges canonisatae, VII (das 2. Sem.) zu verschiedenen des 1. Buchs der Dekretalen. Obwohl sie im Ganzen nichts Neues bieten, enthalten sie einzeln gute historische Verweise und Bezugnahmen auf die neuere Literatur.

59. Georg Adam Struve *).

I. Geboren zu Magdeburg 27. Dez. 1619, studirte in Jena und Helmstädt, wurde 1645 Assessor des Schöppenstuhls zu Halle, 1646 Dr. jur. in Helmstädt, im selbigen Jahre ausserord. Professor der Rechte in Jena, 1667 Hofrath, 1672 geh. Rath, 1674 ord. Professor, dann Ordinarius der Juristenfakultät und starb mit Hinterlassung von 26 Kindern aus zwei Ehen, fast unmittelbar nach einem Vortrage im Schöppenstuhl am 15. Sept. 1692.

II. Ausser romanistischen Werken schrieb er:

1. *Commentarius ad librum decretalium quintum cet.* edid. *Ge. G. Struve.* 1691. 4. — Für die Kenntniss des damal. Rechts, namentlich der protest. Kirche Sachsens, durch Mittheilung von Entscheidungen u. s. w. von grossem Werthe.

2. *Jus sacrum Justinianeum s. progymnasmata ad titulos priores eorumque leges libri I. Codicis.* 1668. 4.

Commentar zu den 13 ersten Titeln, welcher wegen des Objekts hierher gehört.

3. *De jure parochiali.* 1675. 4.

4. *De invocatione nominis divini cet.* 1682. 4. — Vier akadem. Disser-

---

*) Vita vom Sohne *Burk. Gotth.* S. Jen. 1705. *Zeumer,* Vitae p. 142. *Jöcher* IV. 635. *Beyer,* Syll. p. 606. *Günther* S. 60.

lationen über den Gebrauch des göttlichen Namens beim Eide, bei Verträgen u. s. w. — Alle in Jena gedruckt.

5. Ausgabe der *Erotemata* von *Dessel*, auf dem Index 19. Sept. 1679.

60. Jakob Brandmüller (Brandmyller).

Geboren zu Basel 12. Sept. 1617, wurde daselbst 1634 mag. art., studirte die Rechte hier, in Lausanne, Genf, Paris, Calet, London, Leiden, wurde 1639 Dr. jur. in Basel, dozirte privatim, wurde 8. Sept. 1652 Professor der Institutionen, 1667 der Pandekten, starb 14. Aug. 1667. Athenae Rauricae p. 122.

Manuductio ad jus canonicum ac civile juxta seriem alphabeticum enucleata meditationibus historico-politicis digesta aliorum jurium accessionibus illustrata cet. Basil. 1661. 4.

In der Columne links werden die Sätze des canon., rechts die des röm. Rechts mit den Worten und Citaten der Quellen dargestellt, in der Mitte laufen Erörterungen über die Gleichheit bezw. Verschiedenheit beider, Citate und längere Deductionen, welche auf die neueren Kirchen- und Reichsgesetze Rücksicht nehmen, politische, Rechtsfälle u. s. w. berühren. Das Werk hat einen gewissen Werth und unstreitig für den praktischen Gebrauch grosse Eignung.

61. Christian Woldenberg.

Zu Crempe in Holstein 14. Oct. 1621 geb., Dr. phil. und jur. utr., Professor der Dekretalen und Consistorialassessor zu Rostock, wo er am 3. Febr. 1674 starb. *Jöcher* IV. 2042.

1. *Quaestio jur. controversi, an consensus parentum in nuptiis liberorum de jure div., nat., gent., civ. et can. de necessitate ac honestate requirendus?* Rost. 1662. 4.

2. *De origine consistoriorum, imprimis Megalopolitani potestate, jurisdictione et officio consistorialium* cet. Rost. 4.

62. Caspar Ziegler *).

I. Zu Leipzig, wo sein Vater Rathsconsulent und Assessor am Schöppenstuhl war, 1621 geb., studirte anfänglich Theologie, bereits 31 Jahre alt die Rechte, erhielt 1655 eine juristische Professur in Wittenberg, wo er 1662 Ordinarius der Fakultät wurde und 1690 starb.

II. Er ist für das Kirchenrecht in einer Reihe von Schriften thätig gewesen:

1. *Jus canonicum cum notis et animadversionibus ad Lancelotti Instit. enucleatum.* Wittenb. 1669. Jen. 1722. Vorauf diss. *de juris can. origine et incrementis.*

---

*) Hallische Beitr. I. 483. *Schott* in *Doujat*, Praenot. II. 2. p. 216. *Pütter*, Liter. I. 258.

2. *Praelectiones publicae in decretales* ex ms. beati auctoris primum editae. Dresd. 1699.

3. *De baptismate non iterando* [1]) cet. 1661.

4.' *Ad cap. redintegranda 3. q. 1. ad tit. decretal. de restit. spoliat. prae-lectiones academicae.* 1675.

5. *De dote ecclesiae eiusque juribus et privilegiis.* 1676, 1717.

6. *De decanis et diaconissis veteris ecclesiae.* 1678. Eine gute quellen-mässige Geschichte und Erörterung der Stellung der Archidiaconen, Diaconen und Diaconissen.

7. *De visitationis ecclesiasticae et procurationis jure.* 1679.

8. *De juribus majestatis tract. academicus,* cet. 1681.

Erörtert das Recht des Fürsten circa sacra überhaupt, seine Ge-walt bezüglich der Religion, Berufung von Synoden u. dergl., gegen Ketzer, hinsichtlich der Kirchendisciplin, Berufung der Kirchendiener, des kirchl. Forum, des Kirchenguts, dann die causae mixtae, die Kirchenstrafe, das Schutzrecht über die Kirche.

9. *De tonsura clericorum, exercitatio can.* 1685 (def. *Ge. Wolfg. Vogel*).

10. *De episcopis eorumque juribus privilegiis et vivendi ratione.* Nürnb. 1686.

11. *Superintendens ad normam constitutionum eccles. in electoratu saxonico descriptus.* 1687, 1712. 4.

12. Notae ad *Jo. Stephani* institut. jur. can. Frankf. 1699.

63. Daniel Clasen *).

Zu Lüneburg den 1. Mai 1623 geboren, machte er hier und seit 1639 wegen der Pest fortgeschickt in Braunschweig seine Gymnasial-studien, zuletzt wieder im elterlichen Hause privatim. Er bezog 1641 die Universität Helmstädt, wurde 1646 Magister, 1647 Conrector an der Stadtschule in Magdeburg, im folgenden Jahre Rector, 1660 Pro-fessor der Rechte und praktischen Philosophie auf der neuen Ritter-schule in Lüneburg, 1661 Dr. in Helmstädt, 13. Febr. 1668 zum Pro-fessor in letzterer Stadt berufen, wo er aber erst 1670 sein Amt an-trat und am 20. Nov. 1678 an Wassersucht starb.

De religione politica liber unus. Magd. 1655, (Zerbst) Servestae 1681.

Erörtert nicht das Recht, sondern die Grundsätze der Klugheit bezüglich der Religion vom Gesichtspunkte des privaten und öffentlichen Interesses; Toleranz, Verbot von Religionsdisputationen u. s. w. Ein Buch im Geschmacke einer Zeit, die einerseits positive Religion hatte und doch anfing, gegen den starren Orthodoxismus zu kämpfen. — Dazu philosophische, philologische, civilistische und criminalistische Schriften.

---

[1]) Diese und die folgenden mit Ausschluss von Nr. 10 u. 12 in *Wittenberg* erschienen, sämmtliche in 4.

*) *Jugler,* Beitr. II. 155.

64. Joachim Hildebrand.

Geboren 10. Nov. 1623 im Kloster Walckenried, Professor der Theologie und zuletzt Generalsuperintendent in Helmstädt, gest. 18. Oct. 1691. *Jöcher* II. 1600. Ausser einer Anzahl theol. das Recht zum Theil berührender Schriften:

Com. de episcopis et juribus episcopalibus biga. Helmst. 1745. 4. (ed. noviss.).

65. Heinr. Rud. Redecker.

Geboren 14. Sept. 1626 zu Osnabrück, zu Strassburg 1655 Dr. jur., 1657 Professor der Institutionen zu Rostock, später der Pandekten, Consistorialassessor, Hofrath, Geheimerath, gest. 23. Dez. 1680. *Adelung,* Forts. VI. 1527.

De electione episcopi. Rost. 1667. 4.

66. Johann Volkmar Bechmann.

I. Geboren 23. Dez. 1624 in Findelhausen (Thüringen), Sohn des Predigers Joh. Friedr. B., studirte in Jena, Wittenberg und Helmstädt, wurde in Jena 1649 Dr. jur., Hofgerichtsadvokat, 1658 Professor der Rechte, gest. 13. Juli 1689. *Beier,* Syll. p. 613. *Zeumer* p. 178. *Günther* S. 62.

II. Canonistische Schriften:

1. *De clericorum privilegiis.* Jen. 1670. 4.

2. *De privilegiis bonorum ecclesiasticorum* (resp. *Fr. Krausold*). ib. 1670. 4.

3. *Diss. jur. can. ad c. Norit 13 decr. tit. de jud. cuius occasione denunciatio evangelica examinatur, eaque inefficax juris remedium, omni fundamento destitutum, et a canonistis effictum esse demonstratur.* Jen. 1674. 4.

4. *De donatione Constantini M.* ib. 4.

67. Hulderich von Eyben *).

I. Geboren zu Norden (Ostfriesland), wo sein Vater *Hugo,* Erbherr auf Serima, Oberamtmann des Grafen Ulrich von Ostfriesland war, am 20. Nov. 1629 wurde er vorgebildet im Gymnasium des Klosters Marienkamp (Marienfeld) im Bisthum Münster, studirte dann die Rechte zu Rinteln, Marburg und Giessen, wurde an letzterer Universität 1655 Dr. jur., und bald darauf Professor der Rechte. Sein Ruf, der viele Studenten anzog, verschaffte ihm 1669 eine Vocation nach Helmstädt mit dem Charakter eines herzogl. Rathes. Im März 1678 trat er auf Präsentation des niedersächsischen Kreises als Assessor beim Reichskammergericht ein. K. Leopold I. ernannte ihn 1680 zu seinem Rathe und erneuerte seinen Adel, worauf ihn die rheinische

---

*) Vorr. von *Hortius* in der Ausg. seiner Werke, Strassburg 1708. fol. *Jugler,* Beitr. I. 215. der die Stücke nach dieser Ausgabe aufzählt. *Nebel* p. 9. Andere in Allg. D. Biogr. VI. 452 von *J. Franck.*

Reichsritterschaft admittirte. Er starb zu Wetzlar den 25. Juli 1699. Er war viermal verheirathet.

II. Eyben wird als Mensch, Redner gerühmt, seine Schriften, die sich auf Civil-, Natur-, Lehnstaatsrecht erstrecken, sind fleissig und klar: dem Kirchenrechte fallen zu:

1. *De consensu parentum in nuptiis necessario, de cognatione et affinitate matrim. impediente.* (Op. I.)

2. *De origine, progressu, usu et auctoritate juris canon. in terris protestantium in genere, nec non in specie de quibusdam utriusque iuris cir. et can. differentiis, maxime de iis, quae usum aliquem in foro habere videntur.* Helmst. 1672. 4. Op. II. Verf. ist übrigens, wie auch auf dem Titel steht, *Anton Bobers* aus Hameln. Für eine Doktordissertation gut.

3. *Judicium super quaestione: dass eine der Evangel. Religion zugethane Aebtissin in Deutschland, wann sie sich verheyrathet, nicht nöthig habe zu resigniren.* (Op. III. keine ganze Seite.)

68. Ahasver Fritsche *).

I. Geboren 16. Dez. 1629 zu Mücheln (Amt Freiburg a. d. Geisel), Dr. jur. in Jena, 1661 Hof- und Justitienrath des Fürsten von Schwarzburg zu Rudolstadt, 1669 kais. Pfalzgraf, 1679 Direktor der Kanzlei und Consistorialpräsident, 1682 Kanzler, gest. 14. Aug. 1701.

II. Er verfasste bezw. publizirte:

1. *Jus ecclesiasticum tripartitum* u. s. w. Jen. 1673. 4. 3 P.

Enthält im ersten Theil den tr. *de potestate sive regimine ecclesiast., religione, ministeriis ordinandis* von *Heinr. Gebhard*, alias *Essner*, sachs.-altenb. Rath und Kanzler, *de autor. et officio majestatis civilis circa sacra* von *Herm. Conring*, *de jure episcopali* von *Mich. Havemann*, *de jure patronatus ecclesiast.* von *Joh. Casp. Unrath* [1]), *de jure consistoriorum* von *Christ. Weber*, dann *de jure visitandi ecclesiastico* von Fritsche (dies zuerst Rudolst. 1667. 4.), *de jure decimarum* von *Heinrich Croloe*, im zweiten die Religionsfrieden v. 1552, 1555, Art. V. des J. P. O., *manuale pacificum seu quaestiones viginti ex instrumento pacis religionem eiusque exercitium concernentes* von *Wilh. Ign. Schütz*, tr. de natura et indole pacis rel. August. von *Abr. Calov, Consilia jurid. jus ecclesiast. concern.* bezüglich kirchenstaatlicher Materien, im dritten evang. Kirchenordnungen von Strassburg, kurf. sächs. General-Artikel u. s. w.

2. *Observationes jur. eccl. practicae usum ecclesiarum evang. cumprimis concernentes.* Helmst. 1687. 4.

69. Joh. Friedr. von Rhetius (Retz).

Geboren zu Brandenburg 1630 oder 1633, zu Frankfurt a. O.

---

*) Holl. Beitr. II. 272.

[1]) Geb. 15. Sept. 1608, 1646 Professor in Jena, gest. 4. Juni 1650. *Zeumer*, Vitae. p. 141.

1660 Dr. und Professor der Rechte, 1682 Minister in Berlin, geadelt, gest. 6. Oct. 1707. *Jugler*, Biogr. V. 10. Hall. Beitr. II. 285. *Adelung*, Forts. VI. 1955.

De secularisatione. Francof. ad V. 1669. 4.

70. Barthol. Leonh. von Schwendendörffer.

Geboren 1631 zu Leipzig, daselbst 18. Oct. 1655 Lic. und 20. März 1656 Dr. jur., später Professor des Codex, Canon. von Merseburg, Dechant, Assessor des Hofgerichts und der Fakultät, Senior und Decemvir, gest. daselbst 16. Juli 1705. *Vogel* Annales p. 674, 672.

Interpr. hist.-legalis l. nullus haereticus cet. C. de s. trin. et fide cath. Hal. 1693. 4. (def. *Ernst Ludw. Cortrejus).*

71. Samuel von Pufendorf.

Geboren 8. Jan. 1632 zu Flöhe bei Chemnitz als Sohn eines Predigers, studirte in Leipzig und Jena, 1656 Mag. und Hofmeister beim schwed. Gesandten zu Kopenhagen, als solcher mit demselben acht Monate gefangen, ging nach Leiden, 1661 Professor des Natur- und Völkerrechts in Heidelberg, 1670 Professor zu Lunden, 1686 Rath und Historiograph in Stockholm, 1688 geheimer Rath in Berlin, 1694 vom König von Schweden baronisirt, gest. 26. Oct. 1694. Dieser Poly- histor und Jurist verdient genannt zu werden wegen der bekannten Schriften:

1. *De habitu religionis christianae ad vitam civilem liber singularis* cet. Brem. 1687. 4., 1697. 12., 1713. *französisch* Francf. s. l'O. 1690 par de St. Amant (i. e. *Antoine Teissier*), Utrecht 1690, von J. Barbeyrac, Amst. 1707 u. ö., *deutsch* von Natur und Eigensch. der christl. Relig. durch *Imm. Webern* s. l. 1692. Frankf. 1714.

2. *Jus feciale divinum s. de consensu et dissensu protestantium.* Lub. 1695.

72. Johann Schilter *).

I. Als Sohn des *Joh. S.*, Beisitzers des Oberhofgerichts und Con- sistoriums und Seniors des Schöppenstuhls in Leipzig, aus dessen Ehe mit der Schwester von *Johann Strauch* zu Pegau am 29. Aug. 1632 geboren, verlor er den Vater im ersten Jahre, wurde erzogen in Leipzig und Naumburg a. S., studirte seit 1651 zuerst in Jena, dann zu Leipzig Philosophie, und, nachdem er an letzterer Universität die Magisterwürde erlangt, in Jena fünf Jahre die Rechte, war etwa zwei Jahre Advokat in Naumburg und erhielt eine Stelle als Kanzleisekretär

---

*) Comment. postuma de vita, obitu et scriptis J. S. Arg. 1711. fol. mit oratio parentalis u. s. w. *Gundling*, kleine deutsche Schriften S. 321 (vermehrter Auszug). *Jugler*, Beitr. VI. 72. Hall. Beitr. II. 281. *Moser*, Bibl. jur. publ. p. 106, auch p. 72. 109. 116. 176, 340. 425. *Pütter*, Liter. I. 289 u. ö.

des Herzogs Moritz zu Sachsen-Zeitz, 1668 die des Amtmanns zu
Suhla. Im Jahre 1671 wurde er in Jena Dr. jur., im nächsten Hof-
und Consistorialrath des Herzogs Bernhard von Sachsen-Jena, zuletzt
Mitglied der fürstl. Kammer. Nach des Herzogs Tode (1578) ging er
nach Jena und begann Privatvorlesungen und Disputationen zu halten.
Die häuslichen Verhältnisse — seine Frau war. eine unmoralische Person
— traten seiner Beförderung entgegen, weshalb er nach Frankfurt a. M.
zog. Im Jahre 1686 ging er als Consulent des Magistrats und Honorar-
professor nach Strassburg, wo er den 14. Mai 1705 starb.

II. Als Dozent war S. wegen eines fast nicht vernehmbaren Organs
sehr unbedeutend, als Schriftsteller ragt er für seine Zeit auf den Gebieten der Geschichte, des deutschen, Lehn-, Civil- und Kirchenrechts
hervor. Kenntniss der Geschichte, kritischer Sinn, tüchtige allgemeine
Bildung und freie Auffassung zeichnen ihn besonders aus.

1. *Institutiones juris canonici ad ecclesiae veteris et hodiernae statum accommodatae.* Jen. 1681. 12., zugleich mit *Wegner Differentiae jur. civ. et
can.* nebst Anmerkungen von *Schilter;* Strassb. 1688, ausser den differentiae
zugleich mit der Schrift *Duaren's* de s. eccl. ministeriis cet. und mit den Concordata nat. germ., beide mit Noten versehen. Diese zweite Auflage ist wiederholt Jen. 1699 in 4. u. 8., 1708, 1712 mit *J. H. Böhmer's* praef. *de media
ria, in studio et applicatione juris can. inter Protestantes tenenda,* die jetzt ein
Bestandtheil blieb, 1718, 1721, 1728, 1733, 1749.

Die Darstellung der Quellen des canon. Rechts ist sehr kurz und
fehlerhaft; er deduzirt zu viel aus allgemeinen philosophischen Sätzen.
Erwägt man aber die überaus knappe und klare Darstellung (in der
4. gerade vor mir liegenden Ausgabe im kleinsten 8. füllt der Text der
Inst. 416 Seiten), das beständige Zurückgehen auf die Quellen, die
reiche Nachweisung der Literatur, die Eignung für den Gebrauch der
Protestanten, so darf man das Werk ein verdienstvolles nennen und
begreift, wie es über ein halbes Jahrhundert auf manchen Universitäten
das eigentliche Vorlesebuch blieb. Es hat 2 Bücher, im ersten ausser
den allgemeinen Lehren das auf die Personen, im zweiten auf die
Sakramente, Kirchen, Begräbnisse bezügliche Recht enthaltend. *J. H. Böhmer, C. H. Horn, D. G. Eckard, J. E. Flörke, S. Stryk, A. v. Leyser*
haben Erläuterungen, Zusätze und Verbesserungen dazu gemacht, die
bei denselben ihre Stelle finden.

2. *De libertate ecclesiarum Germaniae libri VII. Adjectus est de prudentia
juris Christianorum, sive de societate inter Deum et hominem eiusque iure et
officiis liber,* itemque *de fatis ecclesiarum S. Joanni revelatis dissertatio.* Jen.
1683. 4. [1]).

---

[1]) Siehe auch *Acta Eruditor.* 1683. p. 129. *Thomasius,* Hist. contentionis inter
Imp. et sacerdot. p. 518. *Baluze* in dem von *Schelhorn,* Amoenitates liter. Th. 8
veröffentlichten Briefe an Schilter v. 1684. — Auf den Index gesetzt am 3. April 1685.

Die Schrift gehört, obgleich sie sich auf *de Marca's* Werk für einen grossen Theil des Stoffes stützt, zu den gelehrtesten ihrer Zeit, benutzt ziemlich alle damals zur Verfügung stehenden Quellen und die Literatur in umfassender Weise, liefert eine Geschichte der deutschen Kirche in ihrer äussern Entwicklung, insbesondere im Verhältnisse zu den Päpsten, giebt eine treffliche Vindication der Rechte des deutschen Episkopats gegenüber den Päpsten, nimmt überall Rücksicht auf die Entwicklung im Staate, legt ebensosehr Gewicht auf den Nachweis, wie die Freiheit der Kirche durch Mitwirkung oder Schuld der Regenten geschmälert worden, wirft stets Seitenblicke auf die Entwicklung in den übrigen Ländern. Es versteht sich von selbst, dass sie bei dem heutigen Stande der Quellen nicht genügt, aber ihren Werth hat sie nicht verloren und verdient noch jetzt gelesen zu werden. Der erste Anhang erörtert, wie sich der Mensch zu Gott stellen soll, um dadurch zu dem richtigen Verhältniss von Staat und Kirche zu kommen.

3. *Diss. de matrimonio.* Jen. 1683. 4. — Auf den Index gesetzt am 14. April 1682.

4. *De pace religiosa.* Strassb. 1700.

5. *Concordata nationis germanicae cum notis* J. S. 1708, 1720.

6. *Thesaurus antiquitatum teutonicarum ecclesiasticarum, civilium, literariarum,* c. annott. *J. G. Schersii* ac variorum. Praefat. praemisit *J. Frickius.* Ulm. 1727 sq. 3 vol. f.

73. Johann Heinrich Otto *).

Geboren zu Ulm den 8. Februar 1633, j. u. d. und Consulent daselbst, gest. um 1700. Seine Schrift:

Novum jus papale, oppositum juri veteri divino, cui adjungitur nucleus ex jure can. Tiguri 1681, ist ein Versuch, an den Fälschungen der Quellen des canon. Rechts, den Massregeln der Päpste u. s. w. nachzuweisen, wie diese allmälig ein der Schrift entgegengesetztes Recht geschaffen.

74. Johann Friedrich Böckelmann **).

I. Geboren zu Steinfurt den 22. April 1633 als Sohn eines Landrichters, studirte er am dortigen Gymnasium, dann in Heidelberg, hielt hier Privatvorlesungen, wurde 1659 Dr. jur. ohne Präses bei der Disputation zufolge landesherrlicher Erlaubniss, sofort auf Grund eines Rescripts vom 22. März Professor der Institutionen, 1661 Rath und Beisitzer des Hofgerichts, 1665 erster juristischer Professor und Vice-

---

*) Allg. histor. Lex. III. 184 Abschn. II.

**) *Pagenstecher*, Memoria Boeckelmanniana in B. Synopsis jur. publ. (edirt von Pagenstecher) Gron. 1698 p. 233. mit Recht von *Jugler*, Beitr. IV. 301 scharf getadelt; dieser (S. 274 ff.) schöpft aus den dort genannten Quellen. *Foppens* hat nur Bücherangaben.

hofrichter, dann neben der Professur Staatsrath und Vicepräsident des
höchsten Gerichts. Der Neid seiner Collegen, namentlich *Sam. Pufendorf's* verleidete ihm seine Stellung derart, dass er 1670 einen Ruf an
die Universität zu Leyden (Holland) annahm. Er ging, obwohl der
Kurfürst Karl Ludwig ihm 1000 Thaler Zulage bot, im Jahre 1671
fort, starb zu Leyden den 22. Oct. 1681.

II. Canonistische Schriften:

1. *Diss. de sponsalibus et nuptiis.* Steinfurt 1653.
2. *Disputatio exhibens diversa iuris themata.* Heidelb. 1659.

Das erste handelt von der landesherrlichen Gewalt in Kirchensachen, ein Thema, das der Kurfürst als Gegenstand der Doktor-
dissertation gewünscht hatte, das vierte über l. 22. C. de nupt., worin
er die priesterliche Einsegnung blos für einen guten Brauch, aber nicht
wesentlich zur Ehe erklärt, das fünfte über Nov. 127 und das Ehescheidungsrecht, die übrigen betreffen das Civilrecht. Der Dekan *Chuno*
nahm Anstand, die Schrift zu approbiren. Die Theologen forderten
über den ersten Punkt eine Erklärung, die er dahin gab: er halte fest
an den Grundsätzen der reformirten Kirche. Es wurde ihm aufge-
tragen, Einiges zu streichen, Andres zu erläutern bezw. zu mildern,
was er versprach. Der Dekan salvirte sich durch eine Clausel am
Schlusse der Dissertation. Der Disputation wohnte der Kurfürst bei,
sie soll drei Tage gedauert haben.

3. **Diversae iuris civ., canon. et feudalis controversiae.* Von *Jugler* für
eine Kandidatenarbeit gehalten.
4. *Diss. de jure sepulturae.* 1665. Von dem Hamburger *Peter von
Schreckeisen* gehalten [1]. Mit Dekr. vom 21. Juni 1722 auf den Index gesetzt.
5. **Differentiae iuris communis et electoralis palatini circa matrimonia.*
6. *Diss. de purgatione can. et vulgari.* 1667.
7. *Tract. postumus de differentiis iuris civilis, canonici, hodierni.* Utraj.
1694, edirt durch *Cornelius van Eck* (gest. 26. Febr. 1732 als Prof. in Utrecht)
mit einer Praef. *de usu et abusu juris can. et hodierni in institutione academica*; 1697, 1737, letztere mit Anmerkungen, einer Vorrede *de jure can.
studiosius pertractando* und *Joach. Hassaeus*, Diss. *de differentiis jur. civ. et
can.* edirt von *Everh. Otto.* Eine Ausg. Jen. 1725, die *Jugler* nicht erwähnt,
wohl *Foppens.*

[1] Gegen die 1. u. 4. erschien: *Parrhesius Philaletes*, Krigericus Hircander,
omnibus bonis foetens et exosus (Heilbronn), gemacht von den Predigern *Barth.
Anhorn*, der die Pfalz verlassen musste, und *Jakob Meyer*. Böckelmann beschwerte
sich 1660 beim Senat, der ihm eine protokollarische Ehrenerklärung gab, aber
bat, von weiteren Schritten abzustehen mit Rücksicht auf den „ordo sacer", die
Unbedeutendheit und zahlreiche Familie des Thäters. B. verfolgte die Sache bis
in die letzte Instanz und gab seiner Duisb. 1661 mit neuem Titelblatt erschienenen
Schrift eine *Epist. apologetica* bei, worin er den Hergang erzählt.

75. Gebhard Theodor Meier.

Geboren 16. Mai 1633 zu Hannover, zu Helmstädt 1660 ausserord., später ord. Professor der Theologie, gest. 22. Dez. 1693. *Jöcher* III. 365. *Adelung*, Forts. IV. 1212.

1. *Disp. cet. an in ecclesia protestantium sit legitimum ministerium? de conciliis* u. s. w. 1679. 4.

2. *Codex canonum ecclesiae universae a Justiniano Imp. confirmatus.* Helmst. 1663. 4. ex rec. Ch. Justelli editus 1668. 4. Davor die historica relatio de canonum collectionibus.

76. Casp. Thurmann.

Geboren zu Rostock 7. Aug. 1634, zu Frankfurt a. O. 1680 Dr. jur., 1682 lauenburg. Hof- und Regierungsrath, entlassen, gest. 4. Dez. 1704. *Jöcher* IV. 1185.

Bibliotheca canonicorum cet. Hal. Magd. 1700. 4.

77. Johann Georg Simon.

Geboren zu Halle um 1635, um 1694 Professor daselbst, gest. 23. Aug. 1696. *Jöcher* IV. 604.

1. *Brevis delineatio impotentiae conjugalis.* 1672, 74. 4.
2. **De absolutione in foro poenitentiali et contentioso.*
3. **De patrinis vulgo Gevattern.*

78. Johann Lassen.

Geboren 26. April 1636 zu Waldau in Pommern, machte grosse Reisen, zuletzt Hofprediger, Pastor an St. Peter, Consistorialassessor und Professor der Theologie in Kopenhagen, wo er 29. Aug. 1692 starb. *Jöcher* II. 2283. *Adelung* III. 1321, der Quellen anführt.

1. *Synopsis et summa conciliorum omnium inde a passione Christi usque ad haec nostra tempora* cet. Jen. 1661. 4.
2. *De statu canonicorum reformato-luther.* 2. ed. Jen. 1661. 4.

79. Bernhard von Sanden.

Geboren zu Insterburg 4. Oct. 1636, 1659 Magister in Königsberg, 1664 Diaconus in Löbenicht und 1667 in der Altstadt, 1674 ausserord. Professor, 1675 Dr. theol., 1679 Pastor der Altstadt und Beisitzer des Consistoriums, 1687 zweiter, 1688 erster Prof. der Theologie, Oberhofprediger, 1690 Oberaufseher der Kirchen in Preussen, 14. Dez. 1702 Bischof, starb 19. April 1703. *Arnoldt*, Hist. II. 165. 206. Zusätze S. 217.

De praerogativa clericorum prae laicis. Regiom. 1685. 4.

80. Adam Cortrejus *).

I. Geboren 3. Oct. 1637 zu Mariengarten bei Göttingen, studirte

---

*) Vita vor dem 3. Theile seines corp. jur. publ. von *Dreyhaupt*, Beschreibung

die Rechte in Jena, wurde hier 1666 Dr. jur. und hielt Privatvor-
lesungen, 1668 Stadtsyndikus und Gymnasialinspector (Scholarch) in
Halle, 1680 Syndikus des Herz. Magdeburg, starb 19. Juni 1706 zu
Magdeburg.

II. Von seinen vorzüglich dem Staatsrechte gewidmeten Schriften
gehören hierher:

1. *Diss. de jure patronatus ecclesiastici (vom Pfarrlehn).* Jen. 1665.

2. *Observata hist.-pol.-juridica ad concordata Friderici III. et Nicolai V.
papae de investitura episcoporum, et collatione beneficiorum ecclesiasticorum.*
Magd. 1705. 4. (vermehrt im Corp. jur. publ. vol. I.).

3. *Repraesentatio iuris primariarum precum, sacratiss. imperatoribus rom.
germ. sine praevio pontificum assensu competentis* cet. ib. 1706.

Der Nuntius hatte 1705 dem Domkapitel zu Hildesheim verboten,
vor der päpstlichen Genehmigung eine erste kaiserliche Bitte anzunehmen. In dieser an denselben adressirten Abhandlung vertheidigt
er die vorhergehende Abhandlung und bekämpft *Chokier*, der (Scholia
in prim. preces imp.) die Advokatur des Kaisers als einzige Grundlage
des Rechts der ersten Bitte erklärt. Die zweite Abhandlung enthält
viel aus Urkunden entnommenes Material.

4. *Observata hist.-politica ad art. IV. pacificationis Riswicensis de abo-
litione unionum ac reunionum gallicarum in Germania, deque religionis cath.
observantia iuxta normam pacis Osnabrugensis, non Riswicensis, diiudicanda.*
ib. 1705. 4.

5. *Observationes hist.-pol.-legales ad art. J. P. caes.-succicae VII. de iuribus ecclesiast. reformatorum principum, in specie Anhaltinorum, et tolerantia
trium religionum, Cath., Luther., et Reformatorum in J. R. G. (in Lehmanno
suppleto et continuato, 1709 p. 117).*

81. Gerhard von Mastricht *).

1. Er stammte aus der *S'Coning'schen* Familie zu Mastricht,
von wo sein Grossvater *Cornelius* wegen seiner Religion als Protestant
nach Köln flüchtete; dieser nahm den Namen Mastricht an. Sein
Sohn *Thomas* war reformirter Prediger in Köln, wo ihm Gerhard am
26. Sept. 1639 von seiner Ehefrau *Johanna le Plancy*, Tochter des
Bürgermeisters in Ath, geboren wurde. Ueber seine Studien ist nichts
sicheres bekannt. Nachdem er zu Basel 1665 Dr. jur. geworden und
bis 1669 noch ohne Amt den Studien obgelegen, nahm er in diesem
Jahre eine Professur der Rechte und Geschichte auf der Universität zu
Duisburg an, wo er 1670 und 1681 das Rectorat bekleidete. Er vertauschte 1688 das Lehramt mit dem Syndikat beim Magistrate von

des Saal-Creyses (Herz. Magdeb.) II. 604. *Pütter*, Lit. d. teutsch. Staatsr. I. 322.
Jugler, Beitr. IV. 126.

 *) *Jugler*, Beitr. I. 823. VI. 325.

Bremen. Eine Reihe von Aufträgen der Stadt zu Verhandlungen mit dem Kaiser und verschiedenen Landesherren führte er gut aus. Sein einziger Sohn *Peter,* der in Frankfurt Dr. jur. geworden, starb. Das bewog ihn zum Verkaufe seiner Bibliothek [1]). Sein Tod erfolgte am 22. Jan. 1721.

II. G. ist in keiner Hinsicht ein hervorragender Schriftsteller, aber Fleiss und Kenntniss der Literatur lässt sich ihm nicht absprechen. Das canonische Recht berühren die folgenden Schriften [2]).

1. *Susceptor, seu de susceptoribus infantium ex baptismo, eorum origine, usu et abusu, Schediasma ad consultiss. virum, Paul. Fuchsium, Antecessorem.* Duisb. 1670.

2. *Historia juris ecclesiastici et pontificii, seu de ortu, progressu, incrementis, collectionibus, auctoribusque jur. eccles. et pontificii tractatio.* Duisb. 1676. Amstel. 1686. Hal. 1705, 1719, die letzteren beiden ‚cum praefatione *Christiani Thomasii* de neglectu studii jur. can. eiusque usu frequente et methodo.‘ Neuester Abdruck in Opera Ant. Augustini (Lucae) T. III. p. IX—CIV.

Obwohl man das Urtheil von *Maassen* [3]) über das Werk, das in gelinderer Weise *Thomasius* fällt [4]), als richtig anerkennen muss, darf

---

[1]) Der von ihm selbst gemachte und mit Bemerkungen begleitete Katalog ist zu Bremen 1719 gedruckt.

[2]) Seine Inaug.-Diss. *De adulteriis,* Basil. 1655 gehört nur theilweise hierher. Für den Theologen kommt in Betracht sein *Canon scripturae sacrae ecclesiasticus* ect. Brem. 1708, *Novum testam. graecum* ect. Amst. 1711. Andere *bei Jugler.*

[3]) Gesch. I. LI. das dahin geht: es habe nur Werth als Compilation dessen, was der Verfasser gedruckt gefunden, zeuge von Mangel an eignem Urtheil. so dass er bei verschiedenen Ansichten sich für die irrige entscheide. sei mit äusserster Geschmacklosigkeit geschrieben.

[4]) Praefatio: ‚Mallem equidem, ut vir consultiss. magis ex ingenio et judicio suo, quam ex sola collectione eorum, quae apud alios de hac materia hactenus tradita invenerat, historiam hanc scribere maluisset.‘ Er hat in seinen *Cautelae* cap. 18—23 auseinander gesetzt, wie er die Darstellung wünsche. Thomasius meint in der Praefatio bezüglich der Abfassung einer Geschichte des canon. Rechts: ‚Sed hic leto protestante opus est, cum catholici hic non possit non partibus nimis addicti esse. Neque etiam memini, eos huic rei operam dedisse.‘ Nun seitdem hat sich das doch geändert. *J. J. Moser,* Unpartheyische Urtheile von Juridisch- u. Historischen Büchern. Drittes Stück. Frkf. u. Leipz. 1723 S. 284 sagt am Schlusse: ‚Indessen ist es doch ein sehr feines Buch, und welches billig alle Studiosi juris sich bekannt machen sollen, wäre auch gut, wenn ein gelehrter Mann das gantze Werck weiter ausführete, die von mir gegebene Erinnerungen in acht nähme‘ u. s. w. Diese gehen aber besonders dagegen, dass er blos die Sammlungen beschrieben. nicht über das Recht der Gesetzgebung in primitiva ecclesia. die Autorität der Concilien, die allmälige Ausdehnung der päpstl. Macht, die Geltung der Concilien u. s. w. nach dem Corp. jur. can., die Conc. nat. germ. und ihre Geltung. die vor Einführung des jus can. in Deutschland geltenden Gesetze behandelt habe. Er ist also gerade mit der Beschränkung auf die äussere Geschichte der Quellen unzufrieden.

man ihm doch seinen Werth für die Literaturgeschichte nicht abstreiten. Es ist der erste Versuch, die *äussere Geschichte der Quellen* des gesammten Kirchenrechts, des Orients und Occidents, vom Anfange an bis auf die Gegenwart darzustellen. Die vorhandenen gedruckten Werke sind zu diesem Zwecke äusserst fleissig benutzt, so fleissig, dass es auch heute kaum Jemand einfallen könnte, auf alle Meinungen, wie er gethan, hinzuweisen. Maassen's Geschichte hat bezüglich der vorpseudoisidorischen Sammlungen viel weniger Literaturangaben, als Mastricht giebt. Indem er aber nichts thut, als diese aneinanderreihen, ist seine Darstellung geschmacklos geworden. Wenn man übrigens erwägt, dass er die einzelnen Sammlungen oft ziemlich genau beschreibt, dass er bot, was sich damals bieten liess, dass bis auf seine Zeit gar kein Buch existirte, worin für die ganze Geschichte mehr geboten wird, dass Fehler bis in die neueste Zeit sich in Hülle und Fülle auch in den Schriften der tüchtigsten Autoren finden: so darf man mit *Moser* das Buch für jene Zeit ‚ein sehr feines Buch‘ nennen. Abgesehen von einzelnen Fehlern ist aus ihm mehr zu lernen, als aus den meisten Büchern[*]).

3. Ausgabe von *Ant. Augustini* de emendatione Gratiani mit Bemerkungen. Sie ist nebst der *Hist. jur. eccl.* am 7. Febr. 1718 auf den Index gesetzt worden.

82. Heinrich Balth. Roth.

Geboren 4. Dez. 1639 zu Gera, studirte die Rechte in Jena, Rath des Grafen von Schwarzburg in Arnstadt, 1676 Professor der Rechte in Jena, gest. 9. Oct. 1689. *Zeumer*, Vitae p. 193. *Jöcher* III. 2249. *Günther* S. 63.

Jura sepulcrorum. Jen. 1678. 4.

83. Peter Müller [*]).

Er war zu Nordhausen, wo sein Vater Advokat und Stadtschreiber war, den 19. Juli 1640 geboren, studirte seit dem 16. Jahre in Jena, dann zu Giessen, eine Zeitlang in Erfurt, betrieb hierauf die Praxis und ging 1667 nach Helmstädt zur Erlangung des Doktorats. Dies scheint er nicht vor 1675 erreicht zu haben. Nachdem er kurze Zeit das Syndikat von Bleicherode und der Herrschaft Lora geführt und in seiner Vaterstadt als Advokat gelebt hatte, trat er um 1670 als Hofrath in den Dienst des Grafen von Stolberg, in welcher Eigenschaft er 1673 dem obersächs. Kreistage als Vertreter des gräflichen Hauses beiwohnte. Bereits 1677 gab er diese Stellung auf, ging nach Jena und begann Privatvorlesungen

---

[*]) Welcher Reichthum des Materials z. B. bei *Mastricht*, welche Armuth bei *Ferd. Walter* in den ersten Auflagen!

[*]) *Zeumer*, Vitae p. 220. *Jugler*, Beitr. V. 80, zählt 158 Schriften auf.

zu halten, worauf ihm noch im selben Jahre eine ausserordentliche, 1680 eine ordentliche Professur der Rechte verliehen wurde. Er rückte bis zur zweiten Professur vor, war Senior der Fakultät, zugleich Beisitzer am Hofgerichte und Schöppenstuhl, fürstl. sächs. Rath und beständiger Deputirter der Jenaischen Landschaft. Ende 1693 legte er alle diese Aemter nieder und trat im folgenden Jahre als Kanzler der gemeinschaftlichen Regierung der Grafen Reuss und Consistorialpräsident zu Gera ein, womit er eine Professur am Gymnasium und die Aufsicht über dieses verband. Sein Tod erfolgte dort am 11. Juni 1696.

II. Eine lange Reihe von Abhandlungen, insbesondere akademischen, zeigt seine Fruchtbarkeit; es fehlt ihnen aber, wie schon Jugler bemerkt hat, Schärfe und Durcharbeitung, sie bieten hingegen vielfach gute Gedanken und Material. Uns interessiren, soweit kein anderer Ort genannt, in Jena erschienen:

1. *De annulo pronubo, vulgo vom Jaworts- oder Trau-Ring, Hypomnema; cui accessit de modo et usu computationis graduum diss.* 1672. 4.; 1676, 80, 88; 1702, 11. Witt. 1735. Die beigedruckte hat *Zach. Präschenck* zum Verfasser.

2. *De osculo sancto commentatio.* 1675. 4., 1701, 1718.

3. *Consultatio utrum cognitio rerum ecclesiast. semper sit penes iura territorii habentem.* 1673 (fälschlich auf d. T. 1663), 1689.

4. *De nummo confessionario, vom Beichtpfennige,* commentatio. 1675. 4., 6. Aufl. 1715.

Er leitet denselben zurück auf das 4. lateran. Concil von 1215.

5. *Diss. de hierologia, seu benedictione sacerdotali, in matrimonii negotio usitata, von priesterlicher Copulation.* 1678, 3. Aufl. 1708.

6. *Diss. de ambitu connubiali, vom Freyererben.* 1684.

7. *Diss. de immunitatibus praediorum ecclesiast. a muneribus, occasione l. 5. C. de SS. Eccles.* 1684. . . . *Von Freyheiten der Kirchen-Güter, von Beschwerungen.* S. l. 1700. 4.

8. *De matrimonio absentium.* 1685, 1722.

9. Diss. inaug. *de judiciis ecclesiasticis protestantium.* Helmst. 1667. Von ihm gemacht, unter *H. Hahn's* Vorsitz vertheidigt (cf. *Jugler,* Beitr. II. 185).

10. *Diss. de juris episcopalis in terris Protestantium a Romano-catholicis iniuste praetensa reviviscentia.* 1689. 4. Witt. 1737. Verfasser ist übrigens *Philipp Wilhelm Orth,* Müller präsentirte.

84. Samuel Stryk *).

I. Geboren am 21. Nov. 1640 in dem Schlosse Lentzen (Priegnitz) als Sohn des brandenb. Amtmanns *Elias* St., machte er seine Studien

---

*) Progr. funebre academiae Frideric. Hal. 1710 f. (von *Gundling*). J. H. *Böhmer,* Laudatio funebris S. Strykii. Hal. 1710 f. *Heineccius,* Panegyricus memoriae S. Strykii conscr. Hal. 1710 f. Andere bei *Weidlich,* Succession S. 6 ff.

in Seehausen und Cöln a. d. Spree (Berlin), sodann in Wittenberg, Frankfurt a. d. O. unter seinem spätern Schwiegervater Joh. *Brunnemann*, besuchte die Universitäten Oxford, Leiden, Utrecht, Gröningen, Francker und Löwen, und erlangte 1665 in Frankfurt a. d. O. die juristische Doktorswürde. Am 10. Nov. desselben Jahres erhielt er dort die ausserord. Professur der Novellen, 1668 die ord. der Institutionen und 1672 als Nachfolger Brunnemann's der Pandekten. K. Leopold I. machte ihn im selben Jahre zum Hofpfalzgrafen. Nach *Phil. Jac. Wolf's* Tode (1680) wurde er ord. Professor des Codex und 1682, nachdem *Joh. Friedr. v. Rhetz* als wirkl. Geheimerath nach Berlin gerufen war, erster Professor und Ordinarius der Fakultät und churbrandenb. Rath. Diese Stelle vertauschte er 1690, dem Rufe Johann Georgs III. von Sachsen folgend, als Nachfolger *Caspar Ziegler's* mit der des Ordinarius zu Wittenberg, zugleich mit dem Charakter eines Appellationsraths. Dem bei dieser Berufung abgelegten Versprechen, einem Rufe in brandenburgische Dienste zu folgen, nachkommend, ging er im Dez. 1692 an die neue Universität Halle, wo er als churf. Geheimerath Direktor der Universität und Ordinarius der Juristenfakultät wurde und als solcher am 23. Juli 1710 starb, als Lehrer geliebt, als Schriftsteller hochberühmt. Sein Einfluss auf die Rechtswissenschaft und Praxis war sehr gross.

II. Dem Kirchenrechte fallen nur Dissertationen [1]) zu, welche er gelegentlich verfasste, bezw. leitete.

1. *De jure papali principum evangelicorum.* Hal. 1694. Ausführung des von ihm verf. ,Progr. *de principe quolibet papa, in suo territorio'* Wittenb. 1690, worin der landesherrliche Summepiskopat evangel. Fürsten über die evangel. Unterthanen vertheidigt und erörtert wird.

2. *De potestate clericorum in saecularibus.* 1700.

3. *De divortiis propter insidias vitae structas.* 1702.

4. Progr. *de vero usu juris ecclesiastici.* eod.

5. *De jure sabbathi.* eod., 1707 ed. 4. mit neuer Vorrede, 6 von *J. H. Böhmer* in Strykii Opusc. terg. argum. Nr. 1. Deutsch *Vom Rechte des Sabbaths.* Aus dem Lat. übers. von Joh. Christoph Müller. Frkf. 1703. 4. Diese Uebersetzung griff *Stryk* sofort als schlecht an, wogegen eine Vertheidigung erschien; die Schrift selbst rief Gegenschriften hervor, 7 führt an *Weidlich* vollständ. Verz. S. 39 f. Vgl. *Walch*, Einleitung in die Religionsstreitigkeiten III. 79 fg. V. 1100 fg.

6. *Praesidium religionis evangel. ex jure canon.* Francof. et Lips. 1722. 4., von *Balth. Böhmer* edirt.

---

[1]) S. *Strykii*, Disput. jur. Francofurtenses vol. 1—5. Francof. 1690—99. vol. 6. Hal. 1705. 4. *dissertationes Halenses.* Lips. 1715, 1720. 2 vol. 4 (vom Sohne edirt). Darin vol. I. Nr. 4. 27. II. Nr. 1. die genannten.

7. *Quadriga disputationum continens differentias jur. civ. et can. quae in XII. decades dicisae* cet. Frankf. a. O. 1672. 4. (def. *Godofr. Felorius*).

8. *Annotationes succinctae in Schilteri Instit. j. c.* Nürnb. 1732.

85. Christ. Levin Heinr. Dedekind.

Pastor und Superintendent zu Seesen, Probst des Klosters Frankenberg, 1795 Superintendent zu Salzdahlen, gest. 21. Aug. 1814.

Ueber das Recht der protest. Regenten in Kirchensachen, auf Veranlassung der gegenwärtigen Zeitumstände. Helmst. 1792.

Veranlasst durch die Schrift von *Trapp* und zu deren Bekämpfung wird das Recht der Landesherren, die protest. Kirche bei ihren Bekenntnissen zu schützen, zugegeben und ausgeführt, die christliche Religion sei nicht Staatsreligion, aber doch für den Staat sehr nöthig und wohlthätig, nicht Vernunft, sondern die Schrift sei als Richterin in Glaubenssachen anerkannt u. s. w. Die Deduction ist übrigens theologisch, philosophisch u. dergl., nicht juristisch.

86. Felix Spitz.

Geboren zu Ronneburg 1641, Dr. jur. in Jena, Amtmann in Altstädt, 1685 Professor der Rechte in Altdorf, gest. 13. Jan. 1727. *Jöcher* IV. 750.

Diss. jur. de procurationibus canonicis. Von Visitations-Mahlen und Verpflegungen. Altd. 1701. 4.

87. Conrad Samuel Schurzfleisch.

Geboren im Dez. 1641 zu Korbach, seit 1671 Professor der Geschichte in Wittenberg, gest. 7. Juli 1708.

Ad lib. baronem Carolum de Frisen de victricis ecclesiae diss. Wittemb. 1677, Lips. 1698. 4. Auf dem Index 30. Juli 1678.

88. Heinrich Link *).

I. Geboren den 13. Juli 1642 zu Zörbig im Meissnischen als Sohn des dortigen Pfarrers und Superintendenten *Georg L.*, kam nach Schulpforta, studirte die Rechte in Jena, wo er 1668 Dr. jur. utr., Advokat und Privatdozent wurde. Er nahm 1674 einen Ruf nach Altdorf an, zugleich als Rath des Pfalzgrafen von Sulzbach und der Stadt Nürnberg, und starb hier am 21. Jan. 1696.

II. Canonistische Schriften:

1. *De juris canonici origine et auctoritate.* Jen. 1674. Frankf. u. Leipz. 1698. 4.

---

*) Vita von *M. D. Omeis* vor dem Com. in decret. mit Aufzählung aller Schriften.

2. *Commentarius in Decretales* cet. Nürnb. 1697. 4. Voraus geht eine Einleitung, welche das Studium des canon. Rechts rechtfertigt, dann die Quellen auf Grund der damaligen Literatur bespricht, das Verhältniss des jus canon. zum jus civ. und der protest. Kirche berührt. Der Commentar selbst besteht zumeist in der Ausführung von Punkten auf Grund literar. und Quellen-Citate und erstreckt sich auf das kath. wie protest. Recht. Er ist eine gute Leistung.

3. Tract. *de iure episcopali*, zuerst als Doktor-Dissertation Jen. 1668, dann weiter ausgearbeitet Altdorf 1684, 1694. Cob. 1697. 4. Frankf. u. Leipz. 1697, 4. Frankf. 1699, 4. — Diese, die erste und folgende Schrift wurden am 15. Jan. 1714 auf den Index gesetzt; er heisst aber hier ‚*Linckens* Henricus‘, die Römer hielten also den Genitiv für den Nominativ. Behandelt die ganze Stellung der Bischöfe mit besonderer Bezugnahme auf Deutschland, das Verhältniss zu den Protestanten, ihre Stellung im Reiche, die Anwendbarkeit bezw. Nichtanwendbarkeit in der protest. Kirche, den Gegensatz des bisch. Rechts zu dem der Landesherren. Durch exacte Benutzung der Quellen, der Literatur im ausgedehntesten Masse, guten historischen Sinn des Verfassers ist das Werk verdienstvoll. Auch die folgenden Abhandlungen gehören zu den guten Gelegenheitsschriften, die ihren Werth behalten.

4. *Tr. de juribus templorum.* Jen. 1674, 1731. Coburg 1697. Frankf. 1698. 4. (zusammen mit Nr. 3 u. 1). Leipzig 1745. 4.

5. *De justo juris can. judicio.* Altd. 1679. 4. Als Autor ist *S. Meyer* genannt.

• 6. *De immediatorum imperii protestantium foro in causis matrimonialibus.* Altd. 1680. 4. Bresl. 1720. 4. Als Autor ist *Fr. Barckhauss* genannt.

7. *De concordatis nationis germanicae.* Altd. 1680. 4. Als Autor ist genannt *J. M. Falck.* Dann Jen. 1718, Witt. 1735, 1742. 4.

8. *De subsidio charitativo.* Altd. 1677. 4. Als Autor genannt *M. Trambot.*

9. *De usu divortiorum ex divino et humano hocque civili aeque ac can. jure. J. E. Fink* als Autor genannt. Jen. 1686. 4.

10. *De clerico artifice et negotiatore.* Altd. 1692. 4.

11. *De judicio pro anima, quod ablatorum restitutione seu satisfactione peragitur.* Altd. 1694. 4. Autor *Schellhammer.*

12. *De panibus civilibus.* Altd. 1686, Hal. 1724. 4. (resp. *G. L. Graff*).

13. *De s. Apostolorum sortibus ex inspectione s. bibliorum occasione c. l. X. de sortil.* Altd. 1686. 12. (def. *Andr. Scheidlin*).

89. Nikolaus Christoph Freiherr von Lyncker *).

I. Geboren den 2. April 1643 zu Marburg, machte er seine Studien in Giessen, Jena und Marburg, wurde zu Giessen 1668 Doktor und 1669 ausserord. Professor der Rechte, ging 1674 als Regierungs- und Consistorialpräsident nach Eisenach, 1677 als Senior der Juristenfakultät, des Schöppenstuhls und Hofgerichts nach Jena, wurde 1680 Professor primarius, hatte 1682 eine Mission als kais. Commissar in

---

*) *Zeumer* p. 197. *Jöcher* II. 2624. *Nebel*, Prof. jur. p. 10. *Günther* S. 63.

dem brandenburgisch-braunschweigischen Streite in Speier und Wien, wurde 1683 fürstl. eisenachischer Vormundschaftsrath, 1687 weimar. Geheimerath, 1688 bei einer Mission in Wien vom Kaiser geadelt, 1694 Ordinarius der Fakultät, legte die Professur nieder, wurde 1695 Consistorialpräsident in Weimar, vom Kaiser in den Freiherrnstand erhoben, 1702 Geheimerathspräsident, dann Reichshofrath in Wien, wo er am 28. Mai 1726 starb.

II. Hier kommt dieser hervorragende Praktiker nur in Betracht durch die folgenden Schriften, die sämmtlich für das damalige Recht werthvoll sind.

1. *De superioritate sacra. Von dem Recht eines Fürsten in Kirchensachen.* Jena 1746. 4.

2. *Com. de eo quod justum est circa personas diversae religionis.* ib. 1744. 4. ed. noviss.

3. *De baptismo.* ib. 1685. 4. (resp. *Jo. Jac. Hartung*).

4. *De eo quod circa sacram coenam justum est.* ib. 1690. 4.

5. *Vindiciae primarum precum caesareae majestatis.* Helmst. 1712 f.

90. Heinrich von Cocceji *).

Geboren 25. März 1644 zu Bremen, studirte die Rechte in Leyden, 1670 Dr. jur. in Oxford, 1672 Professor in Heidelberg als Nachfolger Pufendorf's, 1682 geh. Staatsrath und Beisitzer des kurfürstl. Revisionsgerichts, flüchtete 1688 nach Württemberg, ging als Professor nach Utrecht, 1690 nach Frankfurt a. d. O., wo er in den Adelsstand erhoben mit dem Charakter eines Geheimenraths starb 18. Aug. 1719. Sein Schwerpunkt liegt auf der historischen und selbstständigen Bearbeitung des Staatsrechts.

1. *De jure circa haereticos.* Francof. a. V. 1690. 4.

2. *Diss. jur. de titulorum et commendarum convenientia.* ib. 1699. 4.

91. Christian Wildvogel **).

I. Zu Halle a. S. am 13. Aug. 1644 als Sohn des herz. Raths und Lehnsekretärs *Georg W.* geboren, erhielt er auf dem dortigen Gymnasium eine treffliche Vorbildung, bezog 1663 die Universität Leipzig, 1665 Frankfurt a. d. O., betrieb nach dem 1666 erfolgten Tode seines Vaters aus Mangel der nöthigen Gelder zum ferneren Studium zu Weissenfels die Prozesspraxis, erlangte im Oct. 1668 zu Frankfurt die juristische Doktorswürde, setzte sodann zu Halle die

---

*) Fata et merita vor den Exercitationes curiosae vol. I. Lemg. 1722. 4. *Stintzing* in Allg. D. Biogr. IV. 372.

**) *Richard* p. 31. *Zeumer*, Vitae Jen. p. 248. *Von Dreyhaupt*, Beschreib. des Saal-Creyses II. 747. *Jugler*, Beitr. VI. 169. *Günther* S. 64. giebt das Geburtsjahr 1646 an, ohne eine Quelle zu nennen.

Advokatur fort, insbesondere als Consulent der verwittweten Gräfin Barbara Magdalena von Mansfeld. Nachdem er (1676) Sekretär des niedersächsischen Kreises, (1678) Hof- und Regierungsrath zu Weimar, Kanzler und Consistorialpräsident der Abtissin von Quedlinburg (1685) gewesen, seit 1687 auf dem Landgute Ehringsdorf bei Weimar seines zweiten Schwiegervaters gelebt hatte, nahm er 1690 die Professur des öffentlichen Rechts und die Beisitzerstelle im Hofgerichte und Schöppenstuhl zu Jena an, erhielt 1697 den Charakter eines Vicekanzlers, 1699 1. Jan. eines geheimen Raths. Er starb als Senior der Universität und zweiter Professor der Rechte den 4. Dez. 1728, nachdem er viermal geheirathet und eine Anzahl von Kindern erzeugt hatte.

II. Seine literarische Thätigkeit hatte in den akademischen Veranlassungen ihren Hauptgrund. Aus zahlreichen Dissertationen u. dergl. gehören hierher:

1. *De eo quod justum est circa tempus quadragesimum, vom Rechte der Fasten.* Jen. 1691.

Einige ähnliche über das Neujahrs-, Pfingst-, Oster-, Weihnachts-Fest u. s. w. Als *Chronoscopia legalis sive de jure festorum, et praecipuorum anni temporum commentatio, ex vario iure, hist. et antiquitatibus* 1702. zusammengedruckt.

2. *Exerc. jur. de decanis, von Dechanten.* 1692.

3. *De jure collectarum.* 1694.

4. *Electa jur. tam cir., quam canonici et saxonici decades duae.* cet. 1698. 4. Darin Programme zur Erklärung einzelner Kapitel: c. 21. C. II. q. 1., c. 5. et fin. X. de frig. et malef., c. 19, 20, 25. X. de praeb., welche den gewöhnlichen Charakter solcher Arbeiten haben. *Jugler* S. 177 führt noch eine Reihe andrer Programme an.

5. *De eo quod justum est circa conciones funebres, von Leichen-Predigten.* 1701. Verfasser ist *Werner Jul. Günther Hantelmann.*

6. *De eo quod iustum est circa deprecationem ecclesiast.* 1702.

7. *De privilegiis clericorum in processualibus secundum normam legum romanar. ac usum hodiernum.* 1704.

8. *De oblationibus quae fiunt in ecclesiis per succum sonantem, vom Klinge-Beutel.* 1704.

9. *De exercitio juris circa sacra civitatum_ imperialium liberarum protestantium.* 1713.

10. *De differentia consensus sponsalitii et matrimonialis.* 1720.

11. *De controversa jurisdictione ecclesiastica principum imperii in diversae religionis subditos.* 1728.

92. Gottfried Nikolaus Ittig.

Geboren 4. Aug. 1645 zu Leipzig, daselbst 6. Nov. 1679 Dr. jur., 1705 Professor der Pandekten, Assessor der Fakultät und Canonicus von Naumburg, 1708 Professor des Codex und Canonicus von Merseburg, gest. 22. April 1710. *Vogel*, Annales p. 774, 783, 1009. *Jöcher* II. 2005.

Diss. jur. de clerici foro saeculari. Lips. 1703. 4.

93. Johann Clodius.

Geboren 15. Aug. 1645 zu Neustadt (Pommern) als Sohn des dortigen Archidiaconus, 1664 Mag. in Wittenberg, 1675 Propst und Superintendent in Slieben, 1683 Dr. theol. in Wittenberg, 1690 Superintendent zu Grossenhain, gest. 14. Juni 1733. *Jöcher* I. 1966.

Quid ecclesiae eiusque ministris debeat patronus. Lips. 1709. 4.

94. Heinrich von Henniges *).

Geboren zu Weissenburg (Franken) den 5. Sept. 1645 in der Festung Wälzburg, deren Aufseher sein Vater war, studirte er die Rechte in Jena und Altdorf, disputirte hier 1670 behufs der Doktorpromotion, die 1676 erfolgt sein soll. Lange Zeit wurde ihm jede geeignete Anstellung versagt, bis er 1678 als Geheimsekretär in den Dienst des Kurfürsten Friedrich Wilhelm zu Berlin trat. Am 7. Febr. des folgenden Jahres wurde er geheimer Legationssekretär zu Regensburg, 1690 als Hofrath beim Kurfürstencolleg accreditirt, 1692 auch beim Fürstenrath als Stimmführer, 1708 geh. Rath, 1710 neben dem kurbrandenburgischen Gesandten, Grafen von Metternich, Comitialgesandter. Von Friedrich I. in den Adelstand erhoben, war er 1711 als zweiter brandenburg. Gesandter bei der Wahl K. Carl's VI. zu Frankfurt, wohnte aber nur einmal, 25. Aug. dem Congresse bei, da er am folgenden Tage am Schlage starb.

Seine Schriften gehören dem Staatsrechte an, dem Kirchenrecht zugleich:

Liber de summa imperatoris romani potestate circa sacra. Norimb. 1676.

Während er in dieser Schrift sehr für die unmittelbaren Rechte des Kaisers sich ausspricht, tritt er in seinen späteren Schriften überall gegen den Kaiser zu Gunsten der Reichsstände auf. Ausserdem berührt er Kirchenrechtliches in den Arbeiten über den Westfälischen und Ryswicker Frieden. Vgl. *Jugler* und *Pütter*, besonders *Moser*, der sehr ausführlich eingeht.

95. Theodor Siegfried Ring.

Professor der Rechte in Frankfurt a. d. O. Gest. 1705.

Diss. jur. *de coadjutoribus.* Francof. 1688. 4.

---

*) *Moser*, Bibl. jur. publ. S. 41. *Jugler*, Beitr. VI. 225, dessen weitere Quellen mir nicht zur Hand waren. *Pütter*, Lit. d. Teutsch. Staatsr. I. 350, der namentlich über das von *Gundling* geschmähte Buch, Meditat. ad J. P. caes. susc. specimina X. ein sehr günstiges Urtheil fällt.

96. Achaz Christ. Ranger.

Geboren zu Leuenstein in Preussen 19. Febr. 1648, in Königsberg 1676 Dr. und ausserord. Professor der Rechte, 1679 Beisitzer des samländischen Consistoriums, 1689 Hofgerichtsrath, legte die Professur nieder und starb 19. Jan. 1694. *Arnoldt*, Hist.·II. 267.

De jure baptismi. Königsb. 1689. 4. (*Pet. Engelbertz* resp.)

97. Johann Philipp Slevogt *).

I. Als Sohn des Professors *Paul S.* zu Jena den 27. Februar 1649 geboren, machte er hier und in Helmstädt seine Studien in der Jurisprudenz, Philosophie und Philologie, wurde in Jena 1674 Dr. jur., hielt seitdem Privatvorlesungen und betrieb die Advokatur, bis er 1680 ord. Professor der Moral und ausserord. der Rechte wurde. Schon im nächsten Jahre zum ordentlichen ernannt, rückte er vor, im Jahre 1695 als Nachfolger *Lyncker's* zum ersten Beisitzer am Hofgerichte, ersten Professor, Ordinarius der Fakultät und des Schöppenstuhls. Im Jahre 1719 sächs. Hofrath geworden, starb er am 7. Jan. 1727.

II. Er gehört zu den tüchtigsten protestantischen Kirchenrechtslehrern. Seine hier in Betracht kommenden Schriften sind alle in Jena zuerst gedruckt:

1. In *Delibationum juris specimen academicum.* 1674. 4.: *de noralibus*, ad c. quid per novale 21. X. de V. S.

2. *Diss. IV. de unione ecclesiarum et beneficiorum* cet. 1678. 4. (von 1674—76 geschrieben, dann vereinigt).

Eine gute, namentlich durch Bezugnahme auf die Praxis brauchbare Abhandlung.

3. Diss. IV. *de divisione ecclesiarum et beneficiorum.* 1681. 4. — 2. u. 3. zusammen Franc. et Lips. 1746. 4. als Opuscul. jur. eccl. quorum unum de unione cet.

4. *Diss. in. de advocatia imperatoris ecclesiastica.* 1690.

5. *Programmata tria, quibus ostenditur, ex can. VI. Conc. Nicaeni primatum papae asseri non posse.* 1701 u. 1703. 4. (das erste auch in *Hertel*, Praxis forens. instit. imperial., 3. Forts. p. 313; *Fischer*, Opusc. sel. p. 48).

6. *Progr. de juris canonici cultu et laudibus.* 1708.

98. Wolfgang Gabriel Pachelbl von Gehag **).

Enkel eines 1610 zu Prag vom K. Rudolph II. geadelten *Wolfgang P.* von dessen Sohne *Wolfgang Adam*, der, zuerst Bürgermeister von Eger, als Lutheraner unter K. Ferdinand II. nach Culmbach auswanderte, als Rath und Vicelandhauptmann der Stadt und Sechsämter

---

*) *Strauch*, Vitae p. 78. *Richard* p. 19. *Zeumer* p. 239. *Jugler*, Beitr. II. 384. *Günther* S. 185.

**) *Jugler*, Beitr. V. 295. *Fikenscher*, Gel. Bairent VII. 4.

Wunsiedel acht Tage vor der Geburt seines Sohnes starb, geboren den 10. Juni 1649 zu Wunsiedel, vorgebildet in Bayreuth, studirte dann in Jena, hierauf in Leipzig, wurde hier 1678 Dr. jur., 1679 Anleiter (Advokat) beim Landgericht in Ansbach und markgräfl. Rath in Onolzbach, bald Beisitzer, seit 1693 erster, dazu 1705 brandenb. culmbachischer Geh.-Rath, gest. 26. Nov. 1728. Er stand mit *Leibnitz* und *Hert* in Correspondenz.

Er hinterliess eine Reihe von Schriften [1]) über staatsrechtliche und administrative Dinge, bezw. spezifisch brandenburgische Angelegenheiten [2]), dazu:

Diss. de prohibitione nuptiarum in gradu secundo lineae inaequalis. Lips. 1678. Doktorschrift.

Vertritt die absolute Indispensabilität dieses Hindernisses.

99. Friedrich Philippi.

Geboren 9. Juli 1650 zu Leipzig, wo er im Jahre 1678 Lic. und 6. Nov. 1680 Dr. jur., 1688 Assessor, zuletzt Senior der Juristenfakultät war und 8. Dez. 1724 starb. *Vogel*, Annales p. 774, 783. *Jöcher* III. 1518.

De subselliis templorum, vulgo von Kirchen-Stühlen. Lips. 1683, 1711, 1745. 4.

100. Johann Karl Näve.

Geboren zu Chemnitz 1650, ausserord. Professor der Rechte und Assessor der juristischen Fakultät zu Wittenberg, wo er 1675 promovirte und 31. Dez. 1714 starb. *Jöcher* III. 803. *Adelung*, Forts. V. 344.

1. *De potestate principis circa jurisdictionem et disciplinam ecclesiasticam.* Wittenb. 1686. 4.

2. *Jus clericorum. Oder das Priester-Recht. In welchem wie die Kirche und deren Diener anfangs beschaffen gewesen, hernach zugenommen und wieder in Abfall kommen, auch was insonderheit die Kirchen-Diener heut zu Tage vor Befugniss und Privilegien haben u. s. w.* das. 1708, 2. Aufl. 1713.

Geschichte der Entwicklung und Verfassung der Kirche, des Primats, röm. Hierarchie, Macht der Fürsten augsb. Bekenntnisses, Consistorien, bischöfliches Recht, geistlicher Stand, geistliche Güter, Privilegien in Lehn- und Civilsachen, geistliche Insignien und Kleidung. Er huldigt der Theorie, dass die protest. Fürsten die jura sacrorum durch die Religionsfrieden nicht eigentlich bekommen, sondern nur restituirt erhalten haben. Das canonische Recht ist anwendbar, im

---

[1]) 41 bei Jugler; *Moser*, Bibl. und *Pütter*, Lit. haben sonderbarerweise keine Schrift von ihm.

[2]) Ein Curiosum ist seine *Diss. historico-juridica de originibus electorum, iisque etiam Christi nativitate non iunioribus* u. s. w. Hal. Magd. 1705. 4., die allen Ernstes die Kurfürsten in die älteste Zeit versetzt und das Burggrafenthum Nürnberg schon im 9. Jahrh. ein Kurfürstenthum sein lässt.

Dekret viel Gutes, jedoch oft die bona fides zu desideriren, in den Dekretalen steht mehr böses als gutes, erzählt, wie es trotz Luther's Verfahren gelte, insbesondere in Ehesachen u. s. w. vi receptionis. Uebrigens meist aus *Brunnemann, Lyncker, Stryk* und *Ziegler* geschöpft.

101. Joh. Friedr. Mayer.

Geboren 6. Dez. 1650 zu Leipzig, 1668 daselbst Mag. phil., 1672 Prediger, dann Superintendent in Leissnig, 1674 Dr. theol., 1684 Professor der Theologie in Wittenberg, 1686 Pastor in Hamburg, zuletzt 1701 Generalsuperintendent über Pommern und Rügen, Präsident des Consistoriums, erster Professor der Theologie und Prokanzler in Greifswald, gest. 30. März 1712 in Stettin. Berühmter Prediger und schroffer Orthodoxer. *Jöcher* III. 321. *Adelung*, Forts. IV. 1091.

1. *De titulo pontificis servi servorum.* 1685.
2. *Quantum pontificiis reformatio Lutheri profuerit.* 1687.
3. *De pontificibus romanis uxoratis.* Kiel 1699.
4. *De clandestino matrimonio.* Greifsw. 1702.
5. *De auferribilitate papae.* 1702.
6. *De osculo pedum pontificis romani.* Lips. 1714. 4.
7. *Exercit. theol. quaestionem: utrum pontifex rom. summam potestatem habeat convocandi concilia ecclesiastica? contra Bellarminum l. I. de conc. c. 12. sistens.* Vit. 1713. 4. Ob sie von ihm, oder seinem gleichnamigen Sohne, der in Halle 1699 Dr. jur. wurde, gemacht ist, weiss ich nicht.

102. Friedrich Schrag.

Gestorben zu Strassburg im Jahre 1701 als Professor der Rechte.

Introductio in prudentiam juris canonici repetita, cum synopsi capitum et indice materiarum. Argent. 1689. Ed. sec. et priori auctior et emendatior accurante *Dan. Dietrico* J. C. Wetzlar 1715.

Unter der Rubrik *Constitutio universalis* wird von Namen, Quellen etc. gehandelt; die Const. particularis behandelt in pars prior generalis unter 122 cap. im Institutionensystem mit grosser Kürze das canonische Recht, in pars posterior seu specialis die Arten des Rechts nach allen möglichen Richtungen. Das Buch war lediglich für das erste Studium geeignet und entbehrt jedes tiefern Werthes.

103. Joh. Burchard May (Maius).

Geboren 4. Februar 1652 zu Pforzheim, Professor in Durlach, 1692 Professor in Kiel, gest. 6. Nov. 1726. *Jöcher* III. 63. *Adelung*, Forts. IV. 452, der Quellen anführt.

Commentatio de rom. pontificis electione, Caesarumque circa eam jure cet. Kiel 1724, ed. *D. Muhlius* 1729. 4. mit des letztern disquis. *de Friderico I. Aenobarba imp. ab Alex. III. pont. pede non conculcato.*

104. Heinrich von Bode (Bodinus) *).

I. Er war am 6. April 1652 zu Rinteln, wo sein Vater *Gerhard B.*
Professor der orientalischen Sprachen war, geboren, studirte die Rechte
in Helmstädt, nachdem er einige Zeit Theologie getrieben, seit 1668,
erwarb 1672 in Rinteln mit der ,Diss. *de alienatione bonorum ecclesiasticorum'* das Licentiat, übte sich in der Praxis zu Speier, Regensburg,
und Wien und liess sich 1674 in Rinteln als Dozent und Advokat
nieder. Im Jahre 1677 ging er nach Marburg, nahm 1682 einen Ruf
als ausserord. Professor in Rinteln an, erhielt die Doktorswürde
und 1685 die ord. Professur. Bei Errichtung der Universität Halle
erhielt er 1693 die vierte ord. Professur, wurde im folgenden Jahre
Consistorialrath, 1696 dritter, 1710 zweiter Professor. Im Jahre 1712
wurde er mit seinem zum Reichshofrath ernannten Bruder *Just Vollrad*
vom Kaiser in den Adelstand erhoben. Er starb den 15. Sept. 1720.

II. Ausser der ersten schon angeführten Dissertation besitzen wir
neben romanistischen und publizistischen Arbeiten:

1. De *obligatione forensi juris dirini (Jo. Frid. Schmidt).* Hal. 1696.

2. De *illicita a principibus protest. prorocatione in causis ecclesiasticis*
(Joh. Pütter) 1699 (in *Senckenberg,* Opusc. sel. Joh. Zangeri aliorumque cet.
P. II. Nr. 15).

3. De *fundamentis nuptiarum contrahendarum ex principiis jur. cir. et*
can. 1693.

Nicht von ihm, sondern von den beigesetzten Candidaten verfasst,
sind: *De discordiis coniugum,* Hal. Magd. 1694. *Gottfried Bönigk.* De
jure et erroribus circa divortia, Jo. Georg Brem, 1711. So *Jugler* S. 367.

4. De *restringenda libertate matrimonii ineundi (Hieron. de Münckhausen,*
später braunschw. Staatsminister), 1701, 1724.

5. De *conjugio illicito (Josias Mörder).* 1703.

6. De *abusu poenitentiae ecclesiasticae* (Sohn *Fried. Rode).* 1708, 1694,
1726, 1741. 4.

7. De *divortio conjugum propter delictum (Dar. Meise).* 1709, 1720.

105. Johann Nikolaus Hert **).

I. Sohn des Predigers *Joh. David H.* in dem damals H.-Darm-
stadt und ·N.-Weilburg gemeinschaftlichen Orte Niederklee (nach
Andern in *Oberklee),* wurde er hier den 6. Oct. 1652 geboren, trat
1664 in das Pädagogium zu Giessen ein, machte daselbst seit 1667 in
den philosophischen Wissenschaften und der Jurisprudenz seine Studien

---

*) *Jugler,* Beitr. V. 350 ff. *Zedler,* Universallex. IV. 323 ff. *Weidlich,* Succession S. 10 fg. *Pütter,* Lit. des Teutsch. Staatsr. I. 340. Originell ist die Schilderung, welche *Ludewig* Cons. Hal. II. §. 60, p. 59 praef. von ihm macht.

**) *Jugler,* Beitr. V. 131 nach Privatmittheilungen; er führt 83 Schriften an.
Pütter, Lit. I. 256. *Nebel* p. 12 (hat 1651).

und beschloss dieselben 1672 mit einer öffentlichen Disputation. Er ging sofort zur weitern Ausbildung nach Jena, wo er durch zufällige Lecture von *Conring's* Buche Geschmack am deutschen Rechte fand, vor dem er bis dahin einen Ekel gehabt. Der Besuch von Leipzig und Wittenberg schloss sich an. Nachdem er 1676 in Giessen Lic. jur. geworden, als· Advokat bei der dortigen Kanzlei gearbeitet und Privatvorlesungen gehalten hatte, wurde ihm 1682 eine ausserordentliche, 1683 die ordentliche Professur der Staatslehre, bald nachher eine ausserordentliche der Rechte gegeben, worauf er 1686 das juristische Doktorat erwarb. Im Jahre 1690 ordentlicher Professor geworden, rückte er allmälig vor bis zur ersten Stelle im Jahre 1702; dazu kam eine Beisitzerstelle beim hess. Revisionshof, die Inspection der akademischen Güter, 1709 das Kanzleramt und 1710 der Rathscharakter. Berufungen nach Strassburg, Schweden, Leipzig u. s. w. schlug er aus, einige Stunden vor seinem Tode, der am 19. Sept. 1710 erfolgte, kam ein Schreiben von Berlin an, das ihm die Stelle eines wirklichen Geheimeraths und Kanzlers anbot. Auswärts allenthalben anerkannt, war ihm nur in Darmstadt dies nicht in gleicher Weise widerfahren.

II. Hert wird mit Recht, insbesondere von *Leibnitz* und *Pütter*[1]), zu den tüchtigsten Publizisten gerechnet. Seine Schriften erstrecken sich über die verschiedenen Gebiete des Rechts, uns gehen an:

1. *Diss. de ecclesiis filiabus.* 1705.

2. *Diss. de iactitata vulgo Ordinis Cistere. libertate ac exemtione a superioritate et advocatia.* 1703. Frankf. u. Leipzig 1718. 4.[2]). Auf den Index gesetzt 15. Aug. 1714.

3. *Diss. de matrimonio putativo.* 1690.

4. *Diss. de matrimonio instaurato, et conscientiae.* 1702. Witt. 1740.

5. Tract. juris publ. de *Statuum Imperii R. G. jure reformandi iuxta temporum seriem, compositionis scilicet Passavianae et Pacis Westphaliae.* Giss. 1710 (deutsch, anonym), Frankf. 1726. fol., 1771. 4. (besorgt von *Joh. Christoph Koch*).

Gerichtet gegen die *Vindiciae juris reformandi,* Coblenz 1703. fol. von *Christian Rittmeyer,* welche die anonyme, 1696 erschienene Schrift: *» Wahrhafte und im jure publ. gegründete Auslegung der Frage: ob ein*

---

[1]) Lit. des Tentsch. Staatsr. I. 256: „ein Mann, der so viel Philosophie, Geschichte und Kenntniss aller Theile der Rechtsgelehrsamkeit mit einander verbunden hatte, dass man ihm wenige an die Seite setzen kann. Daher seine Schriften den Werth einer vorzüglichen Gründlichkeit und Brauchbarkeit nicht leicht verlieren werden."

Comment. atque opuscula cet. Francof. 1700. 4., 1710; 2. Band 1713 (edirt vom Sohne *Joh. Jeremias Hert*). 1737 von *Joh. Jac. Hombergk*, 2 Bde. 4.

[2]) Gegen des Abtes *Rob. Kolb* Schrift: *Aquila certans pro immunitate et exemtione ecclesiarum, monasteriorum et status ecclesiastici a potestate saeculari.* Frankf. 1687. fol.

kath. Fürst in einem Fürstenthum, darinn das exercitium evang. religionis resp. 1618 oder 1624 bloss und allein in Uebung gewesen, sein Religionsexercitium introduciren könne? — die Frage wird unbedingt verneint — bekämpfte, führt sie die Vertheidigung dieser Verneinung.

106. Michael Wendland.

Discursus de pace et cura religionis, jurisd. imperatorum in pontifices et libertate conscientiarum. Violentiam pontificum rom. in imperatorum et hominum conscientias gnaviter et graviter depingens. Gerae 1615.

107. Joh. Münster zu Vortlagen Erbgesessener.

Ein christl. und nützliches Traktat von der Visitation in der Kirchen. Frankf. 1616. 4.

108. Peter Gude.

De conciliis (in *Dom. Arumaei,* Discursus de jure publ. Jen. 1617—23. 5 vol. 4., Nr. 3. p. 218). Sie trägt den Namen des Arumäus, hat aber nach *Jugler,* Beitr. I. 253 den Genannten zum Verfasser.

109. Cyr. Herdesianus.

Professor in Frankfurt a. d. O.

Cynosura jur. can., qua iuris huius origo, progressus, methodus, usus ac abusus inter tam Romano — quam Evangelico — Cath. succincte demonstratur cet. Francof. a. O. 1621 — zeigt dessen Nutzen, weshalb es selbst Luther 1530 den Theologen empfohlen; ein nicht uninteressanter Beweis der Gründe und Methode, wie man sich half, wo es gelte, wie es anzuwenden.

110. Heinrich Gebhard (auch Wesener).

Fürstl. reussischer Kanzler.

Tract. juridicus de potestate sive regimine et jurisdictione ecclesiastica. Ibidemque de religione ac ministeriis ordinibusque sacris, jure patronatus et ceteris negotiis ad sacra et religionem spectantibus. Ex opere tractatuum jurisprud. Rom.-Germ. H. G. alias W. Jen. 1627, 28, 73. 4.

111. Jakob Sbrozzius.

De officio et potestate vicarii episcopi. Jen. 1630. 4.

112. Georg Justin Wehner.

Dissertatiuncula jurepolit. de jurisdictione ecclesiast., jure patronatus aliisque eidem affinibus saeculari quoque competentibus magistratui. Cob. 1630. 4.

113. Nicolaus Kern.

Geboren 29. Aug. 1626 zu Culmbach, gest. als Castner in Hof 18. Aug. 1674. *Fikenscher,* Gel. Baireut V. 50.

De jurisdictione ecclesiastica, nobilibus imperii vigore constitutionis de pace religionis, in districtibus et castris illorum legitime competente. Jen. 1648. 4. Diss. inaug. gehalten unter *Unrath's* Vorsitz.

114. Heinrich Krolow.

Syndikus der Stadt Lüneburg.

De jure decimarum. Helmst. 1650 (auch in *Fritsche* Jus eccl. tripart. I. 1134).

Unter *H. Hahn's* Vorsitz vertheidigt, aber von K. verfasst (*Jugler*, Beitr. II. 183).

115. Ludwig Rothmaler.

. *De saecularisatione bonorum ecclesiasticorum, ex iure divino et humano, praesertim J. P. (O.) ac novissimis imperii constitutionibus.* Kil. 1666. Unter dem Namen *E. Mauritius*, aber nach dem Briefe des Präses von R. verfasst. (Auch in *Fritsche*, Exercit. var. jur. publ. III. 314.) Vgl. *Moser*, Bibl. jur. publ. 480.

116. Lutich Christof von Luderitz.

De jure primar. prec. Jen. 1669. 4.

117. Hieron. von Diescau.

De jure episcopali protestantium. Leipz. 1670. 4.

118. J. D. Erhardt.

Disp. inaug. jur. de anno gratiae, vulgo Gnaden-Jahr. Arg. 1670. 4.

119. Nikolaus Thilen.

Disp. inaug. de unionibus ecclesiarum atque beneficiorum ecclesiast. Argent. 1671. 4.

120. Christian Friedr. Jan.

Tr. jur. theol. pract. de denuntiatione evangelica. Witt. 1673. 4.

121. Alb. Meyer.

De monumentis sepulcralibus. Bas. 1673. 4.

122. Herm. Schmidt.

De denuntiatione evangelica. Giss. 1673. 4.

123. Leopold Albert Schoppe.

Lebte in Halberstadt.

Novissimi jur. can. tract. de postulatione praelatorum cet. Hal. 1674. 12. Besonders auf Deutschland Rücksicht nehmende Erörterung der auf dem Titel aufgezählten Kapitel der Dekretalen.

124. Joh. Kasp. Stützing.

De manu mortua et jure circa illam. Lips. 1677. 4.

125. Joh. Friedrich Knorr.

Discursus jur. can. de poenitentia ecclesiustica, *Von der Kirchen-Busse.*
Jen. 1678 unter *P. Müller's* Namen, 1700. 4. verm. und verb. unter dem des
Verfassers, herausgegeben von *B. G. Struve.* Vgl. *Jugler*, Beitr. V. 100.

126. Joh. Mich. Schultze.

Specimen acad. de juribus clericorum. Helmst. 1678. 4.

127. Christoph Redecker.

Geboren zu Osnabrück 10. Nov. 1652, Neffe von *Heinrich Rud. R.*
im Nov. 1682 Dr. jur. in Rostock, 1683 ord. Prof. der Rechte und
Consistorialassessor, 1693 Senator und Bürgermeister, gest. 15. Jan.
1704. *Adelung*, Forts. VI. 1526.

  D. in. de decimis laicorum in terris protestantium. Rost. 1691. 4.

128. Christian Thomasius *).

I. Er war am 1. Jan. 1655 zu Leipzig, wo sein Vater *Jakob*
Professor der Eloquenz war, geboren, studirte und promovirte daselbst
1672 zum Dr. phil., worauf er sich sofort habilitirte, studirte sodann
dort und seit Nov. 1675 in Frankfurt a. d. O. die Rechte bis 1678,
wo er Dr. jur. wurde. Im Jahre 1679 eröffnete er in Leipzig seine
philosophischen und juristischen Vorlesungen, kam aber bald in Conflict mit den orthodoxen Theologen, so dass er um der Haft zu ent-
gehen, im Jahre 1690 nach Halle ging und hier juristische und philosophische Vorträge zu halten begann. Der grosse Zulauf und seine
Bemühungen bewirkten, dass Kurfürst Friedrich von Brandenburg im
Jahre 1694 zu Halle eine Universität errichtete. Thomasius, bereits
kurf. Rath, wurde zweiter jur. Professor und Senior der Fakultät
(*Samuel Stryk* erster), 1710 erster und zugleich Geheimerath, Direktor
der Universität und Ordinarius (Präses) der Juristenfakultät; er blieb
in Thätigkeit bis zu seinem am 23. Sept. 1728 erfolgten Tode.

II. Es ist hier nicht der Ort, die Verdienste des grossen Mannes
um die Philosophie und um die Ausrottung des Aberglaubens, seinen
Kampf gegen das Hexenwesen, seine Bemühungen zu Gunsten der
Gewissensfreiheit, für die Reform des Strafrechts, seine Kämpfe mit
den Orthodoxen, welche ihm stete Befehdungen zuzogen und z. B. in
Kopenhagen zum Verbrennen seiner Schriften führten, zu schildern.

---

 *) *Leporius*, Germ. vivens II. 149—350 (bis 1721 gehend). Progr. acad.
Frideric. Hal. 1728 f. (von *Gundling*). (*Jo. Fr. Christ* in) Acta Eruditor. Lips.
1729 p. 470. *Dreyhaupt*, Beschreib. des Saal-Creysses II. 735. *Schröckh*, Biogr. V.
Nr. 3. *Weidlich*, vollst. Verzeichn. Succession derer Rechtsgel. S. 3 ff. Denkmäler
I. 71 mit Porträt. *Püttmann*, Elogium vor Dissert. Thom. Hal. 1780. IV. Bd.
Nettelbladt in Observat. jur. eccles. p. 138.

Unermüdlich in Wort und Schrift thätig, begründete er den Ruhm
und die Blüthe von Halle und hat auf die Auffassung des Verhältnisses
von Kirche und Staat, sowie auf die Verfassung der evang. Kirche und
die Anschauungen über das Verhältniss der Confessionen zu einander
einen enormen Einfluss geübt. Für die Universitätsgeschichte hat er noch
dadurch eine besondere Bedeutung, *dass er zuerst sich der deutschen
Sprache in seinen Vorlesungen bediente,* was in Halle Nachahmung fand.

III. Haben auch seine philosophischen und manche andere juristische
Schriften für die innere Entwicklung namentlich des evang. Kirchenrechts
wesentlich beigetragen, so kommen hier doch vorzugsweise nur die folgenden (zuerst in Halle, soweit nicht ein anderer Ort) näher in Betracht [1]).

1. *Diss. in qua felicem subditorum Brandenburgicor. ob emendatum per
edicta electoralia statum eccles. et politic. summis lineis adumbratum proponit.*
1690. 4. Deutsch in Th. auserlesenen . . . Schriften Nr. 1.

2. Progr. *proponens disputationes super quaest. nova: De tolerantia dis-
sentium in controversia religionis.* 1693 f.

3. Progr. super quaest.: *Annon ecclesia saltim alteret politias?* 1695.

4. Diss. problem. jurid.: *An haeresis sit crimen?* 1697. Deutsch l. c.
Nr. 111.

5. *De jure principis circa haereticos.* 1697. Deutsch l. c. Nr. IV. Gegenschriften bei *Weidlich* a. a. O. S. 17 fg. Er verneint die Frage schlechthin.

6. Progr. in quo proponitur *error communis de Papo-Caesaria, et Caesaro-
Papia.* Item *de duplici potestate in ecclesia, una externa, altera interna.* 1697.
Widerlegung der anonymen (in Wirklichkeit von *Mörl,* Adjunct
der phil. Fak. zu Halle, später Prediger in Nürnberg) Schrift: *Repet.
doctrinae orthodoxae de fundamento fidei* cet. s. l. 1697, welche gegen
die unter 5. u. 6. gerichtet ist (Progr. Nr. XIX. 400). Es erschien
dann *„defensio repetitionis'* u. s. w. (Progr. Nr. XXI. 413.) Andere
für und gegen *Weidlich,* vollst. Verz. S. 18.

7. *De fundamentorum definiendi causas matrimoniales hactenus recepto-
rum insufficientia.* 1698.
Gerichtet gegen *Bodinus* de jure mundi cet., gegen Thomasius
Imman. Weber de legibus div. positionis universalibus Giess. 1705.

8. *Vindiciae juris majestatici circa sacra, adversus autorem simplicis
consilii, quomodo ecclesiae protestantium sint uniendae.* 1699. Deutsch in:

[1]) *Chr. Thomasius,* Dissertat. acad. var. impr. jurid. arg. Halle 1775—80.
4. T. 4., I. Nr. 18, 28. II. Nr. 35, 37. 39, 44. 56. III. Nr. 71. 76, 79, 80, 84, 94.
96. 100. 108. *Programmata* Nr. XII. p. 241. XVII. 377. XX. 426. XXIX. 585.
Nicht hierher: *De jure principis circa adiophora* cet. 1695. Deutsch: *Abh.
vom Recht evangel. Fürsten in Mittel-Dingen, oder Kirchen-Ceremonien,* auserl. Schr.
Nr. 2. Sie wurde von *Carpzow* auf der Kanzel angegriffen, durch die Bemühung
Val. Alberti's in Leipzig confiscirt. Ueber andere Schriften gegen und für *Weidlich,*
vollst. Verzeichniss S. 11 fg. Sie gehört *Brenneysen* an. *Thomasius* fügte nur den
Anhang bei.

Dreifache Rettung des Rechts evang. Fürsten in Kirchensachen, Frankf. 1701. 4. nebst zwei dasselbe Thema behandelnden, die gleich der Dissertation selbst zur Vertheidigung der unter 3 gegen die Gegenschriften (*Weidlich* l. c. S. 24) gemacht sind.

9. *De jure principis evangelici circa solemnia sepulturae.* 1702. Deutsch: Auserl. Schr. Nr. 5.

10. *De translatione ministrorum ecclesiae.* 1706.

11. *De differentiis jur. civ. et can. in doctrina de testamentis.* 1707.

12. *De jure aggratiandi principis evangelici.* 1707.

13. Progr. *Monita de cura principis evang. circa sustentationem ministrorum ecclesiae.* eod.

14. *De bonorum saecularisatorum natura.* eod.

15. *De desertione ordinis ecclesiastici.* eod.

16. *De officio principis evang. circa augenda salaria et honores ministrorum ecclesiae.* eod.

17. *De foro competente et subjectione clericorum sub potestate civili.* 1709.

18. *De usu practico denunciationis evangelicae.* Ad cap. 13. X. de jud. 1712.

19. *De pactis futurorum sponsaliorum, rom Ja-Wort.* Ueber denselben Gegenstand zur Rechtfertigung gegen *Balth. v. Wernher* in „Gem. Händel‘ Anh. S. 167 fg.

20. *De concubinatu.* 1713. *Von der „Kebs-Ehe‘.* Frkf. u. Leipz. 1714. Zehn Gegenschriften bei *Weidlich*, vollst. Verz. S. 74 fg.

21. *Praecipua jurispatronatus ecclesiar. protestantium vulgaris capita.* 1715.

22. *Gedanken und Rechte eines christl. Fürsten in Religionssachen her. v. H. Ph. Kr. Henke.* Helmst. 1794.

23. *Cautelae circa praecognita jurisprud. ecclesiasticae.* 1723. 4.

24. *Vollständige Erläuterung der Kirchenrechtsgelahrtheit* oder *gründliche Abhandlung vom Verhältnisse der Kirche gegen den Staat über S. Pufendorf's Tr. de habitu rel.* cet. (mit dessen Uebersetzung). Frkf. u. Leipz. 1738. 4.

25. *Historia contentionis inter imperium et sacerdotium usque ad sec. XVI. breviter delineata* cet. *In usum auditorii Thomasini.* 1722.

26. *Rechtmässige Erörterung der Ehe- und Gewissensfrage: ob zwey fürstl. Personen im röm. Reiche, deren eine der luther., die andere der ref. Religion zugethan ist, einander mit gutem Gewissen heyrathen können?* auf Veranlassung der famosen Schrift, deren Titel: der Fang . . ., zu Steuer der Wahrheit entworffen. 1689. Frankf. u. Leipz. 1714.

27. *Ausgabe* von Lancelotti Institutiones jur. can. Hal. 1716 sq. 4. mit eignem Commentar und Noten.

In dem Anhange der in Anm. 1 genannten Schrift, dann in den unter 3 ff., 8, 22 u. a. hat er das sogen. *Territorialsystem* entwickelt, das im Gegensatze zu dem von *Carpzov* vertretenen *Episkopalsystem*, welches den Schwerpunkt auf das an den Landesherrn gekommene bischöfliche Recht legt, die Gedanken entwickelt: die Kirchengewalt sei· anfänglich ein Recht des Landesherren als solcher gewesen und könne von jedem Landesherrn für sein Land beansprucht werden, weil sie vom Klerus widerrechtlich an sich gerissen worden. Er sieht den Landesherrn somit als Vertreter des sogen. *status politicus* an gegenüber dem *status ecclesiasticus*. Das System von Thomasius hat thatsächlich, so wenig es auch geschichtlich berechtigt ist, grossen Einfluss erlangt.

129. Wilhelm Hieronymus Brückner *).

I. Geboren den 23. Sept. 1656 zu Erfurt, wo sein Vater Professor der Rechte und sachsen-goth. Hofrath war, studirte in Gotha, Erfurt und Jena Philosophie und Theologie, dann zu Erfurt die Rechte, wurde 1685 Dr. jur., dozirte in Erfurt, erhielt eine ausserord. Professur, 1690 die ord. Institutionenprofessur in Jena, war Assessor am Schöppen-stuhl und Hofgericht, zuletzt Senior, gest. 23. April 1736.

II. Ausser philos., lehnrechtl., prozess., criminal., civil. u. s. w. Schriften in grosser Zahl haben wir von ihm:

1. *Disp. de eo quod iustum est in foro externo (iustitia externa) et interno (iust. interna) cet.* 1691.

2. *De clandestinis sponsalibus juratis.* 1697.

3. *De auctoritate juris canonici.* 1702.

4. *De jure principis et imprimis statuum protestantium circa caussas matrimoniales.* 1714.

5. *De emendata, occasione reformationis D. Lutheri doctrina de decimis praecipue moralibus.* 1730.

6. *Progr. de usu et aestimatione s. scripturae apud Pontificios, et speciatim in jure canonico.* 1705.

7. *Progr. de differentia consensus sponsalitii et matrimonialis, indeque resultantibus effectibus praecipuis.* 1705.

8. *Progr. de concilio Erfurtensi cuius in jure can. c. 2. C. 15. q. 4. fit mentio.* 1707.

9. *Progr. Christianis non esse licitum iurare nisi in casu necessitatis.* 1719.

130. Joh. Christoph Hartung.

Zu Jena 1681 Dr. jur. und gest. 1685. *Adelung* II. 1818.

De jurisdictione consistoriali, Oder von der Gerichtsbarkeit geistlicher Gerichte. Neue Aufl. Frankf. u. Leipz. 1725. Unbedeutend.

131. Hieronymus Brückner.

Bruder des Wilh. Hier., Dr. jur. utr. und sachsen-gothaischer Hof- und Consistorialrath.

Decisiones juris matrimonialis controversi. Goth. 1692. 2 P. 4.

Enthält eine Zusammenstellung der in den letzten 30 Jahren ver-

---

*) *Goetten*, Gel. Europa II. 396 ff. *Richard* p. 43. *Zeumer*, Vitae Nr. LVIII. *Jöcher* I. 1412. *Günther* S. 64. .

handelten Controversen und der Ansichten mit Prüfung an der Hand
der Schrift, des Naturrechts und der positiven evang. Gesetze. P. I.
Verlöbniss, Verwandtschaft, conjugium eunuchi et hermaphroditi, poly-
gamia simultanea et successiva. P. II. divortium, separatio quoad
thorum et mensam, prohibitio matrimonii poenalis, concursus duor.
matr., copula sacerdotalis, legitimatio et matr.' putativum. Durch die
Rücksicht auf die Praxis für die geschichtliche Entwicklung werthvoll.

132. Johann Heinrich von Berger *).

I. Geboren zu Gera den 27. Januar 1657 als Sohn des dortigen
Conrectors *Valentin B.*, der bald darauf Rector des Gymnasiums in
Halle wurde, machte er in letzterem Orte seine Gymnasialstudien, die
juristischen in Leipzig und Jena, hier bei *G. A. Struve, Lyncker* und
Schilter. Im Jahre 1682 wurde er in Leipzig Dr. jur., bald darauf
Beisitzer des Consistoriums, auch hielt er private Vorlesungen. Das
Jahr 1685 brachte ihm einen Ruf für Wittenberg als ordentlicher Pro-
fessor der Rechte, damit den Beisitz in der Fakultät, dem Hofgerichte
und Schöppenstuhl; kurz darauf wurde er auch Beisitzer im Landgericht für die Niederlausitz. Im Jahre 1707 ernannte ihn der Kurfürst
von Sachsen zum wirklichen Appellationsgerichtsrath, ersten Prof. und
Ordinarius der Fakultät, gleichzeitig zum Direktor des Consistoriums.
Wichtige Geschäfte wurden ihm übertragen, z. B. die Theilnahme an
der Commission für die Ausarbeitung der Prozessordnung, Beisitz am
Reichsvicariatsgericht 1711. Nachdem er verschiedene Berufungen ausgeschlagen, nahm er 1713 die Stelle eines (evangelischen) Reichshofraths in Wien an. Hier starb er am 25. Nov. 1732. Kurz nach
seiner Berufung hatte ihn Karl VI. in den Adelstand erhoben, die
Reichsritterschaft ihn als Mitglied aufgenommen.

II. B. gehört zu den tüchtigsten Juristen seiner Zeit und hat sich
auf verschiedenen Rechtsgebieten ein dauerndes Andenken gesichert.
Das canonische Recht verdankt ihm folgende Schriften:

1. *Electa processus* executivi, possessorii, provocatorii, *et matrimonialis.*
Leipz. 1705. 4.; Supplement 1706; 1729, 45. Dazu *Progr., quo Electorum
processus matrim. th. 52* et *Supplementorum* p. 157 ... *proposita sententia
rindicatur: desertam coniugum partem deserentem, si quidem hunc ante novam
istius copulam carnalem facti poeniteat, recipere in thorum oportere.* 1711. 4.

2. *Progr. de genuino juris can. usu, seu de summa circumspectione et
cautione in legendo iure can., eiusque interpretibus, doctori protestantium ad-
hibenda.* Vit. 1706. 4. (Philocalia fori Lips. 1713. 4. p. 173.)

3. *De matrimonio compricignorum disquisitio.* Leipz. 1708. 4. Er tritt

*) *J. Guil. Bergeri*, Oratio in laudem J. H. nob. dom. de B. habita Viteb. 1733.
Jugler, Beitr. I. S. 38, der S. 60 seine Quellen angiebt, dessen sämmtliche Schriften
aufzählt. *Muther* in Allg. D. Biogr. II. 374.

nur mit der Beschränkung dafür ein, dass sie zu gestalten sei, wenn die Ehe, in die sie gebracht sind, kinderlos bleibe; wenn sie vor der Conception eines Fötus aus ihr geschlossen und consummirt sei, dürfe sie nicht aufgelöst werden.

4. *Annotationes in Lancelotti Institutiones jur. can.*, ad easque *Casp. Ziegleri* animadversiones. Vit. 1710. 4.

5. Reichshofraths Gutachten wegen des *juris primariarum precum* bey Patronatstiftern in *Moser*, Miscell. jur.-hist. Th. I. S. 48.

133. Christof Heinrich von Berger.

Von diesem ältesten Sohne des vorhergehenden, geboren zu Wittenberg 18. März 1687, seit 1719 hier ord. Professor der Rechte, 1733 Reichshofrath, gest. 15. Juli 1737 zu Wien, existiren zwei nicht bedeutende can. Abhandlungen:

1. *Progr. de furore sponsalia contracta dissolvente.* Vit. 1718. 4.

2. *Diss. de praescriptione sponsaliorum.* 1719, angeblich von seinem Bruder *Friedrich Ludwig*, der aber 23. Jan. 1701 geboren wol, wie *Jugler*, Beitr. S. 63 mit Recht meint, etwas zu jung war. Vgl. über ihn noch *Muther* a. a. O. S. 374.

134. Kaspar Heinrich Horn.

Geb. am 3. Febr. 1657 zu Freiberg, zu Wittenberg 1684 Lic. und 1685 Dr. jur. utr., im letztern Jahre Rathsherr zu Freiberg, im folgenden Stadtrichter, 1687 Assessor der Juristenfakultät zu Wittenberg, 1690 Prof. der Institutionen, 1693 der Digesten, 1713 Prof. primarius und Ordinarius, Rath am Appellationsgerichte, gest. 6. Febr. 1718. Hall. Beitr. II. 309.

Additamenta ad Joh. Schilteri Inst. jur. can. in usum scholae et fori. Accessit eiusdem *Compendiosa expositio doctrinae de computatione et prohibitione graduum intuitu rei matrimonialis.* Vitteb. 1718.

Die Additamenta bestehen in Citaten aus der Literatur und den Quellen, auch weiteren Erörterungen u. s. w., im Anschluss an einzelne Worte der nicht mit abgedruckten Schilter'schen Institutionen. Das Hauptgewicht ist auf das sächsische, insbesondere kursächsische gelegt.

135. Michael Grassus.

Geboren zu Wolgast 1657, studirte in Greifswald, 1683 in Tübingen, Hofmeister beim Gr. Friedr. Wilh. v. Solms-Braunfels, 1687 ausserord. Prof. am Coll. illustre und Dr. jur., 1692 ord. Prof., später Assessor primarius des Hofgerichts, gest. 1731. *Bök*, Gesch. S. 150.

De negotiatione clericorum prohibita (resp. *Gerh. Math. Pfaffreuter*). Leipz. 1742. 4. (gehalten 1705 in Tübingen).

136. Immanuel Weber *).

I. Er wurde zu Hohenheide bei Leipzig als Sohn des dortigen

---

*) *Jugler*, Beitr. III. 140. der theils ungedruckte Quellen benutzte. Er zählt 108 Schriften auf. *Nebel* p. 14.

Predigers gleichen Namens am 23. Sept. 1659 geboren und wegen seines schwächlichen Körpers ungewöhnlich früh getauft. Nachdem er durch fünf Jahre auf der Fürstenschule zu Grimma vorgebildet war, wandte er sich in Leipzig der Philosophie und Theologie zu, wurde 1681 Dr. phil., fing aber im folgenden Jahre an die Rechte zu studiren, setzte dies kurze Zeit in Jena, seit 1683 von Neuem in Leipzig fort. Im Jahr 1684 nahm er die Stelle eines Hofmeisters der jungen Prinzen August Wilhelm und Günther von Schwarzburg-Sondershausen an, die ihm 1687 das Archivariat in Schwarzburg einbrachte. Dies gab er 1698 auf gegen eine Stellung als Reisebegleiter des Sohnes vom Freiherrn v. Gersdorf, sächs. Premierministers. Er reiste im Mai zu diesem nach Giessen, wo derselbe studirte, erhielt hier aber im selben Jahre die Professur der Geschichte, im folgenden eine ausserordentliche der Rechte nebst der Aufsicht über die Bibliothek. Im März 1699 Dr. jur. geworden, erhielt er 1713 die ord. Professur des Civil- und Naturrechts, zwei Jahre später die Rathswürde. Die Geschichtsprofessur legte er 1720 nieder, erhielt aber 1722 noch das Syndikat, 1725 nach *J. F. Ludovici's* Tode den Posten des Vicekanzlers, ersten juristischen Professors und den Titel Regierungsrath. Sein Tod erfolgte am 7. Mai 1726.

II. W. war ein unermüdlich thätiger Schriftsteller auf historischem, theologisch-philologischem, staats-politisch-rechtlichem Gebiete u. s. w. Seine socinianistische Neigung verwickelte ihn in mancherlei Streitigkeiten. Hier kommen in Betracht [1]):

1. *Acta in puncto matrimonii ab eunucho cum iuvencula contracti, von der Capaunenhochzeit.* Longolissae 1690. 4.

2. *Diatribe iuris can. de canonica praelatorum ecclesiae electione.* Giss. 1704, Jen. 1746. 4.

3. *Commentatio theoretico-practica de eo, quod iustum est circa cognationes in nuptiis.* Giss. 1716.

4. *Diss. de jure circa sacra pagorum imperii immediatorum.* ib. 1717, Wittenb. 1747.

5. *Papa, quid facis? Diss. de ranis et iniquis pontificum circa electiones imperatorum moliminibus.* Giss. 1719. 4.

137. Gottlieb Gerhard Titius *).

I. Geboren den 5. Juni 1661 zu Nordhausen, wo sein Vater Johann T. gräflich Stolbergischer Kanzler und Syndicus war, studirte zu Leipzig seit Ostern 1680, dann zu Rostock und wiederum in Leipzig,

---

[1]) Dazu Uebers. von *Sam. Pufendorf,* de habitu rel. christ. ad vitam civilem: S. P. von der Natur und Eigenschaft der christl. Religion in Ansehung des bürg. Staats. Leipz. 1687. 12. Siehe auch vorher Seite 76.

*) *Vogel,* Annales S. 1071. *Jugler,* Beitr. VI. 105, der ältere Lit. anführt. *Pütter,* Liter. I. 299. Ueber seine Methode auch Hallische Beitr. II. 63.

wo er 1688 Dr. jur. wurde und Privatvorlesungen zu halten begann.
Am 25. Febr. 1709 wurde er endlich als Assessor der Juristenfakultät
eingeführt, erhielt aber noch immer wegen des widerstrebenden Einflusses der Theologen keine Professur, bis es 1710 Thomasius durch
Verwendung beim Feldmarschall und Staatsminister Grafen Flemming
gelang, einen Cabinetsbefehl an die Universität zu erwirken, demzu-
folge er für die vakante Pandekten-Professur vorgeschlagen wurde.
Er rückte im selben Jahre in die zweite Stelle, wurde zugleich Appellationsrath in Dresden, 1713 Beisitzer des Leipziger Oberhofgerichts.
Er starb den 10. April 1714 während seines Rectorats im ledigen
Stande.

II. Seine Schriften gehören dem Natur-, Civil-, Lehn-, Staats-,
deutschen Rechte an, dem Kirchenrechte:

*Eine Probe des deutschen geistlichen Rechts, wie selbiges ohne päpstische
und papenzende Verfälschung, auch andere unförmliche Verwirrung, aus den
Grundsätzen göttlicher Rechte, zum Gebrauch protestirender Staaten, in richtiger
Ordnung etwa könnte fürgestellt werden.* Frankf. 1701, 1709 (2 Abdr.), 1741.
Dazu: *Erklärung einiger in der Probe des deutsch. geistl. Rechts vorkommenden
zweifelhaften Stellen, wodurch dieselben theils geändert, theils erläutert werden.*
Leipz. 1711, 1721, und: *Fernere Ausführung seiner in der Probe . . . für-
getragenen Lehre vom päpstl. Missbrauch des Bindeschlüssels wider Herrn Justini
Töllner's vermeintliche Widerlegung.* Leipz. 1704.

Diese Schrift, welche nach *Reimmann*, Hist. lit. VI. 514 confiscirt
wurde (vgl. über Angriffe, Anzeigen u. s. w. *Jugler*) ist zunächst interessant als eine der frühesten Darstellungen in deutscher Sprache.
Sie ist voll von ständigen Deklamationen gegen die Papisten, das canonische Recht; bestreitet diesem und dem römischen alle eigentliche
Geltung, geht aber auf eine freilich stellenweise sehr mangelhafte Angabe der Quellen u. s. w. ein, weil es nun doch einmal gelte, deduzirt
namentlich gegen Schilter, das canon. Recht passe nicht für die Evangelischen und sollte abgeschafft werden. Die Kirche ist ihm, soweit die
Religion in Betracht kommt, dem Staat nicht unterworfen, wohl nach
ihrer äusseren Verfassung; er verwirft für sie ein einheitlich Regiment,
fordert für jeden Staat seine eigne Kirche, spricht den protest. Obrigkeiten das Recht zu, zu verhüten, dass unter dem Deckmantel der Religion die Gesellschaft verletzt werde, jedem Staat für sich ohne jegliches
Einspruchsrecht; er verwirft den dreifachen Status, der eine papistische
Frucht sei. Sein Standpunkt ist der rein territorialistische. Daher kann
der Landesherr Consistorien haben, oder nicht; die Gewalt der letztern
hängt rein vom positiven Rechte ab. Das Ganze ist ein wunderliches
Gemisch von Polemik, Schimpfereien, positiven Sätzen und naturrechtlichen Deductionen.

138. Johann Friedrich Cramer *).

I. Geboren zu Steinfurt nach 1660, studirte zu Altdorf und Leipzig, Hofmeister eines Prinzen von Brandenburg-Onolzbach, schlug die ihm verliehene Professur in Duisburg aus, weil er seine lutherische Confession mit der statutenmässig geforderten reformirten nicht vertauschen wollte [1], Geh. Legationssekretär in Berlin, 1695 Ephorus des Kurprinzen Friedrich Wilhelm und Rath, 1697 nach dem Sturze *Dankelmanns*, der ihm jene Stelle verschafft hatte [2], mit dem Patente eines Magdeburger Regierungs- und Consistorialraths entlassen. Er ging nach Wien, wo er beim Reichshofrath praktizirte, wurde 1699 in Altdorf Lic. jur. und preuss. Minister-Resident in Amsterdam [3]. Nach dem Tode K. Friedrichs I. vom Nachfolger, seinem ehemaligen Zögling, dem K. Friedrich Wilhelm I., der ihn hasste, seines Gehalts entsetzt, ging er nach dem Haag, wo er unter dem Drucke seiner Schulden, aller Subsistenzmittel beraubt, am 27. Febr. 1715 starb.

II. Dieser Mann, der schon um seines Werkes *Vindiciae nominis germanici contra quosdam obtrectatores Gallos*, Berol. 1694 fol., Amstel. eod. 8., das als Brief an den Leipziger Kaufmann F. B. Carpzov gerichtet gegen französische Anmassungen auftritt, willen das harte Loos, welches ihn traf, nicht verdiente, schrieb die hierher gehörige:

Diss. de caussis consistorialibus, an et quatenus ad excellentiss. judicium caesareo-imperiale aulicum spectent? Altorf. 1699. 4., Jen. 1707. Siehe darüber *Moser*, Bibl. jur. publ. S. 299 (seine Lebensnachricht ist sehr dürftig und unrichtig; die Ausstellung über das jus dioecesanum zeigt, dass Moser selbst es nicht richtig auffasst), der sie trotz seiner Ausstellungen ‚eine ziemlich feine Dissertation' nennt. Er behauptet die volle Appellabilität an den Reichshofrath.

139. Samuel Friedrich Willenberg **).

I. Geboren 2. Nov. 1663 zu Brieg in Schlesien, 1693 Dr. jur. in Frankfurt a. d. O., 1699 daselbst ausserord. Prof. der Rechte, 1700 als Prof. der Rechte und Geschichte am Gymnasium zu Danzig, wo er am 2. Sept. 1748 starb.

II. Von seinen Schriften gehören hierher:

1. *Selecta juris matrimonialis, hoc est fundamentorum decidendi causas matrim. cariorumque matrimonior., maxime irregularium expositio.* Hal. 1720. 4. Er untersucht die Quellen, auf denen das Eherecht ruhe, behandelt

---

*) *Jugler*, Beitr. V. 170, der die ältere Literatur anführt. *Friedr. Förster*, Friedr. Wilh. I. Kön. v. Preussen (1834) I. 90. *Droysen*, Gesch. der preuss. Politik IV. 182.

[1] Akten zur Jubelfeier der Univ. Duisburg. 1756. S. 109.

[2] Er war in seinem Hause eine Zeitlang Hofmeister gewesen.

[3] Ueber seine Anfeindungen daselbst *Jugler*.

**) *Weidlich*, Biogr. Nachr. III. Vorrede Nr. 31.

dann die Monogamie, Polygamie, matrim. virgineum, ad morganaticam, amazonicum, secundae nuptiae, simulatum matrim. Das protest. Eherecht ist das Hauptobject.

2. *Diss. juris ecclesiastici de officio vocantis et vocati ad ministerium ecclesiasticum.* Jenae 1733. 4.

3. *Tr. j. eccl. de excessibus et poenis clericorum. Von denen Verbrechen und Straffen der Geistl.* Jen. 2. ed. 1740. 4.

4. *De patrinorum erga susceptos munere.* Oder: *Vom Pathen-Gelde.* Vit. 1747. 4. (resp. *Sam. Gabr. Kuntz*).

5. Diss. j. eccl. *de non vocandis ad sacrum ministerium.* Oder: *Ob der Beruf zum heil. Predigtamt untüchtigen Personen rechtmässig sei?* Gedani et Lips. 1752. 4. Darstellung der Irregularitäten des protest. Rechts.

140. Andreas Götsche *)

I. Geboren den 2. Nov. 1663 zu Stettin, wo sein Vater, Burchard G., Hofgerichtsadvokat war, machte er dort alle Vorbereitungsschulen durch, besuchte seit 1687 zwei Jahre die Universität Frankfurt a. O., hierauf Königsberg, wo er 1690 als Candidatus juris die venia legendi erhielt; im J. 1693 ging er nach Halle und wurde am 12. Juli 1694 von Stryk zum Dr. jur. utr. promovirt, begann sofort zu lesen, wurde 1699 ausserord. Professor, später auch Assessor der Fakultät und starb den 3. Jan. 1720.

II. Hierher gehören seine Dissertationen:

1. *De vinculo matrimonii ob legem consanguinitatis turpi (Jo. Eckard Volland).* Hal. 1695.

2. *De substantiali paterni consensus ad nuptias filiorum familias requisito (Jac. Fincke).* 1700.

3. *De vinculo matrim. ob legem affinitatis turpi vel honesto (Jo. Conr. Schönberg).* 1706.

4. *De eo quod iustum est circa dispensationem matrimonii, ob legem consanguinitatis vel affinitatis jure divino prohibiti (Jo. Christian. Harres).* 1718.

141. Georg Beyer **).

I. Geboren am 10. Sept. 1665 zu Leipzig, studirte hier die Philosophie und Rechte, seit 1685 zu Frankfurt a. d. O., seit 1687 in Leipzig, hier 1693 Dr. jur., 1706 Prof. der Rechte in Wittenberg, 1713 dritter Professor der Rechte, gest. daselbst 21. Aug. 1714.

II. B. nimmt für das deutsche Recht dadurch eine hervorragende Stellung ein, dass er im J. 1707 als der erste eine besondere Vorlesung über deutsches Privatrecht hielt; er hat ausserdem das Civil-, Lehn-,

---

*) *Weidlich*, Succession S. 16, der andre anführt. Hall. Beitr. II. 316.
**) Frühere bei *Jugler*, Beitr. I. 184. VI. 320, neuere giebt *Steffenhagen* in Allg. D. Biogr. II. 597.

Criminal-, Naturrecht in Lehrbüchern behandelt, eine Anzahl von Abhandlungen über verschiedene Rechtsmaterien geschrieben, dem Kirchenrecht folgende Arbeiten gewidmet:

1. *Diss. de dispensatione circa matrimonium intra gradus consanguinitatis et affinitatis prohibitos.* Lips. 1698.

2. *Unvorgreifliches Bedenken vom Rechte des Sabbaths und der üblichen Kirchen-Ceremonien,* auf Veranlassung einer von dieser Materie unter *J. S. Stryk's* praesidio gehaltenen Inaugural-Disputation (anonym, Leipz.) 1703. 4. Gegen die ,*Kurze und gründl. Anmerkungen über das Leipz. Bedenken*' u. s. w. (von *Stryk?*) besorgte er einen neuen Abdruck mit ,*Gegenerinnerungen*'. das. 1703.

142. Ulrich Marbach.

Als Professor der Rechte in Strassburg gest. 1720. Die anzuführende Schrift ist offenbar von ihm, nicht von seinem gleichnamigen, 1687 zu Strassburg gebornen und 1717 als Privatdozent in Jena gestorbenen Sohne. Vgl. *Adelung,* Forts. IV. 641.

De subsidiaria ecclesiarum reparatione. Arg. 1702. 4.

143. Johann Joachim Müller.

Zu Weimar 12. Dez. 1665 geboren, fürstl. sächs. Gesammten Gerichts Sekretär und Archivar, gest. 9. März 1731.

Das Dispensations-Recht in verbotenen Ehen der Chur-Fürsten und Stände, wie auch andere unmittelbaren Reichs-Gliedern, samt allerseits Unterthanen, papistisch und protest. Religion u. s. w. Jena 1706. 4.

Handelt im 1. Buche von den Ehehindernissen, im 2. Buche von den Dispensen und ist für die Praxis jener Zeit von Werth.

144. Johann Wilhelm Itter.

Gest. 1725 als Advokat zu Frankfurt a. M. *Jöcher* II. 2341.

Disquis. jur. publ. de bonis ecclesiast. eorumque ex alieno territorio debitis redditibus inter protestantes imperii status controversis. Frankf. 1687. 4. Anonym. *S. Pütter,* Lit. I. 266.

145. Johann Franz Buddeus (Budde) *).

Geboren 25. Juni 1667 zu Anclam, gest. 19. Nov. 1729 in Gotha, Prof. der Philosophie in Jena. *Schwarz* in *Herzog's* Realencycl. II. 426.

1. *De origine cardinalitiae dignitatis schediasma.* Jen. 1693. 12.

2. *De origine et potestate episcoporum sententiam singularem Henr. Dodwelli exponens.* das. 1705. 4.

146. Georg Heinrich Götz.

Geboren 11. Aug. 1667 zu Leipzig, zuletzt Superintendent in Lübeck,

*) *Döring,* Gel. Theol. I. 177. *Günther* S. 23. *Frank,* Gesch. der prot. Theol. II. 214 über seinen theol. Standpunkt.

gest. 25. April 1728. *Jöcher* II. 1049. Unendlich fruchtbarer theolog. Schriftsteller, uns geht nur das Curiosum an:

Observationes theol. in paroemiam: Die ärgsten Studenten werden die frömmsten Prediger. Leipz. u. Lüb. 1746. 4.

147. Johann Samuel Stryk *).

I. Einziger Sohn des *Samuel S.* und dessen Gattin, Tochter von *Joh. Brunemann*, wurde er den 12. März 1668 zu Frankfurt a. d. O. geboren, studirte am Gymnasium in Danzig, hierauf seit 1686 in Wittenberg Philosophie, Geschichte und Jurisprudenz, letztere besonders unter *Joh. Heinrich v. Berger*, seit 1688 in Frankfurt, zuletzt seit dem Abgange des Vaters nach Wittenberg in dieser Stadt. Nach absolvirtem Examen als Candidatus juris (1691) besuchte er die holländischen Universitäten und Duisburg, reiste darauf über Regensburg mit dem bekannten Polyhistor *Conrad Samuel Schurtzfleisch* in Italien und der Schweiz, disputirte im J. 1692 in Basel ohne Vorsitzer und schliesslich am 10. Dez. 1692 in Wittenberg. Er hatte bereits den Ruf als ausserord. Professor von Halle, wohin er mit dem Vater ging. Am 12. Juli 1694 proklamirte sein Vater als (erster) Dekan der Fakultät ihn bei der Einweihung der Universität zum ersten Doktor der Rechte. Er erhielt 1696 die vierte, 1710 nach dem Tode seines Vaters die dritte Professur und starb den 12. Juni 1715.

II. Für das Kirchenrecht hat er sich durch Abfassung der folgenden unter seinem Vorsitz vertheidigten Abhandlungen bekannt gemacht:

1. *De reliquiis sacramenti in matrimonialibus (Jo. Phil. Odelem).* 1704. Auch in Opusc. terg. arg. Nr. 3.

2. *De matrimonii jure ex institutione (Henr. Steinfeld).* 1707.

3. *De natura matrimonii (Jo. Christ. Benemann).* 1708.

4. *De fine matrimonii (Chr. Dav. Schröder).* eod.

5. *De qualitate et jure personarum matrimonium contrahentium (Jo. Laur. Schooff).* 1710.

6. *De origine et usu jurisdictionis ecclesiast. (Henr. Kellinghausen).* eod.

7. *De natura sponsaliorum et divisione (Tob. Hermann).* eod.

8. *De probatione sponsaliorum (Jo. Matth. Biester).* 1711.

9. *De obligatione sponsaliorum et dissolutione (Jos. Fürst).* eod.

Die Dissertation *De potestate clericorum in saecularibus* gehört *Dahlmann* an.

148. Johann Peter von Ludewig **).

I. Er wurde den 15. Aug. 1668 in dem Schlosse Hohenhard bei

---

*) *Weidlich*, Succession S. 11 ff., der andere angiebt. *Pütter*, Lit. 1. 339.

**) *Nicéron*, Mem. *Gütten*, Gel. Europa 1. 388 ff., der einige Irrthümer hat. *Brucker*, Bilder-Saal Decad. 11. *Frid. Wideburg*, Comment. de vita et scriptis J. P.

Schwäbisch-Hall, wo sein Vater Peter Ludewig Amtmann war, geboren. Nachdem er im elterlichen Hause, in Crailsheim und Schwäbisch-Hall, die Vorbildung erlangt hatte, studirte er seit 1687 ein Jahr in Tübingen, sodann in Wittenberg, wurde hier 1691 Magister und dozirte seitdem namentlich Theologie. Im J. 1692 bewog ihn *Stryk* mit nach Halle zu gehen. Hier wurde er 1693 Adjunct der philos. Fakultät, 1695 Prof. der Logik, Metaphysik und Poesie. Von jetzt ab wandte er sich der Jurisprudenz zu, genoss zuerst Privatissima bei *Götsche*, ging 1697 nach Ryswik, um publizistische Kenntnisse zu sammeln. Nachdem er seit 1701 verschiedene publizistische Arbeiten im Auftrage Preussens gemacht hatte, trat *Cellarius* ihm 1703 die Professur der Geschichte ab; 1704 erwarb er das Doktorat. Das folgende Jahr brachte ihm die ausserord. Professur der Rechte, die Stelle eines überzähligen Fakultätsbeisitzers, den Charakter eines kön. Raths und die Leitung des Magdeburger Archivs. Im J. 1709 zum Ober-Herolds-Rath erhoben, bekam er im folgenden nach Stryk's Tode die vierte ordentliche Professur der Rechte und Stelle in der Fakultät, wurde 1716 wirkl. Regierungs-, 1718 Geheimer-Rath, 1719 den 11. April vom K. Karl VI. in den Adelstand erhoben, 1722 Kanzler der Universität Halle. Im J. 1724 reiste er mit dem F. Leopold von Dessau nach Franken und Schwaben, wurde 1729 Ordinarius der Fakultät und 1741 Kanzler des Herzogthums Magdeburg. Er starb den 7. Sept. 1743. Seine Schriften führen einzeln die Pseudonyma *Ludovicus Petrus Giovanni, Johann Peter von Hohenhard, Pharamund Chlodoveus*. L. war auch Erb-, Lehn- und Gerichts-Herr zu Bendorf, Pretzsch und Gatterstädt.

II. Seine zahlreichen historischen und publizistischen Arbeiten [1]) können hier keine Besprechung finden, da er für uns eine untergeordnete Bedeutung hat.

1. Diss. sistens *theses miscell. ex utroque jure (Henr. Burch. Meder)*. 1708.

2. *De nominatore haeretico ad parochiam*. Vom Vorschlagungsrecht. 1716. Opusc. misc. II. L. III. p. 811 sqq.

3. *De praecipuo principis evang. ante romano-catholicum. Vom Vorrecht eines evang. Fürsten (Car. Guil. Riedel)*. 1719.

4. *De matrimoniis principum per procuratores*. 1724, 1736 in verm. Aufl.

5. *De principum S. R. J. potestate in sacris ante paces religionis (Chr. Wilh. L. R. a Wolzogen et Neuhauss)*. 1729. 4.

6. *De sorte suffragatoria ecclesiae. Vom Priester-Loos*. 1714 (Opusc. misc. II. L. III. p. 855).

7. *Naeniae pontificis de jure reges adpellandi*. (Opusc. misc. T. I. Nr. 3.)

---

de L. Hal. 1757. *Weidlich*, Succession S. 22 ff. Denkwürdigkeiten S. 497 ff. *Pütter*, Liter. I. 329 ff.

[1]) Aufgezählt bei *Götten, Pütter* an verschiedenen Stellen.

8. *De jure annatarum praesertim principum Ecangelicorum.* (Opusc. misc. II. L. III. Nr. 4.)

9. *De primatu Germ. Magdeburgici Archiepiscopatus.* (ibid. Nr. 1.)

10. *Ueber die Nothwendigkeit und Verbesserung des päpstlichen Kirchenrechts bei denen Evangelischen.* 1707. — Alle in Halle erschienen.

149. Johann Christian Meis.

Geboren· zu Marsfeld (Henneberg), in Leipzig 27. April 1693 Lic. jur., 1709 Assessor der jur. Fak., 1716 ausserord. Professor der Rechte, gest. 9. Oct. 1726. *Vogel*, Annales p. 883. *Jöcher* III. 382.

De translatione ministri ecclesiae. Leipz. 1692. 4.

150. Johann Friedmann Schneider *).

Geboren den 12. Dez. 1699 zu Kranichfeld in Thüringen, studirte seit 1686 in Jena, wurde hier Mag. phil., ging 1693 nach Halle, wurde 1699 Adjunctus philosophiae, 1703 Dr. jur. utr. und ausserord. Prof. der Rechte, zugleich 1705 ord. Prof. der Logik und Metaphysik. Im J. 1719 Hofrath geworden, starb er den 13. April 1733.

De reconcentione clericorum in foro laicorum (Henr. Ern. Gotter). Hal. 1725.

151. Johann Christian Müldener.

Er war geboren in Dresden, hatte 1692 in Erfurt das Licentiat der Rechte erworben, 1698 eine ausserordentliche Professur in Halle. Im folgenden Jahre ging er nach Dresden als Hof- und Justitien-Rath. Im J. 1707 war er subdelegirter Commissar und Revisor bei der Münsterischen Erbmänner-Sache. Das Datum seines Todes ist mir nicht bekannt. *Weidlich*, Succession S. 15 f.

De protectione ab imperatore ecclesiis utriusque religionis in Germania aequaliter debita. Occasione Art. IV. Instr. Pacis Ryswicensis. Hal. 1698.

Dieselbe ist 1739 Hal. unter des Resp. *Jac. Frid. Ludorici* Namen neu gedruckt, der aber nach *Weidlich* vollst. Verz. S. 22 gar keinen Antheil daran hat, weil sie die Habilitationsschrift M's. ist.

152. Enno Rudolph Brenneysen **).

I. Geboren am 27. Sept. 1670 zu Esens in Ostfriesland, wo sein Vater Bürgermeister war, vorgebildet hier, zu Norden und Bremen, studirte seit 1693 in Halle unter *S. Stryk* und *Ch. Thomasius*, 1695 Lic. jur., seitdem mit Privatvorlesungen beschäftigt, 1697 Hoffiscal zu Aurich, 1708 Vicekanzler, 1720 Geh.-Rath, Kanzler und Präsident des fürstl. Collegs. Er starb den 22. Sept. 1734.

---

*) *Weidlich*, Succession S. 21 fg., der zwei ältere Schriften anführt.

**) Hallische Beitr. II. 422. *Hymmen*, Beitr. I. 342. *Jugler*, Beitr. V. 230, der andere Lit. angiebt.

II. Canonistische Schriften:

1. *Diss. de iure principis circa adiaphora.* Hal., Magd. 1695. Unter Vorsitz von *Thomasius* gehalten, deutsch: ,Verdeutschte *Abh. vom Recht evang. Fürsten in Mitteldingen, oder Kirchenceremonien'* in Thomasius' auserlesenen Schriften, Halle 1705. Sie wurde auf *J. B. Carpzor's* Betrieb in Leipzig confiscirt. Gegen dessen: Disp. *de jure decidendi controversias theol.* Lips. 1696 erschien die von B. verfasste:

2. *Das Recht evangel. Fürsten in theol. Streitigkeiten, gründlich ausgeführt und wider die papistischen Lehrsätze eines Theologi zu Leipzig vertheidiget* von Chr. Thomasen, und Enno Rud. Brenneysen, *benebst einer summarischen Anzeige und kurzen Apologia wegen der vielen Anschuldigungen und Verfolgungen, damit etliche Chursächsische Theologen zu Dresden, Wittenberg und Leipzig nun etliche Jahre her D. Thomasen belegt und diffamiret.* 1696. 4., 4. Ausg. 1699. 4., 1713 vermehrt. Die Anzeige u. s. w. hat *Thomasius* zugesetzt. Auf eine Schrift des Schönburgischen Superintendenten *Joh. Gottlob Stoltze* in Waldenburg: ,Kurze, doch nöthige Anmerkungen über einige Lehrsätze, welche Titl. Herr . . . in ihrem Tractat vom Recht evang. Fürsten in theol. Streitigk. . . . zu behaupten gedenken u. s. w. Leipz. 1697. 4. antwortete er mit:

3. *Ausführl. Antwort auf . . . Anmerkungen* u. s. w. Frankf. 1698.

Er vertritt die bei *Thomasius* erörterte Theorie.

153. Johann Frick.

Geboren 30. Dez. 1670 zu Ulm, in Leipzig 1692 Mag. und Assessor der philos. Fakultät, 1701 Prediger am Münster seiner Vaterstadt, 1712 Prof. der Theologie daselbst, 1728 Senior des geistl. Ministeriums, gest. 2. März 1739. Vita von seinem Sohne Albert in *Jo. Frickii* Meletemata varia 1756. *Redslob* in Allg. D. Biogr. VII. 379.

1. *Zosimus in Clemente XI. redivivus,* sive diss. eccl. duae *de finibus potestatis papalis ultra id quod decet protensis in causa Pelagiana et de primatu.* Oppositae Christoph. Leopoldo Jesuitae Aug. accedit *de schismate protestantibus immerito imputato* diss. jubilaea eet. (zuerst 1717). Ulmae 1719. 4.

2. *Jura statuum protestantium circa monasteria catholicorum.* Hal. 1725. 4.

Beides Streitschriften gegen die römischen Theologen.

154. Nikolaus Hieronymus Gundling *).

I. Geboren zu Kirchensittenbach bei Nürnberg 25. Jan. 1671, studirte erst Theologie, dann die Rechte zu Halle, hier 1703 Dr. j. u., 1705 ausserord. Professor, 1706 ord. Professor in der philos. Fakultät, später auch Beisitzer des Consistoriums und Geheimerath, gest. als Prorector 9. Dez. 1729.

*) N. H. G. Leben und Schriften u. s. w., entworfen von *C. F. H.* Frankf. 1735. 4. (Anhang von G. Hist. der Gelahrtheit im Th. V.). *Jac. Sinceri* Sendschreiben wegen C. F. H. ans Licht gestellten umständl. Lebens und Schriften N. H. G. Hamb. 1737. Hall. Beitr. II. 404.

II. Dieser durch eine grosse Zahl juristischer und historischer Schriften, denen meist die Gediegenheit abzusprechen ist, bekannte Verfasser hat hier einen Platz durch sein:

Allgemeines geistliches Recht der drey christlichen Haupt-Religionen und gelehrte Anmerkungen über Arn. Corvini a Belderen jus can. 2 Bde. 4. Frankf. u. Leipzig 1743 fg.

Im Ganzen eine Compilation aus andern Schriften.

155. Christoph Friedrich Plathner *).

I. Er wurde den 11. Febr. 1671 in Mühlhausen, wo sein Vater *Andreas P.* Bürgermeister war, geboren, studirte in Jena die Rechte, advozirte hierauf in seiner Vaterstadt, dann in Dresden, musste aber wegen Mangels des wittenbergischen Examens fortgehen. Nachdem er zu Halle das Licentiat erworben und über ein Jahr dozirt hatte, ging er 1698 als Advokat nach Halberstadt, wurde 1706 Dr. jur. und Syndikus der Stadt Goslar. Diese Stelle legte er 1727 nieder, privatisirte, bis er in Wetzlar vom Kaiser mit seinem Comitiv betraut wurde, worauf ihm Preussen den Hofrathstitel verlieh.

II. Ausser publizistischen und anderen Arbeiten schrieb er folgende das canonische Recht berührende Werke:

1. *Oeconomia juris consistorialis.* Goslar 1715. 4. Beschreibung der Einrichtung, des Ganges u. s. w. mit *decas quaestionum* betr. praktische Punkte des geistlichen Amtes.

2. *Centuria I. quaestionum* cet. Goslar 1711. 4. Darin auch einzelne kirchenrechtliche (num. 25, 27, 33, 81, 89, 90, 100).

Die noch von ihm angeführten:

3. *Problema de primariis precibus et cessione precistarum.*

4. Probl. *de jure advocatiae S. Caesar. Maiestatis.*

5. Probl. *wie weit ein Römisch-Cathol. Closter bey einer Evangel. Reichs-stadt zuzulassen, darinn Immobilia anzukaufen.* — sind mir nicht bekannt.

156. Stephan Andreas Mizler.

Geboren zu Greilsheim 5. März 1671, 1697 Hofkaplan zu Ansbach, 1710 Dechant zu Wassertrüdingen, gest. 25. Mai 1730. *Adelung*, Forts. IV. 1818.

Distinctio clerici et laici. Wittenb. 1697. 4.

157. Burchard Gotthelf Struve *).

I. Geboren den 26. Mai 1671 zu Weimar als Sohn G. A. Struve's, studirte seit 1687 in Jena, 1689 in Helmstädt, 1691 in Halle, prakti-zirte eine Zeitlang, machte eine Reise nach Holland, wurde 1697 Biblio-

---

*) *Götten. Gel. Europa* II. 587 ff.
*) *Richard* p. 107. *Zeumer* IV. p. 216. *Götten. Gel. Europa* II. 621. *Hall. Beitr.* II. 436. *Günther* S. 188.

thekar in Jena, 1702 Dr. jur. et phil. in Halle, 1704 in Jena Professor der Geschichte, 1712 Rath und Haushistoriograph, ausserord. Professor der Rechte, 1717 baireutischer Hofrath, 1730 Professor des Staats- und Lehnrechts und sächs. Hofrath, starb den 28. Mai 1738. Es ist hier nicht der Ort, die grossen Verdienste des Mannes um die Geschichts- forschung darzustellen.

II. Ausser der Ausgabe verschiedener Schriften, philologischen, historischen u. s. w.:

1. Theses ex historia Pontificum. 1705. 4.

2. De synodo francofurt. a. 742 sub Carolomanno habita. Jen. 1709. 4.

3. De Constantini M. christianismo politico. 1713. 4.

4. Ausführliche Historie der Religionsbeschwerden zwischen den Römisch- Cath. und Evangel. im Deutschen Reich. Leipzig 1722 fg. 4.

5. *Jus ecclesiae circa religionem.* 1724.

6. *Bibliotheca juris selecta secundum ordinem litterarium disposita et ad singulas jur. partes directa. Accessit bibl. selectissima juris studiorum.* Jen. 1703, 1705, 1708. Die Vorrede der *fünften*, 1720 zuerst von *Buder* besorgt, giebt an, dass fast 5000 Exemplare bereits verkauft seien. Letzte 8. 1756.

7. Historia juris Rom. Just. graeci germanici *canonici* feud. crim. et publici cet. Jen. 1718. 4.

In den Prolegomena von §. XXXVIII—XLI eine kurze Uebersicht der Schriftsteller der Geschichte des can. Rechts, in cap. VII. (p. 561 bis 674) die Geschichte bis auf den Liber VII. Clemens' VIII., über den er die Notiz aus Plettenberg wiederholt. Obwohl die Darstellung nichts Neues bietet und manche der alten Irrthümer wiederholt, gehört sie doch durch Kürze und Klarheit und die reichen Anmerkungen zu den besseren aus früherer Zeit.

158. Heinrich Ernst Kestner.

Geboren 23. Juni 1671 in Detmold, studirte in Frankfurt a. O. und Halle, zu Rinteln 1696 Dr. und 1697 Prof. der Rechte, gest. 5. Juli 1723. *Adelung* III. 273.

1. *Discursus de jurisprudentia papizante* (resp. *J. Eckh. Zufall*). Rintel. 1711. 4., nochmals 1713. 4. (resp. *J. Conr. Hermanni*). Hauptquelle der Schrift von *Gerdes.*

2. Oratio de origine, progressu, fatis et statu univ. Rintel. habita die 17. Jul. 1703 in ej. Parerga cet. ib. 1717. 4.

3. *De jure reformandi in sacris* (resp. *Jo. Frid. Schüter*). 1699. 4.

4. *De jure principis circa sacra* (resp. *Joh. Max. v. Damm*). 1700. 4.

159. Jacob Friedrich Ludovici *).

1. Geboren zu Wachholzhagen bei Treptov in Hinterpommern, wo

---

*) Ad exequias cet. 19. Dez. 1723. 2 Bl. fol. *Jugler*, Beitr. I. 130. *Weidlich*, Succession S. 20. *Nebel* p. 18.

sein Vater damals Prediger war, den 19. Sept. 1671, vollendete er die Gymnasialstudien seit 1688 in Stargard, studirte von 1690—92 die Rechte in Königsberg, erlernte dann in Stargard die Praxis, ging 1697 nach Halle, wo er 1700 Licentiat der Rechte, 1701 ausserord. Professor, 1702 Doktor, 1705 Assessor der Fakultät, 1711 ordentl. Professor und 1716 Hofrath wurde. Nachdem er mehrere Rufe ausgeschlagen, nahm er 1720, gekränkt durch den Vorzug von *Gundling*, einen Ruf nach Giessen an, wo er sein Lehramt am 8. Nov. 1721 begann, Vice-Kanzler, erster Professor und Geheimerath wurde und am 14. Dez. 1723 starb. Er litt die letzte Zeit seines Lebens an Hypochondrie.

II. Von seinen zahlreichen Schriften [1]), die dem Prozess-, Lehn-, Civil-, deutschen Rechte zumeist angehören, kommen in Betracht:

1. *De conditionibus sponsaliorum impossibilibus.* Von unmöglichen Bedingungen bey Verlöbnissen. Ad cap. fin. X. de cond. appos. *(Jo. Frid. Richard).* Halle 1701.

2. *De judice, in causis principum protestantium matrimonialibus (Dieter. de Groten).* 1702.

3. *De eo quod justum est circa campanas.* Vom Recht der Glocken *(Jo. Mich. Eschenwecker).* 1708, 1739.

4. *De effectu baptismi juridico (Dieth. Frid. Ludolph Weinhagen).* 1713.

5. *Einleitung zum Consistorial-Process.* 1713. 4., 10. Aufl. 1762. 4.

160. Johann Wilhelm Dietmar.

Geboren 1671 zu Ober-Katza im Hennebergischen, 1695 Advokat, 1702 in Jena Dr. und Privatdozent der Rechte, 1749 ord. Professor, gest. 6. Juli 1759. *Weidlich*, Lex. I. 185. *Günther* S. 71.

De inutilibus sponsaliorum divisionibus. Jen. 1702. 4. Unter dem Vorsitze *Wildvogel's* disputirt.

161. Gottfried Bartholdi.

Gest. 1. Aug. 1747 in hohem Alter als Pastor primarius zu Barby. *Adelung*, Forts. I. 1462.'

De jure majestatis ecclesiastico. Witteb. 1668. 4.

162. Johann Godfr. Leschnert.

Zuerst von 1702—17 Adjunct der philos. Fakultät in Wittenberg, 1717 Professor am Gymnasium zu Gotha, wo er 20. Nov. 1747 starb. *Jöcher* II. 2394. *Adelung*, Forts. III. 1676.

Jus magistratus civilis circa vocationem ecclesiae ministrorum. Wittenb. 1717. 4.

---

[1]) Verzeichniss von 78 bei Jugler. — Eigenthümlich: ,*Untersuchung des Indifferentismi religionum, da man dafür hält, es könne ein jeder selig werden, er habe einen Glauben oder Religion, welche er wolle.*' Glückst. (1700). *Jugler* S. 132.

163. Justus Henning Böhmer *).

1. Er war geboren den 29. Jan. 1674 zu Hannover, wo sein Vater *Valentin B.* Advokat war. Nachdem er bis zum 14. Jahre im Hause unterrichtet, sodann auf der Stadtschule vorgebildet worden, ging er 1693 nach Jena, studirte Philosophie und Jurisprudenz bis 1695, wo er unter dem Präsidium von *Wildvogel* seine selbstverfasste *,Diss. de imputatione culpae propriae'* vertheidigte. Nach Hause zurückgekehrt, widmete er sich dem väterlichen Willen folgend der Advokatur, nahm aber schon 1697 eine Hofmeisterstelle an, die ihm Gelegenheit bot, Rinteln und sodann Halle zu besuchen. Hier gewann ihn *Stryk* lieb. Eine Zeitlang war er Hofmeister von zwei Brüdern von dem Busche, 1699 des Grafen Georg Heinrich von Waldeck. Nachdem er in diesem Jahre unter Stryk's Vorsitze die *,Diss. de jure epistalmatis. Von Fürstlicher Ordre'* u. s. w. vertheidigt hatte, wurde er Lic. jur. utr. und begann zu doziren, begleitete 1701 den genannten Grafen nach Berlin zu den Feierlichkeiten, welche der Königskrönung folgten. Am 27. Juli dieses Jahres erfolgte seine Ernennung zum ausserord. Prof. der Rechte, im folgenden Jahre seine Doktorpromotion, 1704 seine Aufnahme als Assessor der Fakultät und Adjunct von Stryk zufolge königl. Ordre, 1710 die Ernennung zum ordentl. Professor, im folgenden Jahre wurde er ordentl. Mitglied der Fakultät. Nach dem Tode von *Joh. Sam. Stryk* erhielt er die von diesem früher bekleidete vierte ordentl. Professur der Institutionen und des Lehnrechts nebst dem Charakter als Hofrath, nachdem er Hofpfalzgraf geworden. Am 23. Mai 1719 zum Geheimerath ernannt, erhielt er im Jahre 1729 die zweite Professur. Wie sehr er Halle liebte, beweist die Ausschlaguug von Berufungen an eine ganze Reihe von Universitäten (Bern, Frankfurt a. d. O., Helmstädt, Kiel, Leipzig, Tübingen, Wittenberg), zum Hofrath nach Celle und 1726 nach *Lyncker's* Tode zum Reichshofrath. Nachdem er auf königlichen Ruf in Potsdam ein Gutachten über die Hebung der Universität abgegeben hatte, wurde er (1731) Direktor der Universität und Vice-Ordinarius der Fakultät. Endlich erfolgte nach dem Tode *v. Ludewig's* am 14. Dez. 1743 seine Ernennung zum Präses (Ordinarius) der Fakultät und zum Kanzler des Herzogthums Magdeburg. Als solcher starb er den 23. (so *Weidlich*, andere den 29.) August 1749. Siebzehnmal führte er das

*) *Götten*, Gel. Europa I. 346. Nachträge II. 809. III. 764. Monumento pietatis et honoris memoriae inmortali viri ill. J. H. B. cet. dicatum ab Acad. Frid. Hal. 1749 fol. *Weidlich*, Lexicon I. 68. Succession S. 18 ff. der andre nennt. *Nicéron*, Nachr. her. v. Rambach XXII (Halle 1782) S. 299. Denkwürdigkeiten aus dem Leben ausgez. Teutscher des 18. Jahrh. Schnepfenthal 1802 S. 501 f. *Spangenberg* in Ersch und Gruber allg. Encykl. XI (1823) 240. *Jacobson* in Herzog. Real-Encykl. II. 277. *Dove* in Allg. D. Biogr. III. S. 79 ff.

Dekanat seiner Fakultät und hat 75 Kandidaten die Doktor- und Licen-
tiaten-Würde ertheilt.

Seiner am 21. März 1703 mit *Eleonora Rosina Stützing* geschlossenen Ehe entstammten vier Söhne: *Joh. Sam. Friedrich v. B., Karl
August v. B., Georg Ludwig* und *Phil. Adolph* [1]), welche alle entweder
in der Wissenschaft oder im Staatsdienste hervorragten.

II. Böhmer gehört zu den verdienstvollsten und zugleich durch ihre
Schriften einflussreichsten Lehrern des vorigen Jahrhunderts. Für das
evangelische Kirchenrecht nimmt er überhaupt eine hervorragende Stellung ein, indem er als der erste die bei den tüchtigen Vertretern des
Fachs herrschende Methode anwandte. Während nemlich bis auf ihn
vielfach als evangelisch galt, vom canonischen Rechte gänzlich abzu-
sehen, und man sogar nicht selten verkannte, dass eine Menge praktischer Institute und geltender Rechtssätze in demselben wurzelten, hat
Böhmer's historischer und praktischer Sinn einen andern Weg einge-
schlagen. Indem er vom canonischen Rechte ausgeht, zeigt er, in welchen Richtungen und für welche Sätze eine Aufhebung, Abänderung
oder Ergänzung desselben theils durch die prinzipiellen Grundsätze der
Reformatoren, theils durch die Gesetzgebung der Landesherren und die
praktische Entwicklung stattgefunden hat. So gewinnt er einerseits für
das evangelische Kirchenrecht die historische Continuität und andrerseits neben dem historischen Boden den praktischen für das Detail des
positiven Rechts, den fundamentalen für die Construktion und Ausgestaltung der evangelischen Besonderheiten; zugleich hat er dadurch das
evangelische Kirchenrecht von dem luftigen Grunde blosser subjektiver
Anschauungen befreit. Sein historischer Sinn bewahrte ihn davor, dem
Naturrechte, das freilich auch bei ihm eine Rolle spielt, allzugrosse
Opfer zu bringen. Für das *katholische* Kirchenrecht sind seine Leistungen nicht gleich bedeutend, gleichwohl theils durch Detailuntersuchungen,
theils durch seine Arbeiten über die Quellen sehr werthvoll. Man
braucht nur die Rücksicht, welche Benedict XIV. auf ihn nimmt, zu
erwägen, um seine Bedeutung nicht zu unterschätzen.

III. Seine verschiedenen Schriften über Kirchenrecht sind: A. Dissertationen [2]):

1. *De nominibus ecclesiasticis. Von Activ- und Passiv-Kirchen-Schulden.*
1716 (in Exercit. ad Pandect. III. Nr. 44).

2. *De privilegiis legatorum piorum genuinis et spuriis.* eod. (Exerc. T. v.)

---

[1]) Gest. 1789 als Prof. d. Anatomie in Halle. Allg. D. Biogr. III. 81.

[2]) Eine Reihe von Dissertationen, welche unter seiner Anleitung verfasst und
unter seinem Präsidium vertheidigt sind, nahm er in sein jus parochiale und J. E.
P. auf. *Weidlich*, vollst. Verz., führt sie nach den Jahren einzeln auf. — Die
Schriften sind in Halle erschienen.

3. *De jure erigendi coemeterium.* eod. (Exerc. II. Nr. 41).

4. *De jure denegandi communionem coemeteriorum,* vulgo: *Vom Todten-Bann.* 1717 (Exercit. II. Nr. 42).

5. *De feudis ecclesiasticis.* Von Krumstäbischen Lehen. eod. (Exercit II. Nr. 38. *Jenichen,* Thes. jur. feud. II. cap. VII. Sect. 18).

6. *Progr. de praxi jur. can. in jure publico ex Instrumento Pacis demonstrata.* 1717 (Vor dem Lectionskatalog).

7. *De diverso sponsalium et matrimonii jure.* 1718 (Exercit. IV. Nr. 9).

8. *De jure principum protest. circa solemnia matrimonii ecclesiastica.* eod. (resp. *Dan. Benj. Hartmann*).

9. *De potestate civili in templa.* 1719 (resp. *Conr. Frid. Reinhard,* später Prof. in Halle).

10. *De juribus statuum protest. circa monasteria catholicorum.* eod. (resp. *Joh. Frick*).

11. *De praescriptione circa decimas eccles. et saeculares.* 1720 (resp. *Jo. Petrus Ruppel*).

12. *De juris patronatus genuina repraesentatione.* eod. (resp. *Thom. Frid. Gercken*).

13. *De jure et onere reficiendi ecclesias.* 1721 (resp. *Jo. Bogislaus Hill*).

14. *De restitutione in integrum contra sponsalia pura minorum.* 1722 (Exercit. II. Nr. 34).

15. *De sanctitate ecclesiarum.* eod. (resp. *Sam. Knobeloch*).

16. *De sublimi principum ac statuum evangel. dispensandi jure in causis et negotiis tam sacris quam profanis.* eod. (Exercit. I. Nr. 13).

17. *De tolerantiae religiosae effect. civilibus.* 1726 (resp. *C. Henr. Fuhrmann*).

18. *De genuina poenarum ecclesiast. indole.* 1727 (resp. *Mart. Gallus Kahn*).

19. *Oratio saecularis, de meritis Augustanae Confessionis in rem juridicam,* 1730 bei einer Doktorprom. gehalten.

B. Grössere Werke:

1. *Jus ecclesiasticum Protestantium usum modernum jur. can. juxta seriem decretalium ostendens et ipsis rerum argumentis illustrans.* 1714—37, 5 T. 4. Die letzte fünfte Aufl. (von Bd. 5, der das Reg. u. Gen. enthält, die 3. 1763) 1756—89, mit dem folgenden Werke 6 Bde.

2. *Jus parochiale,* 1701, 4., 6. ed. 1760 (zuerst als *tract. eccles. de jure parochiali*).

An die Dekretalenordnung sich anschliessend entwickelt er in der angedeuteten Richtung das gesammte protestantische (und auch kath.) Kirchenrecht. Für das protestantische liefert er ein erschöpfendes Detail, das von eminenter Kenntniss der praktischen Rechtsentwicklung getragen noch heute eine Fundgrube bildet. Er ist dem krassen Orthodoxismus und schalen Rationalismus gleich feindlich, tritt ein für den Territorialismus, jedoch mit allmäliger Neigung zum Collegialsystem. Sein Werk hat auf die Gesetzgebung grossen Einfluss geübt. Die österr. Instruktion von 1754 weist den Kirchenrechtslehrer an, auf dasselbe für das protest. Recht Rücksicht zu nehmen.

3. *Institutiones juris canonici* tum ecclesiastici tum pontificii ad methodum decretalium nec non ad fora catholicorum atque protestantium compositae. 1738, 1741, 1747, 5. ed. 1770.

Ein Auszug aus dem grösseren Werke, der als Lehrbuch vielfach gebraucht wurde. Mit Dekr. vom 22. Mai 1745 auf den Index gesetzt:

4. XII. *Dissertat. jur. eccl. antiqui ad Plinium Secundum et Tertullianum.* 1711. 4., 2. ed. 1729. 8.

5. *Kurzer Entwurf des Kirchenstaats der drei ersten Jahrhunderte.* 1713, 1733 (darin ein Tractat eines Anonymus über das Kirchenregiment der ersten drei Jahrhunderte).

C. Ausgaben:

1. *Corpus juris canonici.* 1747. 4., 2 voll. Vergleiche über die Ausgabe, was ich Bd. I. S. 75, II. S. 24 gesagt habe. Ein Appendix giebt den *Liber septimus* des *P. Matthaeus,* die *Decret. Alexandri III.* [Coll. Casselana, Bd. I. S. 78], die *Instit. jur. can.* des *P. Lancelottus,* 7 Indices zum Dekret und zu den Dekretalen. Die Dissertationen vor den Bänden (diss. *de varia decreti Grat. fortuna, de decretalium Pont. Rom. variis collectionibus et fortuna*) gehören zu den besten der früheren Zeit.

2. *Ausgaben fremder Werke: Petri de Marca* de concordia sac. et imp. Lips. et Francof. 1700 f. mit Bemerkungen. — *Cl. Fleury,* Instit. jur. eccl. 1724, 1733. — *Corvini a Belderen,* jus canon., — die bei diesen Schriften angeführt werden.

3. *Emendationes et additamenta* ad *Joh. Schilteri* Instit. jur. can., quibus adiunctae sunt: *Origines praecipuarum materiar. jur. eccl.* 1712, 2. 1720. Dazu *Programmata* über einzelne Punkte, *Vorreden* vor andern Schriften, die sich auf's canonische Recht beziehen [1]).

IV. Böhmer hat auch dem Civilrecht eine umfassende Thätigkeit gewidmet, die sich in der ganz vorzüglich in Halle gepflegten Richtung bewegt, zu zeigen, wie trotz der Reception des römischen Rechts sich im Leben zahlreiche Institute und Sätze deutscher Rechtsanschauung in Geltung erhalten haben.

Fassen wir Böhmer's gesammte Thätigkeit und Persönlichkeit in's Auge, so dürfen wir ihn als einen Mann bezeichnen, dem echte Wissenschaftlichkeit, humanes Wesen, warme Liebe zu Kirche, Staat und Vaterland über Alles ging. Er war eine edle Natur, er wird stets zu den grössten deutschen Rechtsgelehrten gerechnet werden müssen.

164. Johann Balthasar Freiherr von Wernher [*]).

I. Geboren zu Rothenburg am Neckar im Jahre 1675, war Professor der Mathematik in Wittenberg, wurde daselbst 1700 Dr. jur.,

---

[1]) Der *Schilterus illustratus* und die *Animadversiones in instit.* von *Fleury* stehen auf dem Index. (Dekr. v. 22. Mai 1748 und 18. Juli 1729.)

[*]) *Stolle,* Anleit. z. jur. Gelehrsamk. S. 204. Hallische Beitr. II. 50.

1701 Prof. jur. extraord., 1702 Prof. ord. und rückte allmälig bis zu der ersten Professur und dem Ordinariate im Jahre 1719 vor, vertauschte diese Stellung im Jahre 1729 mit der eines Reichshofraths in Wien, wo er vom Kaiser in den Freiherrenstand erhoben den 11. November 1742 starb.

II. Hierher gehören die in Wittenberg gedruckten:

1. *De reservato ecclesiastico.* 1725. 4.

2. *De vi et efficacia juramentorum in causis confirmandis matrimonialibus.*

3. *De eo quod in piis causis impium est.* 1744, 1750. 4. (resp. *Car. Otto Rechenberg*). Eine Darstellung der Mängel, welche bezüglich der Errichtung, Erwerbung, Verwaltung, Verwendung von milden Stiftungen vorkommen, dankbar, zumal sie ein wenig behandeltes Thema betreffen.

4. *Principia juris ecclesiastici protestantium instruendo imprimis pastori adornata.* 1727. 8. Leipz. u. Görl. 1742.

Hat den Charakter einer Anleitnng für den Gebrauch des Seelsorgsklerus.

165. Friedrich Gottlieb Struve *).

I. Geboren zu Jena den 10. Nov. 1676 als Sohn von *Georg Adam S.*, studirte seit 1789 in Halle, dann auf der Universität zu Jena und Halle, war von 1700—1702 in Westfalen beschäftigt, wurde 1703 Dr. jur., 1712 Advokat beim Hofgericht in Jena, 1722 Rath und Professor, auch Landsyndikus in Hildburghausen, 1723 Regierungs- und Consistorialrath, 1726 ordentlicher Professor der Rechte und Rath in Kiel, wo er, seit 1737 als Prof. primarius und Ordinarius der Fakultät, 1752 starb Für das Kirchenrecht ist seine Thätigkeit keine hervorragende.

II. Uns gehen an von seinen Schriften:

1. *Introductio ad praxin jur. can. in foris protestantium* cet. Jen. 1714, 1715. 4.

Zuerst nach der üblichen Einleitung eine ganz kurze Summa titulorum, wobei die unanwendbaren blos mit der Rubrik figuriren, im zweiten Theile eine Sammlung von 119 Gutachten und Urtheilen über Rechtsfälle, schliesslich *diatribe de dedicatione templorum et altarium.*

2. *De praebenda equestri, von der Reit-Pfründe.* das. 1716. 4.

3. *Positiones juris canonici atque ecclesiast. juxta seriem decretalium et praxin imperii ac ecclesiar. protest.* Kiel 1730. 4.

4. *Diss. jur. de eo quod justum est circa sacra domestica,* vulgo: *Die Haus-Kirche.* das. 1730. 4. (resp. *J. A. Leonhard*). *

5. *Diss. de eo quod justum est circa vesperam sanctam; vom Recht des heil. Abends.* das. 1732. 4.

---

*) *Götten* II. 651. *Jenichen,* unpart. Nachr. S. 223. Univ. Lex. XL. 1112. *Weidlich,* Lex. II. 566.

166. Johann Paul Kress *).

I. Als Sohn eines Predigers wurde er den 22. Februar 1677 zu
Hummelshain im Voigtlande geboren. In Gera vorgebildet, studirte er
die Rechtswissenschaft zu Jena und Halle, wo namentlich *Thomasius*
grossen Einfluss auf ihn gewann. Nachdem er ein Jahr Hofmeister bei
dem Sohne des Präsidenten *v. Schwanenbeck*, dem Thomasius ihn empfohlen hatte, zu Riga gewesen, ging er nach Jena, wurde 1705 lic.
und im folgenden Jahre Dr. jur. Seine sofort begonnenen Privatvorlesungen wurden stark besucht. Eine 1710 nach Wien unternommene
Reise machte ihn mit *Leibnitz* bekannt. Auf dessen Empfehlung erhielt
er 1712 eine Professur der Rechte in Helmstädt. Er schlug Berufungen
der glänzendsten Art nach verschiedenen Universitäten aus, war 1730
Senior der Fakultät, Hofrath und 1732 der erste Ordinarius. Ein
Schlag endigte sein Leben am 23. Nov. 1741. Er war unverheirathet
und soll eine solche Abneigung gegen das weibliche Geschlecht gehabt
haben, dass er neben einem Frauenzimmer ohne »die Gefahr einer
Ohnmacht« nicht sitzen konnte. *Aug. Leyser* und besonders *Stolle*
schildern ihn als trefflichen, mässigen, rastlos thätigen, zur Milde ge-
neigten Mann.

II. Seine literarische Thätigkeit ist dem deutschen, Civil-, Straf-,
Staats- und Kirchenrechte gewidmet. Die Schriften geben Zeugniss von
einer für ihre Zeit tüchtigen historischen Forschung und von scharfem
Urtheil. Verschiedene sind in deutscher Sprache geschrieben und dadurch gleichfalls verdienstlich.

1. *Liber commentarius ad S. Pufendorfii Tract. de habitu religionis ad
statum.* Jen. 1712.

Voran geht eine Vorrede über die Geschichte des Verhältnisses von
Kirche und Staat, es folgt Pufendorf's Schrift (p. 1—193), dann der
Kommentar. Derselbe ist eine ausführlichere Auseinandersetzung, mit
biblischen, historischen und philosophischen Argumenten vermischt.

2. *Rechtsbegründete vollständige Erläuterung des Archidiaconal-Wesens,
und der geistlichen Sendgerichte absonderlich in dem Hochstifte Osnabrück.*
Helmst. 1725 fol.

167. Erdmann Salomon Deyling **).

Geb. 14. Sept. 1677 zu Weida im Voigtlande, 1699 mag. theol.
in Wittenberg, hierauf Präzeptor in Schlesien, dann Privatdoz. in Witten.
berg, seit 1704 an mehreren Orten Prediger, zuletzt seit 1720 bei St

---

*) *Stolle*, Historie d. jur. Gelahrtheit S. 325. *Jugler*, Beitr. III. 341, der ältere
Quellen anführt.
**) *Winckler*, Progr. acad. Lips. in obitum S. D. 1755. *Meusel*, Lexic. II. 344
(Todesjahr 1766 auf einem Druckfehler ruhend). *Siegfried* in Allg. D. Biogr. V. 108.

Nicolai in Leipzig, Superintendent und Domherr zu Zeilz und Meissen, gest. 5. Aug. 1755.

Institutiones prudentiae pastoralis ex genuinis fontibus haustae et rariis observationibus ac quaestionum enodationibus illustratae. Leipz. 1734. 3. Ex editione Chr. Wilh. *Küstneri.* 1768 (3. Aufl.).

Eine das geistliche Amt nach allen Seiten betrachtende Darstellung, in der das Recht in den Hintergrund, die Pastoralklugheit in den Vordergrund tritt, ihren Vorgängerinnen gegenüber hervorragend durch Reichthum des Stoffs.

168. Dietrich Hermann Kemmerich *).

Geboren zu Axenburg (Mark Brandenburg) im J. 1677, studirte in Halle die Rechte, 1707 Dr. jur. daselbst, 1719 Professor der Rechte zu Wittenberg, 1730 als herz. sächs. Hofrath und Prof. des Codex und der Novellen in Jena, 1736 des canon. Rechts, erster Professor der Rechte, Ordinarius der Fakultät und des Schöppenstuhls, Assessor des Landgerichts, gestorben 1745.

Er schrieb die nicht unbedeutenden, jedoch zu sehr vom Naturrechte beeinflussten

Origines juris ecclesiastici ex natura et indole religionis et ecclesiae, nec non primaevo ecclesiae statu, ac rariis eius, cumprimis regiminis ecclesiastici, mutationibus derivatae. Lips. et Curiae Variscor. 1745. 4.

169. Georg Adolf Caroc.

Geb. 4. Juli 1679 als Sohn des Professors Adolf C. zu Greifswald, studirte hier und in Tübingen Geschichte und Jurisprudenz, promovirte 1704 in T. zum Doktor, wurde 1705 Adjunkt der jur. Fakultät in G., 1711 Landsyndikus, als welcher er sich grosse Verdienste um Pommern erwarb, starb 1730 oder 32. *Binderstedt,* Nachr. S. 38. *Kosegarten* I. 279. *Häckermann* in Allg. D. B. IV. 5.

De dominio rei sacrae speciatim templi. Gryphisw. 1708. 4.

170. Philipp Balth. Gerdes.

Geboren zu Greifswald 1680, studirte daselbst und in Halle, wurde in Greifswald 1708 lic. jur., 1713 Prof. der Geschichte und Moral, im J. 1714 ord. Prof. der Rechte, auch zuerst Rath, dann 1724 Direktor des Hofgerichts, gest. daselbst im Nov. 1736. *Kosegarten* I. 279.

Tr. jur. de jurisprudentia non papizante seu falso in multis juris materiis papizantis doctrinae insimulata. Greifsw. 1731. 4. Führt aus, wie das Recht noch voll von päpstl. Schlacken stecke, behufs Vertheidigung der Pietisten, welche in Greifswald an *Gebhardi* u. A. eine Stütze fanden, gegen die Orthodoxen unter *Papke.*

---

*) *Götten,* Gel. Europa II. 510. *Stolle,* Anleit. z. Histor. S. 249. *Günther* S. 69.

171. Johann Gottfried Krause.

Geb. 1. Nov. 1680 zu Freyberg, zu Wittenberg 1706 lic. jur., Advokat beim Consistorium 1708, 1710 Dr. jur., 1717 ausserord., 1722 ord. Prof. der Rechte und Beisitzer der Fakultät. *Adelung* III. 826.

De jure degradationis can. eiusque usu in terris protestantium occasione cap. II. de poenis in VI. Witt. 1727. 4. (resp. *J. Chr. Hahlkopff*).

172. Carl Otto Rechenberg.

Geboren zu Leipzig 26. Nov. 1680, mag. daselbst 1709 und als einer der Marschälle beim Jubiläum thätig, 1710 Dr. jur. in Wittenberg, 1711 Prof. in Leipzig, 1726 Fakultätsbeisitzer, 1734 Ordinarius und Dekretalenprofessor, seit 1720 auch Canonicus von Naumburg und Beisitzer (seit 1734 erster) im Oberhofgerichte, 1727 Domherr von Merseburg, gest. 1751. *Vogel*, Annales p. 1025. Univ.-Lex. XXX. 1291. *Weidlich*, Lex. II. 299. *Gerber* Nr. 23. Nach *Weidlich* wäre er ein bewundernswerther Mann gewesen.

1. *Diss. de eo quod in piis causis impium est.* Witt. 1710 unter dem Vorsitze von Jo. Balth. Wernher.

2. *Regulae jur. privati, quo utimur, naturalis, rom., canonici cet.* Leipz. 1726. 4.

Die beiden ersten gehen nicht über den Werth gewöhnlicher Dissertationen hinaus.

3. *De crimine haeretificii.* das. 1727. 4.

173. Reinhold Friedrich von Sahme.

Geboren zu Königsberg 21. April 1682, in Giessen Dr. jur. 1707, 1708 Beisitzer der jur. Fakultät zu Kiel, 1710 ausserord. Prof. in Königsberg und Hofgerichtsadvokat, 1726 vierter, 1730 dritter, 1732 zweiter, 1734 Tribunalrath, 1736 erster ord. Prof., 1739 geadelt, 1743, 9. Oct. Direktor und Kanzler der Universität, 1745 Präsident und Offizial des Samländischen Consistoriums, trat 1751 aus dem Tribunal und starb 16. April 1753. *Arnoldt*, Hist. S. 118, 249, 254 ff., 275, 471. Zusätze S. 47, 51. *Weidlich*, Lex. II. 390.

1. *De matrimonio senum; von alter Leute Heyrathen.* Königsb. 1708.

2. *De sepulturae denegatione; von Versagung des Begräbnisses.* das. 1710. Habilitationsschrift.

3. *De juramento simoniae a candidatis ministerii in consistoriis regni Prussiae praestando. Vom Eyde der Sim.* u. s. w. das. 1719.

4. *De matrimonio legitimo absque benedictione sacerdotali;* von rechtmässiger Ehe ohne priesterliche Einsegnung. 1727.

174. Peter Friedrich Arpe.

In Kiel geb. 10. Mai 1682, im Jahre 1717 ord. Prof. der Rechte in Kiel; aus dem Amt entlassen 1724 zog er nach Hamburg, hier 1729

braunschw.-wolfenbüttler Resident, 1731 entlassen, 1733 Justizrath bei
der Regierungskanzlei in Schwerin, wo er 4. Nov. 1740 starb. *Weidlich*, Gesch I. 6; II. Vorr. *Ratzen*, Chronik d. Univ. Kiel S. 53.

> *Laicus veritatis vindex, sive de jure laicorum, praecipue germanorum, in
> promovendo religionis negotio.* Kiel 1717, 1720. 4.

175. Peter Zorn.

Geboren 22. Mai 1682 und, nachdem er an den verschiedensten
Orten gewirkt, zu Thorn als Rector des Gymnasiums und Stadtbiblio-
thekar gest. 23. Jan. 1746. *Jöcher* IV. 2224.

> *Tract. de libertatibus ecclesiae gall. antiquae et hodiernae.* Rost. s. a. 4.

Giebt eine Uebersicht der Schriftsteller, Vertheidiger, Bekämpfer der
gallik. Freiheiten, deren Inhalt, letzteres Kap. kurz. Gut.

176. Johann Wilhelm Waldschmiedt.

Geboren zu Marburg den 6. Oct. 1682 als Sohn des Professors der
Medizin *Joh. Jak. W.*, studirte an der dortigen Universität seit 1697, dann
zu Giessen, wurde 1704 Lic. jur. in Marburg, setzte seine juristischen
Studien in Frankfurt a. O. fort, um *Sam. Stryk* und *Cocceji* zu hören,
wurde Beisitzer der Regierung und des Consistoriums zu Marburg, 1708
ausserordentlicher Professor der Rechte und ord. der prakt. Philosophie.
im folgenden Jahre Dr. jur. und ordentlicher Professor der Rechte, 1719,
wo er an *J. J. Vitriarius*' Stelle einen Ruf nach Utrecht erhielt und
ausschlug, Rath bei der Regierung und zugleich mit höherem Gehalte
bedacht. Um ihn der Universität zu erhalten, gab man ihm 1721, wo
er an Stelle *H. v. Cocceji's* einen Ruf nach Frankfurt erhielt, eine Ge-
haltszulage und nebst der ersten Professur das Vicekanzler-Amt. Er
lehnte die 1728 von Pfalzzweibrücken erfolgte Präsentation zum Reichskammergerichte ab und starb in Marburg den 24. April 1741. *Jugler,*
Beitr. II. 187 unter Angabe der Quellen.

Deutsches Lehen-, Staats- und Civilrecht hat er in zahlreichen
Dissertationen mit Geschick behandelt, das Kirchenrecht in:

> *De decimis noralium, vom Rottzehnden* (resp. *Joh. Ernst Wolfart*). Marb.
> 1727.

177. Augustin von Leyser.

Geboren den 18. Oct. 1683 zu Wittenberg, daselbst 1707 lic. jur.,
1708 ausserordentlicher Professor, Consistorialadvokat und ausserord.
Beisitzer der Juristenfakultät, 1709 Dr. jur., 1712 ordentlicher Professor
in Helmstädt, 1717 Beisitzer des Hofgerichts zu Wolfenbüttel, 1721
Hofrath in Braunschweig, 1729 in Wittenberg Hofrath, erster Beisitzer
des Hofgerichts, Direktor des Consistoriums und Schöppenstuhls, erster
Professor der Rechte und Ordinarius der Fakultät, 1739 vom Kaiser
nobilitirt, gest. 4. Mai 1752. *Weidlich*, Geschichte I. 526. Hallische
Beitr. II. 593, wo andre Quellen angegeben sind.

Praelationes ad Schillerum, per C. H. G. editae Torgav. 1753 sq. 2 Libri. (dazu des Herausgebers *Observationes ex jure ecclesiastico militari ad ductum Schilleri Inst. jur. can.*).

178. Johann Gottlieb Olearius.

Zu Halle am 22. Juni 1684 geboren erlangte er zu Jena 1712 das Licentiat, im folgenden Jahre das Doktorat und zu Königsberg eine ausserord. Professur der Rechte, wurde 1722 Beisitzer des Hofgerichts und starb 12. Juli 1734. *Arnoldt,* Hist. d. Univ. Königsberg II. 276. Hall. Beitr. II. 422.

De eo quod justum est circa orationem dominicam. Jen. 1712. Unter dem Vorsitze von *Wildvogel* disputirt.

179. Johann Hieronymus Herrmann.

Geboren 15. Aug. 1684 zu Dünkelsbühl, wurde 1719 lic. jur. in Jena. *Weidlich,* Lexicon I. 361.

1. Allgemeines Teutsch-Jurist. Lexicon, darinnen die in der Röm., Justin., Canonischen, Lehn- und anderen Rechten fürkommende Materien und Wörter . . . verständlich gemacht werden. Jena 1739—42. 2 vol. f.

2. Succincta *Concordantia juris.* Jena 1745. 4.

3. Continens res et voces, quae passim tam in jure civili Just., quam feudali longobardico et canonico occurrunt cet. Jen. 1745. 4.

Ein auf den früheren (Barbosa, Bertachini, Thierry, Brederode und Laur. Rudaweski u. s. w.) ruhendes, nichts neues bringendes, aber fleissiges Werk, nicht über die nackten Regeln hinausgehend, wie sie in den Medullae u. s. w. stehen.

180. Gustav Heinrich Mylius.

Geboren 21. October 1634 zu Leipzig, wo er 1707 Dr. jur., 1722 Assessor der Juristenfakultät, 1725 Assessor am Oberhofgerichte, 1744 Appellationsrath, 1748 Senior der Fakultät wurde und 1765 emeritirt starb. *Weidlich,* Zuverlässige Nachr. I. 186. Biogr. Nachr. III. Vorr. Nr. 44.

De mutationibus clericorum superiorum consensu. Lips. 1740. 4. (resp. *F. W. Schütz*).

181. August Gottl. Mirus.

Sohn des Philologen und Predigers Adam Erdmann M., geboren zu Zittau nach 1684 (in diesem Jahre kam sein Vater dorthin), daselbst Advokat und gest. im Januar 1731. *Adelung,* Forts. IV. 1791.

De poenis clericorum earumque praescriptione. Wittenb. 1729. 4. (praes. *Bastineller*).

182. Jakob Gabriel Wolff *).

I. Geboren um 1684 zu Stralsund, wo sein Vater Schulrector war,

---

*) *Weidlich,* Geschichte II. 662. Succession S. 28 fg.

studirte er in Greifswald Theologie, sodann die Rechte in Halle, promovirte hier 1710 und begann zu doziren. Im J. 1716 zum ausserord.. 1724 zum ordentl. Professor der Rechte erhoben, wurde er später Hofrath, 1741 vierter ordentl. Professor. Nachdem er 1744 diese Stelle niedergelegt hatte, starb er den 6. August 1754.

II. Er hat das Kirchenrecht bearbeitet in den folgenden zu Halle erschienenen Schriften, welche nicht ohne allen Werth sind, jedoch zu viel aus allgemeinen Sätzen deduziren:

1. *Kurzer Entwurf der vornehmsten Grundsätze seiner Institutiones jurisprudentiae eccles., wie auch der Jurisprud. Naturalis u. s. w.* 1718. 4., 1730.

Enthält ein Programm bei Anzeige der Vorlesungen, das die gewöhnlichsten Sätze giebt, wie sie damals herrschten.

2. Progr. *Kurze Nachricht von einem anzufangenden Privat-Collegio über den christl. Kirchen-Staat, sowohl überhaupt, als absonderlich im teutschen Reich. Zu besserer Verständniss des canon. und protest. Kirchen-Rechts.* 1734.

3. **Institutiones jurisprud. ecclesiast.* 1713.

4. *Rechtl. Gutachten über die Zulässigkeit der Ehe mit der verstorbenen Frauen Schwester.* 1736. 4. Für dieselbe.

183. Johann Friedrich Kayser *).

I. Geboren zu Giessen, wo sein Vater Registrator war, den 11. April 1685, erwarb er zu Halle im Jahre 1715 den juristischen Licentiatengrad, machte mehrere Jahre hindurch wissenschaftliche Reisen und erhielt 1718 eine ausserordentliche Professur der Rechte in Giessen. Nachdem er 1720 mit der Aufsicht der Universitätsvermögensverwaltung betraut worden, erlangte er 1723 eine Beisitzersstelle in der Fakultät, am 23. Juni desselben Jahres die ordentliche Professur des canonischen Rechts und der Praxis, 1726 das Syndikat, das er nach drei Jahren an *Wahl* abtrat. Im J. 1730 nach *Hartung's* Tode erster Professor und 1742 unter Beibehaltung der Professur Präses des Civil- und geistl. Gerichts geworden, starb er den 5. Dez. 1751 als Junggesell.

II. Schriften:

1. Diss. inaug. *de jure principis evangelici circa divortia.* Halle 1715. 4.

Gegen diese, unter *J. H. Böhmer's* Vorsitz vertheidigte Schrift erschienen die u. d. T. „*Controversiae circa jura divortiorum editis opusculis agitatae, et boni publici causa collectae atque coniunctim editae.* das. 1729, 1730. 4." gesammelten Schriften von *Michaelis* u. s. w. (vgl. Hallische Beitr. z. d. jur. Gel. Hist. I. 451 ff.).

2. *Abgenöthigter Gegen-Beweiss, dass die Ehescheidungen in dem natürlichen und geoffenbarten Recht nicht gäntzlich verboten, sondern aus vielen Ursachen erlaubet sein* u. s. w. Kiel 1717. 4. Gegen *Mich. Lang.* — *Fundamenta*

*) *Weidlich,* Lex. I. 455. *Pütter.* Liter. II. 107. *Jenichen,* Trauerprogr. 7. Dez. *Nebel,* Progr. p. 17. Hall. Beitr. II. 591. cf. *Moller,* Cimbria. lit. I. 294.

doctrinae de divortiis. das. 1720, 1737. 4. Gegen die Wittenb. Diss. von *G. L. Menken, ,sana de jure princ. ev. circa dir. doctrina'* gerichtet — *De divortio totali seu quoad vinculum lege evangelica licita.* Giss. 1740.

3. *De obligatione et valore statuti intuitu forensium, occasione ordinationis ecclesiasticae, quae Darmstadii a. 1723 prodiit.* Giess. 1746. 4.

4. *De poena degradationis tam ecclesiasticae quam civilis.* ib. 1755. 4.

184. Caspar Achatius Beck *).

I. Zu Berolzheim (Ansbach) den 22. Dez. 1685 geboren, Sohn des dortigen Predigers, studirte die Rechte seit 1705 in Jena, Halle und Wittenberg, wurde in Jena 1709 lic. jur., im nächsten Jahre Doktor, 1711 Hofgerichtsadvokat. Von da an hielt er Privatvorlesungen nebst öffentlichen Disputationen. Das Jahr 1718 brachte ihm den Beisitz im Schöppenstuhl und eine ausserordentliche Professur, 1726 die ordentliche der Institutionen und das Beisitzeramt in der Fakultät und dem Hofgerichte. Nachdem er 1730 Hofrath geworden, rückte er 1731 in die Stelle des Ordinarius der Fakultät und des Schöppenstuhls vor, wurde erster Professor und erster Assessor auf der bürgerlichen Bank im Hofgerichte. Er starb am 28. Nov. 1733. Seine Frau war eine Tochter *Joh. Phil. Slevogt's.*

II. Hierher gehörige Schriften:

1. *Diss. de sponsalibus minorum, sine consensu curatorum non contrahendis.* Jen. 1718.

2. *Diss. de triplici advocatia imperatoris ecclesiastica.* 1721.

3. *De iure principis circa connubia ministrorum et vasallorum.* 1724, 1754.

4. *Diss. de eo quod iustum est circa emigrationem religionis causa factum.* 1728. (Zu Art. V. §§. 27, 30, 31, 34, 36, 37 J. P. O.).

5. *Progr. de introducto iuris canonici nomine, fatisque huius iuris in Germaniae academiis.* 1728. Einladung zu den Vorlesungen über Schilter's Institutiones.

6. *Diss. de principe christiano aeternae subditorum salutis curatore.* 1730. Festschrift zum evangel. Jubiläum.

7. *Diss. de casibus in quibus clerici judicio saeculari subiecti sunt.* 1732.

185. Christoph Matthäus Pfaff **).

I. Er war 25. Dez. 1686 zu Stuttgart geboren, zu Tübingen 1717 Dr. und Professor der Theologie, allmälig 1720 vorgerückt zum ersten Professor, Kanzler der Universität, Propst und Abt von Lorch, kaiser-

*) *Jugler,* Beitr. VI. 294. *Günther,* S. 66.

**) Denkwürdigkeiten S. 473. *Moser,* Beitr. zu einem Lex. der jetzt lebenden Theol. Züllichau 1740. II. 640. *Dücke,* Gesch. d. Univ. Tubingen S. 146. *Nettelbladt* in Observat. jur. eccl. p. 155. *Estor,* Neue kleine Schriften I. Nr. VIII. §. 17 sq. *Nebel,* Prof. theol. p. 18. Alle seine religiöse Dinge behandelnde Schriften sind am 10. Mai 1757 auf den Index gesetzt.

licher Pfalzgraf, seit 1756 Kanzler in Giessen und Generalsuperintendent, starb 19. Nov. 1760.

II. Das Kirchenrecht berührende Schriften:

1. *Origines iuris ecclesiastici.* Tubing. 1719, 1720, 1740, 1756. 4.

Enthält eine Untersuchung über das von Christus und den Aposteln
Beobachtete und über das Recht des 2. und 3. Jahrh., die wahre Natur
des protest. Kirchenrechts, welche durch spätere Untersuchungen von
Rothe u. A. überholt ist, indessen als fleissige quellenmässige Untersuchung Beachtung verdient.

2. Zwei *Diss. de successione episcopali,* den Origines (in der 2. ed. schon
die 1.) angehängt ed. 3 pag. 231—328 mit additamenta und supplementa.

Die erste sucht nachzuweisen, dass die römische Kirche sich der
rechtmässigen Succession nicht rühmen könne, sondern eher die griechische, englische und protestantische; die zweite behandelt die protest.
speziell, namentlich in der englischen, nordischen und böhm. Brüder-
kirche. Deutsch: *„Tr. v. d. Ursprunge des Kirchenr. und dessen wahrer
Beschaffenheit. Welchem beigef. ist eine Abh. von der bisch. Nachfolge.*
Deutsch v. *Balthasar Tilesius.“* Fkf. u. Leipz. 1722.

3. *De eo quod iustum est circa reformationem sacrorum maxime in Germania.* das. 1739. 4., ib. pag. 370—376.

4. *De annexis exercitii religionis evangelicae.* das. 1742. 4., ib. p. 376- 386.

5. *De ecclesia sanguinem non sitiente.* Tub. 1740. Orig. pag. 386—421.

6. *De nundinationibus officiorum ecclesiasticorum.* Orig. p. 421—447.

7. *Diss. in verba Christi: regnum meum non est ex hoc mundo.* Orig.
p. 448—473.

8. *De criteriis vocationis divinae ad ministerium ecclesiasticum.* Orig.
pag. 477.

9. *Institutiones juris ecclesiastici in usum auditorii Pfaffiani* cet. Frankf.
u. Leipz. 1727. Tub. 1732, 1738. *Juris ecclesiastici libri quinque.* Accedunt
diss. *de successione episcop.* cet., *de crimine haeretificii,* nova item diss. *de jure
sacrorum absoluto et collegiali,* . . denique diss. *de editione Aug. Conf. germanica.*
ed. 2. Frankf. 1732.

10. *Akademische Reden oder Erläuterung über das sowohl allgemeine als
teutsche protestant. Kirchenrecht.* Tübing. 1742, Frankf. 1753. 2 Thle. 4.

In der Schrift *de jure sacrorum absoluto et collegiali, illo in superioritate territoriali, hoc in ecclesia tanquam collegio quaerendo* wird deduzirt: das jus sacrorum stehe nach evangelischer Ansicht der ganzen
Kirche zu, wie die den articulis schmalcald. angehängten libelli *de potestate et primatu papae* et *de pot. et jurisdictione episcoporum* bewiesen
und *Jac. Andreae, Chemnitz, Gerhard, Hülsemann, Carpzov* und *Brunnemann* lehrten: einen Theil habe der magistratus politicus, einen die pastores, einen die plebs. Sie ist eine Vertheidigung der Ansichten *Pfaff's,*
welche darauf hinauslaufen: Die Kirche ist Collegium, eine societas im

Staate zu dem Zwecke, den Kultus nach Christi Geboten zu üben; da der Regent die Oberaufsicht über alle Gesellschaften im Staate hat, um Schädigungen des Staatswohles zu verhindern und die Gesellschaft gegen Verletzungen zu vertheidigen und im Genusse der Rechte zu schützen, hat er *jura sacrorum generalia* oder *absoluta; die jura collegialia* und *specialia* sind bei der Kirche wie bei jeder Gesellschaft, können nur ex consensu (praesumto oder tacito) der Kirche von einem andern geübt werden, sie sind, da sie in der römischen gemissbraucht wurden, nicht mehr dem Klerus zu delegiren, sondern als delegabilia der politischen Obrigkeit gegeben, theils weil man sich anfänglich nicht anders helfen konnte, theils nach Analogie des alten Testaments, endlich weil der Staat der Kirche am meisten nützen kann; radicaliter bleiben sie in der Kirche, sind daher revocabilia und zu revoziren.

Die *Institutiones* sind nach der Vorrede des nicht genannten Herausgebers, der sie nach dem Ms. edirt, von Pfaff im J. 1720 und 1721 für seine Vorlesungen über Kirchenrecht gemacht, weil er keinen fremden Leitfaden zu Grunde legte. Sie geben eine kurze Einleitung, schildern Luther's Autodafé vom 10. Dez. 1520, den Widerstand von *Schurff* und *Göde* und dass das canon. Recht für causae matrimoniales, piae u. s. w. in Geltung geblieben. L. I. handelt über das Wesen der Kirche und ihr Verhältniss zum Staat (drei status: politicus, eccles., oeconomicus), die Kirche ist societas aequalis, nicht wie der Staat inaequalis, auf arbitrium basirt: über die anfängliche Verfassung und Entwicklung: über Arten und Eintheilung, Theile (Lehrer und Hörer, bei andern Klerus und Laien), Schulen. L. II. über Personen und Aemter. L. III über Kultus. IV. über Kirchengut. V. Gerichtsbarkeit und Regiment. Die Grundansichten sind die entwickelten. *Diese Institutiones sind wortwörtlich identisch* mit *Georg God. Keuffel*, Elementa jurisprudentiae ecclesiasticae universalis. Rost. 1728 (mit Vorr. von *Jo. Laur. Mosheim*), denen auch die Abh. de success. episcop. u. s. w. beigedruckt ist, es fehlt auch nicht der epilogus ad auditores. Seine Erklärung findet das wohl in der im vorigen Jahrhundert vorkommenden Erscheinung, dass dasselbe Buch mit verschiedenen Titelblättern versehen wurde, weil man auf diese Weise am besten für den Vertrieb an verschiedenen Orten glaubte sorgen zu können; ob *Keuffel* seinen Namen hergegeben, weiss ich nicht festzustellen.

186. Johann Lorenz Fleischer *).

I. Geboren zu Baireut 12. März 1689, 1711 in Halle Dr. jur. utr., 1716 daselbst ausserordentlicher, 1724 ordentlicher Professor und Hof-

---

*) *Weidlich*, Lex. I. 240. *Hallische* Beitr. II. 479. *Fikenscher*, Gelehrtes Fürstenthum Baireut II. 208. Zus. 23.

rath, 1730 Fakultätsmitglied, 1733 Professor der Pandekten zu Frankfurt a. O., 1744 erster Professor und Direktor der Universität, starb dort 13. Mai 1749.

II. Er schrieb neben ähnlichen über Natur- und Lehn-Recht:

Einleitung zum geistlichen Recht, wie selbiges aus dem Recht der Natur, Grundsätzen der hl. Schrift, Kirchen-Historie, Jure can., Instrumento Pacis und protestirender Staaten Kirchen-Ordnungen kan vorgestellet werden. Halle 1724., verm. und verb. 1729, 1740, 1750. 4., mit *Dan. Nettelbladt's* Vorrede von den wahren Gründen des protestant. Kirchenrechts.

Dasselbe behandelt im Institutionensystem zuerst das katholische, dann protestantische Recht, angehängt sind 3 Hallische Responsa über Kapitelsdinge. Sein prinzipieller Standpunkt wird sich an folgenden Dingen zeigen. Weil das N. T. nichts über die Regalien vorschreibt, ist das Naturrecht allein für die Beurtheilung der Gewalt des Fürsten über die christliche Kirche massgebend; es wird dann in rein theologischer Weise die Aufgabe des Fürsten erörtert. Dieser hat, um Ruhe und Ordnung zu erhalten, die Inspektion und Direktion aller Collegien, folglich auch jus circa sacra. Dies enthält nicht den Glauben, hat nichts mit dem Religionsunterricht in den Schulen zu thun, kann nicht auf Zwang zu einem Religionsbekenntnisse gehen, nicht gegen die Gewissensfreiheit, auf Entscheidung theol. Streitigkeiten, wohl auf Verbot solcher, die Unheil drohen, hat kein Recht der Kirchenzucht, kann Controverspredigten verbieten, keinen wegen Ketzerei bestrafen, wohl des Landes verweisen. Die Adiaphora unterliegen ihm; er kann also z. B. die Kirchenmusik, Altäre, Bilder, Beichte u. dgl. abschaffen, jedoch mit Vorsicht, da die meisten die Religion in diesen Aeusserlichkeiten sehen. Der protest. Fürst ist nicht eine Doppelperson: fürstliche und bischöfliche, sondern er hat alle Rechte als Landesherr, es giebt keine Scheidung von potestas interna und externa. Neben dem Naturrecht entscheidet in Deutschland das Herkommen. — Die Darstellung ist eine höchst umständliche, durchweg nicht auf die Quellen, welche nur sehr vereinzelt angeführt werden, basirte, sondern lediglich auf Schriftsteller sich stützende: übrigens ist der geschichtlichen Deduktion ein grosser Platz eingeräumt, insbesondere um die Irrigkeit der katholischen Sätze darzuthun.

187. Friedrich Ulrich Pestel.

Geboren zu Rinteln im Jan. 1690, daselbst 1716 Prof. der Moral, 1720 ordentl. Prof. der Rechte, 1722 Dr. jur. nach ordnungsmässigem Examen u. s. w., 1725 Beisitzer der Fakultät, 1730 erster Prof., verzichtete 1747 auf die Prof. der Moral, die sein Sohn Friedrich Wilh. erhielt. *Weidlich,* Zuverl. Nachr. III. 97.

De gradibus prohibitis. Rint. 1726.

188. Georg Christian Gebauer *).

I. Geboren 26. Oct. 1690 zu Breslau, studirte Philosophie in Leipzig, die Rechte in Altorf und Halle, 1717 in Leipzig Magister, 1721 Beisitzer der philos. Fakultät, 1723 Dr. jur. in Erfurt, 1727 in Leipzig ord. Prof. des Lehnrechts, 1730 Beisitzer des Oberhofgerichts, 1734 erster Prof. der Rechte an der neuen Universität zu Göttingen und Commissar derselben, zugleich Hofrath, 1737 erster Dekan der Fakultät, 1747 geh. Justizrath, 1755 Ordinarius des Spruchcollegs, gest. zu Göttingen 29. Jan. 1773.

II. Hier kommt der um das deutsche Recht und seine Geschichte, wie um das römische hochverdiente Mann nur in Betracht durch kleinere Abhandlungen:

1. *De matrimonio cum arunculi ridua.* Gött. 1737. 4. (resp. *Heinr. Eigen*).

2. *De jure Corporis Evang. valide intercedendi mutationibus status anni decretorii.* 1752. 4. (resp. *L. J. G. Meier*).

3. *Progr. de indole connubiorum apud veteres Germanos.* 1736. 4.

4. *Progr. de vero Art. V. §. 15 Pac. Westph. sensu.* cod. 4.

5. *Progr. de Germanorum matrimonio, ad c. 17. Taciti de mor. Germ.* 1741. 4.

6. *Progr. de poena violati matrimonii ad Tacit. de mor. Germ. cap. 19.* 1743. 1.

189. Johann Jakob Mascov.

Geboren 1690 zu Danzig, 1711 mag. phil. in Leipzig, 1718 Dr. jur., im folgenden Jahre ausserord. Prof. der Rechte, 1723 Beisitzer des Consistoriums, 1729 des Oberhofgerichts, 1737 Stadtrichter, 1741 Proconsul, Domherr in Zeitz, gest. 22. Mai 1761. *Weidlich*, Gesch. II. 25. Zuv. Nachr. I. 286, V. 418.

De primatibus, metropolitanis et reliquis episcopis ecclesiae Germanicae. Leipzig 1729. 4.

190. Philipp Eberhard Zech.

Geboren zu Laichingen (Württemberg) um 1690, studirte die Theologie in Tübingen, war eine Zeitlang Hofmeister, wurde herzogl. württemberg. Geheimsekretär, dann Regierungsrath, ging 1735 aus Auftrag nach Wien, wurde Geh. Legationsrath mit dem ersten Votum auf der gelehrten Bank des Collegium, 1737 wirkl. Geheimerath, 1738 Gesandter beim schwäbischen Kreistage. *Weidlich*, Lexicon II. 680.

1. *Schediasma de origine, indole, fatis atque juribus primatum Germaniae,* eorumque maxime tanquam archi-cancellariorum ad negotia imperii concursu cet. Hal. et Lips. 1727. 4.

2. *Meditationes: de origine, indole, effectibus atque historia juris reformandi circa religionem.* Frankf. u. Leipz. 1728. 4. (anonym).

---

*) *Weidlich*, Gesch. I. 262, Zuv. Nachr. II. 169. Die übrige Literatur bei *Frensdorff* in Allg. D. Biogr. VIII. 449.

191. Gottlieb Sievogt *).

I. Er ist am Ende des 17. Jahrhunderts geboren in Jena, wo sein Vater Professor der Medizin war, studirte hier die Rechte, erlangte 1716 die Doktorswürde, betrieb sodann die Advokatur und wurde herz. altenburgischer Hof- und Regierungsrath und Comes palatinus. Er starb dort im Febr. 1732 mit Hinterlassung vieler Schulden; ein Sohn von ihm war in Jena Barbier.

II. Seine dem Kirchenrechte zufallenden Schriften:

1. *Diss. de juribus altarium.* Jen. 1716, 1722 neu edirt in Opusc., auf den doppelten Umfang gebracht in deutscher Sprache: *Kurtze Abhandlung von denen Rechten der Altäre.* das. 1727; aufs neue von ihm bearbeitet (der Druck wurde erst nach seinem Tode vollendet) 1732 als ,*Gründliche Untersuchung von den Rechten der Altäre, Taufsteine, Beichtstühle, Predigtstühle, Kirchenstände, Gotteskästen, Orgeln, Kirchenmusik, Glocken, Thürmen und Gottesäcker, aus dem canon. und protest. Kirchenrechte erläutert.'*

Zweck der Schrift ist, zu zeigen, was von den bei den Evangelischen gebräuchlichen Ceremonien u. s. w. aus dem canon. Rechte herrühre, um einerseits vor überstürztem Verwerfen zu hüten, andrerseits ein Zurückgehen auf das protest. Grundwesen zu ermöglichen. Er behandelt nicht blos das Recht, sondern auch die zum Kultus gehörigen Dinge und bietet für die Praxis seiner Zeit ein brauchbares Buch, zumal es das erste ist, das die Gegenstände von der jurist. Seite behandelt. Die letzte Auflage verbindet die früher getrennten Stücke.

2. *Quatuor juris sacri et civilis Opuscula.* ib. 1722. 4. Die sub. 1, dann *de conditione matrimonii cum defuncti pastoris vidua aut filia ineundi, vocationi pastorali adiecta* (diese neu) 1726, 33, 39, 43 als *de vocatione ad pastoratum sub conditione matrim.* cet., *von der Vocation unter der Schürze.*

Die letztere beantwortet, nach Angabe der Anstellungsform (nominatio u. s. w.) er dahin, dass der Kandidat aus Liebe, ohne Befehl u. dgl. eine solche Heirath eingehen könne, dass aber die Forderung einer solchen in Form einer absoluten Bedingung unzulässig, dagegen zulässig sei, wenn sie erlassen werde, falls er gute Gründe gegen die Heirath habe.

3. *De sepulturis imperatorum, regum et S. R. J. electorum in monasteriis et templis schediasma.* 1722.

Mehr eine historisch-archäologische Schrift. Er leitet den Ursprung dieser Begräbnisse aus der Sucht des Klerus nach Vermögen ab.

192. Christian Gottfried Hoffmann **).

I. Geboren zu Lauban in der Oberlausitz den 8. Nov. 1692 als Sohn eines Schulrectors, studirte in Leipzig seit 1711 die Rechte, wurde

*) *Jugler*, Beitr. II. 406.
**) *Götten*, Gel. Europa I. 324, II. 808, III. 792. *Pütter*, Liter. I. 402.

Magister, übernahm die Erziehung von zwei Prinzen Galitzin, promovirte in Halle 1716, wurde 1718 ausserord. Prof., später ordentl., kam 1723 nach Frankfurt a. O. als Geh. Rath, Ordinarius der Fakultät, wurde Mitglied der Societät der kön. Akademie der Wissenschaften und starb im ledigen Stande im J. 1735.

II. Neben verdienstvollen Schriften und Sammlungen für deutsches Recht, Geschichte u. s. w. hinterliess er die hierher gehörigen:

1. Diss. inaug. *de origine et conditione procuratorum jure rom. et canonico, nec non eorum progressu in forum germanicum.* Hal. 1716.

2. *Gründl. Vorstellung deren in dem H. Röm. Reiche deutscher Nation obschwebenden Religionsbeschwerden.* 2 Abth. 1722.

3. *Introductio in jurisprud. canonico-pontificiam, qua continentur Alex. Chassanei Paratitla in Greg. IX. Decr. L. V. nec non Nic. Frerotti Paratitla* etc. Francof. 1724. Keine blosse Ausg., sondern mit Anmerk. und einer *delineatio hist. jur. can.-eccl.* versehen.

4. *Summar. Betr. der auf dem Augsb. Reichst. 1530 vorgefall. Actorum religionis.* 1730. 4.

5. *De coemeteriis ex urbibus tollendis.* 1730.

6. *De clericorum in feuda imprimis S. R. J. maiora successione.* Lips. 1722.

7. Ausgabe von *Pancirolus* (1721. 4.) mit Zusätzen.

193. Johann Salomo Brunquell *).

I. Er ist geboren zu Quedlinburg am 22. Mai 1693, wo sein Vater Gymnasiallehrer war, studirte seit 1712 die Rechte in Jena, ging 1715 nach Leipzig, betrieb von Ostern 1716 ab die Advokatur in Quedlinburg. Eine im folgenden Jahre angenommene Hofmeisterstelle bei einem Herrn von Uslar gab ihm aufs neue Gelegenheit, Jena zu besuchen. Er lehnte das ihm angetragene Syndikat in seiner Vaterstadt ab, erwarb 1720 die juristische Doktorswürde, wurde Privatdozent und Advokat beim Hofgericht in Jena, 1728 ausserord. Professor und mit Ausarbeitung der Urtheile in der Fakultät und dem Schöppenstuhle betraut, 1730 ordentl. Professor (Institutionen, dann Pandekten), Beisitzer des Schöppenstuhls und Hofgerichts, 1733 fürstl. sachsen-eisenach- und gothaischer Hofrath, nahm 1735 einen Ruf nach Göttingen an, zugleich mit seinem Schwiegervater *Wilh. Hier. Brückner* übersiedelnd, weil er sich in Jena zurückgesetzt fühlte. Kurze Zeit nach seiner Ankunft starb er den 21. Mai 1735.

II. Ausser verschiedenen andern [1]) Schriften besitzen wir von ihm die in Jena gedruckten:

---

*) Memoria in *J. M. Gesneri*, Biogr. acad. Gottingensia coll. et. ed. *Jer. Nic. Eyring.* Hal. 1786. I. p. 49. *Götten,* Gel. Europa I. 540. *Haubold,* Inst. j. r. liter. I. 167. *Pütter,* Versuch I. 22, II. 32. *Jöcher* I. 1431. *Günther,* Jenaer Prof. S. 67.

[1]) Civilistische, staatsdeutschrechtliche, prozessualistische u. a. Am bekann-

1. *De sectis et controvers.* 1725. 4.

2. *Diss. de diverso patroni ecclesiastici et laici iure.* 1730. 4. (Habilitationsschrift.)

3. *De utilibus patronorum juribus ex corrupto ecclesiae significatu natis parum vel plane non utilibus.* 1734. 4. (resp. *Joh. Rud. Engau*).

4. *De jure patronorum honorifico primario, nimirum iure praesentandi.* 1733. 4. (resp. *Eberh. Frid. Jos*).

5. *De variis juris patronatus adquirendi modis.**

6. Ausgabe von *Cironius* Observationes. 1726. 4., mit einer Vorrede *de utilitate ex historia atque antiquitatibus sacris in iurisprudentiae ecclesiasticae studio capienda.*

194. Christian Gottlieb Buder *).

I. Er war als Sohn des Diakonus *Martin B.* geboren zu Kitlitz in der Oberlausitz am 29. October 1693, studirte in Löbau und Bautzen, seit 1704 auf den Universitäten Leipzig und Jena. Hier erhielt er 1722 die Stelle des Universitätsbibliothekars, wurde 1725 Dr. jur. und 1730 ausserord. Prof. der Rechte. Nach Ablehnung von Rufen für Wittenberg und Halle wurde er Prof. ord. hist. substitutus, erhielt 1734 eine ord. Professur der Rechte, 1738 nach dem Ableben B. G. Struve's die des Staats-, Lehnrechts und der Geschichte, nebst dem Charakter als Hofrath. Er verliess Jena nicht, lehnte alle Anträge, insbesondere einen nach Göttingen, ab, vermachte der Universität seine ausgezeichnete Bibliothek und starb daselbst 9. Dez. 1763.

II. Neben manchen trefflichen historischen, publizistischen und andern Arbeiten [1]) hat er auch dem Kirchenrechte bezw. Kirchenstaatsrechte seine Thätigkeit zugewandt in folgenden zu Jena gedruckten Schriften:

1. *Vindiciae juris imperatoris adv. urbis Romae episcopos, ab ipsis Augustis factae.* 1717. 4., zum Reformationsjubiläum praes. *B. G. Struvio*, 1719 unter eigenem Namen mit einer Vorrede *de Italia pontificibus ipsis infesta* herausgegeben.

---

testen *Historia juris romano-germanici.* Jen. 1727 u. ö. Opuscula ad histor. et jurisprud. spectantia coll. atque ed. H. J. O. *König.* Halle 1774. 2 vol.

*) *Götten*, Gel. Europa II. 403. *Moser*, Lex. S. 26. *Jenichen*, Unpart. Nachr. S. 24. *Weidlich*, Zuverl. Nachr. II. 346. *J. Chr. Fischeri*, Memoria divis manibus Ch. G. B. dicata. Jena 1788. *Meusel*, Lex. verst. I. 651. *Stepf*, Galerie I. 295. *Günther* S. 68.

[1]) Er ist bekannt als Herausg. bezw. Fortsetzer von hist. Werken, der Bibl. juris selecta von *Struve*, von der 5. Aufl. 1720 bis 8. 1756, der Vitae aliquot. vet. Ict. *Stranchii*, schrieb *Vitae clariss. Ictorum selectae.* Jen. 1722. Progr. *de bibliothecis* etc. 1723. 4., edirte verschiedene histor. Bücher u. s. w. — Die 7 zuerst angeführten nebst 13 andern Abh. stehen auch in „Opuscula quibus sel. jur. publ. feud. eccl. germ. et historiae patriae ac liter. argumenta exhibentur." Jen. 1745. Vgl. *Pütter*, Liter. I. 22. 404. II. 288. 295. 304. In den Zahlen hat derselbe Fehler.

2. Diss. inaug. *de iuramentis Episcoporum Germaniae.* 1724, neu als *Diatriba de juram. principum ecclesiast. S. J. R. Germ. ex scriptoribus fide dignis actisque publ. conquisita.* 1725. 4.

3. *De feudis sceptri,* vulgo: Scepterlehen. Expositio. 1727. 4.

4. *De legationibus obedientiae Romam missis* liber singularis. 1737. 4.

5. Hist. canonicatuum imperatorum regumque Germaniae, s. Praebendae regiae. 1738. 4., in den Opuscula u. d. T.: *De canonicatibus imperatorum augg. Germaniaeque regum ac praebenda regia,* die *Königs-Pfründe.*

6. *De S. R. J. vicariorum jure praesentandi ad beneficia ecclesiastica* cet.

7. *De jure manus mortuae; sive: res mobiles episcoporum praelatorumque capiendi Germanicar. ecclesiar. officialibus haereditariis a pontifice negato. Ad c. 13 et 17 C. 12. q. 2.* 1738. 4., in den Opuscula u. d. T.: *,de praca consuet. rips, raps observ.'*

8. *De testamentis episcoporum Germaniae.* 1745. 4. *Mayer,* Thes. III. 616.

9. *De ordinationibus consistorialibus et ecclesiasticis sereniss. Saxoniae Ernestinae ducum.* 1747. 4., def. *Gottl. Frid. Amand Trautmann.*

10. *Diss. de jure doctorum ad canonicatus. Ad illustrat. art. V. §. 17. J. P. W. O.* 1753. 4. Ein Progr. über denselben Gegenstand 1756. 4.

Die Schrift

De capitulationibus episcoporum Germaniae 1737. 4.

ist nicht von ihm verfasst, sondern von *Joh. Jak. Schwarz* (später Sekretär der Stadt Augsburg), der damit promovirte.

Alle Arbeiten sind gut, gediegen und noch heute lesenswerth.

195. Johann Georg Pertsch *).

I. Geboren zu Wunsiedel den 10. März 1694 als Sohn des dortigen Superintendenten gleicher Namen, bezog 1713 die Universität Halle behufs Studiums der Rechte, promovirte daselbst 1716 unter J. H. Böhmer's erstem Dekanat, advozirte seitdem in Gera, seit 1719 in Baireut, 1726 daselbst Hofrath, ging 1728 nach Jena und las, wurde im folgenden Jahre daselbst Hofgerichtsadvokat, seit 1732 Syndikus der Stadt Hildesheim, 1733 kön. grossbrit. und churf. braunschw. Rath und Hofgerichtsassessor, 1738 Assessor am Hofgerichte zu Wolfenbüttel, 1743 Hofrath und ord. Prof. in Helmstädt, hier 1748 Senior und Ordinarius, starb 19. Aug. 1754.

II. Uns gehen von seinen Schriften [1]) an:

1. *Diss. de incoluoris simoniae detectis.* Hal. 1715. 4. Diese unter *J. H. Böhmer's* Vorsitz gehaltene Disputation ist umgearbeitet zu der Schrift: com-

---

*) Vorrede zu seiner Kirchen-Hist. *Götten,* Gel. Europa I. 777. *Weidlich.* Gesch. II. 204. *Wernsdorf,* Progr. funebre in . . obitum. Helmst. 1754. Hallische Beitr. II. 607. *Fikenscher,* Gel. Baireut VII. 51.

[1]) Daneben andre. z. B. mit *Häberlin,* Annot. in J. J. Schmaussii corp. jur. publ. Braunschweig 1761. Prozessschriften u. dgl. „Versuch einer Kirchen-Historie" (als Einleit. zum geistl. Rechte).

ment, de simoniae crimine. Hal. 1719. 4., mit Vorrrede von *Böhmer*, vermehrt Guelpherbyti 1738. 4.

2. *Diss. inaug. de iure erigendi coemeterium.* Hal. 1716. 4., mit *Böhmer's* Vorrede.

3. *Recht der Beicht-Stühle.* Halle 1721. Wolfenb. 1738. 4.

4. *Recht des Kirchen-Bannes.* Halle 1728. 4., zweite Wolfenb. 1738. 4.

5. *Elementa juris canonici et protestantium ecclesiastici.* Francof. et Lips. 1731. 4., Jenae 1735, 1741. 2 vol.

Ein Lehrbuch im Institutionensystem, welchem man Prägnanz, Klarheit und Tauglichkeit zur ersten hinlänglichen Orientirung zuschreiben darf; die Verbindung des kathol. und protest. für alle einzelne Punkte ist eine ganz zweckmässige.

6. *Beweis, dass die protest. Kirche rechtschaffene Priester habe.* Hildesh. 1732. 4.

7. *Abh. von dem Ursprunge der Archidiakonen, Archidiakonengerichte, bischöfl. Offizialate und Vicarien.* Hildesh. u. Braunschw. 1743, 1755, 1774.

8. *Tr. de origine usu et auctoritate pallii archiepiscopalis.* Helmst. 1754. 4.

9. *Kurze Historie des Canonischen und Kirchen-Rechts, besonders zum Gebrauch akademischer Vorlesungen.* Leipz. u. Bresl. 1753.

10. *Observationes jur. can. et eccles. Protestantium.* Nürnb. 1760.

Diese Schriften sind durchweg fleissige Arbeiten, deren Lectüre für ihre Gegenstände auch heute sich lohnt.

196. Johann Lorenz von Mosheim *).

Geboren zu Lübeck im J. 1694, dozirte die Philosophie in Kiel. wurde 1723 als Professor der Theologie nach Helmstädt gerufen, Consistorialrath und Abt zu St. Michael, ging 1747 nach Göttingen, wo er Kanzler wurde und 1755 starb.

Allgemeines Kirchenrecht der Protestanten. Nach dessen Tode herausg. und mit Anmerkungen versehen von *Ch. E. r. Windheim.* Helmst. 1760.

Der Herausgeber, Schwiegersohn, hat laut der Vorrede die frei gehaltenen Vorlesungen nach verschiedenen Nachschriften, insbesondere über die zum letztenmale gehaltene, verarbeitet, mit Anführungen aus Schriften M.'s, und mit Hülfe von Excerpten desselben mit Anmerkungen versehen, welche die einzelnen Sätze ausführen. M. vertritt das *Collegialsystem* und führt aus S. 443 ff., das Collegialrecht der Kirche umfasse: 1) Recht Conventionalgesetze zum Endzwecke der Gesellschaft zu machen; 2) Conventionalstrafen auf die Uebertretung der Gesetze zu legen; 3) Macht Aufseher zu setzen; 4) Zusammenkünfte zu halten; 5) Vermögen zu sammeln; 6) Bediente und Lehrer zu haben.

---

*) Memoria in Gesneri Biogr. I. 3. *Petri*, Parent. p. XXVI. *Pütter*, Gött. Gel. Gesch. S. 20.

197. David Georg Strube *).

I. Dieser um die Geschichte insbesondere des deutschen Rechts hochverdiente Mann ist den 29. Nov. a. St. (10. Dez. n. St.) 1694 zu Celle geboren als Sohn des Oberappellationsraths *Heinrich Anton Strube.* Er studirte die Rechte von 1713 bis 1715 zu Halle, wo er bei *Stryk* jun. und später *Gundling* wohnte, dann zu Leyden, wo er 1717 *de origine nobilitatis German. et praecipuis quibusdam eius iuribus* unter *G. Noodt's* Vorsitz disputirte, machte darauf eine Reise durch die Niederlande, England, Frankreich und Deutschland. Im Jahre 1720 wurde er von der evang. Ritterschaft und den Städten des Hochstifts Hildesheim zum Landsyndikus bestellt, neben diesem Amte 1721 ausserord. Beisitzer des Hofgerichts, nach zwei Jahren ord. und Con- sistorialrath; 1732 erhielt er den Titel eines Hofraths vom Kurf. von Köln und dem König von England, kam 1740 mit dem Charakter eines geh. Justizraths als Consulent zur Regierung in Hannover, wurde 1758 Kanzleidirektor, später Vicekanzler und starb im Jahre 1775.

II. Von seinen Schriften berühren das Kirchenrecht nur folgende:

1. Aus *Observationum jur. et hist. Germanicae decas.* Hann. 1769. 4. die 1., 6., 7. Abhandlung. a) *De origine et progressu ordinis equestris in Ger- mania, iuriumque eius circa munera tam ecclesiastica quam civilia et militaria.* b) *De potestate iudicum ecclesiasticorum in causis civilibus.* c) *De iure dirimendi lites de bonis ecclesiasticis obortas.*

2. *Nöthiger Unterricht von den Strafen der Simonie im Stift Hildesheim.* das. 1732 fol.

3. Vorstellung der Evang. Land-Stände des Hochstifts Hildesheim, worinn dargethan wird, dass sich das Stift-Hild.-Consistorium Aug. Conf. in ohnstrei- tiger possession vel quasi der Gerechtigkeit Feyer- und Fest-Tage, insonderheit die Evangelische Jubilaea, ohne Zuthun der Landes-Obrigkeit auszuschreiben und anzuordnen, jederzeit befunden, auch solche Befugniss in dem J. P. W. und Consistorialrecess de a. 1657 fest gegründet ist. Mit dienl. Anmerk. Hildesh. 1730 fol. (*Moser,* Reichs-Fama P. VII. neu abgedruckt.)

198. Karl Franz Buddeus **).

Sohn des Theologen *Johann Franz* B., geboren zu Halle a. d. S. 25. März 1695, studirte seit 1711 in Jena, hielt seit 1716 private Vor- lesungen, lebte von 1719 ab in Weimar erst als Advokat, dann im Staatsdienste, später in schwarzburgischen und gothaischen Diensten, war zuletzt Vicekanzler der Regierung und starb 5. Juli 1753 zu Gotha.

1. (Anonym.) *Untersuchung des wahren Grundes, aus welchem die höchste*

---

*) *Götten,* Gel. Europa I. 801. *Weidlich,* Geschichte II. 557. Nachr. II. 212. *Pütter,* Lit. I. 394.
**) *Jugler,* Beitr. I. 381.

Gewalt eines Fürsten über die Kirche herzuleiten ist. Halle 1719, nachgedr. 1737 Stockholm und Upsala (Weimar, oder Erfurt?).

Wurde hervorgerufen durch die Forderung des weimarischen Superintendenten *Treuner*, im Range dem Oberhofmarschall, Geh.-Rath und Amtshauptmann zu Rossla, Marschall, genannt Greiff, vorzugehen. Er stellt darin u. a. die Ansichten auf: auch ein Laie könne Superintendent sein, geistliche Beisitzer im Consistorium seien nicht schlechterdings nöthig, der Landesherr könne das Consistorium abschaffen und selbst regieren u. s. w.

2. *Bedenken: Ob die Verordnung der Censurae ecclesiasticae ad jura ordinis, oder ad jurisdictionem eccles. gehöre; ingleichen von der Schuldigkeit und Missbräuchen der Kirchenbusse.*

199. Johann Ernst von Flörcke *).

I. Als Sohn des damaligen-Privatdozenten der Rechte D. *Heinrich Ernst F.* geboren zu Jena den 9. Juli 1695, studirte daselbst nach Zurücklegung der Gymnasialschule in Magdeburg die Rechte von 1713—16, übte hierauf in Magdeburg, wo sein Vater als Syndikus des Domkapitels lebte, die Advokatur. Nach drei Jahren kehrte er nach Jena zurück, promovirte 1720 mit der Dissertation *‚De origine bonorum mensae episcopalis'* unter *Slevogt's* Präsidium, dozirte und advozirte, erhielt 1726 eine Advokatenstelle beim Hofgerichte daselbst, wurde 1727 Syndikus der Universität, 1730 ausserordentlicher, 1731 ordentlicher Professor der Rechte, Beisitzer des Hofgerichts und Schöppenstuhls, 1733 herz. gothaischer Hof-, Regierungs- und Obervormundschaftsrath in Gotha, 1743 geh. Reg.-Rath, 1750 Oberconsistorial-Vicepräsident und nach kurzer Zeit in den Adelstand erhoben. Auch war er in Reichsangelegenheiten kais. Subdelegat und erlangte den Charakter eines Hofpfalzgrafen. Im Jahre 1755 wurde er als kön. preuss. Geheimerath Direktor der Universität, erster Professor und Ordinarius der Juristenfakultät in Halle. Im Aug. 1759 wurde er beim Einfalle des kais. Heeres in Halle als Geisel für die Stadt und den Saalkreis aus seinem Hause gerissen, nach Nürnberg, Prag, im März 1760 wieder nach Nürnberg geführt, wo er den 9. Juli 1762 starb.

II. Ausser seiner bereits angeführten Inauguraldissertation gehören dem Kirchenrechte an:

1. *Progr. de praerogativa juris canonici prae Justinianeo.* Jen. 1722, neu Hal. 1757.

2. *Progr. Adil. de eo quod extremum est in defensione status evangelicae religionis, qui fuit anno decretorio.* Hal. 1755. 4.

*) *Weidlich*, Geschichte I. 243, Zuverl. Nachr. I. 198 ff., VI. 381 fg. *Ders.* Succession S. 58 fg. *Ersch* und *Gruber*, Encykl. I. Sect. 45. 272. *Günther* S. 68.

3. *De jure principis, in specie Germaniae, circa sacra subditorum diversae religionis (Jo. Car. Lindt).* 1758.

4. *Erläuterung der Rechts-Frage: Ob jemand, besonders ein Geistlicher, wie auch ein Academicus, desgleichen ein Soldat, seines befreyeten Gerichtsstandes sich begeben könne?* das. 1758.

5. *De canonico schol.* Goth. 1727. 4. Dann erweitert: *Commentatio de canonici scholastici nomine, origine, officio, dignitate et praebenda, ubi simul quaestio an praeb. can. schol. a capitulo separari et ad usum academiae transferri possit* variis Ictor. et coll. jurid. resp. et sent. illustratur. Goth. 1737. 4.

6. *Observationes jur. can. selectae ad Schilleri Institutiones j. c. tam illustrandas, quam supplendas nec non emendandas digestae.* Jen. 1726.

7. *Praenotiones jurisprudentiae ecclesiasticae.* 1723, vermehrt Hal. 1756.

Die allgemeinen Auseinandersetzungen über Begriff, Eintheilung, Zweck des Kirchenrechts, Quellen, Hülfsmittel, Schriftsteller, jus circa sacra für kath. und protest. Recht. Zur Orientirung und Kenntniss der Literatur für jene Zeit nicht ungeeignet und ziemlich selbstständig.

Erwähnt seien noch seine Programme *,Gedanken von der Nothwendigkeit und Nutzen der Erlernung des sowohl Canonisch-Päpstischen als protest. Kirchenr. vor einen Studiosum theol.* 1723', *,Gedanken . . der Kirchen-Historie vor einen Stud. juris eccles.* 1726', *,Histor. Nachricht von denen Kirchen-Scribenten, welche Juristen gewesen.* 1726'.

200. Johann Wolfgang Kipping *).

I. Geboren zu Baireut im Jahre 1695, dozirte die Rechte seit 1736 zu Jena, im folgenden Jahre Professor in Helmstädt und Hofrath, 1740 daselbst Dr. jur. und Assessor der Fakultät, Professor des öffentlichen Rechts und der Geschichte, gest. 1747.

II. Derselbe gehört zu jenen Juristen, welche aus dem Naturrechte und dem, was ihnen kirchliche Grundprinzipien sind, das positive Recht aufbauen.

1. *Syntagma juris ecclesiastici.* Brunsvig. 1752. 4. Ein Buch, das in 1009 §§. auf 1024 Seiten, wovon aber S. 651 ff. als 251, 252 u. s. w. bezeichnet sind, folgendes System hat: Natur des Kirchenr., der Kirche, Personen und Aemter, Errichtung der Kirchen und Bestellung der Ministri, Liturgie (exercitium rel. publ.), Lehre (doctores, pastores, diaconi), Sakramente, potestas clavium, Leitung der Kirche (Bisch., Aebte, Pröpste, Superint., Dekane), Rechte der Ministri (Privilegien, Immun., Gehalt u. s. w.), Almosen und Pflichten der Ministri, Kultusgebäude, Kirchengüter, Zeit des Gottesdienstes, res quasi ecclesiasticae: Ehe, Schule, Waisenhäuser u. dgl., Begräbniss, Kirchenvergehen.

2. *Prolusiones jur. eccles. recte constituendi, sive commentationes de sacerdotio novi foederis et de rationibus sacrorum solemnium, adjectus est apologeticus pro Martino Luthero combusti juris canonici reo.* Helmst. 4. s. a. (1744. Vorrede datirt Non. Jul. 1743).

---

*) *Häberlin*, Progr. in obitum J. W. K. Helmst. 1747. 4. *Fikenscher* V. 69.

Weil das Kirchenrecht seine Schwierigkeiten habe, da die Einheit fehle, an die Stelle des römischen Jochs eines fingirten Priesterthums die Macht der Politiker und die Willkür getreten sei, bedürfe es eines vernünftigen Aufbaus; dieser könne sich nur auf die geoffenbarten Wahrheiten und die Natur der Sachen stützen. Er schildert das Priesterthum nach den Grundsätzen der ‚Päpstlichen‘, Independenten, Quäker u. s. w., der Politiker und deduzirt dann, dass der wahre christliche Kultus fordere jure divino die potestas ligandi et absolvendi, remittendi et retinendi peccata, desshalb ein ministerium cultus divi, dessen Berufung den Einzelkirchen zustehe, das Ministerium habe nichts mit Weltlichem zu thun, stehe unter dem Gesetz u. s. w. Bezüglich des jus circa sacra schliesst er sich *Pufendorf* de habitu relig. Christ. ad vitam civilem an.

Der *Apologeticus* schildert den Vorgang des 10. Dez. 1520 zu Wittenberg und deduzirt dann, Luther habe recht gethan, weil das canon. Recht für den Kultus und die res divinae nicht gelten könne, er habe bewirkt, dass es bei den Evangelischen in causis vere ecclesiast. gar nicht gelte, selbst bei den Päpstlichen verloren habe, und dass es unrecht sei, das Kirchenrecht nach den Dekretalen zu lesen.

201. Johann Zacharias Gleichmann, auch Helmont.

Steuereinnehmer in Ohrdruf, herzogl. Weissenfelsischer Sekretär, herz. Gothaischer Hofadvokat. *Weidlich*, Lexicon I. 283.

Dieser Schriftsteller, von dem Weidlich 58 Schriften aufzählt, zeichnet sich aus durch masslose und theilweise läppische Arbeiten, es genügt zu verweisen auf:

1. *Consultatio de penitus abrogando et tollendo jure pontificio e foris et academiis regum et principum protestantium.* S. l. 1720, 1742. 4.

2. *Tractat vom Recht evang. Fürsten über die überflüssige und im Papstthum sehr missgebrauchte geistliche Güter.* 1731. 4.

3. *Claramauli.* Zuruf an alle protest. Könige und Fürsten, das schädliche und verderbliche jus canonicum aus ihren Landen gänzlich abzuschaffen; nebst einem Entwurf des vorhabenden Werkes, de malignitate juris canon. Frankf. 1735.

Toll seine „Acht Gespräche im Reiche der Todten‘ 1725—28, u. d. N. Johannis Sperantis, eins zwischen Luther und S. Stryk, Graf Ludwig d. Springer und Graf Ludwig von Gleichen, der Päpstin Johanna und einem Protestanten. Den letzten Gegenstand behandelt er noch in mehreren Schriften, um dessen Richtigkeit zu erweisen.

202. Dietrich Gotthard Eckard.

Geboren 15. Jan. 1696 zu Eulenburg, 1720 Dr. jur. in Leipzig, 1745 Beisitzer der Juristenfakultät. Gest. 25. Jan. 1760. *Weidlich*, Lexicon I. 198. *Meusel*, Lexicon III. 19. Hall. Beitr. III. 784.

Deutliche und gründliche Erklährung über J. Schilteri Institutiones juris canonici. Leipz. 1724—33 (13 Stück, mit fortlaufender Zählung in einem Bande von 596 Seiten), 4.

Umfasst Lib. I. Tit. 1—13 und bietet Vorlesungen, die vieles Gute enthalten, jedoch in einer geschmacklosen Breite.

203. Georg Friedrich Deinlein *).

Geboren 18. Dez. 1696 zu Altorf, studirte hier und in Halle, dort 1714 Magister und 1719 Dr. jur., 1729 ausserord. Prof. der Rechte, 1731 ordentl., 1738 ord. Beisitzer der Fakultät, seit 1745 erster, gest. 11. Mai 1757.

1. *Progr. inaug. de dicto Luthero in exterminando jure can. frustra laborante.* Alt. 1730.

2. *De jure primariorum precum Imperatrici Augustae competente.* ib. 1743.

Weidlich hatte gesagt, *Jenichen* habe sich deren bedient und nichts weiteres gesagt. Ueber die Rechtfertigung Jenichen's s. Weidlich IV. 366, der nach meiner Ansicht Recht hat.

204. Georg Godfried Keuffel.

Geboren zu Wolfsburg (Herz. Magdeburg) im J. 1693, in Helmstädt 1729 Mag. phil., 1739 daselbst Professor der Moral und Politik, gest. 24. Nov. 1771. *Meusel,* Lex. VI. 482. *Adelung* III. 292.

1. *Elementa jurisprud. ecclesiasticae universalis.* Rost. 1728 sq. Mit Vorrede von *J. L. Mosheim.* — Siehe die Bemerkung zu *Pfaff,* Seite 105.

2. *Institutiones veteris ac mediae ecclesiae politicae, s. disciplinae eccles. maxime latinorum a condita ecclesia usque ad Conc. Trid. brevis delineatio in usum praelect. acad.* Helmst. 1740. Nicht ohne Werth, systematisch mit Bezugnahme auf die Geschichte.

3. *Historia pontificatus romani ad illustrandam eccles. disciplinam.* Accedit fr. *Franc. Guicciardini* de origine potestatis saecularis in romana ecclesia liber. ib. 1741.

205. Johann Christian Salig.

Geboren zu Meissen, 1714 zu Leipzig Magister, zu Halle 1722 Dr. jur. utr., Stadtrichter in Zeitz, 1741 hierselbst Bürgermeister. *Weidlich,* Gesch. II. 406. Hallische Beitr. III. 322.

Ausser der *Geschichte des Concils von Trient:*

Diss. inaugur. larvam pietatis detractam caussis piis quoad condictionem indebiti: Die masquirte und demasquirte Unbilligkeit derer milden Sachen in Vorenthaltung derer Nicht-Schuldner, exponens. Hal. 1722.

206. Johann Georg Estor **).

I. Geboren 8. Juni 1699 in Schweinsberg (Hessen), Sohn eines

---

*) *Weidlich,* Gesch. I. 181, Zuv. Nachr. I. 259, IV. 365, der Biogr. anführt von *Will* u. a. *Zeidler,* Vitae III. 87.

**) *Weidlich,* Geschichte I. 218, Zuverl. Nachr. IV. 1. *J. A. Hoffmann,* Progr.

Chirurgen, studirte die Rechte in Giessen, Jena und Halle, wo er bei
R. H. Gundling freie Station hatte, Leipzig, hielt sich in Wetzlar auf,
wurde 1725 zu Giessen Lic. jur., 1726 ausserordentlicher Professor der
Rechte, Rath und Historiograph, im folgenden Jahre ordentlicher, 1728
Dr. j. u., 1735 Professor der Pandekten und Assessor im Hofgericht
und Schöppenstuhl zu Jena, 1742 in Marburg, hierselbst 1748 Vicekanzler und erster Professor, 1768 Kanzler und Geheimerath, starb den
25. Oct. 1773.

II. Dieser um das Studium des deutschen Rechts verdiente berühmte Lehrer hat einen Platz durch die Schriften:

1. *Delineatio juris publici ecclesiastici Protestantium exhibens jura et
beneficia Augustanae confessionis eique addictorum.* Frankf. u. Leipz. 1732. 4.

Dies Lehrbuch hat sich die Setzung auf den Index zugezogen am
28. Juli 1742. Es behandelt die Confessio Augustana (Geschichte, Verdienste Philipp's d. G., das Recht der Fürsten dazu, die rechtliche
Stellung des Kaisers), ihre Wirkung bezüglich der Anhänger, rücksichtlich des Kaisers (er sei dadurch aller päpstl. Prätensionen überhoben),
der Kurfürsten, Reichsfürsten, die unmittelbaren protest. Bischöfe und
Aebtissinnen, Stellung der Reichsgerichte, Reichsritterschaft und Land-
stände wie Unterthanen. Ein Anhang bringt ein Resp. desselben *de
simultaneo.*

2. *Diatribe I. et II. de Cardinali impubere.* Jen. 1737 sq., 1743. 4.

3. *Anmerkungen über das Staats- und Kirchenrecht aus den Geschichten
und Alterthümern erläutert.* Marb. 1750.

4. *Comment. de vestigiis juris germanici in jure can. et quidem in c. 1.
X. de spons.; de odio Germanorum in matrimonia inaequalia* cet. s. l. 1740,
1750.

5. *Vindiciae secundum libertatem ecclesiarum Germanicar. postulatae a
pontifice romano contra appellationes ad eius legatos, supremumque tribunal
rom., quod Rotam vocant. Ad illustrand. recessum imperii novissimum §. 164
et cap. 14. capit. Caroli VI.* ib. 1741 (resp. *Detmar. Eberh. Nies*). Neu Jen.
1751. 4. vermehrt ohne sein Wissen.

6. *Freyheit der teutschen Kirche.* Frankf. 1766.

Handelt über die Gründe der päpstl. Feindschaft gegen die deutschen Könige, Geschichte und Praxis der Berufung.

7. *De divortio, praesertim personarum diversae religionis illustrium in
Germania.* Jen. 1747 (resp. *Casp. Frid. Storch*). Sehr eingehend nach Naturrecht, Schrift, canon., deutsch., griech. und rom. Rte. u. s. w.

8. *Progr. de jure exclusivae, ut appellant, quo Caesar Aug. uti potest,
quum patres purpurati in creando pontifice sunt occupati.* ib. 1740. 4.

Dazu eine Reihe von Aufsätzen in Zeitschriften, aufgezählt von

---

de vita et scriptis J. G. E. Marb. 1773. fol. *Nebel* p. 19. *Günther* S. 69. *Muther*
in Allg. D. Biogr. VI. 390.

Weidlich. Sämmtliche Arbeiten sind durchweg selbstständige und gründliche.

207. Ernst Johann Friedrich Mantzel *).

Geboren 29. Aug. 1699 zu Jordansdorf in Mecklenburg, Sohn des Predigers Caspar, studirte in Rostock und Wittenberg, 1720 in Rostock Prof. der Moral, 1730 der Institutionen, 1746 Kanzlei- und Consistorial-rath und Prof. der Pandekten, oft Rector und Dekan der jur. und philos. Fakultät.

1. *Diss. de curia Papali B. Megalandrum Lutherum ditionibus suis exterminante.* Rost. 1717.

2. *Diss. de commercio sanctorum Dei virorum cum viris quibusdam exteris.* ib. 1719.

3. *De jure praelationis piorum corporum aliisque eorum juribus singularibus in Megalopoli, maxime in concursu creditorum.* ib. 1740.

4. *Jus matrimoniale mecklenburgicum.* ib. 1744 (diss. in. Jo. Henr. Schraderi).

5. *Diss. de visitatione ecclesiastica eiusque necessitate* (resp. *Carl Christoph Blorius*). Rost. 1751. 4.

6. *De jure patronatus, ad creditores et praediorum sub hasta emtores non transeunte.* 1752 (resp. *Jo. Frid. von Gehren*).

7. *De limine matrimonii.* 1753 (resp. *Jo. Frid. Hintzen*).

8. *De gradibus prohibitis.* 1753 (resp. *Diet. Joach. Hellmuth Sprengel*).

9. *De matrimonii consummatione et de juribus conjugum.* 1753 (resp. *Dom. Aug. Praeveken*).

10. *Positiones nonnullae de dissolutione nexus sponsalitii atque conjugalis.* 1753 (resp. *G. D. J. H. L. Westerheiden*).

11. *De jure praesentandi.* 1754. diss. in. Wilh. Gottfr. Henr. Petersen.

12. *De s. R. J. principum protestantium jure supremae inspectionis in sacra et politica Germ.* Von der landesherrlichen Oberaufsicht. 1757. diss. in. Th. Spalding.

208. Johann Hermann Benner.

Geboren zu Giessen 15. Dez. 1699, daselbst 1736 a.-o., 1740 ord. Prof. der Theol., 1753 erster Superintendent, 8. Juli 1782 gestorben. *Nebel*, Prof. theol. p. 17.

Exercitatio ad jus eccles. de jure principis evangelici in ecclesia. Giss. 1763. 4.

209. J. B. Baumgart.

De secularisatione. Helmst. 1683. 4.

210. Joh. Gärtner.

Diss. inaug. jurid. de incarceratione clericorum cum et sine carena. Vom priesterlichen Gehorsam mit und ohne Wasser und Brodt zu speisen. Altdorf 1684, 1715. 4.

---

*) *Weidlich*, Lexicon II. 4, Zuverl. Nachr. II. 174.

211. Hier. Delphinus.

Eunuchi conjugium. Die Capaunen-Heyrath, hoc est scripta et judicia varia de conjugio inter eunuchum et virginem juvenculam a. 1666 contracto u. s. w. coll. ab *Hieronymo Delphino* (pseudonym). Jen. 1730. 4. Lat. zuerst Halle 1685, 1697. 4.

212. Joh. Rostümpffel.

De dispensatione. Witt. 1685. 4.

213. Hier. Reinstorp.

Analysis can. 4. dist. 56. [Irregularität betr.] Argent. 1687. 4.

214. Johann Heinrich Wintzer.

De bonis parochialibus. Von Pfarr-Gütern. Jen. 1687. 4., unter *P. Müller's* Namen, neu 1690, 1705. 4.; Waldenburg 1714. Witt. 1743. Vgl. *Jugler,* Beitr. V. 101.

215. E. Coler.

De unione ecclesiarum potissimum protestantium. Altdorf 1688. 4.

216. J. E. v. d. Lage.

De decanis. Von Dechanten. Jenae 1692.

217. P. Schultz.

Diss. in. de potestate superintendentium. Francof. ad V. 1695. 4.

218. Jakob Blumen.

Nützlicher Unterricht rom Zehent-Recht u. s. w. Leipzig 1696. 4.

219. Christian Klengst.

De jure sepulcrorum. Witt. 1699. 4. (resp. *M. F. Lederer*).

220. Johann Hagemeier.

De authoritate juris cic. et canon. Helmst. Eine kleine Schrift (16 S.), deren Charakter durch die Notizen über compilationes jur. canon., z. B. dass das Dekret entweder 1150 oder 1193 gemacht sei, gekennzeichnet wird.

221. Victor Dahlmann.

Disp. jur. de potestate clericorum in secularibus. Hal. 1700. 4.

222. Stefan Jakob Reiss.

De ecclesiis filiabus eorumque juribus. s. l. 1701. 4.

223. Conrad Samuel Eilhard.

Aus Nordhausen, Advokat in Annaberg.

De privilegiis clericorum in processualibus secundum normam legum rom. ac usum hodiernum. Jen. 1704. 4.

224. Johann Georg Lairuz.

De oblationibus quae fiunt in ecclesia per sacculum sonantem. Vom Klingelbeutel. Jen. 1704. Unter *Wildvogel's* Vorsitz disputirt.

225. Theodor Boltz.

Disp. jur. inaug. de consistorio. I. exhibens personas ad illud spectantes. Regiom. 1705. 4.

226. Just. Christof Willerding.

Fundamenta jur. can. in nucleo exhibita et justa ordinem decretal. adornata. Francof. et Lips. 1707. 4.

227. David Meise.

Diss. in. jur. de divortio conjugum propter delictum. Hal. 1709. 4.

228. Martin Schrader.

Rath des Herzogs von Braunschweig-Lüneburg, Syndikus von Hildesheim und Consistorial-Direktor.

De causis fori ecclesiastici tractatus ex iure communi, civili et canonico, nec non constitutionibus ac observantia ecclesiarum, imprimis vero evangelicarum deductus. Guelpherb. 1710. 4.

Keine Untersuchung dessen, was dahin gehört, sondern eine Darstellung der dahin gehörigen (Ehe-, Zehnt-, Patronats-, Präbenden- und Gehalts-, Gelübde-, Eid-, Stiftungs- u. s. w.) Sachen in so unverhältnissmässiger Weise, dass von 285 Seiten 178 auf's Eherecht fallen. Die Darstellung beschränkt sich auf eine hausbackene, wie sie für Consistorien passend schien; eine Vorläuferin der neueren Anleitungen zur praktischen Geschäftsführung.

229. August Beyer.

De competentia consistoriorum evangelicorum, imprimis inferiorum, in provinciis electoratus Saxoniae. Jen. 1714.

230. Samuel Friedrich Grosser.

De jurisdictione eccl. quatenus magistratui municipali et in specie Hexapolitano competat. Lips. 1715. f.

231. A. Lud. Lindemann.

Translatio episcopi ab ecclesia majori ad minorem occasione primi concilii Sardic. Helmst. 1715. 4.

232. Sigm. Gottl. Killinger.

De foro clerici delinquentis. Von dem Gerichtsstande eines verbrechenden Geistlichen. Leipzig 1715. 4.

233. Vincenz Gaude.

Institutiones jur. can. per tabulas delineabat. Gött. 1716.

234. Joh. Cyr. Nehring.

Tr. jur. de privilegiis pastorum. Von den Freyheiten der Pfarrer. Leipz. 1717. 4. Hal. 1734. 4. ed. noviss.

235. Johann Georg Reinhard.

Kursächsischer Kirchen- und Consistorialrath.

Meditationes de jure principum Germaniae cumprimis Saxoniae circa sacra ante tempora reformationis. Hal. 1717. 4.

236. Christian Fr. Stein.

De dominatu pontificio in reges et principes post reformationem diminuta. Vitemb. 1717. 4.

237. Andreas Beier.

Additiones ad Carpzovii jurisprud. ecclesiast. Dresd. et Lips. 1718 f.

238. Johann Jakob Moser *).

I. Geboren den 18. Jan. 1701 zu Stuttgart, studirte die Rechte in Tübingen, wurde hier 1720 Licentiat und darauf ausserordentlicher Professor der Rechte. Ohne Zuhörer, ging er im folgenden Jahre nach Wien, sodann eine Zeitlang nach Wetzlar und 1724 von Neuem nach Wien, wo er zu publizistischen Arbeiten gebraucht wurde. Der ihm eröffneten Aussicht auf eine Anstellung zog er 1726 die Annahme des Postens eines Regierungsraths in Stuttgart vor, der ihm angetragen wurde, um ihn von Wien fortzubringen. Als die Regierung 1727 nach Ludwigsburg verlegt wurde, weigerte er sich, dorthin zu übersiedeln, und erhielt unter Beibehaltung seines vollen Gehalts eine ordentliche Professur der Rechte in Tübingen, mit der Erlaubniss, in Stuttgart zu bleiben. Nach Zurücknahme dieser Gestattung (1729) zog er nach Tübingen, fand sich aber in Folge steter Reibungen mit seinen Collegen bewogen, die Professur im J. 1732 niederzulegen. Die Präsentation des niedersächsischen Kreises für eine Stelle als Reichskammergerichtsassessor blieb erfolglos; er privatisirte in Stuttgart, bis ihn 1734 Herzog Karl Alexander wieder zum Regierungsrath machte. Schon 1736 ging er nach Frankfurt a. d. O. als preuss. Geheimerath, Direktor der Universität und Ordinarius der Juristenfakultät, nahm aber 1739 seinen Abschied in Folge steter Zwistigkeiten. Acht Jahre lebte er jetzt zu Ebersdorf (Reuss) lediglich mit literarischen Arbeiten beschäftigt und nur vereinzelte Geschäfte besorgend, z. B. 1741 und 42 als Agent des Kurfürsten von Trier, 1745 für den von Kur-Braun-

---

*) Autobiographie. Offenbach 1768. 3. verm. Aufl. Frankf. und Leipz. 1777. *Weidlich,* Lexicon II. 63. Nachr. VI. 1 ff., Biogr. Nachr. II. 4. *Glück,* Praecogn. p. 255. Denkwürdigkeiten S. 507 ff. *Pütter,* Liter. I. 408 ff., II. 94 u. ö. (s. die Register) erzählt das Leben sehr ausführlich. *Mohl,* Lit. d. Staatswiss. II. 401.

schweig bei dem Wahltage. Er verliess sein Asyl, weil man ihn in Folge der durch den Grafen *Zinzendorf* bewirkten religiösen Richtung vom Abendmahl ausschloss, fungirte einige Zeit als Chef der hessischen Kanzlei in Homburg, zog sich aber 1749 wieder in's Privatleben nach Hanau zurück, weil seine Ansichten nicht durchdrangen, und gründete eine *Staats- und Kanzlei-Akademie* zur politischen Ausbildung von vornehmen jungen Leuten. Im J. 1751 erfolgte seine Rückkehr als Landschafts-Consulent nach Württemberg. Die Zerwürfnisse zwischen dem Herzoge und den Ständen riefen eine Anzahl von Schriften gegen die Regierung hervor, für deren Verfasser Moser galt. Der Herzog schickte ihn 1759 auf Veranlassung seines Ministers, *Graf von Montmartin*, als Gefangenen auf den Hohentwiel, wo er in strenger Haft fünf Jahre blieb. Auf eine Klage der Landschaft ward er durch einen Reichshofrathsbeschluss befreit. Er lebte von da an als Privatmann in Stuttgart, wo er am 30. Sept. 1785 starb.

II. M. ist einer der fruchtbarsten Schriftsteller, seine Schriften machen eine kleine Bibliothek aus. Sie gehören dem Staatsrechte im weitesten Sinne an, sind grösstentheils Auszüge aus fremden Schriften, Urkunden, Akten u. s. w., behalten aber durch die ganz unvergleichlich grosse Erfahrung des Verfassers und die Fülle des Materials einen bleibenden Werth, zumal dem Verfasser auch scharfes Urtheil nicht abzusprechen ist. Obwohl seine Darstellungen des deutschen Reichs- und Landesstaatsrechts ebenfalls manches dem Kirchenrechte Angehörige bieten, kommen hier doch nur in Betracht:

1. Die literarhistorischen Schriften: a) *Württemberg. Gelehrten-Lexicon.* 1772. b) *Lexicon der jetztlebenden Rechtsgelehrten in Teutschland* u. s. w. Züllichau 1738, 39. c) *Unpartheyische Urtheile von jurist. und historischen Büchern.* Frankf. und Leipz. (Nürnb.) 1722—25. 6 St. d) *Bibliotheca juris publ. S. R. G. imp. enthaltend eine genugsame Nachricht von denen Autoribus, Innhalt, Einrichtung, Auflagen* u. s. w. Stuttg. 1734 [1]).

2. *Von der Teutschen Religionsverfassung.* Frankf. u. Leipzig 1774. 4. (837 Seiten). 7. Theil des grossen Werkes in 20 Bänden.

3. *Von der Landeshoheit im Geistlichen.* das. 1773. 4. (891 Seiten). 15. Thl. des neuen Staatsrechts.

Diese beiden Werke, welche freilich für einzelne bereits in vorhergehenden behandelte Materien kurz sind, bieten eine Fundgrube von Thatsachen aus den Akten des Reichstags, Reichshofraths, Prozessen u. s. w.; das zweite Werk geht ein auf alle Materien des Kirchenrechts beider Confessionen, soweit sie den Staat berühren. Im ersten werden auch die innern Verhältnisse der Confessionen berührt, soweit sie durch

---

[1]) Da in dem mir vorliegenden Exemplare, Stuttg. 1734. die 3 Theile eine fortlaufende Zählung der 1272 Seiten haben, halte ich ein Citiren nach Theilen für überflüssig (Bonner Univ. Bibl. Ab 598).

das Recht anerkannt sind. Die Literatur wird mit einer fast ausnahmslosen Vollständigkeit angeführt. Ueberall ergeht sich der Verfasser rücksichtslos frei und mit der vollsten Objektivität. Ist seine Ansicht irrig, seine Ueberzeugung ist stets wahr. Diese und andre Schriften Moser's ersetzen für den gewöhnlichen Gebrauch die ältere Literatur.

4. *Corpus iuris evangelicorum ecclesiastici.* Züllichau 1737, 38. 2 Bde. 4.

5. *Religionsfreyheiten und Beschwerden der Evangelischen.* das. 1741. 2 St.

6. *Hanauische Berichte von Religionssachen.* 1750, 51. 16 Thle. in 2 Bdn. — *Neue Berichte von Religionssachen.* Frankf. 1751. 4 Thle.

7. *Abhandlungen aus dem Teutschen Kirchenrechte.* Frkf. u. Leipz. 1772.

Enthält 6 Abh. von dem Grund der Gerechtsame evang. Reichsstände in Religions- und Kirchensachen, den in Deutschland erlaubten Religionen, den nicht zu solchen gehörigen Personen, der Beurtheilung, welcher Religion Jemand zugethan sei, vom Pietismus, der Freiheit der Evangelischen in Lehrsachen nach den Reichsgesetzen. Sie sind in den Schriften 2 und 3 ausgenutzt.

8. *Progr. de exercitio religionis domestico, eiusdemque iure inter eos, qui diversa sacra colunt.* Frankf. a. O. 1736.

9. *Diss. de officio principis circa religionem et salutem aeternam subditorum.* 1738.

10. *Diss. de pactis et privilegiis circa religionem et alia ecclesiastica.* 1738.

11. *Von dem Hof-Gottesdienst eines Landesherrn, so anderer Religion ist, als sein Land* (anonym). 1765. 4.

12. *Grundsätze von dem öffentlichen-, privat- und Hauss-Gottesdienste.* eod. (anonym).

13. *Von der Ausländer Fähigkeit und Unfähigkeit zu teutschen geistlichen Würden.* 1783. 4.

14. *Diss. jur. evangelicorum ecclesiastici de formula absolutionis confitentium.* Jen. 1739 [1]).

15. *Abh. von der Bekenntniss und Vergebung der Sünden,* zur Erläuterung der Materie von der Beichte und Absolution. das. 1741.

Dazu eine Anzahl von Gutachten u. dgl. über kirchliche Sachen, Prozesse u. s. w., welche *Pütter*, Lit. des Staatsr. I. 427 ff. aufzählt.

Vieles enthalten auch verschiedene andere Bände seiner Werke über allgemeines und partikuläres Staatsrecht, Schriften über Conventikel u. s. w., die im Katalog seiner Werke und auch von Weidlich aufgezählt sind.

239. Augustin von Balthasar [*]).

I. Geboren zu Greifswald 20. Mai 1701 als Sohn des damaligen Prof. und Universitätssyndikus *Jakob B.*, studirte dort Geschichte und

---

[1]) Die Progr., Disput. u. Orat. in Opuscula academica. Jen. u. Leipz. 1744. 4.

[*]) *Th. Pyl:* Dr. jur. A. B.'s Leben und Schriften nach dessen Selbstbiogr. und andern urkundl. Quellen, im 5. Bde. der Pommer'schen Geschichtsdenkmäler.

Philosophie, die Rechte in Jena, wurde in Greifswald Lic. jur., 1727 Adjunkt in der jurist. Fakultät, 1730 Dr., 1734 ord. Professor, 1744 erster Prof. und Senior der Fakultät, 1745 zugleich Assessor, später Direktor des Consistoriums, von 1763—78 Assessor, seitdem Vicepräsident des kön. Tribunals in Wismar, gest. 20. Juni 1786.

II. Von seinen zahlreichen Schriften, welche das pommer'sche Recht, die Geschichte der Universität, des Landes und den Prozess betreffen, gehören hierher:

1. *Tract. jur. eccl. de libris seu matriculis ecclesiasticis simulque de salariis et accidentiis clericorum* cet. 1747; 2. Ausg. 1748. 4. (mit *Eman. Christoph ab Essen disp. de onere structurae aedium sacrarum atque parochialium in Pomerania, praecipue suethica*).

2. *Jus ecclesiasticum pastorale.* Oder: *Vollständige Anleitung wie Prediger, Kirchen- und Schulbediente in ihrer Lehre, und in Leben und Wandel, besonders in ihrem Amte; ingleichen Patrone und Eingepfarrete, Richter und Sachwalter bey allen Vorfällen in Kirchen und Schulsachen, denen Kirchen-Gesetzen gemäss sich zu verhalten.* Rost. u. Greifsw. 1760, 68. 2 Thle. fol. (mit Porträt).

3. *De jure principis circa baptismum.* 1742.

4. *De vi matrimonii legitime contracti.* 1745.

5. *Historia universi juris, tam divini, quam humani in tabellas redacta.* 1753. 4.

6. *Historisch-theol. jur. Anmerkungen über die Pommer'sche Kirchenordnung und Agende vom J. 1569* u. s. w. 1756 f. (in's jus past. aufgenommen).

7. *Vitae jurisconsultorum.* 1737—57, 70 Biographieen von Greifswalder Professoren.

Dazu einzelne Reden u. dgl. Ausgaben [1]). Der Werth der Schriften liegt in dem genauen Bearbeiten des partikulären Stoffs und in der praktischen Brauchbarkeit.

240. Johann Tobias Carrach *).

I. Geboren zu Magdeburg den 1. Jan. 1702 als Sohn eines Kaufmanns, bezog er nach Vollendung der Gymnasialstudien auf dem dortigen Domgymnasium 1721 die Universität Halle, wurde hier 1729 Doktor der Rechte, 1732 ausserord. Prof., 1735 Beisitzer des Schöppenstuhls, 1738 ord. Prof. und Assessor der Juristenfakultät, 1753 Geheimerath und Senior der Fakultät. Das Reichsheer entführte ihn im August 1755 als Geisel; nachdem er an verschiedenen Orten (Prag,

---

Vorher *Weidlich*, Lexicon I. 16, Zuverl. Nachr. VI. 120, Biogr. Nachr. I. 11, der dadurch antiquirt ist. *Kosegarten* I. 289.

[1]) *Gerdes*, Opera omnia. Greifsw. 1729. 4.

*) Leben in der Einl. des Proz. her. von H. G. O. König. *Weidlich*, Lexicon I. 127. Zuverl. Nachr. II. 1, Succession S. 43 fg. Andere Lit. giebt *Steffenhagen* in Allg. D. Biogr. IV. 62.

Nürnberg u. s. w. festgehalten war, befreite ihn das preussische Heer im Dez. 1762 in Hemmau (Pf. Neuburg). Am 19. Sept. 1763 wurde er Direktor der Universität, erster Prof. und Ordinarius der Fakultät. Sein Tod erfolgte am 21. October 1775.

II. Seine Schriften gehören meist dem Prozess und Civilrechte an, dem kirchlichen:

1. *Rechtl. Bedenken über drey Fragen aus dem Kirchen- und geistl. Staats-Rechte, die Emigrations-Auflage, dagegen vorzukehrenden Mittel, und das Abzugs-Geld augspurgischen Confessions-Verwandten, welche sich des heil. Abendmahls enthalten,* betreffend. Halle 1753.

2. *De matrimonio ad benedictionem sacerdotis incompetentis contracto (Frid. Henr. Delbrück).* 1759.

3. *De reprobatione per delationem jurisjurandi licita. Occasione cap. 2 X. de prob.* 1773 (Car. Urban. Frid. *Fricke*).

241. Georg Heinrich Ayrer *).

I. Er war zu Memmingen den 15. März 1702 geboren, studirte in Jena seit 1721, war Hofmeister eines von Forstern, mit diesem ein Jahr in Strassburg, dann auf Reisen durch Frankreich, Holland und Deutschland, sodann bei einem Grafen von Vitzthum, wurde in Göttingen 1736 Dr. jur. und ausserordentlicher, 1737 ordentlicher Professor der Rechte und Rath, 1743 Hofrath, 1768 geheimer Justizrath, 1773 Ordinarius der Juristenfakultät, starb daselbst 20. April 1774.

II. Von seinen zahlreichen (114 bei Pütter) Abhandlungen und Schriften aus den verschiedensten Gebieten des Rechts gehören hierher:

1. *Progr. de collectione jur. can. tum veteris tum recentioris.* 1737.

2. *De jure connubiorum apud veteres Germanos 1738 22. Oct. de sponsalibus* und *de ritu nuptiarum formaque matrimonii.*

3. *Schediasma de superintendentium adjunctis chorepiscoporum veteris ecclesiae propagine.* 1739.

4. *Epist. de superintendentibus ecclesiarum protest., episcoporum veteris ecclesiae propagine.* 1740.

5. *Commentatio de jure primariarum precum* cet. Gött. 1740. 4. und *De jure prim. precum caesareo in fundationibus imperii mediatis; De origine juris primariar. precum.* 1752.

6. *Com. de jure dispensandi circa connubia, jure divino non diserte prohibita, ad edictum regium prutenicum* cet. 1741. 4. Für die praktische Seite wichtig.

7. *De pontificis romani potestate circa exemtiones abbatum et monasteriorum Germaniae, in primis abbatiae sive recens conditi episcopatus Fuldensis.* 1754.

---

*) *Weidlich,* Lex. l. 7, Zuverl. Nachr. II. 107. *Heyne,* Memoria Ayreri. Gött. 1775 fol. (Anonym.) Betrachtung von der wahren Würde eines hohen Schullehrers der Rechte in Teutschland, zum Ehrengedächtniss weiland G. H. A. Kiel 1779. *Pütter,* Liter. II. 25. 291. 377. Gesch. d. Univ. Gött. I. 132. II. 35.

8. *De jure episcopali principum evangelicorum pactitio.* 1767.
Fleissige Abhandlungen, welche manches Material beibringen.

242. Georg Christian Wolf.

Geboren zu Freiberg (Sachsen) 1702, Sohn des Pastors Georg W.,
studirte an der Fürstenschule zu Meissen, dann in Leipzig und Wittenberg, hier Mag. phil., wandte sich der Jurisprudenz zu, machte als
Hofmeister Reisen nach Frankreich und England, studirte noch drei Jahre
in Leipzig, wurde 23. Oct. 1736 Dr. jur. in Göttingen, Hofmeister des
Grafen Reuss zu Gera, 1741 gräfl. Hofrath. *Weidlich,* Lexicon II. 660.
Quantum intersit reipublicae juris canonici studium. Lips. 1740. 4.

243. Christof Ludwig Crell.

Geboren zu Leipzig 25. Mai 1703, 1722 Lic. jur., im folgenden
Jahre Advokat und ausserord. Prof., 1724 Dr. jur., 1725 Prof. der
Poesie in Wittenberg, hier 1730 auch des Natur- und Völkerrechts,
1733 ausserord. Beisitzer der Juristenfakultät, zuletzt Senior, Beisitzer
im Hofgericht und Schöppenstuhl und Hofrath, gest. 8. October 1758.
Weidlich, Zuverl. Nachr. II. 32, IV. 370.
*De rusticorum dotalium immunitate a jurisdictione et oneribus saecularibus
ad §. LXX. decr. synod. revis.* Vit. 1753. 4. (resp. *C. H. Heydenreich*).

244. Paul Wilhelm Schmid.

Geboren 13. Nov. 1704 zu Jena, studirte hier und in Leipzig, 1730
in Jena Dr. jur., Advokat und Privatdozent, 1755 ord. Professor der
Rechte und Beisitzer im Schöppenstuhl, dann auch im Hofgericht, 1756
in der Fakultät, 1759 Hofrath, Rector 1757 und als solcher gestorben
16. April 1763. *Weidlich,* Zuverl. Nachr. V. 200, VI. 406, der andre
Quellen anführt, namentlich das Programm von *Walch* zur Leichenfeier.

    1. *Diss. de denuntiationibus de suggestu.* Jen. 1727.

    2. *Diss. in. de emendata, occasione reformationis B. Lutheri, doctrina de
decimis, praecipue noralium.* 1730.

245. Heinrich Christoph Freiherr von Senkenberg *).

Dieser um das deutsche Recht verdiente Jurist (geboren zu Frankfurt a. M. 19. Oct. 1704, studirte in Giessen, Halle und Leipzig, 1729
Lic. jur. in Giessen, Advokat in seiner Vaterstadt, gräfl. Daun'scher
Rath in Daun, 1735 Prof. der Rechte und Syndikus in Göttingen, Dr.
jur. von Giessen 1736, 1738 Regierungsrath und ord. Prof. in Giessen,
1744 nassau-oranien'scher Geh. Justizrath in Frankfurt a. M., 1745

---

*) *Weidlich,* Lex. II. 479, Zuverl. Nachr. II. 87. *Pütter,* Versuch I. 79, II. 35.
Nebel p. 21. Sein Sohn *Carl* († 19. Oct. 1800) legirte der Giessener Universität
dessen bedeutende Bibliothek nebst einem grossen Kapital.

Reichshofrath in Wien, in den Freiherrnstand erhoben, gest. 31. Mai 1768); findet eine Stelle wegen zweier Schriften:

1. *De jure primariarum precum regum Germaniae.* Francof. 1789.

2. *Obs. juris publ. germ. de civitatum imperii juribus ecclesiasticis et politicis* (anonym).

Mit Unrecht *Horix* zugeschrieben. S. *Waldmann*, Biogr. Nachr. S. 53.

246. Johann Samuel Friedrich von Böhmer *).

I. Aeltester Sohn von *J. H. Böhmer*, zu Halle 29. Dez. 1704 (nach einigen 19. Oct.) geboren, machte hier alle Studien, wurde 1725 Doktor der Rechte, unternahm eine wissenschaftliche Reise nach Prag, Wien, Regensburg, Nürnberg, Frankfurt, Cassel und Hannover, und erhielt 1726 eine ordentl. Professur der Rechte mit dem Beisitze in der Fakultät. Das Jahr 1735 brachte ihm den preuss. Hofrath-, 1739 den kais. Hofpfalzgrafentitel. Er lehnte 1746 die ihm zugedachte Präsentation für das Reichskammergericht ab, um bei seinem alten Vater zu bleiben, wurde 1749 Geheimerath, im folgenden Jahre Direktor der Universität Frankfurt a. d. O., erster Prof. der Rechte und Ordinarius der Fakultät. Im J. 1770 in den Adelstand erhoben, starb er den 20. Mai 1772.

II. Ausser Schriften über das Criminalrecht[1]), welche zu ihrer Zeit in hohem Ansehen standen, schrieb er:

1. *De variis sacrilegii speciebus ex mente jur. can.* Zwei, die erste 1726. 4. (resp. sein Bruder *Carl Aug. B.*), die zweite mit dem Resp. *Theoph. Christoph. Teicher*, 1727.

2. *Diss. de beneficiis juris Augustanae Confessionis.* Hal. 1730 (vergl. *Weidlich*, vollst. Verz. S. 169).

247. Karl Casimir Wund.

Geboren zu Kreuznach 1704, studirte in Göttingen, Professor und evangelischer Kirchenrath in Heidelberg von 1750 bis 1771, wo er starb. *Pütter*, Liter. II. 67.

Progr. de vera advocatiarum ecclesiasticarum origine ac indole. Heidelb. 1773 fol.

248. Johann Tobias Richter.

Geboren 1705 zu Triebel in der Niederlausitz, in Leipzig 1743 Magister, 1744 Dr. jur., Dozent und Advokat, 1750 ausserord. Prof. der Rechte, 1756 ordentlicher. *Weidlich*, Zuverl. Nachr. V. 299.

1. *Lib. singularis de nuptiis, continens primaria, quae faciunt ad conceptum nuptiarum rite fingendum*, cet. Lips. 1744.

Lediglich geeignet zur ersten praktischen Anleitung.

---

*) Beitr. z. jur. Lit. in den Preuss. Staaten. 5. Samml. S. 241 ff. *Weidlich*. Lexicon I. 66. Succession S. 28. Zuverl. Nachr. II. S. 53. *Meusel*. Lex.

[1]) Meditationes in C. C. C. acc. vetus ordinatio Bamberg., Brandenburg., Hassiaen. Halle 1770. Elem. jurispr. crim. das. 1733: 6. 1774.

2. *Diss. jus matrimonii judaeorum in Germania tum inter se, tum si alter conjux ad sacra Christianorum transiit, sistens.* 1751.

Kommt wesentlich ganz auf die im kath. Kirchenrechte angenommenen Sätze hinaus.

249. Johann Georg Knapp.

Geboren zu Oehringen (Franken) 27. Dez. 1705, 1732 Prediger in Berlin, 1733 Adjunkt des Waisenhauses und der theol. Fakultät zu Halle, 1737 ausserord., 1739 ord. Prof. der Theologie, 1769 Direktor des Waisenhauses, gest. 30. Juli 1771. *Adelung* III. 537.

Diss. theol. de praecipuis in recto legum ecclesiasticarum usu officiis. Hal. 1755. 4.

250. Johann Ulrich Freiherr von Cramer *).

I. Zu Ulm 8. Nov. 1706 als Sohn eines Kaufmanns geboren, studirte zu Marburg Jurisprudenz, Philosophie und Mathematik, daselbst 1731 Mag. phil., Dr. jur. und ausserord. Professor der Rechte, 1733 ordentlicher, 1740 Hofrath in Cassel, 1742 Reichshofrath in Frankfurt a. M., 1745 Mitglied des Reichs-Vicariats-Hofgerichts zu München und vom Kurfürsten von Baiern als Reichsvicar in den Freiherrnstand erhoben und 1760 in die Reichsritterschaft des Kantons Wetterau admittirt, nach der Thronbesteigung K. Franz I. in Marburg privatisirend, 1747 vom fränkischen Kreise zum Reichskammergerichtsassessor präsentirt, 1765 in die kurbrandenburgische Stelle eingetreten, gest. zu Wetzlar am 18. Juni 1772.

II. Cramer gehört zu den rührigsten Schriftstellern, namentlich auf dem Gebiete des deutschen Staatsrechts und der Reichsgerichtspraxis[1]. Für die Wissenschaft des canonischen Rechts ist er thätig gewesen einmal durch Aufnahme einer Reihe von Schriften u. s. w. in seine Sammelwerke, insbesondere die ‚Nebenstunden‘, sodann durch einige selbstständige Schriften und die Behandlung kirchlicher Fragen, nemlich:

1. *De jure circa sacra collegiali et majestatico.* Marb. 1736. Doktordissertation, in Opusc. I. p. 733.

---

*) *Weidlich*, Gesch. I. 157. Lex. S. 44, Zuverl. Nachr. III. 71. *G. L. v. Preusschen*, Nachrichten und Anmerkungen von dem Charakter, Leben und denen Schriften Herrn J. U. v. C. Ulm, Frankf. u. Leipz. 1774. 4. *Pütter*, Liter. I. 443 u. ö. *Glück*, Praecognita p. 231. *Weyermann*, Nachr. von Gelehrten aus Ulm. Ulm 1798. S. 105. *Steffenhagen*, in Allg. D. Biogr. IV. 548.

[1] Systema processus imperii cet. Ulm 1764—67. 4 voll. Observat. jur. univ. ex praxi receptiori supremor. imp. tribunalium haustae. Ulm 1758—76. 6 voll. Opusc. diversas materias ex omni jure tractantia. ib. 1742—1767. 4 voll. 4. Wetzlarische Beitr. z. Rechtsgelahrs. Wetzlar 1759—63. 5 St. Wetzlarische Nebenstunden. Ulm 1755—73. 128 The. in 32 Bdn., 1779 (1 Bd. Register) u. s. w.

2. *De effectibus juris distinctionis inter jus circa sacra collegiale et maiestaticum* in Observat. 319.

3. *Ulterior effectus iuris distinctionis inter ius circa sacra coll. et maiest. quoad indolem consistoriorum apud Protestantes.* Observ. 784.

Er tritt hier lebhaft ein für das Collegialsystem.

4. Ausgabe von *Alex. Chassanei* Paratitla mit Praef. *de usu tituli I. decr. Greg. IX. ideam methodi demonstratione in iure can. exemplarem exhibente.* Marb. 1735.

Weiter hat er für die *juristische Methode* überhaupt eine Bedeutung dadurch, dass er die Methode von *Christian Wolff*, mit dem er in Marburg genauer bekannt geworden, auf die Behandlung der Jurisprudenz übertrug und so die *demonstrativische*, auch *mathematische Lehrmethode* aufbrachte.

251. Sigmund Jakob Baumgarten.

Geboren zu Wolmirstädt 1706, Prof. der Theologie in' Halle, gest. 4. Juli 1757. *Meusel*, Lex., *Herzog*, Realencykl. I. 740.

Abhandlung von den Freiheiten der Kirche von Frankreich, zu Erläuterung des jetzigen Streits des Parlaments und Bischöfe. Halle 1752. 4.

252. Daniel Heinrich Arnoldt.

Geboren zu Königsstädt i. Pr. 7. Dez. 1706, 1728 in Halle Magister, in Königsberg 1729 ausserord. Professor der prakt. Philosophie, 1732 Consistorialrath, 1733 adjungirter Pfarrer der Altstadt und ausserord. Prof. der Theologie, 1735 ordentl. und adjungirter, 1772 wirklicher Hofprediger, gest. 30. Juli 1775. *Arnoldt* II. S. 193, 194, 220. *Erbkam* in Allg. D. Biogr. I. 596, der dies Werk nicht hat.

Kirchenrecht des Königr. Preussen. Königsb. u. Leipzig 1771. 4.

253. Johann Rudolph Engau *).

I. Geboren zu Erfurt am 18. April 1708, studirte er in Jena seit 1726 und blieb der Stadt und Universität bis zu seinem am 18. Jan. 1755 erfolgten Tode angehörig: 1734 Dr. jur., 1738 ausserordentlicher, 1740 ordentlicher Professor und Beisitzer des Schöppenstuhls, 1743 Beisitzer des Landgerichts, 1746 Senior der Fakultät, 1748 Hofrath.

II. Er hat vorzugsweise durch Lehrbücher für das deutsche, Straf- und Kirchenrecht gewirkt. Wie die ersteren, so ist auch letzteres:

1. *Elementa juris canonico-pontificio-ecclesiastici.* Jen. 1739, 43, 44, 53, 5. von *Joach. Erdm. Schmidt* 1765.

viel gebraucht worden. Dasselbe ist wesentlich ein Auszug aus den Elementa von *Pertsch*, giebt die gewöhnlichen Prolegomena, in L. I.

---

*) *Jenichen*, Elogium manibus Engavii consecratum. Jen. 1755. 4. *Weidlich*, Gesch. I. 206 *Günther*, Lebensskizzen S. 70.

das auf die Personen, Besetzung und Orden, in II. auf die geistlichen Sachen, Benefizien, Patronat, Contracte, III. Criminalrecht, IV. Prozess Bezügliche in höchst klarem, knappem Ausdruck mit Anführung der Quellen und Literatur und bekundet einen Fortschritt.

2. *Com. de jure principum evangelicorum in oratores sacros. Vom Rechte evang. Fürsten über die auf den Kanzeln stehenden Lehrer.* 1752. 4. Zuerst als Habilitationsschrift 1738.

3. *An cives religionis causa emigraturi queant transplantari?* 1740 (Habilitationsschrift).

4. *De equitum ordinis Johannitici testamentifactione.* 1745.

254. Carl August Böhmer.

Als zweiter Sohn von *J. Henning B.* zu Halle im Jahr 1708 geboren, machte daselbst seine Studien, wurde 1729 Dr. jur. utr., Assessor des Schöppenstuhls, später Kammer- und Domänenrath im Kön. Preussen, 1743 kön. preuss. Geheimerath und zweiter Präsident der Oberamtsregierung und des Oberconsistoriums zu Glogau, wo er am 7. März 1748 starb. Hallische Beitr. III. 474.

Er hat in seiner Inauguraldissertation einen Gegenstand berührt und sodann weiter ausgeführt, welcher bis dahin sich einer Behandlung noch nicht erfreute.

Diss. inaug. de jure militum ecclesiastico. Hal. 1729. Von neuem u. d. T.: Opusculum *de jure militum ecclesiastico; quo jure militum parochialia, forum ecclesiasticum, et quae in genere ad sacra militum spectant ex legibus Germaniae militaribus exponuntur, et rariis observationibus exornantur.* Praem. est praef. *J. H. Böhmeri IC. de jure ecclesiasticorum militari.* Hal. 1730. 4.

255. Johann Heinrich Gottlieb von Justi.

Dieser Schriftsteller, der eine Menge von Schriften aus allen Gebieten der Staatswissenschaften u. s. w. verfasste, war geb. zu Brücken in Thüringen, als Soldat degradirt, Prof. der Staatsökonomie in Wien, Oberpolizeikommissär in Göttingen und hielt von 1755—57 daselbst ‚vermöge besonderer Concession zugleich akademische Vorlesungen‘, dann in Kopenhagen, zuletzt preuss. Berghauptmann, gefangen gesetzt und gest. zu Cüstrin 20. Juli 1771. *Pütter*, Versuch I. 113, II. 68. *Adelung* II. 2358.

Rechtliche Abhandlung von denen Ehen, die an und vor sich selbst ungültig und nichtig sind; (de matrimonio putativo et illegitimo). Wobey zugleich von dem Wesen der Ehe und dem grossen Einflusse der Ehegesetze in die Glückseligkeit des Staats gehandelt wird. Leipzig 1757. 4.

Eine wunderliche Schrift, die einen Einblick in die damalige Naturrechtsblüthe giebt. Er deduzirt, wesshalb die Ehe nöthig, die Vielmännerei nichts werth, die Vielweiberei nach natürlichem und gött-

lichem Recht erlaubt sei, für uns allgemein nicht passe, aber durch
Dispens jedesmal gestattet werden könne, die Ehe lediglich Kinder-
erzeugung bezwecke, keine geistliche Sache sei, ihre Auflösbarkeit im
Naturrecht und göttlichen Gesetze ruhe, den Beischlaf zur Perfection
fordere, gesetzlich durch feierliche Handlung eingegangen werden müsse.
Er stellt dann Anforderungen für die Ehegesetze auf, welche die Männer
zur Ehe reizen, Prozesse verhindern müssten u. s. w., findet die be-
stehenden dem nicht entsprechend, vindizirt die Verstossung blos den
Männern, prüft die Ehehindernisse, fordert Festhalten am mosaischen
Rechte bezüglich des Verbots der Ehen unter Verwandten, lässt die
Unterlassung der Feierlichkeit als Nullitätsgrund zu u. s. w.

256. Eberhard Christian Wilhelm von Schauroth.

Gebürtig aus Stargard, Enkel von *Kulpis*, früher württembergischer
Legationssekretär beim Reichstage, adelicher Regierungsrath und Oberamtmann zu Hornberg, gest. 1766.

Sammlung von conclusis corporis evangelicorum. 3 Bde. fol. Regensb.
1751, 52 (im Selbstverlag).

257. Johann Friedrich von Beulwitz.

Sohn des schwarzburg-rudolstädter Geheimeraths, Kanzlers und
Consistorialpräsidenten *Anton Friedr. v. B.*, geboren in Frankenhausen.

1. *Schedion, in quo ostenditur, Pont. Innoc. II. perperam credi, Imp.
Lotharii II. auctoritatem clientelae specie violasse.* Hal. 1742.

2. *Diss. de decimarum thuringicar. a Moguntinis archiepiscopis olim exac-
tarum et speciatim inde exortis tempestatibus tempore Henrici IV. imp.* ib. eod.

3. *De excommunicationis in electorem S. R. J. ecclesiasticum, a Pont. Romano decretae, effectibus civilibus.* ib. eod.

258. Gottlob August Jenichen *).

I. Geboren zu Leipzig 9. Juli 1709, studirte in Schulpforte, auf
der Universität zu Leipzig die Philosophie und Jurisprudenz, wurde
1728 Cand. jur. und kais. Schreiber und Richter, 1730 Mag., im selben
Jahre Dr. jur., ging nach Ausschlagung anderer Berufungen 1747 als
ord. Prof. der Rechte nach Giessen, später Prof. des canon. Rechts und
der Praxis, 1755 Hofrath, gest. 1. April 1759.

II. Derselbe kommt für uns in Betracht 1. durch literarhistorische
Schriften:

a. Diss. *specimen bibliothecae eruditorum longaerorum sistens.* Leipzig
1730. 4.

---

*) *Jenichen,* Unpart. Nachr. S. 103. *Moser,* Lex. S. 111. *Weidlich,* Gesch. I.
417. Zuv. Nachr. II. 306. IV. 375.

b. Ausgabe von Lipenii Bibl. 1735 f. Supplementa 1743 f.

c. Unpartheyische Nachrichten von dem Leben und denen Schriften der jetztlebenden Rechtsgelehrten in Teutschland u. s. w. 1739.

2. durch folgende Abhandlungen:

a. *De necessario tutorum in sponsalibus minorum contrahendis consensu, praesertim in Saxonia electorali.* Leipzig 1730. 4., verm. 1740, noch verm. im 11. Bde. von Leyser's Meditationes ad Pandectas.

b. Progr., conjectura de testamenti ad pias causas origine. 1734. 4.

c. Rechtliche Gedanken von der Ungültigkeit eines sowohl in Ansehung des Willens als auch derer äusserl. Solennitäten unvollkommenen Testaments zu milden Sachen. Frankf. u. Leipz. 1749. 4.

d. Observationes de patrinis, eorumque numero, origine et sexu. Giss. 1757. 4.

e. Diplomatische und rechtl. Abh. Von den Rechte der ersten Bitte einer römischen Kaiserin. 1757. 4.

259. Amand Christian Dorn *).

Geboren zu Parchim 1709, stu lirte in Rostock und Jena, 1736 in Rostock Dr. jur., Privatdozent, Advokat, 1737 ord. Prof. der Rechte in Kiel, 1749 Justizrath, gest. 25. April 1765.

De jurisdictione criminali exule in judiciis ecclesiasticis. Kiel 1739. 4. Eine lesenswerthe Abhandlung.

260. Siegfried Caeso von Aeminga **).

I. Geboren 3. Sept. 1710 zu Mölln in Mecklenburg als Sohn des Predigers *Joh. Christoph A.*, studirte seit 1729 in Greifswald die Theologie, seit 1733 die Rechte, von 1736 an in Halle, wurde 1738 Hofmeister eines Grafen von Meyerfeld, hielt sich mehrere Jahre in Schweden auf, 1741 Dr. jur. in Greifswald, 1743 Adjunkt der Fakultät, 1745 ord. Prof. der Rechte, Assessor, bald Rath, 1749 Direktor des Consistoriums, 1750 im Adel neu anerkannt, gest. 25. Mai 1768.

II. Canonistische Schriften:

1. *De ecclesia sanguinem non sitiente.* Greifsw. 1741. 4.

2. *Diss. de eo quod justum est circa parochiam ruralem vacantem in Pomerania et Rugia. Sect I. de parochia rurali vacante.* 1743. 4.

3. Diss. III. jur. eccles. *de jure circa gladii depositionem, praesertim in acta baptismali a patrinis, et in benedictione sacerdotali a sponso.* 1753 sq. 4.

261. Johann Georg Brückmann.

Geboren 22. Sept. 1710 zu Stadtworbis (Eichsfeld), in Erfurt 1745 Dr. jur. mit der Dissertation:

---

*) Allerneueste Nachr. von jur. Büchern S. 350. *Weidlich*, Gesch. I. 193, Zuv. Nachr. II. 421. (Jöcher) *Adelung* II. 745. *Ratjen* S. 25, 150.

**) *Weidlich*, Zuv. Nachr. I. 322. *Kosegarten*, Gesch. d. Univ. Greifswalde I. 290.

De eo quod justum est circa abrogationem tam expressam quam tacitam concordatorum Germaniae. Erf. 1745.

262. Ludwig Martin Kahle *).

I. Geboren zu Magdeburg 6. Mai 1712, studirte in Jena seit 1729, Halle seit 1733, hier 1734 Mag. phil., 1735 Adjunkt der philos. Fakultät, machte eine zweijährige wissenschaftliche Reise durch Holland, England und Frankreich, 1737 Prof. der Philosophie zu Göttingen, 1744 Dr. jur., 1747 ausserordentlicher Professor der Rechte, 1750 hessenhanauischer Hofrath und Lehrer des Staatsrechts an der Moser'schen Staatsakademie in Hanau, Ostern 1751 Hofrath und ordentl. Professor der Rechte in Marburg, Michaelis 1753 Kammergerichtsrath in Berlin, 1764 Geh. Rath und Justitiarius des Generalfinanzdirektoriums, gest. 5. April 1775.

II. Von seinen Schriften berührt uns nur:

1. *Elementa juris canonico-pontificio-ecclesiastici, tum veteris tum hodierni* cet. Halae 1743 sq. 2 voll. 4.

2. *Compendium elementorum jur. can. pont. eccl. cet.* Hannov. 1747.

Das erste ist ein Institutionenlehrbuch, das mit der Kirche und dem Verhältniss des Regenten zu ihr im Allgemeinen beginnt. Der Verfasser steht auf dem rein territorialistischen Standpunkte. Das kath. Recht stellt er objektiv auf kurialistische Autoritäten gestützt dar. Die beiden Rechte werden getrennt behandelt. Das Buch enthält in Menge die damals gangbaren Irrthümer, insbesondere historische, bietet übrigens durch die Bezugnahme auf Quellen und Literatur ein nicht gerade unzweckmässiges Buch, das die Wolff'sche Methode befolgt und von jurist. Durchbildung zeugt.

Das zweite ist eine Abkürzung des erstern unter Reduction desselben auf die einfachsten Sätze und mit wenigen Quellen- und Schriftstellercitaten.

3. *De natura et indole investiturae per birretum, tum ad feuda atque allodia, tum ad honores ecclesiasticos aeque ac succulares accommodatae.* 1749. Resp. *C. L. Sydow.*

Eine für die Zeit ausgezeichnete Abhandlung.

263. Joh. Karl König.

Wurde 1736 im Juni Dr. jur. in Altorf, praktizirte dann in Nürnberg, ging 1742 als ord. Prof. der Rechte nach Marburg. *Weidlich*, Lexicon I. 485.

Disquisitio de modo et jure interpretandi corporis evangelicorum tam in causis religionis quam politicis. Marb. 1746. 4.

---

*) *Weidlich*, Lex. I. 442. Zuv. Nachr. I. 379. *Pütter*, Lit. II. 30. - Versuch I. 86, II. 51. *Schott*, Kritik VI. 940.

Edirte die Selecta jur. publ. novissima 1740—47. 14 Thle., Europ.
Staats-Canzley Thl. 79 ff.

264. Johann Friedrich Bahrdt.

Geboren 1713 in Lübben, zuletzt Pastor primarius an der Thomaskirche zu Leipzig und Superintendent, 1755 ord. Prof. der Theol., gest.
6. Nov. 1775. (Jöcher) *Adelung*, Forts. I. 1346, der die angef. Abh. nicht hat.
De jure dispensandi divino. Lips. 1758. 4. (resp. J. Gottl. *Richter*).

265. Joachim Georg Darjes.

Geboren 23. Juni 1714 zu Güstrow in Mecklenburg, studirte Theologie in Rostock und Jena, hier 1735 Dr. phil. und Privatdozent, 1739
Dr. jur., 1744 ord. Prof. der Moral und Politik, titul. Hofrath, 1763
Geh. Rath und ord. Prof. der Rechte und Philos. in Frankfurt a. O.,
1772 Direktor der Universität, Ordinarius und erster Prof. der Rechte,
gest. 17. Juli 1791. *Weidlich*, Biogr. Nachr. I. 126. Nekrolog 1792,
II. 279. *Meusel*, Verst. II. 280. *Günther* S. 198. Dieser für die Behandlung des Naturrechts und der Politik bedeutende Mann gehört
hierher nur wegen der Wolff's Ansichten vertheidigenden Abhandlung:
Perill. I. b. de Wolff de potestate circa sacra et bona eccles. doctrina
adversus J. V. Rodfischeri impugnationes. Jen. 1751. 4.

266. Carl Friedrich Michaelis.

Geboren zu Zöpenik (H. Magdeburg) 1714, gest. als Professor am
vereinigten Cölln. und Berl. Gymnasium 2. Jan. 1784. *Adelung*, Forts.
IV. 1663.
Sana de jure principis evang. circa divortia doctrina. Vit. 3. Aufl. 1757. 4.

267. Johann Ernst Schroeter.

Sohn des Prof. Joh. Christian S. in Jena, hatte hier und in Halle
studirt, war Schwiegersohn des Prof. Carl Adolf Braun in Erlangen,
auf dessen Empfehlung er hier 1744 ausserord. Professor wurde; im
Jahr 1755 ging er als ord. Prof. nach Jena, gest. Juli 1760. *Fikenscher*,
Erl. Gel.-Gesch. III. 13. der noch einige kleinere Abhandlungen anführt.
Engelhardt S. 33.
Progr. acad., dubiorum quorundam contra jura ecclesiae collegialia recens
prolatorum sublatio. Jen. 1755. 4.

' 268. Georg Ludwig Böhmer *).

I. Er war zu Halle am 18. Febr. 1715 als dritter Sohn von *Justus*
Henning B. geboren, machte alle Studien in Halle und begann hier

---

*) *Weidlich*, Lex. I. 61. Zuverl. Nachr. I. 1. biogr. Nachr. I. 74. Nachträge 25.
fortges. Nachtr. IV. 44. *Pütter*, Versuch I. 137. II. 122. Liter. II. 29. *Koppe*,

nach am 29. Januar erlangtem Doktorate 1738 die akademische Laufbahn als Privatdozent der Rechte. Im Jahr 1740 nahm er einen Ruf
als ausserord. Professor und ausserord. Beisitzer der Juristenfakultät
und Syndikus nach Göttingen an. Dieser Universität gehörte fortan
seine Thätigkeit bis zu dem am 17. August 1797 erfolgten Tode an.
Bereits 1742 war er ordentl. Professor, 1743 ordentl. Beisitzer der
Fakultät, 1744 kön. und kurfürstl. Rath, 1746 Hofrath, 1770 geheimer
Justizrath, 1774 erster Professor und Ordinarius geworden.

II. Civilrecht, Lehnrecht und Kirchenrecht sind die Gebiete, denen
seine grosse Thätigkeit als Lehrer und Schriftsteller angehörte.

1. *Principia juris canonici, specialim juris ecclesiastici publici et privati,
quod per Germaniam obtinet.* Gott. 1762, 67, 74, 79, 85, 91. 7. Aufl. cur.
C. Traug. G. *Schönemann.* ib. 1802.

Sie fussen, ohne dass ihm jedoch alle Selbstständigkeit in der
Quellenforschung abzusprechen ist, wesentlich auf den Arbeiten seines
Vaters. Er ist von dem Einflusse der naturrechtlichen Strömung jener
Zeit und der Anschauung, welche durch *Thomasius* sowie noch mehr
durch die Richtung prinzipieller Construction aufgekommen war, be-
herrscht, thut desshalb dem positiven Rechtsstoffe vielfach Gewalt an,
hat jedoch durch seine knappe und fassliche Darstellung grossen Einfluss geübt. Dieser zeigt sich darin, dass die *Principia* auf verschiedenen
Universitäten als Vorlesebuch gebraucht wurden, noch mehr aber in
der Benutzung bei der Redaction des preuss. allg. Landrechts (Th. II.
Tit. 11). Das System ist: allgem. Lehren (Einleit.); 1. B. Ministerial-
gewalt (ordo und status ecclesiasticus), 2. B. Kirchenregiment, 3. de
jure circa cultum publicum (Gottesdienst, Ehe, relig. Genossenschaften,
officia und beneficia, Kirchenvermögen), 4. judicium causar. eccles.
(Strafrecht, Straf- und Civilprozess).

2. *Observationes juris canonici.* Gött. 1767. 2. Aufl. 1791.

3. Eine Anzahl von *Programmen: De reliquiis jur. can. in imperatoris
electione. 1741. De Clementinis. 1742. De copulae sacerdotalis a deposito
clerico furtim impetratae injusto favore. 1746. De advocatiae ecclesiasticae
cum jure patronatus nexu. 1758. De tempore studiorum legitimo a canonicis
observando. 1760. De originibus jurisd. ecclesiast. in caussis testamentariis. 1761.*

4. *De necessario parentum consensu in nuptiis liberorum cum legitimorum,
tum legitimatorum.* Hal. 1740 (Electa jur. civ. I. Nr. 16).

5. *Rechtsgutachten ad illustrat. concordatorum N. G. S. de ceteris vero,
c. 20. Febr. 1775 (Horis docum. ad conc. III. 385).*

6. *Oratio de finibus jurisdictionis imperialis, quoad in causis ecclesiasticis
competit. 1756. Oratio de jure cognoscendi et statuendi de tolerandis his, qui
communes religionum in Germ. approbatarum doctrinas impugnant. 1779.*

Lexicon I. 63. Denkwürdigkeiten S. 513 f. *Ersch* u. *Gruber,* Encykl. XI. 241.
Dore in Allg. D. Biogr. III. 73.

7. Rechtsbedenken über die Frage: *ob die in dem Congress zu Ems den 25. Aug. 1786 abgefasste Punctation den Grundsätzen des kath. Kirchenstaatsrechts von Teutschland gemäss sei*, vom 21. Aug. 1767 (in seines Sohnes Magazin II. S. 86 und separat). Neuwied 1788. 4.

8. *Diss. de origine et ratione decimarum in Germania.* 1749.

269. Ernst Martin (Chladenius) Chladny.

Geboren 6. Aug. 1715 zu Wittenberg, studirte daselbst die Rechte, 1743 Dr. jur. utr., seit 1746 Professor, zuletzt Ordinarius der Fakultät, Professor der Dekretalen, Direktor des Consistoriums, erster Beisitzer im Hofgericht und Schöppenstuhl, gest. 1782. *Weidlich*, Gesch. I. 129, Lex. S. 42, Nachr. I. 112, Nachtr. S. 47.

De altaragio eiusque infeudatione fide canonum, scriptorum cet. Vitemb. 1747. 4.

270. Michael Gottfried Werner *).

I. Geboren 21. Dez. 1716 zu Neunkirchen (Franken) als Sohn eines Pfarrers, machte seine Studien zu Wittenberg, wo er 1739 Privatdozent, 1746 ausserord. Beisitzer der Fakultät wurde, kam 1761 als vierter ordentl. Professor der Rechte nach Erlangen, wurde dieser Stellung 1772 enthoben in Folge eines Vorgangs im Spruchcolleg und starb daselbst 13. Aug. 1794.

II. Wir haben von ihm ausser romanistischen und anderen Schriften:

1. Collator dignitatum majorum in cathedralibus principalium in collegiatis ecclesiis ex antiquitate erutus et documentis quibusdam nondum ineditis illustratus; ad verba concordatorum nationis germ. de ceteris dignit. Wittenb. u. Leipzig 1745 sq. 3 sect. Mit neuem Titelblatte: Diss. *de collatione canonicatuum majorum, in qua historia canon. exponitur, dubia Ludevigii et Boehmeri de precibus primariis vicariorum imperii solcuntur et verba concord. nat. germ. de dignitatibus majoribus explicantur.* Leipzig 1751. 4.

2. *De auctoritate jur. can. in processualibus.* Wittenb. 1759. 4. (resp. *Joh. Sig. Guilielmus*).

3. *De recta sponsalium de praesenti et de futuro adplicatione.* ib. eod. (resp. *J. C. Lehmann*).

4. Abh. *von der Nothwendigkeit der Einwilligung des Domkapitels bey Innovationen geistlicher Stiftungen* u. s. w. 1786.

271. Christian Heinrich Eckhard.

Geboren zu Quedlinburg im Juni 1716, studirte in Jena, daselbst 1738 Dr. jur., 1743 ord. Prof. der Eloquenz, 1744 Mag. phil., 1750 ausserord. Prof. der Rechte, gest. 20. Dez. 1751. *Weidlich*, Gesch. I. 199. *Günther* S. 198.

---

*) *Weidlich*, Gesch. II. 617. Biogr. Nachr. II. 444. *Glück*, Praecogn. p. 261. *Engelhardt*, Un. Erlang. S. 34. *Fikenscher*, Erl. Gel.-Gesch. I. 223.

Hermeneuticae juris libri duo cet. Jen. 1750. Rec. perpetuisque notis illustr. *Car. Frid. Walchius.* Leipzig 1779.

Hierher lib. I. cap. VIII., welches, abgesehen von einzelnen Irrthümern, eine sehr fleissige und gute Zusammenstellung von Beispielen und Winken für die Interpretation des Dekrets und der Dekretalen enthält.

272. Johann August von Hellfeld *).

Geboren 9. Februar 1717 zu Gotha, studirte in Jena, wurde hier 1739 Dr. jur. utr. und Privatdozent, 1745 Advokat beim Hofgericht, 1748 ordentl. Professor der Rechte, Beisitzer des Schöppenstuhls und 1753 der Fakultät, 1755 goth. Hofrath und Senior des Schöppenstuhls, 1763 der Fakultät, gest. 13. Mai 1782, war 1764 in den Adel erhoben.

1. *Historia juris germanici et canonico-pontificii.* Jena u. Leipzig 1741.
2. *De legis mosaicae valore hodierno.* Jena 1755.
3. *Diss. in.* (*Christian Wilh. Melis* resp.) *de seculari jurisdictione in clericos delinquentes.* Jen. 1771. 4.
4. *Progr. de modis obligandi per religionem.* ib. 1771.

273. Johann Ernst Schubert.

Geb. 22. Juni 1717 zu Elbing, Dr. theol., Beisitzer der philos. Fakultät und des Consistoriums zu Jena, 1746 Consist.-Rath und Superintendent zu Stadthagen, 1748 Prof. der Theologie zu Helmstädt, 1764 zu Greifswald, zugleich Oberkirchenrath, gest. 19. Aug. 1774.

1. *Gedanken von den bischöflichen Rechten der Landesobrigkeit.* Helmst. u. Halle 1763. 4.
2. *Commentatio hist.-theol. de jurisdictione Pontificis Rom. in terris principum Romano-Catholicorum.* Helmst. et Hal. 1764. 4.

Erörtert die von den Päpsten beanspruchte Jurisdiction, den Unterschied zwischen Papstthum und Glauben der römischen Kirche, die Ansichten, den Charakter der päpstl. Jurisdiction ex jure divino, humano und ex praescriptione.

3. *Geschichte des röm. Papstes Vigilius.* Halle 1769.

274. Chr. Gottfried Oertel.

Geboren zu Wittenberg 1718, gest. als kursächs. Legationssekretär zu Regensburg 19. Juni 1777.

1. *Repertorium der gesammten evangel. Religionsbeschwerden von 1720 bis 1770.* Regensburg 1771.
2. *Vollständ. Corpus gravaminum evangel.* 7 Abth. 1771—1775.

---

*) *Meusel*, Lex. verst. V. 342. *Weidlich*, Gesch. I. 349, Zuverl. Nachr. V. 64. Biogr. Nachr. I. 271, III. Nachtr. S. 114. *Günther* S. 71.

275. Philipp Jakob Heisler *).

Er ist geboren Ende November (getauft 3. Dez.) 1718 zu Lautenberg in der Nähe von Lindau am Bodensee, wo sein Vater Gastwirth und Bäcker war. Von den katholischen Eltern zum geistlichen Stande bestimmt, erhielt er von einem Vatersbruder, der Dechant in der Constanzer Diözese war, den ersten Unterricht, kam dann zu den Jesuiten nach Mendelheim und von da nach Augsburg, trat als Novize in ein Benedictiner-Kloster, verliess dies aber nach neun Wochen und kehrte nach Augsburg zurück, wo er sich durch Repetitionen forthalf. Hier trat er zum Protestantismus über, musste aber, nachdem dies ruchbar geworden und die katholischen Studenten ihn zu fangen suchten, verkleidet flüchten. Er kam ohne alle Mittel, aber gut empfohlen nach Halle, wurde am 14. October 1741 als Theolog inscribirt und in die Proselytenstube des Waisenhauses aufgenommen, unterstützt von nah und fern. Er unterrichtete eine Zeitlang in den Mädchenklassen, gab lateinischen Unterricht, hörte bei *Wolf* Collegien und las bald als Student privatim Philosophie, wandte sich aber der Jurisprudenz zu, erhielt am 14. Oct. 1750 die jurist. Doktorswürde, im Jahr 1752 eine ausserordentliche Professur und schlug im selben Jahre eine Berufung als Rath bei der Regierung in Cleve aus. Am 22. Jan. 1754 bekam er eine ordentliche Professur der Rechte und die vierte ordentliche Beisitzerstelle in der Fakultät, 1763 die dritte, 1776 die zweite Professur und Beisitzerstelle. Sein Tod erfolgte am 24. Nov. 1781.

II. Für uns hat er durch folgende Abhandlungen ein Interesse:

1. *Epistola de decimis hebraeorum. In honores doctorales fratrum Boehmerorum.* Hal. 1770.

2. Ob jemand, der mit einer Person sich öffentlich verlobt, nachhero aber deren leibliche Schwester beschlafen, die Erlaubniss, diese oder jene heyrathen zu dürfen von hoher Obrigkeit wohl erhalten könne? Hallische wöchentl. Anzeigen, 1758, Nr. 36—40 ¹).

3. Ob die Ehe eines Sohnes mit der Mutter seiner Stiefmutter den Rechten nach zuzulassen sei? das. 1772, Nr. 24—26.

4. Eheliche Verbindung mit des Stiefsohnes nachgelassener Wittwe, wie auch mit der verstorbenen Stieftochter Mann. das. 1774, Nr. 13—16.

5. Von der Zulässigkeit einer Ehe mit des Bruders Tochter. das. 1775, Nr. 38 fg.

---

*) *Bathe*, Vorbericht zu „II. jur. Abhandl.' u. s. w. Halle 1783. 4. *Weidlich*, Succession S. 51 ff., Zuverl. Nachr. IV. 305. Biogr. Nachr. I. 266, III. Nachtr. S. 113.

¹) Die Dissertation *De Commendatore teutonico, patrono ecclesiae, quae commendaturae incorporata est, non vulgari. Sectio prima.* Hal. 1770, hat nach Weidlich der Respondent *Joh. Chr. Rädler* verfasst.

276. Daniel Nettelbladt *).

I. Als Sohn des Kaufmanns und Rathsherrn *Heinrich N.* wurde er am 14. Jan. 1719 zu Rostock geboren, studirte hier, bis er 1733 daselbst die Universität bezog. Im J. 1739 wurde er Hofmeister in Schwerin, ging 1740 nach Marburg, im folgenden Jahre nach Halle, erlangte hier 1744 das Doktorat der Rechte, 1746 eine ordentliche Professur und den Beisitz an der Fakultät nebst dem Charakter als Hofrath. Nachdem ihm 1748 die Annahme eines Rufs nach Kopenhagen mit 1000 Thlrn. abgeschlagen war, erhielt er 500 Thlr. Gehalt und dem abgegebenen Versprechen gemäss 1750 eine Sportelportion in der Fakultät. Er rückte successiv vor, wurde 1765 Geheimerath, 1776 Direktor der Universität, erster Professor, Ordinarius der Fakultät und starb im J. 1791.

II. Von seinen Schriften gehören hierher:

1. *De genuina sponsalium de praesenti 'et de futuro notione (Rud. Jo. Wilh. Thym).* Halle 1745.

2. *Von den wahren Gründen des protest. Kirchenrechts.* 1759. *Abhandlungen von den wahren Gründen des protest. Kirchenrechts, der Kirchengewalt der evang. Landesherren in Ansehung ihrer evang. Unterthanen u. dem Rechte der ersten Bitte derselben bei den mittelbaren Stiftern in ihren Ländern.* Halle 1783.

Die wahren Gründe sind: Schrift, canonisches Recht, Kirchenversammlungen, positive deutsche Staatsgesetze.

3. *Erörterung der wahren Gründe des Rechtes der ersten Bitte der Landesherren bey den mittelbaren Stiftern in ihren Ländern.* 1750.

4. *De differentiis matrim. juris naturalis et civilis (Chr. Gotth. Boehm).* 1778.

5. *Observationes juris ecclesiastici.* ib. 1783. Enthält unter d. T.: ,membrorum eccl. Rom.-cath. repraesentatio' ein Schema der geistl. Personen bis in's hebräische Alphabet, desgleichen von den evangel., Arten des jus sacrorum dirigendorum, Schema der zur Uebung berechtigten, analysis §. jus dioecesanum art. V. §. 48. J. P. O., über die drei Systeme des evangel. Kirchenregiments; de genuina notione sponsalium de praes. et de futuro; de gradibus prohibitis.

6. *Initia historiae literariae juridicae universae.* Halle 1764, 1774.

7. *Hallische Beiträge zu der juristischen Gelehrten-Historie.* das. 1754 bis 1762. 3 Bde.

277. Gottfried Daniel Hoffmann **).

Geboren zu Tübingen den 19. Febr. 1719, gehörte er seiner Vater-

---

*) Hallische Nachr. III. 308. *Weidlich,* Gesch. II. 170, Zuv. Nachr. III. 406, Biogr. Nachr. II. 132 ff., Nachtr. 209. *Ders.,* Succession S. 47. *Glück,* Praecogn. p. 256. Nekrolog 1792. I. 178. Progr. in memoriam . . . auct. Westphal. Hal. 1792. Siehe Sammlung kleiner jur. Schriften nebst dessen Leben und vollständiges Verzeichniss seiner Schriften. Halle 1792.

**) *Weidlich,* Gesch. I. 376, Zuv. Nachr. III. 322. *Böck,* Gesch. d. Univ. Tub. S. 227. Hall. Beitr. III. 281.

stadt das ganze Leben hindurch an, indem er dort 1740 Lic., 1741 ausserordentlicher, 1743 ordentlicher Professor am Collegium illustre, 1747 ord. Prof. der Rechte an der Universität und Dr. j. u. wurde, 1751 Comes palat., später herz. Geheimerath und 1780 starb.

Er hat das deutsche Staatsrecht, sodann das deutsche öffentliche Kirchenrecht in den folgenden Schriften behandelt, welche zu den besten über den Gegenstand gehören:

1. *Diss. jur. publ. inaug. de independentia juris circa sacra statuum, ordinumque imperii germanici evangelicorum, intuitu imperatoris et imperii.* Tub. 1740. 4.

2. *De die decretorio Kalendis Jan. a. 1624 omnique ex pace Westphaliae restitutione.* Tubing. 1750. 4.

3. *Diss. de anno decretorio 1624, an et quatenus ad politica spectet.* ib. 1752 (resp. *Jo. Christoph Schütz*).

4. *De jure devolutionis, maxime in capitulis evangelicorum immediatis.* ib. 1753 (aut. et resp. *J. C. W. Steck*). Eine äusserst eingehende Abhandlung.

278. Hermann Becker *).

I. Zu Rostock den 13. April 1719 geboren, erhielt daselbst 1741 das Licentiat, 1746 die juristische Doktorswürde, 1747 die Professur der Institutionen, war 1762 in Bützow, nahm im Jahr 1768 einen Ruf an nach Greifswald, wo er zugleich Direktor des Consistoriums ward und 26. Febr. 1797 starb.

II. Hierher gehörige Schriften:

1. *De jejuniis protestantium legalibus.* Rost. 1753.

2. *De imperante subditum religionis causa emigraturum transplantandi jure gaudente iuxta pacif. relig. §. co aber unsere etc.* 1755.

3. *Gedanken und Erläuterungen über das Kirchenrecht bey Erklärung der Principiorum jur. can. u. s. w. des . . . G. L. Böhmer zu Göttingen entworfen.* Bützow u. Wismar 1772.

Das in geschmacklos kriecherischer Weise den Mitgliedern der schwedischen Einrichtungs-Commission von Pommern gewidmete Werk giebt die Vorlesungen bezw. Diktate zu den 7 ersten Titeln der Böhmerschen *Principia* mit der Motivirung, dass die Studenten, welche die Vorlesungen nicht besuchen, sich daran halten könnten und die Collegen nun nicht mehr nöthig hätten, Kundschafter in seine Vorlesung zu senden. Das Buch zeigt, in welcher geistlosen Weise er nach Form und Inhalt lehrte und die gründlichsten Forschungen, z. B. der *Ballerini* u. A. ignorirte. Für das evangel. Recht steht er auf demselben Boden, wie *G. L. Böhmer*, des Collegialsystems. Uebrigens ist die Arbeit durch manche Mittheilung und Ausführung nicht ohne Werth.

---

*) Halle'sche Beitr. III. 243. *Weidlich*, Biogr. Nachr. I. 50. *Koppe*, Gel. Mecklenb. I. 10, Nr. I. ff. *Kosegarten*, Gesch. d. Univ. Greifswalde I. 297.

279. Johann Andreas Hoffmann *).

I. Geboren nach Weidlich 29. Aug. 1719, nach dem Nekrolog
4. Sept. 1716 zu Tambach (S.-Gotha), Sohn des Schulrectors, studirte
in Jena, Privatdozent, 1747 Dr. jur., 1754 auf das Betreiben seines
Lehrers *Estor* als ordentl. Prof. der Rechte und Beisitzer der Fakultät
berufen nach Marburg, wo er am 16. Mai 1795 starb.

II. Von seinen Schriften, die zumeist das Staatsrecht und die
juristische Literatur betreffen, gehören hierher:

1. *De jure eligendi episcopos abbatesque ab imperatoribus Germaniae
ecclesiis et monasteriis ante transactionem illam, quae vulgo nomine concordatorum nationis german. insigniri solet, concesso.* Marb. 1782 f.

2. *Commentatio jur. publ. eccl. de jure constituendi pontifices atque anti-
stites ecclesiast. ab imperatoribus Romanorum, Caesaribus et regibus Francorum
et Romano-Germanicis usurpato cet.* ib. eod.

3. *Handbuch des teutschen Eherechts nach den allgemeinen Grundsätzen
des teutschen Rechts sowohl, als der besonderen Landes-, Stadt- und Ortsrechte.*
Jena 1789.

Dem Kirchenrechte fällt nur Hauptstück 1—8 zu, der Rest dem
Civilrechte; das Canonistische ist ziemlich oberflächlich.

280. Christian Heinrich Breuning **).

Geboren am 24. Dez. 1719 zu Leipzig, daselbst 1752 Dr. jur. utr.,
1754 ausserord. Professor der Rechte, 1756 Mitglied der gelehrten Gesellschaft zu Duisburg.

Primae lineae juris ecclesiastici universalis in usum auditorum adornatae.
Frankf. u. Leipzig 1758.

Ueber Begriff der Kirche, deren Rechte an sich, Verhältniss zum
Staat, Pflichten der Kirche daraus, jus majest. circa sacra, Pflichten
des Staats, Rechte der Kirche, die von Staat oder Vertrag unabhängig
sind, ausserhalb liegen, mors ecclesiae. Die Kirche ist ihm eine ‚societas
externa ad eum finem inita, ut per externa symbola cultum divinum
communiter instituat.‘ Die Societät ist consensu vel expresso vel tacito
geschlossen; aus dem Societätsbegriffe wird deduzirt die volle Freiheit,
Unabhängigkeit der Kirche, Recht derselben, aufzunehmen oder abzu-
weisen, Recht des Staats, sie aufzunehmen oder nicht; der Staat kann
sie nicht aufheben, fällt sie fort, so fällt ihr Gut an die socii, in Er-
mangelung solcher wird es res nullius u. s. w. Das Majestätsrecht
umfasst das jus recipiendi vel non recipiendi ecclesiam, ius leges ferendi
ecclesiasticas, jus summi patronatus, convocandi synodos easque diri-
gendi, jus reformandi, jus simultanei, jurisdicta ecclesiastica.

---

*) *Weidlich*, Gesch. I. 379, Zuv. Nachr. V. 323, Biogr. Nachr. I. 322, III. Nachtrag S. 128, IV. fortges. Nachtr. S. 134. Nekrolog 1795, II. 378.
**) *Weidlich*, Zuverl. Nachr. I. 89. Hallische Beitr. III. 252.

281. Friedrich Adolph van der Mark *).

Geboren im J. 1719 zu Hatnegg in der Grafschaft Mark, studirte in Duisburg, wurde hier 1748 Dr. jur., 1758 Professor des Natur- und Völkerrechts in Gröningen. Der Ketzerei vom Klerus beschuldigt und vom Lehramt entfernt ging er nach Nymwegen, im J. 1773 nach Lingen als Professor am Gymnasium, 1783 wieder nach Holland als Professor der Rechte in Deventer.

1. *Diss. jur. nat. de jure naturae rerae religionis christ. praesidio.* Gron. 1768.

2. *Lectiones academicae.* 1771—76. 2 T. (der 2. in 2 fasc.). Tom. II. *quo praecipua juris ecclesiastici Protestantium unirersalia capita pertractantur.* Lingae 1775.

Ueber Natur der Kirche, Arten des Regiments, Ordination, Episkopat Constantin's, über das System des Voet und das päpstliche u. s. w. Er formulirt p. 262 sqq. seine eigenen Anschauungen über die Art, wie die Kirche aufzubauen und zu regieren sei.

282. Justus Karl Wiesenhauern **).

I. Zu Hildesheim 1719 geboren, wurde er im J. 1748 Dr. j. u. in Leipzig, 1752 Beisitzer des Schöppenstuhls und 1755 Senator, starb 1759.

II. Er gehört zu denjenigen Schriftstellern, welche von dem Naturrechte erfüllt dessen angebliche Grundsätze als das Normale ansehen, daneben freilich das positive für das praktische Leben anerkennen. Dadurch ist er einer der Vorkämpfer jener Richtung, welche in der Gesetzgebung des preussischen Landrechts Ausdruck fand.

1. *De jure conrentionali sacrorum dirigendorum.* Lips. 1748. 26. Sept. 4. (Habilitationsschrift.)

Er scheidet das natürliche in der Staatsgewalt liegende Recht die Religion zu schützen, von dem durch Uebertragung Seitens der auf ihrem Gebiete freien Kirche an den Regenten gekommenen Rechte in geistlichen Dingen. Nachdem er sein System in der Schrift:

2. *De jure majestatis sacrorum dirigendorum diss.* ib. 1748. 4.

weiter ausgeführt, geht er zum Aufbau des protestantischen Kirchenrechts über in:

3. *Grundsätze des allgemeinen und besondern Kirchen-Staats-Rechts der Protestirenden in Teutschland.* Frankf. u. Leipz. 1749, 64.

Er führt hier aus, die Obrigkeit habe lediglich die natürliche Religion zu befördern, der Landesherr übe die ihm von der Kirche anvertrauten Collegialrechte aus. Das natürliche Kirchenrecht baut sich auf dem natürlichen und Völkerrecht auf, da die Kirche eine frei errichtete

---

*) *Weidlich*, Biogr. Nachr. II. 15, IV. fortges. Nachtr. S. 166. *Glück*, Praecogn. p. 255.

**) *Weidlich*, Gesch. II. 648.

Gesellschaft ist. Das besondere Kirchenrecht baut er auf den deutschen Gesetzen auf, verwirft das canonische und römische als Quellen, tritt ein für volle Religionsfreiheit, die im staatlichen Interesse liege.

4. *De ecclesia et personis ecclesiasticis in genere.* ib. 1752. 4.

283. Franz Dominikus Häberlin.

Geboren 31. Jan. 1720 zu Grimmelfingen bei Ulm, Sohn eines Predigers, machte die Gymnasialstudien zu Ulm, die der Rechte zu Göttingen seit 1739, wurde 1742 Mag. phil. und Privatdozent, 1745 Assessor der philos. Fakultät, 1746 in Helmstädt ausserord. und im folgenden Jahre ord. Prof. der Geschichte, 1748 Dr. jur., 1751 auch Prof. des Staatsrechts, Beisitzer der Juristenfakultät, 1754 Hofrath, 1763 erster Prof. und Senior, 1771 nach Ausschlagung des Rufes als Vicekanzler in Giessen Geh. Justizrath; dazu Univ.-Bibliothekar seit 1759, gest. 20. April 1787. *Weidlich,* Zuverl. Nachr. I. 268, V. 392. Biogr. Nachr. I. 249. *Meusel* V. 13. *Weyermann* S. 269.

1. Diss. jur. publ. eccl. *de reservato ecclesiastico ex mente pacis religiosae eiusque effectibus ac fatis usque ad pacem Westph.* (resp. *A. Ph. Frick*). Helmst. 1755. 4.

2. Römisches Conclave, oder gründliche Nachricht von demjenigen, was von dem Tode eines Papstes bis zu der Wahl und Krönung eines neuen in Rom vorzugehen pflegte. Leipz. u. Helmst. 1769.

3. *De juris circa sacra jurisque sacrorum fundamento et discrimine.* Helmst. 1778. 4 [1]).

284. Philipp Ulrich Moser.

Geboren 2. Juli 1720 zu Sindelfingen, Pfarrer zu Dettingen, Heidenheimer Herrschaft, gest. 6. Aug. 1792.

Die Berechnung der Ehegrade. Stuttgart 1786.

Auf 32 Tafeln und mit vielen Schemata im Text wird hier für alle möglichen Fälle und Namen die Berechnung gegeben.

285. Franz Gregor Rothfischer.

Geboren zu Altmannstein in O.-Baiern 1721, trat als Novize bei den Jesuiten ein, vor Ablegung des Gelübdes aus, wurde 1739 Novize bei den Benedictinern in St. Emmeran zu Regensburg, legte im folgenden Jahre das Gelübde ab, studirte seit 1742 in Salzburg erst Theologie, dann die Rechte, wurde 1744 Priester, warf sich auf die Wolff'sche Philosophie, floh 1751 und *trat in Leipzig zur protestantischen Kirche über,* wurde 1752 Professor der Philosophie zu Helmstädt, gest. 1755. Memoria in *Gesneri,* Biogr. I. 215.

---

[1]) Als Singularität: Progr. selecta quaedam de S. Michaele Archangelo, eius apparitionibus, festis et cultu, imprimis in monte Gargane et in Tumba, illueque factis peregrinationibus. Helmst. 1758. 4.

Diss. de potestate circa sacra et bona ecclesiastica, qua cel. l. b. de Wolf circa ecclesiam principia . . . examinantur. S. l. (Ratisb.) 1748. 4.

286. Johann August Bach *).

Geboren 17. Mai 1721 zu Hohendorf bei Pirna als Sohn eines Predigers, in Leipzig 1745 Magister, 1750 Dr. jur. und ausserord. Prof. der Rechte, 1754 ausserord. Beisitzer des Consistoriums, gest. 6. Dez. 1758.

Der um die römische Rechtsgeschichte und auch durch seine Theilnahme an der Zeitschrift *‚Unpartheyische Critik über jurist. Schriften'* Leipz. 1750—58, 6 Bde, verdiente Mann hat für uns noch eine direkte Bedeutung durch seine Doktordissertation:

De praescriptione centum annorum in actionibus ecclesiae romanae de jure civili. Leipzig 1750.

287. Karl Ferdinand Hommel **).

I. Geboren 6. Jan. 1722 zu Leipzig, Sohn des Prof. *Ferd. Aug. II.,* studirte hier und in Halle, in Leipzig 1744 Mag. phil. und Dr. j. u., 1750 ausserord. und 1756 ord. Professor der Rechte, 1756 Assessor am Oberhofgerichte, 1763 Ordinarius der Fakultät [1]) — sein Vater lehnte wegen Alters ab — gestorben 16. Mai 1781.

II. Er hat für die verschiedenen Rechtsdisciplinen Abhandlungen geliefert, welche das Streben nach Eleganz bekunden und insbesondere trockene Stoffe durch Beimischung von Scherzen angenehm zu machen suchen. Dem Kirchenrecht gehören an:

1. *Epitome sacri juris.* Leipzig 1768 u. d. Pseudonym *Curtius Antonius,* unter dem eignen Namen das. 1777. Unbedeutend.

2. *De jure canonico ex germanicis legibus et feudalibus explicando.* Leipz. 1755.

3. *De ecclesiarum cathedralium et collegiatarum capitulis.* 1771.

4. *De adventu juris canonici in Germaniam.* 1773.

Bieten gerade nichts Neues, sind aber nicht schlecht.

288. Johann Ferdinand Wilhelm von Brandt.

Geboren zu Wetzlar, 1746 Lic. jur. in Marburg, 1748 Advokat und 1749 auch Prokurator beim R. Kammergericht in Wetzlar, Hofrath verschiedener Stände, Baden-Baden'scher Geheimerath, Protonotarius

---

*) *Weidlich,* Zuverl. Nachr. II. 395, IV. 383. *F. Platner,* Jo. Aug. Bachii . . . elogium. Lips. 1759. *Haubold,* Inst. lit. I. 183. *Hugo,* Gesch. 3. S. 559.

**) *Weidlich,* Gesch. I. 391, Zuverl. Nachr. IV. 249. Biogr. Nachr. I. 341, III. Nachtr. S. 130. *Hall.* Beitr. III. 283. 377. *Glück,* Praecogn. p. 233. *Gerber,* Leipziger Ordinarien Nr. XXX.

[1]) Bei der Installation sprach er *de ordinariis fac. jurid. Lipsiensis,* 2. ed. 1767.

apost., Comes palat., in den Adelstand erhoben. *Weidlich*, Biogr.
Nachr. I. 93, Nachtr. S. 30. Katholik, in Th. I. gehörig.

1. (*Thematum selectior. jur. cameralis fasciculus.* Th. II.) *De camera imperiali in caussis sacris sive ecclesiast. non iudicante, exsequutionem tamen decernente, si invocata fuerit, quasi vocant, ut brachium seculare.* Wezelar. 1759. 4.

2. *Rechtliches Bedenken über die Frage: ob und wieweit Clericatus secularis mit dem officio der Advocatur und Procuratur an dem kayserl. und Reichs-Cammergericht bestehen könne?* Wezlar 1763. 4.

289. Johann Reinhard Kugler.

Zu Strassburg geboren 22. Oct. 1723, 1750 Dr. jur., 1756 Prof.
der Institutionen, 1760 des canon. Rechts und der Pandekten, Canonicus
bei St. Thomas, 1770 des öffentl. Rechts. *Weidlich*, Biogr. Nachr. I. 441.

De jure legislatorio Merovaeorum et Carolingorum Galliae regum circa sacra. Argent. 1771 sq. 4. (Aut. et resp. *Joh. de Türckheim*).

290. Johann Christoph Rudolph *).

Geboren 3. Nov. 1723 zu Marburg, studirte er hier zuerst Theologie,
seit 1743 die Rechte in Halle, redigirte dann in Bayreuth die ‚Erlanger
Gelehrten Anzeigen‘, seit 1748 in Erlangen, setzte hier das Studium
der Rechte fort, wurde vom Markgrafen mit der Vertheidigung seiner
Rechte gegen die Reichsritterschaft betraut, 1754 ausserord. Prof. der
Philosophie und der Rechte, 1756 Dr. jur., 1758 vierter ord. Prof. der
Rechte in Erlangen, 1760 dritter, 1762 Mitglied der Fakultät, 1778
erster, war Brandenburg., Onolzbacher und Culmb. Hofrath, und starb
28. Febr. 1792.

Für das Canonische Recht hat er nur Bedeutung durch die gute
Schrift:

De codice canonum, quem Hadrianus Carolo M. dono dedit. Erl. 1754. 4.
Nova commentatio de codice canonum, quem Hadrianus I. P. R. Carolo M. dono dedit. Erlangen 1777.

291. Friedrich Karl Freiherr von Moser **).

I. Aeltester Sohn von *Joh. Jak. M.*, geboren zu Stuttgart 18. Dez.
1723, studirte in Jena, 1747 hessenhomburgischer Kanzleisekretär,
1749 Hofrath, dann bei seinem Vater in Hanau, 1751 hessendarm-
städtischer Legationsrath zu Frankfurt a. M., dann Geh. Legationsrath
und Gesandter beim oberrhein. Kreise, bald casselischer Geheimerath

---

*) *Weidlich*, Biogr. Nachr. II. 253. Nekrolog 1792. II. 208. *Fikenscher*, Erl.-Gel. I. 216. *Engelhardt*, Univ. Erlangen S. 33.

**) *Moser*, Neueste Gesch. des Staatsr. S. 112. *Weidlich*, Biogr. Nachr. II. 37. *Pütter*, Liter. II. 145. *Mohl*, Staatswiss. II. 404.

und Gesandter bei demselben Kreise, zu verschiedenen Missionen im Haag und Wien verwandt, 1767 Reichshofrath und in den Freiherrnstand erhoben, 1769 Administrator der Grafschaft Falkenstein, zuletzt erster Staatsminister in Darmstadt, 1780 pensionirt starb er.

II. Derselbe hat eine sehr gemischte literarische Thätigkeit entwickelt, insbesondere verschiedene die Kirche bezw. Religion betreffende Schriften publizirt, uns angehend die folgenden, von denen die letzte insbesondere werthvolles Material bietet.

1. *Vertraute Briefe über die wichtigste Grundsätze und auserlesene Materien des protest. geistlichen Rechts.* Herausgeg. und mit einer Vorrede von den Gränzen der Unpartheylichkeit und Gleichgültigkeit in Religions-Sachen begleitet von . . . Frankf. 1761, 1771.

In 33 Briefen handelt der unbekannte Verfasser über alle möglichen Punkte der Disciplin und des Kirchenwesens, oft recht gute Gedanken bringend.

2. *Ueber die Regierung der geistlichen Staaten in Deutschland.* das. 1787.

3. *Geschichte der päpstl. Nuntiaturen in Deutschland.* Frankf. u. Leipz. 1788. 2 Bde.

292. Heinrich Arnold Lange.

Geboren 17. Apr. 1724 zu Bayreuth, fürstl. brandenburg. Consistorial- und. Kammerrath daselbst, gest. 12. Juli 1783. *Weidlich,* Biogr. Nachr. I. 454.

Das geistliche Recht der evangel.-luther. Landesherren und ihrer Unterthanen praktisch entworffen. Culmb. 1786.

293. Emanuel Christoph von Essen.

Geboren zu Greifswald, dort 1747 Adjunkt, 1758 Professor, gest. 1770. *Kosegarten* I. 290.

De onere structurae aedium sacrarum atque parochialium in Pomerania cet. Gryphisw. 1745, 48, 54. 4.

294. Achatius Ludwig Karl Schmid *).

I. Zu Jena 9. April 1725 geboren, hier 1748 Dr. j. u., Privatdozent und Advokat, 1756 Regierungs- und Consistorialrath des Herzogs von Sachsen-Coburg-Saalfeld in Coburg, 1763 als Nachfolger seines ältern Bruders *Paul Wilhelm Schmid* ordentlicher Professor der Pandekten zu Jena, Beisitzer des Landgerichts und Schöppenstuhls und der jurist. Fakultät mit dem Titel Hofrath, siedelte 1766 nach Weimar über, wo er zweiter Assistenzrath, 1776 wirklicher Geheimerath und Kanzler der Landesregierung wurde und 6. Juli 1784 starb.

---

*) *Weidlich,* Biogr. Nachr. II. 283, IV. fortges. Nachtr. S. 209 (hat den 7. Juli als Todestag). *Meusel,* verst. XII. 241. *Glück,* Praecogn. p. 259. *Günther* S. 74.

II. Wir haben es nur zu thun mit folgenden Schriften, welche im Wesentlichen nur Compilationen bieten:

1. *Institutiones jurisprudentiae ecclesiasticae, addito processu consistoriali ad usum fori evangelici methodo systematica adornatae.* Jen. 1754, 62.

Das System dieser viel gebrauchten umfangreicheren Institutionen ist auch im nächsten befolgt; die Behandlung ist eine Verarbeitung fremder Handbücher, Monographieen u. dgl.

2. *Principia jurispr. eccles. Pontificiorum methodo systematica adornata.* Jen. 1756. in auditorii sui usum recensuit *Jo. Christian. Woltair.* Hal. 1789.

Er theilt diese in eine pars *theoretica* und *practica;* erstere handelt über Klerus, Personen, Rechte, Strafen, Delicte, jura realia: verbum divinum — sacramenta — res sacrae, sanctae, bona ecclesiastica; die practica über judicia eccles. und ‚caussae et modus procedendi‘. Ein sehr kurzes Compendium ohne besondern Werth.

3. *De collatione canonicatus inferioris, quatenus differt a collatione canonicatus ecclesiae cathedralis.* 1752.

295. Johann Gottfried Körner.

Geboren 16. Sept. 1726 zu Weimar als Sohn des Diakonus an der Peter- und Paulskirche, zuletzt Pastor an der Thomaskirche, Superintendent, Consistorialassessor, Prof. der Theologie und Domherr von Meissen zu Leipzig, wo er 4. Jan. 1785 starb. *Adelung* III. 683.

De provocatione ad sedem Romanam. Lips. 1785. 4.

296. Christoph Konrad Wilhelm Friederici.

Geboren 22. Sept. 1726 in Hildesheim, studirte die Rechte in Helmstädt und Jena, war dann Erzieher, 1754 Dr. jur. in Jena, 1762 Prof. der Rechte in Leipzig, 1764 in Greifswald, wo er 1. Jan. 1769 starb. *Biederstedt*, Nachrichten I. 58. *Kosegarten* I. 297.

1. *Apparatus jur. canonico-pontificio-eccles.* Gött. 1759 sq. 2 voll.

2. *Gründliche Abhandlung von der Freyheit der teutschen Kirche.* Frankf. u. Leipzig 1761.

297. Friedrich Wilhelm Tafinger *).

Geboren als Sohn des Consistorialraths und Predigers *Wilh. Gottl. T.* am 2. Nov. 1726 zu Tübingen, machte daselbst seine Studien, 1749 Dr. jur., machte Reisen durch Deutschland, wurde 1753 ausserord., 1759 ordentl. Professor der Rechte, gest. 2. Juni 1777. Er las nach *Engau,* dann *G. L. Böhmer.*

Dieser um das deutsche Recht verdiente Gelehrte verfasste die beiden vortrefflichen Dissertationen:

---

*) *Weidlich,* Zuw. Nachr. V. 355. *Pütter,* Liter. II. 122. *Bök* S. 238. *Eisenbach* S. 280 fg.

1. *De eo qui extremam voluntatem in alterius dispositionem committit, sire ad Innoc. III. P. R. cap. 13. X. de test. et ult. vol. observrationes.* Tüb. 1749.

2. *Diss. jur. evangelici eccles. de jure principis circa ecclesiam, eiusque ministros in genere, et sacramenta in specie.* Tüb. 1759. 4.

298. George Ernst Ludwig von Preuschen *).

I. Geboren als Sohn des dortigen Oberpfarrers und Metropolitan *Gerhard Helfrich I.* zu Nidda 26. Febr. 1727, studirte in Marburg, hier 1752 Lic. jur., 1753 ausserordentlicher Professor der Rechte in Giessen, trat 1754 als Hof- und Kirchenrath und Assessor des Ehe-gerichts zu Karlsruhe in die Dienste von Baden-Durlach, wurde 1769 wirkl. geheimer Rath, 1772 Assessor beim Reichskammergericht, in den Adelstand erhoben, 1778 Präsident des Geheimeraths in Dillenburg; er starb während einer Badecur in Ems 1. Sept. 1794.

II. Von seinen Schriften gehören hierher:

1. *De foro causarum ecclesiast. A. C. addictorum, qui domino catholico sunt subditi.* Marb. 1752.

2. *Dass ein kath. Landesherr in Ehe- und anderen Kirchensachen seiner evangel. Unterthanen zu erkennen nicht befugt sei.* Giess. 1753. 4.

3. *Fortsetzung der Gründe, warum ein kathol. Landesherr in Ehe- und anderen Kirchensachen u. s. w.* Frankf. 1754. 4. Anhänge dazu: *Ueber Trau-und Dispens-Scheine und Anmerkungen von dem Kirchenbanne, und, in wie weit evangel. Unterthanen eines kathol. Landesherrn ohne dessen Zuthun einen Glaubensbruder von ihrer Gemeinschaft ausschliessen können.* Mit Auszügen aus Kirchenordn. und der Form der am 3. Febr. 1754 in der Kirche zu Melbach exkommunizirten Eheleute *Joh. Peter Seipel* und *Anna Elisabeth.*

Die 2. Schrift ist Ausführung der ersten — Motiv gab die abgethane Hohenlohe'sche Sache — und holt weit aus, da sie ,von dem Kirchen-recht und der geistl. Gerichtsbarkeit nach dem Rechte der Vernunft', ,nach der Vorschrift des Herrn Christus', ,zu den Zeiten der Apostel', dann bis auf die Reformation handelt, von dem Kirchenr. und der geistl. Gerichtsbarkeit der Katholiken unter sich, dem Kirchenr. u. s. w. der Evangelischen in Deutschland über ihre Glaubensgenossen, um dann schliesslich im 11. Hauptst. Seite 105—120 die eigentliche Titelfrage zu verneinen. Uebrigens ist die Schrift durch Angabe von Literatur und Mittheilung von Gutachten, namentlich bezüglich des angeführten Bannfalles, interessant. Der Kern der eigentlichen Deduction ist folgender: Ehesachen und Ahndung der Hurerei gehören der christl. Kirche, welche in diesen Sachen von den Heiden abgegangen und die Sache religiös geordnet hat; in der katholischen Kirche gebührt die

---

*) *Weidlich,* Biogr. Nachr. II. 181. *Glück,* Praecogn. p. 258. *Pütter,* Liter. II. 149. *Nebel* p. 24.

Cognition nicht dem Landesherrn, folglich auch nicht dem katholischen gegenüber den Evangelischen.

299. Karl Wilhelm Wippermann *).

I. Geboren 27. Oct. 1730 zu Ludwigsburg ¹), studirte die Rechte zu Tübingen und Göttingen (1757), promovirte zu Marburg im J. 1758, ord. Prof. zu Rinteln im J. 1760 und 1764 erster.

II. Schriften kirchenrechtlicher Natur:

1. *De observando statu, quo fuit . . . possessio anni decretorii.* Marb. 1758. 4.

2. *De sententiis contrariis eodem tempore circa idem negotium litigiosum latis, tum ex jure civ., tum pontificali, tum germ. et publ. et eccles. consideratio.* ib. 1759. 4.

3. *Specimen succinctam variorum iuris circa sacra systematum delineationem sistens.* Sect. I. et II. Rint. 1764, 65. 4.

4. *De fundamentis et indole iuris exclusivae maxime eius, qua Caesar Augustus hodienus uti potest, quando capitula germanica in eligendo praesule sint occupata.* ib. 1767. 4.

300. Johann Christoph Wilhelm von Steck **).

I. Er war geboren am 4. Jan. 1730 zu Diedelsheim (Württ.), wo sein Vater Prediger war (später zu Sulzbach an der Murr). Nach dem Unterricht im väterlichen Hause und auf dem Gymnasium zu Hall (Schwaben) studirte er in Tübingen die Rechte von 1747—1749, nahm dann eine Hofmeisterstelle bei zwei Herren von Frankenberg an, liess sich 1751 als Oberhofgerichtsadvokat in Tübingen nieder und erwarb das Licentiat. Im folgenden Jahre trat er als Hofmeister eines Herrn von Seckendorf ein, promovirte 1753 zum Doktor der Rechte unter *Hoffmann's* Vorsitze mit der ,*Diss. de jure devolutionis, maxime in Capitulis Evangelicorum immediatis*‘, ging im nächsten Jahre mit seinem Zögling nach Leipzig und trat hier als Privatdozent auf. Bereits das folgende Jahr verschaffte ihm mehrere Berufungen, er nahm die nach Halle als ord. Prof. des Staats- und Lehnrechts und Fakultätsbeisitzer an. Im J. 1758 ging er als Prof. der Rechte und der Beredsamkeit nach Frankfurt a. d. O., wurde 1763 Kammergerichtsrath in Berlin, 1765 Justitiar und Consulent der Königl. Bank. Diese Stelle legte er 1767 nieder und nahm die eines Geh. Tribunalraths an. Nachdem

---

*) *Pütter*, Liter. II. 53. *Weidlich*, Biogr. Nachr. II. 469.

¹) Pütter hat 1728 ohne Tag.

**) Beitr. zur jur. Lit. in den preuss. Staaten. 5. Samml. S. 246 ff. *Weidlich*, Zuverl. Nachr. III. 389, Biogr. Nachr. II. 381 ff., Succession S. 59 ff. *Meusel*, Gel. Teutschland. 4. Ausg. III. 607 ff.. 1. Nachtr. S. 626. *Glück*, Praecogn. p. 259. *Pütter*, Liter. II. 104.

er 1768 die Universität Halle, 1770 die zu Frankfurt a. d. O. visitirt hatte, wurde er 1773 Geheimerath im auswärtigen Amte, 1776 in den Adelstand erhoben, 1787 Geh. Legationsrath.

II. Dem canonischen Rechte gehören an:

1. *De jure devolutionis maxime in capitulis Evangelicorum immediatis* (praes. *Gottfr. Dan. Hoffmann*). Tüb. 1753. 4.

2. *De interpolationibus Raymundi de Pennaforti, decretalium compilatoris commentariolum* cet. Leipz. 1754. 4.

Bietet nichts neues, jedoch erwähnenswerth als einer der wenigen Versuche solcher Schriften über Quellen.

3. *De ordinatione ad titulum patrimonii et paupertatis.* ib. 1755. 4. (Programm).

· 4. *De adiutoribus praesulum Germaniae.* ib. 1755. 4.

5. Progr. *Vindicias libertatis Ecclesiae Germanicae circa moliendas in hierarchia novationes proponens.* Hal. 1756. 4.

6. *De guarantia pactorum, foederumve religionis ergo percussorum.* ib. 1756. 4.

7. *De servis ordinandis.* Mir nicht bekannt.

8. *Abhandlungen aus dem deutschen Staats- und Lehnrecht* u. s. w. Halle 1757. Darin: ,Von den zur Religionsänderung erforderlichen Unterscheidungsjahren, vornehmlich der aus vermischten Ehen erzeugten Kinder', ,Von Garantien der Religionsverträge'.

9. Abh. *von Proselyten* in Hallischen Anzeigen 1757, Nr. 39.

301. Friedrich Platner.

Geboren zu Leipzig als Sohn des Prof. der Medizin *Joh. Friedr. Pl.* 5. Juli 1730, daselbst 1752 Dr. jur. und ausserord. Prof., 1762 Appellationsrath und Substitut in der Fakultät, 1764 ord. Prof. und Fakultätsbeisitzer, Domherr in Naumburg 1769, gest. 15. Sept. 1770. *Adelung,* Forts. VI. 366.

1. *Potestas principum in ecclesiam partem esse majestatis disp. I. defendit.* Lips. 1766. 4.

2. *De sacris clandestinis.* ib. cod. 4.

302. Louis de Beausobre.

Geboren zu Berlin 1730, auf Kosten Friedrich's II. erzogen, anfänglich in dessen Cabinet, dann Oberrevisionsrath und Mitglied der Akademie, gest. 3. Dez. 1783. Ausser philos. und andern Schriften schrieb er:

Diss. de nonnullis ad jus hierarchicum principum pertinentibus. Frankfurt a. O. 1750. 4.

303. Johann August Schlettwein *).

I. Geboren zu Weimar 1731, 1763 Prof. der Polizeiwissenschaft

---

*) *Weidlich,* Biogr. Nachr. IV. 181. *Nebel* p. 26.

zu Karlsruhe und markgräfl. Kammerrath, darauf Privatdozent in Basel, 25. Oct. 1777 in Giessen als Prof. der Staatswissenschaften und Vorstand der neuen (wieder eingegangenen) staatswirthschaftlichen Fakultät eingetreten, legte im Herbst 1785 sein Amt nieder und zog sich auf seinen Besitz in Mecklenburg zurück, wo er am 2. April 1802 starb.

II. Für uns kommen in Betracht seine kirchenpolitischen Schriften, ausser denen er eine Reihe anderer veröffentlicht hat.

1. *Die Gerechtigkeit in Absicht auf die Klöster und auf ihre inn- und ausländische Güter und Gefälle nebst geschicht- und aktenmässiger richtiger Darstellung des wahren Sinnes der sämmtlichen Verordnungen des westphäl. Friedens über diesen Gegenstand.* Giessen 1784.

Bestreitet das Recht der Fürsten, aus politischen Gründen Klöster aufzuheben und erörtert dann die im Titel angedeutete Frage dahin, dass er dem Regenten die Befugniss abspricht, über in fremden Territorien gelegene Güter der von ihm aufgehobenen Klöster zu verfügen. Die Schrift betrifft die Sache, in der Roth, Koch, Brauer, Westphal und Schnaubert schrieben.

2. *Entwickelung der wichtigen Materien vom Kirchen-Eigenthum, vom Reformationsrechte der deutschen Bischöfe über ihre Mediat-Stiftungen u. s. w.* Giessen 1786.

Gegen die Schriften von *Roth* und *Maier* über diese Gegenstände.

304. Johann Heinrich Fricke.

Geboren zu Wolfenbüttel, studirte die Rechte in Göttingen, wurde hier 1770 Dr. jur., Universitäts-Aktuar und Privatdozent, im selben Jahre Professor in Kiel, 1773 zu Halle, wo er am 8. Jan. 1775 starb. *Pütter*, Liter. II. 63. Versuch II. 69. *Ratjen* p. 158.

Abhandlungen zum protestant. Kirchenrechte bey Gelegenheit der Streitigkeiten über das herzogl. Mecklenburgische neue Gesangbuch. Rost. u. Leipz. 1773.

305. Johann Christof Koch *).

I. Geboren am 8. März 1732 zu Mengeringhausen (Waldeck), wo sein Vater Bürgermeister war, studirte zu Jena, wurde daselbst 1756 Dr. jur. und Privatdozent. Im J. 1759 folgte er einem Rufe nach Giessen als ordentlicher Professor der Rechte, wurde 1763 Hofrath, 1764 Syndikus, 1771 erster Professor der Rechte und Prokanzler, 1772 Geheimerath, 1782 Kanzler der Universität und starb 14. Jan. 1808. Derselbe hat eine hervorragende Bedeutung für das Strafrecht; seine Institutiones jur. crim. waren lange Zeit das allerwärts gebrauchte Vorlesebuch.

II. Das Kirchenrecht behandelt er in den zu Giessen erschienenen Schriften:

*) *Weidlich*, Biogr. Nachr. I. 414. II. Nachtr. S. 146. *Glück*, Praecogn. p. 253. *Nebel* p. 25.

1. *Opuscula juris canonici compendium Boehmerianum illustrantia.* Giess. 1774, zuerst 1772. 4. de Bon. VIII. P. R. Sexto decret. libro cod. ms. mbr.; de brev. extr., de Innoc. III. coll. decret.

Ueber das Breviarium Extrav., vorzugsweise nach einem Giessener Codex; die Compil. ant. III. und die übrigen Sammlungen der Dekretalen Innoc. III. und den Giessener Cod. der Comp. III. und einige Kapitel; Lib. Sextus auf Grund eines Giessener Codex, der ihm den Beweis für dessen Zusendung nach Paris liefert; IV. Examen novae regulae computationis graduum canonicae (zuerst als Progr. 1765); V. de secundis nuptiis non benedicendis ad c. 3. X. de sec. nuptiis. VI. Primae lineae provisionum beneficiorum eccles. in genere. VII. Hess. Priv. v. 26, Oct. 1771 über das freie und öff. Rel.-Exercitium der Reformirten in Darmstadt.

2. *Das in der Lehre von der Priester-Ehe wider sich selbst zeugende Papstthum.* Frankf. 1774.

3. *Diss. in. jur. de votis duplo majoribus ad c. 40 X. de elect.* 1776. 4. (resp. *Jo. Andr. Schiebeler*).

4. *De sacris religionis internis et externis.* 1779. Gegen *G. L. Böhmer*, der sich in der Vorrede der späteren Ausgabe vertheidigt.

306. Johann Friedrich Le Bret *).

I. Geboren 19. Nov. 1732 zu Untertürkheim, war Hauslehrer in Venedig, im Jahre 1763 Lehrer am Gymnasium, 1767 Regierungs- und Consistorial-Bibliothekar in Stuttgart, 1779 Lehrer der Staatskunde an der Militärakademie, Consistorialrath und Oberbibliothekar, 1782 Kanzler der Karlsschule, 1786 Kanzler, erster Prof. der Theologie, Abt zu Lorch und Propst der Georgenkirche in Tübingen, wo er 6. April 1807 starb.

II. Derselbe ist nicht wegen canonistischer Arbeiten, wohl aber wegen folgender für uns von Bedeutung:

1. *Pragmatische Geschichte der so berufenen Bulle in Coena Domini und ihrer fürchterlichen Folgen für den Staat und die Kirche u. s. w.* S. l. 1769, 2 Thle.; Frankf. u. Leipz. 1772, Thl. 3 das. 1774, 4. das.

2. *Magazin zum Gebrauch der Staaten- und Kirchengeschichte, vornemlich des Staatsrechts kath. Regenten in Ansehung ihrer Geistlichkeit.* Ulm 1771 bis 1787. 10 Thle.

Enthält eine Anzahl von Abhandlungen, Urkunden u. s. w. zum Kirchenrecht.

3. Sammlung der merkwürdigsten Schriften, die Aufhebung des Jesuitenordens betreffend. Frankf. u. Leipz. 1773 fg., 4 St. 4.

4. Orat. II. de jure principis evang. circa vicarios apost. Tub. 1693.

---

*) *Adelung*, Forts. von *Jöcher* III. 1459.

307. Albrecht Philipp Frick *).

I. Geboren den 28. Apr. 1733 zu Esslingen, studirte in Ulm, die Rechte zu Helmstädt und Göttingen, wurde 1756 Adjunkt der Juristenfakultät zu Helmstädt und Dr. jur., 1761 ausserord. Prof. und Fakultätsbeisitzer, 1763 ord. Prof. und ord. Mitglied der Fakultät, 1779 Hofrath, gestorben 1798.

II. Schriften:

1. *De reservato ecclesiastico* cet. Helmst. 1755. 4., eine zweite 1757. 4. Die erste unter *F. D. Häberlin's* Vorsitz ist seine Doktorarbeit.

2. *De perennitate pacis religiosae* cet. eod. 4.

3. *Flores sparsi ad ius caesareum de electione pontificis.* 1759. 4.

4. *De clerico fidejussore.* 1760. 4.

5. *De victoris jure circa sacra in terris initae pacis formula ipsi cessis.* 1771.

308. Johann Gottlieb Seger **).

Geboren zu Seifersbach bei Frankenberg in Meissen 5. Sept. 1735 als Sohn des Predigers Karl Christof S., studirte in Leipzig, wo er 1758 Mag., 1760 Dr. jur. und Privatdozent, 1765 ausserord. Prof. der Rechte, 1767 ordentl. Prof. und Assessor der Fakultät, 1771 auch Beisitzer am Oberhofgerichte wurde, Mitglied der vom Fürsten Jablonowski gestifteten Gesellschaft der Wissenschaften, 1782 Domherr zu Naumburg.

1. *De finibus potestatis ecclesiasticae regundis.* 1768. 4. (resp. *J. G. Messerschmidt*).

2. *Hist. jurisdictionis eccles. ex legibus utriusque codicis illustr.* Lips. 1773. 4. Resp. *Henr. Mich. Hebenstreit*, der, wie schon *Weidlich* angiebt, Verfasser ist. 1780. 4.

309. Just. Chr. Ludw. von Schellwitz.

Geboren 10. Sept. 1735 zu Rossla, studirte in Jena und Göttingen, hier 1760 Dr. j. u., 1763 Dozent in Wittenberg, 1766 in Jena, 1767 ausserord., 1769 ord. Prof. der Rechte, seit 1782 auch Assessor im Hofgericht, im Schöppenstuhl und in der Fakultät, 1796 Hofrath, gest. 1. Juni 1797. *Meusel*, Lex. verst. Schriftst. XII. 130. *Weidlich*, Biogr. Nachr. II. 177, III. Nachtr. S. 250. *Günther* S. 74.

De dominorum territorialium jure literas vitalitii concedendi. Jen. 1784. 4.

310. Johann Christian Köhler.

Zu Dresden geboren 20. Sept. 1735, Dr. jur., Oberconsistorialrath, 1798 emeritirt, gest. 30. Mai 1811.

Von Kirchenstühlen und deren Rechten in chursächsischen Landen. Dresd.

---

*) *Weidlich*, Biogr. Nachr. I. 205, IV. fortges. Nachtr. S. 90. *Meusel*, Gel. Teutschl. I. 492, Nachtr. 179. Hall. Beitr. III. 270. *Pütter*, Liter. II. 114. *Koppe*, Lex. I. 194. Memoria. Helmst. 1798. 4.

**) *Pütter*, Lit. II. 116. *Weidlich*, Biogr. Nachr. II. 348. III. Nachtr. S. 271.

1790. Für das Königr. Sachsen und die k. sächs. Oberlausitz neu bearbeitet von Dr. *E. M. Schilling.* 2. Ausg. Leipz. 1830.

311. Ernst Christian Westphal *).

I. Er war geboren zu Quedlinburg den 22. Jan. 1737, Sohn eines früheren Predigers, lebte bis zum 9. Jahre in äusserster Dürftigkeit, studirte in Halle seit 1753 die Rechte, wurde daselbst Doktor im J. 1757, und begann sofort Vorlesungen zu halten. Im Jahre 1761 ausserord. Prof. der Rechte, bald hernach ordentlicher geworden, rückte er 1764 zum vierten, 1775 zum dritten und 1781 zum zweiten ordentlichen Beisitzer der Fakultät, 1791 zum Senior vor und erhielt den Charakter eines Geh. Justizraths, starb 29. Nov. 1792.

II. Die schriftstellerische Thätigkeit ¹) desselben war eine sehr ausgedehnte, sich erstreckend auf das römische, deutsche, peinliche, Staatsrecht, dem canonischen gehört an:

1. Diss. *de veris casibus matrimonii putativi (Jo. Rud. Lud. Purgold).* Hal. 1748. 4.

2. *Von denen Gerechtsamen derer deutschen Reichsstände in Kirchensachen* (in Hallischen Anzeigen 1764, Nr. 33—35 u. sep.) das. 1779. 4.

3. Gedanken von der Wirkung des Eingehens und Aufhebens katholischer Klöster in Ansehung derer Protestanten in Teutschland, nebst eingemischten Zweifeln gegen die von denen Giessinischen Schriftstellern in der Maynzischen Klostersache gemachten Erklärung des Westphäl. Friedens u. s. w. 1784.

312. Christian Gottlieb Hommel **).

I. Geboren zu Wittenberg 17. April 1737, daselbst Dr. j. u. 1765, 1767 Professor der Rechte und Beisitzer der Fakultät.

II. Er hat das protestantische, namentlich sächsische Kirchenrecht, insbesondere verschiedene das Privatrecht berührende Punkte bearbeitet in den brauchbaren Schriften:

1. *Principia juris ecclesiastici Protestantium ex jure imprimis saxonico electorali deprompta . . .* Witteb. 1770.

Ein kurzes Lehrbuch, das in 21 Kapiteln eine Anzahl von Materien: Personenrecht, Sakramente, Vermögens-, Eherecht behandelt, sich vorzugsweise an *Küstner* hält, dessen Bemerkungen ergänzend und auf die neuere Literatur eingehend, namentlich dem sächsischen Rechte gewidmet.

---

*) *Weidlich,* Biogr. Nachr. II. 450, III. Nachtr. S. 290. IV. fortges. Nachtr. S. 246, Succession S. 62 fg. Nekrolog 1792. I. 80.

¹) Exercitationum academicar. ad materias diversas juris pertinent. fasciculus de annis 1757—64. Halle 1780. 4. Abhandl. Halle 1779—88, 2. Samml. 4.

**) *Weidlich,* Biogr. Nachr. I. 356, III. Nachtr. S. 133. *Weiz,* Gel. Sachsen S. 121.

2. *Diss. de privilegiis clericorum in sponte resignantem vel remotum non cedentibus.* ib. 1760.

3. *De juribus et obligationibus praefectorum saxonicorum in ecclesiasticis.* 1768.

4. *De subselliorum ecclesiasticorum commercio.* 1769.

5. *Disp. de juribus ecclesiae creditricis singularibus in mutuo usurarum.* 1771.

6. *Disp. de clerico rerum parochialium locatore et laico conductore.* 1772.

7. *Disp. de clerico rerum et operarum conductore.* 1773.

8. *Diss. capita jur. eccles. lecta de jure patronatus suspenso et ad principem devoluto.* 1782.

313. Johann Christian Zindel.

Geboren 30. Jan. 1738 zu Anspach als Sohn des Hofkaplans, studirte von 1758 bis 1763 die Rechte in Erlangen, wo er im letztern Jahre Dr. jur. und Privatdozent, 1769 ausserordentl. Professor wurde und am 22. Febr. 1794 starb. *Fikenscher,* Erlang. Gel.-Gesch. III. 23.

De ecclesiis cathedralibus diss. canonico-jurid. Mayer, Thes. I. 33.

314. Justus Friedrich Runde *).

Geboren zu Wernigerode 27. Mai 1741, studirte die Rechte in Halle und Göttingen, wurde hier 1770 Dr. jur. und Privatdozent, 1775 Prof. des Staats- und Privatrechts und der Reichshistorie am Collegium Carolinum zu Cassel, 1784 Hofrath und ord. Prof. der Rechte und Beisitzer der Juristenfakultät in Göttingen.

Hier kommt dieser um das deutsche Recht verdiente Mann nur in Betracht durch die für das deutsche wie das Kirchenrecht interessante

Abhandlung vom Ursprung der Reichsstandschaft der Bischöfe und Aebte. 1775. 4. (von der kön. Societät der Wiss. zu Göttingen gekrönte Preisschrift).

Deren Resultate sind im Ganzen zwar nicht stichhaltig, sie ist jedoch werthvoll nicht blos als eine der früheren Monographieen in deutscher Sprache, sondern auch durch die Untersuchung an sich, weil sie zu den wenigen ältern zählt, worin einem einzelnen Punkte eine wirklich historische Untersuchung gewidmet wird. Der Schluss der Abhandlung: »Ihre (der deutschen Bischöfe Reichsstandschaft u. s. w.) Rechte beruhen also mit den Rechten aller Reichsstände auf einem heiligen Grunde, den Verträgen einer ganzen Nation, und müssen, so lange als diese, dauern« — ist für des Verfassers Standpunkt bezeichnend. Gegen sie *Reuss,* Theses ex jure publico Germanorum antiquiori cet. Stuttg. 1781.

---

*) *Pütter,* Liter. II. 63. Versuch III. 132. *Weidlich,* Biogr. Nachr. II. 258. III. Nachtr. S. 240. IV. fortges. Nachtr. S. 204.

315. Johann Christian Maier *).

I. Geboren 25. Dez. 1741 zu Ludwigsburg in Württemberg, studirte die Theologie in Tübingen, wurde 1762 Mag., 1765 Cand. theol., ging nach kurzer Pastoration in Auerbach nach Jena als Hofmeister von zwei Herrn von Wöllwarth, wurde daselbst 1771 Dr. jur., darauf Lehrer des Erbprinzen von Weimar für Reichsgeschichte und Staatsrecht und Prof. der Philosophie in Jena, 1776 zum Prof. der Institutionen und Justizrath ernannt ging er im selben Jahre als Prof. des Staatsrechts und dänischer Justizrath nach Kiel, wurde 1778 ord. Prof. des Staats- und Kirchenrechts als Nachfolger von *Tafinger* in Tübingen, und herzogl. Rath, gest. 1821.

II. Er verfasste die guten Schriften:

1. *De statuum imperii R. G. de jure reformandi.* Jen. 1771.

2. *De nomine A. C. addictorum secundum art. VII. J. P. O. protestantibus non communi, sed Lutheranis proprio.* ib. 1772.

3. *Teutsches geistliches Staatsrecht,* abgetheilt in Reichs- und Landrecht. Lemgo 1773. 2 Thle.

Das vollständigste Handbuch über die gesammten staatlichen Regierungsrechte in kirchlichen Dingen, dadurch für die Kenntniss der damaligen Zustände auf diesem Gebiete das bequemste Hülfsmittel.

4. *Von der evangel. Geistlichkeit Gerichtsstand in zeitlichen Sachen, besonders in den gemischten Reichsstädten* u. s w. Tübingen 1781.

5. *De notione tolerantiae religiosae civilis, praesertim ex mente art. V. J. P. O.* das. 1782.

6. *De Judaeorum tolerantia legum series temporum ordine digesta* cet. ib. eod. Sammlung der die Juden betreffenden Gesetze (römische, canonische, deutsche, Frankfurter Reformation) mit theilweiser Erläuterung.

316. Karl Heinrich Geissler **).

I. Geboren zu Schulpforte (in Sachsen) 12. Mai 1742, machte in Leipzig seine philos. Studien, Doktor 1765, Privatdozent, 1770 Advokat und Dr. jur. in Leipzig, im selben Jahre ord. Prof. in Erlangen, 1774 als ord. Prof. des Staatsrechts von Erlangen nach Marburg berufen, zugleich Titular-Regierungsrath, 1783 Prof. und Hofrath in Göttingen, das er schon im folgenden Jahre verliess, unter Annahme des Rufs zum Ordinarius der Juristenfakultät und Hofrath in Wittenberg, wo er am 4. Nov. 1789 starb.

II. Uns gehen an seine kirchenstaatsrechtlichen Schriften:

---

*) *Weidlich,* Biogr. Nachr. II. 8. III. Nachtr. S. 182. *Glück,* Praecogn. p. 254. *Pütter,* Liter. II. 91. *Eisenbach* S. 283.
**) *Pütter,* Liter. II. 104. Versuch II. 75. *Weidlich,* Biogr. Nachr. I. 212, III. Nachtr. S. 94. IV. fortges. Nachtr. S. 85. *Fikenscher* I. 231.

1. *De gravaminibus religionis auctoritate judiciorum imperii tollendis.*
Erlang. 1771. 4.

2. *De judicio super religione aliorum ferendo.* Marb. 1779.

3. *Progr. de potestate imperatoris ordinandi regimen bonorum ecclesiasticorum imperii immediatorum.* Gött. 1783.

317. Traugott Andreas Biedermann *).

Geboren zu Annaberg 29. Nov. 1743, studirte in Leipzig, dann Hofmeister, 1771 Dr. jur. in Halle, Advokat in Leizig, 1783 kurf. sächs. wirkl. Hof- und Justizrath, Geh. Kabinetssekretär zu Dresden.

Diss. inaug. *de jure reformandi territoriali ad tres religiones in imperio R. G. receptas haud restricto.* Ad verba finalia Art. VII. P. O. Hal. 1771.

318. August Friedrich Schott **).

I. Geboren den 11. April 1744 zu Dresden, wo sein Vater Generalacciseinspektor war, wurde im Hause unterrichtet, bis er im J. 1761 zum Studium der Rechte nach Wittenberg ging. Er setzte dasselbe nach Ablauf eines Jahres in Leipzig fort, promovirte 1764 in der Philosophie und bald darauf in den Rechten, und habilitirte sich als Privatdozent. Trotz seines schwächlichen Körpers las er täglich bis zu 7 Stunden, wurde ausserord. Prof., 1779 ordentlicher Beisitzer der jurist. Fakultät und Assessor des Oberhofgerichts, 1782 ord. Prof. der Rechte, starb am 10. Oct. 1792 nach längerer Krankheit. Sein beispielloser Fleiss, seine Wohlthätigkeit und Freundlichkeit — er hatte beständig an 400 Bücher ausgeliehen — werden laut gerühmt. Er las römisches, deutsches, sächsisches und canonisches Recht.

II. Von seinen Schriften verdienen hier eine Erwähnung:

1. Ausgabe von *Doujat,* Praenot. can. Mit. et Lips. 1776—79.

2. *Unparteiische Critik über die neuesten jur. Schriften.* 1768—82.

3. *Bibliothek der neuesten jur. Literatur.* 1763—68, 1783 ff.

4. *Supplement zu Lipenius bibl. jur.* 1775.

5. *Jurist. Wochenblatt.* Leipz. 1771 ff.

6. *Systema historiam legum ecclesiasticarum de temporibus nuptiarum clausis.* 1774.

319. Ernst Christian Trapp.

Geboren zu Drage in Holstein 8. Nov. 1745, 1772 Rector zu Itzehoe, 1776 Subrector, dann Conrector in Altona, 1777 Lehrer am Philanthropium in Dessau, 1779 Prof. in Halle, resignirte 1783, gest. 18. April 1818.

---

*) *Weidlich,* Nachr. I. 72, III. Nachtr. S. 24, IV. fortges. Nachtr. S. 41. *Meusel,* Gel. T. I. 129, 1. Nachtr. S. 49, 2. S. 24. *Koppe,* Lexicon I. S. 49.

**) *Weidlich,* Biogr. Nachr. II. 330, III. Nachtr. S. 262, IV. fortges. Nachtr. S. 215. Nekrolog 1793. II. 371.

Ueber die Gewalt protestantischer Regenten in Glaubenssachen. Braunschweig 1788.

Bestreitet das Recht der protest. Fürsten, den Lehrbegriff festzusetzen bezw. einen früher festgesetzten als unveränderlich zu schützen, tritt ein für das freie Forschen und bestreitet die Schädigung des Staatswohles durch Veränderung des Lehrbegriffs. Ohne alle Bezugnahme auf Gesetze u. s. w., lediglich aus dem Naturrecht u. dgl. deduzirend.

320. Karl Friedrich Treitschke.

Geboren zu Leipzig im Mai 1746, studirte die Rechte in Göttingen 1769, 70, dann in Leipzig, wurde hier 1772 Dr. jur., machte eine wissenschaftliche Reise nach Wetzlar, Regensburg und Wien, war in Leipzig Privatdozent, 1778 wirkl. Hof- und Justizrath in Dresden. *Pütter*, Liter. II. 66. *Weidlich*, Biogr. Nachr. II. 404.

Diss. inaug. de iure principum divortiis proposito. Lips. 1772.

321. Johann Heinrich Gelbke.

Geboren 15. Juni 1746 zu Beneckenstein (Grafschaft Hohenstein), 1779 Consistorialassessor und 1783 Oberconsistorialrath, dann Vicepräsident des Oberconsistoriums zu Gotha, wo er 26. Aug. 1822 starb. Allgem. Deutsche Biogr. VIII. 530.

Kirchen- und Schulverfassung des Herz. Gotha. Gotha 1790—99. 3 Thle. 4. Umarbeitung des „Kirchen- und Schulen-Staates des H. Gotha" von *Brückner*.

322. Anton Ferdinand Edler von Geissau (Geisau, Geusau).

Geboren 19. Dez. 1746 zu Hochstädt a. d. Donau, gest. zu Wien 25. Aug. 1809 nach einem traurigen Dasein. *Weidlich*, Biogr. Nachricht. IV. 74. *v. Wurzbach.*

Historica narratio juris, quod imperatores in approbandis pontificibus Rom. habuerunt, et quomodo vice versa Imperatoriae majestatis confirmatio a pontificibus introducta et usurpata est cet. Wien 1782. Auch deutsch: Histor. Vortrag von dem Rechte, welches die Kayser zur Bestätigung der römischen Papstwahl gehabt u. s. w. das.

323. Johann Ith.

Geboren zu Bern 1747, Prof. und Oberbibliothekar daselbst, 1796 Pfarrer zu Siselen im Kanton Bern, Mitglied des Kirchen- und Erziehungsraths, Kurator und Dekan zu Bern, gest. 8. Oct. 1813.

Versuch über die Verhältnisse des Staats zur Religion und Kirche. Bern 1798.

324. Christian Gottlob Biener *).

I. Geboren zu Zörbig am 10. Januar 1748, wurde in Schulpforta

---

*) *Weidlich*, Biogr. Nachr. I. 72 u. ö. *Meusel*, Gel. T. I. 130 u. ö. *Koppe*, Lexicon I. 49. Neuer Nekrolog VII (1829) S. 32 ff. *Gerber*, Ordinarien S. 44.

unterrichtet, studirte erst in Wittenberg, dann auf der Universität zu Leipzig, welcher er sein ganzes folgendes Leben angehörte. Im J. 1776 an derselben habilitirt, 10. Apr. 1777 zum Doktor promovirt, 1782 ausserord. und 1790 ord. Prof. geworden, fungirte er seit 1. März 1809 als deren Ordinarius und starb den 13. Oct. 1828. Seine ausschliesslich akademische Thätigkeit wurde durch die Thätigkeit als Domherr zu Naumburg (seit 1796) und Hof- (1809), später Oberhofgerichts-Rath nicht gestört.

II. Als Schriftsteller [1]) hat Biener für das deutsche Recht [2]) und den Prozess [3]) Bedeutendes geleistet, aber auch dem sächsischen, römischen, Lehnrechte u. s. w. werthvolle Arbeiten zugewendet. Das canonische Recht hat er bedacht beziehungsweise berührt durch folgende verdienstvolle, in Leipzig erschienene Schriften:

1. Diss. *de jurisdictione ordinaria et exemta* (Inauguraldiss.). 1777.

2. *Abhandlung von der kaiserl. Advokatie über den Stuhl zu Rom, päpstl. Heiligkeit und christl. Kirche* u. s. w. 1783.

Abgesehen von guten historischen Bemerkungen ist die Schrift dadurch interessant, dass sie zeigt, welche grossen Rechte und Pflichten man noch 1783 dem deutschen Kaiser beilegte.

3. *De hierarchia consensu ord. in Imper. Rom. Germ. reformanda.* 1787. Führt aus, die kath. Hierarchie könne vom Reiche umgestaltet werden.

4. Quaestio de *matrimonio propter impotentiam dissolvendo.* 1814.

5. Qu. de *matrimonio nullo.* eod.

6. De *auctoritate juris canonici.* 1815.

7. De *die decretorio hodieque observando.* 1818.

8. *Fideicommissa evangelicam religionem a fundatore praescriptam habentia etiam receptis in communionem iuris civilis omnium religionum consortibus naturam suam conservarunt.* 1823.

9. De *usu hodierno juris Mosaici* Exodo cap. XXII. v. 15 et 16 et juris Canonici cap. 1. X. de adult. et stupro. 1824.

10. *Sacra juris ancora, jusjurandum:* ad illustr. l. 3 C. de rebus creditis et jurejur. l. 31. D. de jurej. et cap. 36. §. 1. X. de jurejur. 1825.

11. *Bestimmung der kaiserl. Machtvollkommenheit in der Teutschen Reichsregierung nach ihrem wahren Ursprunge und Absichten aus Urkunden, Staatshandlungen und Gesetzen erwiesen.* Leipz. 1780. 3 Thle. Da dessen zweiter Theil die geistliche deutsche Reichsregierung behandelt, verdient es Erwähnung.

---

[1]) Von seinen kleineren Arbeiten erschien eine Sammlung: *Opuscula academica* (herausg. vom Sohne Fr. Aug.). Lips. 1830. 2 voll. 4. Der erste enthält 26 Dissert., der zweite 115 Programmata. *Die Nr. 1, 3—10 angeführten Schriften sind darin neu abgedruckt.* Ein dem ersten Bande vorangehender ,Index scriptorum a Chr. G. B. . . . editorum' zählt 154 auf.

[2]) Besonders durch seine Commentarii de origine et progressu legum juriumque Germanicorum. Lips. 1787—95. 2 P. in 3 voll.

[3]) Namentlich durch das ,Systema processus judiciarii et communis et saxonici in usum scholae ac fori scriptum'. Lips. 1806. 2 voll.. 4. Anfl. 1834 fg.

325. Christian Wilhelm Kindleben.

Geboren 4. Oct. 1748 zu Berlin, daselbst 1773 Prediger, musste 1775 das Amt niederlegen, 1778 Gehülfe Basedow's in Dessau, privatisirte zuletzt, wie Adelung sagt, ‚als ein geistlicher Vagabunde zu Berlin' und starb zu Dresden im J. 1785. *Adelung* III. 356.

Ueber den Ursprung, den Nutzen und die Missbräuche des Kirchenpatronats. Berlin 1775.

326. Karl Siegfried Abraham von Aeminga.

Bruderssohn von Siegfried Caeso v. A., geboren zu Greifswald 6. Juli 1749, studirte hier seit 1764, seit 1769 in Göttingen die Rechte, in ersterer Stadt 1771 Dr. jur. und Advokat, gest. 2. Febr. 1786. *Weidlich,* Biogr. Nachr. I. 3 (diese Schrift fehlt bei ihm). *Meusel,* Lex. *Kosegarten* I. 290.

Diss. acad. de divortio et repudio ob furorem cognoscendo. Greifswald 1768. 4.

327. Friedrich Reinhard.

De juramento simoniae a candidatis . . . praestando. Regiom. 1719. 4.

328. P. Michelis.

Pastor dioecesim suam dirigens, ad regiminis ecclesiastici dilucidationem, exhibens, d. i. Der seinem anbefohlenen Synodo wohl fürstehende praepositus. Zur Erläuterung des Kirchen-Regiments. Rost. u. Parchim 1721.

329. Johann Christoph Hartung.

Tractatio juridica *de jurisdictione consistoriali,* oder: Von der Gerichtsbarkeit geistlichen Gerichts. Frankf. u. Leipz. 1725. 4.

330. Christian Gottl. Lehmann.

Tr. *de officio superintendentis* in electoratu saxonico. Chemnitz 1725. 4.

331. Burk. Gotth. Arno.

Diss. jur. publ. et eccl. *de jure ecclesiae circa religionem.* Jen. 1724. 4.

332. Chr. Ludwig Förster.

De praestantia et auctoritate juris canonici in foro Germaniae. Francof. 1725. 4.

333. Johann Friedrich Mayer.

De primatibus, metropolitanis et reliquis episcopis ecclesiae Germanicae. Lips. 1729. 4. Er, nicht der Präses *J. J. Mascov,* ist als ‚autor et respondens' bezeichnet.

334. Christian Wilhelm Freiherr von Wolzogen und Neuhauss.

Diss. (inaug.) *jur. publ. et eccles. de principum S. R. J. potestate in sacris ante pacem religionis.* Hal. Venedor. 7. Mai 1729. 4.

335. Erich P. Lang.

Diss. hist. crit. de canonibus apostolorum. Lugd. Goth. 1730. 4.

336. Johann Christoph Röhring.

De eo quod justum est circa subscriptionem librorum symbolicorum a jure sacrorum imprimis principum evang. dependentem. Vit. 1730. 4.

337. Johann Jakob Kammerer.

Tract. de excommunicatione aut anathemate. Argent. 1732. und deutsch: *Abhandlung über die Exkommunikation oder den Kirchenbann.* Strassb. 1732. Am 26. Januar 1795 auf den Index gesetzt.

338. Johann Jodok Beck.

Rath des Grafen von Hohenlohe-Neuenstein, des Grafen von Giech, Consiliarius der Stadt Nürnberg, Prof. der Pandekten und Fakultäts-assessor in Altdorf.

Tractatus de eo quod justum est circa conjugalis debiti praestationem. Von Leistung der ehelichen Pflicht. Worinnen in specie von der bosshafft und halsstarrigen Entziehung der ehelichen Pflicht und der daraus entstehenden Ehescheidung u. s. w. Frankf. u. Leipz. 1733. 4.

Eine weitläufige deutsche Umarbeitung der pag. 241—264 abgedruckten lateinischen Inauguraldiss. *De conjugalis debiti praestatione* Altd. 1706, welche zugleich die Impotenz und die Gerichtsbarkeit in diesen Prozessen erörtert und durch den reichen Nachweis der Praxis und genaue Berücksichtigung der Literatur werthvoll ist.

339. Joh. Carl Liernar.

Inspektor zu Traubach, unter dem Pseudonym *Christian Liber.*

Kurtze, doch gründliche Untersuchung der Conventional- und Collegial-Rechte der evang. Kirche und deren rechtmässige Verwaltung. Freyst. 1733. 4.

340. Julius Bernhard von Rohr.

1. Vollständiges *obersächsisches Kirchenrecht*, in welchem die Materien der geistl. Rechtsgelahrsamkeit ohne Einmischung der päbstl. Verordnungen nach Anleitung des göttl. und natürl. Rechts, dem Inhalt derer Chur- und Fürstl. Kirchengesetze Albertinischer und Ernestinischer Linie und der Entscheidungen derer sächsischen Theologorum und Juristen vorgetragen werden. Frankf. u. Leipz. 1723. 4.

2. Jurist. Tractat von dem *Betrug bey den Heyrathen*, in welchem des Prof. Krausens und Abr. Kästner Dissertationen zu Grunde gelegt werden. Berlin 1736.

341. Johann Gottfried Neumann.

De redditibus pastorum eccles. Von Einkünfften derer Prediger. Leipzig 1738. 4.

342. Clarus Syord.

Diss. in. jur. de jure nominationis regiae circa beneficia ecclesiastica. Arg. 1740. 4.

343. Heinrich Bodinus.

1. *De alienatione bonorum ecclesiasticorum.* Hal. 1712. 4.
2. *Tr. singularis de abusu poenitentiae ecclesiasticae.* Hal. 1741. 4.

344. Jo. Simon Friedrich von Lichtenstein.

De simulatione circa matrimonium. Gott. 1743. 4.

345. Jon. Thomas von Höckdorf.

Gründliche Betrachtungen über die in des Hrn. v. Pufendorf's Buche von der christlichen Religion gegen den Staat enthaltenen und damit verknüpften göttlichen Wahrheiten. Leipzig 1744.
Allgemeine philosophisch-historische Räsonnements.

346. Johann Ludwig Walther.

Lexicon juridicum indices utriusque juris corporis tam cir. quam canon. exhibens locupletissimos. Gött. 1744.

347. Christian Friedrich Köhler.

Ex jure ecclesiast. de investitura ministrorum ecclesiae. Vit. 1745. 4.

348. Wilh. Friedr. Kröber, aus Breunsdorf.

De immunitate forensium ab onere reficiendi aedificia ecclesiastica. Wittenberg 1745. 4.

349. Paul Stockmanns.

Brauch und Missbrauch 'des geistlichen juris patronatus und anderer Kirchengerechtigkeiten. Leipzig 1745. 4.

350. C. Friedr. Winckler (Winchler).

De jure prim. prec. ad victorem terrarum imperatoris non transeunte. Lips. 1745. 4.

351. Dan. de Glinnik Glinski (praes. J. W. Göbel).

Disquisitio academ. de jure principis circa religionem. Helmst. 1746. 4.

352. Joh. Christian Ortel (Advokat).

De expectativa ecclesiastica. Von der Anwartschaft auf ein geistliches Amt, oder von Substituten. Wittenb. 1747. 4.

353. Johann Samuel Schmitt.

Diss. de exercitio juris patronatus realis ad praediorum fructus referendo. Lips. 1746. 4.

354. Friedrich August Christian Wahl.

1. Diss. jur. solennis observ. quasdam subitaneas *de jure amortizationis* sistens. Helmst. 1745. 4. Diss. jur. pleniorem adsertionem *juris amortizationis* sistens (resp. Jo. Car. Mühlroth). Helmst. 1746. 4.

2. Ausgabe (Helmst. 1748. 4.) des bei *Florent* num. 4. genannten Schriftchens, dem er eine Vorrede beifügt über die kathol. und protest. Canonisten und Florent's Leben nach Doujat beschreibt.

355. Johann Christoph Laxdehn.

Diss. jur. de eo quod justum est circa matrimonium in articulo mortis contractum. Königsb. 1747. 4.

356. Johann Gottl. Brendel.

De successione ecclesiae in ministri sui bona vacantia. Des verstorbenen Pfarrers erblose Güter fallen der Kirche zu. Jena 1749. 4.

357. Johann Ludwig Pape.

De simonia ne in foro eccles. naturali quidem licita. Helmst. 1749. 4.

358. Carl Weitzel.

Philosophisch-juristische Abhandlung von der Macht weltlicher Regenten wider die göttlichen Rechte Gesetze zu geben. Frankf. u. Leipz. 1749. 4.

359. Johann Friedrich Cleemann.

Geboren zu Chemnitz 7. Aug. 1750 als Sohn eines dortigen Diaconus, studirte von 1768—1771 die Rechte in Leipzig, ging als Baccalaureus und Notarius in seine Heimath zurück, wo er Advokat wurde; am 23. Sept. 1773 promovirte er in Leipzig mit der Diss.:

De adventu juris canonici in Germaniam. Lips. 1773. 4.

360. Andreas Joseph Schnaubert *).

I. Er war am 30. Nov. 1750 in Bingen geboren, studirte seit 1765 in Mainz Philosophie und Geschichte, wurde 1767 Mag. phil., trat in's theol. Seminar, wurde Baccal. theol., verliess dasselbe und ging 1776 nach Giessen behufs Studiums der Rechte. Er *trat* dann *zur lutherischen Confession über*, wurde 1780 Privatdozent in Giessen, 1783 ausserord., im folgenden Jahre ord. Prof. der Rechte in Helmstädt, im J. 1786 in Jena, wo er 1809 durch Vorrückung erster Professor, auch Geheimer Justizrath wurde und am 10. Juli 1825 starb.

II. Er hat folgende hierher gehörige Schriften verfasst, welche keinen grossen dauernden Werth haben:

*) *Glück*, Praecogn. p. 260. *Weidlich*, Biogr. Nachr. II. 311. IV. fortges. Nachtr. S. 212. N. Nekrolog (1825) S. 1489 Nr. 186.

1. *Neueste jurist. Bibliothek, bes. des deutschen Staats- und Kirchenrechts.* Giessen 1780—86. 30 St.

2. *Beyträge zum deutsch. Staats- u. Kirchenrechte.* Giess. 1781—83. 2 Thle.

3. *Gutachten über den Anfall der in Hessen gelegenen Güter der von Mainz säcularisirten Klöster.* Giess. u. Marb. 1783, 1784. 3 Schr.

4. *Ueber die rechten Mittel, die Protestanten wider den Katholicismus zu sichern.* Jena 1788.

5. *Kurzer Entwurf des protest. Kirchenrechts in Deutschland.* Jena 1788.

6. *Grundsätze des Kirchenrechts der Protest. und Kathol. in Deutschland.* Jena 1794, 1805, 1806. 2 Thle. Vorher als: *Grundsätze des Kirchenrechts der Protestanten in Deutschland.* das. 1792, 2. Ausg. 1795, und *Besondere Grundsätze des Kirchenrechts der Katholiken in Deutschland.* das. 1794.

7. *Ueber Kirche und Kirchengewalt in Ansehung des kirchl. öffentlichen Religionsbegriffs nach Grundsätzen des natürlichen und protestantischen Kirchenrechts.* das. 1789, 2. Aufl. 1795.

8. *Expositio veri sensus quaestionis de existentia corporis evangelicor. eiusque juribus controversae.* ib. 1798.

9. *Progr. de iustitia divortii inter coniuges principes cath. relig. addictos bona gratia divertentes.* ib. 1811.

361. Helwing Bernhard Jaup *).

Geboren zu Darmstadt 9. Aug. 1750 als Sohn eines Hofpredigers, studirte die Rechte in Göttingen und Giessen, praktizirte in Wetzlar, wurde im März 1772 vierter ord. Prof. der Rechte in Giessen, disputirte 31. Dez. 1777 öffentlich pro gradu doctoris, wurde zwei Jahre beim Reichstage beschäftigt, Geheimsekretär und Prokanzler, zweiter Prof. 1803, starb 27. Oct. 1806.

Progr. de jurisdictione supremorum imperii tribunalium in causis ecclesiasticis evangelicorum non magis, quam catholicorum fundata. Giss. 1772.

362. Joh. Gottfr. Benj. Härlin, genannt Tritschler.

Gestorben im 81. Lebensjahre als pensionirter Obertribunalsrath zu Stuttgart den 10. Mai 1830 (N. Nekrolog von 1830 S. 950).

Rechtliche Abhandlung über Eheverlöbnisse nach evang.-luther. und besonders den beim kön. württemb. Ehegericht angenommenen Grundsätzen. Tüb. 1818.

363. Gottlieb Jakob Planck **).

I. Geboren zu Nürtingen in Württemberg 15. Nov. 1751, in Tübingen 1774 Mag. und Repetent, 1780 Prediger in Stuttgart, 1781 Prof., 1784 ord. Prof. der Theologie in Göttingen, 17. Sept. 1787 Dr. theol. hon. c. von Tübingen, 1791 Consistorialrath und Prof. pri-

---

*) *Pütter*, Liter. II. 66. *Koppe*, Lexicon I. 318. *Weidlich*, Nachr. I. 374, III. Nachtr. 140. *Meusel*, Gel. T. II. 218, Nachtr. 156, IV. 314. *Nebel* p. 27.

**) *Pütter*, Versuch II. 121. *Saalfeld*. Versuch S. 293.

marius, 1805 Generalsuperintendent im Fürst. Göttingen, unter der westfäl. Regierung Präsident des Consistoriums in Göttingen, gest. 31. Aug. 1833.

II. P. gehört zu den Begründern der neueren wissenschaftlichen Kirchengeschichte. Uns berühren von seinen zahlreichen historischen Schriften und Broschüren nur:

1. *Grundriss einer Geschichte der kirchl. Verfassung, kirchl. Regierung und des canon. Rechts, besonders in Hinsicht auf die deutsche Kirche.* Gött. 1791.

2. *Anecdota quaedam ad historiam Conc. Trid. pertinentia.* ib. 1791 bis 1818. 4. — 26 Programme mit allerlei Dokumenten von Bedeutung.

3. *Betrachtungen über die neuesten Veränderungen in dem Zustand der kathol. Kirche* u. s. w. Hannover 1808.

4. *Ueber die gegenwärtige Lage und Verhältnisse der kathol. und der protest. Partey in Deutschland.* das. 1816.

364. August Ludwig Schott *).

Geboren 25. Nov. 1751 zu Göttingen, wo sein Vater Christoph Friedrich S. damals Diaconus war, studirte in Tübingen, 1772 hier Dr. jur., Prof. der Rechte in Tübingen von 1778—1781, studirte dann noch in Göttingen unter Böhmer, Pütter und Gatterer, 1773 Mitglied des histor. Instituts, 1774 Hofgerichtsadvokat in Tübingen und Privatdozent, 1775 ord. Prof. am Collegium illustre, 1778 ausserord. Prof. der Rechte an der Universität, 1781 ord. Prof. in Erlangen.

1. *De auctoritate jur. can. inter evangelicos apte recepti eiusque usu moderando.* Erlang. 1781. 4.

2. *Einleitung in das Eherecht zum akademischen und gemeinnützlichen Gebrauch.* Nürnberg 1786, 1802.

3. Observationes *de jure patronatus ecclesiae pluribus competente* speciatim *de praesentatione per turnum.* Tub. 1778.

4. Accessiones juridicae ad b. Gerhardi tract. theol. de conjugio (im T. XVI. der loci theol.), daraus Specimen accessionum cet. *de consensu parentum in nuptiis liberorum necessario.* Tub. 1778.

365. Conrad Wilhelm Ledderhose **).

I. Geboren zu Hanau den 21. Dez. 1751, studirte in Marburg, wo er 1771 promovirte, wurde cassel'scher Rath und Regierungsarchivar, 1784 Prof. des Staats-, Privatrechts und der Rechtsgeschichte am Carolinum zu Cassel, daselbst Regierungs- und später Appellationsrath, gest. 19. Dez. 1812.

II. Ausser civilistischen, historischen u. a. Schriften, insbesondere über Kirchenverhältnisse:

---

*) *Meyer*, Biogr. und liter. Nachr. S. 329. *Weidlich*, Biogr. Nachr. II. 338. III. Nachtr. S. 264.

**) *Strieder*, Hess. gel. Gesch. VII. 460, VIII. 534. *Weidlich*, Nachr. IV. 134. *Meusel*, Gel. T. II. 408. 1. Nachtr. 370. 2. S. 200. 3. S. 214. *Koppe*, Lexicon I. S. 373.

1. *Beiträge zur Beschreibung des Kirchenstaats der Hessen-Cassel'schen Lande.* Cassel 1780.

2. *Versuch einer Anleitung zum Hessen-Cassel'schen Kirchenrecht.* das. 1785. 4.

3. *Kurhessisches Kirchenrecht.* Neu bearb. von *Ch. Herm. Pfeiffer.* Marb. 1821. von *G. L. Büff.* Cassel 1861.

366. Johann Wilhelm Loy.

Geboren 3. April 1752 zu Weissenburg, 1775 Rector in Isny, 1779 Prediger zu Leutkirch, wo er im Dez. 1805 starb. *Adelung,* Forts. III. 2197.

Das protestantische Eherecht. In einer Reihe theol. und jurist. Bedenken. Nürnb. u. Altdorf 1793 fg., 2 Thle.

Vorzugsweise berechnet auf den praktischen Geistlichen, der in den 361 Paragraphen eine Masse casuistischen Stoffs erhält. Ein Vorläufer des späteren von *Stapf.*

367. Friedrich G. H. J. Bädeker.

Geboren zu Dortmund 11. Aug. 1752. Superintendent und Consistorialrath zu Dahl in der Grafschaft Mark.

1. *Ausführlicher Auszug dessen, was in dem A. L. R. . . . . den protest. Prediger besonders angeht.* Anonym u. s. l. 1795.

2. *Allgem. preuss. Kirchenrecht, ein system. geordneter Auszug desjenigen, was in dem a. L.-R. und in der Gerichtsordn. . . . darauf Bezug hat.* Dortm. 1798.

368. Ludwig Timotheus von Spittler.

Dieser bekannte Historiker (geboren 10. Nov. 1752 zu Stuttgart, 1777 Repetent am theol. Seminar in Tübingen, 1779 Prof. der Philosophie zu Göttingen, 1806 württemb. Minister, Präsident der Oberstudiendirektion und Curator der Universität Tübingen, gest. 14. März 1810), dessen kirchen- und profangeschichtliche Werke bleibenden Werth besitzen, hat hier einen Platz wegen zweier die Rechtsgeschichte behandelnden Schriften:

1. *Geschichte des canonischen Rechts bis auf die Zeiten des falschen Isidorus.* Halle 1778, neu mit dem Fragment einer Fortsetzung in dessen Werken (von *Wächter* edirt) Bd. I. Stuttgart 1827.

Steht wesentlich auf den Forschungen von *Constant* und der *Ballerini*, ist aber durch tüchtigen historischen Sinn ausgezeichnet und die erste Schrift, welche in Deutschland den Gegenstand in wirklich durchaus wissenschaftlicher Gestalt behandelt, indessen nicht eigentlich Neues liefert. Dass sein Urtheil über die Ballerini, denen er Verdrehung zu Gunsten ihrer Ansichten vorwirft, falsch sei, hat schon *Bickell* bemerkt und hervorgehoben, wie verkehrt derselbe die Bibl. graeca von *Fabricius* ihnen gegenüber betone, während dieser nur längst

Bekanntes compilire. Die Fortsetzung, welche bis in's zwölfte Jahrhundert geht, bringt ebenfalls nichts Neues.

2. *Von der ehemaligen Zinsbarkeit der nordischen Kirche an den röm. Stuhl.* Hannover 1797.

369. Johann Martin von Abele *).

Geboren zu Darmstadt den 31. März 1753, studirte die Rechte seit 1773 zu Tübingen, seit 1775 in Göttingen, wo er 1778 Dr. jur. und Privatdozent wurde, erhielt 1779 das Amt eines Consulenten der Reichsstadt Kempten, 1791 geadelt, fürstl. Oettingen-Wallerstein'scher Hofrath u. s. w., zuletzt churpfalzbair. Landesdirektionsrath und Präsident des protest. Consistoriums zu Ulm, gest. 3. Sept. 1803.

1. *Diss. inaug. de jure circa sacra nobilitatis imperii immediatae.* Göttingen 1778.

2. *Magazin für Kirchenrecht und Kirchengeschichte.* Leipzig 1778, 79.

370. Johann Friedrich Eberhard Böhmer **).

I. Aeltester Sohn von *Georg Ludwig B.*, geboren den 9. Apr. 1753, studirte er in Göttingen und erlangte im J. 1779 mit der unten zuerst aufgeführten Dissertation die juristische Doktorswürde, wurde im folgenden Jahre ausserord. Beisitzer der Fakultät, 1782 ausserord. und 1784 ord. Prof., 1797 ord. Beisitzer des Spruchcollegs. Mässig und vergnügt erfreute er sich bis zu seinem plötzlichen Tode am 23. Aug. 1828 einer guten Gesundheit, welche nicht durch vieles Arbeiten gestört wurde.

II. Er hinterliess folgende Schriften kirchenrechtlichen Inhalts:

1. *Diss. inaug. de jure occupandi statuendique de bonis exstincti ordinis Jesuitarum maxime ex formula pacis Osnabrug.* Gött. 1779. Deutsch: *Abh. über die gesetzmässige Besitznehmung der Jesuiten-Güter nach Erlöschung ihres Ordens.* Frankf. u. Leipz. 1781. 4.

Giebt die Vorgänge, Verordnungen u. s. w. bei Besitznehmung der Jesuiten-Güter im deutschen Reiche, legt das Recht dazu dem Landesherrn, in dessen Gebiet sie liegen, bezüglich der reichsunmittelbaren dem Kaiser bei, behandelt sodann die wichtigern stattgehabten Streitigkeiten. Sind auch manche Argumente falsch, die Schrift behält ihren Werth für den unmittelbaren Gegenstand und die Ansprüche auf Güter supprimirter Orden.

2. *Prolusio de jure episcoporum innovandi fundationes ecclesiasticas.* Gott. 1784. 4. Habilitationsschrift als ord. Professor.

---

*) *Weidlich*, Nachr. I. 2. u. o. *Pütter*, Liter. II. 72. Gotting. Gel. Gesch. II. 103. *Koppe*, Lexicon I. 2. *Saalfeld* S. 156.
**) *Pütter*, Liter. II. 72. Neuer Nekrolog VI. (1828) 668 fg. S. auch *Weidlich* und *Koppe*.

371. Johann Christian Siebenkees.

Geboren 20. Aug. 1753 in Nürnberg (Wöhrd), studirte in Altdorf und Göttingen, 1776 ausserord. Prof. der Rechte in Altdorf, hier 1778 Dr. jur., im folgenden Jahre ord. Prof. *Weidlich*, Biogr. Nachr. II. 365. Allgemeine juristische Bibliothek (von ihm und *Malblanc*). Nürnb. 1781 ff. Mitarbeiter der ‚Neuesten jur. Liter.‘, der Nürnberg. gelehrten Zeitg., des ‚Jurist. Magazin‘, Jena 1782 fg., Neues jur. Mag., Anspach 1784.

372. Friedrich Georg August Lobethan.

Geboren 1753 zu Köthen, studirte die Rechte in Halle, wurde Advokat in seiner Vaterstadt, im Juni 1776 ausserord. Prof. der Rechte, Bibliothekar und Prokurator des Gesammtgymnasiums zu Zerbst. *Weidlich*, Biogr. Nachr. I. 470.

1. *Einleitung zur theoretischen Ehe-Rechts-Gelahrtheit*. Halle 1775, 1785. Eine trockene, klare, auf das Nothwendigste sich beschränkende, abgesehen von Ungenauigkeiten und Irrthümern brauchbare Darstellung, die als eine der frühesten in deutscher Sprache Werth behält, obgleich sie in keinem einzigen Punkte selbstständig ist. Das mosaische Recht ist dem Verfasser nach dem alten Standpunkte das göttliche.

2. Versuch zu einer systematischen Entwickelung der ganzen Lehre von der Gerichtsbarkeit, der weltlichen sowohl, als der kirchlichen. das. 1775.

373. Joh. Christian Herchenhahn.

Geboren 31. Mai 1754 zu Coburg, studirte in Erfurt, wo er im Hause *Meusel's*, der mit seiner ältesten Schwester verheirathet war, wohnte, ging 1777 nach Jena mit zwei Zöglingen (von Mandelsloh), wurde 1779 in Wien Hofmeister beim Reichshofrath v. Braun, übernahm 1784 die Redaktion der Wiener Real-Zeitung, wurde 1792 Reichshofrathsagent, auch herzogl. Meiningen'scher und fürstl. Schwarzburg-Rudolstädter Legationsrath, gest. in der Nacht auf den 23. Apr. 1795. Nekrolog v. 1797, II. S. 351.

Fehde des geistl. Rechts mit der Kaiserkrone über die Investitur. Altenburg 1791.

374. Heinrich Aaron Spittler.

Geboren 11. Juli 1754 zu Stuttgart, 1777 Dr. jur. in Tübingen, seit 1774 Hofgerichts- und dem folgenden Jahre auch Kanzlei-Advokat in Stuttgart, 1784 Oberamtmann in Tuttlingen. *Weidlich*, Biogr. Nachr. III. 310. IV. fortges. Nachtr. S. 224.

1. Von der Gerichtsbarkeit der höchsten Reichsgerichte in geistlichen Sachen, bei Gelegenheit des Bahrdtischen Vorfalls. 1780. 4. (Tüb.)

2. *Das Recht Brod- oder Panis-Briefe zu geben, ob solches auch bei erangel. Stiftern statthabe*. S. l. 1783. 4.

375. Christian Friedrich von Glück *).

I. Er war geboren zu Halle a. d. Saale den 1. Juli 1755 als Sohn des k. preuss. Hoffiskals, Syndikus und Quästors der Universität *Lebrecht G.*, kam 1765 als Zögling in das dortige Waisenhaus, bezog 1770 die Universität zu Halle und vertheidigte daselbst 1776 eine Schrift. Nachdem er bei seinem Vater und in Magdeburg als Referendar sich praktisch geübt, erlangte er am 16. Apr. 1777 [1] zu Halle die Doktorswürde und begann sofort juristische Vorlesungen zu halten. Nach Ablehnung eines Rufes für Bützow (1779) und Giessen (1782), nahm er, weil der Curator Freiherr v. Zedlitz ihm widerstrebte, 1784 den Ruf als 5. ord. Prof. der Rechte nach Erlangen an. Im J. 1790 machte ihn der Markgraf zum Hofrath. Bis zum J. 1809, wo sein Schwiegervater Prof. *Joh. Burkh. Geiger* starb, war er allmälig zum Senior der Fakultät vorgerückt, hatte eine lange Reihe von Berufungen, ohne meistens auch nur Gebrauch davon zu machen, abgelehnt, wurde 1820 Geh. Hofrath und am 25. Apr. 1827 bei Gelegenheit der Feier seines 50jährigen Doktorjubiläums Ritter des Civilverdienstordens, damit persönlich geadelt, und auch Ehrenbürger von Erlangen. Er las bis Ende des Sommersemesters 1830, war literarisch thätig bis zum 20. Jan. 1831 Abends acht Uhr; um zehn Uhr raffte ihn der Tod hinweg. Glück wird als Lehrer, Mensch, Gatte, Vater, Kind und Bruder hochgepriesen und genoss die allgemeinste und unbedingte Achtung.

II. Für uns kommen in Betracht folgende Schriften, während seine Verdienste um's römische Recht hier als bekannt vorausgesetzt werden dürfen:

1. *De difficultatibus studii juris canonici superandis.* Antrittsrede vom 7. Oct. 1784.

2. *Innoc. III. P. R. in cap. XIII. X. de testam. et ult. vol. juri civili haud derogans* cet. Erlang. 1784. 4. Opusc. fasc. I. p. 147 sqq.

3. *Oratio de juris primariarum precum originibus.* 1788. Opusc. III. 211.

4. *Praecognita uberiora universae jurisprudentiae ecclesiasticae positivae Germanorum.* Hal. 1786. — Pag. 1—416 war, wie er selbst pag. XXII sagt, schon 1783 gedruckt. Gegenstand: *Begriff und Theile der Kirchenrechtswissenschaft; Quellen: gemeinsame* der kathol. und protest. (Bibel, Reichsgesetze; Corp. jur. can., Corp. jur. civ., Gewohnheit), *besondere* (protest.: symb. Bücher, Conclusa Corp. Evang. u. s. w., kathol.: Concordate, Conc. gen. und Conc. Trid., declarat. Congregat., Reg. Canc. u. s. w.), *untergeordnete* (Analogie, Naturrecht), *Verhältniss der Rechtsquellen zu einander; Hülfsmittel:*

---

*) *Weidlich,* Biogr. Nachr. I. 227, Nachtr. 95. fortg. 103. *Meusel,* Gel. T. I. 557. Nachtr. 204 u. s. w. *Fikenscher,* Gelehrtengesch. der Univ. Erlangen I. 259. *Schunck,* Jahrb. IV. 353. Zeitgenossen, 3. Reihe 4. Bd. Neuer Nekrolog IX (1831) S. 79 ff. mit Porträt. r. *Stintzing* in Allg. D. Biogr. IX. S. 253.

[1] Der „Nekrolog" hat dies Datum aus dem Diplom.

Kirchengeschichte, Reichsgeschichte, *Literärgeschichte des Kirchenrechts* (pag. 152—416) von Gratian bis auf seine Zeit, *Kritik des canon. Rechts* (Geschichte und kritische Beschreibung der Quellen von den griech. Sammlungen bis auf Gregor IX. Dekretalen u. s. w.), *kirchliche Geographie, Diplomatik und Chronologie,* Münzkunde, Verhältniss von Theologie und Kirchenrecht, Verhältniss des Kirchenrechts zu den andern jurist. Disciplinen; Methode, Annehmlichkeit, Nutzen, Nothwendigkeit und Vorzüglichkeit der geistlichen Jurisprudenz.

Es braucht kaum gesagt zu werden, dass dieser Plan wesentlich *Doujat* entlehnt ist. Für das Mittelalter bietet er nichts Neues, seine eignen Studien gehen nicht über die Commentatoren und die neuere Literatur hinaus, überhaupt ist das Buch im Ganzen nur eine ungemein fleissige Zusammenstellung dessen, was *Doujat, Thomasius, Neller, Flörke, Zech* u. A. von einander entlehnt und zu einem Ganzen verbunden, beziehungsweise an neuerer Literatur nachgetragen hatten. Aber es war das vollständigste, insbesondere für die deutsche Literatur und Quellenkunde beider Kirchen; darin und in der Masse von Einzelnheiten, welche einen kritischen Sinn bekunden, hat dasselbe seinen Werth. Wenn es nur eine Auflage erlebte, trug die Schuld davon die Abgewandtheit der Zeit vom Stoffe.

5. *Ausgabe von „Ant. Dadini Alteserra in libr. Clementinar. commentarii'.* Hal. 1782. und *„Asceticōn sire originum rei monasticae libri decem. auct. A. D. Alteserra'.* ib. 1782.

6. *Darstellung des Kirchenrechts der Kathol. und Protest. besonders in seinen politischen Hauptmomenten. Nach den Vorlesungen von Dr. C. F. Glück.* Augsburg 1838. Kann natürlich nicht als authentisch gelten.

376. Johann Karl von der Becke *).

Geboren 27. März 1756 zu Iserlohn in Westfalen, studirte 1772 bis 1775 die Rechte in Göttingen, reiste ein Jahr, wo er namentlich in Wetzlar, Regensburg und Wien sich aufhielt, wurde in Göttingen 1776 Dr. jur. und Privatdozent, 1778 ausserordentlicher Beisitzer der Juristenfakultät, 1782 Regierungsrath in Gotha, später Chef der Landesregierung und 1814 Mitglied des geheimen Ministeriums, starb 21. Aug. 1830.

Diss. inaug. *de die decretorio pace Westphalica posito, maxime ad §§. 25 et 26 art. 5. J. O.* Osnabr. 1776.

377. Christian Ludwig Breton.

Geboren zu Liegnitz den 17. Apr. 1756, Kriegs- und Domänenrath, auch Beisitzer beim französischen Untergericht zu Berlin. *Weidlich,* Nachr. IV. 21. *Koppe,* Lexicon I. 81.

---

*) *Weidlich,* Nachr. I. 49. Nachtr. 18. *Meusel,* I. 89. *Pütter,* Liter. II. 71. Gött. Gel. Gesch. II. 101. *Koppe,* Lex. I. 32. N. Nekrolog VIII. 262.

Sched. *Natura et indoles potestatis ecclesiasticae principum in Germ. ex mente Instrum. Caes. Sterici, et praesertim Art. V. §. 48. Jus dioecesanum* cet. Hal. 1779. 4.

378. Karl Friedrich Häberlin *).

Geboren zu Helmstädt 5. Aug. 1756, 1782 Prof. des Staatsrechts in Erlangen, 1786 desselben Fachs in Helmstädt, 1799 Geh. Justizrath, Geschäftsträger des Herzogs von Braunschweig auf dem Rastatter Congresse, gest. zu Helmstädt 16. Aug. 1808, ein Mann, der als Publizist und Staatsrechtslehrer mit Recht grosse Anerkennung verdient und sich durch seine wissenschaftliche Freiheit auszeichnet; er hat ausser in seinen staatsrechtlichen Schriften das Kirchenrecht direkt berührt in den Schriften:

1. *De juris circa sacra, jurisque sacrorum fundamento et discrimine.* Helmst. 1778. Wegen Klarheit und Schärfe lesenswerth.

2. *Ueber Aufhebung mediatisirter Stifter, Abteien und Klöster in Teutschland. Zur Erläuterung des §. 35 des R. D. H. S. vom 25. Febr. 1803* u. s. w. Helmst. 1805.

Ist sie auch einem antiquirten Objecte gewidmet, so bleibt sie doch für ihre Zeit und den Gegenstand selbst von Bedeutung.

379. Heinrich Hanker.

Geboren zu Hamburg 22. Apr. 1756, studirte seit 1775 in Göttingen, wurde im Januar 1780 Dr., ging dann nach Wetzlar, Regensburg und Wien, worauf er in seine Vaterstadt zurückkehrte. *Pütter*, Liter. II. 75. *Koppe*, Lexikon I. 249. *Weidlich*, Biogr. Nachr. III. 113.

De iure circa sacra, in specie de iure reformandi exercitium religionis cum annexis, quod imperatori statibusque S. R. J. competit, pars prior et generalior. Gött. 1780.

380. Karl Gust. Mor. Schlegel.

Geboren zu Hannover 26. Sept. 1756 (ältester Bruder von August Wilhelm und Friedrich v. S.), nach verschiedenen anderen Pfarrstellen Prediger und Superintendent in Göttingen 1796—1816, dann Generalsuperintendent und erster Prediger in Harburg, gest. 29. Jan. 1826.

Kritische und systematische Darstellung der verbotenen Grade der Verwandtschaft und Schwägerschaft bey Heyrathen nach den mosaischen Gesetzen, röm. und canon. Rechte und den protest. Kirchenordnungen mit besond. Rücksicht auf die Chur-Braunschw. Lüneb. Kirchenordnung u. s. w. Hannover 1802.

381. Johann Gottfried Müller.

Geboren am 18. Mai 1757 zu Ebersbach bei Zittau, studirte die Theologie in Leipzig von 1777—82, war vier Jahre Hauslehrer, wandte

*) *Weidlich*, Biogr. Nachr. III. 107. Nachtr. S. 326, IV. fortges. Nachtr. S. 116.

sich dann der Jurisprudenz zu in Leipzig, wo er 1788 die Doktorswürde, 1795 eine ausserordentliche Professur erhielt, Collegiat und seit
1818 Senior des Fürstencollegiums, 1803 Oberhofgerichtsassessor, 1813
Assessor der Juristenfakultät, 1818 Prof. des Lehnrechts und 1822 des
römischen Rechts war, den 21. Juni 1832 starb. Er war besonders
bekannt durch seine Wohlthätigkeit gegen Studenten, von der manche
Anekdoten circuliren. Neuer Nekrolog (1834) X. 492 fg.

　1. *Super jure primariarum precum specimina* III. Lips. 1789—95.

　2. *Progr. civitas num ecclesiae, an ecclesia subsit civitati.* ib. 1823.

　3. *Pr. de usuris quaestio* cet. Zwei Stück. ib. 1823.

382. Johann Karl Fürchtegott Schlegel.

Bruder von *August* Wilhelm und Karl Wilhelm *Friedrich* von S.,
geboren 2. Jan. 1758 zu Zerbst, studirte die Rechte in Göttingen,
1782 am Consistorium zu Hannover, gest. daselbst als Consistorialrath
13. Nov. 1831.

Churhannöver'sches Kirchenrecht. Hannover 1801—1806. 5 Bde.

Ein für das protest. Kirchenrecht überhaupt und in seiner partikulären Ausgestaltung treffliches Buch, das auf *J. H. Böhmer* u. A.
ruht, die Praxis gründlich berücksichtigt.

383. Fr. Aug. Schmelzer.

Geboren zu Frankenhausen 27. Mai 1759, studirte seit 1778 in
Göttingen, dort 1785 Dr. jur. und Privatdozent, 1789 ausserord. Prof.
der Rechte in Helmstädt, 1794 ord. Prof., 1796 braunschw. Hofrath,
1810 ord. Prof. in Halle, wo er zuletzt Ordinarius der Fakultät, Vorsitzender des Spruchcollegs, Direktor der Universität, Mitglied des
Kirchencollegiums, Geh. Justizrath war und am 2. Oct. 1842 starb.
Pütter, Versuch II. 202. *Saalfeld* S. 227. N. Nekrolog S. 1107.

　1. *De exacta aequalitate inter utriusque religionis consortes per imperium
rom.-germ.* Gött. 1785. 4.

　2. Ueber die Wirkung kais. erster Bitte nach dem Tode des Verleihers.
Helmst. 1792.

384. Theodor Anton Heinrich Schmalz *).

I. Er wurde am 17. Februar 1760 zu Hannover geboren, besuchte
daselbst und zu Stade das Gymnasium, studirte von 1777—80 die
Theologie und Philologie in Göttingen, nahm die Hofmeisterstelle bei
einem Herrn v. Döring an, mit welchem er sich 1783 zu Göttingen
auf das Rechtsstudium verlegte. Nachdem er hier von Michaelis 1785
bis Ostern 1786 als Privatdozent gelesen und das folgende Halbjahr

---

*) Neuer Nekrolog IX. (1831) S. 438. Staatswörterbuch von *Bluntschli* und
Brater IX. S. 247 (r. *Kaltenborn*).

in Hannover private Studien getrieben hatte, erlangte er zu Rinteln die juristische Doktorswürde, 1787 eine ausserordentliche und im folgenden Jahre eine ordentliche Professur der Rechte. In derselben Eigenschaft ging er zu Ostern 1788 nach Königsberg, wo er seit 1793 zugleich Assessor bei der ostpreussischen Kriegs- und Domänenkammer-Justiz-deputation war, 1798 Consistorialrath und 1801 Kanzler und Direktor der Universität wurde. Im J. 1803 zum Geheimen Justizrath und Direktor der Universität Halle ernannt, gab er 1807 nach der Einver-leibung von Halle (des Saalkreises) in das Königreich Westfalen diese Stellung auf, folgte dem König nach Memel, wurde 1809 Rath im Oberappellationssenat des Kammergerichts zu Berlin, 1810 Ordinarius der juristischen Fakultät und erster Rector der neuen Universität Berlin, wo er am 20. Mai 1831 starb.

II. Schmalz ist bekannt geworden durch seine politische Gesinnung, die er 1815 in der Schrift ‚Berichtigung einer Stelle in der Venturinischen Chronik für das Jahr 1808‘ niederlegte, welche scharf polemisirt gegen den Tugendbund und alle damaligen politischen Ziele. Eine Reihe von Gegenschriften von *Schleiermacher, Niebuhr* u. A. nebst Vertheidigungs-schriften führte zur königl. Verordnung vom 6. Jan. 1816, wodurch alle Polemik bei Geld- und Gefängnissstrafe über diese Dinge verboten wurde. Sein Standpunkt ist der stramme Absolutismus, der stumme Gehorsam des Unterthanen, die Legitimität in schroffster Form. Als Mensch wird ihm Witz, feiner Umgang, Wohlthätigkeit nachgerühmt.

III. Seine schriftstellerische Thätigkeit, die sich auf Natur-, Staats-, Völker-, Privatrecht, Volkswirthschaft — er huldigt dem physiokratischen Systeme — erstreckt, war sehr umfassend, im Ganzen geistreich, aber seicht. Er stand ursprünglich auf dem alten naturrechtlichen Boden, hielt stets fest an der Nothwendigkeit philosophischer Behandlung des Rechts, räumte aber später den geschichtlichen Einfluss ein, ohne es wegen seines Entwicklungsganges zu festen Resultaten zu bringen. Diesen Charakter tragen auch die uns hier berührenden Schriften an sich:

1. *Das natürliche Familien- und Kirchenrecht.* Königsberg 1795.

Eine Construction aus rein naturrechtlichem Standpunkte, darum ohne Werth für die Wissenschaft des Kirchenrechts.

2. *Handbuch des canonischen Rechts und seiner Anwendung in den deutschen evangelischen Kirchen.* Berlin 1815, 1824, 1834 (unverändert).

Enthält eine aus dem Grunde nicht erschöpfende Darstellung des katholischen Rechts, weil meist nur die auch für die evangelische Kirche brauchbaren Punkte Berücksichtigung finden; sie ist durchweg objektiv, aber auch nur eine nackte Darstellung des Stoffes. Daran reiht sich die Angabe, in wiefern der Stoff in der evangelischen Kirche gleichmässig, ähnlich oder verschieden gestaltet sei, und die Darstellung selbst. Das Buch will nur für den Gebrauch bei Vorlesungen dienen, steht auf einem sehr positiven Boden und darf als nicht gerade ungeeignet bezeichnet werden. Besonders hervortretend ist der irenische Charakter, er wünscht anstatt Befehdung der Confessionen unter einander Zusammengehen gegen den beiden feindlichen »Naturalismus«.

385. Georg Wilhelm Böhmer *).

I. Als jüngster Sohn von *Georg Ludwig B.* zu Göttingen den 7. Febr. 1761 geboren, studirte hier Theologie, habilitirte sich 1785 als Privatdozent in der philos. Fakultät und las über Kirchenrecht und Kirchengeschichte. Im J. 1788 als Professor an das Gymnasium zu Worms berufen, wurde er seit der Occupation von Worms durch die Franzosen (4. Oct. 1792) einer der eifrigsten Vertheidiger der Revolution. im J. 1793 von Mainz als Geisel zuerst nach Ehrenbreitstein, im Februar 1794 nach dem Petersberge bei Erfurt geführt, ging 1795 freigelassen nach Paris, wo er für die Einverleibung des linken Rheinufers in Frankreich mündlich (durch eine am 12. Oct. an den Convent gehaltene Ansprache) und literarisch thätig war. In dem Königreich Westfalen wurde er Friedensrichter in Schlanstädt bei Aschersleben und Generalcommissär der höheren Polizei für das Harz- und Leinedepartement. Im J. 1816 als Privatdozent in Göttingen habilitirt, starb er als solcher am 12. Jan. 1839.

II. Uns berühren nur folgende Schriften bezw. Arbeiten dieses Deutschen traurigen Andenkens, dessen erbärmliche Laufbahn der verdiente Lohn für den Verrath am Vaterlande wurde:

1. *Grundriss des protest. Kirchenrechts. Zum Gebrauch akademischer Vorlesungen für Theologen.* Göttingen 1786.

Ein hinsichtlich der einzelnen Sätze sehr ausgeführter Grundriss, wogegen Citate und Quellenangaben Ausnahme sind. Der ,Versuch, alle Quellen auf einen einzigen Grundsatz zurückzuführen,' ist nur mit diesen Worten (S. 11) angedeutet.

2. *Magazin für das Kirchenrecht, die Kirchen- und Gelehrtengeschichte.* Göttingen 1787 fg. 1. Bd. (3 Stück), 2. Bd. (1 u. 2 Stück).

Enthält allerlei Aufsätze, Briefe u. dgl., darunter manche interessante Stücke, z. B. I. 93 die dem Patriarchen *Franc. Vendramin* vor dem Senat im J. 1608 ertheilte scharfe Rüge, ein angeblich 1750 in einem hildesheimischen Kloster Evangelischen abgenommenes Glaubensbekenntniss (I. 152, 310), päpstlicher Plan zur Unterdrückung des Protestantismus (III. 333) u. s. w. .

---

*) *Pütter*, Gel. Gesch. II. 209. *Meusel*, Gel. T. II. Nachtr. S. 28, III. 40. IV. 61. *Koppe*, Lexicon I. 73. *Leser* in Allg. D. Biogr. III. 75.

3. *Ueber die Ehegesetze im Zeitalter Karl's d. Gr. und seiner nächsten Regierungsnachfolger.* Göttingen 1826.

Lässt die Schrift auch Manches zu wünschen übrig, so hat sie doch als eine der frühesten historischen über das Eherecht Werth, zugleich als eine scharfe Reclamation der staatlichen Rechte.

386. Heinrich Stephani *).

I. Geboren 1. April 1761 zu Gmünd als Sohn eines Predigers, studirte in Erlangen die Theologie, nahm dann eine Stelle als Hofmeister bei der Gräfin v. Castell an, erhielt von Erlangen auf Grund einiger Schriften die philos. Doktorswürde 1787, lebte mit seinen Zöglingen vier Jahre in Klosterbergen, ging 1791 mit ihnen nach Jena, wurde Castell'scher Consistorialrath, dann Schulrath des Lechkreises und Kirchenrath in Augsburg, später in Eichstädt, 1811 in Anspach, 1818 auf sein Ansuchen Dekan und Stadtpfarrer in Gunzenhausen, 1834 ‚wegen seiner allzurücksichtslosen und leidenschaftlichen Darlegung seiner ultrarationalistischen Ansichten‘ vom Consistorium suspendirt und in Ruhestand versetzt. Sein Tod erfolgte zu Gorkau in Schlesien, wo er bei seinem Schwiegersohne Freiherr v. Luttwitz sich aufhielt.

II. Der Schwerpunkt seines amtlichen und schriftstellerischen Wirkens lag auf ‚dem Gebiete der Erziehung. Uns berühren die folgenden Schriften, die eine Frucht seines Strebens waren, die Religion und Kirche zu dem Zwecke, die Menschheit zu bessern, immer mehr zu veredeln. Dabei kam er mit dem positiven Kirchenwesen in nothwendigen Conflict.

1. *Ueber die absolute Einheit der Kirche und des Staates.* Würzb. 1802.

2. *Das allgemeine canonische Recht der protest. Kirche in Deutschland aus seinen ächten Quellen zusammengestellt und erläutert.* Tübingen 1825.

Die Schrift will dem ‚verworrenen Rechtszustande‘ der evangelischen Kirche in Deutschland, als dessen Hauptursache die Heranziehung des canonischen und auch römischen Rechts durch die Kirchenrechtslehrer (*Böhmer, Schnaubert, Schmalz*) und das Generalisiren von partikulären Normen erscheint, aufhelfen und die wirklich allgemein anerkannten Normen geben. Dass die dem ‚göttlichen Kirchenrechte‘ entnommenen Normen auch subjektiv gefärbt, oder keine sind, lehrt der Inhalt. Das positive Material ist der Conf. Aug., Apologie, den Schmalkaldischen Artikeln, dem kleinen Katechismus Luther's und der Concordienformel, den Reichsgesetzen, Corp. Evang., bair. Rel.-Edict entnommen. Dazu eine Abhandlung über den richtigen Begriff des obersten Episkopats in der protestantischen Kirche und Entwurf einer Grundverfassung für die protestantische Kirche in Baiern. Dass das Buch nicht überall

---

*) *H. Döring* in N. Nekrolog von 1850 S. 813 sehr eingehend.

gemeine Quellen benutzt und sehr magern Inhalts ist, ergiebt sich aus dem Gesagten von selbst.

3. *Ueber die konstitutiren Grundsätze der protestant. Kirche für Lehre, Kultus und Kirchenregierung, nach den Bestimmungen der symbolischen Kirche.* Erlangen 1822.

Wurde confiscirt; er ersetzte dieselbe durch die Nr. 2 angeführte vorsichtigerweise ausserhalb Baierns gedruckte.

387. Christian Gotthelf Fix.

Geboren zu Chemnitz 5. Juni 1761, Candidat des Predigtamts daselbst und gest. 16. Jan. 1809.

Abriss der chursächsischen Kirchen- und Consistorienverfassung. 1795.

388. Heinr. Eberh. Gottl. Paulus *).

I. Geboren 1. Sept. 1761 zu Leonberg in Württemberg als Sohn des dortigen Predigers, studirte in Tübingen, 1789 Prof. der oriental. Sprachen in Jena, 1794 auch der Theologie, 1803 an der protest. theol. Fakultät in Würzburg, nach deren Aufhebung Landesdirektionsrath in Bamberg für Kirchen- und Schulsachen, 1808 in Nürnberg, 1811 in Ansbach, dann Prof. der Kirchengeschichte in Heidelberg, Dr. jur. h. c. von Freiburg, Geh. Kirchenrath, gest. 10. Aug. 1851 zu Heidelberg.

II. Dieser Hauptvertreter des Rationalismus und unermüdliche Bekämpfer des Romanismus findet einen Platz wegen der polemischen Schriften:

1. *Allgemeine Grundsätze über das Vertreten der Kirche bei Ständeversammlungen. Mit bes. Bez. auf Württemberg. Mit Bemerk. des Her. über das geistliche Gut der evang. Religionsgesetze im württ. Stammlande u. s. w.* Heidelberg 1816.

2. *Beurtheilende Anzeigen einiger Schriften, welche das neueste Betragen des päpstlichen Kirchenregiments beleuchten.* das. 1818.

3. *Privatgedanken über die aufgegebene Frage: Kann ein teutscher Regent, wenn er röm.-kathol. wird, eine Pflicht oder ein Recht haben, auf eine evang. protest. Landeskirche unmittelbar und persönlich als Souverän und als oberster Bischof zu wirken?* Dessau 1827.

4. *Der wieder laut gewordene Principienkampf zwischen röm. Hierarchie und deutscher Staatsrechtlichkeit. Nebst unparteiischen Gedanken, wie der Staat aus der Wurzel geheilt werden könnte.* das. 1838. *Zweite strengere Beleuchtung des immer lauter werdenden Principienkampfes.* das. 1839.

5. *Die protest.-evang.-unirte Kirche in der bayer. Pfalz. Eine Sammlung von Aktenstücken mit staatsrechtlichen, dogmatischen und kirchenrechtlichen Beleuchtungen u. s. w.* 1840.

*) N. Nekrolog von 1851 S. 614. Skizzen aus meiner Bildungs- und Lebensgesch. zum Andenken an mein 50jähr. Jubil. Heid. 1839.

6. *Die anglikanische Bischöflichkeit, geschichtlich und nach dem neuesten Anspruch, die deutsch-protestantische Kirche zu vervollkommnen, beleuchtet.* 1842.

389. Jean Henry.

Geboren 27. Oct. 1761 zu Berlin, von 1783—87 Prediger der franz. Gemeinde in Brandenburg, bis 1795 in Potsdam, seitdem in Berlin, auch 1797—1830 Bibl. und Direktor des kön. Antiken-, Kunst- und Münz-Cabinets daselbst, wo er am 3. Oct. 1831 starb. Preuss. Staatszeit. von 1831 Nr. 238. N. Nekrolog S. 862.

Considérations sur les rapports entre l'église et l'état et sur la meilleure forme du gouvernement ecclésiastique. Paris et Berlin 1820.

390. A. Christian Kretschmar.

Geboren 21. März 1762 zu Niederschön bei Freiberg, 1801 Pastor zu Mitweida.

Theoretisch-praktische Bemerkungen über die Verbindung der im Königr. Sachsen gewöhnlichen Kirchstuhlrechte mit den örtlichen Observanzen. Lübben 1809.

391. Johann Karl Friedrich Taubner.

War von 1794—1822 Pfarrer an verschiedenen Orten Sachsens, zuletzt Superintendent der Ephorie Leisnig, starb emeritirt in Marienberg den 22. Januar 1846 (N. Nekrolog v. 1846 S. 1028).

Paradoxien aus dem Gebiete des protest. Kirchenrechts und der protest. Kirchenlehre. Zur Beherzigung für das gesammte Deutschland mit besonderer Beziehung auf die sächsischen und preussischen Lande. Berlin 1818.

Ein Gemisch von Wünschen und Erwartungen vom conservativen Standpunkte aus für Erhaltung der Consistorialgerichte, strenge Aufsicht der Jugend, bessere Stellung der Geistlichen u. s. w.

392. Carl Traugott Gottlob Schönemann.

Geboren 23 Nov. 1765 zu Eisleben, studirte in Göttingen 1785—88. dort 1795 Bibliotheksekretär, 1797 Custos, Dr. jur. und Privatdozent. 1799 ausserord. Prof. der Philosophie, gest. 2. Mai 1802. *Saalfeld* S. 143.

1. *Diss. de foro in causis e concordatis decidendis competente.* Gött. 1797. 4.

2. Grundriss einer Statistik des teutschen Religions- und Kirchenwesens. das. 1797.

3. *De electione romani pontificis, Roma non libera juxta constitutiones apostolicas valide peragenda.* ib. 1798.

4. *Pontificum rom. . . . epistolae genuinae . . . ex rec. . . . P. Constantii . . . curavit.* ib. 1796.

393. Johann Christoph Greiling.

Geboren 21. Dez. 1765 in Sonneberg, gest. 3. Apr. 1840 als Oberhofprediger in Aschersleben. *J. Frank* in Allg. D. Biogr. X. 634.

Hieropolis. Ein Versuch über das wechselseitige Verhältniss des Staats und der Kirche nebst einigen Winken, der Kirche durch eine höhere Bildung ihrer Lehrer aufzuhelfen. Magd. 1802.

Für das Recht bedeutungslos, sonst gut gemeint.

394. Hans Christoph Ernst Freiherr von Gagern *).

I. Geboren 25. Jan. 1766 im Schlosse Kleinniedesheim bei Worms, studirte bei den Exjesuiten in Worms und Colmar, an den Universitäten Leipzig und Göttingen, praktizirte in Zweibrücken und kam dann an die nassauische Regierung in Weilburg, 1786 deren Präsident, trat 1811 aus diesem Dienstverhältnisse, ging nach Wien, wurde ausgewiesen, 1813 Mitglied des Verwaltungsraths für das nördliche Deutschland für den Prinzen Wilhelm von Oranien und den Kurfürsten von Hessen, wurde 1813 Minister der oranischen Fürsten, nahm Theil am ersten Pariser Congresse, am Wiener als zweiter niederländischer und erster nassauischer Gesandter, 1816 holländischer Staatsrath, Gesandter Luxemburgs beim Bundestag, 1820 pensionirt lebte er auf seinem Gute Hornau, war von 1820—24 Mitglied der 2. hessendarmstädtischen Kammer, 1829 lebenslängliches der ersten, gest. 22. Oct. 1852 in Hornau (bei Königstein).

II. Uns gehen von den Schriften dieses Mannes nur an:

1. *Ansprache an die deutsche Nation über den Vorgang zu Köln. Zur Besänftigung und Verständigung.* Frankf. 1838.

2. *Zweite Ansprache an die deutsche Nation über die kirchlichen Wirren, ihre Ermässigung und möglichen Ausgang.* Leipzig 1846.

Da sie lediglich kirchenpolitischer Natur sind, ist es nicht nöthig, näher auf die sonstige Thätigkeit ihres Verfassers einzugehen, welche mehrfach auf den Gang der politischen Begebenheiten im Anfange unseres Jahrhunderts entscheidend eingewirkt hat.

395. Georg Jonathan Schuderoff.

I. Geboren zu Gotha 24. Oct. 1766, bekleidete seit 1790 verschiedene Pfarrämter, 1806 Oberpfarrer und Superintendent in Ronneburg, 1824 Consistorialrath, 1836 als Ephorus emeritirt und Geh. Cons.-Rath, Nov. 1838 wegen Broschüren gegen ein Rescript des Altenburger Consistorium suspendirt, davon befreit, gest. 31. Oct. 1843.

II. Ausser der Herausgabe von theologischen Journalen, homiletischen Werken, belletristischen, bekannt durch:

1. *Ueber Kirchenzucht mit besonderer Rücksicht auf die protest. Kirche.* Altenburg 1809.

---

*) *Wippermann* in Allgem. Deutsche Biogr. VIII. 303, der weitere Quellen anführt.

2. *Ansichten und Wünsche, betr. das protest. Kirchenwesen und die protest. Geistlichkeit.* Leipzig 1814.

In diesen vertritt er das Collegialsystem in seiner consequentesten Form, und tritt als Hauptverfechter der modernen rationalistischen Richtung auf.

3. *Grundzüge zur evangel.-protest. Kirchenverfassung und zum evangel. Kirchenrechte.* Leipzig 1817.

Geben nur eine genauere Formulirung seiner Ansichten.

4. *Ueber die oberbischöfliche Hoheit des Regenten. Ein Kapitel aus dem allgem. Kirchenrecht.* Ronneb. 1826.

5. *Kleine Schriften kirchenrechtlichen und religionsphilosophischen Inhalts.* Lüneburg 1837.

Erörterungen und Vorschläge über Kirchenpolizei, Presbyterien und Synoden, gegen das Territorialprinzip, über den gemeinschaftlichen Gerichtshof der Juristen und Theologen u. s. w. Siehe ‚Krit. Jahrb.‘ 1838, IV. 627.

396. Christoph Christian Freiherr von Dabelow *).

Geboren 19. Juli 1768 zu Neu-Buckow bei Wismar, Sohn des dortigen Justizraths D., 1787 Advokat, 1789 Dr. jur. in Bützow und Privatdozent in Halle, 1791 ausserord., 1792 ord. Prof. der Rechte; 1809 nahm er seinen Abschied und lebte in Leipzig, 1811 erst Staatsrath, dann Staatsminister des Herzogs von Anhalt-Köthen, von dem er in den Freiherrnstand erhoben wurde; 1813 nahm er den Abschied, wurde 1816 wieder Privatdozent in Halle, 1819 Prof. in Dorpat, 1824 Collegienrath, 1830 kais. russ. Staatsrath, gest. zu Dorpat in der Nacht vom 27. auf 28. April 1830. Civilrecht, Proz. und franz. Recht hat er bearbeitet.

Uns geht nur an:

Grundsätze des allgemeinen Eherechts der deutschen Christen. Halle 1792.

Es will die Fehler von *Lobethan, Schott* und *Hoffmann* vermeiden, handelt über das eigentliche Eherecht und Güterrecht, nach römischem, canonischem, göttlichem oder mosaischem und natürlichem Rechte. Dem letztern ist ein sehr grosser Einfluss gewidmet. Folgernd aus dem Endzweck der Ehe, der Erzeugung und Erziehung der Kinder, ist ihm die Ehe zwischen Personen, die zu alt oder einzeln unfähig geworden, den Zweck zu erreichen, keine Ehe. Obwohl verschiedene Punkte des canonischen Rechts falsch dargestellt sind, ist das Buch doch im Ganzen wegen seiner Klarheit, quellenmässigen Darstellung, Consequenz des Systems, das freilich nicht zu billigen ist, eins der besten, welche bis dahin in Deutschland existirten.

---

*) Autobiogr. fortgesetzt von seinem Sohne Robert in *Zeitgenossen* 3. Reihe V. 93 (1836). *Steffenhagen* in Allg. D. Biogr. IV. 684. der das hier besprochene Werk nicht anführt.

397. Johann Gottfried von Pahl.

Geboren zu Aalen 12. Jan. 1768, studirte in Altdorf, 1790 Pfarrer; zugleich Justiz-, Polizei- und Rentamtmann des Patrons (k. k. Feldmarschalllieut. Freiherr v. Werneck) in Neubronn, wo er mit *Jacob Salat* viel verkehrte, 1808 Pfarrer in Affalterbach, 1814 in Vichberg mit dem Dekanat der Diözese Gaildorf betraut, 1832 Abgeordneter der württ. Kammer, bald darauf aber Prälat und Generalsuperintendent von Hall, 1836 Ritter der württ. Krone und dadurch persönlich geadelt, gestorben 18. April 1839. Neuer Nekrolog S. 383, wo seine Betheiligung an den politischen Ereignissen und seine mannigfaltige schriftstellerische Thätigkeit behandelt ist.

Das öffentliche Recht der evangel.-luther. Kirche in Teutschland kritisch dargestellt. Tübingen 1827.

Nach einer Einleitung über Grundbegriffe des allg. Kirchenrechts wird eine Geschichte der christl. Kirche überhaupt, der evang.-luther. insbesondere gegeben, welche lediglich räsonnirend ist, darauf die geistige Grundlage der evang.-luther. Kirche und ihrer Gesetzgebung, dann das öffentliche innere und zuletzt äussere Recht derselben dargestellt. Das Werk hat weniger den Charakter einer Darstellung des positiven Rechts, — dieses wird vielmehr ziemlich allgemein abgethan —, als den einer Kritik und Kirchenpolitik. Grundlage der Kirche ist die freie Ueberzeugung; die gemeinsame schafft die kirchl. Gesellschaft, welche Autonomie und Selbstregierung fordert; mit dem kirchl. Verein geht parallel und steht in Verbindung der bürgerliche; innerlich ist die Kirche selbstständig, äusserlich steht sie unter der Staatsaufsicht, das Verhältniss beider ruht auf Vertrag. Es wird dies genügen, um zu zeigen, dass des Verfassers Theorie zwar gut gemeint, aber weder klar, noch praktisch ist.

398. Friedrich August Ludewig.

Geboren zu Kloster Marienberg vor Helmstädt 11. April 1768 als Sohn des Predigers August Detlev L., studirte an der Universität seiner Vaterstadt, war eine Zeit Hauslehrer, 1790 Adjunkt des Propsts von Marienberg, 1793 Prediger an seines Vaters Statt, 1807 Superintendent, 1809 Pastor in Jerxheim, 1816 erster Prediger an der St. Stephans- und Walburgiskirche in Helmstädt, Generalsuperintendent und Ephorus der Stadtschulen, 1837 Dr. theol. h. c. von Göttingen, gest. 4. Mai 1840. N. Nekrolog S. 517.

1. *Tabellarische Uebersicht alles dessen, was bei Geburtsfällen, Taufen, Konfirmationen, Proklamationen, Kopulationen, Sterbefällen und Begräbnissen u. s. w. im Herzogth. Braunschweig zu beachten ist.* Helmst. 1827.

Dieses praktische Handbuch erhielt eine Vervollständigung durch:

2. *Die Kirchenverfassung im Herzogthum Braunschweig.* Helmst. 1834.

Eine Fortsetzung bezw. Ergänzung des 2. Theils der ‚Histor. Beschreibung der Kirchenverfassung in den herzogl. braunschw. Landen‘ von *Stübner* (Pastor zu Hüttenrode) 1809, die für den praktischen Zweck gut ist.

399. Georg Walter Vinc. von Wiese *).

I. Geboren den 2. April 1769 zu Rostock als Sohn des Prof. der Rechte Walter Vinc., studirte in Rostock, wo er 1789 öffentlich disputirte, hierauf in Göttingen, wo er zum Doktor der Rechte 1792 promovirte und sich als Privatdozent habilitirte [1]). Er wurde 1793 als Hof- und Regierungsrath bei dem Regierungscolleg in Gera und Beisitzer des Consistoriums, 1806 vom Kaiser Franz in den Adel erhoben und Vicekanzler der Regierung, nachdem er verschiedene Berufungen abgelehnt, war 1815 Congressbevollmächtigter des reussischen Gesammthauses und zur Eröffnung des Bundestags, erhielt 1822 die Stelle des Kanzlers und Oberconsistorialpräsidenten, und starb den 22. Nov. 1824 zu Gera.

II. Canonistische Schriften:

1. *Ueber das System des canon. Rechts. Eine Einladungsschrift zu den Vorlesungen über dasselbe.* Göttingen 1792.

2. *Grundsätze des gemeinen in Teutschland üblichen Kirchenrechts.* Gött. 1793, 1798, 1805 [2]). 5. Ausgabe besorgt von *W. Th. Kraut*, Göttingen 1826, 6. von *Morstadt.* das. 1826.

3. *Handbuch des gemeinen in Teutschland üblichen Kirchenrechts, als Commentar über seine Grundsätze desselben.* das. (auch Leipzig) 1799—1804. 3 Thle. in 4 Bänden.

Die *Grundsätze* haben durch ihr System [Allgem. Grundsätze — Posit. Kirchenrecht in Deutschland. 1. *Katholisches:* Geschichte, Prinzipien, Quellen und Hülfsmittel; Inneres kath. Kirchenrecht: Hierarchie (Ordo, Regenten: Synoden, Papst u. s. w., Gesetzgebung, Aufsicht, vollziehende Gewalt: Gerichtsbarkeit und Strafrecht), Gottesdienst: Dogmen, Liturgie, Gelübde etc.; Orden, Kapitel, Schulen; Benefizien; Kirchengüter: geistige (Sacramente, bes. Ehe), weltliche. Verhältniss zum Staat. 2. *Protestantisches:* analog. 3. Verhältniss der verschiedenen Religionstheile gegen einander], durch Verweisungen auf die nothwendigste Literatur und Quellen, knappe und präcise Darstellung in deutscher Sprache, die genaue Scheidung des kath. und protest. ganz unzweifelhaftes Verdienst. Daraus erklärt

---

*) *Saalfeld* S. 229. N. Nekrolog von 1824 S. 1219.

[1]) So nach *Saalfeld*, der ohne Zweifel besser informirt ist, als der N. N., der ihm 1791 von Rostock die Doktorswürde ertheilen lässt.

[2]) Daraus: Prof. *König*, Grundriss des Kirchenrechts der Kath. und Prot. in Deutschland. Mit Bez. auf *Wiese's* Grunds. des gem. in Deutschl. übl. Kirchenr. Halle 1803.

sich der häufige Gebrauch als Vorlesebuch, ihr Einfluss auf die Lehrbücher von *Sauter*, *Walter* und auch *Richter*. Ihr Hauptfehler ist die zu allgemeine naturrechtliche Deduction. Der Kommentar giebt die ausführliche Begründung der Grundsätze, zeigt der letztern Mängel ausgiebig, bietet neben manchen guten Gedanken eine theilweise eingehende Benutzung der Hauptliteratur, freilich oft gerade nicht der besten, wie z. B. die Ballerini *nicht* benutzt sind. Was er über die Quellen hat (I. 195—316), wird als Ganzes von keinem damaligen Lehrbuche übertroffen und ist besser, als was viele spätere haben. So sehr das Buch stellenweise durch willkürliche Construktion leidet, bleibt es doch eine tüchtige Leistung, welche namentlich in neuerer Zeit nicht gewürdigt wurde, offenbar, weil man sie nicht kennt.

400. Wilhelm Karl Ludwig Ziegler.

Geboren 15. Mai 1769 zu Scharnbeck bei Lüneburg, zu Rostock 1791 ausserord., 1792 ord. Prof. der Theologie, gest. 24. April 1809.

Versuch einer pragmatischen Geschichte der kirchlichen Verfassungsform in den ersten sechs Jahrhunderten der Kirche. Leipzig 1798.

401. Gustav Alexander Bielitz *).

Geboren den 27. Mai 1769 zu Liebenwerda als Sohn des dortigen Justizamtmanns, studirte zu Wittenberg, praktizirte in Dresden bis 1811 und lebte seit 1819 zu Naumburg a. d. S. als privater Rechtsschriftsteller, gest. daselbst im Mai 1841.

Handbuch des preussischen Kirchenrechts. Leipzig 1818. 2. Aufl. 1831.

Ein vorzüglich nur auf die Staatsgesetze sich stützendes Werk in selbstständiger Ordnung, dessen Gegenstand wesentlich nur das allgemeine preussische Recht ist.

402. Karl Albert Christian Heinrich von Kamptz.

Geboren 16. Sept. 1769 zu Schwerin, 1804 brandenburgischer Assessor am Reichskammergericht, seit 1824 Direktor im Kultusministerium zu Berlin, seit 1825 Justizminister, gest. 3. Nov. 1849 zu Berlin (N. Nekrolog S. 869). Dieser allbekannte Staatsmann, der für die preussische Rechtspflege durch seine Publikationen eine Bedeutung hat und ausserdem bekannt ist durch Verfolgung der „Demagogen", kommt in Betracht durch die zwei Schriften:

1. *Ueber das bischöfliche Recht in der evangel. Kirche Deutschlands.* Berlin 1828. (Aus den ‚Jahrb. der preuss. Gesetzgebung'.)

2. *Codicillus das landesherrliche jus circa sacra betreffend.* (Aus dems. H. 100.) Berlin 1838. Die damals in Deutschland geltenden Staatskirchengesetze.

---

*) Zahlreiche Schriften in *Engelmann*, Bibl. jurid. Leipz. 1840. 9. S. *Teichmann* in Allg. D. Biogr. II. 624.

403. Karl August Gründler.

Zu Halle 21. Nov. 1769 geboren, nach Absolvirung seiner Studien daselbst als Privatdozent habilitirt, 1796 ausserordentlicher und im nächsten Jahre ordentlicher Professor zu Erlangen, wo er als quiescirter Professor am 19. Dez. 1843 starb. Neuer Nekrolog 1843 S. 1223.

1. *Entwicklung der Frage: Können die sogen. symbolischen Bücher der lutherischen Kirche nach Reichs- und territorialstaatsrechtlichen Grundsätzen abgeändert werden?* Halle 1796.

2. *Ueber die Rechtmässigkeit gemischter Ehen nach dem in den deutschen Bundesstaaten geltenden kathol. und evangel. Kirchenrechte.* Leipzig 1838.

3. *Das im Königr. Baiern geltende katholische und protestantische Kirchenrecht.* 1839.

404. Wilhelm Traugott Krug *).

I. Geboren 22. Juni 1770 auf dem Rittergute Radis (Wittenberg), bezog nach den Vorbereitungsstudien in Schulpforta die Universität Wittenberg 1788, später Jena und Göttingen, 1794 Privatdozent der Philosophie in Wittenberg, das Halten theologischer Vorlesungen wurde ihm wegen der Schrift: ,Briefe über die Perfectibilität der geoffenbarten Religion u. s. w. Jena und Leipzig 1795', als deren Verfasser er sich offen bekannte, untersagt, im J. 1801 ging er als ausserord. Professor nach Frankfurt a. O., 1805 als ordentlicher und Kant's Nachfolger nach Königsberg, war eifriges Mitglied des Tugendbundes, ging 1809 als ord. Prof. nach Leipzig, wo er am 12. Jan. 1842 starb. Erwähnt sei noch, dass er 1814 als reitender Jäger am Feldzuge gegen Napoleon Theil nahm.

II. Eine lange Reihe von Schriften sind der Philosophie, Politik, Kriegskunde u. s. w. gewidmet; fast jedes bedeutende Ereigniss wurde von ihm in einer Broschüre behandelt. Praktisches Wirken war sein Zweck, populäre Darstellung, beissende Schärfe, Bekämpfung des Orthodoxismus und der staatsfeindlichen Mächte seine Mittel. Für uns kommt er in Betracht durch folgende Schriften:

1. *Das Kirchenrecht nach den Grundsätzen der Vernunft und im Lichte des Christenthums dargestellt. Mit einem Anhange über die klimatische Verschiedenheit der Religionsformen.* Jena 1821.

2. *Kirchenrechtliche Untersuchungen. Ein nothwendiger Nachtrag zu dem Kirchenrecht von Hrn. Prof. Krug.* Berlin 1829.

3. *Konflikt zwischen geistlicher und weltlicher Macht in Sachen des Erzbischofs von Köln. Versuch einer Entscheidung aus dem Standpunkte des Kirchen- und Staatsrechts, allen deutschen Rechtskollegien gewidmet.* Leipzig 1837, 1838.

---

*) Autobiographie: Meine Lebensweise in sechs Stationen u. s. w. Leipz. 1825, 1842. N. Nekrolog von 1843 s. 4.

Die zwei ersten haben für das positive Recht wenig Werth, da sie auf philosophische Räsonnements gebaut sind. Auch für die kirchen-politische Seite thut ihnen Eintrag, dass bei der Erörterung die wirkliche Gestaltung zu sehr ignorirt wird. Die dritte Schrift tritt ein für den Staat. — Polemischer Natur sind die folgenden.

4. *K. L. v. Haller's Sendschreiben an seine Familie, betr. seinen Ueber-tritt zur kathol. Kirche, geprüft.* das. 1821.

5. *Apologie der protest. Kirche gegen die Verunglimpfungen des Hrn. v. Haller u. s. w.* 1822 (zwei Aufl.).

6. *Antiromanus oder die Kirchengeschichte u. s. w.* 1823 (unter dem Pseudon. Chr. Sincerus).

7. *Die geistlichen Umtriebe und Umgriffe im K. Sachsen und in dessen Nachbarschaft.* Jena 1825, 1826.

8. *Welche Folgen kann und wird der neuerliche Uebertritt eines prote-stantischen Fürsten zur katholischen Kirche haben? Beantw. nebst Nachtrag.* 2 H. 1826 (zwei Aufl.).

405. Johann Severin Vater.

Geboren 27. Mai 1771 zu Altenburg, 1796 ausserord. Prof. der Theologie in Jena, 1800 in Halle, 1809 in Königsberg, zugleich Biblio-thekar, 1820 von Neuem in Halle, gest. 16. März 1826.

Kirchen- und staatsrechtliche Erörterungen der Verhältnisse *katholischer* *Landesherren zum Papste.* Königsberg 1819.

Verlangt ein Concordat mit Rom zur Herstellung des Friedens und zur Ordnung der kath. Kirchenverhältnisse und ist interessant als Beleg dessen, was damals vertrauensselig auch von protestantischer Seite gefordert wurde.

406. Johann Christian Wilhelm Augusti *).

I. Geboren 27. Oct. 1771 in Eschenberga (Gotha) als Sohn eines Pfarrers, 1798 Privatdozent der phil. Fakultät in Jena, 1800 ausserord., 1803 ord. Prof. der oriental. Sprachen, 1808 Dr. theol. von Rinteln, 1812 Prof. der Theologie in Breslau, 1819 Prof. der Theologie in Bonn, wurde Consistorialrath, zuletzt Präsident des rheinpreussischen Consistoriums und starb zu Bonn 28. April 1841.

II. Der Schwerpunkt seiner literarischen und Lehrthätigkeit liegt auf dem Gebiete der evangelischen Theologie. Er genoss das besondere Vertrauen der Regierung und hat auch in der Angelegenheit des Erzbischofs *Clemens August* von Köln als Rathgeber gedient. Ich habe einen Brief von ihm gelesen, den er kurz vor der Gefangennehmung

---

*) *Herzog*, Real-Encykl. XIX (*Hagenbach*). *F. A. Nitzsch* in Allg. Deutsche Biogr. I. 686.

des Erzbischofs an den ihm befreundeten *Linde* schrieb. Dieser hatte ihm mitgetheilt, er habe erfahren, die Regierung beabsichtige, den Erzbischof gefangen wegzuführen, und ihn gebeten, allen Einfluss anzuwenden, um die Regierung von einem solchen verderblichen Schritte abzuhalten. A. antwortete: „es sei, wie er ganz bestimmt wisse, an einen solchen Schritt nicht zu denken; er (Linde) möge doch nicht glauben, dass die preussische Regierung so dumm sei, durch einen solchen Schritt dem Erzbischof die Glorie des Martyrerthums zu verleihen."

III. Von seinen Schriften verdienen eine Erwähnung:

1. *Corpus librorum symbolicorum, qui in ecclesia reformatorum auctoritatem publicam obtinuerunt.* Lips. 1827. 2. Ausg. 1846.

2. *Kritik der neuen preuss. Kirchenagende.* 1824.

3. *Nähere Erklärung über das Majestätsrecht.* 1825, mit *Nachtrag* 1826.

4. *Bemerkungen über die neue Organisation der evangel. Kirche des Grossherzogthums Hessen.* 1833.

In den drei letzteren Schriften tritt er auf als Vertreter des reinen territorialen Systems, vertheidigt die reine Consistorialverfassung, das vollste Recht des Landesherrn, für die Liturgie Gesetze zu geben, und tritt dem Begehren nach Einführung der Synodal- und Presbyterialverfassung entgegen. War sein Streben somit unfruchtbar, so hat er sich doch Verdienst erworben durch seine Schriften über das christliche Alterthum, welche indirekt auch das Kirchenrecht berühren:

5. *Denkwürdigkeiten aus der christlichen Archäologie.* 1817—31, 12 Bde.

6. *Lehrbuch der christlichen Alterthümer.* 1819.

7. *Handbuch der christlichen Archäologie.* 1837, 3 Bde.

407. Christian Wilhelm Flügge.

Geboren 7. Dez. 1772 zu Wiesen (Lüneburg), in Göttingen 1797 Privatdozent der Theologie, Prediger an mehreren Orten, zuletzt Superintendent in Salzhausen, wo er 21. Juni 1828 starb. Neuer Nekrolog 1828, II. 500.

Geschichte der kirchlichen Einsegnung und Copulation der Ehe. Gött. 1805, Lüneburg 1809.

Eine Schrift, die als Versuch lobenswerth, in ihren Annahmen vielfach irre geht und in für das heutige wissenschaftliche Verständniss unfassbarer Weise generalisirt.

408. Johann August Heinrich Tittmann.

I. Geboren in Langensalza 1. Aug. 1773 als Sohn des dortigen Diaconus C. Christ. T., seit 1788 Student in Wittenberg, 1791 Mag. phil., 1793 Privatdozent in Leipzig, 1795 Baccal. theol., 1796 ausserord. Prof. der Philosophie, 1800 der Theologie, 1805 Dr. theol. und Mitglied des Consilium professorum als 4. ord. Prof., 1809 dritter und

Canonicus in Zeitz, 1812 Consistorialassessor, 1815 zweiter Prof. und
Canonicus in Meissen, 1818 Prof. primarius, zuletzt Custos des Stifts,
gest. zu Leipzig 30. Dez. 1831. Er hat für die Universität und das
Land, insbesondere zur Zeit des Wiener Congresses, sich grosse Verdienste erworben.

II. Hier kommt er in Betracht durch die folgenden Ausgaben
bezw. Broschüren:

1. *Observationes de potestate ecclesiastica ad art. A. C. de abus. VII.
P. I. II. Lips. 1824. 4.*

2. *Die Protestation der evangel. Stände auf dem Reichstage zu Speyer
1529. ib. 1829. Confessio fidei exhibita Imp. Carolo V. 1530.* Dresd. 1829.

3. *Ueber die Fixirung der Stolgebühren.* 1831.

409. G. Wolfg. Aug. Fikenscher.

Zu Bayreuth geboren 28. Aug. 1773, Dr. phil. et theol., Rector
des Lyceums zu Culmbach, 1803 Prof. der Geschichte am Gymnasium
zu Bayreuth, gest. 4. Sept. 1813.

*De pontificum ecclesiae christianae maximorum potestate eaque nimia quam
imperatores praeprimis germanici perpessi sunt.* Norimb. 1815.

Eine Aufzählung der bekanntesten kurialen Anmassungen bezw.
Repressalien bis auf K. Joseph II. und Hontheim.

410. Karl Gottlieb von Weber.

Geboren 28. Aug. 1773 zu Leipzig, Geheimerath, Präsident des
evang. Landesconsistoriums in Dresden.

Systematische Darstellung des im Königr. Sachsen geltenden Kirchenrechts.
Leipzig 1818 fg., 25, 28, 29. Th. 1. Th. 2, Abth. 1—3. 1843, 45. 2 Bde.,
zweiter in 2 Abtheilungen. — Eine für den praktischen Gebrauch erschöpfende
Darstellung.

411. Georg Joseph Götz.

Gestorben zu Dresden am 3. April 1847 als emeritirter Pfarrer
von Gnadenberg.

Der Freiherr von Wiesau oder die gemischte Ehe. Ein Seitenstück zu
Bretschneider's „Freiherrn von Sandau" u. s. w. Regensburg 1839.

412. Philipp Ludwig Roman.

Geboren 1774, gest. 18. Dez. 1814 als Stadtpfarrer zu Gernsbach
in Baden.

*Versuch eines badischen evang.-luther. Kirchenrechts vorzüglich für Pfarrer
und Kandidaten des Predigtamts.* Pforzheim 1806. Ein lediglich Verordnungen
gebendes bezw. excerpirendes praktisches Buch ohne tieferen wissenschaftlichen Werth.

413. Friedrich Karl von Savigny *).

I. Dieser grosse Rechtslehrer, der durch seine unsterblichen Verdienste um die Rechtswissenschaft als Historiker und Dogmatiker, sowie durch die plastische Form seiner Darstellung zu den grössten Juristen nicht blos Deutschlands und des neunzehnten Jahrhunderts, sondern aller Zeiten und Länder gehört, hat auch in der Literatur des canonischen Rechts durch das anzuführende Werk sich einen Ehrenplatz gesichert. Es darf aber an dieser Stelle genügen, die biographischen Daten anzugeben, da seine Bedeutung anderwärts genügend hervorgehoben ist. Aus einer seit 1630 aus Oberlothringen ausgewanderten altadeligen Hugenottenfamilie stammend, wurde er am 21. Febr. 1779 zu Frankfurt a. M. geboren, mit Glücksgütern reich ausgestattet, vom 13. Jahre ab zu Wetzlar im Hause des Reichskammergerichtsbeisitzers v. Neurath erzogen, besuchte von Ostern 1795 an die Universitäten zu Marburg, Göttingen und wieder Marburg, wo er 31. Oct. 1800 Dr. jur. und sofort Privatdozent, am 13. März 1803 auf sein Gesuch ausserord. Professor wurde. Im J. 1808 ging er als ord. Professor der Rechte und Hofrath, nachdem er früher für Heidelberg und Greifswald abgelehnt, nach Landshut, 1810 an die neue Universität zu Berlin. Ihr gehörte er nunmehr an bis zum J. 1812, wo er zum Justizminister für Gesetzrevision berufen wurde, nachdem er seit 1817 mit der Professur gleichzeitig eine Stelle im Staatsrath und seit 1819 als Rath am Revisions- und Cassationshofe, von 1826 bei der Commission für Gesetzrevision bekleidet hatte. Die Märztage des J. 1848 veranlassten seinen Austritt aus dem Ministerium; er lebte seitdem nur der Wissenschaft in angenehmer Musse. Am 25. Oct. 1861 endigte er sein ruhmvolles Leben. Er war als Mensch eine nach jeder Richtung hin harmonisch angelegte Natur, milde, wohlwollend, fein, ebenmässig, ein Protestant im Sinne von Schleiermacher's Richtung, innig fromm, fern von jedem confessionellen Fanatismus; für seine katholische Frau — Schwester von *Clemens* und *Ferdinand Brentano* und der *Bettina v. Arnim* — war er die eigentliche religiöse Stütze. Sein Lehrtalent muss ein

---

*) *Rudorff*, F. C. v. S.. Erinnerung an sein Wesen und Wirken (Zeitschr. f. Rechtsgesch. II. 1) und Weim. 1862. Derselbe giebt Notizen über die Familie. *M. A. v. Bethmann-Hollweg*, Erinnerung an F. C. v. S. als Rechtslehrer, Staatsmann u. Christ. Das. 1867. Seine Verdienste um die Rechtswissenschaft überhaupt und das römische Recht schildert noch *Stintzing*, F. C. v. S. Erlang. 1862. *Ders.*, Wendungen und Wandlungen der deutsch. Rechtswiss. Bonn 1879. *A. v. Brinz*, Festrede zu F. C. v. S. hundertjährigem Geburtstage. Münch. 1879. *Karl v. Czyhlarz*, Rede zur Feier des hundertjähr. Geburtstages von F. C. v. S. Prag 1879. *L. Enneccerus*, F. C. von S. und die Richtung der neueren Rechtswiss. Marb. 1879.

eminentes gewesen sein. Er war von seinem König mit der höchsten Auszeichnung, dem schwarzen Adlerorden begnadigt worden, Mitglied der Akademie der Wissenschaften war er 29. April 1811 geworden, nachdem Fichte niederlegte, im ersten Jahre der neuen Universität bis zum 18. Oct. 1813 Rector.

II. Hierher gehört seine

Geschichte des römischen Rechts im Mittelalter. Heidelberg 1815 ff., 2. Aufl. 1834—1851. 7 Bde. (7. Zusätze und Register enthaltend).

Für das canonische Recht ist von Bedeutung einmal der Abschnitt Bd. II. Kap. 15 ,Römisches Recht im Clerus', worin er zum erstenmale eingehend und aus den gedruckten und den ihm zu Gebote stehenden handschriftlichen Quellen den Gebrauch des römischen Rechts in der Kirche feststellt, sodann die Erörterungen über die Personen und Werke der Canonisten, welche zugleich für das Civilrecht Bedeutung haben. Was in letzterer Beziehung von ihm geleistet worden, ist in den zwei ersten Bänden von mir überall hervorgehoben worden. Die Forschungen Savigny's sind, wie an verschiedenen Orten gezeigt wurde, weder abschliessend, noch überall unbedingt genau. Auch hat er manche Handschrift nicht eingehend benutzt. Aber sein Verdienst ist es, nicht blos den Weg gezeigt und für das römische Recht das Meiste gethan zu haben, sondern auch Begründer einer wahrhaft wissenschaftlichen Behandlung der Literärgeschichte zu sein. Mit besonderer Vorliebe hing er an diesen Studien und freute sich, als ich ihn 1857 ff. wiederholt besuchte, über die Studien von *Maassen* und meine eigenen, von denen ich ihm Mittheilung machte.

414. Josef Gottlieb Ziehnert.

Geboren zu Quoren bei Dippoldswalde 1780, Rector und Archidiakonus in Grossenhain, 1828 Pastor zu Schlettau im sächsischen Erzgebirge.

Praktisches evangel. Kirchenrecht mit besonderer Rücksicht auf Sachsen, Preussen und andre evang. Länder. Meiss. 1826 f. 2 Bde.

Ein für die Praktiker (Geistliche und Juristen) berechnetes Lehrbuch in drei Büchern, B. 1 Einleitung, B. 2 die kirchlichen Behörden (höchste, Kirchenrath, Consistorien, Superintendenten, Collatoren und Patrone; Kircheninspection, Vorsteher und Väter), 3. die geistlichen Personen und ihre Amtsgeschäfte (Gelangung zum Amte, Gottesdienst, Taufe, Confirmation, Beichte u. s. w.), 4. Ehesachen, 5. Von der Kirche (Confessionen, Kirchspiele, Gebäude u. s. w., 6. Besoldung, Freiheiten und Strafe der Geistlichen), mit wunderlichem System, im Ganzen lediglich auf die angeführten sächs. Rescripte u. s. w. basirt, ohne jede wissenschaftliche Bedeutung, für die praktische Orientirung geeignet. Die Literaturangaben bleiben mager, obwohl der Verfasser sie vollständig geben zu wollen scheint.

415. Karl Friedrich Eichhorn *).

I. Er war ein Sohn des berühmten Theologen *Johann Gottfried Eichhorn* und wurde zu Jena den 20. Nov. 1781 geboren. Seine Erziehung und Bildung erhielt er in Göttingen, an dessen Universität sein Vater 1788 berufen worden war. Anfänglich durch Hauslehrer vorgebildet, besuchte er vier Jahre das Göttinger Gymnasium, ward im 16. Jahre Ostern 1797 daselbst akademischer Bürger und nach vierjährigem Universitätsleben, das er dem eifrigsten Studium der Rechte, aber auch der Philologie, Geschichte u. s. w. widmete, ohne die Freuden des Studentenlebens gering zu schätzen, am 18. Sept. 1801 Dr. jur. utr. Um sich für die akademische Thätigkeit vorzubereiten, hielt er sich bis in den Juli 1802 beim Reichskammergericht in Wetzlar, dann nach kurzem Aufenthalt in Regensburg zu Wien bis in den Herbst 1803 auf und habilitirte sich sofort als Privatdozent in Göttingen. Im J. 1805 ging er als ord. Professor der Rechte nach Frankfurt a. O., wo er ausser dem Criminalrecht nach und nach über alle juristischen Fächer las, längere Zeit Stadtverordneter war, 1808 in den Tugendbund trat, dessen Direktor war, zugleich eifriger Freimaurer. Das J. 1811 entführte ihn an die neugestiftete Universität Berlin. Der Aufruf des Königs vom 17. März 1813 an sein Volk entriss ihn dem Lehrstuhl, er trat in's 4. kurmärkische Landwehr-Kürassierregiment als Freiwilliger ein, wurde Rittmeister und focht unter *Bülow* in den Schlachten von Grossbeeren (23. Aug.), Dennewitz (6. Sept.) und Leipzig (18. Oct.), erhielt für seine Auszeichnung in der zweiten das Eiserne Kreuz II. Kl. und den russischen Wladimirorden. Er zog in der Avantgarde nach Westfalen, Holland, Belgien und mit dem Bülow'schen Korps in Paris ein. Nach dem Friedensschluss nahm er seinen Abschied, dozirte vom Herbst 1814 bis 1817 — im Wintersemester 1816 hielt er dem Kronprinzen eine Vorlesung über deutsches Recht — ging dann auf seines Vaters Wunsch nach Göttingen. Hier hatte er einen kolossalen Erfolg da kein Saal ausreichte, musste er eine grosse Scheune als Auditorium herrichten lassen. Oefteres Unwohlsein lähmte mehrfach seine Thätigkeit, den Winter 1824/25 brachte er zu im südlichen Frankreich, die Herbstferien auf dem von ihm angekauften Gute Ammerhof bei Tübingen, ehemals zur Reichsabtei Marchthal gehörig. Ostern 1829 legte er die

---

*) *Karl Freih. v. Richthofen* in ‚Krit. Ueberschau‘ II. 321 und in *Bluntschli*, Staatswörterbuch III. 237. *L. Reyscher* in seiner Zeitschr. f. deutsch. Recht XV. 436. *Frensdorff* in Allg. D. Biogr. VI. 469.

Professur nieder, um auf seinem Gute ausschliesslich literarischen Arbeiten zu leben. Es gelang den Bemühungen seiner Freunde, besonders *Savigny's*, ihn zu vermögen, im Herbst 1832 einem Rufe als Professor der Rechte und zugleich geheimer Legationsrath im auswärtigen Ministerium nach Berlin zu folgen. Er gab jedoch nach zwei Jahren die Professur auf, trat als geheimer Obertribunalrath ganz zur Praxis über, wurde 1838 Mitglied des Staatsraths, 1842 der Gesetzgebungscommission, 1843 geheimer Oberjustizrath, 1838—46 zugleich Spruchmann beim Bundesschiedsgerichte, 1843 des Obercensurgerichts, verzichtete aber auf diesen Posten am 1. April 1844. Veranlasst durch Kränklichkeit legte er 1847 seine Stellung nieder und zog nach Ammern, seit 1851 traf ihn wiederholt ein Schlaganfall, ein solcher setzte am 4. Juli 1854 in Köln auf einem Besuche bei seinem einzigen Sohne, der dort Appellationsgerichtsrath war, seinem Dasein ein Ende.

II. Eichhorn ist der Begründer der wissenschaftlichen Bearbeitung des deutschen Rechts. Was *Hugo* und *Savigny* für das römische, insbesondere die historische Bearbeitung gethan, hat er für das deutsche geleistet. Als Mensch besass er einen trefflichen Charakter, war ein frommer, freisinniger Protestant, warmer Patriot, Feind jeder gewaltsamen Umwälzung im Staate. Hier kommt er als Canonist in Betracht. Dem Kirchenrechte war er mit Vorliebe ergeben.

III. Schriften kirchenrechtlicher Natur.

1. *Ueber die spanische Sammlung der Quellen des Kirchenrechts* (Vortrag in der Berliner Akad. d. Wissensch. 1833 fg., ‚Zeitschr. f. gesch. Rechtswiss.' XI. 119).

2. *Grundsätze des Kirchenrechts der katholischen und der evangelischen Religionspartei in Deutschland.* Göttingen 1831, 33. 2 Bde. *Französisch:* Le droit canon et son application à l'église protestante. Manuel trad. de l'allem. par *Henry Jouffroy*. Leips. et Par. 1843.

Inhalt: I. Buch ‚*Geschichtliche Vorkenntnisse*', eine Geschichte der Entwicklung der kath. Kirche (bis auf Constantin, zur Gründung germanischer Staaten, bis zum 9. Jahrh., 9.—14. Jahrh., 15. Jahrh.) bis zur Reformation, der evang. bis 1648, Verhältnisse beider seitdem. Diese historische Darstellung erstreckt sich auf die Verfassungsbildung, Verhältniss zum Staate, Gesetzgebung, Gerichtsbarkeit (I. 1—320), II. B. *Quellen und Literatur*, III. B. *Von der Kirche, der Kirchengewalt und den kirchlichen Personen.* IV. B. *Ausübung der Kirchengewalt nach ihren einzelnen Zweigen* (Gesetzgebende, Gerichtsbarkeit: Straf-, streitige Ger.; übrige Zweige der vollziehenden Gewalt: Aufsicht). V. B. *Religionsübung:* Rechte der Kirche und des Staats im Allgemeinen (Lehre und religiöse Erkenntniss [Unterricht], Liturgie); Sacramente, Ehe; Religionshandlungen von rechtlicher Bedeutung, welche keine Sacramente sind: Gelübde, Eid, Begräbniss, Sacramentalien, Fasten, Kirchenbücher. VI. B. *Besondere Institute für die Erfüllung der Religionspflichten und die Erhaltung und Verbreitung der Lehre:* Regularen, Stiftsgeistliche, Unterrichtsanstalten. VII. B. *Kirchengüter.*

Eichhorn legte dieses System auch seinen Vorlesungen zu Grunde, Zeuge dessen ein wunderschön im J. 1825 von *Ed. Böcking* geschriebenes Heft der von ihm 1821/22 in Göttingen gehörten Vorlesung, das ich aus Böcking's Bibliothek erstanden. Er sagt es auch selbst in der Vorrede.

Eichhorn hielt seine ‚Grundsätze‘ für sein reifstes Werk, es ist jedenfalls dasjenige, welches von ihm in voller Musse ausgearbeitet wurde. Das Buch wie die Vorlesungen sind eine klare, ruhige, man muss sagen, trockene Erörterung des Gegenstandes; sie stellen das gemeine Recht für die Gewinnung des vollen theoretischen Ueberblicks ziemlich erschöpfend dar und nehmen zugleich auf das partikuläre einzelner deutscher Länder insoweit Rücksicht, als es sich um die Hervorhebung der Verschiedenheit vom gemeinen handelt. Die Bedeutung des Buchs liegt für das katholische Recht darin, dass er in wirklich historischer Weise die geschichtliche Entwicklung darzustellen sucht und, abweichend von den Vorgängern, sich lediglich an die Quellen haltend, auch auf die Literatur nur Bezug nimmt, um eine ihm falsch scheinende Ansicht hervorzuheben, oder für seine Ansicht einen katholischen Gewährsmann zu nennen. Eichhorn ist durchaus objektiv, indem er wirklich katholische Lehren ohne jede Bekämpfung als solche vorträgt. Allerdings begiebt er sich als Historiker nicht des eignen Rechts der Prüfung. So kommt er im Ganzen auf den Standpunkt des Episkopalsystems, in manchen Punkten trägt er aber als katholisches Recht Sätze vor, welche eine exactere Forschung innerlich nicht begründet finden, sondern als kuriale Theorie anerkennen muss. Dass das Buch trotz seines grossen Fortschritts in der Darstellung bei den Katholiken sich keiner Anerkennung und keines grossen Gebrauchs zu erfreuen hatte, ist leicht erklärlich. Das Werk hatte einen protestantischen Verfasser, galt für das, was die Praxis brauchte, zu wenig, war zu umfangreich, um in jener Zeit, wo das Kirchenrecht eine schlechte Rolle spielte, allgemeine Aufnahme zu finden, endlich hatte das kurze *Walter'*sche der Nachfrage genügt. Für das evangelische Recht war Eichhorn's Werk das erste, das überall auf die grundlegenden Schriften u. s. w. zurückging, aus dem Geiste der Reformation heraus argumentirte und vorschlug, was wirklich reformatorische Anschauung sei. Darin aber und in der Apathie der Zeit lag auch der geringe Erfolg desselben für dieses Gebiet.

416. Friedrich Wilhelm von Schubert.

Geboren in Greifswald, machte seine Studien von 1804—10 in Greifswald und Göttingen, wurde 1812 Adjunkt der theologischen Fakultät seiner Vaterstadt, 1813 ausserord. Professor, 1823 Superintendent zu Altenkirchen auf Rügen, wo er 1856 starb. *Kosegarten* I. 318.
Schwedens Kirchenverfassung und Unterrichtswesen. Greifswald 1820 fg. 2 Theile.

417. Ernst Peter Joh. Spangenberg.

Geboren 6. Aug. 1784 zu Göttingen, wo er von 1803—6 die Rechte studirte, im letzten Jahre Dr. und Privatdozent, 1808 Assessor beim westfäl. Tribunal, 1809 Greffier in Celle wurde, 1810 Richter in Verden, 1811 Generaladvokat in Hamburg, 1816 Hof- und Kanzleirath in Celle, hier 1824 Oberappellationsgerichtsrath, 1831 Beisitzer des Geheimenrathcollegiums, gest. daselbst 15. Febr. 1833. *Saalfeld* S. 236. N. Nekrolog von 1833, S. 122.
Das Territorialkirchenrecht im Kön. Hannover, in *Lippert*, Annalen II. 20, III. 14, IV. 65. Eine kurze fassliche Darstellung ohne tieferen wissenschaftlichen Werth.

418. Karl Friedrich Göschel *).

I. Geboren 7. Oct. 1784 zu Langensalza, studirte seit 1803 in Leipzig die Rechte, 1807 Advokat im Geburtsorte, 1818 Oberlandesgerichtsrath in Naumburg, 1834 Hülfsarbeiter im Justizministerium, 1837 vortragender Rath und geh. Justizrath, 1839 Mitglied des Obercensurcollegiums, 1843 des Obercensurgerichts, 1845 des Staatsraths und Consistorialpräsident in Magdeburg, 1848 pensionirt, lebte er in Berlin, siedelte 1861 nach Bamberg über und starb hier 22. Sept. 1862.

II. Durch seine Schriften:

1. *Zerstreute Blätter aus den Hand- und Hülfsakten eines Juristen. Wissenschaftliches und Geschichtliches aus der Theorie und Praxis oder aus der Lehre und dem Leben des Rechts.* 3 Thle. Erfurt 1832—1837.

Enthält in Th. II. zur Philosophie und Theologie des Rechts und Th. III. Abth. I. zur theologisch-juristischen Biographie und Literatur wohl nicht für das positive Recht, aber doch für dessen Prinzipien und die Beziehungen der Juristen zur Kirche und der Theologen zum Rechte interessante Beiträge, die eine gute Besprechung von *Gärtner* in ‚Krit. Jahrb.‘ 1837. I. 495 gefunden haben.

2. *Der Eid nach seinem Prinzipe, Begriffe und Gebrauche.* Berlin 1837.
3. *Die Concordienformel nach ihrer Geschichte, Lehre und kirchlichen Bedeutung.* Leipzig 1858.

gehört er zu jenen Juristen, welche auf dem Boden der positiven historischen Entwicklung stehend für das landesherrliche Kirchenregiment

---

*) *Schmieder*, Karl Friedrich Göschel. Berlin 1863.

und die Consistorialverfassung eintraten, zugleich warme christgläubige Protestanten waren. Uebrigens hat. G. auf dem philosophischen Gebiete grössere Verdienste.

419. Ferdinand Friedrich Fertsch.

Geboren zu Okarben 16. Jan. 1785, Pfarrer in Weiterstadt bei Darmstadt, 1826 Stadtpfarrer und 1837 zugleich Prof. am theologischen Seminar zu Friedberg.

1. *Das Beichtgeld in der protest. Kirche, seine Entstehung und die Nothwendigkeit seiner Abschaffung.* Giessen 1830.

2. *Beiträge zur Lehre von der Kirchenzucht.* Giessen 1844.

420. Friedrich Christian Bergmann.

Geboren 29. Sept. 1785 zu Hannover, studirte seit 1802 in Göttingen, promovirte 1805 zum Dr. jur. und habilitirte sich daselbst, wurde 1808 ausserord., 1811 ord. Prof. der Rechte, 1823 Hofrath. 1840 geh. Justizrath, 1841 ausserord. Mitglied des Staatsraths, 1844 Ordinarius des Spruchcollegs, starb daselbst 28. Febr. 1845. *Pütter*, Gelehrtengesch. v. d. Univ. Gött. III. 301, IV. 48, 417. Neuer Nekrolog XXIII. (1845) 171.

Für das canonische Recht — seine Leistungen gehören dem Civil- und Prozessrechte an — kommt er nur in Betracht durch seine treffliche Edition:

[Pillii, Tancredi, Gratiae libri de judiciorum ordine.* Gottingae 1842. 4., der vorher ging ein Programm zum 50jährigen Jubiläum von *G. Hugo*: ‚*Disseritur de libello, quem Tancredus Bon. de judiciorum ord. composuit.*‘ ib. 1838. 4. Vgl. Bd. I. S. 198, 203.

421. Friedrich August Biener *).

I. Sohn von *Christian Gottlob B.*, geboren zu Leipzig 5. Febr. 1787, machte seine Studien auf der dortigen Nicolaischule und Universität, sodann in Göttingen, promovirte im J. 1804 und habilitirte sich zu Leipzig, 1810 Professor und erster Dekan der Juristenfakultät an der neuen Universität zu Berlin, 1829 geh. Justizrath, seit 1832 durch Krankheit am Lesen verhindert, 1834 pensionirt lebte er in Dresden, wo er 1861 starb.

II. Seine Stärke lag in der Kenntniss der juristischen Literatur und Rechtsgeschichte; diesem Gebiete gehören seine besten Arbeiten an, von denen das canonische Recht berühren:

1. *Grundriss der jurist. Literaturgeschichte.* Leipzig 1822.

2. *De collectionibus canonum ecclesiae Graecae schediasma litterarium.* das. 1827.

---

*) *Muther* in Allg. D. Biogr. II. 626.

3. *Beiträge zur Geschichte des Inquisitions-Prozesses und der Geschwornen-Gerichte.* Leipzig 1827.

Sie sind fleissige und echt wissenschaftliche Abhandlungen, die ihren Werth behaupten; die Resultate der letztern sind nicht stichhaltig, die Abhandlung selbst nimmt aber als die erste wissenschaftliche über den Gegenstand einen ehrenvollen Platz ein.

422. Wilh. Werner Joh. Schmidt.

Geboren 18. Dez. 1789, Prof. am Gymnasium zu Heiligenstadt, Divisionsprediger zu Erfurt, Superintendent zu Quedlinburg.

Der Wirkungskreis und die Wirkungsart des Superintendenten in der evangelischen Kirche. Quedlinb. u. Leipz. 1837. — Dieses gute Buch bespricht *Jacobson* in ‚Krit. Jahrb.‘ 1838. III. 406.

423. Leonhard Martin Eisenschmid.

Geboren zu Ingolstadt 6. Nov. 1795, gest. zu Schweinfurt 27. Mai 1836, wurde 1818 Lehrer an der Studienanstalt zu Neuburg a. d. Donau, 1819 Priester, dann Lehrer in München, 1824 in Aschaffenburg, trat am 4. Mai 1828 zur prot. Kirche über, wurde hierauf Lehrer und im Dez. 1833 Rector des Gymnasiums in Schweinfurt. N. Nekrolog S. 347.

Vergleichende Darstellung aller allgemein verbindlichen und prorinziellen Kirchensatzungen der kathol. Kirche durch alle Jahrhunderte, mit Einschluss der Synode zu Trient u. s. w. Berlin 1832.

Die alphabetisch geordneten Titel werden behandelt durch inhaltliche oder wörtliche Angabe der Synodalschlüsse über den Gegenstand in historischer Reihenfolge in deutscher Sprache. Also eine Synopsis oder Summa canonum nach den Materien geordnet.

424. Friedrich Bluhme *).

I. Er war zu Hamburg am 29. Juni 1797 geboren, machte die Vorbereitungsstudien dort und in Schleswig (1813—14), studirte sodann in Göttingen, Berlin und Jena, promovirte hier am 3. Jan. 1820, ging in diesem Jahre nach Hamburg als Advokat, gab aber die Praxis auf den Rath von *Hugo* und *Savigny* auf, habilitirte sich in Göttingen, machte vom März 1821—23 eine Reise nach Italien, wurde 29. Mai 1823 zum ausserord. Professor der Rechte in Halle mit 300 Thlrn. ernannt, 1825 ord. mit 500 Thlrn., ging 1831 nach Göttingen als Prof. der Rechte, nahm jedoch die ihm von Hamburg angebotene Stelle eines Raths am Oberappellationsgerichte zu Lübeck an (6. Juni 1833 eingeführt). verliess 1843 Lübeck, einem Rufe nach Bonn folgend,

*) r. *Stintzing* in Allg. Deutsche Biogr. II. 734. Eine Zeitlang schrieb er sich *Blume.*

als ord. Prof. der Rechte und geh. Justizrath, wo er bis zu seinem am 5. Nov. 1874 erfolgten Tode blieb.

II. Bluhme war als Lehrer von geringer Bedeutung; sein monotoner, trockener Vortag stiess die Studenten ab, er hat wiederholt kaum eine Vorlesung zu Stande gebracht. Als Schriftsteller hat er für die Geschichte der Quellen des römischen und deutschen Rechts grosse Verdienste. Als Mensch war er tadellosen Wandels, im Ganzen eine milde Natur, liebenswürdig im Verkehr, ein musterhafter Gatte — er hatte 1825 Louise, die jüngste Tochter des bekannten Arztes *Reil* geheirathet, die ihn überlebte —, ein warmer Anhänger seiner Kirche, der er als Presbyter, Abgeordneter zur Generalsynode (1846), der Provinzialsynode u. s. w. treue Dienste leistete, ein thätiger Bürger. Sein Doktorjubiläum 3. Jan. 1870 brachte ihm das Ehrendoktorat der philosophischen Fakultät in Bonn, nachdem die theologische am 3. Nov. 1868 vorangegangen war, sowie den rothen Adlerorden 2. Klasse.

III. Für das Kirchenrecht, dem seine tiefste Neigung sich zuwandte, hat er bedeutendes nicht geleistet. Die in Betracht kommenden Arbeiten sind:

1. *Das Kirchenrecht der Juden und Christen.* Grundriss. 1826, 2. Auflage 1831.

Dies Curiosum eines Grundrisses auch für jüdisches *Kirchenrecht* ging nicht weit über Ueberschriften. Ausführlicher darüber wurde er in der Sammlung: Encyklopädie der in Deutschland geltenden Rechte. Bonn, 1850 ff., deren 3. Abth. Das öffentliche Recht, 2. Lief. 1858, unter dem Titel:

2. *System des in Deutschland geltenden Kirchenrechts*, 2. Aufl. 1868. erschien.

Diese Schrift gehört unstreitig zu den schwächsten, welche Bluhme geschrieben, ja überhaupt zu den unbedeutendsten Lehrbüchern des Kirchenrechts. Mit Recht wirft eine Rec. in der ‚Kath. Lit.-Zeit.‘ 1858 S. 299 fg. ihm ausser einer Menge von Fehlern vor, dass eigentlich für das katholische Kirchenrecht nur ein Excerpt aus *Walter*, *Richter* und *Mejer*, für das evangelische aus den beiden letzteren unter Generalisirung der rheinisch-westfälischen Kirchenordnung gegeben werde. Die zweite Auflage hat nicht viel verbessert.

3. *Das rheinpreussische Gesetz vom 14. März 1845 in besonderer Anwendung auf Pfarrwohnungen.* Seine Meinung und seine Ergänzung im Geiste confessioneller Parität. Bonn 1859.

Diese Abhandlung ist hinsichtlich des positiven Rechts, als Widerlegung der gleichinhaltlichen *Hüffer's*, schwach, in den Ausführungen de lege ferenda eine nicht ganz motivirte Kritik der von Hüffer, welcher gegen sie eine zweite schrieb.

4. Ein Gutachten über einen Patronatsrechtsfall in *Dore's Zeitschrift* IV. 46, das ich im Arch. f. kath. Kirchenrecht widerlegt habe. — Das. IV. S. 176 noch eine kleine Mittheilung über eine Pariser Clementinen- und Extravaganten-Ausgabe u. a.

5. *Kirchenordnung für die evangel. Gemeinden der Provinz Westphalen und der Rheinprovinz.* Bonn 1854, 1859, 1867.

6. *Codex des rheinischen evangel. Kirchenrechts.* Bonn 1870.

425. Eduard Regenbrecht.

Seit 1828 ord. Prof. der Rechte in Breslau, wo er am 8. Juni 1849 als zeitiger Dekan seiner Fakultät starb. Er hatte die Feldzüge mitgemacht, war Offizier im 2. westpreuss. Inf.-Reg. und Inhaber des eisernen Kreuzes. Seinen Austritt aus der kath. Kirche motivirte er in: ‚Erklärung über sein Ausscheiden aus der röm.-kath. Kirche‘ 1845 (9. Aufl.).

1. *De canonibus apostolorum et codice ecclesiae Hispanae.* Vratisl. 1828.

Schrift zur Habilitation als ordentl. Professor der Rechte (adsumto socio Guil. de Schmakovski) in Breslau (23. Dez. 1828). Resultat der ersten Abhandlung ist: die canones apostolorum haben vor dem 5. Jahrhundert nicht existirt, sie sind gegen die Mitte desselben in der griech. Kirche in Gebrauch gekommen, von Dionysius zuerst in's Lateinische übersetzt. Die 2. Abhandlung beschreibt die spanische Sammlung auf Grund der Madrider Ausgabe.

2. *De origine regiminis ecclesiae. partic. I.* Lips. 1840.

426. Christian Friedrich Elvers *).

I. Geboren zu Flensburg 16. Juli 1797, habilitirte sich nach Absolvirung der jurist. Studien in Göttingen hierselbst 1819, wurde 1823 ausserord. Prof. der Rechte, ging 1828 als ord. Prof. nach Rostock, 1841 als Rath an das Oberappellationsgericht in Cassel, wo er am 2. Oct. 1858 starb.

II. Uns gehen an:

1. *Das Wesen der ältern und neuern katholischen Kirche in ihrer geschichtlichen und nationalrechtlichen Entwicklung bis zur ersten französischen Revolution, in besonderer Rücksicht auf deutsches Nationalleben* dargestellt. Rostock 1832.

Dieser erste (einzige) Band eines beabsichtigten grösseren Werkes ist eine Verquickung theologischer, juristischer und historischer Dinge, bekundet wohl den guten Willen, aber nicht die durch blosse Lektüre kaum zu erwerbende Einsicht des Verfassers in das wirkliche Wesen der kath. Kirche, bringt zu wenig Neues und hat keine Wirkung gehabt.

2. *Der nationale Standpunkt in Beziehung auf Recht, Staat und Kirche, dargelegt in einer Reihe von Aufsätzen aus früherer und späterer Zeit.* 1845.

---

*) Archiv f. prakt. Rechtswiss. 1862. XI. Allg. D. Biogr. VI. 75.

Enthält manche gute Gedanken, die von seinem selbstständigen conservativen Standpunkt, den sein Sohn Rudolph E. in der A. D. B. gut andeutet, Zeugniss geben.

427. Georg Friedrich Puchta.

I. Sohn des als Praktiker durch treffliche Schriften bekannten Landrichters *Wolfgang Heinrich P.* zu Cadolzburg 31. Aug. 1798 geboren, studirte am Gymnasium zu Nürnberg, dem *Helzel* vorstand, seit 1816 die Rechte in Erlangen, promovirte und habilitirte sich hier 1820, wurde 1823 ausserord., 1828 in München ordentl. Professor, 1835 in Marburg, 1837 in Leipzig, 1842 an *Savigny's* Stelle in Berlin, 1844 zugleich Obertribunalrath, 1845 Mitglied des Staatsraths und der Commission für Gesetzgebung, starb am 8. Jan. 1846.

II. Dem Kirchenrechte gehört an:

1. *Einleitung in das Recht der Kirche.* Leipzig 1840.

Der Verfasser findet den Zustand der evangel. Kirche krank, ist aber guter Hoffnung, da überall die guten Keime vorliegen, insbesondere die Regierungen den besten Willen haben. Des Rechts kann die Kirche nicht entbehren; seine Behandlung ist gegenüber dem katholischen überhaupt lückenhaft, oft bei demselben Schriftsteller im Verhältnisse zum kathol. stümperhaft. Das liegt nicht im Stoffe, sondern darin, dass man *das Prinzip des Kirchenrechts nicht festgestellt und mit Beharrlichkeit auf die einzelnen Fragen angewendet hat*. P. sucht nun die rechtliche Gestalt der Kirche aus der geistlichen zu construiren, indem er die beiden Momente: den *Glauben* und das *Werk* zu Grunde legt, für die Verfassung davon ausgeht, dass weder in der Schrift, noch von den Reformatoren eine bestimmte Form als wesentlich angenommen werde, die Stellung der einzelnen Glieder construirt, die *Gemeinde als die Grundlage der Kirche* festhält, sie in der *Verbindung des zum Amte berufenen mit den gleichstehenden* sieht, über der Einzelgemeinde aber die Kirche sieht, als zu deren Regiment berechtigten er den Landesherren nicht als solchen annimmt, sondern als Schützer der rechtlichen Ordnung, welcher nichts empfange, sondern eine schwere Verantwortlichkeit übernehme. Die Schrift, welche vor allem eine ausdrückliche und stillschweigende Bekämpfung der *Stahl*'schen Construktion ist, enthält sehr viele vortreffliche Gedanken und Ausführungen, bietet insbesondere den ersten soliden Versuch, den Eintritt der Kirche in das Rechtsgebiet zu begründen, ist mit Erfolg bestrebt, Amt und allgemeines Priesterthum als nicht im Gegensatz stehend zu erweisen, dem Regiment seine Grenzen zu ziehen und der Gemeinde ihre Stellung und Rechte zu wahren, ohne die Kirche in ihr aufgehen zu machen. Aber Klarheit hat sie nicht durchweg geschaffen. Wie auf der angenommenen Grundlage das plötzlich als richtig angesehene landesherrliche Kirchenregiment zur berechtigten Existenz komme, ist nicht dargethan; es erscheint als deus ex machina. Im Einzelnen bieten sich viele fehlende Mittelglieder. Die Hauptschwäche liegt darin, dass einerseits von der wirklichen Entwicklung abgesehen und aus Prinzipien aufgebaut wird, welche nicht als fundamentale erscheinen, gleichzeitig aber der bestehende Zustand vielfach als der selbstverständlich richtige vorausgesetzt wird, vor allem aber darin, dass *die Geschichte ignorirt wird* und der sonst so eminent historische Jurist lediglich *eine Kirche construirt*.

2. *Das Gewohnheitsrecht*. Erlangen 1828, 1837, 2 Thle.

Insoweit darin die Theorie der Quellen des canonischen Rechts und der Canonisten, sowie überhaupt die Bildung des Gewohnheitsrechts in der Kirche behandelt wird. Vgl. *meine* Lehre von den Quellen des kath. Kirchenrechts S. 199 ff. für das katholische, *v. Scheuerl*, Sammlung verm. Abhandlungen II. 169 ff. für das evangel. Recht.

428. Karl Wilhelm Köhler.

Zu Darmstadt geboren 15. April 1799 und gest. 21. August 1847, wo er seit 1832 nach andern Aemtern Garnisonsprediger und Oberconsistorialrath, 1837 Prälat, Superintendent der Provinz Starkenburg und Oberpfarrer war (N. Nekrolog S. 581).

1. *Aphorismen über den Rechtszustand und die Verfassungsgeschichte der erang.-protest. Kirche im Grossh. Hessen*, in *Weiss*, Arch. I. u. sep. Frankf. 1830.

2. *Handbuch der kirchlichen Gesetzgebung des Grossh. Hessen*. 2 Bde. Darmstadt 1847.

Ein für den praktischen Gebrauch dankenswerthes Werk.

429. Johann Wilhelm Bickell *).

I. Er war geboren zu Marburg den 2. Nov. 1799, studirte auf dem dortigen Pädagogium, von 1815 an die Rechte in Marburg, 1818—19 in Göttingen unter *Hugo* und *Eichhorn*. Im J. 1820 wurde er in Marburg Dr. jur. und Privatdozent, 1824 ausserord., 1826 ord. Professor der Rechte. Im J. 1826 machte er eine wissenschaftliche Reise nach Wien, München und Paris, nach letzterer Stadt von neuem 1830. Das Jahr 1832 entzog ihn dem Lehramte; er wurde Oberappellationsgerichtsrath in Cassel, 1841 Direktor des Obergerichts zu Marburg, 1845 Vicepräsident des Oberappellationsgerichts zu Cassel, im folgenden Jahre Staatsrath und Vorstand des kurfürstlichen Justizministeriums. Er starb den 24. Febr. 1848. Einer seiner zwei Söhne ist der zum Katholicismus übergetretene Orientalist in Innsbruck.

---

*) *Justi*, Grundl. zu einer hess. Gelehrtengesch. S. 24. Neuer Nekrolog 1848, S. 1027. *Richter* und *Schneider*, Krit. Jahrb. (1848) XIII. 374. *Heppe* in Herzog's Real-Encykl. XIX. 195.

II. Bickell ist einer der gründlichsten Bearbeiter der Quellengeschichte des canonischen Rechts der Neuzeit, ja der erste in Deutschland, der in unserem Jahrhundert wirklich voll ausgerüstet nach umfassenden handschriftlichen Studien an dieselbe ging. Um so mehr ist zu bedauern, dass er durch die praktische Thätigkeit im Justizdienste, für welche minder wissenschaftliche Männer genügen, abgehalten wurde, seine Arbeiten zu vollenden, beziehungsweise auszudehnen. Ich bedauere das besonders, weil ich in den Bibliotheken von Fulda und Frankfurt die Spuren seiner Arbeiten fand. Seine Schriften gehören, ausser seiner Doktordissertation *,de precario'* und *,Beiträge zum Civilprozess'* 1. Abth. 1836, dem kath. und protest. Kirchenrechte an.

A. Canonisches Recht:

1. *Ueber die Entstehung und den heutigen Gebrauch der beiden Extravagantensammlungen des corpus juris canonici.* Marb. 1825.

Von mir im 2. Bande S. 50 ff. gewürdigt; zugleich ist gezeigt, in wiefern Unvollständigkeiten und Irrthümer vorliegen.

2. *De Paleis, quae in Gratiani decreto occurrunt,* disquisitio historico-critica. Marb. 1827. 4.

Vgl. Bd. I. S. 56 ff. und meine Abh. ,Die Paleae im Dekret Gratian's. Wien 1874, wo das Verdienst der Abhandlung hervorgehoben ist.

3. *Geschichte des Kirchenrechts.* Erster Band. Giessen 1843. Die 2. Lief. desselben gab Friedr. Wilh. *Röstell,* Frankf. a. M. 1849, aus dem literarischen Nachlasse Bickell's heraus.

Sein Plan geht auf die Bearbeitung einer Geschichte vom Beginn der christlichen Kirche bis auf die neueste Zeit. In dem Publizirten ist nur die Zeit bis auf Constantin behandelt. Die Schrift ist in jeder Richtung ausgezeichnet, hat mehrere Stücke zuerst veröffentlicht und lässt das ausgesprochene Bedauern in höherem Grade wiederholen.

B. Protestantisches Kirchenrecht.

1. *Ueber die Reform der protest. Kirchenverfassung in besonderer Beziehung auf Kurhessen.* Marb. 1831.

2. *Deutsche Presbyterial- und Synodal-Verfassung der evang. Kirche in ihrem Ursprunge und ihrem Einflusse auf Hessen,* in Zeitschrift des Vereins für hess. Geschichte und Landeskunde (1837) I. 43.

3. *Ueber die Verpflichtung der evangel. Geistlichen auf die symbolischen Schriften in besonderer Beziehung auf das kurhessische Kirchenrecht.* Cassel 1839. 2. Aufl. 1840.

Er steht auf einem positiven Standpunkte und behandelt alle Fragen gründlich mit besonderer Rücksicht auf die geschichtliche Entwicklung, aber stets zu praktischem Zwecke.

430. Heinrich Christian Michael Rettig.

Geboren im J. 1799, gest. 24. März 1836 als Prof. der Theologie und zeitiger Rector in Zürich. N. Nekrolog S. 277.

Die freie protest. Kirche oder die kirchlichen Verfassungsgrundsätze der Evangelischen. Giessen 1832.

431. F. Ulbricht.

Gestorben 8. März 1849 als Pfarrer zu Tuttendorf im K. Sachsen (N. Nekrolog von 1849, S. 1212).

Die merkwürdigsten Landeskirchen Europa's nach ihren Grundzügen zusammengestellt. Dresden u. Leipzig 1845.

432. Gabriel Wagenseil.

De legato a latere. Francof. 1751. 4.

433. Johann Jakob von Holtze.

Canonicus in Hamburg.

De statu juribusque episcoporum Germaniae augustanae confessionis a condita transactione Passariensi et pace religiosa usque ad westphalicam. Jen. 1752. 4.

434. Tritschler.

Unparteyische Abhandlung von dem Rechte eines katholischen Landesherrn in Religions- und Kirchensachen seiner protestirenden Unterthanen. Ulm 1753.

435. Georg Peter Helzer.

De juribus stolae. Jen. 1756. 4.

436. Johann Rudolph Kissling.

De disciplina clericorum ex epistolis eccles. conspicua. Leipzig u. Nürnberg 1760.

437. Joach. Ge. Fr. Franz.

Jus eligendi ministros ecclesiae ex antiquitatibus illustratum. Lips. 1764. 4.

438. David Gottfried Aeg. Wilke.

De obligatione parochianorum ad reficienda aedificia ecclesiastica. Lips. 1764. 4. (resp. *Ge. Friedr. Ayrer*).

439. G. Fr. Richter.

De jure episcopali principum evang. pactitio. Gött. 1767. 4.

440. M. Balthasar Gottlob Hennig und Conrad Gottl. Anton.

Disp. de collectione canonum et decretorum Dionysiana dominationis pontificiae fautrice. Lips. 1769. 4.

441. Friedrich Ernst Graf von Schönburg.

De episcopo minorenni. Jen. 1769. 4.

442. Heinrich Wilhelm Hebenstreit.

Historia jurisdictionis ecclesiasticae ex legibus utriusque codicis illustrata. Lips. 11. Nov. 1773. 4. Diss. inaug.

443. Johann Joseph Lievre.

Aus Lauterburg, Dr. jur. mit

Diss. inaug. jur. de jurisdictione ecclesiastica et saeculari in genere.
Argent. 1773. 4.

444. Karl Ulrich Friedrich Knorre.

*An imperantis exercitium juris circa sacra majestatici ad consensum cleri
(der Geistlichkeit) sit adstrictum.* Bretzov 1782. 4.

445. J. Grimm.

*Diss. inaug. jur. de profanatione rei sacrae, vulgo Secularisirung geist-
licher Güter.* Giss. 1787. 4.

446. Christian Gottlob Hempel.

*Die Rechte eines deutschen Kaisers über den Papst und über Rom aus
authentischen Urkunden erwiesen.* Leipz. o. J. (Joseph II. und Peter Leopold
von Toscana gewidmet).

Kurze Erzählung der bekannten Rechte, der päpstlichen Frevel
gegen Oesterreich u. s. w.

447. Arminius Seld, Doktor der Rechte.

Abhandlung über das päpstliche Gesandtschaftsrecht, in welcher die offen-
baren Eingriffe des Römischen Hofes und dessen Nuncien in die ordentliche
bischöfliche Gerichtsbarkeit entdecket und aus dem Primate, päpstl. Bullen,
Reichsconcordaten, Friedensschlüssen, wie auch aus dem Sr. Kurf. Durchlaucht
zur Pfalz Karl Theodor auf jüngerm Wahlkonvente geführten Voto gründlich
widerleget werden, mit Beil. von A bis G. Athen, 1787. 4. Durch den Titel
hinlänglich erläutert.

448. Heinrich Philipp Conrad Henke.

De Cresconii concordia canonum eiusque codice mscr. Helmstad. 1788.
Lips. 1802.

449. Christoph Wilhelm Koch.

Professor und Bibliothekar in Strassburg.

1. *De collatione dignitatum ac beneficiorum ecclesiast. in imperio Rom.-
Germ.* Argent. 1762. 4.

2. *Sanctio pragmatica Germanorum illustrata.* Argentor. 1789. 4.

Eine ausgezeichnete Ausgabe der 1439 zu Mainz geschlossenen
Satzung über die kirchlichen Verhältnisse mit vortrefflichen Einleitungen,
zugehörigen Aktenstücken, Anmerkungen u. s. w.

450. Schalk.

*Ueber die Fundamental-Gesetze der deutschkatholischen Kirche im Ver-
hältniss zum römischen Stuhle.* Frankf. u. Leipz. 1790.

Gegen Spittler's ‚Geschichte der Fundamental-Gesetze‘ u. s. w. wird
ausgeführt, dass die Baseler Dekrete durch die Aschaffenburger Concordate nicht aufgehoben seien.

451. Friedrich August Apel.

De juribus singularibus clericorum praecipue in Saxonia. Leipz. 1791. 4.

452. Jakob Friedrich Kees.

Handbuch des protest. Kirchenrechts nach den neuesten besonders chur-sächsischen Gesetzen. Leipzig 1791.

453. Johann Simon Schernhauer.

De officio principis erang. german. prohibendi in territorio suo, ne doctores religionis erang. publicis fidei symbolis adcersi quid doceant. Viteb. 1793. 4.

454. Johann Andreas Friedrich Steger.

Versuch eines natürlichen Kirchenrechts aus der Natur des Begriffs Kirche entwickelt. Berlin 1799.

455. Wilhelm Otto.

Geboren 1. Jan. 1800 zu Weilburg, 1820 Professor zu Grenzhausen, 1828 Prof. am Seminar in Herborn, 1837 Direktor desselben.

Handbuch des besonderen Kirchenrechts der erangelisch-christlichen Kirche im Herzogthume Nassau. Nürnberg 1828.

Ein lediglich auf die geltenden Gesetze u. s. w. gestütztes klares und für die praktische Amtsführung ausreichendes Buch, zu dem später noch zwei Bogen Zusätze erschienen sind. Das Nassauische Kirchenwesen hatte durch die am frühesten durchgeführte Union und manche gute Einrichtung besonderes Interesse.

456. Ernst Adolph Theodor Laspeyres.

I. Geboren zu Berlin den 9 Juli 1800 als Sohn eines Fabrikanten, studirte an einem dortigen Gymnasium, dann an den Universitäten daselbst und zu Göttingen von 1820—24, wurde 1825 in Berlin Dr. jur., habilitirte sich 1826 daselbst als Privatdozent der Rechte, 1831 ordentl. Professor in Halle, 1844 in Erlangen, 1846 Oberappellationsgerichtsrath in Lübeck, 1861 in Folge eines Schlaganfalls pensionirt lebte er in Halle und starb hier 14. Febr. 1869 (nach gefälliger Mittheilung seines Sohnes, Herrn *Prof. L.* in Giessen).

II. Er war ein höchst gewissenhafter und gründlicher Forscher, dessen Schriften von jedem Beiwerk fern nur sachlich sind. Sie erstrecken sich auf deutsches, preussisches, Lehnrecht u. s. w., hierher gehören:

1. *Diss. canonicae computationis et nuptiarum propter sanguinis propinquitatem ab ecclesia christiana prohibitarum sistens historiam.* Berol. 1825.

Hält fest an der sog. gregorianischen Computation der Verwandtschaftsgrade.

2. *Bernardi Papiensis Fav. Ep. Summa decretalium ad librorum manuscriptor. fidem cum aliis eiusdem scriptis anecdotis edid.* Ratisb. 1560. **Vgl.**

über den Inhalt dieser verdienstlichen Ausgabe Bd. I. S. 175 ff. Sie hat eigentlich wieder den Anfang zur Edition der alten Summae in der neueren Zeit gemacht.

3. *Geschichte und heutige Verfassung der katholischen Kirche Preussens.* Halle 1840. 1. Thl.

Eine ausgezeichnete — bisher zugleich einzige — Geschichte der Stellung der kath. Kirche in den damals preussischen Gebieten bis auf die Reorganisation in Folge der Bulle *De salute animarum.* Der zweite Theil ist nicht erschienen.

457. Johann Friedrich Prahl.

Geboren 27. März 1801, 1827 Lehrer an der Domschule zu Güstrow.

Das Conventikelwesen im Verhältniss zur Religion und Sittlichkeit, zur Kirche und zum Staate geprüft. Güstrow 1837.

Tritt dafür ein, nur die geheimen seien zu verbieten, von der Kirche überhaupt nur eine geistige, nicht gewaltsame Bekämpfung vorzunehmen.

458. Friedrich Julius Stahl *).

I. Er war zu München den 16. Jan. 1802 von jüdischen Eltern geboren, trat im Nov. 1819 zum Protestantismus über, studirte in Würzburg, Heidelberg und Erlangen, habilitirte sich 1827 als Dozent der Rechte in München, wurde 1832 ausserord. Professor der Rechte in Erlangen, im selben Jahre ordentl. in Würzburg, 1835 von neuem in Erlangen, und 1840 als Nachfolger von *Gans* in Berlin. Mit dem Jahre 1849, wo er Mitglied der ersten Kammer wurde, begann seine politische Thätigkeit. Nach kurzer Zeit wurde er und blieb der Führer der Conservativen, deren Tendenzen er in der Kammer, wie in der ‚Neuen Preuss. Zeitung‘ unstreitig am geschicktesten und consequentesten vertrat. Sein Einfluss auf die Umgestaltung der ersten Kammer (Herrenhaus) war massgebend, ihm ist wesentlich zuzuschreiben, dass eine Reihe von Bestrebungen: freiheitliche Gemeindeordnungen, Reform des Eherechts u. a., nicht zur Ausführung kamen. Ebenso hatte er wesentlichen Antheil an den kirchlichen Dingen. Bei der Gründung des ‚evang. Oberkirchenraths‘ (K. O. v. 29. Juni 1850) in denselben berufen, nahm er eine schroffe lutherisch-orthodoxe Stellung ein und trat allmälig besonders zu *Richter* in eine fast feindselige Stellung. Auf dem Erfurter Parlamente (1850) war er heftiger Gegner der Herrichtung des Bundestags. Er starb am 10. August 1861 im Bade Brückenau.

II. Der Schwerpunkt seiner wissenschaftlichen Thätigkeit liegt in

---

*) *Bluntschli* in seinem Staatswörterbuch X. 154, der mit Recht hervorhebt, dass ein Zug alttestamentalischer Theokratie durch seine Grundansicht vom Staate gehe, verdeckt durch christlich-dogmatische und modern-philosophische Umhüllung.

seiner Rechtsphilosophie [1]). Ein Gegner *Hegel's*, baut er den Staat auf
der Grundlage der christlichen Offenbarung auf; die Vernunft ist dazu
unfähig, der Staat ist gegründet in dem göttlichen Rechte der Obrigkeit,
welcher unbedingter Gehorsam zu leisten ist. Diese Gedanken hat er
in einzelnen Broschüren [2]) und bei vielen Gelegenheiten in der Kammer [3])
auch praktisch verwerthet.

Als Dozent war Stahl, wie ich, den er zum Doktor promovirte,
aus eigner Wissenschaft bekunden kann, hervorragend. Er sprach, bei
offenbar bis in's Detail stattgehabter Vorbereitung, wo nicht Memorirung,
gänzlich frei, in vollendeter Form, fliessend, begabt mit einem vortrefflichen Organe, mit einer alle Anforderungen befriedigenden Klarheit.
So fesselte er das Auditorium, mochte dasselbe auch Gegner sein. Zwei
Schwächen zeigte der Vortrag, einmal war er arm an positivem Material,
wie denn überhaupt die positiven Kenntnisse seine Stärke nicht waren
und ich dem beipflichten muss, was mir *Rudorff* einst über ihn sagte:
„er ist ein geistreicher Mann, der nicht genug gelernt hat." Zweitens
scheute er sich nicht vor Sophismen und verstand es, die widersprechend-
sten Dinge mit einer seltenen dialektischen Gewandtheit zu vertheidigen.
Schüler hat er nicht gebildet.

III. Der kirchenrechtliche Standpunkt steht mit seinem politischen
in engster Verbindung. Er construirt die evangelische Kirche nicht aus
deren geschichtlicher Bildung, ist Feind der Gestaltung, in welcher die
Gemeinden und Synoden einen wesentlichen Antheil haben, hält fest
an dem Episkopalrechte des Landesherrn in seinem vollen Umfange,
tritt ein für scharfe, juristisch geregelte Zucht. Seinem ganzen Wesen
entsprechend hat er nicht dem Ausbau des Rechts, nicht dem Detail,
sich zugewandt, sondern sich nur mit den Prinzipien befasst, welche
er durch seine Dialektik beherrschte. Wie er den Protestantismus nach
seiner Auffassung als das allein richtige politische Prinzip erklärte [4])
unter scharfer Widerlegung der *Bellarmin*'schen Theorie, der päpstlichen

---

[1]) Die Philosophie des Rechts. Heidelb. 1845—47, 3. Aufl. 1854—56. 2 Bde.
1. Bd.: Geschichte d. Rechtsphilosophie. 2. Bd.: Rechts- und Staatslehre auf der
Grundlage christl. Weltanschauung. 1. Abth.: Die allgem. Lehren u. das Privatrecht. 2. Abth.: Die Staatslehre u. die Prinzipien d. Staatsrechts.

[2]) Die Revolution u. die constitutionelle Monarchie, eine Reihe ineinander-
greifender Abhandlungen. Berlin 1849. Ueber den christlichen Staat und sein
Verhältniss zum Deismus und Judenthum. Berl. 1847.

[3]) Man vergl. „Siebzehn parlamentar. Reden', Berlin 1862. Was ist Revolution? Das. 3. Aufl. 1853.

[4]) *Der Protestantismus als politisches Prinzip.* Berl. 1853. 5 Vorträge, von
denen zwei gehalten sind. Gegen die Angriffe von *Rintel, Reinkens* u. a. erschien:
.Die katholischen Widerlegungen. Eine Begleitungsschrift zur 4. Aufl. meiner
Vortr. über den Prot. als pol. Prinz.· Berlin 1854.

Ansprüche, der Lehre von *Phillips,* so construirt er aus seinem kirchlichen Standpunkte die Aufgabe des Staats, welcher Schule, Wissenschaft und Polizei danach zu regeln hat. Er fasste dies zusammen in die bekannten Aussprüche: „Autorität, nicht Majorität" und „die Wissenschaft muss umkehren." Ausser in seiner Rechtsphilosophie und in zahlreichen Aufsätzen der ‚Evang. Kirchenzeitung' (von *Hengstenberg*) hat er das Kirchenrecht behandelt in den folgenden Schriften:

1. *Die Kirchenverfassung nach Lehre und Recht der Protestanten.* Erlangen 1840. 2. erweiterte Ausg. 1862.

Er stellt dem Begriff der Kirche als *Gemeinde* entgegen den Begriff derselben als *Institution*, als einer Anstalt, vindizirt dem geistlichen Amte den ersten Beruf zum Kirchenregimente, legt den Schwerpunkt nicht in die presbyteriale oder bezw. und konsistoriale, sondern in die von ihm construirte bischöfliche Verfassung. Er nimmt an: das bischöfliche Amt sei zwar keine göttliche Institution, aber uralt, ihm komme die Aufsicht über das Amt und die Kirchenregierung zu; die Reformatoren, insbesondere *Luther, Melanchthon,* die Wittenberger Reformationsformel (1545) hätten nicht gegen das Amt als solches sich erklärt, sondern nur nothgedrungen gegen das Amt, wie es die Päpstlichen hatten: das Majestätsrecht über die Kirche gebe der Protestantismus mit Recht der christlichen Obrigkeit grundsätzlich; im Amte der Superintendenten, das allerdings vielfach zu einem unbedeutenden zusammen geschrumpft sei, als einer allgemeinen evangelischen Institution hätten die Reformatoren es zu retten versucht. Es ist nicht zu leugnen, dass, wie die Schriften von *Höfling, Kliefoth* u. A. und noch mehr die heutigen Tendenzen eines grossen Theiles der Geistlichen zeigen, die Ideen Stahl's eine tiefe Wirkung hervorgebracht haben.

2. *De matrimonio ob errorem rescindendo commentatio.* Berol. 1841. 4. (Habil.-Schrift behufs der ordentlichen Professur).
Eine unbedeutende Arbeit.

3. *Ausführungen über das Ehescheidungsgesetz.* Berlin 1855.

4. *Vortrag über Kirchenzucht.* 2. Aufl. (des Abdrucks aus 1845 in ‚Evang. Kirchen-Zeit.') Berlin 1858 [*)].

5. Für die Beurtheilung der politischen und kirchlichen Richtung des Verfassers wie der Zeit ist noch von Interesse:
Die politischen Parteien in Staat und Kirche. Neunundzwanzig akadem. Vorlesungen. Berlin 1863, 1868.

Es gehörte im Wintersemester 1850/51, wo dieselben zuerst gehalten und auch von mir besucht worden sind, zum guten Tone, sie zu hören. Kein Dozent in Deutschland, etwa den Geographen *Ritter* ausgenommen, hat wohl ein gleich gewähltes nichtstudentisches Auditorium gehabt:

[*)] Anzeige in ‚K. L. Z.' 1858, S. 81.

ich habe Offiziere vom General bis zum Lieutenant herab, Geheimeräthe aller Art, Kammermitglieder u. s. w. darin gesehen.

459. August Ernst Ludwig Guyet.

Geboren 11. März 1802 zu Homburg v. d. H., studirte in Heidelberg seit 1818, 1822 zu Berlin, wurde Dr. jur. in Heidelberg, 1824 Privatdozent, 1827 ausserord. Professor der Rechte und ord. Beisitzer des Spruchcollegs, 1836 fünfter ord. Professor in Jena, 1843 geheimer Justizrath, 1853 erster ord. Professor und 1856 Ordinarius der Juristenfakultät und des Schöppenstuhls, gest. 8. April 1861. *Günther* S. 96.

De matrimonii invalide contracti renovatione. Heidelberg 1830, 1832. 2 specimina.

460. Georg Friedrich Heinrich Rheinwald.

Geboren 20. Mai 1802 zu Scharnhausen in Württemberg als Sohn eines Predigers, studirte die Theologie in Tübingen seit 1820, in Berlin seit 1823, habilitirte sich hier 1826, wurde 1830 hier ausserord., 1833 ord. Professor der Theologie in Bonn und von Tübingen Dr. theol., gest. zu Berlin 31. Mai 1849, nachdem er faktisch der Professur enthoben war. N. Nekrolog 1849, S. 397.

1. *Acta historico-ecclesiastica seculi XIX.* Berl. u. Hamb. 1837—1840. 3 Bände.

Enthält eine trotz vieler Mängel in Anlage und Ausführung dankbare Sammlung von Dokumenten zur Kenntniss der neueren Verhältnisse in der katholischen, evangelischen und griechischen Kirche.

2. Allgem. Repertorium f. theol. Liter. u. kirchl. Statistik. Berl. 1833 f.

3. Das schwarze Buch oder die enthüllte Propaganda Belgiens. A. D. Franz. mit einleitenden Bemerkungen. Altenburg 1838.

4. Ueber die Union. Berlin 1839.

5. Berliner Allgemeine Kirchenzeitung. 1839 ff.

461. Karl Ad. Suckow.

Geboren 27. Mai 1802 zu Münsterberg in Schlesien, 1829 Lic. theol. zu Breslau, im folgenden Jahre Privatdozent, dann ausserord. Professor, zuletzt zugleich zweiter Prediger an der Hofkirche daselbst, wo er am 1. April 1847 starb. N. Nekrolog von 1847, S. 263.

A B C evangelischer Kirchenverfassung. Breslau 1846.

462. Karl Zittel.

I. Geboren 21. Juni 1802 zu Schmieheim als Sohn des dortigen Pfarrers, studirte die Theologie in Jena, 1829 Diaconus und zweiter Lehrer am Pädagogium in Lörrach, in Folge nicht genehmer Vorträge über die Kirchengeschichte vor einem gemischten Publikum 1834 Pfarrer in Bahlingen, machte sich durch Conferenzen der Geistlichen missliebig,

1842 Abgeordneter zur II. Kammer, wo er am 15. Sept. 1845 die Motion für Religionsfreiheit begründete, Herbst 1848 Pfarrer in Heidelberg, Mitglied des Frankfurter Parlaments bis zu dessen Weggang von Frankfurt, 1850 in's Erfurter Staatenhaus von den badischen Kammern gesandt, schied aus der Kammer. Er starb den 28. Aug. 1871 in Karlsruhe und wurde am 30. Aug. 1871 in Heidelberg zur Ruhe bestattet. *v. Weech*, Biogr. II. 542 ff.

Durch das kirchenpolitische Blatt der *Morgenbote* (seit 1. Oct. 1845), das er gründete, die Theilnahme an den *Durlacher Conferenzen* (1859 Nov.) hat er die Agitation gegen das Concordat und den *Protestantenverein* mit in's Leben gerufen und einen mächtigen Einfluss geübt.

II. Abgesehen von seinem Wirken als Prediger ist er durch die Schriften:

1. *Zustände der evangelisch-protestantischen Kirche in Baden.* 1843.
2. *Der Bekenntnissstreit in der protestantischen Kirche.* 1852.

für die liberale Idee im Protestantismus und gegen den starren Bekenntnisszwang in die Schranken getreten und hat sich dadurch eine Stelle in der Reihe der kirchenpolitischen Schriftsteller und der Gründer des modernen liberalen Protestantismus gesichert.

463. Johann Wilhelm Friedrich Höfling.

Geboren 30. Dez. 1802, 1827 Pfarrer zu St. Jobst bei Nürnberg, 1833 ord. Professor der Theologie und Ephorus in Erlangen.

Grundsätze evangelisch-lutherischer Kirchenverfassung. Erl. 1850, 51, 53.

464. Christian Gottfried Moritz Janj.

Geboren zu Gera 1803, evang. Pfarrer in Köstritz, seit 1841 privatisirend zu Herzberg.

Die wahre evangelische Kirche in Grundzügen des evangelischen Kirchenrechts dargestellt. Adorf 1836.

Es genügt, für diese aphoristische Darstellung des allzugrosse Wissenschaft hassenden Verfassers hinzuweisen auf die Besprechung von *Jacobson* in ,Krit. Jahrb.' 1837. I. 428.

465. Heinrich Friedrich Jacobson *).

I. Geboren zu Marienwerder am 8. Juni 1804 als Sohn eines Kaufmanns, der durch die Unglücksfälle jener Zeit sein ganzes Vermögen verlor, studirte am Gymnasium seiner Vaterstadt, bezog 1823 die Universität Königsberg, löste als Student Preisfragen, betrieb fleissig Philosophie und Philologie, trat in die Praxis, wurde daselbst 18. Oct. 1826 Dr. jur., ging dann zwei Jahre nach Göttingen und Berlin durch

---

*) Biogr. von *A. Wach* in Zeitschr. für Kirchenr. VIII. 375 mit Zusätzen von *Dove.*

ein Stipendium unterstützt, während er bis dahin sich vorzüglich durch
Privatunterricht ernährt hatte, 1828 Privatdozent der Rechte in Königs-
berg, 1831 ausserord., 1836 ord. Professor daselbst, 1865 Geh. Justizrath,
1862 Dr. theol. hon. c. von Königsberg; seit 1862 in Folge eines
Schlaganfalls kränkelnd, starb er am 19. März 1868 nach einem neuen
Anfalle. Der mir früher brieflich und 1865 in Reichenhall persönlich
bekannt gewordene College war ein anspruchsloser, liebenswürdiger
Mann, dessen Milde, frommer Sinn, Sittlichkeit, Liebe zum Amte,
Freundlichkeit gegen Collegen und Studenten allgemein anerkannt war.
Er war nicht geistig hervorragend, aber ein sehr fleissiger und exacter
Sammler; seine Richtung war eine theologisch-juristische.

II. Schriften kirchenrechtlichen Inhalts:

1. *Kirchenrechtliche Versuche zur Begründung eines Systems des Kirchenrechts.* 2 Beiträge. Königsberg 1831, 1833.

Gute Erörterungen über Kirche, Verhältniss des Kirchenrechts zur
Theologie, sichtbare Kirche, System des Kirchenrechts.

2. *De fontibus jur. eccles. borussici.* Regiom. 1836, umgearbeitet in den
ersten Kapiteln des nächsten.

3. *Geschichte der Quellen des kathol. Kirchenrechts der Provinzen Preussen
und Posen.* das. 1837, 1839. Th. I. Bd. 1. — *Die Quellengeschichte des evangel.
Kirchenrechts der Prov. Preussen und Posen.* 1844. Th. I. Bd. 2; *Geschichte
der Quellen des evangel. Kirchenrechts der Prov. Rheinland u. Westfalen.* 1844.
Th. IV. Bd. 3 und Urkundenband. Mehr erschien nicht.

4. *Die Grundsätze des preuss. Rechts über das Verhältniss von Staat
und Kirche.* Königsberg 1838.

5. *Ueber die gemischten Ehen in Deutschland und insbesondere in Preussen.*
Leipzig 1838.

6. *Das Verbot der Gustav-Adolf-Stiftung und die Kniebeugung der Protestanten in Baiern.* Leipzig 1844.

7. (Mit *Richter*) *Zeitschrift für das Recht und die Politik der Kirche,*
Heft 1, S. 1 ff.

8. *Ueber das österr. Concordat vom 18. Aug. 1855 und die kirchlichen
Zustände der Evangelischen in Oesterreich.* Leipzig 1856.

Stellt vorzugsweise die Gegensätze dar: absolute Freiheit der
katholischen Hierarchie, Druck auf dem evangelischen Bekenntniss, wie
sie damals noch herrschten.

9. *Das evangelische Kirchenrecht des preussischen Staates und seiner Provinzen.* (2 Abtheilungen). Halle 1864, 1866.

Dieses Werk, das erste derartige, liefert eine erschöpfende Darstellung der mancherlei Quellen mit historischen Erörterungen, für das
Detail des Rechts eine genaue Zusammenstellung des positiven Stoffes mit
historischen Bemerkungen, überall ohne tiefere juristische Durchdringung.

10. Zahlreiche Artikel in *Herzog's* Realencyklopädie, in *Weiske's* Rechts-
lexicon, ,Zeitschrift f. deutsches Recht', ,Zeitschrift f. Kirchenrecht' Bd. 1—3, 7,

‚TheoL Studien und Krit.‘, in *Richter's* ‚Amtl. Gutachten‘, ‚Aktenst. a. d. Verw. des evangel. Oberkirchenr.‘, ‚Schneider's deutsche Zeitschr. für christl. Wiss.‘, ‚Zeitschr. f. Theorie und Praxis des preuss. Rechts‘ von *Bobrik*, *Illgen* ‚Zeitschrift‘, *v. Ledebur* ‚N. Archiv f. d. Geschichtskunde des preuss. Staats‘.

466. Emanuel Karl Ludwig Eduard Weiss *).

I. Geboren 30. Mai 1805 auf dem Bergschlosse Breuberg im Odenwalde, wo sein Vater erbach-schönbergischer Rentamtmann war, bezog nach sehr wechselvoller Vorbereitung 1824 die Universität Giessen. machte 1827 das juristische Fakultätsexamen und wurde im Dez. Dr. jur., Ostern 1828 Privatdozent, 1831 ausserord. und 1838 ord. Professor der Rechte daselbst, wo er auch am 16. Dez. 1851 starb.

II. Ausser staatsrechtlichen Arbeiten veröffentlichte er:

1. *Grundriss der deutschen Kirchenrechtswissenschaft.* Mainz 1829.
2. *Archiv der Kirchenrechtswissenschaft.* Frankf. 1830 fg. 2 Bde.
3. *Corpus iuris ecclesiast. catholicorum hodierni quod per Germaniam obtinet academicum.* Giss. 1833.

467. Karl Kuzmány.

I. Geboren im Jahre 1806, gest. 14. Aug. 1866 im Bade Stuben, Professor der praktischen Theologie an der evangelisch-theologischen Fakultät zu Wien, Superintendent.

II. Schriften:

1. *Lehrbuch des allgemeinen und österreichischen evangel.-protestantischen Kirchenrechts.* Wien 1856, mit
2. *Urkundenbuch zum österreichischen evangel. Kirchenrechte.*
3. *Handbuch des allgemeinen und österreichischen evangel.-protestantischen Eherechts.* Wien 1860.

Soweit nicht neuere Gesetze Aenderungen herbeigeführt haben, sind diese Werke die beste und erschöpfende Darstellung des besonderen österreichischen Rechts; was ihnen fehlt, ist die juristische Durchdringung, welche dem Theologen abging.

468. Aemilius Ludwig Richter **).

I. Er war am 5. Febr. 1808 zu Stolpen unweit Dresden als Sohn des dortigen Finanzprokurators (Advokaten) geboren. Nach Vollendung der Gymnasialstudien zu Bautzen lag er in Leipzig seit 1826 durch drei Jahre dem Studium der Rechte ob, betrieb aber gleichzeitig histo-

---

*) *Scriba*, Hess. Schriftsteller-Lex. I. 442, II. 779. Neuer Nekrolog von 1851. S. 961.

**) *Mein* Aufsatz in *Dove*, Zeitschr. für Kirchenrecht V. (1865) S. 259—280 *Dove*, das. VII. (1867) S. 273—404. *Hinschius* in Zeitschr. f. Rechtsgeschichte IV. (Weimar 1865) S. 351—379. Vgl. auch *Mejer* in Preuss. Jahrb. XI. S. 339 ff.

rische und philologische Studien. Er besass nicht die Mittel, das Doktorat zu erwerben, da sein Vater eine zahlreiche Familie hatte und er desshalb schon als Student sich mit Stundengeben plagen musste. Als Baccalaureus abgegangen trat er in den Staatsdienst als Obergerichtsauditor zu Leipzig 1829, im selben Jahre habilitirte er sich als Privatdozent an der Universität und begann die Advokatur zu üben. Auf *Hugo's* Antrieb verlieh ihm die Göttinger Juristenfakultät 1835 das Ehrendoktorat, worauf er sich förmlich neu habilitirte aus Furcht vor einem Beschlusse der Fakultät, den Baccalaurei die venia legendi zu entziehen. Im J. 1836 wurde er zum ausserordentlichen Professor der Rechte ernannt, nahm 1838 einen Ruf nach Marburg an. Er hatte bis dahin nur mit Sorge und Noth zu kämpfen gehabt. Am Tage seiner Abreise hielt er Hochzeit. Es ist für seine Verhältnisse charakteristisch, dass seine Collegen nichts davon wussten. *Gersdorff* hat mir erzählt, er habe ihn an diesem Tage zum Mittagessen eingeladen, Richter bei ihm gegessen; als er, G., ihm dann an der Post Lebewohl gesagt, habe er sich sehr verwundert, ihn mit einer Dame, die er als seine Frau vorgestellt, abreisen zu sehen. Die Marburger Zeit hat er mir hundertmal als seine glücklichste geschildert. Der Sorgen enthoben, noch körperlich rüstig, in innigem Verkehr mit befreundeten Collegen, gab er sich dort ganz der Wissenschaft und dem Lehramte (Kirchenrecht und Civilprozess) hin. Das Jahr 1846 verschaffte ihm einen Ruf nach Berlin, welchem er folgte. Neben der Professur, in der er sich auf das Kirchenrecht beschränkte, wurde er sofort zur Ausarbeitung von Gutachten u. dergl. im Ministerium der geistlichen Angelegenheiten beschäftigt. Er war des Ministers *Eichhorn* rechte Hand in allen Fragen, welche sich aus der Berliner Generalsynode des J. 1846 ergaben, wurde Mitglied des durch Cabinetsordre vom 28. Jan. 1848 errichteten Oberconsistoriums, arbeitete verschiedene Entwürfe aus. Ich besuchte ihn im Oct. 1849 zuerst, habe von dieser Zeit an ununterbrochen bis zu meinem Abgange von Berlin (Mai 1853), wenn wir beide in Berlin waren, fast täglich mit ihm verkehrt, sehr oft den Abend bei ihm zugebracht; ich erfreute mich seiner, ich darf es schon für jene Zeit sagen, Freundschaft in der Weise, dass er mich sehr häufig zum Spazierengehen abholte, wenn ich dies wegen meiner Arbeiten unterliess. Mit dem Jahre 1850 änderte sich sein Leben. Er wurde bei der Errichtung des evangelischen Oberkirchenraths mit dem Titel eines Oberconsistorialraths in denselben berufen. Das war für ihn nicht der richtige Platz. Die Arbeitslast, viel mehr aber die Reibung, welche sich bald insbesondere mit seinem Collegen *Stahl* einstellte, verbitterte sein Leben; ein Luftröhrenleiden, an dem er schon seit den Studentenjahren gelitten, sowie Augenleiden drückten ihn körperlich nieder. Alljährliche

Badekuren halfen, der volle Frohsinn kehrte nicht wieder. Im Jahre 1859 vertauschte er die Stellung im Oberkirchenrath mit der eines geh. Oberregierungs- und vortragenden Raths im Kultusministerium. Was er hier gearbeitet, ist meist ohne Erfolg geblieben. Sein körperliches Leiden nahm zu; der 8. Mai 1864 erlöste ihn von den Beschwerden des irdischen Daseins. Nicht zum wenigsten drückte es ihn, dass seit seinem Eintritte in das Ministerium, zum Theil schon vorher, die ihm früher von katholischer Seite gezollte allgemeine Anerkennung Angriffen Platz machte. Er hatte jetzt Gelegenheit gefunden, zu sehen, dass sein theoretischer Standpunkt praktisch bedenklich sei. Man glaubte das auf römischer Seite herauszufühlen. Ich werde mich über seine Methode und Leistungen weiter im Zusammenhange aussprechen, will hier aber, um das Lebensbild zu vollenden, noch Einiges beifügen. Obwohl Richter bei allen Collegen in Ansehen und Achtung stand, hatte er mit keinem juristischen näheren d. h. Familienumgang; erst seit 1850 ging er mit *Keller* näher um. Seit dem Jahre 1850 begann er ,canonistische Uebungen' in seinem Hause, Sommers Morgens 6 Uhr, zu halten, worin er eine kleinere Anzahl von Studenten die Behandlung und das Studium der Quellen lehrte. Durch diese, welche ich 1851 und 1852 mehrmals für ihn geleitet habe, wenn er unwohl war, hat er viel gewirkt.

II. Seine Thätigkeit in den evangelischen Verfassungsfragen hat eine Reihe gedruckter und ungedruckter werthvoller Arbeiten geliefert, für ihn persönlich war sie kein Glück. Er hatte, wie seine Schriften zeigen und auch die Darstellung von *Dove* ergiebt, keinen festen, entschiedenen dogmatischen Standpunkt, war durch und durch ein Mann des juste milieu. Wenn *Eilers (Das Ministerium Eichhorn.* Berlin 1849) sagt, Eichhorn habe ihn kurz vor der Generalsynode berufen, um eine kirchliche Kraft zur Verfügung zu haben, welche, ohne auf selbstständige Haltung Anspruch zu machen, ihren Ruhm in der Brauchbarkeit fand, so hat er mit diesen allerdings bureaukratischen Worten das Richtige getroffen. Richter hatte keine wirklich selbstständigen Ideen, war ein Gelehrter, der aus seinen Quellen und Büchern seine Gedanken und Resultate schöpfte, weder Politiker noch Staatsmann; ihm fehlte ausserhalb der Studirstube die Energie, welche eigne Ansichten vertritt. Er hat stets diejenige Meinung ausgeführt, welche der Minister vertrat.

Als Mensch war er liebenswürdig, heiter, liebte Humor und Lustigkeit.

III. Schriftstellerische Thätigkeit [1]).

---

[1]) Ich gebe für den ersten Theil meine Bemerkungen in Dove's Zeitschr. im Wesentlichen wieder; es bedarf das wohl keiner Entschuldigung.

A. Auf dem Gebiete der Quellen und des katholischen Kirchenrechts überhaupt [2]).

1. *Beiträge zur Kenntniss der Quellen des canonischen Rechts. I. Ueber Algerus von Lüttich und sein Verhältniss zu Gratian. II. Zur Berichtigung der Inscriptionen im Dekret. III. Ueber die Collectio Anselmo dedicata.* 1834. 77 Seiten 8.

2. *De emendatoribus Gratiani.* 1835. Habilitationsschrift.

3. *De inedita Decretalium collectione Lipsiensi.* 1836. 35 S. 8.

4. *Eine Marburger akademische (Prorectorats-) Schrift vom Jahr 1844,* welche handelt I. *De triplici damnatione Formosi episcopi Portuensis,* II. *De antiqua canonum collectione, quae in Codd. Vatic. 1347 et 1352 continetur,* die hier abgedruckt ist.

5. *Corpus juris canonici,* Pars I.: *Decretum Gratiani,* 1836. Pars II.: *Dekretalen- und Extravagantensammlungen,* 1839. 4. [2]).

6. *Canones et decreta sacros. oecum. Concilii Tridentini.* 1839. 4. u. ö.

7. *Canones et decreta Concilii Tridentini ex editione Romana a. 1834.* repetiti. *Accedunt S. Congr. Conc. Trid. Interpretum Declarationes ac Resolutiones ex ipso Resolutionum Thesauro, Bullario Romano et Benedicti XIV. S. P. Operibus et Constitutiones Pontificiae recentiores ad jus commune spectantes e Bullario Romano selectae. Assumpto socio Friderico Schulte J. U. D. Guestphalo edidit A. L. R.* 1853.

Meine Betheiligung an diesem Werke ist folgende. Ich habe etwa 80 Bände des Thesaurus, die damals vorlagen und vom Verleger, dem jetzigen Freiherrn von Tauchnitz (Bernh. Tauchnitz jun.) beschafft waren, später an die Berliner Bibliothek übergegangen sind, allein excerpirt. Wo ich Zweifel hatte, nahm R. die Durchsicht vor. Das Bullarium und die Werke Benedict's habe ich durchgemacht, jede mir zur Aufnahme geeignet scheinende Stelle notirt. Wir besprachen jedes Excerpt; die Zusammenstellung für den Druck, Aufkleben auf Bogen u. dergl. besorgte R., die Correctur lasen wir beide. Dass es nicht hiess ,ediderunt', was Richter wollte, hatte seinen Grund, wie er mir sagte, in dem Wunsche des Verlegers, den damals noch unbekannten Doktor nicht als Mitverfasser aufzuführen; ich habe aber 350 Thaler Honorar, nach R.'s Angabe die Hälfte, direkt durch den Herrn Verleger bezogen.

8. Treffliche Recensionen und Anzeigen in den Krit. Jahrbüchern (z. B. über *Kunstmann,* die Canonensammlung des Remedius von Chur I. S. 352 ff., die Uebersetzung des Corp. jur. canonici von *Schilling,* das. II. S. 816 ff., die Ausgabe *Petri Blesensis,* Speculum juris canonici von Reimarus, das. III. S. 289 ff. u. a. m.).

9. *Lehrbuch des katholischen und evangelischen Kirchenrechts mit beson-*

---

[2]) Alle mit Ausschluss der unter 4 in Leipzig gedruckt.
[2]) Ueber den Plan Richter's Selbstanzeige in Richter u. Schneider, Jahrb. II, 1084, diese Gesch. I. 75, II. 24. 44. 50, 63. *Hinschius* a. a. O. S. 352. *Friedberg* in der Festschrift für Hänel vom 18. April 1876 S. 20 ff.

derer Rücksicht auf deutsche Zustände. 1842, 1844, 1848, 1853, 1856. Die 6., 7., 8. Auflage hat *Dove* besorgt.

Jede einzelne hier aufgezählte Leistung ist eine ächt wissenschaftliche und hat für ihren Theil beigetragen, die Kenntniss und wissenschaftliche Behandlung unserer Quellen bedeutend zu heben.

Wie im Ganzen, so blieb auch im Einzelnen Richter's Standpunkt objektiv und frei. Nirgends zeigt sich dies deutlicher, als bei dem viel gerittenen Steckenpferde der pseudoisidorischen Dekretalen. Die vier ersten Auflagen seines Lehrbuches bieten in diesem Punkte eine musterhafte Darstellung der objektivsten Art, in die sich auch nicht *ein* Wort mischt, das von Vorurtheil oder Angriff zeugte. Alle Hypothesen und Angriffe werden einfach als solche bezeichnet, und sich jedes Urtheils, das nothwendig subjektiv sein muss, enthalten. Und auch das, was die 5. Auflage in §. 26 sagt, enthält nichts, was man nicht vom wahren historischen, also unparteiischen Standpunkte aus, zugestehen *muss und kann.* Was Richter wollte, zeigt wohl am deutlichsten der vor ihm und auch seither bei evangelischen Schriftstellern kaum vorgekommene Umstand, dass er seine Ausgabe des Corpus jur. can. wie des Conc. Trid. der *Approbation des katholischen Consistoriums für Sachsen* unterwarf. Ein Gleiches wünschte er rücksichtlich unserer gemeinsamen Ausgabe des Concils von Trient. Dass dies nicht versucht wurde, geschah auf meine Vorstellung hin, dass einmal keine bischöfliche Behörde, ohne jede einzelne Entscheidung selbst zu prüfen, mit anderen Worten, ohne dieselbe Arbeit zu wiederholen, approbiren könne, dies aber nicht zu erreichen sei, dass sodann, weil die Bulle Pius IV. „Benedictus Deus" VII. Kal. Febr. a. 1564 verboten habe, „in decreta concilii commentarios et interpretationes edere", und man leicht unsere Ausgabe hierunter subsumiren könne, kein Bischof sich dazu verstehen werde. Ich habe mich allerdings in etwas getäuscht, denn in Italien ist *ein bis auf die Vorrede wörtlicher Nachdruck unserer Ausgabe durch einen Geistlichen mit Approbation eines Erzbischofs* erschienen.

Die Idee dieser Ausgabe des Concils rührt von Richter her und wurde vom Verleger sofort erfasst. Oft hatten wir im Hinblicke auf die Beschaffenheit der Lehr- und Handbücher des Kirchenrechts, sowie auf das seit dem Jahre 1848 in enormem Masse zu Tage getretene Bedürfniss, das Kirchenrecht nicht mehr blos als eine theoretische, sondern auch praktische Wissenschaft zu behandeln, bedauert, wie in Deutschland die Entwicklung des Rechts durch die römische Praxis so ganz unbekannt sei. Es existirte vor 1851 in ganz Deutschland kein vollständiges Exemplar des Thesaurus Resolutionum S. Congr. Conc. Wenn nun Richter die Idee zur Abfassung jenes Kommentars gab, deren Verwirklichung ermöglichte und mit mir rastlos mehrere Jahre darauf verwandte, dann dürfte doch sonnenklar sein, dass es ihm wahrlich um die Hebung der katholischen kirchenrechtlichen Wissenschaft und Praxis zu thun war, dass er nicht zu jenen gehörte, die etwa im engeren Anschlusse der Katholiken an Rom ein Unglück für Deutschland und die Evangelischen sahen. Und ich darf behaupten, dass unser Werk — man braucht nur einen Blick in alle seit 1853 erschienenen Bücher zu werfen — einen grossen Einfluss darauf geübt hat, dass die canonistische Jurisprudenz wieder an das Leben anknüpfte, dass sie ihre Augen wieder auf Rom warf. Und sollte es denn gewagt sein, zu behaupten, dass bei der Zeitlage in Folge der Vorgänge in der oberrheinischen Kirchenprovinz, in Baiern, in Oesterreich, die sich sämmtlich nur als *möglich und verwirklicht* darstellen durch die Ereignisse von 1848, gerade die gewonnene Basis, das katholische Kirchenrecht auf römischer Praxis auszubauen, ohne Einfluss geblieben sei? Wer das leugnet, der muss überhaupt den Einfluss der Wissenschaft leugnen. Das aber darf ich sagen: weder Richter noch mir ist es eingefallen, als wir jenes Werk arbeiteten, zu denken oder zu wünschen, es könne dazu beitragen, die *deutsche* Wissenschaft geringer geachtet, die so mühsam gewonnenen Resultate historischer Forschung aufgegeben zu sehen zu Gunsten einer Richtung, die nur in der Rückkehr zur alten Schultradition überhaupt und mit ihr wohl consequenterweise in der Behandlungsart eines Sanchez, Schmalzgrueber u. a. das Heil der Kirchenrechtswissenschaft zu sehen scheint.

R. war ein Feind jeder aprioristischen Construction. Mag man ihn vielleicht einen „unphilosophischen" Kopf nennen, so habe ich um so weniger einzuwenden, als mir lieber ist, wenn die Werke eines Juristen durch ihre strenge logische Durchbildung, ihre gründliche Behandlung an der Hand der Quellen, durch die geschichtliche Methode darthun, derselbe brauche nicht zu Redensarten oder allgemeinen Deductionen seine Zuflucht zu nehmen, um etwa den Mangel von Kenntnissen und Forschungen zu verkleben. Wir finden bei Richter eine durchaus quellenmässige Behandlung des Stoffes, niemals eine vage Construction. Jeder Satz, jede Behauptung wird auf eine bestimmte Quelle gestützt. Diese Methode muss aneifern zu gleicher Behandlung; sie macht von vornherein dem Jünglinge, und sei er sich dessen auch nicht bewusst, die Nothwendigkeit klar, nur auf Grund solider Kenntnisse vorzugehen, erst den Boden zu haben, auf welchem allein wirkliches Wissen aufgebaut werden kann.

Man *muss* beim Canonisten den historischen *und* dogmatischen Theil wohl sondern. Für die historische Forschung braucht sich der Schriftsteller nicht an Dogmen zu binden. Will er aber das *Recht* darstellen, so kann man von ihm fordern, dass er die Sätze so hinstelle, wie sie die Kirche hinstellt, und daraus construire. Legen wir diesen offenbar vom wissenschaftlichen juristischen Standpunkte einzig richtigen Massstab an Richter's Methode an, so kann man nicht leicht einen einzigen protestantischen Canonisten nennen, der *vor* Richter objektiver verfahren hätte. Wir brauchen dies nur an einigen Beispielen zu beleuchten, indem die übrigen Punkte, wie Jeder sich durch eigne Lesung überzeugen kann, genau analog behandelt werden. Richter (Lehrbuch 5. Auflage §§. 8, 9, 10, 14.) nimmt an, der Grundunterschied zwischen Bischöfen, Priestern und Diaconen, der spezifische Charakter der Ordination, damit die scharfe Scheidung zwischen Klerus und Laien, die spezifische Gestalt des Papstthums habe sich erst allmälig in der Kirche *begrifflich* gebildet und *rechtlich* entwickelt. Den Unterschied zwischen Presbyterat und Episkopat lässt er im Anschlusse an *Rothe* schon am Ende der apostolischen Zeit entstehen, zu Cyprian's Zeiten als vollendet erscheinen, mit ihm gleichen Schritt halten die scharfe Sonderung von Klerus und Volk, endlich den römischen Primat zur Zeit des Concils zu Nicäa bereits als fest erscheinen. Vom römisch-katholischen Standpunkte aus ist dies unrichtig.

Betrachtet man *Richter's* historische Deductionen, denen an sich für keinen dogmatischen Punkt das Prädikat der Neuheit zukommt, so sind dieselben nirgends *gegen* die katholische Lehre gerichtet. Sie halten sich an die Geschichte, welche er darstellt; sie haben nirgends ein Wort des Tadels, den Vorwurf etwa der absichtlichen Entstellung. sie finden nur nicht, wo ihm keine positive Erkenntnissquelle bekannt ist oder nicht existirt. Und mit Recht durfte *Richter* (Lehrbuch 5. Aufl. §. 257 Anm. 9) den von *Walter* (Lehrbuch 11. Aufl. §. 285) ihm, wenig gesagt, voreilig gemachten Vorwurf, als habe er in der Lehre von der „Busse" sich einer Unterschlagung schuldig gemacht, abweisen [4]). Wo aber die dogmatische Construction waltet, da hält sich Richter überall an die katholische Lehre, benützt für sie nur die kirchlichen Quellen, hält sich bei zweifelhafter Auffassung an die katholischen Autoritäten, wesshalb er, was *vor* ihm selten geschah, vorzugsweise Benedict XIV. citirt, und die katholischen Autoren, sich fast nie — mir schwebt kein nennenswerthes Beispiel vor — auf protestantische Autoren berufend. Ja wie sehr es Richter darum zu thun war, das katholische Kirchenrecht in seiner praktischen Entwicklung und Weiterbildung auf der Grundlage des Concilium Tridentinum nur aus lauteren katholischen Quellen darzustellen, beweist wohl evident die Idee und

---

[4]) Ebenso offen erkenne ich an, mit dem Ausspruche in meinem Handbuche des Eherechts S. 44. Anm. 30 (vgl. Richter, Lehrbuch 5. Aufl. §. 276 Anm. 15) Richter Unrecht gethan zu haben.

deren Ausführung rücksichtlich der Ausgabe des Conc. Trid. mit den
Declarationen der römischen Congregationen, insbesondere der Congr.
Card. Concilii Trid. Interpretum, das beweist die stete Rücksicht-
nahme auf die päpstlichen Constitutionen seit dem Conc. Trid., welche
ich in diesem Masse und Umfange in keinem der Lehr- und Handbücher vor Erscheinen des Richter'schen, das von Walter einbegriffen,
vorfinde.

Aber *Richter* citirt überall die staatlichen Vorschriften. Es ist
bekannt, dass *Rosshirt* (z. B. Canonisches Recht S. 989 auch *mir*
gegenüber, „*dessen Orthodoxie*" er anerkennt!) besonders hieraus wiederholte Vorwürfe hergeleitet hat, dass er gegen *Richter* viele Ausstellungen
gerade in diesem Sinne macht. *Richter* wollte kein „*canonisches*" Recht
geben, sondern das *geltende* darstellen. Für dies die Staatsgesetze
ignoriren, hätte geheissen, auf die Brauchbarkeit zu verzichten. Und
wer will leugnen, dass, es sei denn, man wolle die Trennung d. h. den
feindlichen Gegensatz von Kirche und Staat, für manche Punkte die
staatlichen Normen entscheidend sein *müssen?* Wie käme man vollends
dazu, *Concordate* abzuschliessen, wenn die Kirche die Möglichkeit der
Geltung von Staatsgesetzen für gewisse Dinge nicht zugäbe? Ich kann
mir einen *Vertrag* nicht anders denken, als dass die Kirche zugiebt,
der Staat *und* die Kirche seien sich bezüglich der eigentlichen Vertrags-
objekte *coordinirt*, der Staat sei in den ihm anheimfallenden Dingen
von der Kirche unabhängig. Das sollten Jene bedenken, die einerseits
die volle Freiheit und „Unabhängigkeit der Kirche von der weltlichen
Gewalt" und doch andererseits wollen, dass die weltliche Gewalt von
der kirchlichen abhänge, die somit thatsächlich Grundsätze und Anschauungen von Zeiten als gültige beanspruchen, in denen allerdings
die Kirche auch über weltliche Verhältnisse massgebende Normen auf-
richtete, sich aber auch vice versa eine staatliche Gesetzgebung und
Administration in kirchlichen Dingen, d. h. im Sinne jener eine „Einmischung" musste gefallen lassen und gefallen liess, die weit hinaus-
geht über jene Rechte oder „Einmischungen", die sich z. B. der
preussische Staat seit seiner Verfassung erlaubt. Also nicht, wenn
Richter die staatlichen Gesetze als Quellen citirt, begeht er ein Unrecht
gegen die katholische Kirche, sondern er beginge ein solches, wenn er
staatlichen Gesetzen *theoretisch* — denn für die *praktische* Beobachtung
wird ihn doch wohl kein vernünftiger verantwortlich machen —
Geltung zuschriebe oder solche als rechtmässig anerkennte, obwohl sie
unzweifelhaft als *unrecht*, als eine *Kränkung der Kirche* angesehen
werden müssten. Es kommt also auch nicht darauf an, ob vielleicht
Richter nach meiner oder anderer katholischer oder protestantischer
Juristen Ansicht im einzelnen Falle irrt, *sondern ob sein prinzipieller*

Standpunkt falsch ist, immer vorausgesetzt, dass man ihn dafür nicht verantwortlich machen kann, dass er nicht *katholisch* ist.

Und da rechtfertigt sich glänzend, was ich gesagt. *Richter*[1]) fordert nur für die katholische und evangelische Kirche eine völlig freie und öffentliche Stellung in den deutschen Staaten, hebt die Stellung beider als eine ganz gleiche hervor (§. 99). Im §. 100 sagt er von dem sogen. jus inspiciendi gegenüber der katholischen Kirche, wie es sich ausgebildet hatte: „diese letztere Gestaltung entspricht gewiss nicht dem, was sich aus dem Begriffe der Kirche als einer eigenthümlichen Bestimmtheit des Lebens ergiebt, und wenn sie in neuester Zeit in dem österreichischen und dem württembergischen Concordate aufgegeben wurde, so ist damit nur eine Forderung der Gerechtigkeit erfüllt worden". Er redet im §. 102 der vollen Parität das Wort, er verwirft in §. 119 für den *Primat* die Scheidung in *wesentliche* und *erworbene* Rechte, hat also ganz den römischen Standpunkt, tritt im §. 122 für den Kirchenstaat ein. Er weist im §. 194 das „landesherrliche Patronatrecht" ausdrücklich als eine „Verletzung der Kirche" zurück, weist im §. 183 die Beschränkungen des Verkehrs mit dem Papste, als dem Rechte widersprechend, ab, erklärt im §. 222: „es sei unangemessen, dass der Staat mit der weltlichen Strafe auch das Erkenntniss auf die Amtsentsetzung verbinde, sondern dieses ist der kirchlichen Gewalt zu überlassen", tritt in §. 223 für die volle kirchliche Gerichtsbarkeit über den Klerus „rücksichtlich der Amts- und Disciplinarvergehen" in die Schranken, will selbst im §. 232 für *Stolgebühren* nur insoweit den staatlichen Einfluss, als „der Staat den Geistlichen den weltlichen Arm zur Beitreibung ihrer Stolgebühren reicht". Er fordert im §. 297 für die Kirchen, dass sie „nicht blos bei der Leitung des Religionsunterrichts, sondern bei der Verwaltung des Unterrichtswesens überhaupt würdig betheiligt" werden, im §. 298 „dass die Kirche durch ihre Organe, die Bischöfe, bei der Anstellung der akademischen Lehrer (der Theologie) mitwirke und die Thätigkeit derselben überwache", weil „die Kirche zu fordern berechtigt ist, dass die theologische Wissenschaft allein auf dem Grunde gepflegt werde, den sie als den göttlichen erkannt hat." Er verlangt im §. 299 bezüglich der Freiheit, Seminarien zu errichten und zu leiten, nur: „im Allgemeinen aber darf dem Staate das Recht nicht abgesprochen werden, darüber zu wachen, dass in den Seminarien nicht ein Geist gepflanzt werde, der ihm selbst feindlich ist." Er verwirft in den entschiedensten Worten im §. 302 die Säkularisation mit der Theorie, auf welcher dieselbe fusst, will von einem sogen. Heimfalls-

---

[1]) Lehrbuch 5. Aufl. §. 98. Anm. 2. Ich citire mit Absicht die 5., weil man bekanntlich oft dieser den Vorwurf gemacht hat, sie habe die objektive Anschauung der früheren verlassen.

rechte nichts wissen und vindicirt das Vermögen auch selbst gewaltsam
unterdrückter kirchlicher Institute nicht dem Staate, sondern der Kirche.
Er verschmähet im §. 319 die staatliche Verwaltung des Kirchenguts,
welche Bischöfe auf ein Recht der Mitaufsicht beschränkte. Er verfährt
endlich bei vielen Punkten, wo in der That die volle Objektivität oder
wenigstens das *Eintreten zu Gunsten des katholischen Rechts* einem
Protestanten kaum zugemuthet werden kann, so objektiv, dass er pure
die katholische Anschauung hinstellt und das katholische Recht erörtert [6]). Wer alle diese Punkte einzeln und in ihrem organischen
Zusammenhange betrachtet, darf sich schwerlich der Folgerung entziehen, dass *Richter* prinzipiell für die Freiheit der katholischen Kirche
hinsichtlich ihrer Selbstregierung, für deren Unabhängigkeit vom Staate
eintritt, dass er diesen Standpunkt auch in *allen* Fragen praktisch vertritt, welche man als nothwendige Consequenzen aus jenem Vordersatze
ziehen kann, ja dass er darüber hinaus jenen Standpunkt festhält, dass
man selbst katholischerseits über den einen oder anderen Punkt [7])
anderer Ansicht sein kann. Vollends aber wird das Gesagte klar, wenn
bedacht wird, dass *Richter* bei Sätzen, welche im Gegensatze des
canonischen Rechts durch die Neuzeit abrogirt sind, sich einfach beschränkt auf die Darstellung der Geschichte und des Rechtszustandes,
selten ein Urtheil darüber abgiebt, dass die Neuerung zu beglückwünschen
sei, *nie und nimmer aber auch nur die allergeringste feindselige Stimmung
gegen die katholische Kirche und ihre Institutionen äussert* [8]). *Richter*
hing mit warmer Liebe an seiner Kirche; ich hatte hundertmal Gelegenheit, zu sehen, dass ihm *seine* Religion *Herzenssache* war. Aber *nie*
hat ihn das ungerecht gegen die katholische gemacht. Er hatte eine
wahre Freude, je mehr er in den Geist des katholischen Rechts ein-
drang. Wie oft drückte er mir seinen Dank aus, wenn ich ihm über
die Schwierigkeiten, sich über einzelne Punkte der katholischen Lehre
zu informiren, hinweghalf, wie ich mich lebhaft erinnere, dass die Lehre

---

[6]) Ich verweise auf §. 292 ff., wo Richter sich rücksichtlich der Orden jeder
subjektiven Aeusserung enthält.

[7]) Das gilt von einzelnen hier aufgezählten, noch mehr aber von manchen
andern, bei denen Richter nur die kirchlichen Sätze hinstellt, ohne auch nur die
Stellung des Staates zu behandeln.

[8]) Man lese nur, was er über die priv. fori. immunitatis u. a. sagt: hat §. 144
über „das Regiment im Missionsgebiete" auch nur ein Wort des Tadels, obwohl
unzweifelhaft viele Missionseinrichtungen zum Kampfe gegen den Protestantismus
angewendet worden sind und werden können? Ich darf sagen, dass Richter, als
ihm der 2. Band des ihm dedizirten an sich trefflichen Werkes von *Mejer* „die
Propaganda" zukam, über die Vorrede und einzelne Stellen desselben mir gegenüber offen sein Bedauern äusserte und namentlich, dass man ihm vielleicht auch
diese Anschauungen imputiren könnte.

vom Ablasse, von der Heiligen- und Reliquienverehrung, von den
Orden u. a. mit einer Ruhe zwischen uns besprochen ist, die ich allen
Gesprächen über Religionsangelegenheiten wünschte. Ich habe aus
seinem Munde, als ich noch sein Zuhörer war, oft das Wort gehört:
„Ich habe Sie auch darum so recht lieb, weil Sie an Ihrer Kirche so
aufrichtig halten". Es wäre ungerecht, zu verkennen, dass Richter
mit Lust und Liebe seinen Gegenstand behandelt. Ja ein Hauptgrund
dafür, dass er selbst Punkte aufnahm, die an sich meines Erachtens
(z. B. die dogmatische Seite der Sacramente, die Messe, Ceremonien,
Kultus, Ablass u. s. w.) nicht in's Kirchenrecht fallen, war, zu zeigen,
er kenne das katholische Wesen, er achte es und sei fähig, dasselbe
ohne Zuthat objektiv darzustellen. Man betrachte die Lehre vom Ablass, der Busse, und wird dies bestätigt finden.

So bietet *Richter's* Lehrbuch die Möglichkeit und den Weg, das
katholische Recht *aus dessen Quellen* heraus kennen zu lernen. Für die
innere juristische Construction des allgemeinen katholischen Kirchenrechts hat dies Buch meines Erachtens von allen bis auf Richter erschienenen neueren Werken das Meiste gethan. Die historische Durchbildung hat im Grossen und Ganzen im Richter'schen Werke alle
früheren bei Weitem übertroffen. Mit vollem Rechte fand es desshalb
auch katholischerseits warme Aufnahme und konnte selbst in katholisch-
kirchlichen Anstalten dem Vortrage zu Grunde gelegt werden. Und
man muss *Phillips* beistimmen, wenn er in seinem „Kirchenrecht"
Bd. 1 (Regensburg 1845) S. 41 die 2. Auflage mit den Worten citirt:
„ein Werk, welches als eine durchaus erfreuliche Erscheinung zu betrachten ist". Die Worte hingegen, welche Phillips in seinem ‚Lehrbuch des Kirchenrechts' 1. Abth. Regensburg 1859 S. 14 bei Anführung
der 4. Auflage hinsetzt: „in den späteren Auflagen leider immer feind-
seliger gegen die Kirche", sind in dieser Allgemeinheit hart und ungerecht. Um so mehr muss ich als Pflicht der Pietät und im Interesse
der Wahrheit Angriffe abweisen, welche gegen *Richter* von mehreren
katholischen Canonisten gemacht sind.

Für die Behandlung und die Anerkennung des katholischen Kirchenrechts hat *Richter* — das darf ich als Resultat meiner Erörterung
aussprechen — einen Einfluss geübt, welcher für die leitenden Gewalten
bei den Evangelischen, somit an Umfang und Intensität, den aller
neueren Bücher vor ihm überragt, das Lehrbuch *Walter's* einbegriffen.
Letzterer hat in der Vorrede zur 11. Auflage den seinigen mit klarer
Ingenuität dargelegt. Es ist wahr, *Walter's* Buch, in den ersten Auflagen zahm, wie er selbst in der Vorrede zur 11. sagt, durch Stil,
Forschung, Darstellung, weniger durch Reichhaltigkeit des dogmatischen
Rechtsstoffes hervorragend, hat durch die steten neuen Auflagen das

Publikum allmälig bis zur „correctesten Anschauung" geleitet. Aber
es bot, wie mir wenigstens von *vielen* Seiten und aus leitenden
katholischen Kreisen oft gesagt worden ist [9]), für das praktische Rechtsleben wenig Anhalt. Ungleich tiefer standen alle anderen Werke,
von denen die katholischen Verfasser weder den wissenschaftlichen Anforderungen genügten, noch auch denen des Lebens seit den vierziger
Jahren, die protestantischen aber, wie das Eichhorn'sche am besten
zeigt, bei Katholiken keinen Anklang finden konnten. Nun kam die
gewaltige Reaction, welche gegen das herkömmliche Staatskirchen-
regiment seit dem Ende der dreissiger Jahre eintrat. R. bot ein Werk,
das, obwohl von einem Protestanten geschrieben, *das katholische Kirchenrecht in seiner Reinheit darstellte*, dies gänzlich objektiv gab, ja in den
wesentlichen Punkten *für* die Anforderungen desselben eintrat, zugleich
auf der Höhe der Wissenschaft stand. Seine Verbreitung, der gleiche
Standpunkt, den R. auf einer der ersten Universitäten Deutschlands
seit 1846 als Lehrer einhielt, endlich auch die Stellung, welche er im
Ministerium einnahm, alles dies hat wesentlich dazu beigetragen, dass
in der Wissenschaft wie bei den praktischen Juristen und Regierungs-
männern in Preussen und darüber hinaus in Deutschland gegenüber
der katholischen Kirche sich eine objektivere, ja man darf sagen, vielfach wohlwollende, durchgehends wenigstens eine Richtung Bahn brach,
welche nicht aggressiv oder präventiv, sondern höchstens repressiv
wirken wollte. Dass die preussische Verfassungsurkunde der katholischen
Kirche eine Freiheit geben konnte, welche der Hierarchie werthvoller
und jedenfalls auch äusserlich stärker war, als die durch die neueren Concordate geschaffene, dürfte wohl nicht geschehen sein, wenn
nicht die Geister durch die Theorie vorbereitet gewesen wären. Daran
aber hat R. sein gut Theil um so mehr beigetragen, als des Protestanten
Standpunkt unbefangen erschien und desshalb weit mehr wirken konnte
und musste, als die gleiche Theorie eines Katholiken. Man braucht
nur zu sehen, was bis 1850 oder auch noch später als Kirchenrecht
selbst in katholischen Staaten in Schrift und Wort figurirte, in welchen
Grundsätzen die dortige jetzt lebende ältere Generation auferzogen ist,
um das Gesagte zu begreifen.

Und, wie R. selbst gewirkt, so hat er auch durch eine Reihe von
Schülern nachhaltigen Einfluss geübt. Keine Universität hat in den
letzten zwei Dezennien eine solche Menge von Dozenten aus sich heraus
wachsen gesehen, als Berlin, darunter gerade für canonisches Recht die
meisten, welche meines Wissens mit R. sämmtlich in näherer Verbin-

---

*) Ich bin in der Lage, Aeusserungen der anerkennendsten Art mitzutheilen,
welche gerade katholische Bischöfe, z. B. der selige Kardinal Geissel. über Richter's
Werk fällten.

dung standen. Er zog an durch die Liebe, welche er für sein Fach
einflösste, vor Allem durch sein Benehmen, seine Leutseligkeit, seine
Liebenswürdigkeit. Wenn ich ganz objektiv sein will, muss ich sagen
— und dasselbe wird Jeder bestätigen, der R. genau kannte — er war
wesentlich Büchergelehrter. Er arbeitete nur gut und sicher in seiner
Bibliothek, wenn nichts ihn störte und beunruhigte; sofortiger Gedanken-
austausch, unmittelbares Eingehen auf Fragen, lebendiges und münd-
liches Discutiren ex abrupto war nicht seine Sache. Nicht die mündliche
Erörterung oder unmittelbare Anleitung regte desshalb bei ihm an, ja
auch nicht sein Vortrag, dessen Inhalt hinter seinem Buche weit zurück
blieb, sondern die Lust und Liebe, mit der er dem jungen Manne ent-
gegenkam, die Bereitwilligkeit, womit er seine eigene Bibliothek, seine
Mithülfe zur Benutzung anderer darbot, die Unverdrossenheit, auf jegliche Bitte durch Nachweis von Material an die Hand zu gehen, die
Uneigennützigkeit im Aufmerksammachen auf lohnende Stoffe, die Freude
über gute Arbeiten waren es, die so wohlthuend wirkten. Dazu kam,
dass sein Wohlwollen in Folge der Liebe, Verehrung und des Ansehens,
welche er bei seinen Collegen wie im Ministerium genoss, Jenen, die
er lieb gewonnen, überhaupt alle mögliche Unterstützung sicherte.

Wie sehr R. gewirkt, beweisen die zahlreichen canonistischen Dissertationen [10]), welche in Berlin erschienen und fast sämmtlich von
ihm veranlasst und ihm dedizirt sind. Ich hebe weiter hervor, wie er
entscheidend auf die Abfassung vieler Werke gewirkt.

Wohl bin ich meines Wissens der einzige katholische Canonist,
welcher mit R. schon als Schüler in näherer Verbindung stand. Aber
unter seinen Schülern, die er lieb gewonnen, waren stets Katholiken;
für ihn machte absolut keinen Unterschied die Confession, sondern jedes
jungen Mannes nahm er sich liebreich an, dessen Streben ihm als
wissenschaftliches zusagte; ihm wurden auch von Katholiken Dissertationen gewidmet, die dem Kirchenrechte nicht angehören (z. B. von
Franklin). Alle Männer, welche mit Stolz und Freude auf R. als ihren
Lehrer und Freund hinweisen können [11]), werden eingestehen: dass sie
insgesammt von ihm ein streng wissenschaftliches Streben angenommen,

---

[10]) Ich erinnere nur an die Abhandlungen von mir über die test. ad piam
causam. de domino rerum ecclesiast., an die von *Ploch*, de matrimonio vi ac metu
contracto, von *Kremski*, de jure devolutionis, von *Dore*, de jurisd. eccles., von
Schultz, de adult. matr. imped., von *Meier*, de forma ineundi matrim., von *Goecke*,
de except. spolii, von *Hinschius* über das landesherrliche Patronat, von *Friedberg*, de
finium inter eccl. et civil. regundor. judicio, von *Michels*, quaest. controv. de jure
patronat. u. s. w.

[11]) Ich nenne nur jene, welche sämmtlich nach meinem Abgange von Berlin
mit Richter in Verbindung traten bez. studirten und jetzt Lehrer des Kirchenrechts
sind: *Dore, Friedberg, Hinschius, Meier.*

ihren Gegenstand mit Lust und Liebe behandeln, und, wenn auch vielleicht gegen die fremde Confession nicht durchweg ebenso gesinnt, wie ihr Lehrer gegen die katholische war, doch stets mit sachlichen Gründen, nicht mit blossem Schmähen, Verunglimpfen, kurz mit unedlen Waffen zu kämpfen gelernt haben.

Mir ist kein lebender deutscher Gelehrter bekannt, der von sich sagen darf, er habe eine solche Zahl von Schülern im eigentlichen Sinne gehabt und dazu beigetragen, dem Katheder eine solche Zahl von Männern zugeführt zu haben, als dies R. in seinem leider für seine Freunde und die Wissenschaft zu kurzen Leben gethan hat.

Richter's persönliche Stellung zu den spezifisch katholisch kirchenrechtlichen Fragen habe ich schon im Vorhergehenden hinlänglich gezeichnet. Er war eine Natur, der Streit und Hader fern lag, ein tief christliches Gemüth. Seiner Individualität — und dies hat seinen Ausdruck wohl deutlich in der Objektivität seiner Darstellung gefunden — sagte es mehr zu, das festzuhalten, was die Confessionen bindet, als was sie trennt. Und ich darf das wahre Zeugniss geben, dass dies nicht Folge des Indifferentismus war, sondern es seinem Gemüthe wehe that, wahrzunehmen, dass, wie er befürchtete, der alte Hader und Groll der Confessionen sich neu entzünde, darunter aber beide Kirchen und die ganze christliche Gesellschaft am meisten leiden würden [12]). Gewiss hat nie ein Katholik oder Protestant aus R.'s Munde ein Wort gehört, welches eine Schmähung oder Herabsetzung der katholischen Kirche oder die Absicht angedeutet hätte, derselbe wolle dieser nicht ihr gutes Recht zukommen lassen.

Wer *Richter's* Geist und Streben in seiner Totalität erfasst, wie es in seinen Werken, seinen Vorträgen, seinem persönlichen Verkehr sich zeigte, muss mir beipflichten, dass *Richter* ein edler Mann war, mild und human gegen Jeden, ehrlich und offen in seinen Zielen, objektiv und wahr gegen Andersgläubige, beseelt von seiner Wissenschaft, trotz der innigsten Liebe zu seiner Confession getragen vom Geiste der Achtung und des Wohlwollens gegen die fremde, getragen von dem Glauben, Deutschlands Wohl und deutscher Wissenschaft Heil werde nicht gefördert durch nutzlosen confessionellen Hader in Theorie und Praxis, sondern dadurch, dass eine Jeder, treu seiner Ueberzeugung, die des Mitchristen achte, in ihm mehr den Bruder als den „fremden Confessionsverwandten" erblicke, dass alle dazu beitragen, dass die Confessionen neben einander in Ruhe und Frieden lebend den Kampf austragen, den der Herr zugelassen, bedenkend, die christliche Liebe sei aller Ziel.

---

[12]) Ich weise auf die §§. 73. 102. 285 seines Lehrbuchs statt aller hin, indem sie von diesem Geiste den concretesten Ausdruck geben.

Mögen diese Zeilen dazu beitragen, das Andenken eines Mannes zu ehren, der meinem Herzen lieb und theuer war und ist wie wenige! Mögen sie das Ihrige thun, den Ehrenplatz zu sichern, der *Richter* in der Literatur des Kirchenrechts für alle Zeiten gebührt! Mögen sie endlich seinen zahlreichen Freunden, Schülern, Verehrern ein angenehmer Nachruf sein und auch Jene überzeugen und anziehen, welche *Richter* vielfach verkannt haben.

Zwei Abhandlungen mögen hier noch erwähnt werden, die eine, welche zeigt, wie R. anfänglich glaubte, mit Objektivität und Humanität komme man der römischen Kirche gegenüber zurecht, die zweite, weil sie zeigt, wie er allmälig zur Erkenntniss gelangt war, der Staat habe bereits von seinen Rechten zu viel aufgeopfert; nämlich

10. *Droste zu Vischering in Herzog* Realencyklopädie für protestantische Theologie und Kirche III. (1855) S. 506 ff. *(anonym)*.

11. *Die Entwicklung des Verhältnisses zwischen dem Staate und der kath. Kirche in Preussen seit der Verfassungs-Urkunde vom 5. Dezember 1848.* In *Dove,* Zeitschrift I. S. 100—122 [14]).

B. Für das evangelische Kirchenrecht.

1. *Lehrbuch.* A. 9.

2. *Die evangelischen Kirchenordnungen des sechszehnten Jahrhunderts. Urkunden und Regesten zur Geschichte des Rechts und der Verfassung der evangelischen Kirche in Deutschland.* Weimar 1846, 2 Bde. 4.

Dies Werk bietet erst das Material, um die Grundlagen des evangelischen Kirchenrechts in ihrem Ursprunge und Werden zu erkennen bis zu dem Punkte, wo eine Festsetzung erfolgt ist. Sie boten ihm das Mittel, auch für das evangelische Recht überall auf die Quellen zurück zu gehen und sich vor leeren Abstractionen zu hüten.

3. *Die Grundlagen der Kirchenverfassung nach den Ansichten der sächsischen Reformatoren.* Zeitschrift f. deutsches Recht von Reyscher und Wilda. (Leipzig 1840) IV. S. 1—90.

Gegen *Stahl's* Buch gerichtet, das als durchaus dem reformatorischen Geiste zuwider dargestellt wird.

4. *Geschichte der evangel. Kirchenverfassung in Deutschland.* Leipz. 1851.

5. *Verhandlungen der preuss. Generalsynode von 1846.* Leipzig 1847.

6. *Mittheilungen aus der Verwaltung der geistl. Unterrichts- und Medizinalangelegenheiten in Preussen.* 1847.

Diese beiden letztern sind aus ministeriellem Auftrage veröffentlicht.

7. *Vortrag über die Berufung einer evangel. Landessynode.* Berlin 1848.

8. *Beiträge zur Geschichte des Ehescheidungsrechts in der evangelischen Kirche.* das. 1858.

---

[14]) *Dove* a. a. O. S. 288—336 geht genau ein auf Richter's Anschauungen. Was ich gesagt, zeichnet seinen Standpunkt hinlänglich, mehr gehört in die Dogmengeschichte des Rechts.

Zeigt, dass die evangelische Kirche als solche nie die Scheidungsgründe auf Ehebruch und Desertion eingeschränkt habe.

9. *König Friedrich Wilhelm IV. und die Verfassung der evangelischen
Kirche.* das. 1861.

10. *Beiträge zum preuss. Kirchenrechte.* Aus dessen Nachlass herausgegeben von *P. Hinschius.* Leipzig 1865.

Anfang eines beabsichtigten ,preuss. evangelischen Kirchenrechts',
der eine gute Darstellung der *Union* enthält.

11. Verschiedene gedruckte Gutachten u. dergl., z. B.: *Das Kirchenrecht
und die Symbole. Rechtliches Gutachten über das von dem Herz. Consistorio
zu Altenburg an die Ephorie Ronneburg erlassene Rescript vom 13. Nov. 1838.*
Leipzig 1839. — *Gutachten über die neuesten Vorgänge in der evangel. Kirche
des Kurf. Hessen.* das. 1855. — *Denkschrift, die Verfassungsverhandlungen der
evangel. Kirche in Ungarn* betr. (*Dove*, Zeitschrift I. 138—156) vom J. 1859. —
*Vortrag über die von dem evangel. Oberkirchenrathe in Carlsruhe gestellte Frage:
„Wie lässt sich mit Beibehaltung des Episkopats des evangel. Landesherrn die
Presbyterial- und Synodal-Verfassung im Geiste der evangel. Kirche am zweck-
mässigsten einrichten?" in der (Eisenacher) Conferenz von Abgeordneten der
obersten Kirchenbehörden des evangel. Deutschlands am 7. Juni 1852.*

Es muss hier unterlassen werden, auf seine Stellung zu den
evangelischen Kirchenfragen näher einzugehen, weil dies bereits eingehend
von *Dove* geschehen ist und das Gesagte genügt.

C. Dem katholischen und evangelischen Kirchenrechte gemeinsame
und andere Schriften.

1. *Zeitschrift für das Recht und die Politik der Kirche* (mit H. F. Jacobson
herausgegeben). Leipzig 1847, die mit dem 2. Hefte aufhörte. Von Richter
rührt wohl das S. 162 ff. abgedruckte Responsum der Juristenfakultät zu Berlin
her: ,Die rechtl. Verhältnisse der reformirten französischen Gemeinde zu Hanau.'

2. *Kritische Jahrbücher für deutsche Rechtswissenschaft.* Leipzig 1837 ff.
Von ihm begründet und bis 1842 redigirt, seit 1839 mit *Schneider*. Sie ist
die beste kritische Zeitschrift, welche bisher für Jurisprudenz in Deutschland
existirt hat.

3. *Der Staat und die Deutschkatholiken.* Eine staats- und kirchenrechtliche Betrachtung. Leipzig 1846.

Er tritt in ruhiger und milder Weise für deren Duldung bezw.
Anerkennung ein.

469. Otto Göschen.

Geboren zu Berlin 10. Juli 1808 als Sohn des Romanisten *Johann
Friedrich Ludwig G.*, studirte zu Göttingen, hier Dr. jur. 1832, 1833
Privatdozent in Berlin, 1839 ausserord., 1844 ord. Professor der Rechte
in Halle, wo er 30. Sept 1865 starb.

1. *Doctrina de matrimonio ex ordinationibus ecclesiae evang. saeculi de-
cimi sexti adumbrata.* Hal. 1848. 4.

2. *Doctrina de disciplina eccles. ex ordinationibus ecclesiae evang. saec. XVI. adumbrata.* Hal. 1859. 4.

3. Art. „Ehe" in Herzog, Realenc. III. 686.

470. Heinrich von Mühler.

Geboren zu Brieg, wo sein Vater, der spätere Justizminister und Chefpräsident des preuss. Obertribunals damals Oberlandesgerichtsrath war, am 4. Nov. 1813, wurde 1835 Dr. jur. in Berlin, 1840 Regierungsrath und Hülfsarbeiter im Kultusministerium, 1851 Mitglied des evang. Oberkirchenraths, 1862 Minister der geistlichen Unterrichts- und Medizinalangelegenheiten, erhielt am 17. Jan. 1872 seine Entlassung und zog sich nach Potsdam zurück, wo er am 2. April 1874 starb.

Mühler gehört zu denjenigen höheren preussischen Staatsbeamten, welche von den Einen — den Orthodoxen und Ultramontanen — als Muster mit überschwänglichem Lobe gefeiert, von den Andern mit dem heftigsten Tadel überschüttet werden. Die Hauptursachen sind: seine Ministerthätigkeit während der Periode der Reaction und der Conflictszeit, die von ihm eingeführten Regulative für die evangelischen Schulen, der Vorzug Orthodoxer bei Anstellungen, die fast unbedingte Freiheit, welche er dem katholischen Episkopate liess [1]), seine persönliche confessionelle und conservative Richtung [2]) u. s. w. Es ist weder hier der Ort, noch meine Aufgabe, Mühler zu vertheidigen oder anzuklagen. Gewiss ist, dass während seines zehnjährigen Ministeriums viele Unterlassungssünden gemacht wurden, worunter besonders die Universitäten, Gymnasien und Elementarschulen zu leiden hatten. Freilich ist auch bekannt, dass Herr von Mühler fast mit jeder Geldforderung bei seinem Collegen, dem Finanzminister, durchfiel, was wohl nicht vorzugsweise in verschiedenen politischen und confessionellen Anschauungen lag, da bis zum Oct. 1869 Finanzminister *von der Heydt* war. Viel trug der Umstand bei, dass der Kultusminister im ganzen Lande, ob mit Recht oder Unrecht, kann hier nicht untersucht werden, wegen der Herrschaft seiner Frau lächerlich gemacht wurde und alle Welt den

---

[1]) Beweise: das selbstständige Schalten der kathol. Abtheilung im Kultusministerium (*Mühler's* Erklärungen betreffs derselben im Archiv für kath. Kirchenrecht XXX. 78. Der frühere Direktor derselben *Aulike* hat mir wiederholt gesagt, dass kein Minister so wohlwollend und gerecht den Katholiken gegenüber gewesen sei); — die thatsächliche Ueberantwortung der Schule an den Klerus, den katholischen wie den evangelischen; — seine Unterstützung der Bischöfe im Kampfe gegen die Wissenschaft, sein Auftreten gegen den Prof. und Domherrn *Baltzer* in Breslau u. a. M.

[2]) Diese hat er in den „Grundlinien einer Philosophie der Staats- und Rechtslehre nach evangel. Prinzipien" 1873 niedergelegt. Es charakterisirt dies Buch, dass er seiner Frau für den Antheil daran dankt.

Contrast zwischen dem Dichter des flotten Studentenliedes „Grad aus dem Wirthshaus komm ich heraus" und dem Minister belächelte, ohne zu bedenken, dass letzterer auf ein gutes Frühstück u. s. w. nicht Verzicht geleistet zu haben brauchte, um fromm zu sein. Eins aber verdient einmal offen gesagt zu werden, dass Herr v. *Mühler* seit dem Jahre 1870 von dem Augenblicke an Rom gegenüber fest war, als er durch meine Schrift „Das Vorgehen des Herrn Erzbischofs von Köln" u. s. w. über die Tragweite belehrt wurde; er hielt die Professoren in Bonn, Braunsberg u. s. w. Er fiel, obwohl er seit Jahr und Tag sich vom staatlichen Standpunkte aus correct gehalten. Hier findet er eine Stelle wegen der trefflichen Monographie:

Geschichte der evangelischen Kirchenverfassung in der Mark Branden-burg. Weimar 1846.

471. Friedrich Heinrich Knust.

Gestorben zu Paris im Oct. 1841 auf der Rückkehr aus Spanien von einer für die Monumenta Germaniae unternommenen Reise. N. Nekrolog S. 1371.

De fontibus et consilio Ps.-Isidorianae collectionis. Gött. 1832. 4.

Diese Abhandlung, welche die Entstehung der falschen Dekretalen in das fränkisch-deutsche Reich zwischen 840—45, die Autorschaft dem Benedictus Levita mit Otgar's Wissen zuschreibt und den Zweck darin sieht: mit Hülfe Roms die Kirche von der weltlichen Gewalt zu befreien und über sie zu stellen, und zugiebt, Pseudoisidor gebe dem Papste soviele Rechte, dass dadurch später sein Zweck vereitelt worden sei, hat ihren Werth darin, dass sie in unserm Jahrhundert die erste ist, die eine quellenmässige Untersuchung der Frage begann.

472. Hugo Hellmar.

Geboren im J. 1822, Privatdozent in Halle und Redacteur des ‚Magdeb. Korresp.', gestorben zu Halle 25. Juli 1851. Neuer Nekrolog von 1851, S. 1250.

1. *Wesen und Vorzüge der Presbyterialverfassung von S. Miller und G. Lorimer nebst einer Beschreibung der wichtigsten Presbyt. Verfassungen.* Halle 1849.

2. *Der Patronat nach preuss. Landes- und Provinzialrecht und die Versuche seiner Aufhebung.* Elberfeld 1849.

473. Theodor Muther. A.

1. Geboren den 15. Aug. 1826 zu Rottenbach im Herzogthum Koburg als Sohn des dortigen evang. Pfarrers *Georg Friedrich Anton M.*, machte seine Gymnasialstudien in Koburg und Schleusingen, studirte die Rechte in Erlangen und Berlin, wurde an ersterer Universität

Dr. jur. den 5. Nov. 1851, liess sich im folgenden Jahre in Koburg als Gerichtsadvokat nieder, habilitirte sich Ostern 1853 zu Halle als Privatdozent der Rechte, wurde Herbst 1856 ausserord. Professor in Königsberg, Herbst 1859 ordentlicher daselbst, ging Herbst 1863 nach Rostock, Herbst 1872 nach Jena, wo er zugleich Oberappellations-gerichtsrath wurde und starb in der Nacht vom 25. auf den 26. Nov. 1878 am Schlage.

II. Seine Thätigkeit ist, abgesehen von Monographieen über Prozess und römisches Recht u. s. w. [1]), ganz besonders der Erforschung der Literatur des Rechts im späteren deutschen Mittelalter und der Universitätsgeschichte gewidmet in folgenden Schriften:

1. *Aus dem Universitäts- und Gelehrtenleben im Zeitalter der Reformation.* Erlangen 1866.

2. *Römisches und canonisches Recht im deutschen Mittelalter.* Ein populärer Vortrag. Rostock 1871.

3. *Zur Geschichte des römisch-canonischen Prozesses in Deutschland.* Rostock 1872.

4. *Joannis Urbach processus judicii* cet. Halis Sax. 1873.

5. *Zur Geschichte der Rechtswissenschaft und der Universitäten in Deutschland.* Jena 1876. Theils ergänzter Abdruck früherer Aufsätze in Zeitschriften u. dgl.

Alle diese Arbeiten, zu denen Aufsätze, biographische Artikel u. s. w. kommen, sind äusserst fleissig, mühsam und auf exacter Durchforschung der Handschriften ruhende; sie lassen bedauern, dass ihrem Verfasser nicht ein längeres Leben vergönnt war, um Studien zu vollenden, deren Trockenheit die Meisten abhält, so verdienstlich sie auch sind.

474. Georg J. Phillips.

Bruderssohn von *G. Phillips* — sein Vater ist der als Abgeordneter bekannte frühere Oberbürgermeister in Elbing — geboren zu Elbing, 5. Juli 1870 zu Halle als Privatdozent der Rechte habilitirt, daselbst ausserord. Professor, 1873 ord. Professor in Königsberg, gest. 1876.

1. *Der Ursprung des Regalienrechts in Frankreich.* Halle 1870.

2. *Das Regalienrecht in Frankreich* u. s. w. Halle 1873.

Eine historisch erschöpfende und gründliche Darstellung dieses für die Geschichte des Verhältnisses von Kirche und Staat in Frankreich so wichtigen Gegenstandes.

3. *Das Ehehinderniss der beigefügten Bedingung nach katholischem und seine spätere Entwickelung im protestantischen Kirchenrecht* in Dove's Zeitschrift

---

[1]) *Die Ersitzung der Servituten.* 1852. *De origine processus prorocatorii ex l. diffamari quem vocant commentarii.* 1853. *Sequestration und Arrest im röm. Recht* 1856. *Zur Lehre von der röm. Actio.* 1857. *Die Gewissensvertretung nach gem. deutschem Recht.* 1860. *Die Reform des jurist. Unterrichts.* 1873. *Statuta facultatis ictorum Vitebergensium.* 1859.

V. 369—422, VI. 153—183. Umarbeitung seiner Berlin 1864 erschienenen Doktor-Dissertation *,Quid jus cath. et prot. de impedimento quod vocatur deficientis conditionis appositae statuerit.'*

475. Lorenz Karl Stöberg.

De ecclesia sub tutela principis vere christiani sorte felicissima. Lips. 1802.

476. Reibel.

Geh.-Rath und Oberamtmann zu Waldenburg (Hohenlohe).

Das Diözesanverhältniss kathol. Bischöfe in Ansehung kathol. Unterthanen und Einwohner protest. Länder u. s. w. Ulm 1806.

477. C. Küstner.

De matrimonio atque ratione quae ei cum civitate atque ecclesia intercedit spectato imprimis codice Napoleonis. Lips. 1810. 4.

478. Johann Ludwig Koch.

Nassauischer Kirchen- und Oberschulrath, geistlicher Rath. Trat aus der katholischen Kirche aus, weil die Einsegnung der von ihm beabsichtigten Ehe vom katholischen Pfarrer verweigert wurde.

1. *Kirchenrechtliche Untersuchung über die Grundlage der künftigen katholisch-kirchlichen Einrichtung in Deutschland.* Sigmaringen 1816[1]).

2. *Ausführliches Rechtsgutachten über das Verfahren des Röm. Hofs in der Angelegenheit der Constanzer Bisthumsverwaltung des Capitularvicars Freih. v. Wessenberg zugleich mit Hinsicht auf Cooper's Briefe über den neuesten Zustand von Irland.* Frankf. 1819[2]).

3. *Ausführliche Erörterung der beiden höchst wichtigen Fragen: I. Was ist in der Streitsache über die gemischten Ehen Rechtens? II. Welche Vorschläge sind zur endlichen Ausgleichung der desfallsigen Differenzen zulässig und empfehlenswerth? u. s. w.* Von einem unparteiischen Canonisten. Tübingen 1841[3]).

479. J. P. Wallot.

Die Lokal-Consistorien in der protest. Kirche des linken Rheinufers und Gedanken über eine Verfassung derselben Consistorien. Mainz 1817.

480. C. A. Zum-Bach, königl. preuss. Oberlandesgerichtsrath.

Ueber die Ehen zwischen Katholiken und Protestanten. Historische Beiträge und Bemerkungen . . . veranlasst durch die Aachener Generalvicariats-Sendschreiben und das kön. preuss. Kabinets-Rescript über diesen Gegenstand. Köln 1820.

---

[1]) Auszug bei *Longner*, Beitr. S. 273 ff.

[2]) Auszüge bei *Longner*, Beitr. S. 235 ff. — Gegenschrift von *Doller*.

[3]) Dagegen: *Katholische Bedenken über die erzwungene Einsegnung gem. Ehen.* Abfertigung der bei L. F. Fues in Tüb. erschienenen ausf. Erörterung u. s. w. Augsb. 1841.

Das kön. Rescript v. 20. Jan. 1817 gestattete bedingungsweise die Trauung durch protestantische Geistliche, das Generalvicariat 24. Juli 1818 erlaubte die gemischte Ehe nur bei dem Versprechen der katholischen Kindererziehung und behauptete, das sei auch die Ansicht der Regierung. Die Schrift giebt gute historische Reflexionen, führt aus, diese Bedingung gehe gegen Recht und Moral, sei rechtsunverbindlich und der Staat befugt, selbstständig vorzugehen.

481. Gottfried Benjamin Eisenschmid.

Prediger in Gera, dann Pfarrer zu Schwaara und Trebnitz bei Gera. *Ueber Kirchenregiment und Kirchengewalt.* Ronneb. 1821.

482. P. Sincerus.

Ueber das liturgische Recht evangelischer Landesfürsten. Göttingen 1824.

483. Bruno Schilling.

Gestorben als ausserord. Professor der Rechte an der Universität Leipzig.

1. *De origine jurisdictionis ecclesiasticae in caussis civilibus.* Lips. 1825. 4. Diss. inaug.

Enthält ausser allgemeiner Betrachtung eine Darstellung für die römische und karolingische Zeit, bezüglich einzelner Seiten auch des Mittelalters. Ohne auch nur im Entferntesten erschöpfend zu sein, hat die Abhandlung das Verdienst, zu den frühesten zu gehören, die einzelne Punkte historisch im 19. Jahrh. erörterten.

2. *Der kirchliche Patronat nach canon. Rechte und mit besonderer Rücksicht auf Controversen dogmatisch dargestellt.* Leipzig 1854.

Eine lediglich das positive Recht ohne tiefere wissenschaftliche Forschung darstellende Monographie.

3. *Der Kirchenbann nach canonischem Rechte, in seiner Entstehung und allmäligen Entwickelung dargestellt.* Leipzig 1859 [1]).

4. *Das Corpus 'juris canonici in seinen wichtigsten und anwendbaren Theilen, in's Deutsche übersetzt und systematisch zusammengestellt von ... und Dr. Carl Friedr. Ferd. Sintenis.* Leipzig 1834, 1837. 2 Bde.

Ein verunglücktes Buch, dessen willkürliche Ordnung (Ehe — Kirchengüter — Kirchenzehnten — Geistliche Aemter und Pfründen — Gerichtliches Verfahren — Eid — letztwillige Verfügungen — Begräbniss) das System des Corp. j. c. umwirft, und welches Brauchbares fallen lässt, Unbrauchbares beibehält, für die Wissenschaft werthlos ist.

484. Carl Christian Schmidt.

De jure liturgico principis evangelici. Lips. 1826. 4.

---

[1]) Rec. ‚K. L. Z.‘ 1860 S. 44 im Gesammturtheil richtig.

485. Friedrich Teuscher.

Dr. phil., Diaconus in Buttstädt.

1. *Zusammenstellung der kirchlichen Gesetze im Grossh. S.-Weimar diesseit. O.-Cons.-Bezirks.* Neustadt a. d. O. 1826.

2. *Handbuch des evangel. Kirchenrechts im Grossh. S.-Weimar-Eisenach.* Neustadt 1848.

486. Carl Theodor Kind.

Assessor der Juristenfakultät zu Leipzig.

De jure ecclesiae evangelicae (Diss. inaug.). Lips. 1827. 4.

Ueber Staat und Kirche, Verhältniss der evangelischen zur katholischen und zum Staate, Rechte des (besonders des evangelischen) Fürsten über die Kirche.

487. E. E. Gaupp.

Dr. phil. und jur., kön. württ. Consistorialassessor in Stuttgart.

Das bestehende Recht der evangelischen Kirche im Königreich Württemberg, in Auszügen aus den gegenwärtig gültigen Gesetzen und Verordnungen dargestellt und mit historischen Anmerkungen begleitet. Stuttgart 1830—32, 2 Bde. (der 2. in 2 Abtheilungen).

Das Buch enthält, wie schon der Titel andeutet, lediglich eine Darstellung des positiven Rechtsstoffs in systematischer Form, mit Bezugnahme auf ältere ausser Geltung getretene Normen; die Darstellung selbst ist genau und erschöpfend, so dass das Buch trotz der vielen antiquirten Partieen noch Werth hat und für die Kenntniss des Rechtszustandes in den ersten drei Dezennien unsers Jahrhunderts ein gutes Hülfsmittel bleibt.

488. J. W. Chr. Steiner.

Grossh. hess. Hofrath in Seligenstadt.

Ueber das Zehnd-Recht. Eine historisch-dogmatische Abhandlung in *Lippert,* Annalen I. 69, II. 65.

489. Karl Christian Becker.

Dr. phil., 1820 Prediger in Hausen bei Frankfurt, 1828 evang.-luther. Pfarrer zu Frankfurt a. M.

Wissenschaftliche Darstellung der Lehre von den Kirchenbüchern. Mit Beilagen landesherrlicher Verordnungen. Frankf. 1831. — Anzeige in *Lippert,* Annalen IV. 141.

490. Wilhelm Graf von Hohenthal auf Falkenberg.

Gedanken die Parität der Rechte zwischen den kathol. und nichtkatholischen Unterthanen der deutschen Bundesstaaten betr. Leipzig 1831.

491. Johann August von Grolman.

Zu Giessen geboren 5. April 1805 als Sohn des späteren hess. Ministers Karl Ludwig Wilhelm v. G., 1828 ausserord. Professor der Rechte, gest. 9. Mai 1848. N. Nekrolog XXVI. 375.

1. *Grundriss zu Vorlesungen über das katholische und protestantische Kirchenrecht.* Giessen 1828.

2. *Grundsätze des allgemeinen katholischen und protestantischen Kirchenrechts.* das. 1832, 1843. Kurz und klar, zu mager und zu sehr aus allgemeinen Gesichtspunkten deduzirend.

492. Conrad Friedrich August Jungk.

De originibus et progressu episcopalis judicii in causis civilibus laicorum usque ad Iustinianum. Berol. 1832 (diss. inaug. 18. Febr.).

493. Adolf Karl Heinrich von Hartitzsch.

Oberhofgerichtsrath und Beisitzer des App.-Ger. zu Dresden.

Das im Königreich Sachsen geltende Eherecht. Dresden 1856. — Vergl. ‚Krit. Jahrb.‘ 1837. I. 136.

494. Christian Heyser.

Superintendent der A. C. in Inner- und Nieder-Oesterreich und Prediger in Wien.

Die Kirchenverfassung der A. C. Verwandten im Grossfürstenthum Siebenbürgen. Wien 1836. — Eine gute Darstellung, die in den ‚Krit. Jahrb.‘ 1837. II. 732 eine ausführliche Besprechung gefunden hat.

495. Karl Friedrich von Reinhardt.

Dr. jur. und württ. Obertribunalsrath in Stuttgart.

Ueber kirchliche Baulast nach den Grundsätzen der Katholiken und Protestanten. Stuttgart 1836. — Ist von *Helfert* in den ‚Krit. Jahrb.‘ 1837. II. 692 scharf aber im Ganzen richtig und eingehend besprochen.

496. Karl Friedrich Arndt.

Pfarrer und Schulinspector zu Dessau.

Handbuch der im Herzogthum Anhalt-Dessau geltenden gesetzlichen Vorschriften, welche das Kirchen- und Schulwesen betreffen. Mit Bezugnahme auf allgem. kirchenrechtliche Grundsätze bearbeitet und mit einem statistischen Anhange. Dessau 1837.

Eine den wissenschaftlichen Anforderungen nicht, den rein praktischen wohl entsprechende systematische Sammlung des Materiales.

497. Karl Wilhelm Wiedenfeld.

Dr. th. et phil., evangelischer Pfarrer zu Gräfrath.

Ueber die Ehescheidung unter den Evangelischen. Leipzig 1837. Siehe *Jacobson* in ‚Krit. Jahrb.‘ 1837. II. 1009.

498. Kühlenthal.

Die Geschichte des kirchlichen Zehntens, pragmatisch bearb. Heilbr. 1837.

499. E. F. Wurm.

De jure legibus solvendi s. dispensandi. Hamburg 1837. 4.

500. J. G. Schlemmer.

Görres in seinem Athanasius als unbedingter Vertheidiger des Erzbischofs von Droste-Vischering. Nürnberg 1838.

501. S. Sugenheim.

Staatsleben des Klerus im Mittelalter. Berlin 1839. 1. (einziger) Band. Eine Darstellung des Verhältnisses der Kirche (des Klerus) zum Staate, welche manche treffliche Ausführung enthält, Neues aus Ungedrucktem bringt, geschrieben, um die steten Uebergriffe des Klerus zu dokumentiren.

502. C. G. H. Meissner.

De potestate ecclesiae specimen prius. Lips. 1840.

503. J. A. G. Hoffmann.

Versuch einer Darstellung des in den sächsischen Herzogthümern geltenden Kirchenrechts. Hildburghausen 1843.

504. Anton Barth.

Rechtskundiger Bürgermeister in Augsburg.

Vorlesungen über das kath. und protestant. Kirchenrecht, mit besonderer Rücksicht auf die religiösen Orden, deren Geschichte und Einrichtungen; dann auf die gemischten Ehen, die Lehrsätze der kath. Kirche hierüber, und die neuesten Zerwürfnisse. Zum Selbststudium für jeden Staatsbürger allgemein verständlich bearbeitet. I. Theil. Augsburg 1843. *Das katholische Kirchenrecht.* (Auch u. d. T.: Vorlesungen über sämmtliche Hauptfächer der Staats- und Rechts-Wissenschaft. VII. Bd. Enthaltend das kath. Kirchenrecht.)

In 69 Vorlesungen wird ohne jede Anführung anderer Quellen als der neueren päpstlichen Erlasse und Staatsgesetze lediglich auf Grund der damals vorhandenen Darstellungen, wobei namentlich *Frey, Sauter* und *Walter* benutzt sind, in höchst geschickter und klarer Weise das Recht durchaus populär vorgetragen. Das juristisch wichtigste und blosse Curiositäten (z. B. die Beschreibung des Ceremoniels der Papstinthronisation füllt 9, die seiner Stellung keine 5 Seiten; die Absonderlichkeiten, wenn der Papst Messe liest) finden gleiche Berücksichtigung; während die gemischte Ehe 55 Seiten hat, muss sich das Verhältniss von Kirche und Staat mit 38 begnügen. Eine feste Meinung hat der Verfasser nie, er weiss nicht blos objektiv darzustellen, sondern sehr geschickt die verschiedenen Ansichten zu geben und den Anschein zu nehmen, er stehe zu der jetzt in der Kirche geltenden.

505. Carl Freiherr von Dobeneck.

Systematische Zusammenstellung der geltenden Bestimmungen für die protestantische Kirche im Königreich Bayern. Ansbach 1844.

506. E. L. Hagen.

Die pfarramtlichen Besoldungen vom Standpunkte der Moral und der christlichen Religion sowie der der Geschichte, Politik und Oekonomie betrachtet. Neustadt a. d. Orla 1844.

507. Ernst Wilhelm Klee.

1. *Die Ehescheidungsklage. Eine wissenschaftliche Kritik des protestant. Ehescheidungs-Prinzips mit Bezug auf den preuss. Gesetzentwurf.* Berlin 1844.

2. *Das geistliche Amt im Conflict mit dem Landesgesetze, oder: Darf die Weigerung der Geistlichen, gewisse nach den Landesgesetzen erlaubte Ehen einzusegnen, geduldet werden? Ein Votum aus dem Prinzip der Reformation und der bestehenden Gesetzgebung.* Posen 1845.

3. *Das Patronatsrecht und die landesherrliche Kirchengewalt. Eine kirchenrechtliche Abhandlung mit Beziehung auf die preuss. Verf.-Urk. und Dr. Hellmar's Schrift der Patronat.* Berlin 1851.

508. Michael Spöndlin.

Ueber das Ehererbot wegen Verwandtschaft und das Verbrechen des Incestes. Zürich 1844.

509. Isidor Kaim.

Das Kirchenpatronatrecht nach seiner Entstehung, Entwickelung und heutigen Stellung im Staate mit steter Rücksicht auf die ordentliche Collatur. Leipzig 1845, 1866. 2 Bde.

Der 1. Theil, enthaltend die Rechtsgeschichte, kann in keiner Beziehung als eine genügende historische Untersuchung angesehen werden; über den 2. siehe *meine* Recension im Bonner ‚Theol. Lit. Bl.‘ 1866, Sp. 388.

510. Christian Friedrich August Birnstiel.

Presbyterial- und Synodal-Verfassung der protest.-evang. Kirche. Jena 1846.

511. K. A. Nippe.

Die Presbyterialverfassung und deren Einführung in die deutsch-evangel. Kirche der Gegenwart. Eine geschichtliche Darstellung. Berlin 1847.

512. Friedrich Daniel Schimko.

Professor der Kirchengeschichte und des Kirchenrechts an der k. k. protest.-theologischen Lehranstalt in Wien.

Das kirchlich-religiöse Leben im constitutionellen Staate mit besonderer Rücksicht auf die österreichische Monarchie u. s. w. Wien 1850.

513. Friedr. Hadr. Jos. Thesmar. Advokat-Anwalt in Köln.

Die Stellung des Staates und der evangel. Kirche gegenüber der römischen Kurie in Sachen der gemischten Ehen mit besonderer Bezugnahme auf das Rundschreiben des Bischofs Arnoldi von Trier vom 15. März 1853. Berlin 1853.

514. Wilhelm Maurer.

Direktor des grossh. hessischen Administrativ-Justizhofes.

Ueber Eigenthum an Kirchen mit Dependenzen in den deutschen, vormals mit Frankreich vereinigten Gebieten auf der linken Seite des Rheines. Darmstadt 1858.

Sucht unter scharfer Kritik von Urtheilen verschiedener Gerichte zu beweisen, dass den katholischen Kirchengemeinden das Eigenthum zustehe.

515. Ludwig Reyscher.

Dieser bekannte Germanist, geboren 1803, gestorben 1. April 1880 zu Cannstatt, schrieb:

Das österreichische und das württembergische Concordat nebst den separaten Zugeständnissen verglichen und beleuchtet. Tübingen 1858. 2. Aufl. Eine scharfe Befehdung, welche auf den Gang der Dinge in Württemberg von Einfluss geworden ist.

516. G. D. Teutsch.

Das Zehntrecht der evangel. Landeskirche A. C. in Siebenbürgen. Schässburg 1858.

517. Johann Rannicher.

Handbuch des evangel. Kirchenrechts mit besonderer Rücksicht auf die evangel. Landeskirche augsburg. Bekenntnisses in Siebenbürgen. Hermannstadt 1859. 1 Heft.

518. Lorenz Kraussold (lebt noch, Cons.-Rath in Bayreuth).

Das landesherrliche Summepiskopat nach reformatorisch-lutherischen Grundsätzen. Erlangen. 1860.

519. K. B. Hundeshagen.

Beiträge zur Kirchenverfassungsgeschichte und Kirchenpolitik, insbesondere des Protestantismus. Wiesbaden 1864. 1 Band.

520. Heinrich Heppe.

Die presbyteriale Synodalverfassung der evangel. Kirche in Norddeutschland nach ihrer historischen Entwickelung und evangel.-kirchlichen Bedeutung beleuchtet. Iserlohn 1869, 1873.

521. G. C. Adolf von Harless.

Gestorben 1878 als Präsident des baier. Oberconsistoriums.

Staat und Kirche oder Irrthum und Wahrheit in den Vorstellungen von „christlichem" Staat und von „freier" Kirche. München 1870.

Vom streng positiven protestantischen Standpunkte aus gegen Trennung von Staat und Kirche, für einträchtiges Zusammengehen unter der Voraussetzung weitgehender Befugniss der Kirche.

Die lebenden Schriftsteller.

Alphabetisch geordnet.

522. Eduard Bartels.

Ehe und Verlöbniss nach gemeinem und partikulärem Recht in der Provinz Hannover. Hannover 1871. Meine Anzeige im ,Theol. L.-Bl.' 1873, Sp. 12.

523. Ernst Rudolf Bierling. A.

Geboren 7. Jan. 1841 in Zittau, Sohn des dortigen Advokaten und Notars Gustav B. † 1868, studirte nach Absolvirung des Gymnasiums seiner Vaterstadt die Rechte in Leipzig (1859—63) und Göttingen, legte 1862/63 die juristischen Staatsprüfungen ab, promovirte 21. Dez. 1863 in Leipzig, wurde Advokat, ging 1869 nach Göttingen, habilitirte sich hier als Privatdozent im Dez. 1871, wurde Herbst 1873 ordentlicher Professor in Greifswald; Abgeordneter zur ausserordentlichen Generalsynode in Preussen 1875.

1. *Ueber die Competenz der landständischen Kammern des Königr. Sachsen in Angelegenheiten der evangel.-lutherischen Landeskirche.* Leipzig 1868.

2. *Der Beschluss der sächs. Kammer über Abänderung der Kirchenvorstands- u. Synodal-Ordnung ... vom Rechtsstandpunkte beleuchtet.* das. 1869.

3. *Gesetzgebungsrecht evangel. Landeskirchen im Gebiete der Kirchenlehre.* das.

4. *Zehn Fragen an Luthardt, die angebl. Lehreinheit der luther. Kirche betr.* Göttingen 1871.

5. Aufsätze in ,Zeitschr. f. Kirchenrecht' Bd. 10, 11, 12; Artikel in den ,Gött. Gel. Anzeigen', ,Deutsch-evang. Blättern' I. u. II.

524. Karl Bluntschli.

Am 29. Aug. 1829 zu Bonn ,eximia cum laude' zum Dr. jur. promovirt, Professor der Rechte in Zürich, München, in Heidelberg, Geh. Hofrath.

Meinungsäusserung eines Publizisten über die neueren deutschen Concordate. Nördlingen 1860 (anonym).

525. August Bornaglus.

Ueber die rechtliche Natur der Concordate. Leipzig 1870.

526. J. Brandes.

Die Verfassung der Kirche nach evangel. Grundsätzen. Elberfeld 1867. 2 Bände.

527. Hermann Colberg.

Ueber das Ehehinderniss der Entführung. Leipzig 1869. Inaug.-Dissert. Meine Anzeige im Theol. L.-Bl. 1871, Sp. 537.

528. Karl Friedrich Franz Colberg.

Juris reformandi principum in Germania historia. P. I. (Diss. inaug.) Hal. 1851.

529. Ad. Dedekind.

Das protestantische Ehescheidungsrecht und Verwandtes. Zusammenstellung neuerer Entscheidungen der braunschweiger Obergerichte. Braunschw. 1872.

530. August Wilhelm Dieckhoff.

Professor der Theologie zu Rostock.

Die kirchliche Trauung, ihre Geschichte im Zusammenhang mit der Entwicklung des Eheschliessungsrechts und das Verhältniss zur Civilehe. Rost. 1878.

531. Richard Wilhelm Dove. A.

Als ältester Sohn des berühmten, am 4. April 1879 gestorbenen Physikers Heinrich Wilhelm D. zu Berlin am 7. Febr. 1833 geboren, machte seine juristischen Studien von Michaelis 1851 zu Berlin und Heidelberg, wurde in Berlin am 28. Juli 1855 zum Dr. jur. utr. promovirt, trat im Sept. darauf als Auscultator beim dortigen Kammergericht ein, habilitirte sich im Frühjahr 1859 als Privatdozent für Kirchenrecht bei der dortigen Universität, ward zugleich im Jan. 1860 Hülfsarbeiter im evang. Oberkirchenrath, Ostern 1862 ausserord. Professor des Kirchen- und deutschen Rechts in Tübingen, hier nach Ablehnung von Berufungen nach Jena und Kiel ord. Professor, ging Michaelis 1865 in gleicher Eigenschaft an die Universität Kiel, Ostern 1868 nach Göttingen; er schlug seitdem einen Ruf nach Leipzig und Strassburg aus, wurde auch am 25. April 1868 zum ausserordentlichen Mitgliede des evang. Landesconsistoriums zu Hannover und am 23. Juni 1874 zum Mitgliede des kön. Gerichtshofs für kirchliche Angelegenheiten ernannt, am 6. Aug. 1875 geheimer Justizrath.

Er hat in den Jahren 1870/71, 1878/79 das Prorectorat in Göttingen bekleidet, von 1868 bis 1878 sechsmal als Vertreter des preussischen Kirchenregiments an der Eisenacher Conferenz von Abgeordneten der deutschen evangelischen Kirchenregierungen theilgenommen, 1869 und 1875 an den Landessynoden zu Hannover, war Abgeordneter zum deutschen Reichstage in dessen 1. Leg.-Per. (bis 1874), seit 9. Juli 1875 Vertreter der Göttinger Universität im Herrenhause, erhielt mit Dekret v. 14. Jan. 1871 das Ritterkreuz des kön. Hausordens von Hohenzollern. Am 14. Dez. 1870 erliess er: ‚Schreiben an die Royal Irish Academy. Zurückweisung britischer Einmischung in den deutschfranzösischen Krieg durch den Prorector der Göttinger Universität'.

II. Schriften:

1. *De jurisdictionis ecclesiasticae apud Germanos Gallosque progressu.* Diss. inaug. Berol. 28. Juli 1855.

2. Bearbeitung der 6., 7. und 8. Auflage von *A. L. Richter's* Lehrbuch des Kirchenrechts, welche eine sehr wesentliche Erweiterung enthält.

3. ,*Zeitschrift für Kirchenrecht*' seit 1860, zuerst Berlin, vom 3. Bande Tübingen, bis jetzt 14 Bde. Darin von ihm eine Reihe von Aufsätzen, insbesondere: *über die Sendgerichte* (Bd. IV. u. V., erweitert aus ,Zeitschrift für Deutsch. Recht', XIX. 321, Habilitationsschrift), Nekrolog von Richter (VII. 273), *Die Kurie und die Grundsätze des modernen Verfassungsrechts über die allgemeinen Rechte der Staatsbürger* (VIII. 175).

4. Artikel in *Herzog's* Encyklopädie, dem ,Deutschen Staatswörterbuch' von *Bluntschli* u. s. w.

532. Adolph Frantz.

Die evangelische Kirchenverfassung in den deutschen Städten des 16. Jahrhunderts. Leipzig 1878 (Ueberarbeitung der Doktor-Dissertation zu Halle vom 22. Januar 1876).

533. Emil Albert Friedberg. A.

Geboren 22. Dez. 1837 zu Konitz in Westpreussen, Sohn des Land- und Stadtrichters Adolf F. † 1849, absolvirte die Gymnasialstudien in Berlin am grauen Kloster, besuchte die Universität Berlin und ein Semester Heidelberg, wurde 16. März 1861 Dr. jur. in Berlin, Herbst 1862 daselbst Privatdozent, 22. Sept. 1865 ausserord. Professor in Halle, Juli 1868 ord. Professor zu Freiburg i. B., Juli 1873 in Leipzig. Wissenschaftliche Reisen nach England, Frankreich, Italien. Nahm Theil an den 1872 stattgefundenen Conferenzen in Berlin zur Feststellung der preussischen Kirchengesetzgebung.

1. *De finium inter ecclesiam et civitatem regundorum judicio quid medii aevi doctores et leges statuerint.* Lips. 1861.

2. *Ehe und Eheschliessung im deutschen Mittelalter. Eheschliessung und Ehescheidung in England und Schottland.* Zwei Vorträge. Berlin 1864.

3. *Das Recht der Eheschliessung in seiner geschichtlichen Entwicklung.* das. 1865. Meine Recension in ,Theol. L.-Bl.' 1866, Sp. 246.

4. *Die evangel. und kathol. Kirche der neu einverleibten Länder in ihren Beziehungen zur preuss. Landeskirche und zum Staate.* Halle 1867. Meine Recension in ,Theol. L.-Bl.' 1867, Sp. 197.

5. *Aus deutschen Bussbüchern.* das. 1869. Rec. das. 1869, Sp. 835.

6. *Agenda, wie es in des Churfürsten zu Sachsen Lande in den Kirchen gehalten werde.* das.

7. *Das Veto der Regierungen bei Bischofswahlen in Preussen und der oberrheinischen Kirchenprovinz und das Recht der Domkapitel.* das.

8. *Die Geschichte der Civilehe.* Berlin 1871, 1873.

9. *Der Staat und die kathol. Kirche im Grossh. Baden seit 1860.* Leipzig 1871, 1873. Meine Recension das. 1871, Sp. 586.

10. *Das deutsche Reich und die kathol. Kirche.* das. 1871.

11. *Die Grenzen zwischen Kirche und Staat und die Garantieen gegen deren Verletzung.* Tübingen 1872. Meine Recension das. 1873, Sp. 73.

12. *Die preuss. Gesetzentwürfe über die Stellung der Kirche zum Staate.* Leipzig 1873.

13. *Johannes B. Bultzer.* das.

14. *Der Staat und das allgemeine Concil.* das. anonym.

15. *Sammlung der Aktenstücke zum ersten vatikanischen Concil.* Tüb. 1873.

16. *Der Staat und die Bischofswahlen.* Leipzig 1874. 2 Bde. Meine Rec. a. a. O. 1874, Sp. 348.

17. *Sammlung der Aktenstücke die altkath. Bewegung betr.* das. 1876.

18. *Verlobung und Trauung.* Leipzig 1876 (gegen *Sohm*).

19. *Corpus juris canonici.* Decretum Gratiani fertig 1879.

20. *Lehrbuch des kath. und evangel. Kirchenrechts.* Leipzig 1880.

21. Gutachten, Programme, Ausgabe von Keller's Pandektenvorlesungen, Artikel in ‚Zeitschrift f. Kirchenrecht‘, ‚Forsch. z. deutsch. Geschichte‘, Herzog's ‚Real-Encykl.‘, Welker's ‚Staats-Lexicon‘.

534. Gustav Gottschalk.

Ueber den Einfluss des römischen Rechts auf das canonische Recht resp. das canonische Rechtsbuch. Mannheim 1866.

535. Moritz Julius Hartung.

Das kirchliche Recht der Protestanten im vormaligen Herzogthum Sulzbach. Herausgegeben von *Wilh. Engelhardt.* Erlangen 1872.

536. Karl Ludwig Hase.

Bekannter Kirchenhistoriker, Professor der Theologie in Jena.

1. *Die Kirche und der Staat. Eine akademische Rede.* Leipzig 1839.

2. *Die evangel.-protest. Kirche des deutschen Reichs. Eine kirchenrechtliche Denkschrift.* das. 1849, 1852.

Lesenswerth als gute Darstellung der Verfassungsversuche in der evangelischen Kirche, der Bestrebungen in der katholischen im J. 1848, Besprechung allgemeiner Fragen: Grundrechte, Schule, Civilehe u. s. w.

537. Albert Hauber. Generalsuperintendent zu Ulm.

1. *Recht und Brauch der evangelisch-lutherischen Kirche Württembergs in Sachen des Kirchenregiments, des Gottesdienstes und der Zucht.* Stuttgart 1854.

2. Recht und Brauch . . . in Ehesachen. das. 1856. 2. Aufl. Ulm 1876 u. d. T.: *Württembergisches Eherecht der Evangelischen.*

538. J. Haupt.

Der Episkopat der deutschen Reformation, oder: Art. 28 der Augsburger Confession. Frankf. u. Erlangen 1863. Heft 2. *Luther und der Episkopat.* das. 1866.

539. Emil Herrmann.

Geboren zu Dresden 1812, Professor der Rechte in Göttingen, 1867 in Heidelberg, 1873 Präsident des evang. Oberkirchenraths in Berlin, 1877 wirkl. Geheimerath, 1878 quiescirt.

1. *Ueber die neueste Bestreitung der rechtlichen Autorität des kirchlichen Symbols.* Kiel 1846.

2. *Ueber die Stellung der Religionsgemeinschaften im Staate.* Gött. 1849.

3. *Ueber den verfassungsmässigen Weg bei Einführung von Veränderungen in den Consistorialeinrichtungen.* Gött. 1851.

4. *Rechtsgutachten über die Tragung der durch Aufhebung der Exemtionen den Pfarrländereien auferlegten Grundlasten.* Oldenburg 1856.

5. *Die nothwendigen Grundlagen einer die consistoriale und synodale Ordnung vereinigenden Kirchenverfassung.* Berlin 1862.

6. *Das staatliche Veto bei Bischofswahlen nach dem Rechte der oberrheinischen Kirchenprovinz.* Heidelberg 1869.

7. Aufsätze in Herzog's Realencykl., Dove's Zeitschrift, criminalistische Schriften u. s. w.

540. Paul Hinschius. A.

Geboren 25. Dez. 1835 zu Berlin als Sohn des Rechtsanwalts und Notars, geh. Justizraths Dr. Franz H., studirte daselbst auf dem Gymnasium, auf der dortigen und der Heidelberger Universität (1852—55), wurde 10. Febr. 1855 in Berlin Dr. jur., trat in die Gerichtspraxis ein, 1859 Assessor, in diesem Jahre Privatdozent in Berlin, 1863—65 ausserord. Professor der Rechte in Halle, 1865—68 in Berlin, 1868 ord. Professor in Kiel, 1872 in Berlin. Mitarbeiter an den Entwürfen der preussischen Kirchengesetze seit 1873. Wissenschaftliche Reisen für die Ausgabe Pseudoisidors in Italien, Spanien, Frankreich, England.

1. *Das landesherrliche Patronatrecht gegenüber der kath. Kirche.* Berl. 1856.

2. *Beiträge zur Lehre von der Eidesdelation mit besonderer Rücksicht auf das canonische Recht.* Berlin 1860.

3. *Decretales Pseudo-Isidorianae et capitula Angilramni.* Lips. 1863.

4. *Die evangel. Landeskirche in Preussen und die Einverleibung der neuen Provinzen.* Berlin 1867.

5. *Das Kirchenrecht der Katholiken und Protestanten in Deutschland.* das. 1869 ff. Bd. I. II. III., 1. Meine Anzeige in ,Theol. L.-Bl.' 1872, Sp. 170.

6. *Die Stellung der deutschen Staatsregierungen gegenüber den Beschlüssen des vatikanischen Concils.* 1871.

7. *Zur Geschichte der Incorporation und des Patronatrechts.* 1872 (Festgabe für Heffter).

8. *Die Orden und Congregationen der kath. Kirche in Preussen.* 1874.

9. *Die preuss. Kirchengesetze von 1873 mit Kommentar.* 1873.

10. *Die preuss. Kirchengesetze von 1874 und 1875 mit Kommentar.* 1875.

11. *Das preuss. Gesetz über die Beurkundung des Personenstandes und die Form der Eheschliessung mit Kommentar.* 1874.

12. *Das Reichsgesetz über die Beurkundung des Personenstandes und die Eheschliessung mit Kommentar.* 1875, 1876.

Anzeigen der Schriften Nr. 8 bis 12 von mir im ,Theol. L.-Bl.' 1874, Sp. 544, 1875 Sp. 350, 1876 Sp. 75.

13. Mitredaction (mit seinem Vater) der ‚preuss. Anwaltszeitg.' 1863 bis
1867, der ‚Zeitschrift f. Gesetzgebung und Rechtspflege in Preussen' 1869 fg.,
darin viele Aufsätze; Mitherausgabe von *Koch*, Komm. z. allg. preuss. L.-R.,
6. Ausg.; Aufsätze in ‚Zeitschrift f. Kirchenrecht', ‚Archiv f. civil. Praxis'.

541. Bernhard Hübler. A.

Geboren 25. Mai 1835 zu Cottbus als Sohn des dortigen Bürgermeisters Friedrich Wilhelm H., absolvirte das dortige Gymnasium,
studirte die Rechte in Berlin, wurde 26. Juni 1863 Dr. jur. in Breslau,
habilitirte sich 2. Dez. 1865 in Berlin, hier 18. Aug. 1868 ausserord.
Professor der Rechte, 10. Nov. 1869 zum ord. Professor in Freiburg
ernannt, 19. März 1870 Consistorialrath im preuss. Kultusministerium,
11. Oct. 1872 geh. Regierungs- und vortragender Rath, 13. Dez. 1875
geh. Ober-Regierungsrath in demselben.

1. *De natura ac jure concordatorum.* Vratisl. 1863.

2. *Zur Revision der Lehre von der rechtl. Natur der Concordate.* Tüb. 1865.

3. *Die Constanzer Reformation und die Concordate von 1418.* Leipzig
1867. Anzeige von mir im Theol. L.-Bl. 1868, Sp. 7.

4. *Der Eigenthümer des Kirchenguts.* das. 1868. Meine Anzeige a. a. O.
1869, Sp. 505.

5. Artikel in ‚Zeitschrift f. K.-R.', Goltdammer ‚Archiv f. preuss. Strafr.',
v. Holtzendorff ‚Rechts-Lexicon'.

542. Georg Philipp Eduard Huschke.

Geboren zu Münden 26. Juni 1801, Professor der Rechte in Rostock,
seit 1827 in Breslau, geh. Justizrath.

Die streitigen Lehren von der Kirche, dem Kirchenamt, dem Kirchenregiment und der Kirchenregierung u. s. w. Leipzig 1863.

543. Wilhelm Kahl. A.

Geboren 17. Juni 1849 zu Kleinheubach (Unterfranken in Baiern),
Sohn des königl. Bezirksgerichtsdirektors Friedrich K. in Schweinfurt,
absolvirte das Gymnasium in Schweinfurt, studirte (1867—70, 1871—72)
die Rechte in Erlangen und München, machte als Landwehrlieutenant
den französischen Feldzug mit, focht bei Weissenburg, Wörth, Sedan,
Paris, habilitirte sich 22. Jan. 1876 als Privatdozent in München für
Kirchen- und Strafrecht, 1879 Professor in Rostock.

1. *Die Selbstständigkeitsstellung der protest. Kirche in Baiern gegenüber
dem Staate.* Erlangen 1874.

2. *Ueber die Temporaliensperre, besonders nach dem baierischen Kirchenstaatsrecht u. s. w.* das. 1876. Meine Anzeige im ‚Theol. L.-Bl.' 1876, Sp. 324.

3. *Die deutschen Amortisationsgesetze.* Tübingen 1880.

544. G. M. Kletke.

*Rechtsverhältnisse bei Kirchen-, Pfarr-, Küster- und Schulhausbauten in
den Provinzen des preussischen Staats u. s. w.* Neu-Ruppin 1865.

545. Heinrich Kritzler.

Die Kirchenverfassungsfrage. Eine Erörterung unserer Wege und Ziele als Beitrag zur Verständigung. Frankfurt 1863.

546. Johann Peter Lange. A.

Geboren 10. April 1802 zu Sonnborn bei Elberfeld, von Neujahr 1826 bis Ostern 1841 in der praktischen Seelsorge, 1841 ord. Professor der evang. Theologie in Zürich, seit Ostern 1854 in Bonn, Consistorialrath 1860, 1875 Oberconsistorialrath, seit 1863 zugleich Mitglied des Consistoriums in Coblenz, Ritter des rothen Adlerordens 3. Kl.

1. *Ueber die Neugestaltung des Verhältnisses zwischen dem Staat und der Kirche.* Heidelberg 1848.

Bezweckte den pessimistischen Befürchtungen entgegen zu treten.

2. Zahlreiche theologische Schriften, Predigten, Dogmatik, Exegese, Gedichte u. s. w.

547. G. V. Lechler.

Geschichte der Presbyterial- und Synodal-Verfassung seit der Reformation. Leiden 1854.

548. August Eduard Robert Lengnick, Appellationsgerichtssekretär.

Der sächsische Eheprozess. Leipzig 1847.

549. Edgar Loening.

Zuerst ausserord. Professor der Rechte in Strassburg, seit 1878 ord. Professor in Dorpat.

Geschichte des deutschen Kirchenrechts. Strassburg 1878. 1 Bd. *Das Kirchenrecht in Gallien von Constantin bis Chlodovech. 2. Bd. Das Kirchenrecht im Reiche der Merovinger.*

550. Franz Georg Heinrich Lotz.

Commentatio ad cap. XI. X. de testam. et ultim. volunt. Fuldae (31. Oct.) 1846. Diss. inaug.

551. Ludwig Arnold Ernst Meier.

Dr. jur. Berlin 1. März 1856, ord. Professor der Rechte in Halle.

1. *Jus, quod de forma matrimonii ineundi valet, quomodo ex pristina juris conditione profectum sit, disquiritur.* Berol. 1857.

2. *Die Rechtsbildung in Staat und Kirche.* das. 1861.

552. Otto Alexander Georg Mejer. A.

Geboren zu Zellerfeld im Harz den 27. Mai 1818 als Sohn des Johann Wilhelm M., Dr. jur. und Rechtsanwalt, † als hannov. Obergerichtsrath, Verfasser verschiedener juristischer Schriften, studirte auf dem Gymnasium zu Clausthal, die Rechte in Göttingen, Berlin, Jena und wieder in Göttingen, wo er am 30. Jan. 1841 Dr. jur. wurde. beim Amtsgerichte als Auditor eintrat, Ostern 1842 sich habilitirte; Ostern

1847 ausserord., Michaelis 1847 ord. Professor der Rechte in Königsberg, Michaelis 1850 in Greifswald, Ostern 1851 in Rostock, zugleich 1853 Rath am Consistorium (das blos Kirchengericht ist), Ostern 1862 auch Bibliothekar, Ostern 1874 Professor in Göttingen und geh. Justizrath. Von Michaelis 1845 bis dahin 1846 machte er eine wissenschaftliche Reise durch Italien und Belgien, welche ihm für die Schriften unter 2—4 und 9 Material und namentlich die Fähigkeit der Beurtheilung lieferte.

1. *Institutionen des gemeinen deutschen Kirchenrechtes*. Göttingen 1845. 2. Aufl. 1856. 3. ein neues Buch unter dem Titel: *Lehrbuch des deutschen Kirchenrechts* 1869.

2. *Die deutsche Kirchenfreiheit und die künftige katholische Partei. Mit Hinblick auf Belgien*. Leipzig 1848.

Auf diese Schrift hat *Friedrich*, Geschichte des vatikanischen Concils I. 229 ff. mit Recht als auf diejenige hingewiesen, welche allein schon damals im wesentlichen vorausgesagt habe, was in der kurialistischen Entwicklung später eingetreten ist.

3. *Die Propaganda in England*. Zur kirchenrechtlichen Beleuchtung der Bisthumsfrage. Mit einem Abdruck des Breve vom 29. Sept. 1850. das. 1851.

4. *Die Propaganda, ihre Provinzen und ihr Recht*. Mit bes. Rücksicht auf Deutschland dargestellt. 2 Thle. Göttingen 1852, 1853. In's Niederländ. übersetzt von *Johs. Hooijkans Herderscheé*. Nymwegen 1854. 2. Aufl. Arnheim 1862.

5. *Kirchenzucht und Consistorial-Competenz nach mecklenburg. Rechte*. Zwei praktische Erörterungen. Rostock 1854.

6. *Das Veto deutscher protestant. Staatsregierungen gegen katholische Bischofswahlen*. das. 1866.

7. *Die Concordatsverhandlungen Württembergs vom Jahre 1807*. Mit bisher ungedruckten Aktenstücken. Stuttgart 1859.

8. *Die Grundlagen des lutherischen Kirchenregiments*. Rostock 1864.

9. *Zur Geschichte der römisch-deutschen Frage*. Rostock 1876 ff., bis jetzt Bd. I., II., III. 1. Meine Anzeige im ‚Theol. L.-Bl.‘ 1871, Sp. 670, 1873, Sp. 376.

10. *Febronius. Weihbischof J. N. v. Houtheim und sein Widerruf*. Tübingen 1880. Mir erst bei der Correctur zugekommen.

11. Zahlreiche kleinere Schriften (Vorträge, Gutachten u. s. w.), Aufsätze im ‚N. Archiv f. Criminalrecht‘, ‚Zeitschrift f. deutsches Recht‘, ‚Zeitschrift f. Recht und Politik der Kirche‘, ‚Kirchl. Zeitschrift‘ von Kliefoth, ‚Hist. Zeitschr.‘, ‚Preuss. Jahrbücher‘, ‚Zeitschrift f. Kirchenrecht‘, *Einleitung in das deutsche Staatsrecht*. Rostock 1861 u. s. w.

553. E. H. Merz. Consistorialadvokat.

Ueber Ehe und Ehescheidung. Leipzig 1861.

554. Hugo Müchel. Dr. jur.

Das Verfahren bis zur Litiscontestation im ordentlichen canonischen Civilprozess. Mit besonderer Berücksichtigung der Formelbücher. Leipzig 1870. Meine Anzeige im ‚Theol. L.-Bl.‘ 1871, Sp. 536.

555. Alfred Nicolovius.

Ausserordentlicher Professor der Rechte in Bonn.

De potestate ecclesiastica coercitiva et criminali. Regiom. 1833.

556. Karl Herman Ludwig Michels.

Quaestiones controversae de jure patronatus. Berol. (7. Aug.) 1857.

557. Ferdinand Heinrich Ludwig Oesterley.

De juris patronatus notione ex decretalibus Gregorii IX. hausta priorum constitutionum ratione habita. Gott. (30. Oct.) 1824.

558. Christof Gottlieb Adolf von Scheurl. A.

Geboren zu Nürnberg 7. Jan. 1811 als Sohn des k. b. Oberpost-amts-Officials Christof v. Scheurl und der Wilhelmine, geb. Freiin von Löffelholz, studirte am dortigen Gymnasium, dann an den Universitäten zu Erlangen und München von 1827—31 vorzüglich unter Puchta, promovirte zu München am 19. Aug. 1834 als Doktor der Rechte, wurde zu Erlangen 1836 Privatdozent, daselbst 1840 ausserord. und 1845 ord. Professor für römisches und Kirchenrecht, 7. Jan. 1856 von der theologischen Fakultät Dr. theol. hon. c. Von 1845—49 war er Mitglied der bair. Kammer der Abgeordneten, 1864—73 des mittel-fränkischen Landraths, der vereinigten Generalsynode der protest. Landes-kirche Baierns diesseits des Rheins 1865, 1869, 1873 und 1877.

1. *Beiträge zur Beleuchtung der Schrift: ,Concordat und Constitutionseid in Baiern'.* 1847.

2. *Zur Lehre vom Kirchenregiment.* 1862.

3. *Bekenntnisskirche und Landeskirche.* 1868.

4. *Die verfassungsmässige Stellung der evangel.-lutherischen Kirche in Baiern zur Staatsgewalt.* 1872.

5. *Sammlung kirchenrechtlicher Abhandlungen.* 4 Abtheilungen. 1872 f. Enthält die Schrift unter 1 mit Nachträgen, Abhandl. über Recht des Bekennt-nisses, väterlicher Gewalt in Betreff der confessionellen Erziehung der Kinder, Kirchenzucht, Rechtsgeltung der Symbole, Gewohnheitsrecht u. s. w.

6. *Die Entwicklung des kirchlichen Eheschliessungsrechts.* Erlangen 1877.

7. Dazu Aufsätze in der von 1858—76 von ihm herausgegebenen *Zeit-schrift für Protestantismus und Kirche* und in Dove's *Zeitschr. f. Kirchenrecht*, von denen die wichtigern aber in Nr. 5 zusammengestellt sind.

559. Gustav Adolf Schlayer.

Beiträge zur Lehre von dem Patronatrechte. Giessen 1865. Vgl. meine Anzeige im Bonner ,Theol. Lit.-Bl.' 1866, Sp. 683.

560. Traugott Schulz.

De ecclesiae Rom. Luth. Ref. in rebus politicis consensu ac dissensu, ratione simul habita effectus, quem quaeque in eas habuit. Berol. 1852.

561. Rudolf Sohm. A.

Geboren zu Rostock den 29. Oct. 1841 als Sohn des Landes-
archivars und Advokaten Carl S., studirte nach absolvirtem Gymnasium
seiner Vaterstadt auf den Universitäten daselbst, in Berlin und Heidelberg 1860—64, promovirte zu Rostock 8. Juli 1864, machte Studien
in München, Privatdozent in Göttingen 18. Juni 1866, daselbst ausserordentlicher Professor der Rechte 30. Juni 1870, ordentlicher 20. April
1872 in Strassburg.

    1. *Das Recht der Eheschliessung.* Weimar 1875.

    2. *Trauung und Verlobung.* das. 1876.

    3. *Die geistliche Gerichtsbarkeit im fränkischen Reich* („Zeitschrift für
Kirchenrecht' IX.).

    4. *Das Verhältniss von Kirche und Staat* (dies. Zeitschr. XI.). Tüb. 1873

    5. *Der Liberalismus und seine Geschichte* („Allg. luther. Kirchenzeitung,
1876, Nr. 40, 41).

    6. *Zur Geschichte des kirchl. Eheschliessungsrechts.* (das. 1877, Nr. 47, 48).

    7. Werke über deutsches Recht, Rechtsgeschichte, wovon die *Fränkische
Reichs- und Gerichtsverfassung,* Weimar 1871, auch für kirchliche Verhältnisse
Manches bietet, Aufsätze in „Zeitschrift für Rechtsgeschichte' Bd. 5, „Zeitschrift
für Handelsrecht' von Goldschmidt Bd. 17, Grünhut „Zeitschrift für das Privat-
und öffentliche Recht' Bd. 1, 4, 5, Recensionen im „Liter. Centralbl.', „Histor.
Zeitschrift', Gött. „Gel. Anzeigen', Jenaer „Lit.-Zeit.'

562. Georg Spohn.

Ministerialrath, vorsitzender Rath im evang. Oberkirchenrath zu
Karlsruhe.

    1. *Badisches Staatskirchenrecht.* Karlsruhe 1868.

    2. *Kirchenrecht der vereinigten evangelisch-protestant. Kirche im Grossh.
Baden.* das. 1871, 1875. 2 Abth.

563. Johann August Roderich von Stintzing. A.

Geboren 8. Febr. 1825 zu Altona, Sohn des Dr. med. Johann
Wilhelm St. † 1859 und der Wilhelmine Elisabeth, geb. Niemann † 1866,
Tochter des Professors der Staats- und Forstwissenschaft August N. in
Kiel † 1832, studirte auf den Gymnasien zu Altona und Hamburg,
den Universitäten Jena, Heidelberg, Kiel, Berlin (1843—48), trat
bei der Erhebung Schleswig-Holsteins im März 1848 in das Studenten-
Freicorps, machte im Herbst 1848 sein Staatsexamen in Kiel, Advokat
in Ploen, nach zweijähriger Praxis auch Notar, 1850 vermählt mit
Franziska Karolina Bokelmann, Tochter des † geh. Legationsraths
und ehemaligen dänischen Ministerresidenten B. in Hamburg, legte nach
Auslieferung Schleswig-Holsteins an Dänemark 1851 die Praxis nieder,
ging nach Heidelberg, wurde hier März 1852 Privatdozent, Ostern 1854
ord. Professor in Basel, Herbst 1857 in Erlangen, Frühjahr 1870 in

Bonn. Er hat Berufungen nach Kiel (1861) und Giessen (1868) abgelehnt, in Basel 1856, Erlangen 1864;65, Bonn 1875;76 das Rectorat bekleidet, seit Nov. 1875 in Bonn das Ordinariat im Spruchcolleg. Orden: baier. St. Michael- und Civilverdienst-, mecklenb. wend. Krone, oldenburg. Haus-, preuss. roth. Adler- 4. Kl., Kronen-O. 3. Kl., Commandeur des S.-Meiningen'schen Falken-O.

1. *Geschichte der populären Literatur des römischen und canonischen Rechts.* Leipzig 1867. Meine Anzeige im ,Theol. L.-Bl.' 1867, Sp. 712.

2. *Das Sprichwort ,Juristen böse Christen'.* Bonn 1875.

3. *Ulrich Zasius.* Basel 1857.

4. Romanistische Monographieen, Aufsätze in Heidelb. ,Krit. Zeitschrift', ,Krit. Vierteljahrsschrift' (jene gab er bis 1859 mit heraus, diese hat er mitbegründet), in ,Jahrb. des gem. d. Rechts' Bd. 9. 10, ,Zeitschrift f. Rechtsgesch.' ,Lit. Centralbl.', ,Jenaer ,Lit. Zeit.', ,Allg. deutsche Biogr.', Biographie über C. F. v. Savigny 1862, H. Donellus 1869, Rectoratsreden u. s. w.

564. Adolf Stölzel.

Dr. jur., geh. Oberjustizrath im kön. preuss. Justizministerium zu Berlin.

1. *Deutsches Eheschliessungsrecht nach amtlichen Ermittelungen als Anleitung für die Standesbeamten bearbeitet.* Berlin 1875 fg. 2 Hefte.

2. *Wiederverheirathung eines beständig von Tisch und Bett geschiedenen Ehegatten.* das. 1876.

565. G. A. Süskind (Pfarrer in Darmsheim) und
G. Werner (Pfarrer in Stammheim).

Handbuch der württembergischen Ehe-Gesetze nach dem protestant. und kathol. Recht. Darmsh. und Stammh. 1854. 4 Hefte.

566. Friedrich Ludwig Karl von Sybel. A.

Geboren zu Bonn den 24. März 1844 als Sohn Heinrich v. Sybel's und der Karoline, geb. Eckhardt, Tochter des hessen-darmstädt. Ministerialraths, studirte an den Gymnasien in Marburg, München und Bonn (1853—63), den Universitäten zu Bonn und Berlin (1863—67), trat in die Praxis, wurde 1. April 1873 Assessor, im Oct. Friedensrichter in Gerresheim, 1. Oct. 1874 Regierungsassessor in Düsseldorf, und 14. Nov. Landrath in Gummersbach (Rheinprovinz). Machte den Krieg 1870;71 als Landwehroffizier mit, 1874 eine längere Reise durch England.

1. *Das Recht des Staates bei Bischofswahlen in Preussen, Hannover und der oberrheinischen Kirchenprovinz.* Bonn 1873. Meine Anzeige im ,Theol. L.-Bl.' 1873, Sp. 395.

2. *Das altkatholische Bisthum und das Vermögen der römisch-katholischen Kirchengesellschaften in Preussen.* das. 1874.

3. *Ein Kampf um Kirchengut,* in ,Preuss. Jahrb.' 1874, S. 534 ff.

567. G. Theiss.

De vi religionis in vinculo conjugali servando. Hal. 1853.

568. Friedrich Thudichum.

Ordentlicher Professor der Rechte in Tübingen.

1. *Ueber unzulässige Beschränkungen des Rechts der Verehelichung.* Tübingen 1866.

. 2. *Deutsches Kirchenrecht des neunzehnten Jahrhunderts.* Leipzig 1877 bis 1879. 2 Bde.

569. Polykarp Josef Vogt.

1. *An acatholici secundum principia juris can. impedimentis juris mere ecclesiastici teneantur quaeritur.* Vratisl. 1848.

2. *Kirchen- und Eherecht der Kath. und Evang. in den königl. preuss. Staaten.* Breslau 1857. 2 Thle.

570. Adolph Wach. A.

Geboren 11. Sept. 1843 zu Kulm (Westpreussen) als Sohn des Stadtkämmerers Adolf W., besuchte nach absolvirtem Gymnasialstudium in der Vaterstadt (1861) die Universitäten zu Berlin, Heidelberg, Königsberg, hier 18. Nov. 1865 Dr. jur. und Ostern 1868 Privatdozent der Rechte, Ostern 1869 ord. Professor in Rostock, Ostern 1871 in Tübingen, Herbst 1872 in Bonn, Herbst 1875 Leipzig.

1. *De transferenda ad firmarium ex VII. potissimum ex cap. X. de jure patr. III. 38. explicata.* Regiom. 1865, in deutscher Bearbeitung in ‚Zeitschrift für Kirchenrecht‘ VI. 243.

2. *Die preussischen Kirchengesetze.* Vortrag. Bonn 1873.

3. Aufsätze in den von ihm mit r. d. *Goltz* herausgegebenen *‚Synodalfragen‘* in jedem Hefte.

4. Prozessualistische Aufsätze, Monographieen, Ausgabe von Keller ‚Röm. Civilprozess‘, über Jacobson in ‚Zeitschrift für Kirchenrecht‘ VIII. 375.

571. Ludwig Wilhelm Hermann Wasserschleben. A.

Geboren den 22. April 1812 in Liegnitz als Sohn des dortigen geh. Regierungsraths, besuchte nach Zurücklegung des Gymnasialstudiums an der dortigen Ritterakademie (1831) die Universitäten Breslau und Berlin 1831 — 36, Dr. jur. 25. Juni 1836 in Berlin, hier im Herbst selbigen Jahres Privatdozent der Rechte, 18. Aug. 1841 ausserord. Professor in Breslau, 23. Febr. 1850 ord. Professor in Halle, 26. April 1852 in Giessen, Sept. 1863 geh. Justizrath, 30. Sept. 1873 lebenslängliches Mitglied der ersten hessischen Kammer, 20. Mai 1875 zugleich Kanzler der Universität Giessen. Verheirathet 1842 mit Henriette, geb. Wahnschaffe. Orden: Verdienst-O. Philipp's d. Grossm., hess. Ludwigs-O.

1. *Beiträge zur Geschichte der vorgratianischen Kirchenrechtsquellen.* Leipzig 1839.

2. *Regimonis abb. Prum. libri duo de synodal. causis cet.* ib. 1840.

3. *De patria decretalium Pseudoisidor.* Vratisl. 1843.

4. *Die symbolischen Bücher und der Staat* (Prophet, II.). Breslau 1843.

5. *Die evangelische Kirche in ihrem Verhältnisse zu den symbolischen Büchern und zum Staate.* das.

6. *Beiträge zur Geschichte der falschen Dekretalen.* das. 1844.

7. *Oesterreich und die Deutschkatholiken* (Prophet, Bd. 8). 1846.

8. *Das Kirchenregiment und die bevorstehende Reorganisation der evang. Kirche.* Ein kirchenrechtliches Gutachten. Breslau 1849.

9. *Die Bussordnungen der abendländischen Kirche, nebst einer rechtsgeschichtlichen Einleitung.* Halle 1851.

10. *Die Entwickelungsgeschichte der evangelischen Kirchenverfassung in Deutschland.* Eine Festrede. Giessen 1861.

11. *Gutachten über die Civilehe.* 1869.

12. *Bemerkungen zu dem offiziellen Entwurf einer Verfassung der evang. Kirche des Grossh. Hessen.* 1871.

13. *Die Parität der Konfessionen im Staat.* das.

14. *Die deutschen Staatsregierungen und die katholische Kirche der Gegenwart.* Berlin 1872.

15. *Das landesherrliche Kirchenregiment.* das.

16. *Die irische Canonensammlung.* Giessen 1874. Meine Anzeige im Bonner ,Theol. L.-Bl.' 1874, Sp. 361.

17. *Das Ehescheidungsrecht kraft landesherrlicher Machtvollkommenheit.* das. 1877. 2. Beitr. 1880.

18. Dazu 1 romanische, 7 germanische Monogr. bezw. Quellen-Editionen, Aufsätze über Pseudoisidor in ,Zeitschrift für Kirchenrecht' Bd. 4, Herzog's Real-Encyklopädie' u. s. w.

572. Karl Ludwig Philipp Zorn. A.

Geboren 13. Jan. 1850 zu Baireuth in Baiern als Sohn des evang. Pfarrers Joh. Z. in Ansbach, absolvirte hier das Gymnasium, studirte von 1867—72 die Rechte in München (als Mitglied des Maximilianeum) und Leipzig, 15. Mai 1872 Dr. jur. in München, Rechtspraktikant. machte Mai 1874 das bairische Staatsexamen, 10. Mai 1875 Privatdozent in München, bereits im Juni ausserord. Professor in Bern. 4. April 1877 ord., seit Juni 1877 ord. Professor in Königsberg. Seit Sept. 1875 vermählt mit Maria Kayser aus München.

1. *Staat und Kirche in Norwegen bis zum Schluss des XIII. Jahrhunderts.* München 1875. Meine Anzeige im ,Theol. L.-Bl.' 1876, Sp. 173.

2. *Ueber einige Grundfragen des Kirchenrechts und der Kirchenpolitik mit specieller Beziehung auf die Schweiz.* Bern 1876. Meine Anzeige das. 1876, Sp. 281.

3. *Sammlung der wichtigsten neueren kirchenstaatsrechtlichen Gesetze.* Nördlingen 1876.

4. (mit *Gareis*) *Staat und Kirche in der Schweiz*. Zürich. 2 Bde. Meine Anzeige im ,Theol. L.-Bl.' 1877, Sp. 470.

5. Aufsätze in ,Zeitschrift für Kirchenrecht' Bd. 12, ,Preuss. Jahrbüchern' 1876, deutschrechtliche Abhandlungen.

Schriftsteller, deren Confession mir nicht bekannt ist.

573. Albrecht Altmann.

Praxis der preussischen Gerichte in Kirchensachen und Ehesachen. Leipzig 1861.

574. Josef Auerbach.

De visitationis ecclesiarum progressu a primis temporibus usque ad concil. Trident. Francof. 1862.

575. Herrman Eichhorn. Doktor der Rechte.

Das Ehehinderniss der Blutsverwandtschaft nach canonischem Rechte. In seiner geschichtlichen Entwickelung nach den Quellen bearbeitet und übersichtlich dargestellt. Breslau 1872.

576. Paul George.

De parocho putativo. Vratisl. 1859.

577. Maximilian Grosspietsch.

De regularium ficta morte, sive de ri et effectu professionis religiosae in causis privatis. Vratisl. 1871.

578. Friedrich Hellmann. A.

Geboren zu Weissmain in Oberfranken bei Bamberg 30. Nov. 1850, Sohn des kön. Bezirksgerichtsraths Jos. II. † 1868, besuchte das Gymnasium in Hof und München, Universität München, hier 26. Juli 1873 Dr. jur. und 9. Juli 1874 Privatdozent der Rechte. Machte den Krieg 1870/71 als einjährig Freiwilliger und Offizier des Beurlaubtenstandes mit.

1. *Das gemeine Erbrecht der Religiosen.* München 1874. Meine Anzeige in ,Jenaer Lit.-Zeit.' 1875, Nr. 5.

2. Schriften über Wechselrecht und Civilprozess.

579. Gustav Heyer.

De consensu parentum in matrimoniis liberorum contrahendis necessario. Vrat. 1853.

580. Anton Ottokar Müller.

Geboren 22. Juli 1845 zu Polom (pr. Schlesien), Dr. jur. in Breslau 28. Oct. 1868.

De bigamia irregularitatis fonte et causa. Vratisl. 1868.

§. 7.

B. Die Italiener.

1. Hieron. Zanchius.

Geboren zu Alzano bei Bergamo 2. Febr. 1516, Canonicus Lateranensis, ging unter dem Einflusse des Petrus Martyr 1550 nach Genf, 1553 Professor in Strassburg, 1555 daselbst Canonicus bei St. Thomas, von 1563 bis 1567 in Chiavenna, 23. Jan. 1568 Professor und Dr. der Theologie in Heidelberg, ging 1576 nach Neustadt und starb 19. Nov. 1590 zu Heidelberg. *Jöcher* IV. 2147. *Hautz* II. 51.

De divortio deque noris post divortium nuptiis libri duo. Gen. 1617.

2. Albericus Gentilis *).

I. Er wurde als Sohn des Arztes *Matteo Gentil* in Castello di San-Genesio (Mark Ancona) im Jahre 1551 geboren, studirte die Rechte in Perugia, wurde 1572 Dr. jur., darauf Richter in Ascoli, verliess aber mit seinem Vater, welcher wegen Zuneigung zur protestantischen Religion nach Krain flüchtete, Italien, hielt sich in Stuttgart, dann am Hofe des Kurfürsten von der Pfalz auf, ging hierauf nach London, wohin ihm sein Vater 1580 folgte. Von dem Grafen *Robert Dudley*, Kanzler von Oxford, empfohlen, wurde er hier 1582 in die juristische Fakultät aufgenommen, liess sich am 1. Mai 1586 bei einem Besuche seines Bruders *Scipio* in Wittenberg als Dr. jur. immatrikuliren, 1587 Professor des Civilrechts, später auch Advokat der spanischen Nation zu Oxford, wo er im Frühjahr 1611 starb.

II. Ausser Schriften über das römische Recht und dessen Bearbeiter, philologischen u. s. w. schrieb er:

1. *Disputat. de nuptiis libri VII.* Hanov. 1601, 14. (cf. *Struve*, Bibl. ant. p. 393). Ueber eine ep. ad *Joh. Howsonum* de libro Pyano, betreffend die Wiederverheirathung des wegen Ehebruchs geschiedenen Mannes, s. *Jugler.*

2. *Disput. tres: prima de libris juris canonici* cet. ib. 1605. 8., Helmstädt 1674. 4.

3. *Discourse of marriages by proxy.*

3. Gregorio Leti (Girolamo Lunadoro).

I. Er war geboren in Mailand 29. Mai 1630, studirte bei den Jesuiten zu Cosentino bis 1644, eine Zeit in Rom, ging aus Italien fort, weil ihn sein Oheim, Bischof von Aquapendente, nöthigen wollte, in den geistlichen Stand zu treten, wurde in Genf 1660 Protestant, 1674 Bürger, ging 1679 nach Frankreich, später nach England, zuletzt

---

*) *Nicéron*, Mem. XV. 25, XX. 81. *Jugler*, Beytr. VI. 126. *Wood*, Athenae II. 90.

nach Amsterdam, wo er am 9. Juni 1701 starb. *Moréri* III. 574. *Argelati* II. 1. col. 800.

II. Für uns kommt dieser Historiker in Betracht durch:

1. *Il cardinalismo di santa chiesa.* s. l. 1668. 3 voll. 12.

In 3 Büchern wird gehandelt über Wesen der Kirche, Verhältniss zum Staat, Autorität des Papstes, Ursprung und Inhalt der Kardinalswürde, Lebensweise, Nepotismus, Promotion, Titel, Familie der lebenden Kardinäle, Conclave bis 1667, mit *aformi politici fatti dal card. Azolini sopra i cardinali dello stesso conclave.* Mehr räsonnirend und reflectirend.

2. *Il nepotismo di Roma, overa relazione delle ragioni che muorano i pontifici all' aggrandimento de' nepoti; del bene e male che hanno portato alla chiesa dopo Sisto V.* Amsterd. 1667. 12., französisch und lateinisch. 1669.

3. *Itinerario della corte di Roma, overo teatro della sede apost. dataria e cancellaria Rom.* Volonza (Genf) 1675. 3 voll. 12.

4. *Relatione della Corte di Roma e de' riti da osservarsi in essa e de' suoi magistrati et offitii con la loro distinta giurisditione.* Ven. 1664. 12., 1672, 1689, 1698.

Zweck dieser Schriften ist nicht die Darstellung des Rechts, sondern die Polemik und Bekämpfung.

§. 8.

C. Die Franzosen.

1. Charles du Moulin (Molinaeus) *).

I. Er war zu Paris im J. 1500 geboren, hatte in Orleans studirt und darauf die Advokatur in Paris betrieben. Als Calvinist sah er sich bewogen, sein Vaterland zu verlassen und nahm 1553 eine Professur in Tübingen an mit dem Titel eines herzogl. Raths. Nachher dozirte er 1555 in Strassburg, Dôle und Besançon, kehrte 1557 nach Paris zurück, wo er nach verschiedenen Missgeschicken am 27. Dez. 1566 starb, nachdem man ihn auf dem Todesbette dazu gebracht hatte, in Gegenwart von zwei Zeugen vor dem Pfarrer einen Widerruf seiner Irrthümer zu leisten, worauf man ihn ohne Feierlichkeit begrub.

II. Seine Schriften erstrecken sich auf das römische, französische und canonische Recht; er ist ein Jurist von durchdringender kritischer Schärfe und gehört zu den Begründern des wirklichen Quellenstudiums jener Zeit.

1. *Ausgabe des Decretum Gratiani.* Lugd. 1554. 4. [1]

---

*) *Jul. Brodeau*, vie de maître Ch. du M. Par. 1654. 4. *Doujat*, Praen. II. 2. p. 51. *Samarthanus* II. 12. *Moréri* III. 574. *Nicéron* III. 79. *L. Ellies Dupin*, Biblioth. *Räss.* Die Convertiten III. 493, dessen Darstellung seinem Zweck entspricht. — Opera Lut. Paris 1612. 3 voll. fol.

[1] Vollständiger Titel in *meiner* Glosse zum Dekret Gratian's, S. 92. Daselbst

Sie gehört durch die Bemerkungen zu den ersten, welche eine Kritik ermöglichen.

2. Die *Bemerkungen zu der Glosse* in seiner Ausgabe des Dekrets.

Dieselben zeichnen sich aus durch scharfen historischen Blick: sie gehen dem römischen Systeme oft hart zu Leibe und stehen in eigenthümlichem Gegensatze zu dem Widerrufe auf dem Todesbette.

3. *Conseil sur le fait du Concile de Trente, réception ou rejet d'icelui.* Lyon 1564 [2]). Cons. super actis Conc. Trid. e gallico. ib. eod., Patav. 1565. 8. Consilia duo super facto Concilii. Trid. Paris 1606. Ueber dessen Verbot, die Einkerkerung des Verfassers und die Massregel des Königs siehe Brodeau.

4. *In regulas Cancellariae rom. hactenus in regno Franciae usu receptas commentarius analyticus.* Lugd. 1560. 4., Paris 1599, 1608, Colon. 1608.

Die beiden letztern zusammen mit separatem Titel s. l. et n. t. 1606 bezw. 1604.

5. *Comm. ad Edictum Henr. II. contra parcas datas*, et abusus curiae Rom. et in antiqua edicta et senatusconsulta Franciae contra Annatarum et id genus abusus, multas novas decisiones iuris et praxis continens — de Trid. Conc. decretis consilium — consilium super commodis vel incommodis novae sectae seu factitiae religionis Jesuitarum. Bas. 1552. 4., Lugd. eod. apud Joannem le Preux 1605.

6. *Notae in tract. Jo. Selvae de beneficiis.*

7. *Commentaria in Phil. Decii ad jus pontificium libros.*

8. Ausgabe von *Dinus, de reg. jur.*, mit Kommentar von *Boerius*. Lugd. 1550, 1556.

9. *Consilium super commodis et incommodis novae sectae Jesuitarum.* Hanov. 1604.

2. Jean de Coras *).

Geboren im Jahre 1513 zu Toulouse, dozirte er nach Absolvirung der Rechtsstudien in seiner Vaterstadt zu Orleans, Paris, Angers, Valence und Ferrara, dozirte drei Jahre in Padua, wurde Kanzler der Königin von Navarra und unter Heinrich II. des Parlaments in Toulouse [1]), flüchtete 1568 nach Realmont, wurde als Calvinist im J. 1562 vertrieben, erhielt aber durch den Einfluss des Kanzlers von Frankreich,

---

S. 93 ist gezeigt, wie die *Correctores Romani* mit ihm verfahren, zugleich genau angegeben, was die Ausgabe Neues bietet. Vgl. Bd. I. 71.

Unter dem Titel *Ad jus pontif. seu can. annotationes.* 1603 sind einzeln seine Bemerkungen zum Dekret, Dekretalen, Lib. VI. erschienen.

[2]) Dagegen schrieb *P. Gregorius.* — Mit Dekr. v. 10. Juni 1659 auf den Index gesetzt. Verboten sind alle Bücher, die seine *postillae* oder *notae* enthalten, falls diese nicht vernichtet werden, auf Befehl Clemens' VIII.

*) Vita per Jac. *Corasium*, Montalb. 1673. 4. per *Ant. Veillum.* *Buder*, vitae ictorum p. 49. *Taisand* p. 135. 624. *Nicéron* XIII. 1.

[1]) In der Urk. von 1550 in Hist. de Languedoc V. Pr. col. 118 erscheint er als conseiller laic des Parlaments.

Michel Hospital, die Erlaubniss zur Rückkehr, wurde am 4. Aug. 1572 in Toulouse gefangen gesetzt, jedoch nicht verurtheilt, am 4. Oct desselben Jahres, nach Einigen von Scholaren, die ihn aus dem Gefängniss geholt, nach Andern vom Pöbel in einem Auflaufe erschlagen [2]). Sein Leichnam wurde an einer Ulme vor der Stadt aufgehangen, die bald nachher zur gleichen Exekution der Anstifter diente.

1. *Tractatus de officiis et beneficiis ecclesiasticis,* sive *paraphrasis in universam materiam sacerdotiorum.* Paris 1551, Colon. 1596. (Opera II. 529). Tract. univ. jur. XV. P. 2. p. 287—301. Tol. 1687. 4., vollendet Valentiae 19. Dez. 1547.

2. **Paraphrase sur l'édit des mariages clandestinement contractes par les enfans de famille contre le gré et consentement de leurs pères et mères.* Lyon 1650.

3. Theodor Beza.

Geboren zu Vezelai (Burgund) 24. Jan. 1519, Professor in Lausanne, dann Genf, gest. 13. Oct. 1605. Dieser bekannte Schüler Calvin's und schweizerische Reformator gehört hierher wegen der Schriften:

1. *De haereticis a civili magistratu puniendis libellus.* Oliv. 1554.

2. *Tractatio de repudiis et divortiis, in qua pleraeque de causis matrimonialibus, quas vocant, incidentes controversiae ex verbo dei declarantur . . . ex Theod. Bezae Vezelii praelectionibus in priorem ad Cor. epistolam.* Gen. 1569, 1587, 1591, 1610. Noviom. Bat. 1666.

4. Antoine Du Pinet, sieur de Noroy.

Geboren zu Besançon, gest. zu Paris 1584. *Hoefer,* Biogr. XV.

1. A. D. P. *Taxe des parties casuelles de la boutique du Pape (ou de la chancellerie et pénitencerie rom.) en latin et français.* Lyon 1564, 1607.

2. *La conformité des églises reformées de France et de l'église primitive en police, cérémonie.* ib. 1565.

5. Pierre Du Moulin *).

I. Geboren 18. Oct. 1568 in dem Schlosse Buhy, gest. su Sedan 10. März 1658. Er hatte zu Paris, Cambridge und Leyden studirt, wurde an letzterer Universität 1592 Professor der Philosophie, dann protest. Prediger in Charenton, verfasste 1615 auf Antrieb K. Jakob's I. von England die Confessio behufs Einigung der Protestanten, trat dann gegen die Arminianer auf und brachte es zu deren Proscription auf der Synode zu Alais. Im J. 1620 flüchtete er von Paris wegen eines Schreibens an den König von England nach Sedan, wo er Professor

[2]) Nicht ‚in Ianiena Parisiensi a. 1572‘, wie z. B. *Haubold,* Inst. jur. Rom. lit. I. 60 und *Räss,* Die Convertiten VII. 194. der S. 179 f. das Leben seines convertirten Urenkels Jakob beschreibt, haben.

*) *Moréri* III. 574. *Hoefer,* Biogr. XXXVI. *Perrens* I. 64. 93. 449.

der Theologie wurde und nach neuerlichem Aufenthalte in London bis
zu seinem Tode lebte.

II. Seine gegen Rom gerichteten Schriften:

1. *De monarchia temporali pontificis rom. liber, quo imperatoris, regum
et principum jura adversus usurpationes papae defenduntur.* Lond. 1614, Gen.
1614, Francof. 1716.

2. *Nouveauté du papisme opposée à l'antiquité du vray christianisme.*
Sedan 1627 fol., Gen. 1627. 2 voll. 4., 1633. Gegen *Du Perron.*

Man schrieb ihm auch zu die gegen die *Lettre déclaratoire* des
Jesuiten *Coton* bezüglich der Frage über die Eröffnung ihres Collegs in
Saint-Remi gerichtete heftige Schrift: „*L'anticoton ou réfutation de la
Lettre déclaratoire du P. Coton, livre où il est prouvé que les Jésuites
sont capables et autheurs du parricide exécrable, commis en la personne
du roy très-chrétien Henri IV. d'heureuse mémoire*“, 1610. *Richer*, Hist.
acad. Paris. IV. 164.

6. Jacques Cappel (Cappellus).

Sohn des königl. Raths und Parlamentsadvokaten in Rennes gleichen
Namens, der 1586 zu Sedan starb, wohin er als Hugenot gegangen
war, geboren zu Rennes 1570, gestorben 1624, Pastor und Professor
der Theologie in Sedan.

1. *Sedis rom. potestas, sanctitas, fides.* Heidelb. 1619. 4.

2. *Disputationes de summo pontificatu b. Petri cet.* Col. 1621. 4.

3. *De appellationibus ecclesiae Africanae ad rom. sedem.* Par. 1622. 4.

7. Christophe Justel.

I. Geboren zu Paris 5. März 1580, gest. daselbst im Juni 1649,
Sekretär und Rath Heinrich's IV., nach dessen Tode des H. von Bouillon,
Henri de la Tour. Er war einer der bedeutendsten französischen Prote-
stanten und Kenner der Geschichte. *Hoefer*, Biogr. XXVII.

II. Ausser historischen Werken verdanken wir ihm eine Ausgabe
des *Nomocanon* von *Photius* (Par. 1615. 4.) und die folgenden:

1. *Codex canonum ecclesiae universae Concilio Chalcedonensi et Justiniano
imp. confirmatus.* Graece et lat. Ch. J. primum restituit ex graecis codicibus
editis et manuscriptis collegit et emendavit, notis illustravit. Par. 1610. 4.

Die Falschheit der Ansicht, diese vom Herausgeber willkürlich
construirte Sammlung sei eine offizielle und allgemein recipirte gewesen,
haben die *Ballerini* De ant. coll. can. p. IX sqq. nachgewiesen. Vgl.
Maassen, Geschichte I. XXXIX ff.

2. *Codex canonum ecclesiae Africanae gr. et lat. cum notis.* Par. 1615.

Wie schon die *Ballerini* l. c. p. LXXIV., CVI. (die auch über die
benutzten Materialien handeln) hervorheben, ist die Sammlung nichts
als die der von Dionysius benutzten Schlüsse des Concils von Carthago
vom Jahre 419.

3. *Codex canonum ecclesiasticorum Dionysii Exigui* cet. ib. 1628.

Die *Ballerini* l. c. p. CLXXVII haben schon gezeigt, dass Justel die reine Sammlung des Dionysius nicht giebt.

Alle diese Editionen haben für den heutigen Standpunkt der Wissenschaft wenig Werth; sie haben lediglich eine Stelle in der Geschichte der Literatur.

8. Henri Justel.

Sohn von *Christoph*, geboren zu Paris 1620, gestorben zu London 24. Sept. 1693, Sekretär und Rath des Königs von Frankreich, stand in Verbindung mit den grössten Männern seiner Zeit (*Leibnitz*, *Locke* u. a.), ging 1681 nach London, wie es scheint in Voraussicht des Widerrufs des Edicts von Nantes, wodurch seine Stellung als Protestant gefährdet war, erhielt eine Stelle als Custos der königl. Bibliothek von St. James mit 200 Pfund Salair. *Hoefer*, Biogr. XXVII.

Er gehört hierher als Mitherausgeber eines Werkes, das zwar vielfach heute nicht mehr den Anforderungen der Wissenschaft entspricht, aber doch für seine Zeit verdienstlich war:

G. *Voelli et H. Justelli . Bibliotheca juris can. veteris in duos tomos distributa*. Par. 1661. 2 voll. fol.

Der 1. enthält die Sammlungen, der 2. die Sammler. T. I. die neue Ausgabe von Chr. Justel's Βίβλος κανονῶν τῆς καθολικῆς ἐκκλησίας. *Codex canonum ecclesiae universae* und auch des *Codex canonum ecclesiae Africanae*. Cura *Gebh. Theod. Meier*. Helmst. 1663. 4. — Mit Dekret vom 17. Dez. 1623 auf den Index gesetzt.

9. Jacques Godefroy (Gothofredus) *).

I. Er war am 13. Sept. 1587 zu Genf als Sohn des ältern *Dionysius G.* geboren. Ueber seine Studienzeit ist nichts Näheres bekannt. Da aber sein Vater von 1591 an in Strassburg, von 1600 achtzehn Monate in Heidelberg, wieder in Strassburg bis 1603 und seitdem von Neuem in Heidelberg lebte, hat er wohl in diesen beiden Städten seine Studien gemacht. Er erscheint 1616 als Advokat beim Parlamente in Paris, wie Jugler mit Recht aus dem Titel des Com. de paganis liest, ging 1619 als Professor der Rechte nach Genf und wurde zehn Jahre später in den Stadtmagistrat aufgenommen, worin er viermal Consul und fünfmal Syndikus, auch Scholarch war. Er starb am 24. Juni 1652.

II. G. gehört zu den hervorragendsten Romanisten nicht blos seiner Zeit. Sind auch die Resultate seiner Forschung vielfach antiquirt, durch

---

*) *Fischer*, Theatrum p. 1121. *Nicéron*, Mem. XVII. 49. *Chr. Heinr. Trotz*, Vorr. vor der Ausgabe (Lugd. Bat. 1733 fol.) von Gothofred's Opera iurid. minora cet. p. 5. *Jugler*, Beytr. VI. 265.

sie selbst, sein quellenmässiges Studium, seine humanistische Bildung hat er für die Literaturgeschichte bleibenden Werth. Das Kirchenrecht wird berührt in folgenden Schriften:

1. *Epistola de interdicta christianorum cum gentilibus communione, deque pontificatu maximo, num christiani imperatores eum aliquando gesserint.*

Gerichtet an *Andr. Riret* unter dem Pseudonym *Jac. Pacidius* enthält er hinsichtlich des ersten Theils eine Erläuterung der betreffenden Kaisergesetze; im zweiten führt er aus, erst Gratian habe den Titel P. M. geführt, was längst als irrthümlich erwiesen ist.

2. *De statu paganorum sub christianis imperatoribus, seu Com. ad tit. 10 de paganis L. XII. Cod. Theod.* Heidelb. 1616. 4. Abgedruckt in der Ausgabe des Cod. Theod. von *Marville.*

3. *Coniectura de suburbicariis regionibus et ecclesiis, seu de praefectura et episcopi urbis Romae dioecesi.* Francof. 1618. 4.

In dieser anonymen Dissertation deduzirte er aus can. 6. Conc. Nic., der Bischof von Rom habe analog dem praefectus urbis nur bis zum centesimus ab urbe lapis Gewalt gehabt, desshalb nicht den Patriarchat des Occidents, die ecclesiae suburbicariae seien nicht weiter auszudehnen. Er antwortete auf *Sirmond, Censura scriptoris anonymi de suburb. reg. et eccl.* Par. 1619, anonym: *Vindiciae pro coniectura adversus Censuram Jac. Sirmondi* cet. Par. 1619. Der Streit spann sich nun zwischen *Salmasius, Sirmond* u. s. w. fort. Vergl. die Angaben bei *Jugler.*

4. Auch die Ausgabe des *Codex Theodosianus cum perpetuis Commentariis,* Lugd. 1665, 6 T. fol., edid. *Ritter,* Lips. 1730—45, bietet Manches.

10. Claude de Saumaise (Salmasius) *).

Er wurde geboren den 15. April 1588 zu Semeur-en-Auxois. Sein Vater *Benigne,* Seigneur de Saumaise-le-Duc, war Rath im Senate von Burgund und katholisch, seine Mutter Elisabeth, Tochter des Senators *Guillaume Virot,* reformirt. Nach absolvirten humanistischen Studien in Paris seit 1604, studirte er seit 1606 unter *Gothofred* und *Gruter* in Heidelberg die Rechte, ging 1610 nach Paris zurück, wo er am 19. Juli Parlamentsadvokat wurde, ohne jedoch jemals dies Amt praktisch zu üben. Der Einfluss seiner Mutter und der Heidelberger Aufenthalt machten ihn zum Reformirten. Einen Ruf nach Padua und Bologna lehnte er ab, nahm hingegen einen solchen für Leyden als Nachfolger in die seit dem Tode von Justus Scaliger erledigte Professur im J. 1631 an. Man räumte ihm nicht nur bei Festlichkeiten den ersten Platz nach dem Stadtmagistrate ein, sondern auch im J. 1643 das oranien'sche Schloss zur lebenslänglichen Wohnung, nachdem wiederholte Versuche ihn nach

---

*) *Cl. Clementius,* Vita in Epist. Salmasii. Lugd. Bat. 1656. 4. CXXV. *Papillon,* Bibl. II. 247. der sehr genau ist. *Foppens,* Bibl. I. 185.

Frankreich zurückzubringen, die Anbietung hoher Pensionen, die Ertheilung des St. Michael-Ordens und des Staatsraths-Titels erfolglos geblieben waren. Er starb zu Spaa am 3. Sept. 1652, wohin er seine
Frau — *Anna Mercier de Bordes*, Tochter des Protestanten Josias Mercier
Sieur des Bordes zu Grigny bei Paris — begleitet hatte. Es ist hier
nicht der Ort, die Verdienste dieses Universalgenies und seine Bedeutung
für seine Zeit zu beschreiben, da er für das canonische Recht eine
untergeordnete hat durch die Schriften [1]):

1. *Nili, arch. Thess., de primatu papae Rom.*, libri duo; item *Barlaam
Monachus*, cum interpret. latina, et notis. Hanov. 1608, Heidelb. 1608, 1612,
Lugd. Bat. 1645. Die Uebersetzungen sind nicht von ihm.

In gewissem Zusammenhange damit *Amici ad amicum de subur-
bicariis regionibus et ecclesiis suburbicariis epistola.* Ohne Ort und
Drucker (Paris) 1619, 1656 am Ende der Briefe, und *Eucharisticon Jac.
Sirmondo S. J. pro adventoria de reg. et eccl. suburbic.* Paris 1621. 4.

2. *Tract. de usuris* [2]). Lugd. Bat. 1638, und *De modo usurarum.* ib. 1639.

3. *Dissert. de episcopis et presbyteris* unter dem Pseudonym *Wallonis
Messalini*, ib. 1641, gegen den Jesuiten *Dion. Petavius.*

11. David Blondel *).

I. Geboren im J. 1591 zu Châlons-sur-Marne, wurde 1614 protest.
Prediger in Houdan bei Paris, 1650 Nachfolger von Vossius auf dem
Lehrstuhl der Geschichte zu Amsterdam, wo er am 6. April 1655 starb.

II. Er hat für die Geschichte der reformirten Kirche in Frankreich
Bedeutung durch seine grosse Thätigkeit auf den Synoden von Isle de
France und den Nationalsynoden, für das canonische Recht namentlich
durch die Schrift über Pseudoisidor; seine übrigen haben für einzelne
Theile historischen und für die Geschichte des evangel. Kirchenrechts
Werth.

1. *Pseudo-Isidorus et Turrianus vapulantes, seu editio et censura nova
epistolarum omnium, quas piissimis urbis Romae praesulibus a S. Clemente ad
Siricium . . . nefando ausu . . . Isidorus cognomento Mercator supposuit, Fr.
Turrianus Jesuita defendere conatus est.* Rec. notis illustr. D. B. Gen. 1628. 4.

Diese mit Dekret vom 4. Juli 1661 auf den Index gesetzte Schrift
liefert die erste ausführliche, gegen *Torres* gerichtete Nachweisung der

---

[1]) Sie sind sammt und sonders durch Dekret der Index-Congregation vom
18. Dez. 1646 auf den Index librorum prohibitorum gesetzt worden, so unsinnig
auch ein solches Verbot bezüglich einer Reihe von Schriften ist, die nichts mit
der Kirche zu thun haben.

[2]) Ueber die Streitigkeiten, worin diese Schriften ihn mit Theologen und
Juristen verwickelten, s. die Angaben bei *Papillon*.

*) Vergl. die bekannten Werke von *Bayle*, Dict. crit., *Marhofius*, Polyhist.
lit., *König*, Bibl. vet. et nova, *Nicéron* VIII. 44, *Hoefer* u. s. w. *Herzog*, Real-
Encykl. II.

bereits von den Magdeburger Centuriatoren erwiesenen Fälschung der pseudoisidorischen Dekretalen; sie hat ziemlich den ganzen falschen Stoff festgestellt und ist somit epochemachend, wenngleich einzelne Behauptungen nicht zutreffen.

2. Lettre à M. de la Haye touchant la prétendue nécessité de la puissance du pape en l'église proposée par le Sieur de la Milletière. Charenton 1630. 12.

3. *De la primauté en l'église. Traité où sont confrontées, avec la response du serenissime roy de la grand' Bretagne les annales du Card. Baronius, les controverses du Card. Bellarmin, la replique du card. du Perron cet.* Genève 1641 fol.

4. *De jure plebis in regimine ecclesiastico.* Par. 1648, Amsterd. 1678 in 12. Mit Dekret vom 10. Juni 1658 auf den Index gesetzt.

5. *Apologia pro sententia Hieronymi de episcopis et presbyteris.* Amst. 1646. 4., worin die Gleichbedeutung beider für die älteste Zeit nachzuweisen versucht wird.

6. *Actes authentiques des églises reformées de France, Germanie, Grande Bretagne, Pologne, Hongrie, Pays-Bas.* Amsterd. 1651. Auf dem Index mit Dekret vom 4. Mai 1709.

7. *Commonitorium de fulmine nuper ex equilinis vibrato.* Eleutheropolis (Amsterd.) eod. 4., worin er gegen Innocenz' X. Bulle ‚Zelo domus dei‘ vom 20. Nov. 1648 (gegen den westfälischen Frieden) für die Gewissensfreiheit eintritt.

12. Samuel Petit.

Geboren 25. Dez. 1594 zu Nimes, gestorben daselbst 12. Dez. 1643. Sohn eines reformirten Predigers, 1615 Professor daselbst. *Hoefer,* Biogr. XXXIX.

Ausser philologischen Schriften verfasste er:

Diatribe de jure principum edictis ecclesiae quaesito nec armis adversus temerantes aut antiquantes vindicato. Amst. 1649.

Hat die Absicht, durch eine Erörterung der zu Gunsten der Christen erlassenen Edicte der Kaiser darzuthun, dass das Christenthum nicht der Gewalt seine Stellung verdanke, diese aber unchristlich sei.

13. Samuel Bochart.

Geboren zu Rouen 30. Mai 1599, seit 1625 protestant. Prediger in Caen, wo er am 16. Mai 1667 starb. Einer der berühmtesten und gelehrtesten Theologen und Orientalisten seiner Zeit. *Hoefer,* Biogr. gén. *(Hippeau).*

Epistola qua respondetur ad tres quaestiones: I. de presbyteratu et episcopatu. II. de provocatione a judiciis ecclesiasticis. III. de jure ac potestate regum. Paris. 1601. 12.

Gerichtet an *Morley,* Hofkaplan des Königs von England.

14. Louis Du Moulin.

Geboren 1606, gestorben 20. Oct. 1683 zu Westminster, in Oxford Prof. der Geschichte, bei der Restauration abgesetzt. *Wood*, Athenae Oxon.

1. *Lud. Molinaeus, Petri filius, Paraenesis ad aedificatores imperii in imp., in qua defenduntur jura magistratus contra Mosem Amyraldum et caeteros vindices potestatis ecclesiasticae presbyterianae* cet. Lond. 1656. 4.

2. *Of the right of churches and of the magistrates power over them.* ib. 1658. Dazu Controversschriften über Messe u. A.

15. Matthieu de Larroque.

I. Geboren zu Lairac bei Agen im J. 1619, 1643 protestantischer Prediger zu Poujoh, ging nach Paris, um gegen das vom römischen Klerus gemachte Verbot zu remonstriren, erhielt von der Herzogin de la Trémoille die Kirche zu Vitré, wurde im Jahre 1669 zum Pfarrer von Charenton gewählt, von der Regierung nicht zugelassen nahm er die zu Saumur an, gab sie aber auch auf, weil der Intendant von Anjou, Voisin, sich widersetzte, schliesslich erhielt er die zu Rouen, wo er am 31. Jan. 1694 starb. *Nicéron* XXI. 223. *Hoefer*, Biogr. XXIX.

II. Ausser theologischen Werken schrieb er:

1. *Nouveau traité de la régale* cet. Rotterd. 1685. 12. Versucht den Nachweis des ständigen Besitzes durch die Könige.

2. *Diss. duplex de Photino haeretico et de Liberio romano pontifice.* Gen. 1670.

3. *Observationes in Ignatianas Pearsonii vindicias et in annotationes Beveregii in Canones Apostolorum.* Rouen 1674.

16. Pierre Loride Sr. Desgalesniers.

Advokat beim conseil d'état et privé du roi und dem Parlament von Paris.

Réponse pour les églises prétendues reformées de Poitu: par . . . au livre intitulé: De l'exécution de l'édit de Nantes . . . par le R. P. Meynier . . . avec l'arrêt |du conseil d'état du roi du 6 août 1665 sur les partages d'opinions de messieurs les commissaires députés par sa majesté, pour informer des contraventions à l'édit de Nantes en Poitu etc. etc. 1675. 4.

17. Jean la Placette.

Geboren zu Pontac in Bearn 19. Jan. 1639, Sohn des dortigen Predigers, seit 1660 reformirter Prediger in Orthès, 1664 in Nai, verliess 1685 Frankreich und war von 1686 bis 1711 Prediger an der französischen, von ihm selbst organisirten Kirche in Kopenhagen, hielt sich dann in Holland auf und starb zu Utrecht am 25. April 1718. *Nicéron* II. 1.

Dieser bekannte Moralist schrieb:

Vetus ecclesiae sententia circa auctoritatem rom. pontificis in rebus fidei definiendis variis observationibus patefacta, quibus ostenditur, nec summam illam nec errare nesciam existimatam olim fuisse. Anno C. 1691. 4. Amst. 1695 f. mit etwas verändertem Titel. Auf dem Index 4. Mart. 1709.

18. Charles Ancillon.

Geboren zu Metz 29. Juli 1659, studirte in Marburg, Genf und Paris, wurde hier Advokat, setzte dies in Metz seit 1679 fort, ging als Deputirter nach Paris, um dem König vorzustellen, dass die Revokation des Edicts von Nantes auf die Protestanten in Metz keine Anwendung fände, ging dann mit seinem Vater nach Brandenburg, wurde Richter der französischen Gemeinde, 1695 Gesandter des Kurfürsten in der Schweiz, 1699 Legationsrath und mit der Aufsicht über die französ. Gerichte betraut, Historiograph, gest. 5. Juli 1715. *Nicéron* VII. 382.

1. *L'irrévocabilité de l'Edit de Nantes prouvée par les principes du droit et de la politique.* Amsterd. 1688. 12.

2. *Reflexions pol. par lesquelles on fait voir que la persécution des réformés est contre les véritables intérêts de la France.* Col. 1686. 12.

3. *La France intéressée a rétablir l'édit de Nantes.* Amst. 1690. 12.

4. *L'histoire de l'établissement des français réfugiés dans les états de S. A. Elect. de Brandebourg.* Berl. 1690.

5. *Traité des eunuques.* Par. 1707. 12. Hierin beweist er mit grossem Apparat die Unmöglichkeit einer Ehe von Castraten.

19. Jacques Lenfant *).

I. Geboren den 13. April 1661 zu Bazoche (Beauce), gest. zu Berlin 7. Aug. 1728 am Schlage. Er studirte in Saumur und Genf die protestantische Theologie, wurde 1684 zu Heidelberg Hofprediger der Kurfürstin-Wittwe und protestant. Pfarrer, flüchtete 1688 beim Heranrücken der Franzosen und wurde Prediger an der französischen Kirche in Berlin, eine Stelle, die er auch nicht mit der ihm 1707 von der Königin Anna von England angetragenen eines Hofkaplans vertauschte.

II. Er hat um die Wissenschaft grosse Verdienste durch die folgenden, auch für das Kirchenrecht wichtigen historischen Werke, welche bisher noch nicht entbehrt werden können, da es an neueren erschöpfenden über diese Synoden fehlt.

1. *Histoire du concile de Constance, tirée principalement d'auteurs qui ont assisté au concile,* cet. Amsterd. 1714, 1727. 2 voll. 4., englisch: Lond. 1730, 2 voll. 4.

2. *Histoire du concile de Pise et de ce qui s'est passé de plus mémorable depuis ce concile jusqu'à celui de Constance* cet. Amst. 1724, 2 voll. 4. ¹)

---

*) *Nicéron. Hoefer,* Biogr. XXX.

¹) Beide stehen auf dem Index nebst seinen andern Werken mit Dekret vom 10. Mai 1757.

3. *Histoire de la guerre des hussites et du concile de Bâle.* Amsterd. 1731, 2 voll. 4. Deutsch: Wien 1783 fg. 4 Bde.

20. Pierre de Toullieu.

Dieser Jurist [geboren zu Paris 25. Dez. 1669, flüchtete nach der Aufhebung des Edicts von Nantes am 14. Juni 1688 nach Holland, Dr. jur. in Utrecht 1695, 1698 daselbst ausserord. Professor, April 1699 Professor der Rechte am akademischen Gymnasium zu Lingen, 22. April 1717 nach Groningen berufen, wo er 30. März 1734 starb] kommt nur durch eine Gelegenheitsschrift in Betracht:

Oratio de non solubili ob malitiosam desertionem matrimonio, Gron. 1720, welche in diesem Sinne Paul. I. Cor. 7, 15 fg. erklärt.

21. Juan Aymon.

Von Geburt Katholik aus der Dauphinée und Priester in Grenoble, trat er in Holland zur reformirten Kirche über, ging auf Betreiben Clément's wieder nach Paris, die Hoffnung der Rückkehr erweckend, erhielt eine Pension durch Vermittlung des Kardinal Noailles und das Recht der Benutzung der königl. Bibliothek. Nach Holland zurückgekehrt, wurde er vom Bibliothekar Clément wegen Entwendung von Handschriften erfolglos verfolgt, einige Handschriften wurden durch die Generalstaaten zurückgegeben. *Adelung* I. 1297, der die Quellen angiebt.

1. *Actes ecclés. et civiles de tous les synodes nationaux de l'église réformée de France.* à la Haye, 1710. 2 voll. 4.

2. Tableau de la cour de Rome, dans lequel sont représentés au naturel sa politique et son gouvernement tant spirituel que temporel cet. par le sieur J. A. La Haye 1726. 12., 1707.

3. *Maximes politiques du pape Paul III. au sujet du concil de Trente tirés des lettres de Diego Hurtado de Mendoza* cet. ib. 1716. 12.

22. Beatus Philippus Vicat *).

Professor in Lausanne, gestorben 1776.

Vocabularium juris utriusque ex rariis ante editis, praesertim ex Al. Scoti, Jo. Kahl, Bern. Brissonii et Jo. Gottl. Heineccii accessionibus. Bousquet 1759, 3 voll., Neap. 1760. 4 voll.

Ein recht handliches, brauchbares Buch, das gerade keinen Fortschritt enthält, aber eine gute Verwerthung der älteren Werke.

23. François Pierre Guill. Guizot.

Geboren zu Nimes den 4. Oct. 1787, gest. 12. Sept. 1874. Dieser seit 1814 mit dem politischen Leben in Frankreich auf's engste verflochtene Historiker, Staatsmann und hervorragende Protestant kommt

---

*) Christoph. *Saxii* Onomasticon litterarium (Traj. ad. Rhen. 1775—90. P. 1 bis 7, 1808. P. 8) VII. 212.

für uns nur in Betracht durch eine interessante Broschüre, welche seinen positiven Charakter bekundet und für die Freiheit der Kirche unter Aufrechthaltung der nothwendigen staatlichen Rechte eintritt und im positiven Christenthum das Heil der Gesellschaft sieht, auch für die weltliche Herrschaft des Papstes spricht.

L'église et la société chretiennes en 1861. Par. et Leipz. 1861.

24. Ernest Lehr.

Dictionnaire d'administration ecclés. à l'usage des deux (glises protestantes de France. Suivi du texte des lois. Paris 1869.

§. 9.
D. Die Belgier und Holländer.

1. Matthaeus Wesenbeck.

Geboren zu Antwerpen den 25. Oct. 1531 aus einer Patricierfamilie, als jüngstes von 13 Geschwistern, studirte in Löwen die Rechte, ging, nachdem er Protestant geworden, nach Jena, wo er 13 Jahre dozirte, hierauf nach Wittenberg, wo er am 5. Juni 1586 starb. *Foppens*, Bibl. II. 869.

Seine Thätigkeit gehört wesentlich dem Civilrecht an, das canonische berührt nur seine:

Oeconomia Institutionum, Digestorum, Codicis, Authenticarum, Decretorum, et Decretalium. Basil. 1574. 4., Hanoviae 1604, 1615. 12.,
welche nichts Neues oder Besonderes bringt.

2. Regnerus Sixtinus *).

I. Geboren 1543 zu Leuwarden (Friesland), studirte an verschiedenen französischen Universitäten die Rechte und wurde zu Orleans 1564 Doktor. Er war aus der katholischen zur reformirten Confession übergetreten, durfte daher nach Hause nicht zurückkehren, blieb 3 Jahre in Speier, fing 1568 an in Marburg zu doziren, wurde daselbst zeitig Ordinarius und 1580 Rector, hierauf Syndikus in Frankfurt, von dem Landgrafen Moritz von Hessen zurückgerufen als geheimer Hofrath im J. 1591. Von da ab bis zu seinem Tode, 11. Mai 1617, lebte er in Kassel.

II. Seine Schriften sind nicht rein canonistischen Inhalts:

1. *Tr. de regalibus.* Francof. 1617. 4., Hanov. 1657, Norimb. 1683, 1693. Auf dem Index 16. Mart. 1621.

2. *Exegesis juris canonici, civilis atque feudalis.* Francof. 1617.

3. Gerhard Johann Voss.

Geboren zu Wassemburg im Herzogthum Jülich 1577 von reformirten, aus Belgien dorthin geflüchteten Eltern, erst in Dortrecht, dann

---

*) *Freher*, Theatr. p. 1014. *Foppens*, Bibl. II. 1058.

in Leyden Professor, als Arminianer eine Zeit lang auf Beschluss der Dortrechter Synode suspendirt, seit 1633 Professor der Geschichte in Amsterdam, wo er am 17. März 1649 starb. *Foppens,* Bibl. I. 351 sqq. *Dissertatio epistolica de judicio magistratus in rebus ecclesiasticis.* Die 9. im 6. Bande der Opp. Amstel. 1701 fol.

4. Martin Schoock.

Liber de bonis ecclesiasticis dictis: item de canonicis: atque speciatim de canonicis Ultrajectinis; horumque occasione, de officio ministrorum ecclesiae erga magistratus cet. Groning. 1651. 4.

Ein wunderliches Gemisch von Theologie und Recht, reich an biblischen Citaten. Eine Vorrede von 62 Seiten setzt auseinander, was er will. Dies läuft darauf hinaus: der Staat kann die Kirchengüter einziehen, hat die geistlichen Kirchendiener zu unterhalten; folgt eine lange historische und praktische Erörterung über die Canonicate, besonders in Utrecht, die zu conserviren seien, schliesslich die Lehre vom Verhältniss der Kirchendiener zur Obrigkeit.

5. Hugo Grotius (de Groot) *).

Geboren zu Delft am 10. April 1583, studirte in Leyden, erhielt im J. 1598 zu Orleans die Würde eines Dr. jur., betrieb die Advokatur, wurde Generaladvokat, sass von 1619—1621 gefangen, flüchtete nach Paris, kehrte 1631 zurück, flüchtete 1632 nach Hamburg, wurde 1634 schwedischer Gesandter in Paris, erlangte 1645 seinen Abschied, ging nach Stockholm, von da nach Rostock, wo er in Folge der durch Seesturm veranlassten Beschwerden am 26. August krank anlangte und am 28. starb.

Es kann meine Absicht nicht sein, die Bedeutung des Mannes als Philolog, Historiker, Dichter, Begründer des Naturrechts, Theolog, Staatsmann, seine Thätigkeit in den politischen und kirchlichen Verhältnissen seines Vaterlandes zu schildern. Er hat für das canonische Recht, da seine Schriften *de veritate religionis christianae, de summo sacerdotio,* welche für die kath. Kirchenverfassung eintritt, und *de dogmatibus, ritibus et gubernatione ecclesiae christianae* apologetischen Charakter haben, eine unmittelbare Bedeutung nur durch die Schrift:

De imperio summarum potestatum circa sacra commentarius posthumus [1]). Par. 1648, Hagae-Comitis 1652 und ed. 4. 1661. Mit scholia *Dav. Blondelli* und dessen Tr. *de jure plebis in regimine eccles.* und *officium magistratus christ.*

---

*) Vortrefflicher Art. von *Hölschner* in Allg. Deutsche Biogr. IX. 767, der die hauptsächlichste biogr. Literatur anführt, die hier in Betracht kommende Schrift aber nicht erwähnt.

[1]) Am 10. Juni 1658 auf den Index gesetzt, am 22. Aug. 1753 die franz. Uebersetzung.

circa sacrum ministerium A. C. E. M. G. Geradeso Amsterd. 1677, Frankf. 1690. 4., Neap. 1780. 4., mit *Consortii* Anti-Grotius.

Die summa potestas ist ihm jene Person oder jener coetus, der das imperium zukommt mit alleiniger Unterordnung unter Gott. Das imperium hat die obligatio und coactio und ist nur eines. Die summae potestates müssen darauf hinaus gehen, die Bürger möglichst religiös zu machen, es gehören also auch die sacra als die Mittel zum imperium. Das ist lex dei, befolgt von den Kaisern und gelehrt von der Kirche in alter und jetziger Zeit. Man muss scheiden das imperium und die functio sacra; beides kann nach dem Naturrecht und der Geschichte vereinigt (rex et sacerdos), soll es im Christenthum nicht sein. Er untersucht, was unter das imperium falle: actiones externae; ausgenommen, was nicht befohlen werden dürfe, aber wenn hier auch keine Pflicht zum Handeln vorliege, so doch eine zum passiven Gehorchen (ad vi non resistendum). Die Einwürfe werden widerlegt, untersucht, wie das imperium auszuüben sei mit Zuziehung von guten und frommen Pastoren, mit und ohne Synoden; dass die Gesetzgebung circa sacra ohne Grenze der summa potestas zustehe, der Kirche nicht jure divino, sondern nur lege positiva; dass es sich ebenso verhalte mit der Gerichtsbarkeit. Die Wahl der ministri wird naturaliter der Kirche zugeschrieben, die Gesetzgebung steht der summa potestas zu, die auch die Wahl aus guten Gründen an sich nehmen kann. Er untersucht, welches die nöthigen und nicht nöthigen Aemter in der Kirche seien und kommt schliesslich im 12. Kapitel auf die Frage, in wiefern eine Vertretung der summa potestas durch vicarii oder delegati zulässig sei (Laien oder Geistliche), wobei er das Patronat aus dem röm. Rechte ableitet u. s. w. Es bedarf kaum der Hervorhebung, dass die ganze Construction spezifisch protestantisch ist, die Begründung wird durch logische Deduction, Citate aus der Schrift, den Gesetzen Roms, den Klassikern, aber auch den Scholastikern geführt. Das Werk bleibt eine an sich interessante und werthvolle geistreiche Arbeit, zugleich aber auch ein Beweis, dass man mit der Philosophie in Sachen historischer Bildung nicht allein ausreicht.

6. Gisbert Voet.

In Heusden (Grenzort von Brabant und Holland) am 3. März 1589 geboren, Doktor und Professor der Theologie in Utrecht, wo er am 1. Nov. 1676 starb. Er ist bekannt durch seine Controversschriften mit *Cornelius Jansenius* u. a. Sein Enkel war der berühmte Civilist *Johann Voet. Foppens,* Bibl. I. 368.

Politica ecclesiastica. Amstel. 4 voll. 4. 1663.

Drei Partes in je vier Büchern mit folgendem Inhalt: P. I. Objecte. Kirche, Kirchengewalt, Quellen; Liturgie und Kultus; Ehe, Begräbniss;

Immunität, Kirchengut, Kirchen, Altäre u. s. w.; II. de populo ecclesiastico; de ministris et ministerio eccles., de vocatione ministror.; de clericis gubernantibus (einschl. Mönchen). III. de regimine et ordinatione ecclesiast. absolute considerata (allgemeines, Synoden u. s. w.); Erbauen von Kirchen u. s. w., Missionen u. dgl.; Reformation (de regimine ecclesiae respectu status turbati), Union, Mittel dazu, Freiheit des Prophezirens; Kirchendisciplin.

7. Wilhelm Appolonius.

Geboren in einem Orte Zeelands, reformirter Prediger, seit 1631 Pfarrer und Professor der Theologie in Middelburg, starb 1657. *Foppens*, Bibl. I. 390.

1. *Jus maiestatis circa sacra.* Medioburgi 1642 sq. 2 T., gegen den Tractat des *Nicolaus Vedelius* de episcopatu Constantini Magni.

2. *Consideratio quarundam controversiarum ad regimen ecclesiae dei spectantium.* ib. 1644.

8. Peter Cabeliauw.

Geboren 1610 zu Amsterdam, an verschiedenen Orten reformirter Prediger, zuletzt in Leuwarden zugleich als Direktor des Collegs der Proponentes seit 1659 bis zu seinem Tode 20. März 1668. *Foppens*, Bibl. II. 959.

De libertate ecclesiastica. Amstel. 1642. 12.

9. Cyprian Regner ab Oosterga *).

I. Geboren im J. 1614 [1]), hatte in Leyden den juristischen Doktorsgrad 1637 erlangt, dort privatim dozirt, wurde zu Utrecht am 3. März 1641 unter der Bedingung, in den ersten vier Jahren keinen auswärtigen Ruf anzunehmen, mit 600 Gulden Jahresgehalt [2]) als Professor und Nachfolger des Bernhard Scholan angestellt, zuerst für Institutionen, später für Pandekten, am 6. April 1670 als ,primarius juris professor'. Er betheiligte sich an der Controverse wegen der Nutzniessung der Kirchengüter, schrieb unter dem Pseudonym *Petri Philonomi* eine Abhandlung zu Gunsten der Domherren und eine Vertheidigung dieser Schrift gegen die Angriffe des Voet, deren Verkauf der Magistrat verbot [3]). Nachdem er auch das Rectorat bekleidet hatte, starb er am 24. Oct. 1687.

---

*) *Andreas*, Bibl. p. 860. *Burmann*, Traj. p. 253. *Foppens*, Bibl. I. 223. Ich folge dem offenbar am besten unterrichteten Burmann. *Jugler*, Beitr. II. 331.

[1]) Nicht in Zwolle, obwohl er sich Swollanus nennt, sondern im Friesischen nach seiner Erklärung in dedicatione censurae belgicae ad Pand. T. II. In Zwolle, wo sein Vater Thurmwächter war (daher sein Witz, er sei geboren *ex altissimo genere*), brachte er seine Kindheit zu.

[2]) Dies wurde 1642 auf 800 und 1649 auf 1000 erhöht.

[3]) *Burmann* theilt seine Eingabe um Aufhebung des Verbots mit, weiss aber nicht, ob sie Erfolg gehabt habe.

II. Neben civilistischen und lehnrechtlichen Arbeiten schrieb er über das canonische Recht:

1. *Dissertatio de jure canonico, quomodo, et quando locum habeat in foris Protestantium, deque recepta consuetudine, qua hodie in academiis, etiam reformatorum, iuris utriusque doctores renunciantur. Item orationes duae inaug. de jure ac potestate principis circa sacra ab hostibus occupata.* Lugd. Bat. 1644. 4. (abgedruckt auch in der unter Num. 3).

2. *Censura belgica seu nova nota et animadversiones, quibus omnes et singuli canones, qui in toto juris can. corpore continentur, jure divino jure gent. cet. illustrantur.* Lugd. Bat. 1669. 4.

3. *Censura belgica ad ius canonicum cum dissert. de usu iuris canonici cet.* Traj. 1669. 4.

10. Matthias Nethenus *).

I. Geboren zu Süchteln (Burmann), wo sein Vater Pastor war, nach Andern (z. B. Foppens) zu Rees, wo sein Vater später Pastor war, um 27. Oct. 1618, seit 1646 Pastor in Cleve, von 1654 Doktor, Professor der protestanischen Theologie in Utrecht. Am 14. April 1662 vom Magistrate seiner Stelle wegen der in den Schriften enthaltenen Schmähungen enthoben, ging er 1669 nach Herborn, wo er als Professor und Pastor 1686 starb.

II. Seine Schriften beziehen sich auf die in Utrecht angeregte Frage der Aufhebung der Titular-Canonicate und der Verwendung ihres Vermögens für die protestantischen Prediger und zu andern ‚piae causae'.

1. *Concordia vel symphonia universorum ministrorum verbi divini in ecclesia J. C. Ultrajectina in iudicando de usu bonorum ecclesiasticorum.* Utr. 1661.

2. *Necessaria defensio Concordiae Pastorum Ultraj. et conceptus reformandi capitula Ultraject. contra Epist. et reflexiones Samuelis Moeresii.* Amstel. 1661. 4.

3. *Instructio historica de canonicis tripartita.* Amstel. 1661. 4.

11. Paul Voet **).

I. In Heusden als Sohn des Nr. 6 genannten Gisbert Voet geboren 7. Juni 1619, wurde 7. Juli 1640 Magister artium, im · März 1645, als er schon fast vier Jahre Philosophie dozirt, Doktor jur. utr., 24. Mai 1641 in Utrecht ausserordentlicher, 17. Juni 1644 ordentlicher Professor der Philosophie, erlangte die Befugniss Civilrecht zu doziren im Jahre 1648 und 1652, dann am 21. April 1654 die Pandekten-Professur unter der Bedingung, die Rathsstelle am Gerichte in Vianen

---

*) *Burmann*, Traj. pag. 239. sehr ausführlich. Derselbe theilt das Absetzungsdekret mit. *Foppens*, Bibl. II. 778.
**) *Witte*, Diarium ad a. 1667. *Burmann*, Traj. p. 427. *Foppens*, Bibl. II. 946. *Jugler*, Beitr. II. 340.

niederzulegen, wovon indessen der Magistrat auf seine Bitte im August Abstand nahm. Er hatte das Amt des Rectors geführt, und starb den 1. August 1667. Sein Sohn aus seiner ersten Ehe mit Elisabeth van Winsoen ist der berühmte Leydener Professor *Johann Voet.*

II. Hierher gehört von seinen juristischen Schriften nur:

1. *De usu iuris civilis et canonici in Belgio unito, deque more promovendi doctores u. j.* etc. Ultraj. 1657. 12. [1])

2. *Jurisprudentia sacra instituta iuris caesarei cum divino, consuetudinario et canonico in multis collatione.* Amstel. 1662. 12.

12. Heinrich Brouwer.

De jure connubiorum libri duo. In quibus jura nat. dir. cir. can. prout de nuptiis agunt referuntur, expenduntur, explicantur. (1665) 2 ed. Delphis 1714. 4. Am 29. Mai 1690 auf den Index gesetzt.

13. Anton Matthäi *).

Geboren 18. Dez. 1635 zu Utrecht als Sohn des Professors der Rechte gleichen Namens, machte er hier und in Franeker seine juristischen Studien, wurde in Utrecht 1659 Dr. jur., 1660 ausserord., 1662 ordentl. Professor der Rechte. Nachdem er Rufe nach Leyden und Gröningen ausgeschlagen und 300 Gulden Zulage erhalten, nahm er 1672 doch einen wiederholten Ruf nach Leyden an, wo er am 25. Aug. 1710 starb, nach einer Nachricht bei *Ludewig* (Rel. Mag. 120) durch Erstickung in einer Mistgrube.

Manuductio ad jus canonicum, quae eiusdem originem, institutiones ac fundamenta, et quicquid in eo primum ac praecipuum, complectitur. Lugd. Bat. 1696.

Eins der bessern Institutionen-Compendien in 3 Büchern, reich durch Quellencitate, auch vorgratianische, meist ganz mitgetheilt, beständige historische Erwägungen.

14. Jakob Perizonius.

J. Voorboeck — so hiess der Familienname früher — wurde geboren zu Dam 26. Oct. 1651, studirte zu Deventer, Utrecht und Leyden, Rector in Delft, 1681 Professor der Geschichte und Eloquenz in Franeker, 1693 in Leyden, gestorben daselbst 6. April 1715.

Dissertat. trias: quarum in prima de constitutione divina super ducenda defuncti fratris uxore . . . agitur. Daventr. 1679.

---

[1]) *Struve,* Bibl. jur. c. VI. §. 10 legt es fälschlich dem *Johann* Voet bei. — Er betheiligte sich auch bei der Frage der Canonicatsgüter in Utrecht.

*) *Jo. Voet,* Oratio in obitum A. M. Lugd. Bat. 1710. 4. *Burmann,* Trajectum eruditum p. 218. *Jugler,* Beitr. II. 296.

15. Gerhard Noodt.

Geboren zu Nymwegen 4. Sept. 1647 (a. St.), 9. Juni 1669 Dr. jur. in Franeker, 1671 Professor der Rechte in Nymwegen, 1679 in Franeker, 1684 in Utrecht, 1686 in Leyden, wo er 15. Aug. 1725 starb. *Jugler*, Beitr. II. 365.

Hier hat dieser hervorragende Civilist nur einen Platz durch sein *Responsum juris super quaestione: an magistratus, vi potestatis summae, iuxta leges divinas et humanas consentire queat in nuptias cum vidua avunculi?* Holländisch 1696 gemacht (in *Lanck*, Consult. Traject. III.) und *Ayrer*, Tr. de jure dispensandi circa connubia p. 56 Anh.), lateinisch von *Alex. Arn. Pagenstecher* in Irnerius injuria vapulans Gron. 1702 p. 410.

16. Johann Andreas van der Muelen.

Herr von Rincop und Portengen, geboren zu Utrecht 6. Dez. 1655, hörte die Rechte bei *Joh. Voet*, Doktor beider Rechte, Präfekt in Vianen und Rath am Kammergerichte daselbst, dann an dem in Haag, wo er 1702 starb. *Burmannus*, Traj. p. 235.

1. *Statuta et consuetudines dioeceseos Vianensis et Ameydensis, tam in civilibus quam criminalibus causis, legibus, rationibus, decisionibus munita ac illustrata, ut et eorum a iure communi divortia passim ostensa.* Traj. 1684. 4.

2. *Forum conscientiae seu ius poli, hoc est, tractatus theologico-iuridicus, in quo ius fori ad normam iuris poli revocatur et examinatur per selectas quaestiones, secundum tria juris praecepta digestus et in tres partes divisus.* Traj. 1693. 4.

17. Jakob Voorda.

Oratio pro decretalibus Pontificum rom. epistolis. Traj. ad R. 1735.

18. Abraham Wieling.

Nubes testium sive Apologetici pars altera. Opus posth. ed. et praef. adjunxit *Corn. Val. Vonck.* Traj. Viltrorum 1746.

Inhalt: *Sam. Petitus*, De sacrorum dissidiorum causis effectis et remediis. *Ulr. Huber*, De jure summarum potestatum circa sacra. *Sam. Pufendorf*, De religione interna et externa. *Ad. Rechenberg*, De potestate principis circa sacra externa. *Jo. Ad. Hofmann*, De religionis cultu publico. *J. H. Böhmer*, De censura morum. *S. Pufendorf*, De jure clavium. *Jo. Barbeyrac*, De abusu disciplinae ecclesiasticae. *Bern. Henr. Reinold*, De vero juris naturae principio u. s. w. *Hieron. Brückner*, De matrimoniis gradibus et divortiis prohibitis; de computatione graduum; de divortiis von demselben.

19. Gerhard Meerman *).

Geboren 6. Dez. 1722, in Leyden 1740 cand. jur., Advokat, machte

---

*) *Strodtmann*, Neues gel. Europa II. 399. *Weidlich*, Zuv. Nachr. III. 120. *Adelung*, Forts. IV. 1176.

Jahre lang grosse Reisen, auf denen er in Verbindung trat mit fast allen bedeutenden Männern, wurde 1748 Syndikus zu Rotterdam, gest. zu Aachen 15. Dez. 1771. Derselbe verdient eine Stelle wegen des eine Anzahl canonistischer Schriften theils zuerst veröffentlichenden

Novus thesaurus juris civilis et canonici, continens varia et rarissima optimorum interpretum, imprimis Hispanorum et Gallorum opera, tam edita antehac, quam inedita cet. Hagae Comitum 1751—1753. 7 voll. fol.

20. De Cerlvol.

Du droit du souverain sur les biensfons du clergé et des moins. Amst. 1771 (zuerst im selben Jahr anonym).

21. A. Upeij.

Dr. und Professor der Theologie in Gröningen.

Geshiedenis van het Patronatregt, anders genoemd Kollatieregt, in Verband met het christelijk kerkbestuur sinds de vroegste tijden tot op den tegenwoordigen tijd. Breda 1829. 2 St.

Fleissige Beiträge, die übrigens für die eigentliche Entwicklungsgeschichte nicht von Bedeutung sind, wohl für die der reform. Kirche in Holland.

22. Herm. Joh. Royaards.

Hedendaagsch Kerkregt by de Hervormden in Néderland. Utr. 1834, 1837. 2 Thle.

23. G. Groen van Prinsterer.

Het regt der hervormde Gezindheit. Amst. 1848.

24. A. Felders.

Bydragen tot eene geshiedenis van het bezit in de dode hand. Utr. 1869.

§. 10.

E. Die Polen und Ungarn.

1. Peter Morzkowski. Pole.

Pastor, gestorben 1640.

Politia ecclesiastica sive forma regiminis exterioris ecclesiarum christianarum in Polonia. Edirt durch *Georg Ludwig Oeder.* Frankf. 1745.

2. Robert Mennetson.

1. Neuer Antihobbesius. Recht und Klugheit im Kirchenwesen für die bürgerliche Geistlichkeit der Dissidenten. Warschau und Krakau 1767.

2. *Jura dissidentium in Polonia, Lithuania et annexis provinciis tam spiritualia quam saecularia* cet. S. l. 1768. 4. Polnisch und lateinisch. Beide anonym.

3. H. Gottfr. Schneidemantel.

Allgemeines Kirchenrecht beyder evangelischer Confessionen in Pohlen und Litthauen, die Kirchenverfassung, gute Ordnung, Polizey und rechtliche Thätigkeit der Consistorien betreffend. Warschau 1780.

4. Johann Serpilius. Ungar.

Geboren 20. Jan. 1623 zu Laybitz als Sohn des dortigen gleichnamigen Pastors, 1652 Director causarum der vier Freistädte Leutschau, Eperies, Bartfeld und Zeben, 1660 Syndikus von Oedenburg, Stadtrichter und Bürgermeister, gestorben 4. Dez. 1686.

Compendiosa delineatio totius juris canonici et civ. in utroque tam allegandi quam abbreviationes legendi modum exhibens. 1688. s. l., auch in der Ausgabe der Erotemata Desselii von Mylius und Struve.

§. 11.

F. Die Engländer.

1. Richard Hooker *).

Geboren (im März 1554) oder um 1553 in der Nähe von Exeter, gebildet zu Oxford im Corpus-Christi-Colleg, dann Rector der Kirche in der City, gestorben 1600.

Of the laws of ecclesiastical polity. Acht Bücher. Die älteren Ausgaben bei *Wood* und *Lowndes.* In der von 1841 zieht sich das Werk durch alle drei Bände. Es handelt über alle möglichen kirchlichen Dinge: Sakramente, Liturgie, Verfassung, Verhältniss von Kirche und Staat, theologische, dogmatische, mit Rücksicht auf die verschiedenen Kirchen bezw. Secten in England, Seitenblicken auf die katholische Kirche, den Protestantismus in Deutschland, Calvin u. s. w.

2. Robert Abbot.

Geboren 1562 zu Guilfort, Professor in Oxford, sodann Bischof von Salisbury 1614, gestorben 1617. *Wood* l. c. II. 224.

1. *De suprema potestate regia. Exercitationes habitae in academia Oxoniensi contra Bellarminum et Suaresium.* Lond. 1619. 4.

2. *The miror of popish subtilities.* Lond. 1594. 4.

---

*) The works of . . . Richard II. with an account of his life and death by *Isaac Walton,* arranged by . . . *John Keble.* 2. ed. Oxf. 1841. 3 voll., übersetzt von *K. H. Sack.* Heidelb. 1868. *Wood,* Athenae Oxon. I. 693.

3. Henry Spelman.

Geboren 1562 zu Cougham, gestorben zu London 1641.

Ausser historischen, bezw. anderen Sammel-Werken schrieb oder edirte er:

1. *De non temerandis ecclesiis, churches not to be violated.* Lond. 1613. 12., 1616.
2. *The history and fate of sacrilege* cet. Lond. 1698, 1846.
3. *Concilia* cet. Oben S. 94.

4. John Selden.

Geboren zu Salvington (Sussex) im J. 1584, studirte in Chichester und Oxford, gestorben 1654. Dieser für das englische Recht äusserst wichtige Schriftsteller kommt hier in Betracht durch:

The history of tithes, that is the practice of payment of them, the positive laws made for them, the opinions teaching the right of them. (Lond.) S. l. 1618. 4., 1680. Opera Lond. 1726. 3 voll. f.

Er gründet die Zehnten auf das göttliche Recht und rief eine Anzahl von Gegenschriften hervor.

5. William Prynne.

Geboren 1600 zu Swanswick (Somerset), wurde in Folge einer Schrift gegen die Schauspielerinnen, weil man darin eine Verspottung der Königin sah, welche in einem Stücke bei Hofe gespielt hatte, in Wirklichkeit wegen seines Auftretens gegen die bischöfliche Kirche zu schweren Strafen verurtheilt, erhielt in der Revolution seine Freiheit zurück, wurde Mitglied des Hauses der Gemeinen, von Neuem, weil er für Annahme der Anerbietungen Karl's I. eintrat, eingekerkert und starb zu London 24. Oct. 1669. Sammelte — neben controversistischen Schriften — die später edirten:

Antiquae constitutiones regni Angliae sub regibus Jo. Henr. III. et Ed. I. circa jurisdictionem et potestatem ecclesiasticam. Lond. 1672 f.

6. John Milton.

Dieser bekannte Dichter, geboren 1608, gestorben 1674, schrieb ausser anderen kirchenpolitischen Broschüren:

A treatise of civil power in ecclesiastical causes. Lond. 1659, 1790.

7. Henry Dodwell.

Geboren 1641 in Dublin, 1656 Zögling des Trinitas-Collegs daselbst, das er 1666 verliess, weil er nicht in den geistlichen Stand treten wollte, wurde 1688 Professor der Geschichte in Oxford. Im J. 1691 wegen Verweigerung des Treueides gegen den K. Wilhelm und die K. Marie entlassen, trat er aus der Episkopalkirche aus, zog sich 1694 nach dem Dorfe Cookham in der Grafschaft Berk zurück, lebte in excentrisch ascetischer Weise und starb 1711. *Bamberger* II. 242.

Er hat eine Reihe von Broschüren über kirchliche Gegenstände und zum Theil polemischer Natur geschrieben, von denen uns berühren:

1. *Occasional communion fundamentally destructive of the discipline of the primitive catholik church.* Lond. 1705. Gerichtet gegen die Ansicht, dass man das Abendmahl in jeder Kirche, auch einer fremden Confession, empfangen könne.

2. *De jure laicorum sacerdotali.* Lond. 1686. Gegen *H. Grotius* de coenae administratione, ubi pastores non sunt (das beigefügt ist), führt er die Unzulässigkeit der Sakramentsverwaltung durch Laien aus.

3. *De nupero schismate anglicano paraenesis ad exteros, tam reformatos quam etiam pontificios, qua iura episcoporum cetera eorundemque a magistratu saeculari independentia omnibus asserenda commendatur.* Lond. 1704.

8. Gilbert Burnet.

Geboren zu Edinburg 18. Sept. 1643 aus der Familie Leyes (sein Vater Lord Cramont), 1665 Prediger in Salton (Schottland), 1669 Professor in Glasgow, zog sich später nach London zurück, wurde Prediger an einer Kapelle, wohnte seit 1685 im Haag und wurde, als der Prinz von Oranien als Wilhelm III. den Thron von Grossbritannien bestieg, 1689 Bischof von Salisbury, gest. 27. März 1715, dreimal verheirathet.

1. *The history of the rights of princes in the disposing of ecclesiastical benefices and church lands.* Lond. 1682. *An answer to the animadversions on the history* cet. ib. 1682. 4. (gegen die im selben Jahre erschienenen).

2. *The history of the reformation of the church of England.* Lond. 1679, 1681, 1715. 3 voll. f.

3. *An exposition of the XXXIX articles of the church of England.* Lond. 1699 f. Analysis dazu Dublin 1829.

Andere Schriften [1]) gehören dem Kirchenrechte nicht an.

9. William Nichols.

Geboren zu Donington 1664, studirte in Oxford, Mitglied des Collegs Merton, Doktor 1695, Rector in Selsey (Sussex), gestorben 1712. *Defensio ecclesiae anglicanae.* 1707. 12.

10. Edmund Gibson.

Geboren 1669, wurde 1715 Bischof von Lincoln, 1720 von London, gestorben 1748.

Codex juris ecclesiastici anglici, or the statutes, constitutions, canons, rubricks and articles of the church of England, digested under their proper heads, with a commentary historical and juridical. Lond. 1713, 1761. 2 voll. f.

---

[1]) Z. B. die in's Franz. übersetzte u. d. T.: *Remarques sur les actes de la dernière assemblée du clergé au examen des méthodes du clergé de France pour la conversion des hérétiques.* 1683. 12.

11. Anthony Ellys.

Geboren 1693, 1728 Dr. theol. in Cambridge, Pfarrer, 1752 Bischof von St. David's, gestorben 1761 zu Gloucester. *Bamberger* I. 432.

Tracts on the liberty, spiritual and temporal, of protestants in England. London 1763—1765, 1767.

12. Richard Grey.

Geboren 1695, machte seine Studien zu Oxford, nach Bekleidung anderer geistlicher Aemter Canonicus von St. Paul in London, wo· er 1771 starb. *Bamberger* I. 281.

A system of english ecclesiastical law. London 1731, 1732, 1736, neu 1743. 4. Ein Lehrbuch aus dem Codex juris eccles. Anglicani, das ihm die theologische Doktorswürde von Oxford einbrachte.

13. Robert Parker.

De politia ecclesiastica. S. l. 1616. 4.

14. Honorius Reggius (recte: Georgius Hornius).

De statu ecclesiae Britannicae hodierno liber commentarius una cum appendice eorum quae in synodo Glasguensi contra episcopos decreta sunt. Dantisci 1647. 4.

15. John Godolphine.

Repertorium canonum, or an abridgement of the ecclesiastical laws of this realm consistent with the temporal. Lond. 1678. 4.

16. Thomas. Bischof von Lincoln.

Traité historique sur le sujet de l'excommunication et la déposition des rois. Lond. 1680. Par. 1681, französische Uebersetzung von *de Rosemond.*

17. Edmund Hickeringill.

The test or tryal of the goodness and value of spiritual courts cet. Lond. 1683 f.

18. Richard Zouch(aeus).

Descriptio juris et judicii ecclesiast. secundum canones et constitutiones anglicanas: nec non descr. j. et jud. temporalis secundum consuetudines feudales et normannicas. Lond. 1683.

19. Lawrence Howel.

1. *Synopsis canonum ss. apostolorum et conciliorum oecumen. et provincial. ab ecclesia graeca receptor. nec non concilior. decretor. et legum ecclesiae Britannicae et anglo-saxonicae* cet. Lond. 1708 fol.

2. *Syn. can. et conc. ecclesiae latinae cum annott. selectis.* ib. 1710 fol.

3. *View of the roman pontificate to 1563, in which the corruption and forgeries of councils . . . of the church of Rome are set in a true light.* Lond. 1712.

20. John Ayliffe.

Parergon jur. can. anglicani: or a commentary by way of supplement to the canons and constitutions of the church of England, not only from the books of the canon and civil law, but likewise from the statute and common law of this realm. Lond. 1726, 1734 fol.

21. Thomas Oughton.

Ordo judiciorum, sive methodus procedendi in negotiis et litibus in foro ecclesiastico-civili Britanniae et Hiberniae. Lond. 1738. 2 voll. 4. (Bowndes hat 1728 mit unvollständigem Titel.)

22. Edward Bullingbrooke.

Ecclesiastical law, or the statutes, constitutions, canons, rubricks, and articles of the church of Ireland. With a commentary. Dublin 1770. 2 vols. 4.

23. Tim. Cunningham.

1. *Law of simony, containing all the statutes, cases at large, arguments, resolutions and judgements concerning it.* Lond. 1784.
2. *Forms and precedents for the ecclesiastical courts and clergy of Ireland.* Dublin 1834.

24. John Reynolds.

Historical essay upon the government of the church of England. Lond. 1793. 4.

25. Thom. Paynter.

A concise view of the doctrine and practice of the ecclesiastical courts in doctor's commons on various points relative to the subject of marriage and divorce. Lond. 1824. 2. ed.

26. Henry Prater.

1. *Cases illustrative of the conflict between the laws of England and Scotland with regard the marriage, divorce and legitimacy . . .* Lond. 1835.
2. *An essay upon the law respecting husband and wife: comprising more particulary a comparative view of the law of marriage in England, Scotland and Ireland.* 2. ed. Lond. 1836.

27. William Downes Willis.

Simony; . . . with an account of the Simoneon trustees a. 1836 and of the puritan feoffees a. 1622. Lond. 1843.

28. Edward Cardwell.

Documentary annals of the reformed church of England being a collection of injunctions, declarations, ordres . . . from the year 1546 to . . . 1716. Oxf. 1839. 2 voll.

29. Francis Newman Rogers.

A practical arrangement of ecclesiastical law. Lond. 1840.

30. Alexander Dunlop. Advokat.

Parrochial law. Edinb. et Lond. 3. ed. 1841.

3I. Isaac Wilberforce.
Church courts and church discipline. Lond. 1843.

32. Henry William Cripps.
A practical treatise on the law relating to the church and the clergy.
Lond. 2. ed. 1850, 3. ed. 1857.

33. J. L. Ross.
Reciprocal obligations of the church and the civil power. Oxford 1848.

4. G. H. H. Oliphant.
The law of pews in churches and chapels. London 1850.

35. Edward Murcutt.
The history of church law in England from a. d. 602 to a. d. 1850.
London 1851.

36. G. C. Brodnick and Will. T. Fremauth.
*A collection of the judgements of the judicial committee of the privy
council in ecclesiastical sakes relating the doctrine and discipline.* Edited by . . .
Lond. 1865.

37. Morris J. Fuller.
*The court of final appeal, or the appellate jurisdiction of the crown in
ecclesiastical cases.* Oxf. et Lond. 1865.

38. T. S. James.
*The history of the litigation and legislation respecting presbyterian chapels
and charities in England and Ireland between 1816 and 1849.* Lond. 1867.

39. Alexander Taylor Innes.
Solicitor before the supreme courts of Scotland.
*The law of creeds in Scotland. A treatise on the legal relation of churches
in Scotland established and not established, to their doctrinal confessions.* Edin-
burgh and London 1867.

40. Richard Burn.
The ecclesiastical law. 9. ed. corrected by *Robert Philimore.* Lond. 1842.
4 voll. Von letzterem neu: *The ecclesiastical law of the church of England.*
London 1873. 2 voll.

§. 12.

G. Die Skandinavier.

1. Hector Gothofr. Masius.
Doktor und Professor der Theologie in Kopenhagen.
Interesse principum circa religionem evangelicam. Hafniae 1687. 4.
Ausgehend davon, dass die Religion Fundament der Gesellschaft
sein müsse, dazu nur die christliche Religion sich eigne, sucht er darzu-

thun, dass einzig die Grundsätze der Lutheraner für das Staatswesen vollkommen passen, keine der Regierung so günstig sei.

2. Lorenz Banck.

Geboren zu Norköping (Schweden), zu Franecker in Holland 1647 Professor der Rechte, gestorben 13. Oct. 1662.

1. *Taxa S. Cancellariae Romanae in lucem emissa et notis illustrata.* Franek. 1651. *Tariffa delle spedizioni della Dataria.*

Ersteres mit Dekret vom 16. Juni 1654, nochmals zugleich mit letzterem vom 13. Nov. 1662 auf den Index gesetzt.

2. *Taxae cancellariae ap. et taxae s. poenitentiariae ap. juxta exemplar Leonis X. Pont. Rom. 1514 impressum. Accedit valor monetarum* cet. Sylvae-Ducis 1706.

3. *De tyrannide papae in reges et principes christianos diascepsis.* Franek. 1649.

3. Hector Friedr. Jans Estrup.

Idea hierarchiae Romanae. Havn. 1817.

4. Clausen.

De muneris episcopalis in ecclesia evangelica gravitate et pulchritudine. Havn. 1830.

5. Petur Pétursson.

De jure ecclesiastico in Islandia ante et post reformationem. Havn. 1844.

6. Grimus Joh. Thorkelin.

1. *Jus eccles. vetus sive Thorlaco-Ketillianum constitutum a. Chr. 1123.* Havn. et Lips. 1876.

2. *Samling of danske Kirks-love.* Kjöbenh. 1781. 4.

7. Z. L. A. Kolderup Rosenvinge.

Grundrids af den danske Kirkeret. Kjöb. 1834—40. 2 Thle.

8. Laur. Archemius.

Fata jur. can. in Svecia. Ups. 1729.

9. Henr. Benzelius.

De successione episcoporum can. apud evangelicos praesertim in Svecia. Lond. Gothor. 1738. 4.

10. Sven Wilksman.

Svea rikes ecclesiastique würk cet. (alphab.) Skara 1760. 4.

11. Clof Wallguist.

Utkast till en Hand-Bok öfver ecclesiastique Beforderinge mål cet. Stockh. 181.

12. U. A. Motzfeld.

Den norske Kirkeret. Christ. 1844.

Dritter Theil.

Fortsetzung der zweiten Abtheilung von
Theil I und II.

Zweites Kapitel.

Allgemeiner Charakter der wissenschaftlichen Behandlung in der Schule und in den Schriften.

§. 24 (Thl. I), 13 (Thl. II).

1. Ueberhaupt.

I. Im Gegensatze zum Mittelalter tritt uns sofort eine bedeutende Aenderung entgegen. Der Schwerpunkt lag auf dem Corpus juris canonici und zwar seit dem 13. Jahrhundert bis zu dem Beginn unserer Periode auf den drei Dekretalen-Gesetzbüchern, indem die beiden Extravagantensammlungen nur geringes neues abweichendes Material boten. Die Concilien des 15. Jahrhunderts, nicht minder das fünfte lateranensische lieferten kein umfänglich erhebliches Material. Ganz anders stand die Sache seit dem Concil von Trient, dessen Satzungen [1] nebst den massenhaften neueren päpstlichen Constitutionen für viele Materien und Einzelnheiten eine vollständige Aenderung herbeiführten. Der eigentlich entscheidende Gegensatz aber lag auf dem Gebiete der *kirchlichen Verwaltung* darin, dass der *mittelalterliche Standpunkt der Dekretalen, wonach jedes Recht als Privatrecht unter den gleichen Schutz der gewöhnlichen Civilrechtspflege gestellt war*, fortfiel und dass weiter ganze Gebiete (Stellung der Regularen, bischöfliche Verwaltung, Visitation, der Prozess u. s. w.) eine totale Aenderung erfuhren. Blieb auch, wenn man die Rechtssätze zählen wollte, das frühere und insbesondere das Dekretalenrecht die Hauptquelle: so war es doch unzweifelhaft, grundsätzlich und auch dem sachlichen Umfange nach dergestalt durchbrochen, dass eine Darstellung des Rechts, welche sich nicht etwa blos lediglich an die äussere Ordnung der Dekretalen anlehnen, sondern an dem Commentiren der einzelnen Stellen festhalten wollte, für die Behandlung des *geltenden* Rechts einen Anachronismus bildete und ungefähr so aussah, als wenn man das heute geltende

---

[1] Theil I. Seite 11 ff.. 54 ff., 65 ff.

Civilrecht eines Landes, welches nicht das römische ist, in der Legalordnung der Pandekten vortragen wollte. Die dogmatische Bearbeitung
des Rechts hat aber nach der Natur der Sache das geltende im Auge.
Indessen noch aus einem zweiten Grunde erwies sich die frühere Methode als unbrauchbar. Die staatliche Gesetzgebung [2]) schränkte mehr
und mehr das sachliche Geltungsgebiet des canonischen Rechts auch
in denjenigen Ländern ein, wo dies bisher nicht der Fall gewesen war.
Die Anerkennung des Protestantismus im deutschen Reiche führte hier
zu weiteren Aenderungen. Die neuere Staatsentwicklung machte sich
auch in den geistlichen Staaten geltend.

Einen wichtigen Umstand darf man erblicken in dem Wegfall des
Bedürfnisses, den Quellentext beim Vortrage mitzutheilen, da die
massenhaften Ausgaben [3]) Jedem Gelegenheit boten, denselben unmittelbar zu studiren, die Kosten der Anschaffung in gar keinem Verhältnisse standen zu denjenigen, welche die Mittheilung beim Vortrage
durch Dictiren wegen der damit verbundenen Verlängerung der Studien,
ganz abgesehen von dem Zeitverluste, verursacht hätten. Man hätte
nun etwa neben den Dekretalen das Concil von Trient zum Gegenstande einer besondern Vorlesung machen und in dieser die Aenderungen des Dekretalenrechts darlegen können. Das aber hätte, abgesehen
von dem Verbote Pius' IV. (oben Th. I. Seite 61) nur zur Verwirrung
beitragen können.

II. So lag denn nahe, sich beim Vortrage darauf zu beschränken,
den Hörer in einer Weise vorzubilden, welche ihn befähigte, das gesammte Gebiet zu übersehen und für eine Einzelheit unmittelbar auf
die Quelle zurückzugreifen. Vorträge dieser Art erforderten Durcharbeitung des Quellenmateriales von Seiten des Lehrers, Klarstellung
und Trennung der vielen Materien gemeinsamen Punkte von den besonderen, Darstellung der geltenden Quellen, vor Allem auch geschichtliche Entwicklung der einzelnen Institute. Es wird sich zeigen, wie
diesem Bedürfnisse nur theilweise früh, im Ganzen erst sehr spät und
vollkommen noch heute nicht entsprochen worden ist.

III. Das *Studienwesen erlitt die wesentlichsten Aenderungen.* Einmal
entfielen durch die Bestimmungen des Concils von Trient [4]) über die

---

[2]) Der *Kirchenstaat* bildet die einzig wirkliche und volle Ausnahme. Denn
blieb auch in anderen *italienischen Territorien* und in *Spanien* das canonische Recht
das geltende, so waren es doch staatliche Behörden, oder staatlich-kirchliche, die
es handhabten, staatliche Gesetze, die es modifizirten.

[3]) Die Angaben l. 71. II. 22 ff., 43 f., 50, 59 ff. und oben Theil I. Seite 69 ff.
liefern den Beweis.

[4]) Wenn diese in Frankreich nicht mit Staatsanerkennung galten, so kam
darauf nichts an, weil der Pfründeninhaber ohne bischöfliche Erlaubniss nicht
abwesend sein konnte, die Bischöfe sich aber an's Tridentinum hielten.

Residenzpflicht und die Cumulation der Benefizien die alten Privilegien der Universitäten, welche den Benefiziaten den Besuch derselben ermöglichten [5]). Thatsächlich war daher die Zahl der Geistlichen, jedenfalls der auf den Universitäten studirenden Inhaber von Aemtern seitdem eine geradezu verschwindende. Indessen von viel grösserem Einflusse waren andere Momente. Nach dem bis zum Concil von Trient geltenden Rechte stand Jedem, der in den geistlichen Stand zu treten beabsichtigte, frei sich an einem beliebigen Orte und nach eigener Wahl und Methode die nöthigen Kenntnisse zu erwerben; das canonische Recht kennt weder beengende derartige Vorschriften, noch giebt es solche überhaupt. Das wurde in Folge der tridentinischen Bestimmungen [6]) über die Seminarien und die Erfordernisse für die Ordination anders. Denn wenngleich das Concil nicht verfügt, dass nur der in Seminarien Vorgebildete geweiht werden dürfe, und wenngleich die dem Tridentinum entsprechenden Seminarien selbst in Diözesen, die schon damals bestanden, zum Theil erst in unseren Tagen errichtet wurden, so hörte doch die alte Freiheit auf. Wen der Bischof nicht weihen wollte, der war kaum in der Lage, trotz der vollsten Eignung seine Weihe durchzusetzen; die Präsentation eines Patrons half auch nicht. Nun lag es in der geschichtlichen Entwicklung, dass die Bischöfe in vielen Ländern nur Jene aufnahmen, welche an den ihnen genehmen Anstalten studirt hatten. Das hat namentlich in unserem Jahrhundert höchst wichtige Folgen gehabt, wie sich bald zeigen wird.

IV. Hierzu kommt, dass *der Charakter der Universitäten sich überhaupt und insbesondere vom kirchlichen Gesichtspunkte aus wesentlich verändert hatte.* Der Riss, welchen die Reformation in die christliche Gesellschaft machte, die dadurch veränderte Stellung des Papstes, die totale Umänderung in der Stellung des Kaisers, vor Allem die Ausbildung des modernen Staats haben den alten Universitäten ihren Charakter als *studia generalia* [7]) genommen. Sie hörten sehr bald auf, die alten völlig freien, mit Autonomie begabten Korporationen zu sein und wurden, mochten sie auch eine Reihe von Privilegien behalten, unter dem massgebenden Einflusse der Staatsgewalt stehende Anstalten. Fast alle verloren die mittelalterliche Selbstständigkeit und erlitten bedeutende Statuten-Aenderungen, was um so leichter durchzuführen und fast nothwendig war, seitdem die Zahl der älteren Studirenden verschwindend geworden und die Studenten durchweg aus Leuten von 17 bis 23 Jahren bestanden. Lag im Mittelalter auf der Universität zu Bologna und den nach ihrem Muster errichteten der Schwerpunkt

---

[5]) Vergleiche Bd. II. Seite 438 fg.
[6]) Sess. XXIII. c. 18 de ref. — Sess. XXIII. c. 4—7, 12—14 de ref. u. n.
[7]) Vgl. Bd. II. S. 467 ff.

für die Verfassung auf den Scholaren, so treten diese in der Neuzeit
als bestimmender Faktor allenthalben zurück. Die neu gegründeten
waren reine Staatsanstalten. Je mehr sich der moderne Staat ent-
wickelte und mit ihm das Beamtenthum, desto mehr fiel der Universität
— die Juristen und Theologen gehen uns hier allein an — allmälig
die Aufgabe der Vorbereitung für den Staatsdienst zu. Wer sich diesem
widmen wollte, konnte in den katholischen Ländern die Kenntniss des
Kirchenrechts nicht entbehren, weil die Verbindung zwischen Staat und
Kirche allenthalben eine sehr enge war; in den protestantischen war
das Gleiche namentlich für die Juristen schon aus dem Grunde der Fall,
weil das landesherrliche Kirchenregiment überall durch Behörden aus-
geübt wurde, welche zum grössten Theile mit Laien besetzt waren,
jedenfalls stets weltliche Beisitzer hatten. Nun gab es zwar schon im
Mittelalter eine Menge von partikulären Normen, aber das kirchliche
Recht blieb im Ganzen gleichmässig und wo das Civilrecht überhaupt
gelehrt wurde, war es das römische [8]. Allmälig nahm der Partikularis-
mus auf dem Gebiete des Rechts überhand, und auch insbesondere auf
dem des Kirchenrechts, soweit es auf der staatlichen Gesetzgebung ruhte.
Der Kreis der Studiengegenstände erweiterte sich einmal durch die noch
hervorzuhebende innere Entwicklung, sodann durch die Nothwendigkeit,
dem öffentlichen Rechte in den Vorlesungen eine Stelle einzuräumen.
Aus diesem Grunde verengte sich, vom praktischen Gesichtspunkte aus,
der für die grosse Masse stets der massgebende war und bleiben wird,
thatsächlich der Kreis der Universitäten, welche man besuchen konnte.
Weil im deutschen Reiche das römisch-canonische Recht als gemeines
galt, konnte der deutsche Jurist seine Studien allerdings allenthalben
machen, wo dasselbe gelehrt wurde. Gleichwohl war seit der Mitte
des 16. Jahrhunderts die Zahl der Deutschen, welche ihre Studien an
italienischen (und französischen), die der Franzosen und Spanier, welche
sie an italienischen machten, eine sehr geringe; es gehörte nicht minder
zu den Ausnahmen, dass die Universitäten Prag, Wien, die übrigen
süddeutschen von Norddeutschen besucht wurden [9]. Schliesslich kam

[8] In Italien, den südfranzösischen, deutschen Universitäten. Paris hatte
keine facultas juris civilis. Wo Juristen fremde Universitäten besuchten, zog sie
nur das römische oder canonische Recht an. Die Zahl der Franzosen und Spanier
in Bologna und anderen italienischen Universitäten im Mittelalter ist viel geringer,
als die der Deutschen; in Prag ist von 1382 bis 1412 (siehe Bd. II. S. 459) kein
Spanier oder Franzose graduirt. Ein Grund mag auch in dem Umstande liegen,
dass namentlich Franzosen und Spanier fremde Sprachen schwerer erlernen und
geringere Reiselust besitzen, aber es ist der hier betonte Gesichtspunkt sicher
von Einfluss gewesen.

[9] Einzelne Beispiele. Unter den *deutschen katholischen* Schriftstellern
haben vom 16. bis 18. Jahrhundert studirt in *Paris*: J. A. v. Ickstatt, das Doktorat

es dahin, dass *seit der Einführung von Prüfungen behufs Aufnahme in den Staatsdienst* bei den Fakultäten oder bei besonderen Commissionen in den einzelnen Staaten, welche Universitäten besassen, der *Besuch einer Landesuniversität überhaupt allein gerechnet wurde, oder dass ein solcher,* wie es noch heute der Fall ist, *mindestens durch eine bestimmte Zeit hindurch gefordert wurde.*

V. Wichtig wurde sodann, dass seit dem 16. Jahrhundert die *Universitäten* überall bis auf die neueste Zeit *einen spezifisch confessionellen Charakter hatten.* Die italienischen, französischen (mit Ausschluss von Sedan und Strassburg), spanischen, belgischen und die in den deutschen katholischen Staaten waren katholische, die übrigen protestantische [10]). Die Folge dieser ganzen Entwicklung war das *Aufhören der engen Verbindung zwischen den Universitäten der verschiedenen Reiche* und namentlich auch der Fortfall des häufigen Abganges der Lehrer von einer Universität an eine andere [11]). Es gehört zu den grössten Seltenheiten, dass ein Italiener oder Franzose auf eine deutsche Universität gerufen wurde, und umgekehrt; ja es sind, so häufig der Wechsel innerhalb der deutschen protestantischen Universitäten war, Berufungen von solchen an österreichische vor dem Jahre 1850 während der ganzen Periode sehr selten gewesen. In diesen Umständen findet es bereits theilweise seine Erklärung, *dass die wohlthätige Wechselwirkung entfiel,* dass die eine Universität hinsichtlich der Methode u. s. w. Fortschritte machen konnte, während die andere gänzlich zurückblieb.

VI. Um aber die innere Gestaltung vollkommen zu begreifen, ist das *Verhältniss* in's Auge zu fassen, *in welchem die Universitäten und die Wissenschaft selbst zur Kirche,* richtiger gesagt zur Hierarchie *stand,* und *wie sich insbesondere die Staatsgewalt infolge ihres Verhältnisses zur Kirche gegenüber der Wissenschaft überhaupt und der des Kirchenrechts insbesondere verhielt.*

Die neue Entwicklung der Dinge hob schon bald im 16. Jahr-

---

erlangt in *Bologna:* Fickler, Törring, das Doktorat erlangt in *Paris:* Treer, studirt im *Collegium germanicum zu Rom:* Binsfeld, in *Rom behufs ihrer Ausbildung Studien* gemacht: Pl. Bridler, Karg v. Bebenburg, Ph. Braun, Amort, Barthel, v. Hontheim, Endres, v. Kleinmayrn, Oberthür: an deutschen und österreichischen Universitäten studirt: Clenke, A. F. Ernst, v. Dünewald, an deutschen und belgischen Universitäten studirt: v. Hontheim, an protest. deutschen Universitäten studirt: Banniza, Neller, Dürr, Horix, Dieterich, Rieffel, Ullheimer, v. Roth, Gärtner, Andres, an deutschen und österreichischen Universitäten dozirt: Banniza, Boeris, v. Schrodt.

[10]) *Heidelberg* war die einzige Universität bis in unser Jahrhundert, welche beiden Confessionen zugänglich war. Erst in den letzten Dezennien sind die meisten Universitäten in Deutschland und in Oesterreich nicht mehr als ausschliesslich confessionelle behandelt worden, *Rostock* ist noch heute lutherisch.

[11]) Siehe Anm. 9 und §. 25.

hundert in *Deutschland* und *Frankreich* den direkten Einfluss des Papstes und, sofern nicht besondere Verhältnisse einen solchen erhielten [12]), des Bischofs u. s. w. auf. Aber auch dort, wo der Bischof oder Dompropst u. s. w. Kanzler blieb und bei Ertheilung der akademischen Grade mitwirkte, hat ausserhalb des Kirchenstaats deren bestimmender Einfluss auf die Organisation, die Statuten und Leitung der Universitäten sehr bald gänzlich aufgehört. Daraus erklärt sich schon allein die Abnahme der päpstlichen Zuneigung für die ihrem Einflusse entzogenen Universitäten. Wohl hat man Seitens der katholischen Landesherren in Deutschland (und Oesterreich) bis in's vorige Jahrhundert hinein bei Errichtung von neuen Universitäten auch die päpstliche Genehmigung eingeholt; massgebende Rechte hat die Kirche aber nicht erhalten. Die vor dem Jahre 1517 bestandenen Universitäten in den Ländern protestantischer Landesherren [13]) und die seitdem in solchen Ländern gegründeten [14]) haben zum Theil bis heute, sämmtlich wenigstens bis in's 19. Jahrhundert, den Charakter confessionell-protestantischer Anstalten gehabt. An ihnen gab es früher keine, heute nur vereinzelt [15]) eine katholische theologische Fakultät. War dadurch das Studium

---

[12]) Ein solcher lag in der *Kanzler-* oder *Erzkanzler-Würde*, bezw. in dem Rechte des Bischofs, oder eines andern Geistlichen, die akademischen Grade resp. die Genehmigung zu deren Uebertragung zu ertheilen. Dies Recht hatte z. B. *für die theologische Fakultät der Bischof* in: *Bologna, Padua, für alle der Bischof* in: *Pisa, Ferrara, Perugia, Fermo, Avignon, Montpellier, Prag,* ein *anderer Geistlicher* für alle bezw. die nicht theologischen in: *Bologna* (Archidiacon für die nichttheol.), *Paris, Toulouse, Bourges* (in diesen drei der Domkanzler), *Wien, Köln, Löwen* (in diesen drei der Dompropst). Siehe die genaueren Daten und Quellen in *meinem* Aufsatze ‚Das Recht der Ertheilung der Befugniss zum Lehramt der Theologie‘, auf den für die kirchliche Seite verwiesen wird. Ueber die Streitigkeiten an der *Prager* Universität, wo der Erzbischof, Kardinal *Graf Harrach,* den Jesuiten scharf entgegentrat, siehe *Schnabel,* Geschichte der jur. Fak. I. S. 21 ff., *Tomek,* Gesch. der Prager Univ. S. 251 ff. Auf der Prager Universitätsbibliothek befindet sich die Abschrift eines Promemoria des Kardinals an den Papst, der die stärksten Angriffe und Beschuldigungen der Jesuiten enthält.

[13]) *Alle* in Holland, England, Schweden, der Schweiz, in *Deutschland*: Heidelberg 1386 (später gemischt), *Leipzig* 1409, *Rostock* 1419, *Greifswald* 1456, *Tübingen* 1477, seit 1535 protestantisch, *Wittenberg* 1502, *Frankfurt a. O.* 1505 bezw. 1506 (1811 übertragen nach Breslau).

[14]) Gegründet bezw. restaurirt: *Marburg* 1527, *Strassburg* 1538, *Königsberg* 1543, *Jena* 1558, *Helmstädt* 1576 (aufgehoben mit Dekret vom 10. Dez. 1809, ausgeführt im März 1810), *Altdorf* 1578 (aufgehoben im J. 1809), *Rinteln* 1621 (aufgehoben 1809), *Giessen* (1607) 1650, *Duisburg* 1655 (aufgehoben 1815), *Kiel* 1665, *Halle* 1694, *Göttingen* 1737, *Erlangen* 1743. *Katholisch* blieben von den alten in Deutschland: *Prag* 1348, Wien 1365, Köln 1388, Erfurt 1392, Würzburg 1403, restaurirt 1582, Freiburg 1457, (Löwen 1426), Ingolstadt. Mainz 1478, *Trier* 1472, aufgehoben 1798.

[15]) *Breslau* (keine Ausnahme, da zwei Universitäten [eine katholische und

an denselben für die katholische Theologie ausgeschlossen, so bewirkten bis in's 19. Jahrhundert hinein die confessionellen Gegensätze und Verhältnisse, dass *Leute, welche katholische Priester werden wollten, an den Juristenfakultäten nur ausnahmsweise studirten*. Die Bischöfe errichteten vielfach Seminarien nach der tridentinischen Vorschrift, oder gründeten auch Universitäten oder Lyceen [16]). Die Kandidaten des geistlichen Amts kann man für die Zeit bis 1803 in drei Klassen zerlegen: die für die höheren Aemter (Domkapitel, Bisthümer), die für den arbeitenden (Seelsorgs-) Klerus, die Ordensleute. Die erste Klasse gehörte mit wenigen Ausnahmen dem Adel an. Die Ausnahmen bestanden nur für die meisten Kapitel in Oesterreich, dann für die mit juristischen oder theologischen Professuren verbundenen Präbenden an einigen Collegiatkapiteln [17]). Wer zufolge seiner Geburt oder Verbindung Aussichten auf eine höhere Laufbahn hatte, machte seine Studien regelmässig an einer katholischen Universität — ausnahmsweise auch zeitweilig an protestantischen — und an der *juristischen* Fakultät [18]); die Theologie war für diese Herren überhaupt Nebensache. Der Ordensklerus erhielt in der Regel seine ganze Bildung in den Generalstudien, welche einzelne Orden bezw. Provinzen oder Congregationen hatten, oder an einer Ordensuniversität bezw. Fakultät [19]). Die Masse der

---

eine protestantische] mit einander verbunden wurden), *Bonn* (1818). das eine paritätische ist und gleich Breslau eine kathol. und evangel. theologische Fakultät hat. Das ist sonst nur noch der Fall in *Tübingen*, seit die kathol. in *Giessen* einging.

[16]) *Braunsberg* 1568 mit theolog. und philos. Studien, *Münster* (Gründungsurkunde von 1631, faktisch erst in's Leben getreten 1780) für Theologie. Jurisprudenz, Philosophie, Würzburg restaurirt 1582. *Salzburg* 1622 (vom Erzb. Mark Sittich von Hohenems den *Benediktinern* überlassen; 33 Aebte traten der Vereinigung bei), aufgehoben 1810, *Trier, Dillingen* 1549 (von 1564—1773 den Jesuiten gehörig), aufgehoben 1803, seitdem Lyceum. *Bamberg* 1647 (hatte seit 1735 eine eigene jur. und med. Fakultät), aufgehoben 1803, jetzt Lyceum. *Breslau* 1702 hatte bis zum Erwerbe Schlesiens durch Preussen nur eine theolog. und jur. Fakultät. 1811 vereinigt mit Frankfurt a. O.

[17]) So in *Bamberg, Mainz, Trier, Würzburg*. Von 1550 bis 1802 *hat keinen nichtadeligen Bischof gehabt:* Augsburg. Bamberg, Basel, Köln, Konstanz. Eichstädt. Freising, Görz, Gurk. Hildesheim, Leitmeritz, Lüttich, Mainz, Münster, Olmütz, Osnabrück, Paderborn, Passau. Salzburg, Speier. Strassburg, Trier, Worms, Würzburg. *Es hatten bürgerliche:* Breslau 3, Brixen 5. Chiemsee 2, Chur 2, Culm 2, Ermland 2, Laibach 6. Lavant 3. Prag 2, Regensburg 1. Seckau 2, Trient 1 (?), Wien 7, Wiener-Neustadt 12.

[18]) Wohl die besuchteste war *Salzburg*. In der ,Hist. univ. Salisb.' p. 499 sqq. werden 1403 Fürsten, Grafen und Barone aufgezählt. die von 1617 bis 1728 dort immatrikulirt wurden; 20 darunter wurden später Fürstbischöfe u. dgl., die meisten Canonici.

[19]) *Salzburg* war eine Benedictiner-Universität; die Jesuiten hatten eine Reihe theolog. und philos. Fakultäten inne (oben Theil I. Seite 16, Anm. 48).

Weltgeistlichen erhielt dort, wo der Bischof selbst eine Universität hatte, oder eine katholische in der bischöflichen Stadt sich befand, die theoretische Ausbildung an diesen, die praktische und beide dort, wo es keine Universität gab, in dem Seminar [20]). Das Kirchenrecht wurde dort, wo eine katholische juristische Fakultät bestand und neben ihr keine besondere bischöfliche Studienanstalt, an der juristischen Fakultät meist ausschliessend gelehrt und von den Theologen gehört; wo es eigne bischöfliche Anstalten gab, wurde es auch an diesen gelehrt, wenngleich eine juristische Fakultät am Orte war [21]). Während an den staatlichen Fakultäten die Anstellung der Lehrer vom Landesherren ausging, war diese an den anderen Anstalten Sache des Bischofs oder des Ordens. In jedem Falle unterstand aber auch der Lehrer des Kirchenrechts den Bestimmungen der Bulle Pius IV. ,*In sacrosancta*' vom 13. Nov. 1564, und vor Allem den Vorschriften über die kirchliche Bücher-Censur. Diese Stellung giebt die volle Erklärung über den Geist und die Methode des an den katholischen Anstalten herrschenden Vortrags und erklärt zugleich, wesshalb die katholischen Schriftsteller bis auf die neueste Zeit ganz bestimmten Klassen angehören und ebenso die Art der literarischen Erzeugnisse.

Hieran änderte die Stellung des Staats zu den Anstalten vor der Kaiserin Maria Theresia im Ganzen wenig; die Erklärung liegt in den Censurverhältnissen, in der Stellung der Orden, insbesondere der Jesuiten, in dem Abschliessen gegen jeden protestantischen Einfluss.

VII. Die äusseren unmittelbaren oder mittelbaren Wirkungen dieser Entwicklung haben der Literatur, zunächst soweit die *katholischen Schriftsteller* in Betracht kommen, ein eigenthümliches Gepräge aufgedrückt. Mit sehr wenigen Ausnahmen standen in *Deutschland* die katholischen Schriftsteller im Lehramte und waren der grossen Mehrzahl nach bis in's 19. Jahrhundert hinein dem geistlichen Stande angehörig. Von den ersten 204 im Th. I. §. 16 aufgezählten sind höchstens 40 Laien, von sämmtlichen 506 sind 131 Laien, 168 Weltgeistliche, 160 Ordensgeistliche, bezüglich 57 fehlen mir nähere Angaben. Die Orden lieferten lange Zeit hindurch den grössten Theil, unter diesen wieder die Mehrzahl der Jesuiten-Orden (71), nach ihm der Benedictiner-Orden (44); der Franziskaner aller Art waren 15, der Augustiner 9, Dominikaner und Prämonstratenser je 5, Cistercienser 4, Regular-Canoniker 3, Carmeliter 2, Oratorianer und Serviten je 1. Es steht

---

[20]) Die kurze Zeit der *Generalseminarien* in den österr. Ländern kommt nicht in Betracht.

[21]) So z. B. früher in *Pray* am Collegium Clementinum, an der Studienanstalt der Prämonstratenser, der Franziskaner. Aehnlich in einer Reihe von Orten.

der Antheil der einzelnen Orden in ziemlich genauem Verhältniss zu
der Zahl der Anstalten, welche unter ihrer Leitung standen, oder doch
mit deren Mitgliedern besetzt wurden, und sodann im Verhältnisse zu
der Stellung, welche sie in der Kirche, beziehungsweise im Staatskirchen-
wesen einnahmen. Damit trifft zusammen die Art der literarischen
Production. Die Schriftsteller, welche dem Lehrberufe oblagen, gehören
wieder mit verhältnissmässig geringen Ausnahmen zu den Lehrern an
Universitäten oder Anstalten mit theologischen und philosophischen
Fakultäten. Das canonische Recht galt der Jesuitenschule und überhaupt der scholastischen Richtung als *theologia practica*. Darum legten
sich insbesondere die Jesuiten, so lange sie die vorzüglichsten Berather
der katholischen Fürsten bildeten, auf dasselbe; der Besitz einer Reihe
von Universitäten bezw. Fakultäten gab um so mehr praktischen Antrieb, als gerade der Adel vielfach an ihren Anstalten studirte. Für
die *Benedictiner* bot der Besitz landesherrlicher Rechte, zahlloser Pfarreien
ein ebenso praktisches Interesse, die ihnen gehörige Universität Salzburg, wo fast die meisten ihrer Canonisten lehrten, eine ganz besondere
Veranlassung. Für die *Dominikaner* lag in Deutschland, wo die Inquisition keine Macht hatte, kein unmittelbarer Anlass vor; ihre wenigen
Canonisten sind ohne Bedeutung.

Bis auf den Anfang unseres Jahrhunderts wurde das Kirchenrecht
in Deutschland katholischerseits im Ganzen wissenschaftlich betrieben
und auch von den Geistlichen ziemlich gründlich erlernt. Es erklärt
sich das namentlich daraus, dass in einer ganzen Reihe von Diözesen
die Kandidaten des weltgeistlichen Standes an wirklichen Universitäten
gebildet wurden, oder doch an Anstalten, welche theologische und
philosophische und vielfach juristische Fakultäten hatten [22]). Aus diesem
Grunde war einmal die Bildung eines grossen Theils des Klerus eine
bessere und allgemeinere, als später, und waren sodann die geistlichen
Canonisten jener Zeiten juristisch vorgebildet. Freilich liegt ein Hauptgrund dafür in der Nothwendigkeit einer juristischen Bildung für die
Mitglieder der geistlichen Behörden wegen deren grosser Competenz
und darin denn auch einer der Gründe für das Ueberwiegen der Geistlichen unter den Schriftstellern. Im 19. Jahrhundert ist das alles anders
geworden. Das Studium der Theologen an den Universitäten ist in

---

[22]) Das gilt für folgende Diözesen, bei denen, falls die Fakultät etc. an
einem andern Orte war, dieser in Parenthese zugesetzt ist: Augsburg (Dillingen).
Bamberg, Breslau, Köln, Konstanz, Ermland (Braunsberg). Freising, Littich, Mainz,
Olmütz. Prag, Salzburg, Seckau (Gratz). Trier, Wien, Würzburg. Es ist weiter zu
erwägen, dass bei den regelmässigen Cumulationen verschiedener Diözesen (siehe
oben Thl. I. Seite 82. Anm. 7) die Kandidaten verschiedener Diözesen an denselben Anstalten studirten.

vielen Diözesen [23]) die grosse Ausnahme, die Dozenten des Kirchenrechts an den theologischen Anstalten sind meistens Leute ohne
juristische Bildung [24]) und wenn sie auch wirklich Jurisprudenz studirt
haben, lassen sie dieselbe meist bald fahren. Es ist aber klar, dass
man in der Jurisprudenz stehen muss, um Jurist zu bleiben. Wer
dieses bedenkt, den kann es nicht in Erstaunen setzen, dass der jetzige
Klerus nur ganz ausnahmsweise eine kirchenrechtliche Bildung hat und
dass die canonistischen Schriften von Theologen regelmässig die Abwesenheit jeder irgend gründlichen juristischen Kenntniss ihrer Verfasser zur Schau tragen. Bei den Ordinariaten behilft man sich gewöhnlich mit einem Advokaten oder andern Juristen als Syndikus,
Kanzleidirektor u. dgl., dessen Meinung dominirt, obwohl derselbe häufig
vom Kirchenrecht blutwenig versteht. Zum Nutzen gereicht dieses dem
geistlichen Regimente nicht, es befördert freilich die administrative
Willkür. Vor allem erklärt sich aus dem Gesagten, dass seit 1740
und ganz besonders im 19. Jahrhundert die Geistlichen unter den
Canonisten die Minderzahl bilden, Deutschland und Oesterreich im
19. Jahrhundert und in der Gegenwart keinen einzigen geistlichen
Kirchenrechtsschriftsteller aufzuweisen hat, dem auf diesem Gebiete
eine wirklich hervorragende, productive und selbstständige Thätigkeit
zugesprochen werden könnte.

Aber auch von den (weltlichen) Juristen wurde das Kirchenrecht
— es ist erst seit etwa zwei Dezennien besser geworden — im 19. Jahrhundert sehr vernachlässigt. Die Gründe dieser Erscheinung sind: der
Fortfall der Geltung vieler materiellen Bestimmungen des canonischen
Rechts, die Abgewandtheit der Zeit von kirchlichen Fragen, die Anschauung, das Kirchenrecht falle den Theologen zu, der Glaube, es
sei dessen Kenntniss unnöthig für die Beurtheilung und Anwendung der
zumeist auf Staatsgesetzen ruhenden praktischen Bestimmungen, das
Ueberwiegen des römischen Rechts beim Studium und ganz besonders
die bis auf die neueste Zeit gänzlich einseitige und auch heute noch
unbedingt ungeeignete Art des Prüfungswesens, namentlich in Preussen.

[23]) So in Oesterreich ausser der Prager, Wiener, Seckauer, Krakauer, Lem-
berger; in Eichstädt, Bamberg, Augsburg, Speier, Passau, Freising, Regensburg,
in allen jetzt preussischen ausser Breslau und Köln, in Mainz, Limburg. In Oesterreich — seit 1765 bezw. 1771 war es anders (oben Thl. I. Seite 198, Anm. 10)
— wird seit 1849 das Kirchenrecht für Theologen an den theol. Fakultäten gelesen von Theologen. Wie wenig den Bischöfen daran liegt, dass ihre Theologen
eine juristische Bildung erlangen, zeigt der Umstand, dass in Prag von 1854 bis
1872 nur ein österr. Theolog das Kirchenrecht an der jurist. Fakultät gehört hat.
[24]) Ausser den Theil I. genannten *Martens, München, Gerlach, Sentis,
Heinrich, Hirschel, Janke, Kaiser, Kremski, Hartmann* ist mir keiner bekannt, der
wirklich juristische Studien gemacht hätte.

Das Resultat war Unkenntniss des Kirchenrechts selbst bei den »besten katholischen« Männern [25]). Die Regierungen, insbesondere die preussische, glaubten, es genüge, wenn jede Regierung einen Juristen als Justitiar habe, der zur Bequemlichkeit der übrigen Räthe, sobald Rechtsfragen vorliegen, seine Meinung abgeben muss. Die Entwicklung, wie sie eingetreten ist, findet zum Theil auch in dieser Vernachlässigung ihre Erklärung.

VIII. An den *protestantischen Universitäten* wurde das canonische Recht trotz des Eiferns von Luther und anderer Reformatoren und verschiedener Juristen als Lehrgegenstand unausgesetzt beibehalten. Die Juristen waren nicht engherzig genug, um dessen hohen Werth nicht blos für die juristische Bildung, sondern auch für die Praxis zu übersehen. Wohl aber hat der reformatorische Eifer den in vielen Schriften durchblickenden Erfolg gehabt, dass man vielfach durch Deklamiren gegen das canonische Recht, Schimpfen über den Papst und ähnliche Ergüsse seiner Sache dienen zu können glaubte, selbstredend nicht zu deren Vortheil [26]). Von Seiten der Theologen wurde

---

[25]) Es ist erstaunlich zu sehen, welche Unkenntniss desselben bis zum heutigen Tage selbst die juristischen Koryphäen des Centrums bei jeder Gelegenheit zur Schau tragen.

Mir ist's vorgekommen, dass in Oesterreich ein Statthaltereirath, der das Schulwesen unter sich hatte, einst in vollem Ernste sagte: ,der Bischof beruft sich auf's Concilium Tridentinum; was ist denn das? das hat doch wohl heute nichts auf sich.' Und doch war's in Oesterreich auch vor 1850 noch besser bestellt.

[26]) Es ist am Orte, die Worte von *Thomasius* aus der Vorrede zur Ausgabe von Gerhard's von Mastricht Hist. jur. eccl. Hal. 1719 abzudrucken, welche aus dem Munde dieses Mannes eine besondere Bedeutung haben. Er geht davon aus, der studiosus juris müsse das geltende Recht lernen, der Doktor es lehren; das Justinianische Recht als solches gelte in den deutschen Gerichten nicht, werde gleichwohl meist allein dozirt, das canonische vernachlässigt, ,quod tamen fere solum in praxi obtinet'. Nachdem er das noch näher ausgeführt, führt er fort: ,Post reformationem tantum abest, ut jus can. ex foris principum protestantium fuerit exactum, ut potius adhuc ubique obtineat, etiam, quod mireris, in causis ecclesiasticis, et talibus, ubi vel confessio Augustana monere judices consistoriorum debebat, aliter pronunciari debere, quod nuper circa causas matrimoniales peculiari dissertatione, de reliquiis sacramenti in matrimonialibus, in academia nostra fusius demonstratum fuit. Quare etsi mire se extorquent ICti nostri, dum docere volunt, in quibus causis maior sit autoritas juris canonici in foris nostris prae jure civili, ... ostendi tamen, ut puto, satis perspicue in nuperis lectionibus ad Desselii quaestiones' ... (wesshalb in bestimmten Fällen das Civilrecht vorgehe). Ungeachtet der vielen iniquitates hypocriticae sei das canon. Recht nicht zu vernachlässigen wegen seiner grossen praktischen Bedeutung, die er darlegt. ,Graviter propterea monuit non ita pridem illustris collegii nostri praeses adversus commentatores ex nostris nescio quos, quod male faciant, dum in proponendo jure canon. nihil aliud agant, quam ut ubivis reprehendant pontificem, canonumque compilatores, et ita magis destruant, quam exponant jus canon.', denn man

dessen Studium fast gänzlich vernachlässigt [27]). Folge davon war die durchgehende Unfähigkeit der Theologen, welche mit absolut unbedeutenden Ausnahmen jeder juristischen Vorbildung entbehrten, die kirchenrechtlichen Dinge richtig zu erfassen, und naturgemäss die eigentliche Regierung der Kirche durch weltliche Juristen, die bis zum heutigen Tage überall die Mehrheit in den Consistorien u. s. w. bilden, jedenfalls die Stellen der Präsidenten inne haben und den Ausschlag geben. Hieraus erklärt sich dann ferner, dass das Kirchenrecht seine ausschliessliche Vertretung an den juristischen Fakultäten fand, dass diese aber nur von Juristen geübt wurde, dass die Zahl der Theologen, welche kirchenrechtliche Stoffe schriftstellerisch behandelt haben, im Vergleiche zu der der Juristen klein ist [28]), und sodann im Ganzen die Werke von Theologen auf die Rechtsentwicklung fast einflusslos gewesen sind [29]). Und damit ist es auch in der Neuzeit nicht viel besser

müsse vor Allem wissen, was Rechtens sei und nach dem Gesetze urtheilen. Er kenne kein ihm ganz zusagendes Compendium. Er meint, das canonische Recht sei ‚in academiis protestantium‘ folgenderweise zu lehren und zu lernen. ‚Initio mallem jus canon. exponi secundum ductum autoris, qui non admiscuit tradita aut probationes ex jure civili, ut connexio juris canon. eo melius perspici possit; deinde, ut autor sit brevis et catholicae religioni addictus, quia hic non immiscet mores protestantium, quod in primis lectionibus videtur cavendum. Tum ut doctor exponens singulos titulos ad pauca et perspicua principia revocet, et indicet saltem quaestiones, quae ex istis principiis sunt resolvendae, eamque observationem exemplis illustret. Inde ut de suo addat perspicuam demonstrationem ex historia ecclesiastica, quibus temporibus singulorum titulorum doctrina, quatenus aliquid peculiare habet, et a jure gentium aut Romanorum, vel moribus primorum christianorum, aberrans ortum debeat, qua occasione id factum sit. et quid arcani clericalis in extruenda aut fulcienda monarchia papali ibi lateat.‘ Dann setzt er analog auseinander, wie nach einem protest. Autor das protest. Recht vorzutragen sei und beklagt den allgemeinen Verfall der Akademieen und Gerichte, die man mit meist schlechten Rathschlägen zu heben suche, ‚partim ob sanctam aliorum vel quasi simplicitatem, ac genuinae prudentiae civilis strenuam ignorantiam ..., partim ob astutam aliorum et pseudopoliticam prudentiam‘, wodurch die papistische Finsterniss eingeführt werde, während die Geschichte lehre, dass durch ‚intempestivis eiusmodi emendationibus nil aliud obtentum fuisse. quam suppressionem laicorum et inter hos maxime magistratus politici et exaltationem cleri ac promotionem monarchiae papalis. Et hac quidem methodo nunc utor in expositione tentaminis Titiani.‘

[27]) Es geht damit, wie mit der kath. Dogmatik u. s. w., welche den protest. Theologen im Ganzen ein unbekanntes Feld ist. Man braucht nur dies im Auge zu haben, um über manche Erscheinung der Gegenwart, insbesondere die Hinneigung der ‚Orthodoxen‘ zu den Romischen in's Klare zu kommen.

[28]) Ein Blick in die Vitae genügt, um dies zu erkennen.

[29]) Es ist charakteristisch, dass *Dorner* in seiner ‚Geschichte der protest. Theologie‘ das Kirchenrecht vollständig ignorirt. Gewiss gehört es nicht zur Theologie. Wie aber deren Geschichte völlig verstanden werden soll ohne jede Berücksichtigung der juristischen Literatur, ist mir unverständlich.

geworden. Die weitaus grosse Mehrzahl der protestantischen Theologen hört keine Vorlesung über Kirchenrecht [30]). An den juristischen Fakultäten dagegen wird dem Kirchenrecht protestantischerseits die volle gleiche, einzeln eine grössere Pflege als von einzelnen katholischen Dozenten zugewendet. Es ist aber das canonische bezw. katholische Recht, das den Löwenantheil davonträgt. Obwohl an den juristischen Fakultäten ohne Unterbrechung auch von den evangelischen Dozenten das Kirchenrecht gut kultivirt wurde, hat doch im laufenden Jahrhundert namentlich die Thätigkeit von *K. F. Eichhorn*, noch mehr die von *A. L. Richter* dem Kirchenrechte in Wort und Schrift zu einem eingehenderen Studium verholfen.

IX. In *Italien* ist das Verhältniss der Geistlichen überhaupt zu den Laien unter den Schriftstellern bis auf die neueste Zeit dasselbe wie in Deutschland bis zur Mitte des 18. Jahrhunderts. Die Laien bilden den weitaus kleineren Theil. Der Grund liegt offenbar darin, dass bis in's Ende des vorigen Jahrhunderts fast überall und unbedingt, aber auch in den meisten Staaten bis zum Jahre 1848, alle vom canonischen Rechte geregelten Materien der geistlichen, lediglich von Geistlichen besorgten, Jurisdiction zufielen. Damit entfiel für den Laien, soweit es sich nicht um die Advokatur handelte, Reiz und Antrieb zum Studium. Hierzu kommt, dass die Professuren des canonischen Rechts grösstentheils durch Geistliche besetzt wurden, für die staatlichen Prüfungen der Juristen, soweit solche stattfanden, das canonische Recht in den Hintergrund trat. Unter den Geistlichen bilden die Ordenspersonen das grösste Contingent (99): hier stehen die Jesuiten mit 33 in erster Reihe, die Dominikaner als die Inhaber der Inquisitoriate mit 16 in zweiter, es reihen sich an die Franziskaner 13, Regularkleriker 13, Benedictiner 10, Augustiner 4, Regularcanoniker 2, Carmeliter, Cistercienser, Serviten je 2, Bernhardiner 1. Die Schriften spiegeln die Stellung der einzelnen wider. Viel besser ist es auch in der neueren Zeit nicht geworden; die Schuld liegt daran, dass, so treffliche Fortschritte auf verschiedenen Universitäten für das Civilrecht, Strafrecht u. s. w., insbesondere unter dem Einflusse der historischen deutschen Schule gemacht sind, das canonische Recht nicht den gleichen Fortschritt gemacht hat; es herrscht in Italien entweder absoluter Indifferentismus, der mit Indolenz identisch wird, auf kirchlichem

---

[30]) Ich habe 6mal in Bonn Kirchenrecht gelesen, im Ganzen 3 evangel. Theologen als Zuhörer gehabt, ausserdem in einem publicum über das Concil von Trient 4, in einem solchen über Verhältniss von Kirche und Staat 2. Dem protestantischen *Bluhme*, der Presbyter der Gemeinde, Mitglied der Provinzialsynode u. s. w. war, ist es gerade so ergangen. An den übrigen Universitäten ist es nach Mittheilungen der Collegen ziemlich ebenso.

Gebiete — und dieses ist die Regel bei der Laienwelt — oder Kuria-
lismus.

X. Unter den *spanischen* Canonisten bilden die Laien eine kleine
Zahl, nicht 30. Von den geistlichen gehören 64 den Orden an, und
zwar: Jesuiten 29, Franziskaner 11, Dominikaner 10, Benedictiner 4,
Augustiner und Carmeliter je 3, Cistercienser 2, Regularcanoniker und
Mercenarii je 1. Die Mehrzahl der Geistlichen waren Dozenten, die
Laien hingegen standen zumeist im Staatsdienst oder in der Advokatur.
Grund dieser Erscheinung ist offenbar, dass die Handhabung der
kirchenrechtlichen, auch der auf staatlichen Gesetzen ruhenden, Be-
stimmungen im Ganzen geistlichen oder staatlichen mit Geistlichen
besetzten Behörden anvertraut war. Die neuere Zeit weist nicht die
Spur einer Aenderung auf, was wohl namentlich durch den tiefen
Stand der Universitäten hinlänglich erklärt wird.

XI. Die *polnischen* Schriftsteller gehören bis auf einige sämmtlich dem geistlichen Stande an.

XII. *Frankreich* bietet einen Gegensatz zu allen vorher be-
sprochenen Ländern. Zunächst ist bis in den Ausgang des vorigen
Jahrhunderts die Zahl der Geistlichen und Laien ziemlich gleich, die
Zahl der geistlichen Lehrer und die der weltlichen fast gleich; die
Orden liefern unter den Geistlichen die Minderheit. Ueberhaupt waren
von den aufgeführten 62 Weltgeistliche, 44 Ordensgeistliche, 92 Laien.
Der Grund liegt in den besonderen Verhältnissen. In Folge der grösseren
Selbstständigkeit des Staates gegenüber der Kirche, der weitgehenden
und sich auf viele Seiten des kirchlichen Lebens erstreckenden Gesetzgebung (Th. I. §. 14) und ganz besonders auch des appel comme d'abus
hatten die staatlichen Behörden mit kirchlichen Angelegenheiten viel
mehr zu thun, als in den übrigen Ländern. Diese Behörden aber
waren, wie die Parlamente, nur zum kleinen Theil mit Geistlichen
(conseillers clercs) in früherer Zeit, in der Mehrzahl und allmälig vielfach
ganz nur mit Laien besetzt. Hieraus erklärt sich zur Genüge, dass
das Kirchenrecht für die (weltlichen) Juristen dasselbe praktische Interesse
hatte, als für die Geistlichen, und dass die Richter und Advokaten auf
dessen praktische Anwendung hingewiesen waren. Nimmt man hinzu,
dass während der ganzen Zeit fast niemals eine längere Pause statt-
fand, ohne die fortwährenden Ansprüche oder Versuche kirchlicherseits
Befugnisse auszuüben, die das Staatsgesetz absprach, oder vom Staate
beanspruchte beziehungsweise geübte Rechte zurückzuweisen: so hat
man zugleich den Aufschluss über den Charakter einer überaus grossen
Anzahl von Schriften, mögen die Verfasser dem geistlichen oder weltlichen Stande angehören. Die besonderen Verhältnisse prägen sich auch
in der Betheiligung des Klerus an der Literatur aus. Frankreich kannte

keine Inquisition; die Exemtionen hatten daselbst eine geringere Ausbildung als anderwärts, namentlich in Deutschland und Italien; der
Weltklerus, vorzüglich der Episkopat, hatte in den regelmässigen
Assemblées du clergé ein Organ, dessen Thätigkeit nicht blos für die
Vertretung der Rechte des Klerus von Bedeutung war, sondern das
wegen der ihm zu Gebote stehenden Mittel, behufs der Vorbereitung
seiner Verhandlungen, der Ausführung und Durchführung seiner Beschlüsse auf die Wissenschaft sich stützen und für diese von bedeutender Anregung sein musste. So erklärt sich, dass die Wirksamkeit
der Ordensgeistlichen überhaupt geringer ist, als die der Weltgeistlichen,
die der ersteren, namentlich der Jesuiten, zum Theil nur dem polemischen Gebiete anheimfällt, aber auch, dass Frankreich Geistlichen
eine ganze Reihe von wissenschaftlichen, namentlich dem historischen
Gebiete angehörigen Schriften verdankt, mit denen für die Zeit bis zum
Ausgange des 18. Jahrhunderts kein anderes Land concurriren kann.
Anders steht die Sache im 19. Jahrhundert. Vom Standpunkte der
angeblichen Trennung der Kirche vom Staate [31]) sah man das Kirchenrecht als eine für den Juristen überflüssige Wissenschaft an. Es hat
daher an den juristischen Fakultäten und Rechtsschulen des heutigen
Frankreichs *als solches* keine Vertretung mehr; was man davon zu
wissen nöthig hält, ist dem *droit administratif* überwiesen. Wenn man
sich den Einfluss dieses Zustandes klar macht, so wird man sich nicht
verwundern über die thatsächlichen Wirkungen: ziemlich allgemeine
Unkenntniss des Kirchenrechts und damit des Wesens der katholischen
Hierarchie, ihres Einflusses, ihrer Mittel u. s. w. bei den Juristen, welche
mir aus persönlicher Kenntniss bekannt ist, — Schwanken und Unfähigkeit zum Ergreifen der richtigen Mittel gegen hierarchische Uebergriffe [32]), — schales Herabsehen auf die Kirche, die man nach keiner
Seite kennt, — ausschliessliche Behandlung des Kirchenrechts durch
Geistliche, — Sieg der extrem kurialen Richtung und Verlassen des

---

[31]) Die Etatspositionen, die Militärposten vor den bischöflichen Palais, die
Ordonnanzen der Präfecten über die Höhe des Miethpreises für die Stühle in den
Kirchen, die militärische Theilnahme an bestimmten kirchlichen Vorgängen, die
Stellung des Staats zu den Orden und Congregationen, zur Verwaltung des Kirchen-
vermögens, die Verpflichtungen der Civilgemeinden zu kirchlichen Leistungen u. s. w.
charakterisiren wohl hinlänglich diese — Trennung.

[32]) Die drakonischen Bestimmungen des Code pénal (s. Th. I. Seite 118,
Anm. 20) sind lächerlich geworden, weil man sie anzuwenden keinen Muth hat.
Es ist seit 1815 ganz gleich gewesen unter den Altbourbonen, den Orleans, dem
Kaiserthum und der Republik. Der Staatsrath erkennt höchstens auf abus u. dgl.,
der betreffende Prälat remonstrirt, lacht sich in's Fäustchen, die Regierung schwelgt
im Gefühle der geretteten Majestät des Gesetzes, das Resultat ist — Ignorirung,
Verhöhnung des Gesetzes und Stärkung des Ultramontanismus.

Standpunktes, welchen man im alten Frankreich sich zur grössten Ehre rechnete. Die Männer von Geist, Talent und Kenntnissen sind entweder ultramontan, oder religiös radikal, oder solche, die, wie sich in der Gegenwart recht zeigt, gegen ihre Grundsätze und ihr Vorleben dem Klerikalismus zum Siege verhelfen [33]).

Aber dieses gänzliche Vernachlässigen des Kirchenrechts hat noch ganz andere grosse Nachtheile. Wer irgend wissenschaftliche Studien gemacht hat, muss eingestehen, dass es unmöglich ist, die Geschichte der Zeit bis zum Ausgange des vorigen Jahrhunderts auch in Frankreich oder, wie die Franzosen sagen, die Geschichte Frankreichs unter der alten Monarchie, die Stellung des Königs, die Regierung, das Verwaltungs-, Justiz-, Finanzwesen gründlich kennen zu lernen, ohne eingehende Kenntniss der von der Kirche eingenommenen Stellung; eine solche Kenntniss ist aber nur zu erlangen durch die des Kirchenrechts, was wohl keiner Auseinandersetzung bedarf. Der französische Jurist, indem er den einen grossen Faktor für die ganze historische Entwicklung des Rechts weder in seiner Geschichte, noch in seiner inneren Structur und nach seinem Stoffe kennen lernt, entbehrt damit im Allgemeinen eine wirklich gründliche Rechtsbildung, welche die Geschichte voraussetzt, hat nicht den vollen und objektiven Massstab für die geschichtliche Würdigung der Sätze und Institute und läuft Gefahr, in der Wissenschaft wie im Geschäftsleben dem blossen allgemeinen Räsonniren, was man philosophische Behandlung zu nennen beliebt, oder dem advokatenmässigen Behandeln, der Routine, zu verfallen. Wer die Leistungen des alten Frankreichs auf diesem Gebiete mit denen des modernen vergleicht, muss leider zu dem Resultate gelangen, dass die heutigen fast nur dem Klerus zufallen und auch diese in keinerlei Weise hervorragen. Der Grund dieser zweiten Erscheinung liegt gleichfalls in der modernen Entwicklung des französischen Unterrichtswesens. Eine organische Verbindung der theologischen Fakultät mit der juristischen und philosophischen existirte bis auf die letzten Jahre nirgends in Frankreich, ja strenge genommen besteht eine solche überhaupt nicht zwischen verschiedenen Fakultäten. Der Klerus wird einseitig theologisch, ohne gründliche historische und philosophische und namentlich ohne alle juristische Kenntnisse vorgebildet. Aus diesem also gebildeten Klerus gehen aber die Dozenten und Schriftsteller hervor. Wie kann es da Wunder nehmen, wenn namentlich die juristische Seite in den Werken völlig darniederliegt. Das canonische Recht aber, das auf

---

[33]) Ueber das protest. Kirchenrecht siehe *L. Schneegans, Vues générales sur l'enseignement du droit ecclésiastique protest. en France.* Strasb. 1840. *Ed. Cunitz,* Considérations histor. sur le développement du droit ecclés. protestant en France. ib. 1840.

einer so rein juristischen Grundlage aufgebaut ist, setzt platterdings
die Kenntniss des römischen Rechts voraus und für das volle Verständniss der Aufgabe, welche die Kirche in der modernen Gesellschaft
hat und für die von ihr berechtigterweise allein zu behauptende Stellung die Kenntniss des für die verschiedenen Seiten der staatlichen
Gesellschaft geltenden Rechts. Was hier gesagt ist, spiegelt sich in
den Schriften ab.

XIII. Ganz ähnlich der Entwicklung in Frankreich ist die des
neunzehnten Jahrhunderts in Belgien, Holland, Spanien, England, soweit die katholischen Schriftsteller in Frage kommen. In *Belgien* hat
das Kirchenrecht für die Juristen eine ähnliche Stellung erlangt, wie
in Frankreich; abgesehen von Schriften über vermögensrechtliche Punkte
ist es zur Domäne des Klerus geworden. Dieser aber hat in der
„katholischen‘ Universität Löwen (als solche errichtet 1834) in der That
eine Bildungsanstalt, wie sie kein anderes katholisches Land ausserhalb
Deutschlands und Oesterreichs besitzt. Denn hier ist der alte Zusammenhang der Fakultäten gewahrt und die Möglichkeit geboten, eine vollständige Vorbildung in den für den Canonisten nöthigen Hülfsdisciplinen
zu erlangen [34]). Obwohl Richtung und Ziel der Löwener Schule unbedingt klerikal sind, so lässt sich nicht bestreiten, dass die aus derselben hervorgegangenen canonistischen und damit im Zusammenhange
stehenden Arbeiten gegenüber denen der ausserdeutschen Literatur
hervorragen. *Holland*, das die Trennung von Kirche und Staat durch-
geführt hat, entbehrt jeder wirklich wissenschaftlichen Anstalt für die
Bildung des katholischen Klerus, der lediglich für den praktischen Dienst
abgerichtet wird. Eine wissenschaftliche Literatur aus der neuesten
Zeit existirt nicht; diejenigen Schriftsteller, welche in Betracht kommen
und der Geburt nach Niederländer sind, gehören ihrer literarischen
Bildung nach Löwen an. Man muss im Angesichte dieser Thatsachen
zugestehen, dass der belgische Episkopat mit der Gründung der Universität Löwen den bedeutsamsten Schritt gethan hat, der möglich
war, um für den Klerus ein wirklich tüchtiges Mittel zur Behauptung
seiner Stellung zu schaffen. Und wenn man die Klagen über den
tiefen Bildungsstand des französischen Klerus erwägt, wie sie kein Geringerer als *Bouix* in der Revue des sciences ecclésiastiques wiederholt
ausgesprochen hat, wenn man die Aufgabe betrachtet, welche sich verschiedene französische katholische Zeitschriften stellten [35]), kann man

---

[34]) Das eigentliche *Kirchenrecht* wird in der theol. Fakultät vorgetragen von
einem Professor nach den Dekretalen, von einem zweiten „le droit civil-ecclé-
siastique‘.

[35]) Man sehe das Programm im 1. Hefte der *Revue des questions historiques*

nicht bestreiten, dass der französische Episkopat durch das Bestreben, *katholische unter geistlicher Leitung stehende Universitäten* zu gründen, einen Schritt der höchsten Bedeutung gethan hat. Gelingt es ihm, dieselben fest zu gründen, ihnen das Recht der Verleihung der akademischen Grade mit voller staatlicher Geltung endgültig zu verschaffen, so haben sie ein Mittel gewonnen, welches nicht blos die Bildung des Klerus heben kann, sondern vor allem durch eine canonistische Bildung des Klerus geeignet sein dürfte, die rechtliche Stellung der Hierarchie bedeutend zu festigen, zumal dann, wenn der Staat fortfahren sollte, eine wirklich gründliche kirchenrechtliche Bildung als ausserhalb des Berufes der Juristen liegend zu erachten. Ich nehme keinen Anstand offen zu bekennen, dass ich den Erfolg der ultramontanen Richtung des Klerus in allen Ländern zum grossen Theile darauf zurückleite, dass die Mehrzahl der Geistlichen seit dem Ausgange des vorigen Jahrhunderts allenthalben jeder auch nur entfernt gründlichen und wissenschaftlichen kirchenrechtlichen Bildung entbehrte, dass demselben in Folge seiner Erziehung alle juristischen Kenntnisse abgingen. Nur dadurch kam es, dass die hohlen Phrasen von Freiheit der Kirche und die Wiederauflebung mittelalterlicher Ansprüche sich einleben konnten. So lange der für das Leben massgebende Klerus in Deutschland, Frankreich, Belgien und theilweise in Italien, das heisst die Männer, aus denen die Bischöfe, Domherren, Offiziale u. s. w. hervorgingen, eine ordentliche kirchenrechtliche Bildung genoss, ist es zu Gegensätzen und Forderungen, wie unsere Zeit sie erlebt, nicht gekommen. Wenn auch in Deutschland die Staaten von 1803 bis 1848 anstatt der überflüssigen Einmengerei in die Kirchenregierung dafür gesorgt hätten, dass alle Geistlichen an wissenschaftlichen Anstalten gebildet worden wären und namentlich nicht eine blos einseitige theologische Bildung erhalten hätten, stände es besser um sie und die Kirche.

Der Zustand in *England* ist gleich dem in Holland. Wo, wie dort und in *Amerika*, die eigentliche Geltung des Rechts beseitigt ist, das blosse Utilitätssystem der Propaganda herrscht, besteht das Recht in der Handhabung der für zweckmässig erachteten Willkür. Von wissenschaftlichen Leistungen auf dem kirchenrechtlichen Gebiete ist mir nichts bekannt geworden.

XIV. Eine eigenthümliche Erscheinung tritt uns entgegen, die Verschiedenheit der Berufung zu der Prälatur nach den einzelnen Ländern, welche sich aus deren besonderen Zuständen erklärt. Unter den

---

von *G. du Fresne de Beaucourt*, Par. 1866, des 1845 gegründeten *Correspondant*. Es ist interessant zu lesen, wie *Joh. Janssen* im Bonner „Theol. Lit.-Bl." 1869. Sp. 62 ff. das Ziel dieser Zeitschrift preist.

italienischen Canonisten befinden sich: 1 Papst[36]), 20 Kardinäle[37]), 34 Erzbischöfe und Bischöfe[38]); unter den Kardinälen sind 9[39]), unter den Erzbischöfen und Bischöfen 7 Ordensleute[40]). Bei den *spanischen* Schriftstellern zählen wir 1 Kardinal, den Jesuiten Tolet, 26 Erzbischöfe und Bischöfe[41]), worunter 1 Augustiner, 3 Dominikaner und 1 des Ordens der Mercenarii. In der Reihe der *französischen* befinden sich 2 Kardinäle und 15 Bischöfe oder Erzbischöfe[42]), darunter ein Ordensmann. Von den *belgischen* und *holländischen* sind 4 Bischöfe und 1 Weihbischof gewesen, die wenigen *englischen* zählen 1 Kardinal, von den *polnischen* gehören 6 dem Episkopate an (die Nummer 7, 10, 14, 19, 28, 66 genannten).

Ganz anders steht es mit *Deutschland*. Unter allen Schriftstellern, deren Thätigkeit vor 1803 fällt, ist nur ein Bischof (Faber), 8 Weihbischöfe[43]), unter den neueren nur 8 Erzbischöfe oder Bischöfe[44]), dazu ein Kardinal. Wenn man nun bedenkt, dass in Frankreich, Spanien, Polen das *landesherrliche Ernennungsrecht* Platz griff, der einzige deutsche Bischof vor 1803 durch den Kaiser ernannt war, die

---

[36]) Prospero Lambertini, Benedict XIV.

[37]) Simoneta. P. P. Parisio, Contarini, Scotti, Albani, M. Colonna. Paleotti, Bellarmino. Brancati, Pallavicino. Luca. Noris. Sfondrati, G. M. Gabrieli, Corradini, Petra, Orsi. Gerdil, Soglia. Tarquini.

[38]) G. Trevisano, Nachiante, Rodano. L. Jordano, Niguardo, Vielmi. Maioli, Galassi. A. Grassi. M. Ugoni, B. Ugolino. G. F. Leo. Zerola, Servantio, Bascapé, G. A. Ricci, de Dominis, Ricciulli, Sperelli, P. Giordano, Maranta, Antonelli, T. de Rosa. F. Verde. de Nicolai, Braschi. G. Riganti. Perrimezzi, Pitoni, Camarda, Bartholi, S. Ricci, Devoti, Vespasiani. Ueber 20 andere waren Episcopi i. p., Pröpste, Canonici u. s. w.

[39]) *Jesuiten:* Bellarmino, Pallavicino. Tarquini; *Benedictiner:* Sfondrati: *Franziskaner:* Brancati. Luca; *Augustiner:* Noris; *Cistercienser:* Gabrieli; *Regularkleriker:* Gerdil.

[40]) *Dominikaner:* Niguardo, Nachiante, Servantio, Trevisano, Vielmi; *Regularkleriker:* Bascape, Perrimezzi.

[41]) Di Villadiego. Cassador, Arn. Albertino, D. de Lugo, Did. de Alaba, D. de Simancas. B. de Carranza (Dom.), J. de Roxas, D. Covarrubias, A. Alvarez Guarera. A. Agostino, Sarmiento de Mendoza, Taxaquet, Jos. Stephanus, F. de Sosa. H. de Veniero, R. de Cunha, P. de Tapia (Dom.), F. de Vega, A. Barbosa, R. Fermosini, Roccaberti (Dom.). de Adarza (Merc.), de Urrutigoiti, de Villaroel (Aug.), M. de Monte.

[42]) De la Luzerne, Gousset Kard.: *Erzb. und Bischöfe:* Cenau, Genebrand (Benedictiner), du Saussay, de Maria, Hallier, Habert, Abelly, Bossuet, Fénélon, Reymond. H. Grégoire, de Pradt, Affre, Pavy, Dupanloup.

[43]) Binsfeld, Zeller, Hontheim. Würdtwein, Behlen, Behr, P. A. Schmidt, Zirkel.

[44]) Dalberg. Ketteler. Fessler, Rauscher, Eberhard, Binder, Hefele, Kutschker. Der 4. und 8. zugleich Kardinäle. Hergenröther ist offenbar der *einzige*, welcher das Kardinalat seiner schriftstellerischen Thätigkeit verdankt.

österreichischen und ungarischen ebenfalls vom Kaiser von Oesterreich (König von Ungarn) ernannt sind: so ist wohl der Beweis geliefert, dass die wissenschaftliche Tüchtigkeit von den Landesherren ganz anders berücksichtigt wurde, als von den Kapiteln. Für Italien darf dasselbe behauptet werden, da die Bischöfe aus dem Königreich Neapel, Sardinien, Toskana u. s. w. ebenfalls durch landesherrliche Nomination ihre Sitze erhielten; eine kleinere Zahl verdankt dieselben der päpstlichen Verleihung. Sieht man die Namen der Kardinäle an, so liefert deren geringe Zahl den Beweis, dass man auch in dieser ganzen Periode nie danach gestrebt hat, den obersten Rath des Papstes mit wissenschaftlich hervorragenden Männern zu besetzen; es zeigt sich aber auch, dass bis in die neueste Zeit sowohl in Italien, als ausserhalb entweder die unbedingte kuriale Richtung [45]), oder lediglich landesherrliche Wünsche [46]), oder die Rücksicht auf die Familie [47]) den Ausschlag gegeben haben.

§. 25 (Thl. I), 14 (Thl. II).

2. Die Schule überhaupt in den einzelnen Ländern.

I. *Der Schwerpunkt der canonistischen Jurisprudenz liegt für diese ganze Zeit in den Lehrern an den Universitäten, beziehungsweise*, da wir namentlich für Deutschland die zahlreichen Lyceen und Gymnasien, an denen das Recht überhaupt und insbesondere das canonische vorgetragen wurde, hinzurechnen [1]) dürfen, *in den Lehrern des Kirchenrechts überhaupt.* Erstens waren die grosse Mehrzahl derjenigen Schriftsteller, deren Werke überhaupt an sich und durch ihren Einfluss von Werth sind, Dozenten [2]); zweitens ist die Zahl der Schriften von Verfassern, die ausserhalb des Lehramts standen, im Verhältniss zur Zahl der von Dozenten gemachten gering; drittens behandeln die Schriften von Nichtdozenten durchgehends nur einzelne Punkte, welche zwar an sich von

---

[45]) Bei den vier Jesuiten, dem Kardinal Gousset und Hergenröther, einigen anderen italienischen.

[46]) Bei den Kardinälen Rauscher und Kutschker.

[47]) Bei den meisten italienischen: es verstand sich von selbst — und bis auf den heutigen Tag ist's so —, dass Geistliche aus bestimmten hochadeligen Familien gewissermassen geborene Kardinäle sind.

[1]) Es kommen, wie sich aus den Vitae ergiebt, in Betracht ausser den eigentlichen Universitäten die früheren Lyceen u. s. w. in *Dillingen, Freising, Fulda, Constanz, Rottweil, Regensburg*, die Anstalten der Orden (Benedictiner, Jesuiten, Franziskaner, Prämonstratenser), dazu einzelne norddeutsche u. s. w.

[2]) Die bald (unter Num. II.) folgende Zusammenstellung liefert den Beweis.

Bedeutung sind, jedoch für die wissenschaftliche Behandlung des Rechts
überhaupt weder bezüglich der Methode, noch der Art der Verarbeitung
hervorragen; viertens sind nur die Lehrer für die eigentliche Durch-
und Weiterbildung des Rechts von Bedeutung gewesen, indem sie
allein die Methode und die ganze Art der Behandlung bestimmt haben
und namentlich jeder wirkliche Fortschritt fast ausnahmslos auf sie
zurückzuleiten ist; fünftens endlich hat von der Tüchtigkeit oder Unbedeutendheit der Dozenten überall und stets bis auf den heutigen Tag
abgehangen, ob die Literatur in einem Lande wirkliche Leistungen,
und in welchem Umfange sie solche aufzuweisen hat oder nicht. Man
darf es als feststehend aussprechen, dass im Ganzen auch die nicht
dozirenden Schriftsteller ihre Anregung nur von den Lehrern erhielten.

Verfolgen wir die Lehrthätigkeit in den verschiedenen Ländern an
der Hand des im Ganzen wohl erschöpfenden Materiales, so werden
wir die soeben scharf hingestellten Sätze als richtig anerkennen und
zugleich die Stellung würdigen können, welche den einzelnen Nationen,
Ländern, Staaten, Schulen für diese Wissenschaft gebührt.

II. Wir stellen für die verschiedenen Universitäten die Lehrer,
welche zugleich als Schriftsteller gewirkt haben und dadurch der Nach-
welt bekannt sind, zusammen [3]).

A. _Italien_.

Bologna. Palacotti, Grassi, Sarnceni, Bacchini, Vibaldus, de Otero (Spanier),
Stiatici, Sacchi, Nannetti, de Fuentes, del Rio Noriego, Otero (Spanier). — _Catania._
Cavallaro, Cafaro. — _Mailand._ Marta. — _Messina._ Piccioli, Pilaja. — _Neapel._ Sel-
vaggio, Otero (Span.), Caponi, Gagliardi, Cavallaro, Pecorelli. — _Padua._ P. Parisio,
Spina, Vielmi, Carriero, Mencini, Pauluzzi, Bartholi, Stephani, Serry (Franzose).
Mantua Benavidio, Marta, Pace, Arrighi. — _Parma._ Marta. — _Pavia._ P. Tam-
burini, Marta. — _Perugia._ Meniconj, Vermiglioli, Lancellotti, Mezzanotte. —
Pisa. G. Viviano, L. Mencini, Valsecchi, Foggi, Migliorucci, Cantini, Pinhel (Por-
tugiese). — _Rom._ Parisio, L. Jorduno. Bellarmino, Fagnani, L. Brancati, Francolini,
Bencini, Gasparro, Ursaya. Devoti, Argiro, Ferrante, Vespasiani, Liberatore, Au-
disio, de Camillis. Spanier: F. Tolet, J. de Carthagena, J. Mariana, F. Suarez,
G. Vasquez, D. Alvarez, Pasquelin (Franzose), Gravina. — _Siena._ Pace. — _Ticino._
G. F. a Ripa. Cucchi. — _Turin._ Di Vischi, Germoni, Bencini, Berardi, Gravina,
Bruno, Tonello, Nuytz, Cujas (Franzose). — _Ausserhalb der Universitäten lehrten_
die Geistlichen: Bagnuolo, Nachiante, Segni, Gambacurta, Cappelli, Gavanto, Me-
nochio, Thesauro. Gerunda, Agudi, Priviterra. Verano, D. M. Ferrari, Chiavetta,
Febeo, G. M. Gabrieli, Montani. Bianchi. L. Ferraris, di Chiara, Taparelli, Martini,
G. C. Ferrari, Audisio.

---

[3]) Vgl. Bd. II. S. 537 ff. Den Vergleich mit den dortigen Angaben für das
Mittelalter kann jeder sofort machen. Die Professoren der theologischen Fakultät
sind nicht von denen der juristischen geschieden, weil das für die literarischen
Leistungen gleichgültig ist. Die befolgte Ordnung ist: Katholiken (Geistliche,
Laien), Protestanten.

B. *Frankreich.*

Aix. Pasteur, Gibert. Fabrot, G. Pace (Italiener). — *Angers.* de Roye. —
Arignon. de Tonduti. Cabassut, G. F. a Ripa (Italiener). — *Besançon.* Dunod
de Charmage. — *Bordeaux.* Regnauld. — *Bourges.* Duarène, A. Le Conte. Cujas,
Bengy. — *Caen.* Le Gaufre, Halley. — *Cahors.* Der Spanier M. Navarrus, Cujas.
— *Dôle.* Regnauld. — *Douai.* Tournely. — *Montpellier.* Rebuf, G. Pace (Italiener).
— *Orleans.* Ruzé, A. Le Conte, Cabot, Florent. D'Avezan, de la Lande. — *Paris.*
De Mouchy, Regnauld, E. Richer, Filesac, Duval, Petau, N. Le Maistre, Hallier,
Gerbais, L. E. Dupin. Tournely. Salmon, P. F. Le Courayer, Duranthon, Moly de
Brezolles, J. Mariana (Spanier), Rebuf, Duarène. Cujas, Dartis, Cabot, Guijon,
Florent, D'Avezan, Donjat. E. de Melles, Halley, A. de Ferrière. — *Poitiers.*
F. F. d'Hauteserre. — *Pont-à-Mousson.* Regnauld, J. J. Petitdidier, P. Grégoire. —
Reims. Cl. de Ferrière. — *Rennes.* Lanjuinais, Carré. — *Toulouse.* Ciron, M. Na-
varrus (Spanier), Rebuf, Cabot, Majoret, Dadin d'Hauteserre. — *Valence.* Cujas.
Fabricius Bleyuianus, G. Pace (Italiener). — *Sedan.* G. Pace (Italiener).

C. *Spanien* und *Portugal.*

Alcala. J. de Medina, G. Vasquez, C. Hurtado, P. de Tapia, de Sequeiros. —
Astorga. Fermosini. — *Avila.* F. Suarez, N. Garcia. — *Barcelona.* N. Peralta. —
Burgos. Perez Sigler. — *Coimbra.* M. Navarrus, F. Tolet, F. Suarez, Mendez de
Vasconcelos. — *Compostella.* F. de Castro-Palao. — *Conosa.* A. de Escobar de
Loaysa. — *Cuença.* E. G. Tellez. — *Evora.* F. Tolet, Valente, d'Abreu. — *Granada.*
D. Alvarez. — *Huesca.* L. a Saravia. — *Lerida.* Marti. Moli. — *Madrid.* C. Hur-
tado. — *Murcia.* C. Hurtado. — *Ognato.* A. de Quintadueñas. — *Ossuna.* D. de
Avellanda. — *Pamplona.* Dnoyz. — *Pincia.* F. de Victoria, D. de Simancas, B. de
Carranza. — *Placenzia.* J. Guttierez. — *Salamanca.* Di Villadiego, de Victoria,
D. de Luys. M. Navarrus, D. Covarrubias, Sarmiento de Mendoza, P. Dueñas,
Plaza de Moraza, F. Suarez, Ponce de Leon, J. Vela, L. de Miranda. D. de Saha-
gnna. Mendo. — *Savona.* Vibaldus. — *Segorbe.* Jos. Stephanus. — *Segoria.* F.
Suarez. — *Sevilla.* Hoieda de Mendoza, M. G. de Luna. — *Toledo.* Narbona.
J. de Bobadilla. — *Ursaoe.* M. G. de Luna. — *Valencia.* Trullench, J. Blay, Roc-
caberti, de la Torre, y Orumbella. — *Valladolid.* F. Suarez. — *Ausserdem lehrten:*
de Espinosa, de Legona, Salelles, Leander de ss. sacramento, Cardosa de Amaral.
de Adarza, Andreas a matre dei, de Villaroel, Pons.

D. *Deutschland. Oesterreich. Schweiz. Holland. Belgien.*

Altorf. Ritterhusins, Ungepauer, Spitz, Link, Deinlein, Siebenkees. — *Amster-
dam.* P. Blondel. G. J. Voss. — *Basel.* Zasius, Brandmüller, Schlettwein, Stintzing.
— *Bamberg.* Strein, Lutz, Dande. Rath. Grebner, Vogel, Busaeus. Reizer, Lorber.
Mulzer, Jung. Schott, Frey. Butz. Hammer, Boeris. Schmidt, Engelhart, Ullheiner,
Reider. — *Berlin.* Phillips, Ellendorf. Martens, Schmalz. Savigny, Eichhorn, F. A.
Biener, Puchta, Laspeyres, Stahl. Rheinwald, Richter, Göschen, Dove, Friedberg.
Hinschius, Hübler, Wasserschleben. — *Bern.* Gareis, Ith. Zorn. — *Bonn.* Lom-
berg, Hedderich, Gratz, Spitz. Klee, Sentis, Droste, Linde. Walter, Hüffer. Schulte.
Augusti, Bluhme, Rheinwald, Lange, Nicolovius. Stintzing. Wach. — *Braunsberg.*
Scheill. Frenzel. Eichhorn. — *Breslau.* Kugler, Dalbert, Pelka. Berg. Theiner.
Marx, Gitzler, Augusti. Regenbrecht. Suckow, Huschke. Wasserschleben. — *Czerno-
witz.* Vering. — *Dillingen.* Laymann. Bidermann, Wagnereck, Schorrer, Pirhing.
Biner, Söll, Diesbach, Alph. Pisanus. — *Dortrecht.* G. J. Voss. — *Duisburg.* Car-
rach, Mastricht, v. d. Mark. — *Deventer.* V. d. Mark. — *Erfurt.* Arnoldi. Bessel.
Simon, Frank, Dieterich, Brückner. — *Erlangen.* Schröter, Rudolph. Zindel. Geiss-
ler, Schott, Glück. Häberlin, Gründler, Puchta, Laspeyres, Stahl, Holling. Scheurl.

Stintzing. — *Franecker*. Wedel, Perizonius, Noodt. — *Frankfurt a. O.* Arnisaeus,
Stephani. Brunnemann, Rhetius. Schilter, Stryk. Cocceji, Ring. Herdes, Willen-
berg, Fleischer. Hoffmann, Moser, v. Böhmer, Darjes. Steck. Krug, Eichhorn. —
Freiburg i. B. Spreng, Gerbl. Mayer. Ilug, Hirscher. Staudenmaier, Sentis, Zasius,
Martini, Riegger. Sauter, Ruef, Hartleben, Rotteck, Birnbaum. Zell. Warnkönig,
Münch. Gfrörer, Buss. Mynsinger, Friedberg. — *Genf.* Pace (Ital.). — *Gent.* Warn-
könig. — *Giessen.* Staudenmaier, Riffel, Heinrich, Hunnius, Birnbaum. Linde,
Braun, Gareis, Kitzel, Goldast, Reinkingk, Tabor, Strauch. Eyben, Lyncker, Hert,
Weber, Ludovici, Kayser. Pfaff, Estor, Benner, Senkenberg, Jenichen. Preuschen,
Schlettwein, Koch, Schnaubert. Jaup, Weiss, Grolman, Wasserschleben. — *Göt-
tingen.* Warnkönig, Gebauer. Brunquell. Ayrer, Senkenberg, Justi, Kahle, G. L.
Böhmer, Häberlin, Schellwitz. Runde, Geissler, Plank, Spittler, Abele, J. F. E.
Böhmer. v. d. Becke. Schmelzer. Schmalz, G. W. Böhmer, Schönemann, Wiese,
Eichhorn, Spangenberg, Bergmann, Bluhme, Elvers, Bierling, Dove. Herrmann,
Mejer, Sohm. — *Gratz.* Krimer, Karchne, Andrian, Tosi, Gross, Maassen. —
Greifswald. J. Stephani, M. Stephani, Stypmann, Caroc, Gerdes, Balthasar, Aeminga,
Schubert, Becker, Essen, Schubert, Bierling. Mejer. — *Groningen.* Lange, Upeij.
— *Halle.* Carrach, Simon, Stryk, Bode, Thomasius, Götsche, J. S. Stryk, Ludewig,
Schneider, Müldener, Gundling. Ludovici, Böhmer. Weruher, Wolff, Fleischer,
Flörke. J. T. Carrach. v. Böhmer. Baumgarten, G. L. Böhmer. Heisler, Nettelbladt,
Steck, Fricke, Westphal, Trapp. Glück, Schmelzer, Dabelow. Vater, Bluhme,
Laspeyres, Göschen. Hellmar, Muther, Phillips, Friedberg. Hinschius, Meier,
Wasserschleben. — *Heidelberg.* Usleber. Grebner. Huth. Staudinger. Friederich,
Gallade, Holl, Kleiner, Schmidt, Mayer, Doller. F. J. Wedekind, Gansjäger,
G. J. Wedekind. Pace, Rosshirt. Vering. Wund, Paulus. Guyet. Bluntschli, Herr-
mann, Stintzing, Zanchius, Ch. du Moulin. — *Helmstädt.* Horst, Speckhahn,
Arnisaeus, Hahn, Conring, Werner. Binn, Clasen, Hildebrand. Eyben, Meier, Kress,
Leyser. Mosheim. Kipping. Keuffel, Kipping, Schubert, Häberlin, Rothfischer. Frick,
Schnaubert, Häberlin, Schmelzer. — *Herborn.* Goddaeus. — *Jena.* Monner, Reusner.
Hackelmann, Himmel, Ungepauer. Richter. Strauch, Struve. Bechmann, Schilter,
Cortrejus, Roth, Müller, Lyncker. Wildvogel, Slevogt. Brückner. Budde, B. G.
Struve, Dietmar. F. G. Struve. Kemmerich, Beck, Brunquell, Buder. Pertsch, Budde.
Flörke, Kipping. Estor, Schmid, Engau, Darjes, Schröter. Eckhard, Hellfeld,
Schubert, J. A. Hoffmann, Schmid, Koch, Schellwitz. Maier, Paulus, Vater, Augusti,
Guyet, Muther, Hase, Wesenbeck. — *Ingolstadt.* Eck, Clenke, Gretser, Laymann,
Mocquet, Haunold. Wex, Wiestner. Friederich, Pichler, Zech, Ublacker, Scholliner,
Th. Mayer. Zimmer, Michl, Alphonsus Pisanus, Ossanaeus. Canisius, Martini,
Weizenegger. Besold. Neydecker, Bassus, Verlohner. Chlingensperger, J. A. v. Ick-
statt, B. Schmidt. P. v. Ickstatt. Aschenbrenner. — *Innsbruck.* Zech, Biner,
Holl, Jäger, Bertholdi. Riegger, Moy, Phillips, Maassen, Gross, Thaner. — *Kiel.*
Carrach, May, F. G. Struve. Dorn, Fricke. Maier, Dove. Hinschius. — *Königsberg.*
P. M. Stephani, Sanden. Ranger. Sahme, Olearius, Arnoldt. Schmalz. Vater. Ja-
cobson. Muther. Phillips. Mejer, Wach, Zorn. — *Köln.* Schulting. Lacroix, Schorren-
berg. Th. Schmitz, Hochkirchen. — *Landshut.* Zimmer, Michl. Salat, Savigny. —
Leipzig. Freyhub, J. Münch, Hackelmann. Finkelthaus. Carpzov. Schwendendörffer,
Ittig. Philippi, Thomasius, Titius, Meis, J. Frick. Rechenberg. Mylius, Gebauer,
Mascov, Hoffmann, Eckard, J. T. Richter, Eckard. Bahrdt, Breunig. Bach. Hommel,
Körner, Steck. Platner, Seger. Schott. Treitschke. Biener, Müller. Krug. Tittmann,
F. A. Biener, Puchta. Richter. Schilling, Kind. Friedberg. Wach. — *Lemberg.*
Rittner. — *Leyden.* Böckelmann. A. Matthaei, Perizonius, Noodt, G. J. Voss. —

Löwen. Van Espen, Desirant, Bauwers, Le Plat. Winssinger, Feye, Birnbaum. Warnkönig. — *Lüttich.* Warnkönig. Munch. — *Mainz.* Thyraeus, Ernst, Haren, Dünewald, Engelhardt, Behlen, Schlör, F. P. Frank, Corvin v. Belderen, Wagner, Hahn, Straus, J. A. v. Ickstatt. Neureuther, Dürr, Horix, Will, Frank, Schall. Roth. — *Marburg.* L. van Ess. Hunnius, Vigelius, Goddaeus, Kitzel, Waldschmidt, Estor. Cramer, Kahle, König. J. A. Hoffmann, Geissler, Savigny, Puchta, Bickell, Richter, Sixtinus. — *Middelburg.* Appollonius. — *München.* Permaneder, Kiel, Kunstmann. Döllinger, Hergenröther, Schmid, Silbernagl, Görres, Moy, Phillips. Hildenbrand, Berchtold, Sicherer, Puchta, Stahl, Bluntschli, Kahl, Zorn. Hellmann. — *Münster.* Becker, Bönninghausen. Hartmann. — *Olmütz.* Steiger, Kugler. Dalbert. Kutschker, Monse, Helfert, Pachmann. — *Prag.* Böhm, Schambogen, Schrodt. Riegger. Helfert. Schulte, Vering. — *Rinteln.* Kestner, Bucholtz, Bode, Pestel, Wippermann, Schmalz. — *Rostock.* Godehmann, M. Stephani, beide Redecker, Becker, Ziegler, Elvers, Muther, Dieckhoff, Huschke, Kahl, Mejer, Wach. — *Salzburg.* Törring, Rambeck, Pl. Bridler, Weibel. Kimpfler, Engel, R. König, Resch, Ebberth, F. Schmier, B. Schmier, Erb, Böckhn, Scharz, Desing. Starch, Huhndorff, Zallwein, Oberhauser, Stainhauser, Scholliner, Kleinmayrn, Schmetterer, Glette, Gärtner, Rauscher, Schöpf, Sfondrati, Hartleben. — *Strassburg.* Petitdidier. Reusner, Tabor. Schilter, Schrag. Marbach, Kugler, C. W. Koch, Löning, Sohm, Zanchius. — *Trier.* Thyraeus. Reuter, Neller, Haubts, Weber, Münich, Frank. — *Tübingen.* Braun, Drey, Hirscher, Hefele, Kober, Besold, Warnkönig, Lang, Fehr. Grassus, Pfaff, Moser, Hoffmann, Tafinger, Le Bret, Maier, Schott, Reyscher, Dove. Thudichum. Wach. — *Utrecht.* Birnbaum, Cocceji. Toullien. G. Voet. Oostergа. Nethenus, P. Voet. A. Matthaei, Noodt. — *Wien.* Krimer, Schretter. Fessler. Schrader, Tosi, Greneck. Riegger, Banniza. Boeris. Eybel, Dolliner. Pachmann. Phillips. Gross. Maassen, Justi. — *Wittenberg.* Hunnius, Mauser, Kling, Beust, Weyhe, Zanger, Forster, Hernsdorf. Ziegler, Stryk, Schurzfleisch, Näve, J. F. Mayer, J. H. v. Berger. C. H. v. Berger. Horn, Beyer. Kemmerich, Krauss, Leyser, Crell. Chladny, Schellwitz, C. G. Hommel, Geissler, Krug, Wesenbeck. — *Würzburg.* Thyraeus, Serarius, Ph. Braun, Daude, L. Grebner. Staudinger, Barthel, Kleiner. Endres, Obernetter, Gregel, F. Berg, Onymus, Zirkel. Andres, Hergenröther, J. A. v. Ickstatt, Banniza. Sündermahler, Carlier, Hartleben, Brendel, Moy. Laug, Hildenbrand, Lippert, Garcis, Paulus, Stahl. — *Zürich.* P. Bluntschli, Lange, Rettig.

Von kath. Geistlichen lehrten oder lehren ausserhalb der Universitäten, namentlich an Lyceen und Ordensanstalten: Gobat, Dript, Sannig, Reiffenstuel, Leuren, Thenhaven. Holzmann, Scheurer, Schweiger, Amort, Arnoldus a S. Leonardo, Hermann. Widmann, Gerbl, Gerbert. Samhaber, Kaltner, Schramm. Probst, Rautenstrauch, Zallinger. Molckenbuhr, Hofer, Kufner, Kolb, Hackhoffer, Sebaldus a S. Christophoro. Schmitt, Werenko. Obernetter. Thaller, Reiss. Bl. Stephanus, Werkmeister, P. Hartmann, Deutmayr, Schenkl, Huebpaner, P. Brunquell, Geiger. Stapf, G. Th. Ziegler. Westhover. Ginzel. Reinerding, Eberhard, Eberl, Goschl. Aichner. Amberger, Binder. Brück. Gerlach, Hirschel. Moufang. Winkler.

E. *England.* *Oxford.* L. Dumoulin, Abbot. Dodwell.

III. *Italien*, dem durch das ganze Mittelalter die Palme gebührt, tritt gegen Frankreich und Deutschland zurück. Keine seiner Universitäten ragt durch eine grosse Zahl bedeutender Schriftsteller hervor. *Bologna* hat seinen alten Ruf vollständig eingebüsst. *Perugia* hat durch *Lancelotti* Bedeutung, *Turin* durch *Berardi;* eine Reihe tüchtiger Männer

weist *Neapel* auf. *Rom*, das für die mittelalterliche Jurisprudenz am
tiefsten steht, nimmt sowohl durch die Zahl der Dozenten, als ihre
Bedeutung für die Entwicklung in der Kirche den ersten Platz ein.
Bellarmin, *Tolet*, *Suarez* haben für die Theologie eine immense Bedeutung, zugleich durch ihre Werke für die Richtung in der Kanonistik,
zwar nicht für die Behandlung oder das Detail des Rechts, aber für
die massgebenden Grundsätze in den wichtigsten Punkten. *Devoti* und
Ferrante sind unmittelbar für die Behandlung des Rechts von Bedeutung; *Fagnani*, *Brancati*, *Ursaya* und eine Reihe von Praktikern haben
in den Congregationen, der Rota, durch die Herausgabe von Urtheilen
u. s. w. gewirkt und das Material zur Weiterbildung geliefert.

Unter den Italienern nehmen eine wirklich hervorragende Stellung
ein: für die *Methode der Behandlung:* Cucchi, Lancelotti; für die
Geschichte der Quellen (Literatur): Ballerini, Sarti, Berardi, Mansi,
Zaccaria; für die *Verarbeitung der Quellen und des Rechts
selbst:* Fagnani, Benedict XIV., Devoti, Ferraris.

Ein eigentlicher Fortschritt in der innern Behandlung liegt bis in
das 18. Jahrhundert nur höchst vereinzelt vor. Folgend der einge-
rissenen Methode waren die Schriften, Commentare, Handbücher und
die Monographieen breite Erörterungen, in denen Excerpte aus den
Schriften der Vorgänger, Citate aus den Quellen untermischt mit Inter-
pretationen einzelner Kapitel, Berufungen auf Entscheidungen der römischen Congregationen u. s. w., Anführungen der neueren Sätze des
Tridentinums, päpstlicher Constitutionen, Provinzialsynoden u. dgl. zu
einem Ganzen verarbeitet sind, das lediglich eine ausreichende Hand-
habe für den handwerksmässigen Gebrauch darbietet. Was sich von
historischen Dingen findet, sind vielfach an sich werthvolle Notizen,
aber keine geschichtliche Entwicklung des Stoffes. Auch die Schriften
Benedict's XIV. geben nicht etwa die wirkliche geschichtliche Entwicklung eines Instituts von seinen Anfängen an unter objektiver Würdigung
der Quellen, sondern in allen Punkten, wo die römische Disciplin von
der früheren abweicht, lediglich Nachweise über die gewordene römische.
Bei keinem einzigen Schriftsteller, welcher vor der Kurie Gnade gefunden, dient die Geschichte dazu, das Wesen eines Instituts, eines
Satzes zu erkennen; keiner erhebt sich zu der natürlichen und einzig
richtigen Anschauung, dass Institute, Vorschriften, Einrichtungen, welche
in einer bestimmten und namentlich den Anfängen der Kirche nicht
nahen Zeit *zuerst und als wirklich neu auftreten*, gar nicht wesentliche,
fundamentale in dem Sinne sein können, dass sie unter allen Umständen bleiben müssen und im sogenannten göttlichen Rechte begründet
seien. Zweck der Geschichtsforschung ist ihnen zu beweisen, was die
römische Ansicht für nöthig hält. Forschungen mit anderem Stand-

punkt wurden ohne jegliche Rücksicht auf das Objekt censurirt, wenn sie in Rom überhaupt bekannt wurden. Die Geschichte (Th. I. §. 1 ff.) giebt die Erklärung dieses Systems und lässt dessen Resultate begreifen. Mit geringen zeitweisen Ausnahmen herrschte in dem grössten Theile Italiens, bis in das Ende der 50ger Jahre, das System der Censur, und zwar nicht blos der geistlichen, sondern auch der weltlichen, beziehungsweise die Anerkennung der geistlichen Censur auf weltlichem Gebiete. Der Druck einer Schrift erforderte die Approbation, welche in Rom und · überall, wo die Inquisition herrschte, in den Händen eines Dominikaners lag; ob das Werk unter des Verfassers Namen, anonym oder pseudonym erscheinen sollte, war gleichgültig. Wenn wir absehen von Schriften zu Gunsten der den Ansprüchen der Kurie widerstrebenden Staatsgewalt, was von vielen aus dem Königreiche beider Sicilien insbesondere für die Monarchia Sicula auftretenden und von manchen in Zeiten des Conflicts im K. Sardinien, in Toscana, in der Lombardei und Venetien erschienenen gilt, so konnte kein Schriftsteller ohne Gefahr, selbst bis zu der des Lebens, ein Werk herausgeben, das mit der kurialen Ansicht in Conflict kam. Das aber war der Fall bei jeder historischen Auffassung und Darstellung, welche von den römischen Ansichten oder Forderungen abwich. Wohl hat insbesondere Benedict XIV. historische Studien angeregt — *Sarti, Ballerini, Muratori* sind glänzende Belege —, aber es handelte sich dabei in erster Stelle auch um die Bekämpfung gerade dem kurialen System entgegentretender Werke, wie der von *Quesnel*. Wie man offiziell die Wissenschaft betrieb und die Geschichte geschrieben wissen wollte, davon liefert der Index seit Paul IV., die Edition der Vulgata und des Breviarium durch Sixtus V. und Clemens VIII., das Werk von Baronius, von Pallavicino, Hontheim, in unseren Tagen Alles, was sich auf das vatikanische Concil bezieht, den genügenden Beweis. So oft man einzelnen Schriftstellern gegenüber nachsichtiger verfuhr und von einer Censurirung absah, lag der Grund entweder darin, dass man die Schrift nicht kannte, oder dass man die Person schonen zu müssen glaubte, weil sie der Kirche von Nutzen war.

Unter solchen Umständen finden wir begreiflich, dass sich im Ganzen wenige [*]) Personen zu schriftstellerischer Thätigkeit veranlasst finden konnten, dass insbesondere die Dozenten sich zufrieden gaben mit dem Vortrage dessen, was sie in Hülle und Fülle vorfanden. Es soll dabei nicht geleugnet werden, dass auch der tiefe Stand der wissenschaftlichen Bildung des Klerus, der Verfall der Universitäten,

---

[*]) Denn bedenkt man, dass das Kirchenrecht für Italien eine Bedeutung hatte, wie für kein anderes Land, so ist die Zahl der italienischen Schriftsteller wahrlich gering.

die Anstellung von Männern zu Professoren, welche selten durch Lehren und Schreiben ihre Befähigung nachgewiesen hatten, vielfach auf Grund eines Concurses, die untergeordnete Stellung der Professoren nach jeder Richtung hin, das Seinige beitrug [5]). Aber alles das steht eben mit einander in Wechselwirkung. Für denjenigen, welcher wacker im offiziellen Geiste auftrat, bot sich, wie die (vorher Seite 297) mitgetheilten Notizen zeigen, in der schriftstellerischen Thätigkeit ein Mittel, Carrière zu machen.

Ist es nicht betrübend zu sehen, dass ausser den Ballerini, Berardi und Zaccaria von Italienern für die Quellengeschichte so gut wie nichts gethan ist? dass ausser dem Werke Sarti's, das seine Bedeutung nur in den Biographieen findet, und den auch nur in dieser Hinsicht in Betracht kommenden übrigen, für die Literaturgeschichte des Kirchenrechts nichts geleistet wurde? dass Franzosen und Deutsche die Schätze der italienischen Bibliotheken erschliessen mussten? Was in den italienischen Sammlungen der Concilien geleistet wurde, reicht dem anderwärts Geleisteten nicht das Wasser. Ausser der 1869 erschienenen, keineswegs vorzüglichen Ausgabe der Sammlung des Kard. Deusdedit that man nichts für die Reihe der in Italien gemachten Sammlungen von Pseudoisidor an, mit alleiniger Ausnahme der offiziellen Ausgabe des Corpus juris canonici.

Es ist verständlich, dass *die ausseritalienische Literatur nur in beschränkter Weise in Italien benutzt wurde*. Man kannte und benutzte im Allgemeinen nur lateinisch geschriebene Werke, namentlich die den Zwecken der Praxis dienenden; die meisten solcher rührten her von Ordensmännern und fanden im Orden sofort Verbreitung. Von den in

---

[5]) Ein sprechender Beleg ist die Art, wie die *römische Universität* geleitet wurde. Sixtus V. unterstellte sie dem Colleg der Consistorialadvokaten, aus denen stets der Rector war, die Professoren wurden berufen von einer Kardinals-Congregation, vom Papste genehmigt. Gregor XIII. führte den Concurs ein, ihn behielt Benedict XIV. bei, jedoch mit dem Vorbehalte, auch ohne einen solchen anzustellen. Bis 1751 wurden die Professoren auf 1 bis 4 Jahre angestellt, seitdem dauernd mit vollem Gehalt als Pension nach 40 Jahren ipso jure, Anspruch auf dieselbe mit 30 Jahren unter Abzug von 60 aurei für den Nachfolger, auf die Hälfte mit 20 Jahren, vorher auf keine. Seit Leo X. ist dieser Concurs also. Der Kandidat zieht aus 30 vom Kanzler aus den von dem Colleg aufgestellten auserwählten Fragen eine, muss in 6 Stunden in der Bibliothek eingeschlossen dieselbe bearbeiten; die Beurtheilung hat der Kanzler, Rector, das Colleg — in Rom dazu 3 Consistorialadvokaten —, es entscheidet Stimmenmehrheit. Siehe Analecta juris pont. II. Ser. col. 1730 suiv., wo das ganze Unterrichtswesen in dem Kirchenstaate beschrieben ist. Wer in *Caraffa* de gymnasio Rom. die Reihe der römischen Professoren übersehend die geringe Zahl der darunter als Schriftsteller bekannten, nicht minder die kleine Zahl solcher aus den Consistorialadvokaten erwägt, hat für die Verurtheilung dieses Besetzungsmodus genug.

fremden Sprachen erschienenen Werken nahm man meistens nur Notiz, wenn italienische Uebersetzungen vorlagen, was nur bei einer sehr kleinen Zahl der Fall ist. So erklärt sich, dass die grossartige Entwicklung der Jurisprudenz namentlich in Deutschland fast spurlos an Italien vorüber gegangen ist. Die canonistische Literatur des 19. Jahrhunderts steht im Ganzen viel tiefer, als die frühere; die (weltlichen) Juristen haben sich von ihr abgewandt. Die Produkte gehen selten über die Leistung hinaus, in verknöcherter Methode das römische System zu stützen und zu verherrlichen.

IV. In *Spanien*, das im Mittelalter (Bd. II. S. 539, 541, 408, 439) wenige aber einzelne bedeutende Canonisten aufweist, ist die Anzahl ziemlich gross. Anders steht es mit ihrer bleibenden Bedeutung für die Wissenschaft. Von ungeheuerm Einflusse auch auf den Standpunkt der geistlichen Jurisprudenz waren die Dogmatiker und Kirchenpolitiker des Jesuiten-Ordens Alphonsus Pisanus, Tolet, Mariana, A. de Castro, F. Suarez, D. Alvarez, A. Escobar u. A.; für die *Praxis und die Casuistik* haben eine hervorragende und dauernde Wichtigkeit unter Anderen Martinus Navarrus, A. Barbosa, Thomas Sanchez. Von den Universitäten ist an erster Stelle *Salamanca* zu nennen, dem *Coimbra* am nächsten kommt; *Alcala, Pincia, Serilla* und *Valencia* verdienen ausserdem Erwähnung.

Aber bahnbrechend und für die Wissenschaft epochemachend, mag man auf die Geschichte der Quellen, die Methode und Form der Behandlung und auf die allseitige Bildung sehen, ist nur *Antonio Agostino.* Er ist allein geblieben in der wahrhaft wissenschaftlichen Behandlung der Quellen; nach ihm ist nur durch die Ausgabe der Collectio Hispana eine wissenschaftliche Leistung zu Tage getreten, deren Erscheinungsgeschichte zugleich einen sprechenden Beleg liefert für die Schwierigkeit, in Spanien der Wissenschaft zu dienen. Was über die Methode, über die Gründe des geistigen Verfalls für Italien gesagt ist, das findet auf Spanien verstärkte Anwendung. Von einem geistigen Leben war in diesem Lande seit Philipp II. nur soweit die Rede, als man das Recht behielt, dem herrschenden Systeme zu dienen. Die Literatur erstarrte zu einer Ansammlung rein scholastischer und kurialer Produkte [6]; eine scheinbare Ausnahme machen jene Schriften, welche die königlichen Rechte gegenüber der Kurie vertreten. Von

---

[6] Der Charakter der theologischen Literatur wird illustrirt durch die Objekte der Schriften. *Nic. Antonius* verzeichnet aus dem 16. und 17. Jahrhundert an Schriften über: Joseph, Anna und Joachim (von denen wir so gut wie nichts wissen) 15, über Leben und Feste der heil. Jungfrau Maria 53; über Bilder derselben 82; directoria conscientiae 109; de immaculata conceptione 167; die Zahl derer, welche über sollicitatio ad turpia und ähnliche Dinge schrieben, ist nicht klein.

Wissenschaft konnte unter der Herrschaft der Inquisition keine Rede
sein. Der Verfall des schönen Landes ist ein allseitiger [1]).

V. *Belgien* und *Holland* haben in *Van-Espen* einen der hervorragendsten Canonisten aufzuweisen, neben ihm aus früherer und neuerer
Zeit eine Anzahl von verdienten Männern.

Was von *Engländern* geleistet wurde, ist an und für sich nicht
bedeutend, im Vergleiche zu den Leistungen der übrigen Völker durchaus unbedeutend.

Auch über die von *Polen* und *Ungarn* ausgegangenen Schriften
kann ich, soweit ich erstere kenne, kein anderes Urtheil fällen, womit
der Werth einzelner Schriften nicht heruntergesetzt werden soll.

VI. Hatte sich *Frankreich* schon im Mittelalter an seinen eignen
Universitäten und durch seine in Bologna lehrenden Söhne grosses Verdienst erworben [8]), so wird dasselbe in dieser Periode noch bedeutend
gesteigert. An ihm sind, wie bereits gesagt wurde, Theologen und
Juristen, Lehrer und Praktiker in fast gleichem Masse betheiligt. Für
das Lehramt fällt der Schwerpunkt auf *Paris,* dem mehr als die Hälfte
aller an Universitäten lehrenden Schriftsteller angehört. Hier ist auch
der grösste Theil der Schriften erschienen. Beides findet in dessen
Stellung als dem politischen und geistigen Centrum des Landes seine
Erklärung. Neben ihm nehmen *Bourges, Orleans* und *Toulouse* ehren-
volle Plätze ein. Sie, vor allem wieder Paris, sind zugleich die Orte,
wo die meisten der nicht lehrenden Schriftsteller ihre Bildung erhielten.
Fasst man die Richtungen und Gegenstände in's Auge, so ist kaum
eine Seite, welche nicht hervorragende Vertretung gefunden hätte. Für
die *Literaturgeschichte* hat Doujat den Reigen eröffnet; Taisand,
Dupin, Le Long, Moréri, Nicéron haben Werke geliefert, die, obgleich
sie nicht dem Kirchenrechte allein angehören, ihren bleibenden Werth
behalten. Die *Geschichte und Edition der Quellen* hat in Guymier, J. du Tillet, Coquille, E. du Pasquier, Pierre Pithou, P. Dupuy,
Martene, Sirmond, Garnier, Pasquier, Quesnel, Baluze, Hardouin eine
Reihe glänzender Namen aufzuweisen. Für die *Rechtsgeschichte*
haben Pierre de Marca, Baluze, Thomassin, L. E. Dupin u. A. Leistungen hinterlassen, wie sie kaum von anderen Nationen vorliegen. Die
Darstellung des positiven Rechts hat eine Reihe bedeutender Lehr-
und Handbücher und eine Menge gleich trefflicher Monographieen ge-

---

[1]) Spanien hat 495,625 qkm mit 16.053.961 Einwohnern. 32 auf 1 qkm;
Frankreich 528.571 qkm mit 36.905.788 Einwohnern, 70 auf 1 qkm: Preussen
347,509 qkm mit 25.742.404 Einwohnern, 74 auf 1 qkm. Nach dem Verhältnisse
Preussens, das Spanien gegenüber ein armes, unfruchtbares Land ist, müsste
Spanien über 32.700.000 Einwohner haben!

[8]) Vgl. Bd. II. S. 539 ff., 543 ff., 547.

funden. Kein anderes Land hat für die Zeit bis zum Ausgange des vorigen Jahrhunderts so viel geleistet für die *wissenschaftliche Behandlung des partikulären Rechts*, und insbesondere nicht für die Bearbeitung der *prinzipiellen Fragen* hinsichtlich der kirchlichen Verfassung und namentlich für das *Verhältniss von Staat und Kirche.*

Fasst man das *Bedürfniss des praktischen Lebens* in's Auge, so bieten sich uns in den Werken von Gibert, Guy du Rousseaud, Durand de Maillane u. A. dergestalt handliche und zugleich durch die Mittheilung der Quellenbelege verlässliche Werke dar, wie wir solche für das Partikularrecht kaum anderwärts besitzen.

Die wissenschaftliche Thätigkeit ist sich indessen nicht gleich geblieben; hervorragend bis in den Anfang des vorigen Jahrhunderts warf sie sich seitdem zu sehr auf den partikulären Rechtsstoff, auf die kirchenpolitische Seite, auf den blos praktischen Gesichtspunkt, und verlor den Blick auf das Ganze, damit auch den Sinn für freie Auffassung; es trat allmälig eine völlige Nichtberücksichtigung der fremden Literatur ein, man glaubte durch die Grösse, welche Frankreich unter Louis XIV. erreicht hatte, der Mühe überhoben zu sein, sich um fremde Leistungen zu bekümmern. Es ist schon früher auseinander gesetzt worden, dass die Canonistik seit dem Umsturz des alten Staats- und Kirchenwesens eine tiefe Stelle einnimmt. Der Aufschwung, welchen die Jurisprudenz in Deutschland nahm, ging an ihr bis zum heutigen Tage spurlos vorüber; es sind sehr wenige Schriften aus dem 19. Jahrhundert von wirklich wissenschaftlichem Werthe erschienen, die canonistische Literatur des heutigen Frankreichs steht so tief, wie die irgend eines Landes.

VII. *Deutschland* gebührt der Vorrang vor allen andern Ländern und zwar so ziemlich während der ganzen Periode; seit dem Ende des 17. Jahrhunderts sind die wirklich tüchtigen Leistungen der andern nur sporadische, meist nur auf ein ganz kleines Gebiet eingeschränkt, Deutschland ragt hervor nicht blos durch die absolute Zahl der Schriftsteller [9]), sondern auch durch die Zahl der Schriften, welche das ganze Recht systematisch, einzelne grosse Partieen desselben oder auch nur einzelne Punkte behandeln.

In Deutschland selbst tritt der Zahl nach Oesterreich in den Hintergrund. Das findet für die Zeit des letzten Jahrhunderts eine sachliche Erklärung. Der Professor der Rechte in Oesterreich kann an den

---

[9]) 506 katholische, 580 protestantische, zusammen 1086 gegen: 356 Italiener, 313 Franzosen, 160 Spanier, 109 Niederländer, 49 Engländer, 71 Polen, 31 Ungarn u. s. w., zusammen 1089.

grösseren Universitäten nur dann literarisch thätig sein, wenn er eine tüchtige Arbeitskraft besitzt, eine gute Gesundheit hat und auf Vergnügungen wenig Werth legt [10]); der theologische hingegen hat dort Musse in Hülle und Fülle [11]). In keinem andern Lande ist der Jurist mit einer solchen neben dem eigentlichen Lehramte laufenden Arbeitslast beschwert. Wohl kam in Deutschland früher die Thätigkeit in den Spruchcollegien, Schöppenstühlen u. dgl. in Betracht, als deren Mitglieder wir die Laien ganz regelmässig, indessen auch manche geistliche Lehrer [12]) finden; in der Neuzeit ist die Verbindung der Professur mit einem Richter- oder sonstigen Staatsamte eine Seltenheit, die Spruchcollegien haben im 19. Jahrhundert kaum einen Canonisten besonders in Anspruch genommen, ihre Thätigkeit hat überhaupt mehr und mehr abgenommen. In Italien, Frankreich u. s. w. ist während dieser ganzen Periode die Thätigkeit der Professoren sehr selten durch richterliche oder sonstige Beamtenthätigkeit der wissenschaftlichen entzogen worden.

Man ist gewiss berechtigt, aus den erwiesenen Thatsachen den Schluss zu ziehen, dass die Deutschen durch Fleiss und Arbeitskraft sich vor den übrigen Nationen auf unserm Gebiete hervorthun. Aber auch in Deutschland selbst zeigt sich ein bedeutender Unterschied und allmälig eine merkliche Verschiebung. Wenn wir *Norddeutschland* [13]), *Süddeutschland* [14]) und *Oesterreich* [15]) mit einander vergleichen und auf den Geburtsort der Schriftsteller sehen [16]), so entfallen von den kathol.

---

[10]) Acht bis zehn Stunden wöchentliche Vorlesungen, jedes Semester eine Anzahl von Colloquien behufs der Befreiung vom Collegiengelde und für Stiftungszwecke — ich habe im Jahre regelmässig gegen 250—300 abgehalten —, eine Menge von Rigorosen (mündliche Doktorprüfungen), die Theilnahme an Staatsprüfungen (ich habe Jahrelang im Juli durch 8—12, im October 5—8, Ende des Wintersemesters 3—5 Tage oft bis zu 10 Stunden im Tage Theil nehmen müssen), dazu die Anwesenheit bei den Disputations- und Promotionsakten. Sitzungen u. s. w. liefern wohl den Beweis. Ich habe ein Jahr als Dekan 244 Rigorosen zu 2 St. abgehalten, bei 63 Doktorpromotionen und ebensovielen Disputationen, stets an gesonderten Tagen, intervenirt.

[11]) Er hat ausser seinen 6—8 St. Vorlesungen nur am Schlusse jedes Semesters die sog. Semestralprüfungen, welche er sehr bequem bei der geringen Anzahl in 2—3 Tagen abmacht.

[12]) So die deutschen kathol. Nr. 41. 67, 91, 108. 160, 174. 179, 219. 266, 274. 277, 289, 299, 309.

[13]) Einschliesslich Schlesien, Glatz. Lausitz, der wenigen aus dem Luxemburgischen und holländ. Gegenden gebürtigen Schriftsteller.

[14]) Einschliesslich der bis 1803 zu Oesterreich gehörigen Theile.

[15]) Ausschliesslich Ungarns und Polens, die eine besondere Aufstellung gefunden haben.

[16]) Das dürfen wir, weil mit wenigen Ausnahmen dieser regelmässig für die

Schriftstellern, deren Geburtsort mir bekannt ist, auf Norddeutschland 122. Süddeutschland 249, Oesterreich 68, die Schweiz 8, auf Lothringen 2. Brabant 8. Bedenkt man, dass die Bevölkerung Norddeutschlands grösstentheils protestantisch ist, von Oesterreich und Süddeutschland meist katholisch, dass die protestantischen Schriftsteller zumeist norddeutsche waren, so liegen die Folgerungen nahe.

§. 26 (Thl. I), 15 (Thl. II).

3. Die Behandlung in der Schule, insbesondere Sprache und Methode.

I. Die Art und Methode der Behandlung in Schule und Schrift waren im Wesentlichen dieselben. Dies ist kaum auffällig, da der Lehrer regelmässig zugleich Schriftsteller ist und für die nichtlehrenden Schriftsteller die in der Schule befolgte Methode massgebend wird, und weil nur besonders begabte Personen sich eines derartigen Einflusses zu erwehren vermögen. Wir dürfen daher wohl beides zusammen fassen.

Man hielt in den Schulen und in der Literatur die längste Zeit hindurch an der *lateinischen Sprache* als der Lehr- und Schriftsprache fest. In *Deutschland* ist das bei den *Katholiken* [1]) bis in den Anfang unseres Jahrhunderts die Regel gewesen. Betrachtet man die *deutsch geschriebenen Werke* näher, so sind sie durchgehends entweder populäre Gutachten, oder Streitschriften, berechnet auf die Masse oder die Regierung. Nur wenige haben einen objektiv wissenschaftlichen Charakter [2]), eine kleine Zahl von Schriftstellern schrieb nur deutsch [3]). Eigentliche Darstellungen des gesammten Kirchenrechts in deutscher Sprache giebt es nur wenige von Caesar, Eybel, Pehem, Gärtner; ihre Verfasser waren Oesterreicher. Auch die hierher gehörigen *protestantischen* Schriftsteller haben sich der deutschen Sprache in sehr geringem

grundlegende Vorbildung auf Gymnasien und Universitäten bis in die neueste Zeit entscheidend ist.

[1]) Von den vor 1750 geborenen Schriftstellern haben nur 32 deutsch geschriebene Abhandlungen u. dgl. veröffentlicht, nemlich: Zasius (Th. I. Seite 124). Amort 179, Desing 186, Kraus 193. Sündermahler 219. Behlen 220. P. v. Osterwald 224. Stainhauser 226. Caesar 228. B. Schmidt 234. J. Jung 236. v. Buininck 238. Horix 242. v. Zallinger 250. v. Kleinmayrn 251, B. Martin 252. Lomberg 253. Eybel 256, Molckenbuhr 258. Schuberth 258. Pehem 259. Sauter 265. v. Dalberg 266. Neuberger 274. Hartmann 275. Konenberg 276. Oberthür 277. Werkmeister 277. v. Frank 282. Zaupser 283. Joh. Schott 283. v. Roth 288.

[2]) Von Zasius. Sündermahler, Horix. Molckenbuhr. Schuberth. Pehem. Hartmann. Konenberg. Werkmeister.

[3]) Z. B. B. Schmidt. B. Martin. Neuberger. Werkmeister. v. Roth.

Umfange bedient [4]), im Widerspruche damit dass der Protestantismus einen gewissen nationalen Charakter trug; es herrscht für die eigentlich wissenschaftlichen, namentlich dem katholischen Rechte gewidmeten Schriften, die auf vorreformatorische Quellen fussenden Untersuchungen die lateinische Sprache vor, selbst für das spezifisch evangelische Recht, wenn auch das canonische dabei nicht zu Grunde gelegt wurde, ist die deutsche nur in untergeordnetem Masse angewandt worden. Seit 1750 wird bei den protestantischen, seit 1800 bei den katholischen die deutsche Sprache zur Regel, die lateinische fast nur in Doktor-Dissertationen oder Habilitationsschriften gebraucht.

Für den *Vortrag* bediente man sich allenthalben der *lateinischen* Sprache. Als *J. v. Riegger* deutsch zu lesen begann, aber nicht das Kirchenrecht, hatte er in Freiburg und Prag Unannehmlichkeiten; ebenso wurde noch zu Ingolstadt *Aschenbrenner* in den 90er Jahren desshalb denunzirt. *Brendel* in Würzburg las Winter 1827/28 und Winter 1828/29 nochmals in lateinischer Sprache. Während in *Oesterreich* [5]) im Jahre 1784 für alle anderen juristischen Fächer der Gebrauch der deutschen Sprache vorgeschrieben und der von deutschen Vorlesebüchern gestattet wurde, hielt man für das Kirchenrecht an der lateinischen Sprache in dem Hofdekret vom 29. Jan. 1791 [6]) fest. Seitdem fiel die lateinische Sprache in den juristischen Fakultäten vollständig fort, in den theologischen Anstalten blieb sie die Unterrichtssprache [7]). Es ist bei dem Schweigen der Schriften über die Geschichte der einzelnen Universitäten und bei dem Mangel besonderer Statuten oder dergleichen schwer, diesen Gegenstand für die einzelnen deutschen Universitäten quellenmässig genau nachzuweisen. Zieht man die Lectionskataloge, die Vorleseprogramme, die Vorschriften über die Sprache bei den akademischen Prüfungen und für die Fakultätsschriften (Dissertationen, Preisfragen) zu Rathe, so ergiebt sich, dass bis in den Anfang des 19. Jahrhunderts ziemlich allenthalben das canonische Recht lateinisch vorgetragen wurde. Für das Fakultäts- (Doktor-, Licentiaten-) Examen, die Dissertation und Disputation war die lateinische Sprache in der juristischen Fakultät vielfach bis in die neueste Zeit vorgeschrieben [8]).

---

[4]) Im 16. Jahrh. Sarcerius, Nigrinus, Burghard, G. Cölestin; im 17. Philips. P. Müller, Stryk, Dedekind. Philippi. Näve. Joh. Münster, Erhardt, Knorr. Ueberhaupt schrieben von den 237 aufgezählten, vor 1700 geborenen nur 42 deutsche hierher gehörige Schriften, bis zu 1750 die geringere Zahl.

[5]) *Schnabel*, Gesch. der Prager jur. Fak. II. 39.

[6]) *Schnabel*, Geschichte III. S. 47.

[7]) *Vorschriftsmässig*; faktisch diktirt der Dozent (oder trägt vor zum Nachschreiben geeignet) ein kurzes lateinisches Exposé und erörtert dies in deutscher oder einer andern lebenden Sprache.

[8]) In *Preussen* ist erst durch Min.-Erl. vom Jahre 1876 die *deutsche* Sprache

Darin liegt einer der Hauptgründe, wesshalb die lateinische Sprache ihre Herrschaft in den Vorlesungen und in der Literatur behauptete. Begreiflicherweise war die lateinische Sprache für das Erlernen bequemer, solange die Examina in ihr abgelegt werden mussten oder faktisch abgelegt wurden. Nun legten die Juristen bis zu dem Momente, wo in den einzelnen Staaten eine (oder mehrere) nicht von den Fakultäten abzuhaltende Staatsprüfungen eingeführt wurden, entweder gar keine, oder eine Prüfung vor der Fakultät ab. Dazu kommt, dass in verschiedenen Ländern das Doktorat oder doch ein akademischer Grad für die Advokatur, gewisse Richterstellen u. s. w., vielfach bis auf die neueste Zeit gefordert wurde. Dies setzte früher allgemein die Veröffentlichung einer in lateinischer Sprache geschriebenen Dissertation voraus [9]). Die Abfassung einer lateinischen Schrift wird durch das Studium auf Grund lateinischer Vorträge augenscheinlich erleichtert. Eine akademische Würde, mindestens der (Magister-) Licentiaten-Grad, war allenthalben Vorbedingung für das Lehramt, auch das private an den Universitäten; der akademische Grad gab stets und noch heute in Deutschland Ansehen, wesshalb viele ihn suchen, ohne die Absicht sich zu habilitiren [10]). Ein sehr grosser Theil der kleineren und auch manche grössere Monographieen sind Doktordissertationen. Nur dieser Sitte ist es zuzuschreiben, dass die deutsche kirchenrechtliche Literatur, wie der flüchtigste Blick auf die Uebersicht im III. Kapitel zeigt, eine solche Fülle von Abhandlungen über alle möglichen Einzelpunkte enthält, wie sie die Literatur Italiens, Spaniens, Frankreichs nicht entfernt aufweist. Wollte man nicht dasselbe Thema oft wiederholen, so musste man förmlich suchen; darum haben nur sehr wenige Punkte keine monographische Bearbeitung gefunden. Hierin liegt der Hauptgrund,

---

neben der lateinischen für die Dissertation. Preisfrage (sofern nicht die Fakultät anders beschliesst). Habilitationsschrift, *zugelassen*, für die Disputation, das Examen. die Probevorlesung und das Colloquium bei Privatdozenten *obligatorisch*. Wie es in solchen Dingen geht, dafür als Beispiel, dass in *Bonn*, während nach den jurist. Fakultätsstatuten (§§. 26, 29, 34, 39) die mündliche Prüfung und Disputation *lateinisch sein musste*, seit Dezennien beide auch *deutsch* vorkommen.

[9]) Einzelne Fakultäten nahmen von der Pflicht zur Drucklegung Abstand. z. B. auch in Göttingen. Es liegt auf der Hand, dass man eine Arbeit strenger prüft, mindestens bei den Juristen, wenn sie gedruckt werden muss, mithin die Fakultät verantwortlich wird für ihren Werth.

[10]) Die Ertheilung des Doktorgrades honoris causa ist bis heute in Deutschland eine Ehrenbezeugung, welche niemand verschmäht. Der deutsche Kronprinz hat 1868 das jurist. Ehrendoktorat von Bonn erhalten; die höchstgestellten Beamten (auch der Reichskanzler ist Dr. jur. h. c.) sehen es als Auszeichnung an, wenn sie aus besonderen Anlässen, auch beim 50jährigen Jubiläum, denselben erhalten. Im deutschen Reichstage und in den meisten deutschen Kammern wird kein Titel gebraucht, nur der des *Doktor* amtlich und auf der Tribüne.

wesshalb man an den protestantischen Universitäten und von Seiten
der protestantischen Lehrer in Deutschland dem katholischen Kirchenrechte, und zwar nicht blos in den auch für die Protestanten anwendbaren Theilen ziemlich dieselbe Sorgfalt zuwandte, als an den katholischen
und von katholischen Schriftstellern geschah. Das evangelische Recht
allein bietet in der That für Doktordissertationen u. dgl. nicht gar viele
Objekte. Zudem ist das evangelische Kirchenrecht bis auf den heutigen
Tag eigentlich juristisch wenig ausgebildet, hat vielfach einen allzu
verschwommenen und partikulär zerrissenen Inhalt, und lag durchgehends in einer Form vor, welche für solche kurze, rein theoretische
Abhandlungen weder Reiz noch Gegenstand darbot. Die Zahl der
Dissertationen protestantischer Verfasser über protestantisches Kirchen-
recht ist im Verhältniss zu der über katholisches sehr klein. Wenn
sie das evangelische berücksichtigen, geschieht es vielfach nur in der
Form eines Anhangs oder gelegentlicher Bemerkungen; der eigentliche
Stock ist aus dem katholischen Kirchenrechte genommen.

Was nun diese Dissertationen selbst betrifft, so boten sie mit daran
gehängten Thesen (Disputirsätzen) das Objekt der öffentlichen Disputation,
auf der früher ein Hauptgewicht lag, während sie heutzutage regelmässig ein eingelerntes Schauspiel ist. Eine solche Disputation fand
meist Statt unter dem Vorsitze, der Leitung (*sub praeside*, praesidio)
des Dekans oder eines andern Professors, nach dem Turnus beziehungsweise eigener Wahl oder Fakultätsbeschluss. Wurde der Angriff zu
heftig, so trat der Präses selbst ein, namentlich wenn er gegen die
Dissertation ging und der Kandidat in die Enge getrieben war. Dieser
Präses darf regelmässig als Verfasser angesehen werden, jedenfalls gehört es zu den Ausnahmen, wenn eine Arbeit nicht von ihm veranlasst und einer wiederholten Durchsicht unterworfen worden ist. Der
als *defendens* oder *respondens* angeführte Disputant kann nur dann als
der wirkliche Verfasser gelten, wenn dies aus der Arbeit selbst hervor-
geht [11]) oder anderweitig beglaubigt ist. Gedruckt wurden solche
Dissertationen auf Kosten des Kandidaten: darum wurden bisweilen
förmliche Bücher bis zu 20, 30 Bogen, für die sich wohl nicht leicht
ein Verleger fand, dazu benutzt von Kandidaten, welche sich aus den
Kosten nichts machten, oder für welche etwa ihr reiches Stift oder
irgend ein Gönner eintrat. Diese Sitte giebt auch Aufschluss, wesshalb

---

[11]) Etwa durch auf dem Titelblatte ,*autore et* defendente, respondente N. N.*
oder den ausdrücklichen Zusatz ,*sine praeside defendet*' u. dgl. oder Erwähnung in der
praefatio. Da der Druck von Kandidatenarbeiten allenthalben nur nach erfolgter Approbation erfolgen durfte, so sind solche Bemerkungen natürlich beweisend. Freilich bleibt die Möglichkeit, dass der Kandidat als Autor erscheint, obwohl er wenig
beigetragen.

Schriften als pars .prima, specimen primum u. dgl. bezeichnet sind,
während nie eine Fortsetzung erschien; man wollte die Kosten ersparen
und liess desshalb nur einen Theil drucken. Schon früh tauschten
einzelne Universitäten die akademischen Schriften aus, was in unserem
Jahrhundert ziemlich allgemein geworden ist, freilich durch die grosse
Zahl der Pflichtexemplare die Sache vertheuert. Diesem Austausch
und der Vertheilung unter die Zuhörer ist zu danken, dass auch jene
Dissertationen, welche nicht in den Buchhandel kamen, noch in einer
Anzahl von Exemplaren vorhanden sind. Folgende Gründe erklären
schliesslich die Beibehaltung der lateinischen Sprache: das Gewicht,
welches die Gesetze darauf legten [12]: vor allem die Geltung des römischen Rechts als des gemeinen in ganz Deutschland bis auf die Re-
formen unter Maria Theresia und Josef II. in Oesterreich, unter Friedrich II. in Preussen, damit der nothwendige Gebrauch lateinischer Quellen
als der hauptsächlichsten. Man begreift, und diese Folge wirkte natürlich auch als Ursache, dass unter diesen Umständen die Juristen sich
erst sehr allmälig an einen erträglichen deutschen Stil gewöhnten. Als
die deutsche Literatur bereits zu ihrer Blüthe gelangt war, schrieben
die Juristen regelmässig ein grauenhaftes Deutsch.

Allgemein wurde der Gebrauch der deutschen Sprache durch die
historische Schule. *Hugo, Savigny* und *Eichhorn* haben, abgesehen von
gelegentlichen Dissertationen, deutsch geschrieben, der zweite in einem
Stile, der dem der besten deutschen Schriftsteller nichts nachgiebt. Dieser
Schule und dem patriotischen Zuge der Zeit ist unzweifelhaft der allgemeine Gebrauch der deutschen Sprache zu verdanken. Hinzukommt,
dass die neuere Gymnasialbildung auf die Fähigkeit, lateinisch zu reden
und zu schreiben, ein geringeres Gewicht legt; so ist dem Lehrer wie
dem Schüler die deutsche willkommen. Für den Gebrauch der letztern
lag, wenigstens soweit das katholische Recht in Betracht kommt, auch
in der neueren Staatsgesetzgebung kein Grund vor, weil diese, so bedeutend ihr Inhalt an sich war, doch gegenüber der Masse des Rechtsstoffs der lateinischen Quellen nicht in Betracht kam.

Der Gebrauch der lateinischen Sprache hat in Deutschland in den
Vorträgen an den Universitäten und für das Kirchenrecht an den juristischen Fakultäten auch in Oesterreich gänzlich, in den Schriften, abgesehen von Dissertationen, fast gänzlich aufgehört. In dem letzteren
Umstande liegt allerdings ein Grund, wesshalb die deutsche Literatur
namentlich in den romanischen Ländern, zum Schaden der Wissen-

---

[12] Selbst die preuss. Allg. Ger.-Ord. III. 4. §. 3 verlangt noch deren Verständniss und weist die Obergerichtsräthe an, mit dem Kandidaten etwas lateinisch
zu conversiren.

schaft in denselben, nur zu einem verschwindend kleinen Theile be-
achtet worden ist [13]) und wesshalb insbesondere *der Einfluss der deutschen
historischen Schule auf die Kirchenrechtswissenschaft, soweit das katholische in Betracht kommt, in den romanischen Ländern wirkungslos geblieben ist.*

II. Methode des Vortrags.

Es ist unmöglich, für jede Universität u. s. w. eine erschöpfende
Darstellung zu geben, weil die Schriftsteller und Akten diesen Punkt
fast nie berücksichtigen; wir sind angewiesen auf die zufällig erhaltenen
Lectionskataloge, Programme zu Vorlesungen und gelegentliche Notizen.
Während des 16. und 17. Jahrhunderts ist die *Legalmethode* ziemlich
allenthalben im Gebrauche geblieben, jedoch in einer von der früheren
abweichenden Weise. Man las meines Wissens nirgends mehr über
das Dekret. Während im Mittelalter durchweg die *lectura in decreto*
als die erste und vornehmste Professur an der canonistischen bezw.
juristischen Fakultät erscheint, neben der es solche *in decretalibus, in
sexto et clementinis* gab [1]), bildeten seit dem 16. Jahrhundert den eigentlichen Kern der Vorlesungen die über die *Dekretalen. Die lectura ordinaria in decretalibus* war an den meisten Universitäten die *erste ordentliche Professur,* in die man bis in's vorige Jahrhundert hinein regelmässig aufstieg [2]). Neben ihr gab es meistens noch eine *lectura in
sexto et in clementinis,* oder auch zwei getrennte für den Sextus und
die Clementinae. Dazu gesellte sich früher oder später eine *Institutionenprofessur,* anfänglich meist eine ausserordentliche, allmälig aber auch
wohl eine ordentliche.

Selten gab es aber an den einzelnen Fakultäten gleichzeitig vier
oder auch nur drei, häufig überhaupt nur einen Professor des canon-
nischen Rechts [3]). Letzteres wurde im 18. Jahrhundert ziemlich allent-

---

[13]) Der Hauptgrund liegt für das Kirchenrecht jedoch in dem früher Erörterten. Auch lateinische Werke ziehen. abgesehen von der Theologie und klas-
sischen Philologie. gar nicht mehr.

[1]) Siehe für *Wien: Aschbach,* Gesch. I. 103 f. 302 ff.

[2]) So in *Prag (Schnabel,* Gesch. I. 89). Aehnlich war es in Leipzig, Greifswald. Rostock u. s. w. Die *Heidelberger* Statuten der Juristenfakultät von 1492
erwähnen *ordinarie legentes decretum, decretales et nova jura (Hautz* II. 404). übrigens war seit 1478 (das. I. 335 fg.) bereits der Professor *in decretis* durch einen
zweiten *in decretalibus* mit Zustimmung Alexander's VI. ersetzt.

[3]) In *Heidelberg* las 1599 nur ein Professor canonisches Recht und zwar das
2. Buch der Dekretalen *(Hautz* II. S. 59). es erscheint auch seitdem regelmässig
nur ein Professor des canonischen Rechts. In *Freiburg* ist 1598 eine *extraordinaria
professio institutionum juris canonici,* welche am 1. Juni 1601 vom Senat als *ordinaria* erklärt wird *(Schreiber* II. 369), seit 1634 gab es regelmässig nur einen

halben die Regel, wodurch nicht ausgeschlossen ist, dass man ab und
zu einen zweiten Ordinarius, auch wohl neben dem Ordinarius einen
Extraordinarius, ja selbst nur einen Extraordinarius hatte [4]). Die Sache
hängt in der neueren Zeit theilweise mit den Etatsverhältnissen, mit
dem gänzlich veränderten Besetzungswesen und dem Umstande zusammen, dass die Nominalprofessuren nur insoweit Bedeutung haben,
als ihr Vertreter naturgemäss über sein eigentliches Fach liest, während
regelmässig der einzelne Professor über jedes innerhalb des Rahmens
der Fakultät liegende Fach lesen darf. Der dem *Canonisten* früher
regelmässig zustehende *erste Rang* ist überall gefallen, der Rang wird
in der neueren Zeit, seitdem die *Vorrückung in die Fächer* mit Recht
beseitigt ist, bestimmt durch das Dienstalter der einzelnen [5]), wobei je
nach den Statuten bezw. dem Herkommen entweder die erste Ernennung zum Ordinarius oder der Eintritt in die Fakultät entscheidet.

III. Wir kehren nach dieser kurzen Abschweifung, welche für die
Stellung des canonischen Rechts an den deutschen Universitäten von
Bedeutung ist, zur Lehrmethode zurück. Sie ist im Allgemeinen auch
in dieser Periode nicht durch staatliche Vorschriften geregelt. Eine
Ausnahme macht *Oesterreich* [6]). Nachdem hier schon seit dem Beginn
des 18. Jahrhunderts das Compendium von *Zoesius* als Vorlesebuch
im Gebrauche gestanden hatte, wurde durch die Instructionen von 1754
empfohlen, wenn der Professor selbst kein Compendium verfasst habe,
neben *Neller's* Pincipia *Viti Pichler* Candidatum abbreviatum jurisprudentiae sacrae zu gebrauchen, später *Paul v. Riegger's* Institutiones
jurispr. eccles., für die Thesen die Synopsis juris eccl. publ. et priv.
von Rautenstrauch vorgeschrieben, am 21. Sept. 1784 an Riegger's Stelle
das Lehrbuch von *Pehem*, zuletzt das von *Rechberger*. Ein anderes durfte
ohne Zustimmung der Studienhof-Commission nicht benutzt werden.

professor canonum, dessen Amt zeitweilig auch von einem andern, z. B. 1699
(das. S. 475) übernommen wurde. — Vergleiche unten Anm. 14.

[4]) In *Prag* war nach *Helfert's* Tode nur *ein* ausserordentlicher, bis ich. der
dort seit Sept. 1854 dozirte, anfangs November 1855 Ordinarius wurde. Bestimmungen wie die der *Bonner* und *Breslauer* Statuten, dass das Kirchenrecht von
einem kathol. und einem evang. Ordinarius vorgetragen werden soll, sind äusserst
selten.

[5]) So in Oesterreich mit dem Hofdekr. v. 1754. Heute ist das nach den
Statuten meistens der Fall; an einzelnen Fakultäten entscheidet das Dienstalter in
der betreffenden Kategorie an der Fakultät. Letzteres ist vom Standpunkte der
Fakultäten als *Korporation* das richtige, das erstere die Folge der Centralisation
bezw. ein sonderbarer Rest der *studia generalia*. Denn aus anderm Grunde ist es
nicht erklärlich, wesshalb z. B. eine ausserhalb Preussens zugebrachte Dienstzeit
für den Rang in einer preuss. Fakultät entscheidet.

[6]) *Schnabel* I. S. 86, II. S. 32, Anh. S. 125 ff. III. S. 48. 160 ff.

Seit 1849 ist volle Freiheit eingetreten. Es liegt übrigens auf der Hand, dass eine eigentliche Controle nicht möglich war, sie hat auch nie stattgefunden. Bis 1754 musste der Canonist täglich — der Donnerstag war meist Ferialtag, zu Promotionen u. dgl. bestimmt — von 3 bis 4 Nachm. lesen, dann wurde das Kirchenrecht obligatorisch für die „Hörer des 2. und 3. Jahrgangs", für jene von 3 bis 4 Nachm., für diese von 8 bis 9 Vormittags. Man gab auch über Art und Inhalt der Vorlesungen Vorschriften, welche zwar einzelne gute Gedanken enthalten, jedoch zu sehr die blosse Abrichtung bekunden [7]), und die Vorlesung recht eigent-

---

[7]) Die Instructionen haben folgende Vorschriften. *Verhaltungs-Bericht für den Professorem Juris Canonici. 1mo.* Der Professor J. C. hat a 3tia Novembris bis 7ma Sept. zwei Vorlesungen . . unentgeltlich und täglich . . . unausgesetzt zu halten. Jede Vorlesung dauert eine Stunde, und zwar Vormittags von 8 bis 9, Nachmittags aber von 3 bis 4. . . *2do.* In der nachmittägigen Stunde wird der Anfang mit der Historia J. C. gemacht, sodann denen Zuhörern nach Anleitung des kurzen doch fürtrefflichen Werkleins, so den Titel führt: *Principia juris publ. eccles. cath. ad statum Germaniae accommodata* [ist das Buch von *Neller*]. ein Begriff von dem Jure publ. Eccles., wie auch von den ächten Quellen, und nöthigen Beihülfen dieses Studii, und wie selbes von dem Unächten (ex. g. von denen falschen decretalibus Isidori Mercatoris) zu unterscheiden sei. beigebracht, sodann die erstere Helfte, in der vormittägigen Vorlesungen aber . . die zweite Helfte deren geistlichen Rechten erklärt werden. *3tio* (bis ein taugliches Compendium gemacht sei) kann das *R. P. Viti Pichler* Candidatus abbreviatus . . zum Grund deren Collegiorum dienen. *4to.* (Die gute Vortragsart sei Hauptsache. Diese ist: deutlich, keine Subtilitäten, erst casus, Entscheidung mit Gründen, Angabe der Gesetze, Vernunftschlüsse, Uebereinstimmung der Rechtsgelehrten, Einwürfe.) *5to.* In Erwählung deren zu behauptenden Sätzen solle allezeit die Richtschnur sein: reddere, quae Caesaris sunt, Caesari, et quae Dei sunt, Deo; mithin so müssen jene Canones, deren Inhalt denen der allerhöchsten bürgerlichen Gewalt allein zustehenden Gerechtsamen zu nahe tretten, und in selben eingreiffen, zum ex. cap. Venerab. X. de elect., c. 2. de sení. et re jul. in 6to, extravag. Joan. XXII. ne sede vacante etc. u. dgl. mehr standhaft widerleget und die Unabhängigkeit der Majestät in weltlichen Dingen und Staatshandlungen vertheidiget, dabei aber verhütet werden, damit nicht ungeziemende Worte und allzuharte Ausdruckungen die der Kirche und deren sichtbaren allgemeinen Oberhaupt schuldige Ehrfurcht ausser Acht gelassen werde. *6to.* Das Civilistische, die Abweichung vom jus civile und inwiefern das can. vorgehe, anzudeuten und dass dessen Geltung ,von der ausdrücklichen oder stillschweigenden Annehmung und Gutheissung eines jeglichen höchsten Landesherrn einzig herrühre.' *7to.* (Zur Anlernung für die Thätigkeit in den Reichsgerichten u. s. w., und um die protest. Lehren zu kennen) .wird erforderlich sein, dass der Prof. Canonum . . das Nöthige von dem jure Eccles. Protestantium aus *Boehmero, Thomasio, Jentschio* etc. einfliessen lasse, theils um die vorkommenden Irrthümer gründlich zu widerlegen, auch um die Zuhörer hiedurch vorzubereiten, dereinstens in jure publico die jura circa sacra tum Majestatica quum territorialia in Ansehung deren Protestanten desto vollkommener einzusehen und zu begreifen'. *8do.* Aufmerksam zu machen auf das, was in Deutschland gelte, Reichsgesetze . . . 1754.

lich zu einer *Darstellung des österreichischen Staatskirchenrechts mit Einfügung von einigem gemeinrechtlichem Beiwerke machten.* Da keine gedruckte Dissertation gefordert wurde, die schriftliche Arbeit wissenschaftlich werthlos war, die Disputation auch nicht mehr die frühere Bedeutung hatte, das Examen nach Instruction und Usus in einem Abfragen des in der Vorlesung vorgetragenen bestand: so hörte der wissenschaftliche Charakter der Vorlesungen allmälig auf. Seit 1849 ist das anders geworden und ich muss aus langjähriger eigner Erfahrung und nach vielen Mittheilungen von Collegen österreichischer und deutscher Fakultäten bekunden, dass die Studirenden in Oesterreich an Fleiss, die Kandidaten in den Prüfungen die Studenten und Kandidaten in Deutschland bezüglich des canonischen Rechts, nicht minder in den übrigen juristischen Disciplinen im Allgemeinen übertreffen.

Während bis auf die Kaiserin Maria Theresia auch an den theologischen Fakultäten der Universitäten Kirchenrecht gelesen wurde, mussten seitdem die Studirenden der Theologie die Vorlesungen an den juristischen Fakultäten besuchen. Im J. 1849 hat man an den theol. Fakultäten wieder eigne Lehrstühle dafür errichtet, deren Inhaber durchweg ohne jede juristische Vorbildung sind und lateinisch vortragen [8]).

An den andern deutschen Universitäten ist die Legalmethode durchgehends bis in's 18. Jahrhundert befolgt worden. Man commentirte aber nicht, wie im Mittelalter, die einzelnen Kapitel, sondern hielt nur die Reihenfolge der Titel ein, innerhalb derselben eine selbstgewählte Ordnung, wie das schon in den Summae der früheren Zeit geschehen war, wobei man die wichtigsten Kapitel besonders interpretirte und auf das neuere Recht Rücksicht nahm. Daneben wurden einzelne Bücher, namentlich das zweite der Dekretalen, nicht minder einzelne Titel, z. B. de jure patronatus, de sponsalibus et matrimonio u. a. zum Gegenstande besonderer Vorlesungen, desgleichen einzelne Titel und Kapitel

---

Instruction von 1810. _Ueber die Art, auf welche künftig das *Kirchenrecht* gelehrt werden soll, giebt die Wahl des Lehrbuches (von *Rechberger*) selbst schon den Fingerzeig. Vermöge desselben sind in dem *öffentlichen* Kirchenrechte zwar die Grenzen zwischen der geistlichen und weltlichen Macht fest zu begründen, aber die allenfalls dem vorigen Zeitalter angemessenen langen Controversen über die Unabhängigkeit der weltlichen von der geistlichen Macht, über die Immunität der Geistlichen, über die Rechte des Landesfürsten Amortisations-Gesetze zu geben, das Alter zur Ablegung der Gelübde zu bestimmen, und dergleichen zu vermeiden, und die blos theologischen Fragen der Theologie zu überlassen. Dafür sind sowohl im öffentlichen als *Privat*-Kirchenrechte die österreichischen Gesetze zu erörtern, und aus dem gemeinen Kirchenrechte die Ergänzungen und wichtigeren Abweichungen hinzuzusetzen.'

[8]) In Wien wurde 1856 auf Veranlassung des Kard. *Rauscher* an der theol. Fakultät eine Dekretalenprofessur errichtet.

zum Objekte von *repetitiones* und *disputationes* gemacht, welche nicht blos für die akademischen Grade im Gebrauche blieben, sondern auch ausserdem von Zeit zu Zeit, wöchentlich oder monatlich, stattfanden. Wie ungenügend diese Methode sei, ist bereits im Anfange des 16. Jahrhunderts namentlich von *Johann Apell* und *Konrad Lagus* erkannt [9]) worden, freilich unter dem Widerspruche der Fachgenossen und auch der staatlichen Autorität. Beide schlossen sich der zuerst von *Melanchthon* in seinen *loci communes* für die Dogmatik angewandten systematischen Methode an. Schon vorher und gleichzeitig hatte *Ulrich Zasius* [10]) ein Zurückgehen auf die Quellen, nicht blos die im Corpus juris verlangt, für die Jurisprudenz die Berücksichtigung der ‚bonae litterae' gefordert, selbst aber an der exegetischen Methode festgehalten.

Es liegt auf der Hand, dass bei dem Stande der Quellen und Literatur nur durch eine philosophische und historische Behandlung zu helfen war, wenn eine Besserung erfolgen sollte. Und für das canonische Recht lag das nahe. Die Jurisprudenz war aufgegangen [11]) in einer endlosen Casuistik und geistlosen Breite. Man hatte seit dem 14. Jahrhundert aufgehört, ausser dem Corpus juris noch andere Quellen zu berücksichtigen. Wenn eine Stelle aus einem Concil, einer Sammlung u. s. w., die nicht im Corpus juris stand, angeführt wurde, war das nichts als ein für die Darstellung selbst werthloses Citat. Man hatte keine Ahnung von den Quellen, auf denen Gratian ruhte, ja selbst die den Dekretalen zu Grunde liegenden Compilationes antiquae und vollends die Quellen der drei ersten von diesen waren gänzlich unbeachtet und unbekannt geworden; das höchste, was man leistete, war eine ledige Reproduction der Notizen von Tancred über die Compilationes antiquae. Der Wortlaut des Textes, welchen die dem einzelnen Lehrer oder Schriftsteller zufällig vorliegende Handschrift (Druckausgabe) des Corpus juris hatte, wurde allein berücksichtigt. Man hatte keine Ahnung davon, dass im Dekrete eine Masse historisch unechten Materiales stecke; die Entwicklung, welche sich aus dem blossen Corpus juris ergab, galt jedem für die wirklich stattgefundene; man berücksichtigte allmälig nicht einmal selbst mehr die zahlreichen bei den Canonisten des 12. Jahrhunderts vorfindlichen Notizen. Seitdem eine Reihe der ältern Commentatoren durch den Druck zugänglich gemacht worden

---

[9]) Siehe *Muther*, Universitäts- und Gelehrtenleben S. 268 ff. 288 ff. *Ders.*, Zur Gesch. der Rechtswiss. S. 308 ff. *Ders.*, Doctor Johann Apell. Königsb. 1861. Er legt deren Methode genau dar und giebt namentlich am zweiten Ort eine eingehende Schilderung des Systems von Lagus.

[10]) *Stintzing*, Ulrich Zasius S. 100 ff. schildert dessen Anschauung und Methode. *Ders.*, Wendungen und Wandlungen der deutschen Rechtswissenschaft. S. 8.

[11]) Siehe Bd. II. S. 473 ff.

war, hörte die Benutzung der nur handschriftlich vorhandenen im Ganzen auf.

IV. Schon früh zeigt sich ein Unterschied der katholischen und protestantischen Anstalten. Der glänzende Aufschwung, den das römische Recht durch Alciat, Zasius, Haloander, Oldendorp, Cujas, Donellus im 16. Jahrhundert nahm, die Aufschliessung der Quellen durch A. Agostino, die Concilien-Ausgaben des 16. Jahrhunderts, die historischen Arbeiten der Magdeburger Centuriatoren, von Baronius u. a., sie sind im Ganzen bis in's vorige Jahrhundert hinein spurlos an den *katholischen Canonisten Deutschlands* vorüber gegangen. Das Concil von Trient, welches mit der Geschichte auf dem Gebiete des Rechts wie der Dogmatik radikal aufräumte, verschlechterte den Zustand. Denn indem man seine Sätze als die geltenden hinnehmen und darstellen musste, von wirklich historischer Entwicklung keine Ahnung hatte, war die Masse der früheren durch das neue Recht geänderten Bestimmungen für die Darstellung des geltenden Rechts in den Quellen bei der Legalmethode ein überflüssiger Ballast geworden. Das Verbot der Interpretation des Concils von Trient und die Art, wie in der neuen römischen Ausgabe des Corpus juris canonici gegen die von dem Concil von Trient abweichenden Ansichten der Glosse und die Bemerkungen von C. Dumoulin vorgegangen wurde[12]), konnten zu objektiver Benutzung der Quellen nicht ermuthigen; jede wissenschaftliche, sei es historische oder philosophische Forschung, welche mit dem positiven Rechte in Conflict kam, war mit Gefahr verbunden. Wir begreifen somit, dass der Vortrag in keinerlei Weise von der hergebrachten Schablone abwich, sich an das Corpus juris hielt und aus den Commentaren seine Weisheit schöpfte. Das war auch der geeignetste Weg, um jeden Conflict zu vermeiden.

Es wurde jedoch allmälig Sitte, der Vorlesung über die Dekretalen eine Einleitung vorauszuschicken über Begriff, Autorität, Werth, Quellen, Behandlung des canonischen Rechts. Die sehr bald auch in Deutschland verbreiteten Institutionen von Lancelotti gaben die Anregung und zugleich den Weg für die den Vortrag der Dekretalenvorlesung vorbereitenden *Institutionen-Vorlesungen*. Für die Dekretalen bediente man sich auch allmälig vielfach eines Compendiums in der Dekretalenordnung. Thatsächlich war damit die Legalordnung nur das Schema geworden, in Wirklichkeit umfasste die Vorlesung in diesem Schema das, was als Kirchenrecht galt. Man konnte das katholische nicht lediglich aus dem Corpus juris canonici, dem Concil von Trient und den andern rein kirchlichen Quellen schöpfen, sondern musste die

---

[12]) *Meine* Glosse zum Dekret Gratian's S. 93 ff.

deutschen Concordate, Reichs- und Landesgesetze berücksichtigen; das protestantische fand sofort nur einen kleinen Theil seines Stoffs im canonischen Rechte. So erklärt es sich denn, dass man allmälig dazu überging, abgesehen von Separatvorlesungen über einzelne Titel und Materien, das Kirchenrecht überhaupt in eine einzige Vorlesung zusammen zu fassen, womit dann auch die vorher geschilderten Veränderungen bezüglich der Zahl und Benennung der Professuren und des Ranges derselben in Verbindung stehen. Wo man mehrere beibehielt, lag es darin, dass im Interesse der Fakultät jedes Hauptfach in jedem Semester gelesen werden soll, und dass man Privatdocenten zu Professoren befördert auch ohne eine offene Stelle. Wenn mehrere Kirchenrecht lesen, ohne Nominalprofessoren desselben zu sein, ist das lediglich Sache der individuellen Neigung. Der Gegenstand überhaupt steht im Zusammenhange mit der Abwesenheit jedes Zwanges für die Studenten, über die einzelnen Fächer Vorlesungen in bestimmter Reihenfolge und in bestimmten Semestern zu hören.

Der einzelne Dozent legte seiner Vorlesung bald ein selbstgemachtes — gedrucktes oder ungedrucktes — Compendium zu Grunde, bald ein fremdes; im letztern Falle nahm die Vorlesung vorwiegend den Charakter der Commentirung, weiteren Ausführung, Verbesserung des letztern, der Ergänzung durch Quelleninterpretation u. s. w. an. Aus den Vorleseverzeichnissen, gelegentlichen Notizen und aus den Schriften lässt sich in dieser Beziehung folgendes angeben. Nach eignem System las *Vigel*, dasselbe hat keinen Anklang gefunden. Viel gebraucht wurden die Institutionen *Lancelotti's* [13]), die Aphorismen von *Corrin* [14]), das Werk von *Engel* [15]), später von *Ad. Greneck*, *Ant. Schmid*, von protestantischen Verfassern die von *Schilter* [16]), und *Dessel*, die grösste

---

[13]) Auch von protest., z. B. *K. Ziegler*, der daneben über die Dekretalen las.

[14]) *J. H. Böhmer* sagt in der epist. dedicat. zur Ausgabe von *Schilter's* Institutiones: c. „Postquam enim ante aliquot menses constitueram, relictis Corrini aphorismis juris canonici, *unica aliquoties explicatis, ductu Schilteri uti in illustrando studio juris ecclesiastici*, utpote qui magis ad statum ecclesiarum nostrarum ubique respecisse videtur . . .'

[15]) Z. B. von *Barthel*, *Hedderich*, in Salzburg meistens.

[16]) So (Anm. 14) von *J. H. Böhmer*.

Was ich für das 18. und 19. Jahrhundert aus den Vorleseverzeichnissen, die mir zur Disposition standen, feststellen konnte, theile ich nachstehend für die einzelnen Universitäten mit, da dies zugleich ein Licht wirft auf andere Punkte. Die österreichischen übergehe ich, weil sie bereits behandelt sind.

Altorf. Im J. 1798 las der ord. Prof. Joh. Chr. Siebenkees nach *G. L. Böhmer* 5 Stunden.

Bonn. Nach dem Plan von 1784 war zu lesen „Jus eccles. publ. et privat., ad ecclesiar. Germaniae statum accommodatum", nach der Studieneinrichtung hatten es die Juristen im 3. Jahre durch 2 Sem. zu hören.

Verbreitung fanden die Principia von *G. L. Böhmer* bis in die dreissiger Jahre. In unserm Jahrhundert wurde es mehr und mehr Sitte, dass sich der Dozent äusserlich an kein bestimmtes Lehrbuch hält, sondern

Erlangen. Braun las (1743—1760) nach *Engau*, Andr. El. Rassmann im Sommer 1765 nach *J. A. Böhmer's* Inst. jur. can., Joh. Burc. Geiger von 1778 bis 1791 alljährlich nach *G. L. Böhmer* bald publice, bald privatim, auch einzeln einen Theil. J. Chr. Rudolph las von 1765—1778 einzelne Particen: jus parochiale, de gradibus prohibitis (nach *J. H. Böhmer*), Geschichte der kirchl. Gesetzgebung. Der a. o. Prof. J. Chr. Zindel von 1773—1788 nach *J. H. Böhmer's* Inst. j. e. Aug. L. Schott 1781, 1783 Eherecht und K. R. nach *G. L. Böhmer*. Jo. L. Kleber 1794 öff. Kirchenr. publice. 1796 Gabr. Pet. Haselberg nach Schnaubert. Regelmässig lasen im Semester zwei, auch drei Professoren das ganze oder neben dem Ganzen der eine einen Theil. Zwei das ganze Sem. 1773, 1777, 1778, 1779, 1781, W. 1782, 1788 u. s. w.

Göttingen. *G. L. Böhmer* nach seinen principia, Fr. Böhmer 1797 nach *G. L. Böhmer*, im letztern Jahre auch Just. Chr. Leist.

Greifswald. Im J. 1571 las Th. Mevius de regulis juris in 6°, Gruelius über den Sextus. Sehr häufig wurde es gar nicht gelesen.

Halle. Sam. Stryk und Heineccius lasen es, 1758 Joh. Tob. Carrach nach *J. H. Böhmer's* Inst. j. e., Dan. Nettelbladt nach *Schmid*, 1764 Nettelbladt nach *G. L. Böhmer*, Heisler nach *J. H. Böhmer*, Bertram, Woltaer, Holzbauer nach *G. L. Böhmer*. 1813 Schmelzer ohne Angabe eines Lehrbuches.

Heidelberg. 1790 lasen Kübel und Gambsjäger nach *Ant. Schmidt*, Janson prot. nach *G. L. Böhmer*. 1820 ff. Morstadt nach *Wiese*, Zachariä nach *G. L. Böhmer*, 1825 Lang unter Bezugnahme auf *G. L. Böhmer*, 1829 nach letzterm auch Uihlein. 1823 Dr. Wild nach *F. Walter*.

Helmstädt. 1775 J. F. Eisenhart nach *Schmid*, 1783 Alb. Ph. Frick nach *G. L. Böhmer*, 1785 A. J. Schnaubert nach demselben.

Jena. Von 1768—72 las regelmässig Jo. Kasp. Heimburg jus can. publice. In derselben Zeit Joh. Erdm. Schmidt ausser einzelnen Particeen nach *G. L. Böhmer*. J. Chr. L. v. Schellwitz von 1769—88 nach eigenen „positiones cum auditoribus communicandas", C. F. Walch von 1769—72 erst nach *Schmid*, später nach *G. L. Böhmer*, H. G. Scheidemantel von 1769—83. im Jahr 1770 nach *A. L. K. Schmid*, sonst stets nach *G. L. Böhmer*. 1772—1785 J. A. Reichardt nach *G. L. Böhmer*, nach diesem S. 1778 der Privatdozent Melis. 1778—1798 J. C. K. Schröter nach *G. L. Böhmer*, einzelne Particeen. z. B. Consistorialprozess nach *A. L. K. Schmid*, 1788—1816 A. J. Schnaubert Eherecht und nach *G. L. Böhmer*, seit 1793 nach eigenem Grundriss, seit 1816 Aug. Schnaubert nach seines Vaters *A. J. Schnaubert* Buche.

Es wurde regelmässig im Semester von zwei, drei, selbst vier Dozenten Kirchenrecht ganz oder theilweise gelesen, sehr selten (z. B. W. 1784, 1792) gar nicht.

Kiel. Mellmann las 1799 nach *G. L. Böhmer*, nach demselben Falck seit 1829.

Königsberg. 1781 las Jester nach *Böhmer*, Holtzhauer ohne Bezeichnung eines Lehrbuchs. Es wurde wiederholt in einzelnen Semestern nicht gelesen, von 1821—1825 v. d. Goltz nach *Böhmer*, Schweikardt seit derselben Zeit nach eigenem Leitfaden, dazu Eherecht. Rogge nach *Böhmer* bis 18²¹/₂₄, seit S. 1832 Jacobson preuss. Kirchenrecht u. s. w., mehrere Jahre Nicolovius nach *Wiese*; in dieser letzten Zeit lasen es bisweilen drei in einem Semester.

nach eigener Ordnung vorträgt. Ob das namentlich für den Anfänger gut ist, lässt sich füglich bezweifeln; die eigene Methode und volle Selbstständigkeit setzt eine Beherrschung der Quellen voraus, welche die meisten Dozenten, wenn sie dieselbe überhaupt erwerben, sich jedenfalls erst ziemlich spät aneignen. Es bietet ein solcher Vorgang allerdings den Vortheil, bei den Zuhörern den Schein zu erwecken, als verdanke man alles sich selbst, und namentlich, wenn kein bestimmtes Buch empfohlen wird, desto ungenirter fremde Werke zu benutzen.

Ueber den Werth der Vorlesungen aus früherer Zeit zu urtheilen, ist nur indirekt möglich durch Rückschlüsse aus den Schriften, indem man ohne Zweifel berechtigt ist, aus diesen auf die von den Verfassern gehaltenen Vorlesungen Schlüsse zu ziehen. Insoweit fällt also dieses Urtheil zusammen mit dem über die Schriften.

V. Ein grosser Unterschied liegt vor zwischen der älteren Methode und der neueren beziehungsweise der heutigen. Sieht man auf die *Stundenzahl* der Vorlesung über das Kirchenrecht, so zeigt sich, dass bis in's Ende des vorigen Jahrhunderts an den meisten Universitäten,

---

Leipzig. Hier blieb bis in's Ende des vorigen Jahrhunderts der Dekretalen-Professor der Ordinarius. Seit 1790—1810 lasen alle (B. G. Winkler, A. F. Schott, H. M. Hebenstreit, Corn. Stockmann, J. G. Sammet, G. Bergold, Biener, C. F. Weisse, Müller, Traug. Leber. Schneider) nach *G. L. Böhmer.* Wir finden, dass einzeln bis sieben Dozenten es im selben Semester lasen.

Mainz. 1752 lasen Hahn und Dahm ohne Bezeichnung eines Lehrbuchs, Behlen nach *M. Engelhard* und *Ad. Greneck*, 1785 Ph. F. Frank nach *Ant. Schmidt*, jur. Literaturgesch. oder Kirchenr. nach *P. J. v. Riegger.*

Marburg. J. G. Estor las nach *Böhmer* und *Kahle*, wie es in Joh. Nik. Schwendler's zuverläss. Bericht von der gegenwärt. Verfassung der Univ. Marburg Anno 1748 heisst „und zwar jeder Titel erst ganz katholisch, sodann nach den protest. Sätzen abgehandelt", Aem. Ludw. Hombergk zu Vach über *Böhmer* de gradibus prohibitis. Im Winter 1800 las Erxleben Kirchenr. ohne Angabe eines Lehrbuchs, Braun ebenso. Von 1827 bis zum S. 1832 las Bickell nach *Böhmer*, Joh. Chr. Multer bis W. 18³⁰/₃₁ seit 1829 nach *Walter*, zuletzt nach *Eichhorn*, 18³¹/₃₂ Puchta nach *Eichhorn*, seit Sommer 1839 Richter und seit 18¹⁹/₄₀ auch Büchel.

Strassburg. 1782 lasen Joh. Reinh. Kugler, dann Joh. Dan. Reisseisen über Dessel's Erotemata. Seit 1806 entfiel das Kirchenrecht an der école de droit und wurde nur am protest. Seminar für die Theologen gelesen bis zur Errichtung der neuen Universität.

Rostock. Hier war es früher meist schlecht vertreten, auch im 19. Jahrhundert wurde es oft gar nicht gelesen (z. B. 1819, S. 1820, S. 1821, 1822, W. 1824, W. 1826, S. 1828 u. ö.). von W. 1820—1849 las es sonst Gründler nach *Wiese*, einige Jahre auch Karl Turk nach demselben, dann Diemer erst nach *Wiese*, später nach *Richter.*

Würzburg. Gregel las nach *Schenkl*, Leiniker bis 1825 nach eigenem mit Bezug auf *Michl*, Brendel nach demselben, von 18²³/₂₄ nach eigenem, von 18²⁴/₂₅ Moritz nach *Michl*, einige Jahre nachher mit Rücksicht auf *Schenkl*, 18²⁹/₃₀ nach *Sauter*, vom S. 1829 ab ein Privatdozent Laue nach *Walter.*

wenn man — da vielfach der Gegenstand auf 2 und mehr Semester vertheilt wurde — die Stunden auf ein Semester vertheilt, mindestens eine Vorlesung von 10—12 und noch mehr Stunden heraus kam; in der neueren Zeit wird in Deutschland in der Regel der Vorlesung über *katholisches und evangelisches* Kirchenrecht eine Vorlesung von 5—6, höchstens unter Zuhülfenahme einer öffentlichen, welche einen Spezial-gegenstand umfasst, von 7—8 Stunden gewidmet, während man in Oesterreich 8—10 beibehalten hat. Bedenkt man nun, dass das römische Recht überall, wenn man die für Institutionen- und Rechts-geschichte, Pandekten (mit Familien- und Erbrecht) herkömmlichen Stunden auf ein Semester reducirt, bis zu 24 Stunden einnimmt, und es sich doch bei diesem nur um ein Privatrecht handelt, das in vielen Partieen seine Geltung total verloren hat; dass das deutsche Privatrecht, Handels- und Wechselrecht auch noch mindestens 10—12—15 Stunden fordert; erwägt man, dass die Geschichte vieler Theile des Kirchenrechts für den Juristen überhaupt, den Historiker u. s. w. von ungeheuerer Bedeutung ist, dass gerade die schwierigen Lehren über das Verhält-niss von Kirche und Staat nicht über's Knie gebrochen werden sollten, dass, wovon sich Jeder aus der Geschichte der letzten zehn Jahre über-zeugen kann, die kirchenrechtlichen Fragen für die sociale und politische Entwicklung von der allergrössten Bedeutung sind: so ist es überflüssig, auf die innere Wichtigkeit des Kirchenrechts hinzuweisen, um den Satz auszusprechen, dass dasselbe auf den deutschen ausserösterreichischen Universitäten selten die gebührende Berücksichtigung findet. Man kann nicht entgegnen: für das wissenschaftliche Studium des Rechts habe es nicht die gleiche Bedeutung, wie das römische. Denn um dem römi-schen Rechte in dieser Beziehung gerecht zu werden, genügen auch 10—12 Stunden. Praktisch steht es wahrlich jeder andern Rechts-disciplin gleich. Wenn man auf das Strafrecht 5—6 Stunden und ebensoviel auf den Strafprozess verwendet, so steht das in gar keinem Verhältniss, da doch für jenes der Schwerpunkt nicht darauf gelegt werden kann, die Dutzende von Verbrechen, Vergehen u. s. w. detail-lirt vorzutragen, und eine Reihe der für dessen Verständniss nöthigen Begriffe regelmässig dem Zuhörer schon aus andern Vorlesungen be-kannt sind oder sein sollten. Man kann freilich, und thut das allge-mein, sich helfen durch Verweisen auf ein eigenes oder fremdes ge-drucktes Werk. Aber das kann doch gewiss gerade so gut für das römische Recht geschehen, da das Detail sich wahrlich in mehr als einem Buche so vollständig findet, dass der Dozent wenig neues bringen kann. Für die grossen Probleme ist aber der Student in den zwei ersten Semestern am wenigsten geeignet, sie gehören nicht dahin. Der Student misst die Wichtigkeit eines Gegenstandes nach dem Umfange,

den man ihm allenthalben giebt und nach seiner Wichtigkeit für das
Examen. Nun ist aber bisher ausserhalb Oesterreichs mehr oder minder das römische Recht eigentlich entscheidend bei den Prüfungen.
Das altpreussische System, dessen man sich noch nicht erwehren kann,
sieht eigentlich das Universitätsstudium als eine für Charakterbildung,
Methode u. dgl. nöthige Gelegenheit zur Erwerbung einer gewissen
juristischen Vorbildung an [17]); der Schwerpunkt liegt in den *vier* Jahren
— für die Universität genügen *drei!* — praktischer Bildung als Referendar. Das hatte eine gewisse Berechtigung, solange der preussische
Richter nach dem Systeme der allgemeinen Gerichtsordnung eigentlich
ein richterlicher Verwaltungsbeamter war. Mit den deutschen Justiz-
gesetzen hat auch der Schein der Berechtigung aufgehört. In Preussen
ist die Folge der Zustände [18]), dass das Studium des Kirchenrechts
regelmässig vernachlässigt wird, weil der Student glaubt, es genüge
ein Lehrbuch. Würde die dem Gegenstande entsprechende Zeit von
mindestens acht Stunden allgemein gebraucht und in jeder juristischen
Prüfung auf das Fach das nöthige Gewicht gelegt, so würden die Zuhörer schon zu der Einsicht kommen, dass die Vorlesung sehr nützlich
und nothwendig ist, und dass ein in den Vorlesungen nachgeschriebenes
oder noch besser auf Grund deren gearbeitetes Heft ihnen einen grossen
Nutzen verschaffte.

Es liegt vor mir ein 1810 in Giessen [19]) geschriebenes Collegien-
heft, das trotz aller der Zeit und der damaligen Wissenschaft ankleben-
den Schwächen beweist, dass man mehr Gewicht auf die Vorlesung
legte, als allgemein heutigen Tags. Dieselbe Folgerung habe ich aus
verschiedenen in Bibliotheken eingesehenen Collegienheften machen
können. Allerdings trägt dazu auch der Umstand bei, dass es in
Deutschland Sitte ist, dass ein Professor Semester um Semester zwei,
ja drei Vorlesungen hält über verschiedene Fächer. Da bleibt freilich
für das einzelne nicht mehr Zeit übrig, als einen Abriss zu geben. Ist
der Dozent dann nicht ein durch seine Schriften anerkannter Canonist,

---

[17]) Siehe über diese Dinge auch: *Gneist*, Die Studien- und Prüfungsordnung
der Deutschen Juristen. Separatabdr. a. d. Verh. des XIII. Deutschen Juristen-
tages. *Goldschmidt*, Das dreijährige Studium der Rechts- und Staats-Wissen-
schaften. Berlin 1878.

[18]) Was ist's für eine Prüfung, wenn die Kandidaten im römischen Rechte
gerade so lange und länger geprüft werden, als in allen andern Fächern zusammen?

Von 20 schriftlichen Referendar-Arbeiten — die Kandidaten wählen meistens
das Fach — gehören vielfach 19 dem römischen Rechte an.

[19]) In der Vorlesung des spätern Präsidenten des Oberappellationsgerichts
in Darmstadt *Arens* von meinem Schwiegervater geschrieben. Dasselbe hat 633
Seiten 4. mit vielen Abkürzungen.

so thut der Student am besten, sich mit dem Belegen der Vorlesung zu begnügen und ein Buch für das Studium zur Hand zu nehmen. Es ist hier nicht der Ort, diesen Gegenstand weiter zu verfolgen, weil er nicht blos für das Kirchenrecht von Bedeutung ist. Eins aber kann ich nicht umhin offen auszusprechen. Mir liegt es gewiss sehr fern, die Universität zur Abrichtungsanstalt machen zu wollen. Aber ich bin überzeugt, dass man die zum Theil hinsichtlich des Besuches der Vorlesungen und der Leistungen traurigen Zustände der meisten Universitäten nur dadurch wirklich bessern kann, wenn man von dem Gedanken ausgeht, dass dieselbe den jungen Mann fähig machen soll, auf einer tüchtigen und allseitigen wissenschaftlichen Grundlage zum Richter oder Verwaltungsbeamten [20]) sich zu bilden, wenn man dafür sorgt, dass die Studenten die nöthige Zeit auf ihr mit wirklichem Studiren zubringen. Um aber diese Befähigung ganz und voll zu erwerben, dazu gehört, da die Einrichtungen nicht auf Genies, sondern auf die Durchschnittsmenschen berechnet sein müssen, erstens unbedingt ein Studium von vier Jahren, zweitens eine Einrichtung der Vorlesungen, welche dem Lernenden das ganze nöthige Material in wissenschaftlicher Verarbeitung liefern. Das aber setzt voraus die *Entlastung der Dozenten*, die Anstellung von mindestens einem Professor für jedes Hauptfach, der dann ein zweites hinzunehmen mag. Bisher ist nur für das römische Recht in dieser Weise gesorgt; der Staat hat keinen Nutzen davon, wenn er durch die üblichen Cumulationen auch Tausende von Mark erspart.

VI. In den übrigen Ländern ist der Gang der Entwicklung ein verschiedener [21]). Allenthalben wurde die *lateinische* Sprache auf den Universitäten, Akademieen u. s. w. bis in das Ende des vorigen Jahrhunderts als Unterrichtssprache beibehalten; dabei ist es, soviel mir bekannt, an den geistlichen Anstalten in Italien und Spanien geblieben, ob auch allenthalben in Frankreich, weiss ich nicht. An den (weltlichen) Universitäten, an welchen überhaupt das Kirchenrecht als besondere Disciplin vorgetragen wird, bedient man sich zumeist der Landessprache.

Was den Umfang der Vorlesungen betrifft, so erhielt sich in *Italien* [22]) meistens die Sitte, dass für das canonische Recht mehrere

---

[20]) Ich halte mich nur an die Aufgabe der juristischen Fakultät, zumal gerade bei dieser die Schäden am stärksten sind.

[21]) Die Zahl der *italienisch* schreibenden Canonisten ist sehr gering, die meisten Schriften in der Volkssprache sind polemischer Art. Noch geringer ist die Zahl der in *spanischer* Sprache schreibenden.

[22]) Siehe für *Bologna* das Promemoria von 1790 bei *Mazzetti* p. 361 sq., wonach die Dekretalen von 4. Sextus. Clem. und Dekret von je 1 gelesen wurde. 4 sind als

Professuren bestanden: eine ordentliche für das Dekret und die Dekretalen, daneben auch wohl eine ausserordentliche der Dekretalen, für den Sextus und die Clementinen meistens ausserordentliche. Die Dekretalenprofessoren lasen meistens nur über mehrere Titel, der über das Dekret gewöhnlich auch nur über einen Theil, der Sextus und die Clementinae wurden wohl ganz gelesen. Allmälig wurde auch im Institutionensystem, an der Hand der Institutionen von Lancelotti oder anderer, oder nach eignen Lehrbüchern resp. Systemen vorgetragen; dies bildet heute die Regel.

In *Frankreich* las man bis zur Revolution ziemlich allenthalben noch über den einen oder andern Theil des Dekrets u. s. w., daneben aber seit dem Ende des 16. Jahrhunderts auch im Institutionensystem und ausserdem häufig Spezialvorlesungen [13]). Wie bereits gesagt wurde, bildet das Kirchenrecht an den juristischen Fakultäten keinen ordentlichen Unterrichtsgegenstand mehr, an den theologischen Anstalten trägt man nach einzelnen Compendien vor.

Ausserhalb Deutschlands ist für den Erwerb der akademischen Grade das Erforderniss gedruckter Dissertationen nur ganz vereinzelt,

,lettore onorario' bezeichnet. In *Padua* (siehe *Tomasini*, Gym. Pat. und *Facciolati*, Fasti gymn. Pat.) gab es bis 1543 (1544) zwei *scholae ord. matutinae* für Buch 1 und 2 der Dekretalen, seit 1574 eine 3. für Paduaner, dann eine *ordinaria pomeridiana* für die Bücher 3—5, eine zweite dafür und eine 3. für Paduaner, dann zwei *scholae extraord. decreti*, von denen die erste 1544, die andere 1543 aufgehoben wurde, drei *extraord. Sexti*, von denen die erste ,diebus festis sub meridiem' 1543, die zweite vespertina 1544, die dritte für Paduaner 1579 verschwand, endlich eine *extraord. Clement.* 1544 aufgehoben. In *Rom* (Jos. *Carafa*, De gymnasio Romano et de eius professoribus ab urbe condita usque ad haec tempora libri duo. Rom 1751. 4. an verschiedenen Stellen) sollte seit Leo X. ein Professor des can. Rechts, neben ihm lectores sein, regelmässig gab es zwei ordinarii (für die Vormittags- und Nachmittagsstunde), von denen seit Sixtus V. der eine den Sextus las; seit 1621 gab es drei, darunter einer für den Sextus; Alexander VII. fügte hinzu eine Professur für das *Dekret*, eine andere für Institutionen, die 1658 besetzt waren. Unter Gregor XV. las der für das Dekret den Sextus. Benedict XIV. regelte am 23. Mai 1748 die Stellen also: eine für Institutionen, eine für das Dekret (vier für Civilrecht) und ein Supplent für die ganze Fakultät. Bis auf ihn las der Institutionenprofessor täglich, ausser Festtagen und Donnerstags, die andern an diesen Tagen; er schrieb vor, dass jeder vom 6. Nov. bis 21. Juli täglich ausser diebus festivis et die Jovis lese. Die Bulle Quod divina sapientia Leo's X. verbindet das Studium des canon. und Civilrechts mit einander; die Professuren für jenes sind: Institutionen des öffentl. Kirchenr.. Inst. des can. Rechts, für den Text der Dekretalen.

[13]) *Doujat* sagt in seiner vita: *Quamvis . . . Institutiones canonicas* ipse . . . ex animi mei sententia elaboratas *dictarcram . . . paratitla sive summaria methodica in decretum Gratiani,* atque adeo in universum jus canonicum: *eiusdem juris epitome,* brevis de matrimonio tractatus ad libr. IV. decretal. atque alia, *quae* iamdin *in scholis iuris a me dictata* nondum ultimam manum acceperunt.'

soweit die Sache das Kirchenrecht betrifft, festgehalten worden. Man begnügte sich mit dem Examen und der Disputation über Thesen.

Ueber die *Vortragsweise* lässt sich Genaues nicht mittheilen. Es hat stets von der Individualität des einzelnen Dozenten abgehangen, ob er ganz frei vortrug, ob er die ganze Vorlesung oder einen Grundriss diktirte und dessen weitere Ausführung in freiem Vortrage gab.

§. 27 (Thl. I), 16 (Thl. II).
4. Allgemeiner Charakter der Schriften.

I. In den dargelegten Verhältnissen liegt der innere Grund für die Verschiedenheit der Literatur im Vergleich zu der des Mittelalters[1]. Die *Interpretation* und Verarbeitung *des Dekrets und der Dekretalensammlungen* musste seit dem Concil von Trient[2] für das geltende Recht als ungenügend, unpraktisch und zweckwidrig erscheinen. Die Zahl derartiger Arbeiten ist überhaupt eine sehr kleine und nur wenige darunter haben den Charakter eigentlicher *apparatus* im früheren Sinne. Die Wissenschaft hätte hinsichtlich der Quellen eine dreifache Aufgabe lösen können.

Die *erste* wäre gewesen, die *Geschichte der Quellen,* die allmälige Entstehung derselben vom Anfange der Kirche bis zu dem Abschlusse im sog. Corpus iuris canonici zu schreiben. Sie hing zusammen und war zum Theil nicht zu lösen, ohne die *zweite,* auf alle oder doch die ältesten und besten Handschriften gestützte *Ausgabe der Quellen* zu machen. Je nachdem diese ganz oder theilweise gelöst war, lag die Möglichkeit vor, die *dritte* zu erfüllen, nämlich die *Geschichte der Rechtsbildung.* Sehen wir nun, wie diesen Aufgaben entsprochen wurde.

Für die Geschichte der Quellen und die Ausgaben derselben war noch Alles zu thun. Denn für die erstere war im Mittelalter nichts geleistet, da die vereinzelten Bemerkungen älterer Schriftsteller, wie solche von mir in verschiedenen Abhandlungen und in den vorhergehenden Bänden und auch von andern nachgewiesen sind, desgleichen die zufälligen Verweisungen in der Glosse nicht in Betracht kommen. Keine der vor 1547 fallenden Ausgaben des Dekrets u. s. w. hatte einen kritischen Werth, eine jede vor 1500 war meist einfacher Abdruck *einer* Handschrift, gut oder schlecht, wie sie gerade zu Gebote stand, selten mit Vergleichung mehrerer gemacht, vielfach auch nur

---

[1] Siehe die Charakterisirung in Bd. II. S. 475—484. Die Belege für das Folgende liegen in der *Uebersicht* des III. Kap., soweit keine besonderen gegeben werden.

[2] Siehe den Eingang dieses Kapitels Seite 279.

ein wiederholter Druck. Der erste, welcher nach beiden Richtungen hin, mithin als Begründer der wissenschaftlichen Quellengeschichte und der Kritik derselben einen glänzenden Anfang machte, war *A. Agustin.* Leider hatte sein Streben nicht den verdienten Erfolg, seine Forschungen blieben unvollendet, boten aber für die Kritik des Gratianischen Textes ein unschätzbares Material. Die ganze Richtung der Zeit und der polemische protestantische Standpunkt der von M. Flacius Illyricus veranlassten *Ecclesiastica historia* der sog. *Magdeburger Centuriatoren,* welcher, wenn nicht die ganze, so doch die wesentliche Entwicklung der römischen Hierarchie als Produkt bewusster päpstlicher Fälschung annahm und in den pseudoisidorischen Dekretalen deren Quelle nachzuweisen suchte, legte auch den Katholiken die Nöthigung auf, dem Gegenstande nahe zu treten. Man nahm die Sache in Rom auf nach einer doppelten Richtung. *Baronius* verfolgte in seinen Annales recht eigentlich den Zweck, die Unrichtigkeit des Protestantismus historisch zu erweisen und dadurch den Katholicismus zu stützen. Sein Werk — dasselbe gilt von den Fortsetzungen des Bzovius, Spondanus, Raynaldus und Theiner — bietet für die Geschichte der Entwicklung ein grosses Material, für die der Quellen nichts. Nachdem *A. Demochares* und *C. Dumoulin* die Kritik des Dekrets in ihren Ausgaben eingeleitet hatten, that man von Seite der Kurie in der offiziellen *römischen Ausgabe* des *Decretum Gratiani* einen wichtigen Schritt [3]). Aber man brachte thatsächlich nur eine verbesserte Ausgabe zu Stande, deren *offizieller* Charakter dem weiteren Reinigen des Textes ein Hinderniss bot. Liess der Charakter des Dekrets ein wirkliches Zurückgehen auf die älteren Quellen zu, so verstand sich für die Dekretalensammlungen Gregor's IX. u. s. w. von selbst, dass nur der Text richtig war, der von Gregor IX., Bonifaz VIII. und Johann XXII. publizirt worden war. Was die offizielle römische Ausgabe für diese Quellen geleistet hat, ist unbedeutend.

Wir haben eine Reihe von Arbeiten, welche sich auf die vorgratianischen Quellen und auf das Dekret selbst beziehen. Durch die *Centuriatores Magdeburgenses* (Eccl. hist. II. 7, III. 7) war die Fälschung Pseudoisidor's bereits ausser Zweifel gestellt. Während *A. Agustin* sich trotz der Ueberzeugung von ihrer Unechtheit diplomatisch verhielt, die Correctores Romani die Echtheit festhielten und einer aus ihrer Mitte, *F. Torres,* geradezu als Vertheidiger auftrat, wurde durch die Untersuchung von Blondel die Einhaltung dieses Standpunktes fernerhin zur Absurdität [4]).

---

[3]) Siehe Band I. S. 71 ff., wo das Verkehrte des Verfahrens dargelegt ist.
[4]) Gleichwohl hat *Ed. Dumont* in Revue des questions historiques Par. 1866,

War somit für diesen äusserst wichtigen Punkt der protestantischen Kritik Alles zu danken, so hatte man katholischerseits durch die *Ausgaben der Conciliensammlungen* (Th. I. §. 12), welche, abgesehen von den englischen und schwedischen, nur von Katholiken gemacht sind, den grössten Theil des historischen Materials allgemein zugänglich gemacht. Wendelstein, Agustin, Canisius, F. Pithou, Chifflet, G. Voellus und H. Justel, Beveridge, Coteler, P. Quesnel, Baluze, Meerman, Sirmond, Coustant und einzelne Herausgeber der Concilien und die Ausgaben der Kirchenväter u. s. w. hatten das Material, aus dem Pseudoisidor geschöpft hatte, ziemlich bereit gelegt. Aber erst die Ballerini haben die Geschichte der Rechtssammlungen bis auf Pseudoisidor auf Grund eines grossen handschriftlichen Materiales in einer so erschöpfenden und wissenschaftlichen Weise zum Abschlusse gebracht, dass sie nur eine Nachlese übrig liessen. Für einzelne Sammlungen ist theils durch neuere Ausgaben, theils durch Spezialuntersuchungen nicht blos diese Nachlese geliefert, sondern weiteres Licht verbreitet. Eine abschliessende Untersuchung würde die Kenntniss des gesammten handschriftlichen Materiales voraussetzen, weil erst sie das Verhältniss der einzelnen Sammlungen erschöpfend zu beurtheilen gestattet. Diese Arbeit hat Maassen geliefert; was ihm an Handschriften entgangen ist, hat auf das Resultat geringen Einfluss.

Pseudoisidor's Dekretalen sind erst durch Hinschius in einem Texte zugänglich gemacht worden, welcher den Anforderungen der Wissenschaft entspricht; aber abgeschlossen ist die Textkritik damit nicht [5]). Noch weniger ist über den Verfasser, den wirklichen Ort und die genaue Zeit der Abfassung eine vollständige Klarheit gegeben, trotz der massenhaften Literatur.

Die zwischen Pseudoisidor und Gratian liegenden Sammlungen haben nur theilweise eine wirklich genügende Behandlung und nur zum kleinsten Theile gute Ausgaben gefunden. In beiderlei Beziehungen haben ausser den schon genannten Agustin, Canisius, Baluze und einzelnen Concilien-Herausgebern Georg Cassander, Melch. Hittorp, G. Ferrari, Garnier, Martene, d'Achéry, J. Petit, Spelman, Morin, Mabillon, Ballerini, Binterim u. A. durch Herausgabe und Untersuchung gewirkt. Aber nur für die *Ordines,* insbesondere die *romani* und den *Liber diurnus* lagen in etwas befriedigende Ausgaben vor. Erst in der neuesten Zeit haben die *Libri poenitentiales* durch Hildenbrand und Kunstmann, vor Allem durch Wasserschleben eine abschliessende Unter-

---

p. 392 eine Abhandlung zu deren Vertheidigung geliefert. Siehe meine Besprechung im „Theol. Lit.-Bl.· 1867, Sp. 597.

[5]) Ich halte wenigstens den *Grenobler* Codex (*mein* Iter gall. Seite 369 ff.) für geeignet, weitere Nachforschungen anzustellen.

suchung und Ausgabe gefunden; die Arbeiten und Ausgaben des letztern von *Regino* und der *Irischen Canonensammlung* sind gleich der Bearbeitung und Ausgabe des *Liber diurnus* durch E. de Rozière mustergültig. Die Ausgaben von *Burchard*, der *Iro* beigelegten Werke: *Decretum*, *Panormia* [6]), sind gänzlich ungenügend, der Abdruck von des *Algerus liber de misericordia et justitia* und der *Collectio canonum* des Kardinal *Deusdedit* lässt auch noch für manche Wünsche Raum. Durch die Ballerini, Theiner, v. Savigny, Richter, Wasserschleben, Phillips, Maassen, Hüffer ist für einzelne Sammlungen viel geschehen. Der Kreis der Quellen und Sammlungen, welche vor Gratian liegen, ist durch die Untersuchungen der neueren Zeit bedeutend erweitert worden, einmal durch zahlreiche von Maassen und mir nachgewiesene Sammlungen, welche auf älteren (Coll. Anselm dedicata, Polycarpus u. s. w.) ruhen, zweitens durch verschiedene von Hänel, besonders Maassen, dann von mir bekannt gemachte Sammlungen weltlichen Rechts zum Gebrauche des Klerus, drittens durch den Nachweis theoretischer Darstellungen aus aller Zeit [7]).

Der jeweilige Stand der Quellenforschung zeigt sich genau in denjenigen Ausgaben des *Decretum Gratiani*, welche mehr sind, als kritiklose Abdrücke [8]). Um wirklich festzustellen, woher Gratian die einzelnen Kapitel genommen hat, müsste, weil der Nachweis, dass der Gratianische Text (nach den ältesten erhaltenen Handschriften) nur aus einer bestimmten Sammlung genommen sein kann, sehr selten gelingen wird, vorhergehen eine genaue Untersuchung aller vor Gratian liegenden Sammlungen seit dem Ende des 9. Jahrhunderts, eine Vergleichung unter einander, eine Untersuchung über das Vorhandensein von Handschriften der einzelnen in Italien, namentlich in Bologna und Rom zur Zeit Gratian's. Für diese Untersuchung liefern die ältesten Glossatoren [9]) das zuverlässigste Material.

Für die Rechtsquellen von Gratian bis auf die Sammlung Gregor's IX. [10]) lag durch die von Agustin, Baluze, Cironius, Mansi und Böhmer veranstalteten Ausgaben das Material zum grössten Theile vor. Diese entsprechen jedoch keineswegs den Anforderungen, welche wir

---

[6]) Ich mache aufmerksam darauf, dass für deren Untersuchung die von mir beschriebenen Handschriften in *Chartres* (Iter Gallicum Nr. CCXX, CCLXIX) nothwendig zu berücksichtigen sind.

[7]) Siehe meine Abhandlung Theil I, Seite 437 B. n. Nr. 2.

[8]) Band I. Seite 74 ff.

[9]) Mit Sicherheit ist bisher von *Maassen* (Beiträge) und von mir (in verschiedenen Abhandl. und im 1. Bande) nachgewiesen worden, dass die ältesten Glossatoren kannten: *Hispana*, *Hadriana*, *Cresconius*, *Fulgentius*, *Pseudoisidor*, *Coll. Anselmo dedicata*, *Burchard*, *Decretum* und *Panormia Ironis*.

[10]) Siehe Bd. I. S. 76—91.

heute stellen müssen. Durch Theiner, Richter, Laspeyres, Maassen war die Existenz noch anderer Sammlungen bekannt geworden: ich habe einzelne von andern aufgefundene genauer und noch weitere bekannt gemacht, zuerst die Sammlungen des *Gilbertus*, *Alanus* und eine daraus gemachte früher gänzlich unbekannte eingehend beschrieben. Der Stoff, auf dem die Sammlung Gregor's IX. ruhet, liegt vollständig vor, so dass sich genau feststellen lässt, was Raymund von Pennaforte vorfand, was er verändert hat, wie er verändert hat und was neu hinzugefügt ist. Die bisherigen Ausgaben der Gregorianischen Dekretalen konnten den wissenschaftlichen Anforderungen nicht vollkommen genügen.

Was für die innere Geschichte des *Sextus* [11]) bekannt war, findet sich in *J. H. Böhmer's* Praefatio zum 2. Bande seines Corpus jur. can. Durch die Mittheilungen von Rudolph, Pfeiffer, Theiner und Phillips waren bereits wesentliche Ergänzungen geliefert; meine Arbeiten über die Gesetzgebung haben den Gegenstand ziemlich abgeschlossen und für die Geschichte und die Ausgabe des Sextus eine neue Grundlage gelegt. Während für die *Constitutiones Clementis V.* wenig zu thun war, ist für die *Extravaganten-Sammlungen* durch die Untersuchungen von Bickell und mir eine ziemlich vollständige Klarheit geschaffen.

Die Geschichte der Rechtsbildung kann, wie jeder Kenner des canonischen Rechts sofort einräumen wird, erst dann in wirklich erschöpfender Weise geschrieben werden [12]), wenn das dreifache in Betracht kommende Material vorliegt: die *eigentlichen Quellen des Rechts*: Concilien (allgemeine, partikuläre), Papstbriefe aller Art, Staatsgesetze u. dgl.; die *Quellen für die Praxis* in den Gerichten und geistlichen Behörden; die vollständige *Literatur* des Kirchenrechts. Erst durch Berücksichtigung aller drei Dinge ist die abschliessende Geschichte sowohl eines einzelnen Instituts als auch der gesammten Geschichte des gemeinen oder eines partikulären Rechts möglich. Für die eigentlichen Rechtsquellen fehlt es nicht blos an einer vollständigen Ausgabe der

---

[11]) Siehe Bd. II. Seite 29 ff. und meine früheren dort ˙angeführten Abhandlungen.

[12]) Wenn ich hier die Aufgabe bezüglich des *gemeinen* und *partikulären* Rechts anscheinend vermische, brauche ich nur darauf aufmerksam zu machen, dass für kein kirchliches Gebiet die besondere Entwicklung genügend dargestellt werden kann ohne genaue Kenntniss des in jedem Zeitpunkte geltenden gemeinen Rechts, welches stets den Rahmen für die besondere Entwicklung abgiebt. Es versteht sich aber weiter von selbst, dass für das gemeine, wie das partikuläre Recht nicht blos die *streng kirchenrechtlichen* Quellen u. s. w. in Betracht kommen, sondern die Geschichte alles dessen, was für die Bildung von Bedeutung war. Hier kann jedoch nur auf das besondere Material eingegangen werden.

Papstbriefe. Eine solche müsste die für die Gesammtentwicklung und
die für die Kirchen der einzelnen Länder scheiden. Sie kann wohl nur
von Rom aus erfolgen, wo das Material einzig vollständig vorhanden
ist, und, soweit das nicht der Fall ist, aus den vorhandenen Werken
ergänzt werden kann. Coustant, Thiel, Jaffé, zahlreiche andere haben
ausgezeichnete Beiträge geliefert. Für die Praxis liegt in den Th. I. §. 9
angeführten Werken, soweit die *römische* in Betracht kommt, das Material zum grossen Theil vor; die Herausgabe der ältern Entscheidungen
der Congreg. Concilii, vor Allem der in den Akten der Partikular-
Congregationen (z. B. super revisione synodorum provincialium) enthaltenen steht noch aus. Die *Praxis der Einzelkirchen* hat bisher nur
vereinzelte Behandlung gefunden durch die Herausgabe der *Libri erec-
tionum* u. dgl. einzelner Kirchen. Es bedarf einer wissenschaftlichen
Zusammenstellung des in solchen, in den zahlreichen gedruckten Sammlungen von Urkunden u. s. w. enthaltenen Stoffes. Für die *Literaturgeschichte* haben Doujat und Mastricht die ersten Versuche gemacht:
keiner von beiden hat anderes, als das allgemein zugängliche Material
benutzt. Die Leistungen von Sarti und der im Verlaufe dieses Werkes
angeführten Personen [13]), mögen sie dem canonischen Rechte allein,
dem Rechte überhaupt, oder der Literatur im Allgemeinen gewidmet
sein, bieten ein sehr verdienstliches Material. Aber mit wenigen Ausnahmen aus älterer und neuerer Zeit lag der Schwerpunkt bei allen
nicht in der Untersuchung der Werke, ihrer innern Bedeutung, ihres
Einflusses auf die Entwicklung, noch weniger in dem Streben, über die
Entwicklung der Literatur Kenntniss zu geben. Savigny hat zuerst das
Hauptgewicht auf die Schriften gelegt; ihm kamen aber die canonistischen nur beiläufig in Betracht, wenn sie in den Rahmen seiner ‚Geschichte des röm. Rechts im Mittelalter‘ passten, ich habe sein Verdienst
überall hervorgehoben. Maassen [14]) hat auf Grund handschriftlicher
Studien eine Reihe der werthvollsten Beiträge geliefert, welche überall
angeführt und ohne auch nur entfernt zu behaupten, dass dieses mein
Werk erschöpfend sei, darf ich doch wohl aussprechen, dass es nicht
blos die Literatur des canonischen Rechts in einer Vollständigkeit giebt,
wie solche für kein anderes Rechtsgebiet bisher auch nur annähernd
dargestellt ist, sondern höchstens Nachträge gestattet, die ohne Bedeutung, jedenfalls ohne erhebliches Resultat für das Ganze sind [15]). Ich

---

[13]) Bd. I. S. 12 ff., II. S. 9. III. Th. III. Seite 350.

[14]) Er hat insbesondere über *Paucapalea, Cardinalis, Joh. Faventinus, Ro-
landus, Rufinus*, die *Summa Parisiensis* u. A. ein grösseres Licht verbreitet, bezw.
zuerst den Werth oder die Existenz einzelner Schriften hervorgehoben.

[15]) Wer die lange Reihe der von mir in verschiedenen Abhandlungen, im
1. und 2. Bande besprochenen Werke betrachtet, die ich aufgefunden oder zuerst

kenne keine einzige Monographie, wenn ich absehe von wenigen sich
auf einzelne römische Behörden und ähnliche Dinge beziehenden, welche
auch nur in annähernder Vollständigkeit die Literatur aller Zeiten herbei-
zieht, mag es sich um eine gemeinrechtliche oder partikuläre Materie
handeln. Aber erst die vollständige Kenntniss der Literatur gestattet
festzustellen, was ein einzelner Schriftsteller wirklich neues habe, in
wiefern folglich seine Arbeit eine weitere Entwicklung und ob sie überhaupt einen Fortschritt biete.

Nach diesen Betrachtungen darf ich wohl offen aussprechen, dass
die innere Rechtsgeschichte, die *Geschichte der Rechtsentwicklung*, der
Dogmatik des Rechts, im Ganzen und Grossen den schwächsten Punkt
in der ganzen Literatur bildet. Es begreift sich, dass man auch seit
dem Wiederaufleben historischer Studien nicht einmal den Versuch
gemacht hat, die einzelnen Kapitel des Dekrets oder der Dekretalen
in deren Reihenfolge dogmengeschichtlich zu behandeln. Das hätte aus
den hervorgehobenen Gründen keinen rechten Zweck gehabt. Die Aufgabe war also, die Geschichte des Rechts überhaupt, sei es des gemeinen oder eines partikulären, der einzelnen Institute ganzer Gruppen,
oder einzelner Sätze darzustellen. Was an Versuchen der Geschichte
des gemeinen Rechts im Ganzen, oder für einzelne Länder vorliegt,
besteht in Wirklichkeit nur in Versuchen [16]). Es kann nicht meine
Absicht sein, an diesem Orte die Verfasser zahlreicher Schriften aufzuzählen, welche in dieser Beziehung sich Verdienste erworben haben.
Die einzelnen Artikel im ersten und zweiten Theile und die Uebersicht
der Schriften weist darauf hin. Die weitere Aufgabe ist in dreifacher
Weise zu lösen unternommen worden. *Erstens* in Werken, welche aus
dem gesammten gemeinen und partikulären Material nur die geschichtliche Entwicklung zu geben beabsichtigen. In dieser Beziehung ist das
umfassendste Werk von *Thomassin* geliefert. Die Uebersicht giebt in
Verbindung mit den Vitae den Anhalt für andere Materien. *Zweitens*
in monographischen Darstellungen, welche die Geschichte als die Grundlage des geltenden Rechts entwickeln und des letztern Darstellung mit
der erstern verbinden. *Drittens* in den Darstellungen des Rechts überhaupt, sei es, dass die geschichtliche Entwicklung nur als Grundlage
für die Darstellung des geltenden Rechts bei Darstellung der einzelnen
Institute u. s. w. auftritt [17]), oder dass daneben eine allgemeine ge-

---

ausführlich beschrieben habe, wird sofort einsehen, dass so gut wie Alles zu
thun war.

[16]) Ich schliesse das Werk von *Löning* von dieser Betrachtung aus, weil
es der unmittelbaren Gegenwart angehört und unvollendet ist.

[17]) Das ist der Fall bei den meisten derjenigen neueren, welche überhaupt

schichtliche Uebersicht gegeben wird [18]). In der umfassendsten Weise
geht auf die Geschichte ein Phillips und Hinschius, der erstere unter
fleissiger Benutzung fremder Forschungen, die er durch werthvolle eigene
ergänzt hat, der letztere liefert zu dem Material bei Phillips viele Nachträge und benutzt insbesondere die neueren geschichtlichen Forschungen
überhaupt.

Bezüglich der geschichtlichen Arbeiten selbst zeigt sich eine wesentliche Verschiedenheit. Es liegt in den Verhältnissen begründet, dass
das nächste Motiv, welches zur geschichtlichen Forschung über jene
Punkte antrieb, die im Zusammenhange stehen mit der im Concil von
Trient aufgerichteten und seitdem von den Päpsten weiter ausgebildeten
Dogmatik, oder mit der Stellung von Kirche und Staat, fast regelmässig
in der Absicht lag, die klerikalen Ansprüche als die richtigen und
historisch begründeten zu erweisen, oder diese als falsch darzuthun,
oder die Geschichte wirklich zu schreiben, um so den Massstab der
Beurtheilung zu liefern. Der römische Standpunkt geht einfach von
dem Satze aus: was ‚die Kirche‘ — d. h. der Papst — ‚lehrt, ist wahr;
was von ihr als fundamental erklärt wird, ist stets dagewesen, folglich,
wenn es sich nicht in jedem Momente äusserlich gezeigt hat, latent
gewesen; durch eine dogmatische Feststellung ist der Beweis geliefert,
dass ihr Objekt stets im Glauben der Kirche lag.‘ Für das Recht war
man dann mit dem Satze bei der Hand, dass in der Macht des Papstes
von jeher jegliche Gewalt lag, folglich die Geltung von früheren Rechtssätzen, welche mit den heutigen in Widerspruch stehen, ohne Bedeutung ist, weil der Papst stillschweigend das frühere geduldet hat und
jeden Augenblick ändern konnte. Wie dieser Standpunkt sich allmälig
bildete, ist im Verlaufe dieses Werkes gezeigt worden [19]); dass er heute
in der rücksichtslosesten Weise ausgesprochen wird, beweist fast jede
den streng römischen Standpunkt vertretende Schrift [20]). *Von diesem
Standpunkte aus ist die Geschichte eigentlich überflüssig:* Aussprüche auf
Grund derselben, welche dem positiven Rechte oder Glauben zuwider
sind, werden für irrig erklärt [21]). Man duldet sie entweder, wenn es
sich um alte Schriftsteller handelt, die von den späteren Festsetzungen
nichts wussten und sonst als fromme Leute galten, oder man setzt die

---

die Geschichte berücksichtigen, z. B. Schenkl, Devoti, Walter, Phillips im Kirchenrecht und Lehrbuch, Hinschius, mein System und Lehrbuch.

[18]) So von Richter, dem excerpirend Friedberg folgt.

[19]) Siehe die in Bd. I und II im Register u. d. W. ‚Papst‘ angeführten
Stellen. oben Th. I. §. 1.

[20]) Es braucht nur auf Phillips verwiesen zu werden. Th. I. Seite 378.

[21]) Siehe Bd. I. S. 74 und genauer *meine* Glosse zum Dekret S. 94 ff., wo
gezeigt ist, dass die *Correctores Romani* also verfuhren.

Schrift auf den Index der verbotenen Bücher, unbedingt oder donec corrigatur. Die Proscription ist das einfachste Mittel, daher regelmässig angewandt und heutigen Tags ohne jegliche Rücksicht. Es liegt auf der Hand, dass *wirkliche objektive geschichtliche Forschung ohne Conflikt mit der römischen Censur nur möglich ist in ganz unerfänglichen* [22]) *Dingen*, und dass derjenige, *welcher die päpstlichen Ansprüche und Aussprüche als solche für richtig hält, gar keine wirkliche historische Darstellung geben kann.* Man braucht nur die Literatur in Betracht zu ziehen, um sich von der Richtigkeit zu überzeugen. Alle, welche zu Resultaten gelangten, die mit den päpstlichen Satzungen collidirten, mochte es sich um die Philosophie, die Geschichte, oder selbst die Darstellung des positiven Rechts handeln, figuriren im *Index librorum prohibitorum*, wofern nicht die Existenz der Schrift dem römischen Blicke unbekannt geblieben, oder etwa ein besonderer Grund vorhanden war, den Verfasser zu schonen [23]). Wir verstehen nun auch die Mittel, deren man sich bedient, um die Geschichte dem römischen Interesse dienstbar zu machen. Sie sind *erstens* Ignoriren aller Quellen, die zu anderen Resultaten führen würden. Meister in dieser Beziehung sind Baronius, Pallavicino, Bellarmino. Oder man deutelt an ihnen, bis man sie sich zurecht gelegt hat, selbst auf die Gefahr hin, das gerade Gegentheil dessen zu sagen, was darin steht. In dieser Hinsicht liefern die Vitae des ersten Theils zahlreiche Muster, abgesehen von einer ganzen Fluth der sich auf das vatikanische Concil beziehenden Schriften, welche ich ausser Ansatz lasse. Von den neuesten leistet Erstaunliches Hefele. Dem gegenüber macht es einen wohlthuenden Eindruck, wenn ganz ehrlich durch einfache Annahme des bezeichneten Standpunkts jeder Widerspruch als nicht vorhanden gezeigt wird, wie das Phillips und auch Hergenröther thun [24]).

Bis auf die neueste Zeit sind nur die wenigen Punkte, welche im Zusammenhang stehen mit den Streitigkeiten innerhalb der Kirche, einer historischen umfassenden Behandlung unterzogen worden, insbesondere das *Verhältniss von Kirche und Staat* und die *Stellung des Papstes in der Kirche*, namentlich *gegenüber dem Episkopate*. Die Werke von A. de Dominis, Petrus de Marca, Bossuet, Van-Espen, v. Hontheim u. s. w.

---

[22]) Dies Gebiet ist aber sehr enge; denn welche Forschung aus der Geschichte ist nicht in Gefahr, mit den Interessen und Aussprüchen der Päpste zu collidiren, sobald man nur den *Syllabus* betrachtet?

[23]) Die einzelnen Artikel liefern die Belege. Siehe unter Index im alphab. Wortverzeichnisse, Bellarmin Santarelli u. s. w.

[24]) Das Stärkste leistet nach dieser Richtung und zugleich der Dentelei *Molitor* „Die Decretale Per venerabilem" cet., wie ich im *Bonner Theol. Lit.-Bl.* 1877. Sp. 217 ff. gezeigt habe.

geben Zeugniss. Aber keines derselben geht ein auf die viel tiefere Frage, nachzuweisen, welches die Stellung des Papstes in Wirklichkeit seit der ersten Zeit gewesen; mein Buch ‚Die Stellung der Concilien, Päpste und Bischöfe‘ hat zuerst aus den Quellen die grundlegenden Fragen klargestellt. Was von protestantischer Seite im 16. Jahrhundert und bis in's 19. hinein gegen die katholische Entwicklung geschrieben wurde, kann aus dem Grunde nicht in Betracht kommen, weil das Quellenmaterial früher nur in unzureichender Weise zu Gebote stand. Einen grossen Fehler begingen Protestanten wie Katholiken dadurch, dass sie in einer Anzahl der wichtigsen Punkte einfach dasjenige nachschrieben, was die kurialen Schriftsteller als katholische Lehre erklärt hatten.

§. 28 (Thl. I), 17 (Thl. II).

5. Die Darstellung des positiven Rechts.

I. Fassen wir zunächst die *Zeit des Erscheinens* der Schriften in's Auge, so zeigt sich alsbald ein eigenthümlicher Unterschied rücksichtlich der einzelnen Länder.

Bis in die Mitte des 17. Jahrhunderts hat das *katholische Deutschland* keine Werke von irgend welcher Bedeutung mit Ausnahme der von H. Canisius und etwa Venatorius, vorzüglich des an das Ende dieser Zeit fallenden von Pirhing; die wenig zahlreichen Schriften beziehen sich auf die Hierarchie (Papst, Concilien, Cölibat), Eherecht, Ketzerei und Hexenglauben. Diese Dürre ist die Folge der Zeitverhältnisse, der Gährung, welche die Reformation hervorbrachte, der Zustände an den katholischen Universitäten, des ausschliesslichen Bestrebens der Theologen, die Tridentinischen Sätze gegenüber der protestantischen Theorie zu vertheidigen, des tiefen Standes der Bildung an den meisten katholischen Anstalten. Für das 17. Jahrhundert kommt hinzu der auf die katholischen Gegenden hart drückende Krieg; schliesslich trug viel bei die Verwirrung, welche durch das Concil von Trient in dem bisherigen Rechtszustande herbeigeführt, und erst sehr allmälig beseitigt wurde.

Auf protestantischer Seite herrscht in diesem Zeitraume eine viel grössere Thätigkeit. Zahlreiche Schriftsteller wenden sich der Bearbeitung des Corpus juris canonici zu, bald einzelner Titel, bald ganzer Theile: Kling, Vigelius, Naogeorgi, Mynsinger, Münch, Ungepauer u. A. Verschiedene behandeln die Stellung und Aufgabe des canonischen Rechts in der evangelischen Kirche: Horst, Weyhe, Himmel, Forster u. A. Es handelte sich für den Protestantismus darum, das kirchliche Rechtsgebäude herzurichten und juristisch zu festigen. Dem kam man einmal nach durch Bekämpfung der römischen Theorie und Bellarmins als deren Hauptvertreters: Schard, Arnisaeus, Wedel, Goldast, Tabor, vorzüglich aber durch juristische Begründung der Sätze über die Berufung und Anstellung der Kirchendiener, die Verfassung der Kirche, ihre Stellung im Staate, die kirchliche Gerichtsbarkeit u. s. w. Die Schriften von Nigrinus, Freyhub, Burghard, Weber, Fabronius, M. Stephani, Reinkingk, Conring, Coelestin, Petri, Philips, vor Allem das in das letzte Jahr dieses Zeitraums fallende Werk von Carpzov wurden grundlegend, gaben dem evangelischen Kirchenrechte Ziel und Richtung zum Theil bis auf unsere Tage, und blieben die Begründer und Stützen des landesherrlichen Kirchenregiments und der Consistorialverfassung. Für zwei Punkte ergab sich eine ganz besondere Berücksichtigung wegen der durch den reformatorischen Standpunkt gebotenen gründlichen Aenderung, das *Eherecht* und das *Patronatsrecht*. Jenes hat an Kling. Sarcerius, Beust, Vigel, Cypraeus, Reusner, Arnisaeus, Witzel, Dauth, Lange, Gribe, Bechstadt Bearbeiter verschiedener Art gefunden. Die ältesten halten am bisherigen, mehr und mehr entfernt man sich und prägt ein durch die Zulässigkeit der Ehe- (Trennung) Scheidung, das Abwerfen von Hindernissen und das Zurückgreifen auf römisches Recht vom canonischen wesentlich verschiedenes aus. Gleichwohl bleibt man durch Festhalten der Gerichtsbarkeit der Consistorien in Ehesachen auf dem alten Boden stehen, und auch das kann nicht als eine Emanzipirung oder consequente Ausbildung des reformatorischen Standpunktes, wie ihn insbesondere Luther hat, gelten, dass man dem canonischen blossen consensus und der tridentinischen *declaratio consensus coram parocho et testibus* allmälig und wenn auch mit von Zeit zu Zeit erhobenem Widerspruche allgemein die ‚Einsegnung‘ oder ‚priesterliche Trauung‘ substituirt. Das Patronatsrecht hat an M. Stephani und Finckelthaus Bearbeiter gefunden, deren Schriften massgebend geblieben sind. War schon aus praktischen Gründen die sofortige Beseitigung der Besetzungsrechte der Landesherren, Gutsherren, Stadtobrigkeiten, denen vielfach die Einführung, überall die Durchführung und Festigung des neuen Kirchenwesens zu danken war, unmöglich, so lag den auf der Grundlage des römischen und canonischen Rechts gebildeten Juristen nahe. sich möglichst eng an das geltende Recht anzuschliessen. Das canonische Recht blieb thatsächlich eine Quelle für diese Materien. Die Gestaltung des Rechts ging überhaupt in der massgebenden Zeit von solchen Juristen aus, die nicht daran dachten, das canonische Recht über Bord zu werfen. Das protestantische Kirchenrecht hat sich von ihm nicht emanzipirt, dasselbe blieb in Geltung neben dem römischen, wurde von den Protestanten unausgesetzt gepflegt, bei den *Juristen* steht noch heute die Behandlung und auch der Standpunkt im Ganzen für das innerkirchliche Recht bis auf das Pfarramt unter der Herrschaft der Ideen des canonischen Rechts. Geringe Bearbeitung wurde dem *Strafrechte* zu Theil, vor Carpzov kommen nur Nigrinus und Zanger in Betracht; Fichard und Godelmann haben das Verdienst, zuerst gegen das Hexenwesen ihre Stimme erhoben zu haben, ohne jedoch eine völlige Lösung aus dem Banne des Aberglaubens zu bekunden, dieser findet nebst der Ketzerverfolgung in Carpzov einen Vertreter, der an Schärfe den strammsten römischen Hexen- und Ketzerrichtern nicht nachsteht.

II. Die Zeit von der Mitte des 17. Jahrhunderts umfasst zwei verschiedene Abschnitte, der jüngere und kürzere die Zeit seit den zwanziger Jahren unseres Jahrhunderts. Wohl hat sich die Behandlung während des ersteren Abschnitts verändert, der allgemeine Charakter derjenigen Schriften, welche das positive Recht behandeln, ist im Wesentlichen derselbe geblieben.

Für die *katholische* Kirche galt seit dem Concil von Trient in vielen Materien ein neues Recht, der westfälische Friede hatte den territorialen Veränderungen und dem Wechsel der Religionsübung in den ausserösterreichischen Territorien eine Grenze gesetzt; die Gegenreformation in den Gebieten katholischer Landesherren kam zum Siege; das canonische Recht hatte seine Geltung in allen Gebieten behauptet, wo die Jurisdiction der katholischen Bischöfe durch den Besitzstand des Jahres 1624 geschützt war: eine mächtige Scheidewand war zwischen Katholiken und Protestanten auf dem Gebiete der Schule u. s. w. aufgerichtet; in den katholischen Ländern war ein Regierungssystem eingeführt, welches jeglichem Fortschritt, jeder auch der besten Neuerung widerstrebte; in der Kirche hatte der Gang der politischen Ereignisse jede Opposition beseitigt, so dass eine vollständige äussere Harmonie zwischen Papst, Bischöfen, Regierungen, Klerus, Volk sich kundgab; man suchte sich in das Gewordene einzuleben, im Rechte das Alte und Neue zu verbinden. Das prägt sich denn auch in der Literatur aus.

Das nächste Bestreben ist, das *gesammte Recht auf der alten und neuen Grundlage darzustellen.* Ihm wurde in dreifacher Weise entsprochen, durch Werke, die theilweise an Umfang den grossen Apparatus des Mittelalters gleichkommen [1]), ferner durch Compendien von immerhin noch bedeutendem Umfange [2]), drittens durch kleine Compendien

---

[1]) Sie sind von 1658 bis 1750 nach der Zeit des Erscheinens geordnet von Strein, Laymann, Sannig, Reiffenstuel, Kramer, Wiestner, Wex, Schmalzgrueber, F. Schmier, Pichler, Leuren, B. Schmier, Lutz, A. Huth, Böckhn, Mayr. Zehn davon (1, 2, 5—8, 10, 11, 13, 14) sind Jesuiten, vier Benedictiner (9, 12, 15, 16), zwei Franziskaner (3, 4).

[2]) Von R. König, Pichler, Greneck, Th. Schmitz, Schrodt. Der erste und vierte waren Benedictiner, der zweite Jesuit, die beiden andern Laien.

als blosse Leitfaden beim Studium [3]). Dieser Aufgabe unterzogen sich recht eigentlich die *Jesuiten* [4]), neben ihnen die *Benedictiner* und *Franziskaner;* der Weltklerus ist gänzlich unbetheiligt, der Antheil der Laien bedeutungslos. Die Gründe liegen in der früheren Ausführung. In diesen Werken ist nach keiner Richtung hin Originalität oder ein eigentlicher Fortschritt zu bemerken. Die Methode weicht kaum von der seit Hostiensis beobachteten ab; die gewöhnliche Stofftheilung herrscht vor; soweit das Institutionssystem befolgt ist, hielt man sich an das italienische Vorbild. Was den grossen Kommentaren zugesprochen werden muss, ist *Vollständigkeit des Stoffes*, eine überaus *reiche Casuistik, Berücksichtigung des neueren Rechts*, sowohl des gemeinen, als vielfach des partikulären, des letzteren übrigens fast nie in erschöpfendem Umfange, endlich *Bezugnahme auf die römische Praxis.* Aber ein Vergleich der einzelnen Werke unter einander lässt sofort erkennen, dass Material und Citate regelmässig vom früheren auf das spätere übergehen; es entscheidet der beabsichtigte Umfang, ob man das ganze Material sammt den angewachsenen Citaten aufnimmt oder eine Auswahl trifft. Pirhing ist so ziemlich in allen Nachmännern enthalten; jeder folgende nimmt aus dem Vorgänger, was ihm gut dünkt. Für keinen lag, mit winzigen Ausnahmen, der Stoff weit ab. Die grossen Bücher der Spanier Barbosa, Guttierez, L. Molina, Alph. Pisanus, Quintaduennas, E. Rodriguez, Th. Sanchez, F. Suarez, G. Tellez, F. Tolet, F. Torres, G. Vasquez, der Franzosen Choppin, Le Conte, Dartis, Duaren, Florent, P. Gregoire, A. de Mouchy, Rebufe, der Italiener Bellarmin, Tom. und Franc. Bozio, Fagnani, Farinacci, Gambacurta, Germonio, Ghisleri, Grassi, M. Itala, Palaeotti, Pellizari, Pignatelli, Tamburini, Tesauro, Ugolini, Ursaya u. s. w. boten das ganze Material in Hülle und Fülle. Wir finden selten eine Spur selbstständigen Eingehens auf die Quellen; was der einzelne neu hat, lässt sich regelmässig auf die Benutzung monographischer Arbeiten und die Herbeiziehung der decisiones rotae u. dgl. zurückführen. Ein Erörtern und Bearbeiten aus dem Geiste des canonischen Rechts sucht man vergebens; der grosse Aufschwung, welchen die civilistische Jurisprudenz seit Alciat, Zasius, Cujas, Donell, genommen, geht spurlos an den Canonisten vorüber. Für das Detail dessen, was man in den Gesammtdarstellungen nicht vorfand, boten die massenhaften Abhandlungen in den grossen Sammelwerken das Material. Das Zurückgehen auf die ältere Literatur zeigt sich gewöhnlich nur in der Benutzung der Glosse und einzelner,

---

[3]) Corvin (Luic). Thenhaven (Franziskaner).

[4]) Zu den Anm. 1 genannten tritt der erste Verfasser eines solchen grossen Werkes, der Jesuit Pirhing hinzu.

z. B. Panormitanus; Joh. Andreae, Innocenz IV., Durantis, Hostiensis, wird selten von dem einen oder andern direkt gebraucht.

Mit der Mitte des vorigen Jahrhunderts hören die dicken oder vielbändigen Darstellungen in Deutschland auf bis zu Phillips, dessen Werk seine Besprechung fand. Die Compendien im *Systeme der Institutionen*, welche sich mehr oder minder an *Lancelotti* anschliessen, die mit eigener Anordnung, die Einleitungen aller Art, welche der Darstellung der Quellen und der allgemeinen Lehren gewidmet sind, bieten in der Regel eine nackte Auseinandersetzung der positiven Sätze, vielfach in einem nur zur Orientirung genügenden Umfange. Abgesehen von der ausführlicheren Erörterung der Quellen tritt als ein neues Element in denselben auf die Darstellung des *Verhältnisses von Staat und Kirche.* Der innere Grund zu dessen Berücksichtigung lag in der oben (Th. I. §. 1. Nr. VI. ff. §. 13) geschilderten Entwicklung; die äussere Anregung und vieles Material boten die Werke von Italienern, Franzosen, Niederländern; die prinzipiellen Gesichtspunkte fanden in solchen und bei H. Grotius, Pufendorf, Thomasius u. s. w. eine allseitige Behandlung. Das *Naturrecht* spielt eine hervorragende Rolle und führt in manchen Schriften zu einer prinzipiellen Construction nicht etwa blos des einer solchen fähigen Stoffes, sondern auch des rein positiven kirchlichen. Man construirt aber nicht aus denjenigen Sätzen, welche durch die Geschichte als fundamentale erwiesen und darum als prinzipielle zum Ausganpspunkte genommen werden können, sondern geht je nach dem Standpunkte des Autors von den thatsächlich geltenden aus und deduzirt aus ihnen wie aus logischen Prämissen [5]). Die Geschichte hat regelmässig nur die Function, für den eingenommenen Standpunkt die Belege zu bieten, wie sie gerade passen.

Der eigentliche wissenschaftliche Schwerpunkt der Canonistik liegt bis in die zwanziger Jahre unseres Jahrhunderts in der *monographischen Literatur.* Diese wendet sich im Ganzen, wie die Uebersicht zeigt, vorzugsweise praktischen Fragen zu: Verhältniss des Staats zur Kirche, Stellung der Orden, Benefizialrecht, Kapitel u. dgl., die in der französischen Literatur bearbeiteten Fragen über die Stellung des Papstes, der Bischöfe u. dgl., deutsche Concordate, in geringerem Masse die Quellen, in grösserem der Prozess und das Strafrecht, einzelne eherechtliche Punkte. Viele Monographieen [6]) enthalten ein werthvolles,

---

[5]) Es ist nur nöthig, einerseits Neller, die beiden Riegger, Oberhauser, Rautenstrauch, Eybel, Pehem, Rechberger, Hedderich u. s. w., andrerseits Sauter, Amort, Zallwein, Ph. A. Schmidt, Zallinger, v. Schenkl u. a. zu betrachten. Die modernsten Deductionen von Phillips u. a. gehören eigentlich auch in dieselbe Kategorie.

[6]) Da bei den einzelnen Schriftstellern, soweit sie es verdienen, die mass-

auch einzeln urkundliches Material und bieten eine tüchtige Erörterung der in Betracht kommenden Quellen, so dass sie auch heute noch volle Berücksichtigung verdienen. Aus der grossen Zahl der Schriftsteller ragen hervor: Wagner, Ph. Hahn, Zech, Barthel, Amort, P. J. v. Riegger, Gallade, Neller, Behlen, Zallwein, Schlör, Dürr, Horix, Endres, Holl, Ph. A. Schmidt, Zallinger, J. A. v. Riegger, Hedderich, Sauter, Schenkl.

Im Zusammenhange mit den Vorgängen in Frankreich unter Ludwig XIV., mit der durch die Bulle *Unigenitus* zum Ausbruch gekommenen innerkirchlichen Bewegung, angeregt durch die französische Literatur und vor allem durch Van-Espen und endlich in Folge der staatskirchlichen Gesetzgebung in Oesterreich entsteht eine Literatur, welche die *Reform der Kirche* anstrebt oder bekämpft. Sie hat in Hontheim und Wessenberg ihre Centren gefunden und zahlreiche Schriften aufzuweisen, deren grosse Mehrzahl zur Ausbildung des Rechts nicht beiträgt. Ihre Bedeutung liegt in dem Einflusse auf die innerkirchliche Entwicklung und auf die Darstellung des positiven Rechts nach verschiedener Richtung [7]).

Gänzlich in den Hintergrund tritt nicht blos für Deutschland, sondern allgemein, im Vergleiche zum Mittelalter die *Jurisprudenz für das forum internum*. Wohl nimmt die *Moraltheologie* eine grosse Stelle in der theologischen Literatur ein; auch pflegen die Moralisten bis auf die neuesten die Sätze des römischen, canonischen, oder eines Partikularrechts anzuführen; die Lehre von den Zinsen, Contracten u. s. w. findet häufig eine eingehende Darstellung. Dennoch darf diese Literatur im Ganzen von unserer Betrachtung ausgeschlossen werden, weniger um deswillen, weil das Civilrecht seinen eigenen Weg geht, die Beurtheilung der Rechtsgeschäfte dem geistlichen Richter entzogen war, als vielmehr wegen Abnahme des Einflusses solcher Werke auf die canonistische Literatur und ganz besonders, weil die moraltheologische Behandlung mehr und mehr ganz unjuristisch wird.

Die mit dem Namen der *pastoraltheologischen* bezeichneten Schriften [8]) wurden zahlreicher und haben bald das ganze Pfarramt, bald einzelne Theile zum Gegenstande. Mit wenigen Ausnahmen — und nur soweit verdienen sie überhaupt Berücksichtigung — tritt die Darstellung des Rechts in den Hintergrund. Sie selbst und die seit Rautenstrauch aufgekommenen Vorlesungen über Pastoraltheologie haben dem Studium des Kirchenrechts beim Klerus grossen Eintrag gethan. Man glaubt

---

gebenden Gesichtspunkte hervorgehoben sind, darf hier eine kurze Bemerkung genügen.

[7]) Die Schriften über den Primat, die Bischöfe, Synoden u. s. w., die Werke von Walter, Phillips u. s. w. tragen deutliche Spuren davon an sich.

[8]) Siehe Bd. II. Seite 534 die Vorläufer derselben.

mit vagen Kenntnissen und Klugheitsregeln auszukommen, aber, wie ich aus praktischer Erfahrung weiss, zum Schaden der Sache.

Die Literatur unseres Jahrhunderts, soweit insbesondere die Werke von Juristen in Betracht kommen, deren Bildung der historischen Schule angehört, hat ein wesentlich verschiedenes Aussehen. Zwar spielt das Naturrecht noch in den Werken einzelner Laien und durchweg in denen der theologischen Schriftsteller eine grosse Rolle, im Ganzen jedoch ist dessen Boden verlassen worden. An seine Stelle ist die Geschichte getreten. Die Zahl der Lehrbücher ist geringer, die der geschichtlichen Arbeiten und auch die grösserer Monographieen bedeutender geworden. Ein näheres Eingehen muss ich mir versagen, weil ich die Werke lebender nicht besprechen will, die Arbeiten bereits verstorbener besprochen wurden.

Das protestantische Kirchenrecht wurde von katholischen Schriftstellern bis in den Anfang unseres Jahrhunderts höchstens zu polemischen Zwecken, oder in einzelnen Punkten ganz beiläufig behandelt. Mit den Umänderungen im Charakter und in der Gesetzgebung verschiedener Staaten, besonders seit Kaiser Joseph II., lag ein Bedürfniss dazu vor. Indessen haben nur wenige, namentlich Michel, Frey, Al. Müller, Brendel, Helfert, Droste-Hülshoff, Walter, dessen Darstellung unternommen, regelmässig in einem ungenügenden Umfange und, abgesehen vom Eingehen auf neuere Landesgesetze, ohne wirkliche Quellenstudien.

III. Bei den protestantischen Schriftstellern von der Mitte des 17. Jahrhunderts bis in die zwanziger Jahre des laufenden zeigt sich zum Theile die gleiche Entwicklung, als bei den katholischen, zum Theile jedoch eine Verschiedenheit, welche vorzügliche Erklärung findet in dem Zustande der evangelischen Kirche selbst.

Die deutschen Territorien hatten mit wenigen Ausnahmen bis in unser Jahrhundert hinein einen ausschliesslich confessionellen Charakter, sie waren katholisch oder protestantisch. Das canonische Recht hatte daher für die Praxis in den protestantischen Territorien, soweit es nicht auch bei den Protestanten noch galt, keinen Werth. Hieraus erklärt sich, dass die der Darstellung des gesammten geltenden Rechts gewidmeten Bücher zum grössten Theile auf dasselbe entweder gar keine oder nur für diesen Umfang Rücksicht nehmen. Wie diese, so stützen sich auch die specifisch protestantische Materien: Kirchenregiment, Consistorien, Superintendenten, Kirchenzucht, Vocation u. s. w., behandelnden Werke lediglich auf die Kirchenordnungen, Landesgesetze u. s. w. Es liegt in der Entwicklung des evangelischen Kirchenwesens und in dem Stande der Wissenschaft, dass die allgemeine Deduction, das Naturrecht, vor Allem aber auch die theologische und biblische Deduction

eine grosse Rolle spielt, wie in hervorragender Weise Pufendorf, Thomasius, Schilter, Titius beweisen. In den für den Lehrgebrauch oder
die Anleitung zum Lernen bestimmten Compendien zeigt sich, soweit
das canonische Recht in Betracht kommt, nirgends ein eigentlicher
Fortschritt; denn man begnügt sich mit nackter Wiedergabe der positiven Sätze auf Grund der Quellen oder fremder Darstellungen. Weder
die innere Gliederung des Stoffes findet irgendwo Ausdruck, da bald
das Institutionensystem, bald ein willkürliches zu Grunde gelegt wird,
noch zeigt sich eine Construction der einzelnen Institute aus dem Geiste
des canonischen Rechts und der Kirche, in der sich dieselben gebildet
haben. Man hielt sich übrigens zumeist an katholische Autoren. Dadurch trat, wie fast alle Bücher von Protestanten bis auf die unmittelbare Gegenwart zeigen, für das katholische positive Recht eine grosse
Objektivität der Darstellung ein. Andrerseits aber kam gerade dadurch,
dass man sich meist pure an solche hielt, der *römische* Standpunkt als
der *katholische* zur allgemeinen Anschauung und Geltung. Was man
päpstlicherseits lehrte, wurde als katholisch dargestellt, regelmässig unter
Verzicht auf jede historische Prüfung. Für das evangelische Recht gilt
der vorher hervorgehobene Gesichtspunkt. Seit Justus Henning Böhmer
lehnt sich die Behandlung wieder mehr an die vorreformatorische Entwicklung an und sucht die des protestantischen Rechts theils als Fort-
bildung, theils als Herstellung des alten Rechts, somit als Verbesserung
des canonischen zu erweisen. Stets übt der kirchliche Standpunkt eine
bedeutende Rolle, da er namentlich die Auffassung der kirchlichen
Grundprinzipien wesentlich beeinflusst und dadurch die Darstellung des
positiven Rechts bedingt, wie sich das besonders hinsichtlich des landesherrlichen Kirchenregiments, der Stellung der Gemeinden, des Pfarramts, der Kirchenzucht u. s. w. zeigt[9]). Die theologischen Strömungen
und die Naturrechtsdoctrin führen dann schliesslich zu Constructionen,
die in den principia von G. L. Böhmer ihren prägnantesten Ausdruck
fanden und aus ihnen in das preussische allgemeine Landrecht über-
gingen. Die blos der Darstellung des partikulären evangelischen Kirchenrechts gewidmeten Werke bieten bis auf den heutigen Tag mit wenigen
Ausnahmen nichts als unter bestimmte Rubriken gebrachte Paraphrasen
der Spezialgesetze u. s. w., oder Angabe der Bestimmungen solcher.
Ein Gleiches gilt im Ganzen für die Darstellung in den das gemeine
Recht behandelnden Werken. Eichhorn und Richter suchen recht eigentlich erst eine auf der Geschichte fussende Entwicklung zu geben.
    In unserm Jahrhundert gesellte sich für die protestantischen Schrift-

---

*) Es ist nur nöthig, die Schriften von Puchta, Stahl, Kraussold, Kliefoth,
aber auch Richter, Mejer, Jacobson zu lesen, um sich davon zu überzeugen.

steller zu dem Umstande, dass man das canonische Recht stets an den protestantischen Universitäten berücksichtigt und in grösserem Umfange, als das evangelische berücksichtigt hatte, dessen Quellen wenig Anziehungskraft für den Juristen haben, noch ein sehr praktischer Grund für die Behandlung auch des katholischen gemeinen und partikulären Rechts.

Infolge der Umwälzungen seit dem Ende des vorigen Jahrhunderts tritt eine andere Methode ein. Die grösseren deutschen Staaten waren paritätisch geworden, die meisten Universitäten wurden nicht mehr blos von Anhängern einer Confession besucht. Darstellungen des Kirchenrechts, welche katholisches und evangelisches behandelten, konnten auf ein viel grösseres Leserpublikum rechnen, zumal der katholische Klerus viel mehr auf dessen Studium angewiesen ist, als der evangelische. Die neueren Werke gehen auf das katholische, gemeines und partikuläres, in einem viel grösseren Masse ein, das neueste von Hinschius in einem Umfange, welcher den des Werkes von Phillips weit übersteigen müsste[10]), wenn es dasselbe Material behandeln soll.

Die Masse der Schriften von Evangelischen, sowohl der das canonische (katholische), als das evangelische Recht berührenden, ist der Darstellung einzelner Stoffe gewidmet. Wie die Uebersicht zeigt, sind es oft die unbedeutendsten Punkte, denen man sich mit Vorliebe zuwandte. Von diesen gilt im Ganzen das bezüglich der katholischen Gesagte; als hervorragend treten auf: Schilter, Link, F. G. Struve, Pfaff, Pertsch, zu denen übrigens eine Reihe tüchtiger kommt.

IV. Die *italienische* Literatur weist auf eine grosse Zahl von Darstellungen des gesammten Rechts vom kleinen Compendium bis zum bänderreichen Commentar. Die Behandlungsweise und Methode ist heute wesentlich die gleiche wie im 16. Jahrhundert, das Lancelottische Buch ist Muster geblieben, an den meisten Schriftstellern sind alle Fortschritte in der historischen Forschung und in den übrigen Zweigen der Rechtswissenschaft spurlos vorüber gegangen. Der Hauptwerth, namentlich der grösseren Werke von Fagnani, Ferraris u. a., liegt auf der erschöpfenden Behandlung der für das Rechtsleben wichtigen Fragen, welche zur ausgebildetsten Casuistik geworden ist, und auf dem steten Berücksichtigen der römischen Praxis. Neben den Gesammtdarstellungen haben einzelne Materien, namentlich die Hierarchie überhaupt an Bellarmin, Bianchi, Zaccaria u. a., die Stellung der Päpste an Bellarmin, den Ballerini u. s. w., die Kurie, das Amt der Bischöfe und Pfarrer, das Benefizialrecht, das Regularenrecht, das Buss- und Ritualwesen,

---

[10]) Weil beinahe eine Seite von Hinschius dreimal so viel Buchstaben fasst als eine bei Phillips; jene ist über doppelt so gross an Raum des Gedruckten, der Druck wegen der lateinischen Typen und geringerer Spatien viel compresser.

das Strafrecht und der Prozess, Bearbeitungen gefunden, welche zu den umfassendsten und insbesondere für die Praxis besten gehören, ganz besonders für einzelne Materien geradezu autoritativ geworden sind. Sind auch wenige Punkte in der monographischen Literatur unvertreten, so tritt dieselbe doch sowohl an Zahl wie an Werth im Ganzen hinter die deutsche zurück. Praktische und polemische Zwecke waren allzu massgebend. Eine ganz besondere Rührigkeit zeigt sich im ehemaligen Königreiche beider Sicilien, welches nicht blos eine verhältnissmässig grosse Zahl von Schriftstellern, sondern auch eine Anzahl von Bearbeitungen des partikulären Rechts aufweist. Der Standpunkt der Canonisten ist im Ganzen ein streng kurialer, was sich aus den politischen Zuständen zur Genüge erklärt. Diese machen es auch begreiflich, dass im Königreiche beider Sicilien, Sardinien und der Lombardei die Rechte des Staats rührige Vertreter und dass zu Zeiten selbst sehr freisinnige Ansichten Ausdruck fanden. Im Allgemeinen ist die italienische Literatur eine Stütze für die seit dem Tridentinum eingetretene Entwicklung, freilich bieten die Schriften einzelner, namentlich Sarpi's, de Dominis', die schärfsten Waffen gegen dieselbe.

V. Die *französische* Literatur, welche für die Geschichte des Rechts, die Bearbeitung der Quellen, die Sammlung von solchen Leistungen aufzuweisen hat, wie theilweise keine andere und keine in einem grösseren Umfange, trägt — abgesehen vom 19. Jahrhundert — nach verschiedenen Richtungen ein eigenthümliches Gepräge an sich, zu dessen innerer Erklärung ein Hinweis auf die besonderen Verhältnisse nöthig ist. Frankreich hatte bereits im Mittelalter in vielen Dingen seine Selbstständigkeit den Päpsten gegenüber zu behaupten gewusst, seine Könige eine Anzahl von Rechten erworben, die Bischöfe sich von verschiedenen anderwärts ausgeübten Befugnissen frei erhalten und eine grössere Selbstständigkeit behalten. Die *libertates ecclesiae gallicanae* sind der Gesammtausdruck für die Rechte geworden, welche nach irgend einer Seite hin den Papst beschränken [11]. Die geistliche Jurisdiction in Civilsachen war unbekannt, das canonische Recht galt für Civilsachen als solches nicht, die geistliche Strafgewalt war durch die Staatsgesetze und insbesondere den *appel comme d'abus* sehr beschränkt; eine grosse Zahl von Gesetzen regelte kirchliche Dinge. Infolge dieser Gestaltung hatte die Jurisprudenz eine viel grössere Freiheit, als meist auswärts; die Inquisition hatte gar keine Macht, Verbote Roms oder eines Bischofs waren ohne Nachtheile, so lange nicht der Staat seinen Arm lieh, der es verstand, durch Urtheile der Gerichte und auch Ad-

---

[11] Ganz genau lässt sich der Ausdruck nicht definiren, da er in der namentlich seit Pithou üblichen Zusammenstellung auch Einzelnes umfasst, das nicht gerade diese Richtung hat.

ministrativakte den Geistlichen zu schützen, der zu Gunsten der königlichen Rechte eintrat. Rom blieb nichts übrig, als Schriften der Pro-
scriptionsliste des Index einzuverleiben, ein für sich allein höchst un-
schädliches Ding, das man aber zu Zeiten [11]) flott handhabte, wenn
ein eifriger Nuntius sich Mühe gab. Das französische Kirchenrecht
bildete in der That ein besonderes im Vergleiche mit dem der meisten
übrigen Länder; diese Besonderheiten waren keine unbedeutenden Einzelnheiten, sondern sehr zahlreiche, durchgreifende und erstreckten sich auf
ganze Gebiete, schufen wesentliche Aenderungen des gemeinen Rechts.
Als Folge, freilich auch wieder Grund der Entwicklung tritt uns ein
starkes Selbstbewusstsein des Klerus wie der Laien in Frankreich für
das kirchliche Gebiet entgegen [13]).

In der Literatur spiegelt sich die Gestalt des kirchlichen Frankreichs
in getreuem Bilde ab. Das *reine canonische* Recht findet kaum in einem
Compendium ausschliessliche Behandlung, die Verarbeitung des Stoffes
der Dekretalensammlungen hat nur wenige, darunter allerdings tüchtige
Vertreter gefunden; das blosse canonische Recht ist Gegenstand rein
theoretischer Behandlung. *Der Schwerpunkt der ganzen Canonistik liegt
in der Darstellung und wissenschaftlichen Behandlung des Rechts, welches
in Frankreich galt.* Wie sich canonisches und partikuläres Recht im
Leben zu dem besonderen gallikanischen Kirchenrechte verschmolzen
hatte, wird es als ein Ganzes praktisch und wissenschaftlich dargestellt.
Es hat sich für unser Recht sehr früh diese einzig richtige Methode
in Frankreich Bahn gebrochen, welche in Deutschland selbst für das
Civilrecht erst im neunzehnten Jahrhundert unvollkommen angebahnt
wurde. Die Geschichte ist von fast allen Schriftstellern, mögen sie das
ganze Recht, oder ein einzelnes Institut behandeln, zum Ausgangspunkte
genommen, so dass man berechtigt ist, für das Kirchenrecht die
französische Jurisprudenz als eine wirklich historische zu bezeichnen;
sie steht vom wissenschaftlichen Standpunkte betrachtet im Ganzen
höher, als die aller übrigen Länder, erst im 19. Jahrhundert tiefer.
Aus deren praktischer Richtung und der Sonderstellung des Landes
erklären sich die einzelnen Erscheinungen. Die Verfassung der
Kirche, Hierarchie, Stellung des Papstes, Verhältniss von Staat und
Kirche haben zahlreiche und eingehende Behandlung gefunden, stets
bildet das französische Rechtsleben den Hintergrund [14]). Die hierher

---

[12]) Siehe im Register u. s. w. Index.

[13]) Welche Stellung nehmen die **assemblées du clergé** ein! Der französische Episkopat und Klerus fühlte sich, hatte Interesse für die Wissenschaft,
war national, der Juristenstand ging im Ganzen mit ihm Hand in Hand.

[14]) Es ist nicht nöthig, die einzelnen Schriftsteller hier aufzuzählen, die
Uebersicht und die Charakterisirung in den Biographieen genügt.

gehörigen Werke sind durchweg nicht übertroffen. Die Darstellungen des ganzen Rechts tragen einen vorwiegend praktischen Charakter, der freilich der wissenschaftlichen, insbesondere historischen Behandlung keinen Eintrag thut. Aus ihm erklärt sich einmal, dass die systematische Methode zurücktritt und die Form des Commentars eine grosse Rolle spielt, sodann, dass jene Materien am meisten behandelt wurden, welche für das Rechtsleben hervorragende Wichtigkeit haben: Benefizialwesen überhaupt, Amt des Bischofs und Pfarrers, Patronat, Regularenrecht, Busswesen, Strafrecht, Prozess, Kirchengut. Dagegen zeigt sich namentlich im Vergleiche mit Deutschland eine geringe Lust, blosse theoretische Details zu behandeln. Aus diesem Grunde, freilich auch aus einem schon früher hervorgehobenen, ist die Zahl lediglich theoretischer Abhandlungen sehr klein. Zum Schlusse sei noch darauf hingewiesen, dass auch die entgegengesetzten Standpunkte reiche Vertretung finden und die französische Literatur trotz der Staatscensur zahlreiche Bekämpfungen der gallikanischen Freiheiten aufweist.

Für die *spanische* und *portugiesische* muss im Ganzen das über die italienische Gesagte wiederholt werden. Die Macht des Klerus, der kirchliche Standpunkt der Könige und insbesondere die Herrschaft der Inquisition schlossen Forschungen und Darstellungen aus, welche zu dem geltenden System irgendwie in Widerspruch traten.

Umfassende casuistische Commentare zu den Dekretalen, eingehende Darstellungen einzelner Materien, welche sich durch Ueberfülle casuistischen Stoffs auszeichnen, daneben Schriften, in denen die besonderen Rechte der Könige zur Erörterung kommen, füllen die Literatur aus.

Auf die Literatur der übrigen Länder braucht nach dem bereits Gesagten nicht weiter eingegangen zu werden.

Drittes Kapitel.

§. 29 (Thl. I), 18 (Thl. II).

Uebersicht der Schriften.

I. Allgemeine. Einleitende.

a. *Ursprung, Definition, Inhalt, Ansehen, Nutzen, Interpretation, Geltung des canonischen Rechts, Verhältniss zur Theologie u. s. w.* Clenke. Hunnius. B. Schmier. Gerstenberg. P. v. Riegger. Samhaber. J. v. Riegger. Droste-Hülshoff. Gerlach. Gross. Schulte. — Kling. Horst. Weyhe. Zanger. Forster. Himmel. G. Werner. Ziegler. Eyben. Eck. S. Stryk. Link. Slevogt. Bode. Herdes. Wildenberg. Brückner. Berger. Ludewig. Titius. Kestner. Gerdes. Beck. Flörke. Gleichmann. Deinlein. Hagemeier. Wolf. Werner. Biener. Mayer. Cleemann. Schott. Schaderoff. — Ponzinibio. Rocco. — Guijon. Florent. De Roye. Franck. Espinny. — Oosterga. P. Voet. Voorda. — Arteaga. Ribeira. — Kapelli. — Weston.

b. *Encyklopädie, Methodologie, Behandlung.* Eybel. Rosshirt. Buss. — Knapp. Eckhard. Hommel. Glück. Wiese. Jacobson. — Villagut. Leonati. — Lemerre. — Tengnagel. Winssinger. — Pons.

c. *Jus naturale u. dgl.* Haunold. Weibel. Karolne. Hochkirchen. Endres. Zallinger. Droste-Hülshoff. — v. d. Mark. Elwers. — Devoti. Taparelli. — Molina. Suarez.

d. *Regulae juris.* Canisius. Schnorrenberg. — Vigel. Nicolai. Rechenberg. — Lancelotti. Bardi. Febeo. — Boerius. Blanchot. — Peck. Ram. Vivien. Gf. Mansfeld. — Lugo. Duenas. S. V. Barbosa.

e. *Differentiae, concordantia juris civilis et canonici u. dgl.* Canisius. Kimpfler. Schambogen. Endres. — Rittershusius. Lauterbeg. Kosbach. Böckelmann. Hassaeus. S. Stryk. Thomasius. — Lancelotti. — Ram. Gf. Mansfeld. — Valente. J. de Molina. Rio. Ferro. A. de Dueñas. Soler.

f. *Vocabularia, Lexica zu den Quellen.* Brändl. Rosshirt. — Herrmann. — Macri. — Castejon. — Minocki.

g. *Ingressus. Introductiones. Praecognita, Principia, Prodromus, Claves u. dgl.* Braun. Lutz. Zech. Plettenberg. Hochkirchen. beide Riegger. Neller. Zallwein. Mulzer. Rautenstrauch. Schmetterer. Eybel. Bös. Ditterich. Curalt. Gürtner. Agricola. — Thomasius. F. G. Struve. Flörke. Kipping. Breuning. v. d. Marck. Schmidt. Glück. Rettig. — Menochio. Mancini. V. Sacchi. Bruno. Miceli. Amantia. Tarquini. — Doujat. Biarney. Gousset. Bouix. — Epo. A. Matthaei. Voorda. — Soxo. Sigler. — Starowolski. Sandecius. Zawadzki. Staszewski. — Brezanoczy.

h. *Statistik.* Holl. Schulte. Silbernagel. — Schönemann.

i. *Literaturgeschichte*. Kunstmann. Phillips. Gross. Maassen. Schulte. Thaner. — Schott. Wahl. Glück. Savigny. Biener. Bergmann. Laspeyres. Muther. Mejer. Stintzing. — Mantua. Zaccaria. — Pithou. D. Simon. — Feller.

II. Geschichte und Quellen des Rechts.

a. *Geschichte überhaupt. Geist des can. Rechts.* Mayr. Rath. Pilati. Jaug. Monse. Rosshirt. Lang. Gitzler. Maassen. Schulte. — Mastricht. B. G. Struve. Strauch. Kemmerich. Pfaff. Pertsch. Balthasar. Ayrer. Hellfeld. Nettelbladt. Hommel. Planck. Löning. — Arrighi. — Gentilis. — Florent. Maren. Cabassut. Huerne. J. L. Brunet. Durand. — Epo. Van-Espen. — M. A.. Histoire du droit canonique et du gouvernement de l'église. Paris 1720. — Jouch. Cluton, Hist. jur. can. Argentor. 1609. 4. — *Ad. Riccius*, De librorum jur. can. quantitate et qualitate. Regiom. 1637.

b. *Für einzelne Länder.* Hedderich. — Ferrer.

c. *Quellen insbesondere. Geschichte. Commentare u. s. w.*

1. *Bibel.* W. H. Brückner.

2. *Vorpseudoisidorische.* Rader. Gretser. Amort. P. v. Riegger. Kaltner. Becker. Jung. Kleinmayrn. Gassmann. Molekenbuhr. Drey. Binterim. Kunstmann. Maassen. Hildenbrand. Thiel. — Meier. Bechmann. Rudolph. Lang. Spittler. Eichhorn. Schönemann. Biener. Bickell. Hennig. Henke. Wasserschleben. — Albani. Bartholi. Bencini. Ballerini. Missorio. — Quintin. Marca. Alteserra. Le Prieur. Quesnel. Constant. — Justel. Larroque. — Rodolphus. Lupus. Van-Espen. — Torres. Agustin. Pisanus. Fellez. Lopez. Arnao.

3. *Pseudoisidor.* Rosshirt. Gfrörer. — Kunst. Hinschius. Wasserschleben. — Malvasia. Ballerini. Blasch. — Blondel. — Torres.

4. *Bis zum Dekret.* Dande. J. v. Riegger. Binterim. Phillips. Theiner. Kunstmann. Hüffer. Schulte. — Ballerini. Zaccaria. Berardi. — Baluze. — Van-Espen.

5. *Dekret.* P. v. Riegger. Becker. Buininck. J. v. Riegger. Kunstmann. Schulte. — Strauch. Bickell. A. L. Richter. Friedberg. — Alagona. Maruta. Berardi. — Mouchy. Le Conte. Bleynianus. Baluze. — Ch. Dumoulin. — Le Plat. — Navarrus. Agustin. Cunha. Roxas.

6. *Bis auf die Decretales Greg. IX. incl.* B. Schmier. J. v. Riegger. Ruprecht. Theiner. Schulte. — Kling. Zanger. Mynsinger. Münch. Ungepauer. C. P. Richter. Strauch. Ziegler. Link. Koch. — F. a. Ripa. Mantua. Alagona. G. Pace. Grananieto. Marenco. Argiro. — Rebuf. Quintin. Le Conte. Cujas. Lacoste. Fabrot. Florent. Alteserra. Ciron. Baluze. Zoes. Lupus. — Navarrus. Covarrubias. Agustin. Sarmiento. Tellez. Sahagun. A. Benitez.

7. *Bis zum Liber Sextus incl.* Schulte. — Koch. — Le Conte.

8. *Clementinae. Extravagantes u. s. w.* Quaranta. Spreng. Sentis. — Böhmer. Buder. Bickell. — Hübler. — Baldassini. Duardo. Petra. Pitoni. — Le Conte. Matthieu. Alteserra. — Espinosa. Barbosa.

9. *Corpus iuris can. Summae capitulorum. Collectanea.* Kling. Naogeorgi. Woldenberg. J. H. Böhmer. A. L. Richter. Schilling. — Camarda. — Pithou. Bertheau. — Barbosa. — Wesenbeck. Oosterga. — Serpilius.

10. *Liber diurnus.* Garnier.

11. *Bulla Coena domini.* Le Bret. — Duardo. Contini. — Rebuf.

12. *Bulla Cruciatae.* Duardo. Bardi. Tamburini. Serio. Cammarata. — Rodriguez. Mendo. Nogueira. Sousa.

13. *Regulae cancellariae.* Mandosi. G. B. Riganti. — Rebuf. A. Dumoulin. — Chokier. — Cassador. Quesada. A. Pereira.

14. *Syllabus.* Schrader. Tosi. Schneemann. — Dupanloup. Pelage. Keller.
15. Concilien (ausser den §§. 5, 10—12 genannten).

Geschichte. Karg. Andrian. P v. Riegger. *P. A. Schmidt.* Wessenberg. Binterim. Theiner. Ginzel. Fessler. Hefele. Maassen. Schulte. — Mayer. Gude. Brückner. Struve. Salig. — Baldassari. Lucchesini. — Richer. Labbé. Thomassin. Hermant. Salmon. André. — Lenfant. — Alaba. Agustin.

Ausgaben. Epitome. Summae u. s. w. Vehe. Braun. Träger. Schweiger. Oberhauser. Schlör. Dieterich. T. Mayer. Schneemann. Schulte. — Lassen. Planck. Eisenschmid. Richter. Friedberg. Hinschius. — Delphino. Nachiante. Alberti. Mantua. Ugoni. Bellarmino. Gregorio. L. Brancati. Corio. Paravicini. B. Malvasia. Orsi. Ballerini. — David. Felix. Vigor. Sirmond. Cabassut. Arnaud. Charlas. Baluze. Sellier. — Sotenulx. Lupus. Longo. — Carranza. Guerrero. Taxaquet. B. Carthagena. — Spelman. — Starowolski. — Pole. Stapleton. Davenport.

(Bordeaux) Can. concilior. omnium. Bas. 1550. *Casp. Contarini,* Concilior. magis illustr. summa. Flor. 1553. *Joh. Sagittarius,* Canones concilior. omnium. Bas. 1553 f. *M. L. Bail,* Summa conciliorum. Paris 1672, 1701 f. *L. Brancati* Epitome. *J. L. Ruelius,* Conc. illustrata. Norimb. 1675. 3 vol. 4. — Tr. hist. chron.'venerab. antiqu. Francof. 1690. 4. *Franç. Dubois* (Sylvius) Summa concilior. Donau 1679. *Marco Battaglini,* Istoria universale di tutti i conc. gen. et part. di s. chiesa. Ven. 1686, 89 f. *Delectus actorum ecclesiae universae seu nova summa concilior.* cet. Lugd. 1706. 2 vol. f. (nach Salmon von *P. Poisson,* Oratorianer). Analyse ou idée gén. des conciles oecum. et part. cet. Brux. 1706. 2 vol. — *J. B. Braschius,* Promptuarium synodale. Rom. 1727 f. — *C. L. Richard,* Analyse des concils gén. et part. Par. 1772. 4.

Concil von Trient. Sarpi. Pallavicino. Baldassari. Barbosa. Sancius. Vargas. Mansi. Le Plat. Mendham. Theiner. Salig.

Le Courayer. Burigny. C. Dumoulin.

Pedro Gonz. de Mendoza, Hist. del conc. di T. cet. *A. Ribera,* Defensio sacros. syn. T. cet. Oliss. 1595. *M. Chemnitius,* Examen conc. Francof. 1574 f. und ö. *Casp. Franck,* Rettung und Erklär. des h. allg. T. Conc. Ingolst. 1583. 4. *Scipio Henricus,* Censura adv. P. Soavi Polani cet. Dil. 1654. *J. A. Thuanus,* Hist. conc. T. Tiguri 1672. *P. Jurieu,* Abrégé de l'hist. du conc. de T. Genéve 1682. *Jo. Sloz,* Succincta relatio hist. de gestis in Conc. Trid. cet. Aug. Vind. 1645. 4. *Ph. Quorlius,* Hist. conc. T. P. Soavi Polani confutata. Pan. 1661. 4. *J. J. Hottinger,* Sf. Pallav. infelix conc. Trid. vindex. Tiguri 1692. 4. *J. N. Brischar,* Beurtheilung der Controversen Sarpi's u. Pallavicini's u. s. w. Tüb. 1844. 2. Th. *Chr. Hecht,* Kurzgef. Hist. des T. Conc. Giess. 1752. *Göschl,* Gesch. Darstellung des grossen allg. Conc. zu T. Reg. 1840. *Bungener,* Hist. du conc. de T. 1847. *Danz,* Gesch. des T. Conc. Jena 1846. Quellen, Nachweise u. s. w. bei: *Döllinger,* Beitr. zur pol., kirchl. u. Literaturgesch. *Sickel,* Zur Gesch. des Conc. v. T. *Maurenbrecher,* Kaiser Karl V. *A. v. Druffel* Beitr. zur Reichsgesch.

Partikuläre Rechtsquellen.

Deutschland. Neller. Mulzer. Horix. Reiss. Gärtner. Spitz. Scheill. Lang. Eichhorn. Brühl. Müller. — Kamptz. Koch. Jacobson. Weiss. Friedberg. Hinschius. Zorn.

Belgien, Holland. Neerkassel. Louvrex. Winssinger. — Van der Muelen.

England. Prynne. Gibson. Bullingbroke. Cardwell. Brodrick.

The penal laws against Popists and Popish recusants nonconformats and nonjurors cet. In the Savoy. 1723.

A compendium of the laws of the church of Scotland. Edinb. 1837. 40. 2 P.

Liber officialis S. Andreae curiae metrop. S. A. in Scotia sententiarum in causis consistorialibus quae exstant. Edinb. 1845. 3 fasc. 4.

Frankreich. Hüffer. Rösen. — Guymier. Coquille. Bouchel. Hallier. Pinsson. Gerbais. Lemerre. Héricourt. Mensy. Camus. Peignot. Gousset. Reverchon. Champeaux. — Ch. Dumoulin.

Italien. Foller. Piccioli.

Oesterreich. P. v. Riegger. Eybel.

Spanien. Lugo. Agustin. Tejada.

Ungarn. A. L. Richter.

16. *Besondere Quellen des protest. Kirchenrechts.* Ch. G. Buder. Moser. Balthasar. Augusti. Bluhme. Jacobson. A. L. Richter. Dove. — Blondel. Aymon. Muelen.

Symbolische Bücher. Bellarmino. — Gründler. Göschel. Bickell. A. L. Richter. Wasserschleben.

Corpus Evangelicorum. Stainhauser. Al. Müller. — Schauroth. König. Schnaubert.

III. Darstellungen des Rechts.

A. *Des katholischen.* 1. *Im Dekretalensystem.* Laymann. Venator. Wagnereck. Pirhing. Engel. Sannig. Krimer. Wiestner. Reiffenstuel. Leuren. R. König. Schmalzgrüber. V. Pichler. Thenhaven. F. Schmier. Holzmann. Lutz. Böckhn. A. J. Greneck. Th. Schmitz. Scharz. Mayr. Huth. Nicollis. J. M. Engelhardt. M. A. Hermann. Ch. Böhm. P. v. Riegger. Widmann. Oberhauser. A. Becker. Schrodt. Zallinger. Hedderich. Kanka. — F. a Ripa. Fagnani. Berardi. Devoti. Ubaldus Gir. a S. Cajetano. Vermiglioli. — Axel. — Pons.

2. *Im Institutionensystem.* Commentare, Canisius. Strein. Corvin v. Belderen. Wex. Schnorrenberg. Zech. J. F. Bessel. Jord. Simon. Gerbert. D. Schramm. Gambsjäger. Sauter. W. Schmitt. Obernetter. M. v. Schenkl. Gmeiner. — Cnechi. Lancelotti. Pilaja. Chiericato. Chiavetta. Febeo. Gravina. Migliorucci. Caponi. V. Sachi. Bartholi. Gasparro. Menteonj. F. C. Sacchi. Berardi. Selvaggio. Cavallaro. Devoti. Torelli. Gagliardi. Spanzotti. Lupoli. Foggi. Soglia. Ferrante. Mercante. Nardi. Cantini. Rossi. Martini. Salsano. Pecorelli. Nuytz. Ferrari. Vechiotti. Abraham di S. Susanna. De Camillis. — Grégoire. Bleynianus. Majoret. Urbanus ab Ascensione. De Roye. Mirebeau. Donjat. Halley. Sollier. Flenry. Gibert. Durand de Maillane. Roquette. — Van-Espen. — Agustin. Barbosa. Fuertes. Rio. — Kapelli. Slotwinski. — Lakics. Cherrier.

3. *Nach eigenem System.* Dieterich. P. A. Schmidt. Eybel. Pehem. Gmeiner. P. Brunquell. Rechberger. Helfert. Aichner. Gerlach. Schulte. Vering. Winckler. — Vigel. Barth. Hinschius. — Graziani. Tamburini. Politi. Cavallaro. Cercia. — Roffinine. Cabassut. Pinsson. Gibert. Lequeux. Craisson. Maupied. — Rittner. — Porubsky.

Saggio elementare di diritto publico ecclesiastico. Lugano 1844. 2 vol. P. I. Religion unter Verwerfung der libertà del pensiero, di coscienza, delle legge, dei culti; II. chiesa; III. ministero eccles. (reale, legislazione, personale u. s. w.); allgemeine meist philosophirende Raisonnements, aus allen möglichen Büchern zusammengelesene Argumente, kurial, unbekannten Verfassers.

B. *Des katholischen und protestantischen:*

a. *im Dekretalen-System.* Artner.

b. *im Institutionensystem.* Obernetter. — J. F. Stephani. Brunnemann. C. Ziegler. Schilter. Schrag. J. H. Böhmer. Leyser. J. G. Wolff. Pfaff. J. L. Fleischer. Pertsch. Estor. Engau. Kahle Schmidt. — A. Matthäi. Van der Muelen.

c. *Nach eigenem System.* Michl. Frey. Brendel. Droste-Hülshoff. Walter. Kunstmann. Gitzler. — Gundling. Kipping. G. L. Böhmer. Becker. Schnaubert. Glück. Schmalz. Stephani. Wiese. Eichhorn. Bluhme. A. L. Richter. Grolman. Mejer. Friedberg. — G. und P. Voet. Muelen.

C. *Des evangelischen.* Helfert. — Carpzov. Titius. J. H. Böhmer. Wernher. Mosheim. Schrader. v. Moser. H. A. Lauge. Schnaubert. Schuderoff. Puchta. Stahl. Suckow. Höfling. Janj.

3. *Paratitla, Synopses, Conspectus, Grundrisse, Nucleus,* Expositio titulorum cet. Schorrer. Vorburg. Hochkirchen. Ublacker. Monse. J. v. Riegger. Hofer. Kufner. Obernetter. Thaller. P. Hartmann. F. Ph. Frank. Huebpauer. Michl. Aschenbrenner. Pelka. Rosshirt. Eberl. Grosch. Krainski. Martens. — Kling. Speckhahn. Fabronius. Schmuck. C. G. Hoffmann. Willerding. Gaude. Hommel. G. W. Böhmer. Bluhme. Weiss. — Germoni. Chiericato. Verano. Gianb. Viviano. — Frerot. Grégoire. Chassagne. Matthieu. Legaufre. Ciron. — Vivien. Delvaulx. Zype. Desselius (Valerius Andr.). Gf. Mansfeld. — Sixtinus. — Serpilius. Krasinski.

4. *Nicht systematische. Antiquitates* u. dgl. Waizenegger. Useber. Amort. Oberhauser. — Schilter. Keuffel. Moser. Friederici. Augusti. — Francesco. Pauluzzi. Gabrieli. Frichignono. — Bauny. Hermant. Thomassin. Borjon. L. E. Dupin. Du Mesnil. — Epo. — G. Voet. — Hooker. — Szcarowski.

5. *Raisonnirende.* Beidtel. — Stephani. Taubner. Steeger. Krug. — Nannetti. Audisio.

6. *Vergleichende.* Ulbricht.

7. *Alphabetische. Bibliothecae. Repertoria* cet. Heerfort. Steiger. Basso Begnudelli. Hackhoffer. Al. Müller. Andr. Müller. Brandmyller. J. H. Herrmann. Walther. — Medici. G. Torre. Ferraris. — Desmaisons. Rousseaud de la Combe. Durand de Maillane. des Odonrds-Fantin. André. Lebesnier. Vuillefroy. — Vicat. — Daoiz. S. V. Barbosa. — Rudawski. Snarski.

D. *Partikuläres Recht. Deutschland.*

a. *Katholisches.* Hedderich. P. Hartmann. Deutmayr. Schenkl. Huebpauer. P. Brunquell. Gerlach. Gitzler.

b. *Kath. und evang.* Bielitz. Gründler. Thudichum.

c. *Evangelisches.* Wiesenhauern. Pahl. Ziehnert.

Anhalt. Arndt.

Baden. Roman. Spohn. Friedberg. Zittel.

C. F. *Gerstlacher,* Sammlung aller Baden-Durlach. das Kirchen- und Schulwesen betr. Anstalten und Verordnungen. Bd. 1, Carlsruhe 1773, Bd. 2. Frankfurt und Leipzig 1774. *Fr. Utz,* das kath. Kirchenwesen im Grossherzogthum Baden. Eine Sammlung der badischen Gesetze und Verordnungen, die auf kath. Kirche und Geistliche Bezug haben, sowie der erzbischöflichen Verordnungen. Freiburg 1851. *Derselbe,* Sammlung von Gesetzen über das katholische Kirchenwesen im Grossherzogthum Baden. Heidelberg, 1854 ff. *Jak. Heinr. Rieger* (Fortgesetzt von *K. S. Schmidt*) Sammlung von Gesetzen und Verordnungen über das evangelische protestantische Kirchen-. Schul-. Ehe- und Armenwesen im Grossherzogthum Baden. Lahr 1857. 3 Theile. *Kinzinger,* die kath. Kirche und die kath. Geistlichkeit im Grossh. Baden. Karlsruhe 1847.

Gr. Friedr. Schlatter, Die Verfassung der evangelisch protestantischen Kirche in Baden u. s. w. Karlsruhe 1848.

Baiern. Döllinger (Th. I. S. 104). Permaneder. Silbernagl. — Paulus. Dobeneck. Kahl. Scheurl. — Concordaten und Recessen, welche zwischen Chur-B., dann denen umliegenden Ertz- und resp. Hoch-Stiftern Saltzburg, Passau, Freys.,

Regensb.. Augsb., Chiemsee, sowohl in älteren als neueren Zeiten. sovil das Ecclesiasticum in hiesigen Chur-Landen belangt. getroffen. Neue Aufl. S. l. 1709 fol. *J. Geissel* (der spätere Erzb. von Köln und Kard.), Sammlung aller Gesetze und Verordnungen über das Kirchen- und Schulwesen im bayer. Rheinkreise von 1796—1830. Speyer 1830. — *Karl Fürst zu Oettingen-Wallerstein*, Beiträge zu dem baier. Kirchenstaatsrechte. München 1846. Amtshandbuch für die prot. Geistlichkeit des Kön. B. diesseits des Rheins. Sulzb. 1821 und ö. Neues, Nördl. 1862 fg. *Friedr. Hommel*, Recht der Kirche. Union und die baier. prot. Landeskirche. Stuttg. 1853.

Braunschweig. Ludewig. *Ders.*, Die Kirchenverfassung im Herz. B. Helmst. 1834. *Rud. Aug. Nolten*, Diatribe epistolaris de juribus cleri in ducatu B. Guelph. 1732. 4. *Jo. Chr. Stübner*, Histor. Beschreibung der Kirchenverfassung in den herz. Br.-Lüneburg. Landen seit der Reformation. Goslar 1800. 2 Thle.

Bremen. Just. Gottfr. Thumsener, Ansichten von Kirchengewalt, Vocation der Pastoren, jura circa sacra und sog. Episkopalrechte der Prot. in Hinsicht auf die Rechte der Stadtkirche in B. u. s, w. S. l. 1837.

Dänemark. Thorkelin. Kolderup.

Elsass-Lothringen. E. Duruy. Das Staatskirchenrecht in E.-L. u. s. w. Strassb. 1876 fg.

England. Dodwell. Barnet. Nichols. Pole.

Frankreich. Banny. Fabrot. Maurize. Donjat. D. Simon. Réal. Héricourt, du Boulay. Jousse. Coudert. Maultrot. Peignot. Gaudry. Craisson. — du Pinet. Loride. Aucillon. Lehr.

Hannover. Schlegel. Spangenberg. Ch. Herm. *Ebhardt*, Gesetze, Verordn. und Ausschreiben für den Bezirk des kön. Consistoriums H. Hann. 1845—69. 4 Bde.

Hessen-Darmstadt. Köhler. Wasserschleben. *Schumann*, Samml. der das Kirchen- und Schulwesen betr. landesherrl. Verordn. und Erlasse u. s. w. Mainz 1840. *F. Fr. Fertsch*, Handb. des besond. Kirchenr. der evangel. Kirche des Grossh. H. u. s. w. Friedberg 1853. Evangel. Seniorenbüchlein u. s. w. Darmst. 1851.

Hessen-Kassel. Ledderhose (Pfeiffer. Büff). Augusti. Bickell. A. L. Richter.

Holland. Royaards. Groen van Prinsteren.

Italien. Gagliardi. Chiara. Leone. Giampellari. Salsano. Liberatore. Canestri. Chiarelli. G. Giordano. Laudicina. Negroni. Giliberti. G. M. Grassi.

Mecklenburg. F. W. Ch. Siggelkow. Handb. des mecklenb. Kirchen- und Pastoralrechts. Schwer. 2 Aufl. 1783.

Nassau. Otto.

Polen. Jablonski. Ancuta. Fabisz. Jabizynski. Heyzmann. Morzkowski. Mennetson. Schneidemantel.

Norwegen und Schweden. Zorn. Archemius. Benzelius. Wilksman. Wallguist. Motzfeld. — *Konr. Maurer*, Studien ü. d. sog. Christenrecht des Königs Sverirs. Münch. 1877.

Oesterreich (Th. 1. S. 111). Caesar. Rautenstrauch. Eybel. Gärtner. *Rechberger.* *Helfert. Rittner.* Graf Barth. *Barthenheim.* Ginzel. Pachmann. — Kuzmany. A. L. Richter. Heyser. Schimko. Rannicher. Codex jur. eccles. Josephini. oder vollständ. Sammlung aller während der Regierung Josef's II. ergangenen Verordnungen im geistlichen Fache. Mit Anmerk. Frkf. und Leipz. 1788 fg. 2 Bde. *Franz Rieder*, Handb. der k. k. Ges. und Verordn. über geistl. Angelegenheiten. Wien 1847—59. 3 Bde. — *Ant. Wilh. Gustermann.* Oesterr. Kirchenrecht. Wien 1807; 1812. 3 Bde. — *Pet. Baldauf,* Das Pfarr- und Dekanatamt mit seinen Rechten und Pflichten in

den k. k. österr. deutschen Ländern. Grätz 1828, 3 Aufl. 1846—48. 6 Thle. —
Ign. Comes de Bathyán, Leges ecclesiast. regni Hungariae et provinciarum ad-
jacentium. T. I. Albae-Carol. 1785. II. III. Claudiopoli 1827. fol. — Codex juris
decretalis ecclesiae hungaricae. Pest. 1815. 2 T. — Extractus benignarum normalium
resolut. in publico-ecclesiasticis ad a. usque 1844 incl. editarum ordine materiarum
digestus. Tirn. 1846. — *Jos. Irinyi*, Gesch. der Entstehung des 26. Gesetzartikels
von 1790/91 über die Religionsangelegenheit. Pest 1857. (Erläut. der gesetzlichen
Stellung der Evang.) — *J. Raunicher*, Die neue Verfassung der evang. Landeskirche A. B. in Siebenbürgen u. s. w. Hermannst. 1857. 2. Aufl. — *Chr. Heyser*,
Die Kirchenverfassung der A. C. Verwandten im Grossfürst. Siebenbürgen. Wien 1836.
— *Gautsch r. Frankenthurm*, Die interconfessionellen Gesetze, Wien 1874. (Giebt
die darauf bezüglichen Motive etc.) — *Friedr. Schuler r. Libloy*, Protest. Kirchenrecht vornehmlich des evang. augsburg. Bekenntnisses in Siebenbürgen. Hermannstadt 1871.

Oldenburg. Th. r. Wedderken, Die Verfassung der evang. luther. Kirche des
Herz. O. Oldenb. 1853. *H. G. Folte*, Das geistl. Amt nach seinen verfassl. Ver-
hältnissen und gesetzlichen Pflichten in der Oldenb. evang.-luther. Landeskirche.
Oldenb. 1837.

Preussen (Th. I. Seite 105). — Arnoldt. Bädeker. Jacobson. A. L. Richter.
Laspeyres. Altmann. — *Th. Lünemann*, Handb. der kath. Militairseelsorge Pr.
Cöln 1870. Der kath. Pfarrer in den kön. pr. Staaten u. s. w. Münster 1838, 39.
Das kath. Kirchenr. in P. Ein Handb. für die Pfarrer. Das. 1861. — Th. I.
S. 105, 107. — *K. Th. Dumont*. Samml. kirchl. Erlasse, Verordn. und Bekanntm.
für die Erzd. Köln. K. 1874. *A. Wester*, Repertor. der bisch. trierischen Statuten
und Verordn. Trier 1870. *Jos. Prost*, Kurtzer Auszug aus den vornehmsten kön.
pr. Edicten und Verordn. u. s. w. Berl. 1725. 4. *W. H. Beckher*, Kurtzer Auszug
u. s. w. Das. 1731. 4. Preuss. Kirchenregistratur oder kurzer Auszug u. s. w.
Leipz. 1769. 4. Forts. von *L. C. Borowski*, Königsb. 1773. 4. *Ders.*, Neue Kirchenregistratur u. s. w. Das. 1789. 4. — *J. P. Chr. Philipp*, Wörterb. des k. preuss.
Kirchenr. u. s. w. Zeitz 1822. — Allgem. Kirchenr. für die preuss. Staaten. 2 Aufl.
Hann. 1825. — *E. A. W. Schmalz*, Das pr. Kirchen- und Schulen-Gesetz mit allen
dazu gehörigen Erläuterungen und Ergänzungen. Leipz. 1826. *Leger*, Repertor.
ges. Bestimm. und Verfüg., welche ü. d. evang. Kirchen- und Schulwesen u. s. w.
Berl. 1828. 4. Nachtr. 1837. 4. — Samml. für Pommern von *G. Chr. Roth*,
Stettin 1767, *Gust. r. Klinkowström*, Strals. 1792. 4. *D. H. Biederstedt* das. 1816 fg.
— *Karl Gr. Roche*, Der pr. legale evang. Pfarrer u. s. w. Neunkirch 1830, Halle 1836,
52. 5. Aufl. (unter Mitwirkung des Dr. Wilh. Altmann bes. von Dr. Albr. *Altmann*.
Braunschw. 1875. — *J. C. F. Borck*, Handb. ü. d. kirchl. und Schulgesetzgebung
u. s. w. Königsb. 1831, gänzl. umg., fortges. und erweit. von *J. C. G. Lorkowski*
und her. von *J. A. Ed. Oesterreich* das. 1844. — *J. Friedr. Ehrhardt*, Der evang.
Geistl. im pr. Staate u. s. w. Halle 1844, 47, 60. *O. Ebmeyer*, Zusammenstellung
des Provinzial-Kirchen- und Schul-Rechts der Kur- und Neu-Mark Brandenburg.
Frankf. a. O. 1853. — *L. Haushalter*, Das staatsrechtl. Verhältniss der evang.
Geistlichkeit u. s. w. Quedlinb. 1856 (2. Aufl.). — *O. Krabbe*, Die evang. Landesk.
Pr. und ihre öffentl. Rechtsverhältnisse erörtert in den Massnahmen ihres Kirchenregiments. Berl. 1849. — (*Otto*), Das Recht der pommerschen Kirche u. s. w.
Stettin 1851. — *W. Grattauer*, Das heutige pr. Kirchenr. nach den Bestimmungen
des A. L. R. und der späteren Gesetzgebung. Berl. 1875. — *G. M. Kletke*, Das
evang. Kirchen-, Pfarr- und Schulrecht des pr. Staats. Berl. 1868. 3 Thle.

Sachsen, Herzogthümer. Hoffmann. *Koburg-Gotha.* Gelbke. *Weimar.* Teuscher.

J. A. G. Hoffmann, Vers. einer Darst. des in dem Grossh. S.-W. gelt. Kirchenr. Jena 1845. *Königreich.* C. G. Hommel. Rohr. Fix. Weber. Kees. Neu verm. und vollst. Corpus jur. eccles. saxonici. Dresd. 1773. Frankf. 1784. 4. — *Ed. Schreyer*, Codex des im K. S. gelt. Kirchen- und Schulr. u. s. w. Leipz. 1840. 63. *J. C. H. v. Zobel*, Materialien zur künft. Bearbeitung eines gem. Kirchenr. f. d. K. S. Leipz. 1865. *W. F. Kunze*, Prakt. Anweis. zu richtiger Anwendung der Kirchenrechte in Churs. Landen. Dresd. 1789. Supplem. 1791. — Vers. eines oberlaus. Kirchenr. f. Predigtamts-Kandidaten und angehende Landgeistl. Frkf. und Leipz. 1796. — *Wilh. Haan*, Lexicon des Kirchenr. und der Pfarramtsführung u. s. w. Leipz. 1830. Nachtr. Wurzen 1854. *L. Jul. Neubert*, Handb. des im K. S. mit Einschl. der Oberlaus. gelt. Kirchen-, Ehe- und Schul-Rechts. Leipz. 1837. 3 Thle.

Schleswig-Holstein. W. Chr. Matthiä, Beschreibung der Kirchenverfassung in S. und H. Flensb. 1778, 86. 2 Thle. — *N. Johannsen*, Ein Vers., das can. Recht insofern es für die Prot. brauchbar ist nach den eignen Worten der Kirchenges. f. die Herz. S. und H. u. s. w. zu belegen. Friedrichsst. 1804. 4. 3 Thle. — *Chr. F. Callisen*, Kurzer Abriss des Wissenswürdigsten aus den den Prediger und sein Amt in den Herz. S.-H. betr. Verordn. Altona 1834. 2. Aufl. — *C. M. Christiansen*, Handb. zur Orientirung ü. d. in der Provinz S.-H. in den J. 1865—71 im Kirchen-, Schul- und Armenwesen edirten Gesetze u. s. w. Garding 1872.

Schweden. Schubert.

Schweiz. Zorn.

Spanien, Südamerika. Velarde. Monte. Mendes.

Ungarn. Szegedi. Brezanoczy. Cherrier. Porubsky. Kollar.

Waldeck. C. *Curtze*, Die kirchl. Gesetzgebung des F. W. Arolsen 1851.

Württemberg. Gaupp. Hauber. *Knapp*, Handb. f. d. kath. Geistlichkeit in W. Tüb. 1845. — *P. F. Stälin*, Die Rechtsverhältnisse der relig. Gemeinschaften und der fremden Religionsverwandten u. s. w. Stuttg. 1870. *Oscar Wächter*, Bekenntnissgrund, Kirche und Sectenwesen in W. u. s. w. das. 1862. *C. Stängel*, Die kirchenstaatsrechtl. Verhältnisse der Ortsgemeinden in W. das. 1863.

IV. Monographieen; historische, systematische, casuistische, praktische Schriften.

A. *Hierarchie.*

a. *Kirche. Stellung. Autonomie. System der Kirchenregierung.*

α. *Katholische;* 1. *überhaupt.*

C. Braun. Thyraeus. Schulting. Vehe. Träger. B. Schmier. Amort. P. Friederich. Hontheim. Gallade. Busaeus. Oberhauser. Gerbert. Scholliner. Schmetterer. Pehem. Winckler. Werkmeister. Zimmer. Michl. Onymus. Bröm. F. Hoffmann. Ketteler. Schrader. Schneemann. — Burghard. S. Stryk. Koch. Arno. Stephani. Elvers. — Nachiante. Stapano. Bellarmino. Bozio. de Dominis. Bascapé. Anfoso. Scappi. Germoni. Mallet. Bacchini. Andreucci. Bianchi. Fatolilli. Mamachi. Zaccaria. P. Tamburini. Bennettis. Frichignono. Nuytz. Audisio. Sarnelli. — Quintin. Bedé. Vigor. Richer. Duval. Dartis. Pétau. Cellot. du Saussay. Marca. Hallier. Charlas. Nicole. Drapier. Boileau. Bernard d'Arras. Corgne de Lannay. Maultrot. de la Luzerne. Montalembert. Bordas-Demoulin. — Blomevenne. Pighius. Petri. Lessius. Becanus. J. de Chokier. Marcellius. Elinga. Desirant. — Victoria. Pisanus. S. V. Barbosa. E. Caesar. — Noskovic. Cwiercowicz. — Stapleton. — *Rud. Cupers.* Tract. de sacros. universali ecclesia eiusque sacramentis, principatu, conciliis cet. Ven. 4. ap. Juntas (ich kenne diese Ausg. nur aus dem Exemplar der Turiner Bibl. nazionale, in dem die Hälfte des Titelblatts fehlt). Bibl. pont. XIX.

2. *Infallibilität* u. dgl. (Liberius-Honoriusfrage). Haunold. V. Pichler. Dalbert. Cartier. Haubts. Werkmeister. Schwarzhuber. Blau. A. Spitz. Rauscher. Fessler. Reinerding. Berchtold. Schneemann. Schulte. — Orsi. Ballerini. Zaccaria. Muzzarelli. — Vigor. Richer. Serry. Petitdidier. — Larroque. La Placette. Aubremont. Ellinga. Desirant. — Gonzalez. — Czepanski.

β. *Evangelische.* 1. *Verfassung* überhaupt. Geschichte. Nave. J. H. Böhmer. Liernar. Ziegler. Richter. Mühler. Hundeshagen. Brandes. Frantz. Herrmann. Lechler. Wasserschleben. v. Böhmer. — Grundzüge der rein katholisch-christl. K. zunächst in Sachsen und Schlesien. Dresd. und Leipz. 1831. *L. Hauff*, Die prot. K. in Deutschl., ihre Berechtigung und ihr Zustand. Mit bes. Würdig. des österr. Protestantenpatents. Münch. 1861. *G. Steinacker*, Zur Verfassungsfrage der evang. prot. K. in Deutschl. Leipz. 1862. *Th. Woltersdorf*, D. preuss. Staatsgrundges. und die Kirche. Studien und Urkunden zur Verfassungsfr. d. evang. Landesk. in Preuss. Berl. 1873.

2. *Kirchenregiment. Ministerium. Berufung.* Nigrinus. Freyhub. G. T. Meier. H. Gebhard. B. G. Struve. Pfaff. Slevogt. Pertsch. Cramer. Schröter. Kähler. Schnaubert. Eisenschmid. Meissner. Bierling. Huschke. Kritzler. Mejer. Scheurl. Wasserschleben. Ludewig. — Appollonius. — Champney. *Disquis. theol. Oder theol. Erörterung .. von rechtmessigen Berufung und Ordinirung der so genandten Luther. Prediger zwischen Herrn M. Joh. Sötelfleisch, Weyl. ev. Pred .... in Hildesheimb und P. Honorato, einem Cappuciner-Mönch u. s. w.* Hildesh. 1654. 4. — Jus vocandi pastores et moderatores toti ecclesiae vindicatum. Frankf. 1722. 4. — *Th. Kliefoth*, Die Ordination und Introduction. Schwerin 1854.

3. *Landesherrliches Kirchenregiment, Jus in und circa sacra.* Reinkingk. Tabor. Ziegler. Böckelmann. S. Stryk. Dedekind. Lyncker. Wildvogel. Näve. Bode. Kern. Thomasius. Ludewig. Brenneysen. Kestner. Bartholdi. Pfaff. Benner. Ayrer. Cramer. Engau. Schubert. Nettelbladt. Wiesenhauern. Taünger. Trapp. Wolzogen. Glinick. Weitzel. Häberlin. Kamptz. Schuderoff. Augusti. G. F. Richter. Knorre. Stöberg. Sincerus. Schmidt. Kraussold. Bierling. Wasserschleben. Schernhauer. — Appollonius. Cabeliauw. — Eine längst entschiedene Frage ü. d. obersten Episkopalrechte der prot. K. von neuem erörtert von Dr. F. x. Nürnb. 1823. — *J. L. Funk*, Ist der Staat die Kirche? Lübeck 1845. Die Hauptpunkte des prot. Kirchenregiments. das. 1843. — *Thomas*, Union, luth. K. und Fr. Jul. Stahl. Berl. 1860. — *Th. Kliefoth*, Ueb. d. Verhältniss des Landesh. als Inhaber d. Kirchengewalt zu ihren Kirchenbehörden. Schwer. 1861. — *A. F. O. Münchmeyer*, Huschke und Mejer oder wie fassen beide die Fragen vom Kirchenregim. und wem ist Recht zu geben? Einbeck 1864.

4. *Synodal- und Presbyterialverfassung.* Bickell. A. L. Richter. Hellmar. Birnstiel. Nippe. Heppe. — *H. Schwerdt*, Wodurch empfiehlt sich die Einführung der P.- und S.-Verf.? Sondersh. 1861. — *Ph. Sander*, Die Synodalfr. in Bezug auf d. ev.-luth. Landesk. im K. Hannover nach Gesch. und Recht. Gött. 1863. — *Jul. Wernher*, Die Zustände d. ev. K. und deren Verbesserung durch Aenderung der Verfassung mit vorzugsw. Rücksicht auf d. Grossh. Hessen. Darmst. 1862. — *Ge. Reich*, Die ev.-luth. Landesk. im Grossh. Hessen u. s. w. Stuttg. 1855. — Die kirchl. Verfassungsfrage und ihre Lösung im wahren und allgem. Interesse der ev.-luth. Landesk. des Grossh. Hessen. Oppenh. 1863. — *K. W. Landschreiber*, Die sächs. Kirchenverfassungsfrage vom theol., rechtl. und histor. Standpunkte. Leipz. 1850. — Zur Existenzfrage der evangel. Landeskirchen in Deutschland. Basel 1875.

5. *Stellung der Laien.* Sahme. Mizler. Prahl. — Blondel. — Dodwell.

6. *Union* n. dgl. Pufendorf. Rheinwald. A. L. Richter.

b. *Klerus* überhaupt. 1. *Aufnahme. Weihe. Irregularität. Laisirung.* Bidermann. Mocquet. Bridler. Kleinmayrn. Werkmeister. Bönninghausen. — Reinstorp. Willenberg. Götz. Moser. Steck. Schönburg. A. O. Müller. — Borgasio. Maioli. Petrus de Perusio. Ugolini. Petrus de Perusio. Fillucci. Gibalini. Chiericato. C. Grassi. — Morin. Hallier. Alteserra. de Laur. Fronteau. de Lalande. du Perray. — Stellart. — Villadiego. Torres. Castro-Palao. Andreas a m. d. — Marciszewski. *L. Thiele,* De charactere indelebili. Regiom. 1861.

2. *Titulus ordinationis.* Sohr. — Steck. — *Jul. Meyer,* Ursprung und Entwickl. des Tischtitels nach gem. und baier. Rechte. Innspr. 1858. *Joh. Nacke,* Der Tischtitel als Inaug.-Diss. bearb. Paderb. 1869.

3. *Rechte. Immunität. Priv. canonis, fori u. s. w.* Zasius. Cassander. Martini. Eck. Rambeck. R. Kolb. Stainhauser von Trenberg. Dolliner. Hüffer. — Bechmann. Sanden. Wildvogel. J. M. Schultze. Link. Grassus. Hellfeld. Frick. Hommel. Paulus. Apel. Arnisaeus. Ittig. Thomasius. J. F. Schneider. Flörke. Eilhard. Killinger. Maier. — Bordoni. Rousselet. Guéret. Duranthon. Chauvelin. — Verhoeven. Valderas. Stephanus. Buiza. Kostrowski. — Succinctum judicium Icti alicuius ex solo jure civ. et Ictis praeclaris collectum de exemtione clericorum evangel. Wittenb. 1658. 4. *Lucii Antistii Constantis* (Ben. de Spinoza). De jure ecclesiasticorum lib. sing. Alethop. 1665.

4. *Pflichten*, insbesondere *Cölibat.* Vehe. Clenke. Arnoldi. Bridler. Biner. Gallade. Buininck. Molckenbuhr. Werkmeister. F. Huber. Salat. Carové. J. A. Theiner. Klitsche. A. Theiner. Lieber. Schulte. — Koch. Kissling. — Paleotti. de Susannis. Vancius. Francolini. Zaccaria. Filopolita. — Suchon. Maultrot. Grégoire. Pavy. Nachet. — Cassandt. Peck. Petri. Cuyck. Agricola. Landmeter. Sas. Verhoeven. Ryd. — Torres. Pisanus. Pons. — Arcechowski. Kromer. Mamczynski. Rittner. — Roskovanyi. — Smith.

Epist. s. Hulrici Ep. August ... ad Pont. Nicol. 1. pro defensione conjugii sacerdotum scripta. Magdeb. s. a. praef. *Matth. Flacii Illyrici.* — *A. B. Carolostadius,* Super coelibatu, monachatu et viduitate axiomata perpensa. Witt. 1521. — Adversus Joan. Fabrum Constant. Vicarium scortationis patronum. pro conjugio sacerdotali, *Justi Jonae* defensio. Tiguri 1523. 4. — Commentarior. *Fr. Lamberti* Avenion. theologi de s. conjugio, adversus pollutiss. regni perditionis coelibatum liber in LXIX posit. divisus. Arg. 1524. — Abhandlungen von *Mechler, Stör, Bugenhagen, Klingebeyl, Kymeus, Melanchthon, Bucer, G. Torquatus* u. A., eine Masse von Flugschriften aus dem Anfange der Reformation.

W. Dam. Lindanus, De apost. virginitatis voto atque evang. sacerdotum coelibatu, pro defensione s. conc. Tridentini libri V. contra Mart. Chemnitii Lutherani superint. calumnias. Colon. 1577. 4. — *Jod. Lorichius,* De ecclesiast. coelibatu. Adv. sacrilegos nuptiatores. Frib. B. 1584. — *G. Calixtus,* De conjugio clericorum tract. cet. Helmst. 1631. 1783. 4. Francof. 1653. — *Urbain Grandier* († 1634), Tr. du célibat des pasteurs. Her. v. *Robert Luzarche.* Par. 1666. — *Chr. Dreier,* Disp. theol. de conjugio sacerdotum. Regiom. 1645. 4. — Les inconvénients du célibat des prêtres prouvés par des recherches historiques. Genève 1781. — Fervens desiderium cleri saecularis, quo iustissime sibi expostulat, mediantibus cath. principibus susceptionem sacramenti matrim. indulgeri, ab adm. rev. dom. *Jo. Schalli,* parocho Chorensi cet. Aug. 1783. — (*C. Jos. Michaeler*), Unumstössl. Gültigkeit der heimlichen Priesterehe bis zur Aufhebung des Cölibats. Fkf. und Lpz. 1785 fg. 2 Thle. Gegen Zaccaria. — (*Jacques Gaudain*), Recherches philos. et histor. sur le célibat. Gen. 1781. — (*J. A. Sulzer*), Briefe über den Cölibat unserer kath. Geistlichen. Von K-u-r und W-s-g. Ein Anhang zu den Briefen über das Mönchthum. Oberhausen 1781. — An essay on the laws of celibacy imposed on the clergy of the Roman cath. Church and observed in all the religions ordres abroad. Worcester s. a. (1782). — (*Justus Möser*), *Der Celibat der Geistlichkeit von seiner politischen Seite betrachtet.* Osnabr. und Leipz. 1783. In dieser Broschüre von 24 Seiten ist der Gedanke entwickelt: „Der Celibat seiner (Roms) Geistlichkeit hat, meiner Meinung nach, viel mehr hinter sich, als die Reinigkeit und Heiligkeit ihres Standes, und der Papst kann ihr weit eher den Concubinat als die Ehe verstatten." Wären sie verheirathet, so könnten auch Papst und Bischöfe heirathen, der weltliche Fürst die bischöfliche Macht erlangen. Die Trennung gestatte wohl, dass der Geistliche die weltliche Macht erwerbe, nicht umgekehrt. Der Cölibat habe im Sinne der römischen Kirche also „eine weit höhere Absicht, als den Himmel durch Enthaltsamkeit zu verdienen". Man könne den Geistlichen Concubinen oder Hausfrauen gestatten, wenn nur nicht die Kinder Namen, Stand und Erbrecht des Vaters erhielten. Gregor VII. habe alle Gewalt den Geistlichen zuwenden wollen und desshalb die Ehelosigkeit gefordert, damit nicht der Schooss der Kirche, der vom heil. Geiste getrieben wird, dem unheiligen Schoosse einer Dame weichen müsse, der eben so gut Bischöfe als Herzöge und Grafen hervorbringen könne." Die Keuschheit im Gegensatze zur Ehe hätte ohne den Cölibat längst ihren Altar verloren. Nur durch ihn sei die römische Hierarchie eine Stütze gegen den Despotismus. Die Cadets von Familien müssten unverheirathet bleiben, um Pensionen u. s. w. zu ersparen. So solle man auch mit dem Cölibat zufrieden sein. — (*A. Schelle*), Ueber den Cölib. der Geistl. und die Bevölkerung in kath. Staaten u. s. w. Salzb. 1784. — *J. Gotfr. Körner,* Vom Cöl. der Geistl. Lpz. eod. — *Max. Ruth,* Von den Folgen, welche der Cöl. der Geistl. auf das Wohl kath. Staaten hat. Salzb. 1786. — *Flam. Cephalii,* Vindiciae coelibatus ecclesiar. occidentis contra imperos quosdam scriptores. Aug. Vind. 1787. — *Christoph Hauke,* Was denkt und sagt die Kirche von der Ehe und Ehelosigkeit der Priester? Brünn 1793. Unterricht für das kath. Volk über die Aufhebung der Ehelosigkeit seiner Priester. Deutschland 1803. — (*H. Scheiffele*), Vom beständigen Cöl. Eine vollst. histor. moral. Abh. eines alten Theologen mit seinen und neuen Anmerkungen. Nebst einer Adresse an Dalberg. Rom und Par. (Straubing) 1805. — *Denkschrift für die Aufhebung des den katholischen Geistlichen vorgeschriebenen Cölibates.* Freib. 1828. — Ueber Pflichten und Rechte der Landstände gegen staatsgesellschaftlich schädliche Kirchengesetze. Mit bes. Beziehung auf das Verbot der Priesterehe. Heidelb. 1829. — *Bouhier de l'Ecluse,* Du célibat sacerdotal dans l'église cath. et du mariage des prêtres en France. Par. 1831. — Abbé (J. N.) *Jaeger,* Le cél. ecclésiast. dans ses rapports relig. et pratiques. Par. 1836. — (*J. B. Taillard*), Le cél. des prêtres. Gnesen 1842. — *Daniel Olausson, De coelibatu clericorum in ecclesia Srecana.* Upsal. 26 Mars. 1844. Diss. in. Kard. Wilhelm von Sabina führte 1248 auf der Synode von Skenning den Cölibat ein mit der Motivirung, er habe als Legat im K. Norwegen gesehen, dass das Reich sei ‚temporaliter et spiritualiter fere per totum mirabiliter et miserabiliter conturbatum .... Spiritualiter .. eo quod, fere omnes sacerdotes erant presbiterorum filii, patrum vestigiis inhaerentes, contrahendo solemniter matrimonia vel publice concubinas habendo in s. ordinibus constituti.'

5. *Austritt.* Thomasius.

6. *Reform des Klerus,* der *Kirche,* Ultramontanismus u. dgl. Werkmeister. Doller. Bröm. Zirkel. Frey. Huber. F. N. Bauer. Fabritius. Salat. G. K. Kopp. Wessenberg. Kastner. Al. Müller. Ch. Sommer. Mersy. Hirscher. Corové. J. A.

Theiner. Staudenmaier. Münch. A. Theiner. Ginzel. Brück. Heinrich. Schneemann.
Schulte. — Contarini. Zaccaria. S. de Ricci. Onerato. — Maultrot. de la Luzerne.
Barruel. Lanjuinais. Pradt. Fabre. Silvy. — Lethmatius. — Llorente.

c. *Papst* und sein *Primat. Souverainetät.* Hunnius. Razenried. Eck. J. Fa-
ber. Scheurer. Amort. Wesseling. Bessel. Hontheim. Oberhauser. Buininck.
Horix. Ph. A. Schmidt. Eybel. Molckenbuhr. Sauter. Merz. Joh. Müller. Molinelli.
Ditterich. Th. Mayer. Zaupser. F. Ph. Frank. Doller. Rothensee. Rague. Ellendorf.
Eberhard. Schrader. Döllinger. Maassen. Schneemann. Schulte. — Arnisaeus. J. F.
Mayer. May. Ludewig. Frick. J. H. Otto. Slevogt. Keuffel. Stein. Schubert. Hennig.
Koch. — Trevisano. Panvini. Nachiante. Manfredi. Albani. L. Jordano. Grassi.
Bellarmino. Cariero. Pole. Trezio. Cappelli. de Dominis. Petricca. Sfondrati. Pe-
sanzio. Marcello. Gabrieli. Lucchesini. Orsi. Pozzolo. de Simeonibus. Ballerini.
Mamachi. Zaccaria. Gerdil. Bolgeni. P. Tamburini. Muzzarelli. Soardi. P. Stephani.
Bennettis. J. de Maistre. Gesualdo de Luca. Mar. da Civitanova. — Bontemps.
Vigor. Roussel. Richer. Vulson. Duval. Servin. Marca. Habert. Launoy. Maimbourg.
Arnauld. Charlas. Vertot d'Aubœuf. Pinel. Barruel. Gousset. Affre. Dupanloup.
Bouix. — P. Dumoulin. Cappel. Godefroy. Saumaise. Blondel. — Latomus. Delphius.
Epo. Lessius. Becanus. Agricola. B. de Jonghe. Cromme. Lupus. Aubremont.
Elinga. Enghien. Desirant. Kempenaers. — Beneto. Victoria. Oviedo. Vargas.
Torres. Blay. Ramon. Roccaberti. Gonzalez. Llorente. — Witwicki. Ekart. Narolski.
Szegedi. Roskovanyi. — Pole. Smith. Stapleton. Barclay.

De l'état de l'église et de la puissance légitime du pontife Romain. Würzburg 1766. 2 vol. 16. — Essais historiques sur la puissance temporelle des papes
et sur l'abus qu' ils ont fait de leur ministère spirituel. Par. 1818. 2 vol.

De Primatu Romani Pontificis. Opus, cuius scopus est demonstrare, primatum Rom. episcopi inter alios episcopos nullum nisi honorificum esse, et illum
primatum nec divinum nec jurisdictionis esse. Londini (Paris.) 1770 mit franz.
nebenstehendem Text. Am 16. Jan. 1770 auf den Index gesetzt. — *Quis est
Petrus? seu qualis Petri primatus? liber theol.-can. cathol.* Ratisb. 1790. 4. Curia-
listische Erörterung der Einsetzung des Primats, der gallikan., damaligen deutschen
Theorie, der Obedienz, des Rechts der Dispensen, Legaten u. s. w.

d. *Kardinäle.* Kleiner. Panvini. Manfredi. Albani. Botero. Plati. Scappi.
F. M. Brancati. Luca. Ciampini. Andreucci. Tamagna. — Dupeyrat. Fronteau.
Aubery. Bouix. — Villadiego. Pas. — Budde. Estor. Leti.

e. *Kurie. Kongregationen.*
Plettenberg. Bessel. Sauter. Hedderich. Bangen. Micke. — Goldast. Mejer. —
Mandosi. Palcotti. Marchesani. Castracani. Flam. Parisio. Marta. de Rubeis. Leone.
Luca. De Rosa. Fatinelli. Ciampini. Sestini. Gius. Riganti. Petra. Ridolfini. Bernini.
Ruggieri. Catalani. Viviano Buonarcosi. Vitale. Spanzotti. — Leti. — Barchin.
Bouix. Stremler. — Du Pinet. — Ameyden.

f. *Patriarchen. Primaten. Metropoliten. Pallium.* Ernst. Barthel. Behlen. Hedderich. J. F. Huth. A. Spitz. Mast. — Ludewig. C. P. Richter. Mascov. Zech.
Pertsch. Mayer. — Ugoni. Leone. Baldassari. Vespasiani. — Ruzé. Marca.

Nic. de Bralion, Pallium archiepiscopale. Par. 1648. — *Jos. Motta,* Diss. de
metropolitico jure. Ven. 1726. 4. — *Dan. Papeborch,* Diss. de forma pallii cet. ed.
Pertsch. Helmst. 1754. 4.

g. *Provinzialsynode.* Fessler. — Filleau. Bouix.

h. *Bischöfe. Prälaten. Jus episcopale.* Laymann. B. Schmier. Ernst. Dünewald. J. A. Weber. Busaeus. Becker. Lomberg. Eybel. Hedderich. Haubts. Kales.
Werkmeister. Helfert. Schulte. — Ch. Weber. Conring. Ziegler. Hildebrand. Have-

maun. P. Müller. Link. Diescau. Pfaff. Gebauer. Runde. Paulus. — (*Protest. Bisch.* Holtze. Haupt.) — Nachiante. Grassi. Zerola. Gavanto. Gerunda, Sperelli. P. Giordano. Antonelli. Priviterra. M. Antonio. Prosperi. Bolgeni. P. Stephani. Muzzarelli. Manenti. Cestari. Fontana. — David. d'Alvin. Filesac. Pétau. du Saussay. Florent. Lemaistre. Abelly. Drapier. Boileau. Corgne de Launay. Maultrot. Bouix. — Saumaise. Blondel. Bochart. — Tautenborch. — Simancas. Vargas. Barbosa. F. de Corduba. Ferro. Alcedo. Pons. — Sokotowski. Patrokowski. Piasecki. Witwicki. Ekart. Joh. a s. Vladislav. Lipiewicz. Marciszewski. — Lakics.

Aug. Valerius (Bisch. v. Verona), Episcopus cet. Mediol. 1575, Verona 1586, 4. Episcopus et Cardinalis. Ven. 1754, 4. — Diss. ecclés. sur le pouvoir des evesques. . . Par. Mess. les Evesques de Saintes, de la Rochelle et de Périgueux. Par. 1691.

i. *Diözesansynode.* Wessenberg. Merty. Hirscher. Phillips. Fessler. Filser. Haiz. Amberger. Holtgreven. Sattler. Schmid. — Botteo. Gavanto. Maraviglia. Massobre. Lambertini. Maultrot. Bouix. — Buiza.

k. *Kapitel. Canonici. Option. Präbenden. Verhältniss zum Ordinarius.* B. Schmier. G. J. Wagner. Amort. Lammers. J. A. v. Ickstatt. Neller. Probst. Dürr. Ph. A. Schmidt. Schuberth. Altenburg. Eschermann. Oberthür. Gregel. Lennig. Chambion. Gehring. Huller. Petz. Sentis. — Cölestin, Petri. Philips. Thurmann. Lassen. F. G. Struve. Buder. Flörke. G. L. Böhmer. Hoffmann. Hommel. Schmidt. Zindel. — Segni. A. Moneta. M. Antonio. Samueli. Bordenave. Filleau. Desnos. Lemaire. Ducasse. Boileau. Bouix. — Molé. Capetia. Sandaeus. Van-Espen. Louvrex. — Barbosa. Urrutigoiti. — Zalaszowski. Marciszewski.

M. Bonacina, Tr. de horis canonicis. Brix. 1625. — *Ant. Ragucius*, De voce canonicorum in capitulo, officio in choro, et missa in ecclesia. Neap. 1621, 4. — *Mich. Ant. Frances*, *De ecclesiis cathedralibus, eorumque privilegiis et praerogatiris* tr. Lyon 1666 f. — *De canonicorum ordine disquisitiones quibus huiusce ordinis origo, propagatio raria ac multiplex et natura tractatur.* Auctore P*** e gall. canonicor. reg. congregatione. Par. 1697 f. — *Disquis. can.-publ. de capitulor. metrop. et cath. archi- et episcop. Germaniae origine, progressu et juribus regiminis, praesertim territorii interimistico sede vac. eiusque usu et abusu aut. C. Icto Amst.* Francof. et Lips. 1764. 4.

Sedisvacanz. J. P. Hahn. J. A. v. Ickstatt. Reider. Helfert. München. Fea. Ducasse. — Fermankowic.

l. *Generalvicare. Archidiacone. Offiziale. Coadjutoren. Weihbischöfe. Dekane. Archipresbyter.*

Lenren. F. Schmier. Arnoldus a S. Leonardo. Neller. Kl. Becker. Dürr. F. Dieterich. Helfert. Held. Mooren. Ziegler. Wildvogel. Sbrozzius. Ring. Kress. Pertsch. v. d. Lage. Steck. — Vielmi. Strozzi. Andreucci. — Bordenave. Bouix. — Soravia. Alcedo. Stibinski.

Nic. Januarius, Archidiaconus s. de ipsius jure et officio liber. 1625. Par. 1679. 4. — Kurtze Deduction und Erläuterung von dem Herkommen und Jurisdiction der Àrchidiaconorum und Archidiaconatuum, wie solche sowohl nach gemeinem Rechte als particular Statuten heute zu Tage im Brauch seynd: aus der Feder eines aufricht. Röm. Cath. Theologi zu Papier und auf Landesfürstl. Befehl zum Truck gebracht im J. 1717 f. Osnabr. — *Joh. Julian. Casparros*, Diss. clara methodica et crit. de chorepiscopis, eorum institutione et officiis. Matriti 1788. — *Adrien Gréa*, Essai hist. sur les archidiacres. Par. 1851.

m. *Consistorien* (protest.). Carpzov. Ch. Weber. Plathner. Strube. Boltz. Beyer. Wallot. Herrmann.

n. *Superintendenten.* C. Ziegler. Schultz. Ayrer. Lehmann. W. Ch. Schmidt.

o. *Pfarrer. Jus parochiale. Kapläne. Vicare. Concurs.* EngeL Eybel. Kolb. Georg. Gmeiner. Schellhorn. Helfert. Ginzel. Sauer. Schefold. Seitz. — G. A. Struve. J. H. Böhmer. Deyling. Nehring. Balthasar. Aemings. George. — Serio. Massobre. Lupi. Mengoni. Rechiusi. Ubaldus Gir. a. S. Cajetano. Cornaro. Guadagnini. Miotti. Vicentini. L. Nardi. — Filesac. du Saussay. Melles. Fronteau. Drapier. Guéret. Drapier. Furgole. Bernard d'Arras. Sallé. Maultrot. Reymond. Tabaraud. Bouix. D. Toussain. Ernest. Fénélon. — Neerkassel. Van-Espen. Houssen. — Torres. Trullench. Abreu. Barbosa. Mendizabal. — Groblicki. Joh. a s. Vladislao. Stibinski.

L'institution divine des curés et leur droit au gouvernement général de l'église. En France 1778. 2 vol. 12. — *Dal Diritto de 'parochi di rivendicarsi dalle rescorili usurpazioni.* Rom 1782. 4. — Le droit des prêtres dans le synode ou concile diocesain. Avec un recueil de synodes de toutes les églises du monde, qui prouve que le synode est un véritable concile, où des prêtres délibèrent et jugent avec l'évêque. Suite de la réfutation de la consultation publiée par M. de Condorcet, évêque de Lisieux, contre les curés de son diocèse a. 1779. 2 voll. Tritt warm ein für die Rechte der Geistlichen nach Staats- u. Kirchenrecht. argumentirt (II. ch. 4) auch aus dem, was Benedict XIV. nicht sagt (le droit . . établi par les aveux échappés a Benoit XIV. cet.).

Kirchenbücher. Binterim. — Balthasar. Becker.

Hofgeistlichkeit. Reizer. Behr. — Moser. Dupeyrat.

Militärseelsorge. Lünemann. Gf. Mansfeld.

B. *Benefizialrecht.* 1. *Gesammtes.* Canisius. Strein. Wagnereck. Logk. Corvin. Müntzer. — Leuren. Selva. Zecchi. Filliucci. Sarpi. Pyrrho. Lotterio. Squanin. Gagliardi. Nuytz. — Rebuf. Gimont. Roffiniac. Duarene. Choppin. Grégoire. Pastenr. Cabot. Bauny. Bengy. Bleynianus. Husson. Thomassin. Coras. — Delvaulx. Nicolarts. — Vazquez. Quintadueñas. Castro-Palao. Garcia. Fermosini. Murga. — Kozubski.

Historisch-statistische Abhandlung von Errichtung, Ein- und Abtheilung der Bisthümer, Bestimmung der Erzbisthümer, Bestätigung, Einweisung und Versetzung der Erz- und Bischöfe, vom römischen Pallium und Eide, welchen die Erz- und Bischöfe nebst andern Prälaten dem röm. Papste schwören müssen, und von den Gerechtsamen der Regenten in Ansehung dieser Gegenstände. Wien 1790.

Decisiones beneficiales u. dgl. Chiericato. Tonduti. Cassador. — Braschi. Drapier.

2. *Errichtung. Veränderung. Incorporatio.* Gallade. Neller. Schloer. Pehem. Schwabe. Gärtner. Dolliner. Fösser. — Slevogt. Coler. Werner. — Petrus de Perusio. Turicelli. — Laubry. — Van-Espen.

3. *Stellung der Benefiziaten. Residenz. Pluralität.* Helfert. — Vielmi. Gigas. Stefanucci. — Boileau. Vivant. — Henry. — Torres. Carranza. Quintadueñas. Hoieda. — Zabielski.

4. *Commenden.* Micault. Piales. Torres. — Szczygielski.

5. *Besetzung.* a. überhaupt. *Collatio libera.* Ad. Martin. *Wahlen. Form. Investitur.* Martini. Endres. Eybel. Pehem. Ad. Martin. Helfert. — Werner. Koch. Syord. Herchenhahn. Franz. Koch. — Burnet. — Noris. Passerini. — Genebrard. Hallier. Vertot d'Auboeuf. Piales. — Verreyt. — Baysio. — Ekart.

Carlo Felice Matta. Super paragrapho tertio constitutionis Nicolai V. P., quae concordatorum Germaniae nuncupatur enchiridion, sive directorium in electionibus, postulationibus et coadjutoriis rite et methodice procedendi. Hildesii 1693.

4. — *Edm. Schieffer,* Minutum jurisprudentiae sacrae fragmentum, seu tr. theologicus

can. mor. de praecipuis modis acquirendi et amittendi praelaturas ecclesiasticas. Prag 1722. 4.

b. *Papstwahl. Exclusive.* J. P. Hahn. — Estor. J. A. Hoffmann. Häberlin. Wippermann. Frick. Geissau. Schonemann. — Panvini. Camarda. — Stephanus. Adarzo.

Rich. Zöpffel (Prof. der Kirchengesch. an der ev. theol. Fak. in Strassburg), Die Papstwahlen und die mit ihnen im Zusammenhang stehenden Ceremonien in ihrer Entwickl. v. 11. bis zum 14. Jahrh. Nebst einer Beil.: Die Doppelwahl des Jahres 1130. Gött. 1871. — *Ottok. Lorenz*, Papstwahl und Kaiserthum. Berl. 1874. — Die Papstwahl nach ihrer geschichtl. Gestaltung u. dem gelt. Rechte u. s. w. Prag 1874. — *E. Mühlbacher*, Die streitige Papstwahl des J. 1130. Innsbr. 1876. — *Paul Scheffer-Boichorst*, Die Neuordnung der Papstwahl durch Nikolaus II. Strassb. 1879.

c. *Bischofswahl. Informatirprozess. Postulation. Nomination.* Laymann. Wagner. J. P. Hahn. Barthel. Redn. Gallade. Neller. Behlen. Schlör. Dürr. v. Roth. Staudenmaier. Ketteler. Bönninghausen. Lippert. Hirschel. Moufang. Schulte. — Redecker. J. Weber. Schoppe. J. A. Hoffmann. Friedberg. Herrmann. Mejer. Sybel. — Rebuf. Bonlliaud. Tabaraud.

Heinr. Meibom, De jure investiturae episcopalis imperatoribus Rom. a pontificibus per vim et tyrannidem adempto. Jen. 1661. 4. — *Gust. Chr. Dittmar*, Hist. belli inter imperium et sacerdotium s. controversiae de investitura episcoporum inter imperatores et pontifices ad famosum usque Henr. V. et Calixtum pactum. de quo simul disseritur, descriptio. Frkf. a. O. 1714. — *J. Hermannssohn*, Diss. acad. de inauguratione per annulum et baculum. Ups. 1728. — *O. Meltzer*, P. Georg VII. u. die Bischofswahlen. Leipz. 1869. 2. Aufl. Dresd. 1876. — *H. Gerdes*, Die Bischofswahlen in Deutschl. unter Otto d. Gr. Gött. 1878.

d. *Patronat. Präsentationsrecht.* Hunnius. Resch. J. P. Hahn. J. V. Straus. Biner. Gallade. Sündermahler. v. Buininck. Hedderich. Gregel. Aschenbrenner. Zirkel. Frey. v. Degen. Montag. Scheill. Ph. Mayer. Lippert. Gerlach. Kaiser. Schmitz. Schulte. — M. Stephani. Nebel. Finckelthaus. Ch. Weber. Binn. Unrath. Cortrejus. Clodius. Wehner. J. H. Böhmer. J. S. Brunquell. Ch. G. Buder. Mantzel. C. G. Hommel. Kindleben. Stockmanns. Schmitt. Schott. Hellmar. Schilling. Klee. Kaim. Hinschius. Michels. Oesterley. Schlayer. Wach. — Upej. — Ricci. G. Viviano. Pitoni. Fargna. Gagliardi. Nuytz. — Mareschal. Davezan. de Roye. Ferrière. du Perray. Clugny. G. A. Guyot. — Salgado. Cabedo. — Czapski. Rittner.

Max Stachow, De jur. can., quod ad jus patronatus spectat in terris protestantium usu ac non usu. Berl. 1865.

e. *Menses papales. Anwartschaft. Expectative. Reservationen. Panisbriefe. Preces primariae.* A. F. Ernst. J. P. Hahn. Biner. Banniza. Schlör. Dürr. Endres. Lomberg. P. v. Jekstatt. Hedderich. J. A. Brand. Bartmann. Gregel. Arndts. Ad. Martin. C. A. Hartmann. — Cortrejus. Lyncker. Luderitz. J. H. v. Berger. Plathner. Deinlein. Ayrer. Senkenberg. Jenichen. Winckler. Ortel. Glück. Müller. Schmelzer. Schellwitz. Spittler. — Simonetta. Staphileus. Corradini. — Dallier. Piales. — J. de Chokier. — Gonzalez.

Das päpstliche Monat-Recht in Bayern aus seinen Quellen untersucht. Von einem öffentl. Lehrer des geistl. Rechts. S. l. 1789. 4.

6. *Erledigung. Tausch. Verzicht. Translatio.* Staudinger. Hedderich. Haubts. Genius. Helfert. — Thomasius. Meis. Mylius. Ch. M. Pfaff. Lindemann. — Flam. Parisio. Rechinsi. Davezan. Bouhier. — J. de Chokier. — Janez.

Gr. Gottfr. Scudendörffer, De sedis episcopalis vacatione. Lips. 1699. 4.

C. *Visitation* in der kath. Kirche, insbes. *Legaten, Nuntien.* Dript. Endres. Zallinger. Hedderich. Schott. Roth. Aschenbrenner. Stigloher. — v. Moser. Le Bret. Wagenseil. Seld. Auerbach. — Gaudentius de Janua. della Torre. de Roye. Boerius. Brunel. Feller. — Alvarez. — Slowikowski.

Peregrin Maser, De legatis et nuntiis apost., judiciis ecclesiast. cet. Rom 1709. f.

Pragmatische und aktenmässige Geschichte der zu München errichteten Nuntiatur sammt Beleuchtung des Breve Pius' VI. an den Fürst Bischoffen zu Freysingen. Frkf. u. Leipz. 1787. — *H. Alhard Plebs,* De juribus imperatoria ... circa legatos et nuntios pont. in Germ. Marb. 1787. 4. — *Fr. X. de Feller, Réflexions sur les particles du Promemoria présenté à la diète de l'empire touchant les nonciatures, de la part de l'archevêque de Cologne.* Ratisb. 1788. 4. — *Promemoria die Nunziaturen betr. dem deutschen Reichstage von dem Churf. von Cöln überreicht.* 4. — *Beantwortung des Promemoria u. s. w.* Mannh. S. a. 4. — *Kurze Widerlegung der Reflexions sur les particles* u. s. w. S. l. 1789. — *Begründete Gegenbemerkungen über die Betrachtungen wider die 73 Artikel des Promemoria* u. s. w. S. l. 1789. — *Ueber einige Hauptpunkte des päpstl. Oberprimats und der am Reichstage anhängigen Nuntiensache.* Freib. im Lande der Weisheit 1789. 4. — Sanctiss. Dom. Nostri Pii P. VI. responsio ad metropolitanos Mogunt. Trevir., Colon. et Salisburg. super nunciaturis apostolicis. Rom 1789. Nach Angabe von Pacca (IV. 92) lieferte Kard. Garampi, Kard. Pacca und Zaccaria das Material, ersterer besorgte es mit Hülfe des Advokaten Smith.

Bischöfliche. Linden. Gavanto. Nicolai. Lucido. — Rodriguez. — Minocki. In der *erang.* Kirche. Ziegler. Fritsche. F. Spitz. Münster. Mantzel.

D. *Gesetzgebung. Rechtsbildung.* Ueberhaupt. Kleinmayrn. Schulte. — Meier. — Serio. — Van-Espen.

Rescripte u. dgl. Bridler. Bencini.

Gewohnheitsrecht. Ernst. Kreutzwald. Puchta. Scappi.

Statuten. Ph. A. Schmidt. J. Mayer. Gregel. Gärtner.

Dispensicesen: katholisches. Jung. Aschenbrenner. Pyrrho. Randei. — Fredro. *P. Car. Gottschlich,* Dispensatio in lege et leges dispensationum cet. Prag 1752 4. ganz unbedeutend. — *Ferd. Fiebay,* De indole ac virtute dispensationum secundum principia juris can. Vratisl. 1867.

Protestantisches. Gotsche. O. Beyer. J. J. Müller. J. H. Böhmer. Rosstümpffel. Bahrdt. Wurm.

E. *Die geistlichen Genossenschaften, Vereine.* 1. *Orden (Regulare).* Gelübde u. s. w. Erwerb durch Mönche u. s. w. Privilegia. Vehe. Schulting. Engel. Wex. Amort. Barthel. Daude. P. v. Riegger. v. Osterwald. Caesar. Rautenstrauch. B. Martin. Eybel. Pehem. Sauter. Hedderich. Grueber. Logk. Würschmidt. Konenberg. Werkmeister. Gutl. Gmeiner. Doller. Lipovsky. F. N. Bauer. Salat. Attenhofer. Hergenröther. Schulte. — Bode. J. H. Böhmer. J. Frick. Strube. Ayrer. Engau. Schlettwein. Le Bret. Hinschius. Grosspietsch. Hellmann. — Trivigiano. Ugolini. Ghislieri. Giacopo. Gibalini. Pellizzari. Bordoni. Serio. Corio. Puccini. Vancius. A. Tamburini. Samueli. Matthaeucci. Forti. Fratorio. Sinistraci. Gabrielis. Guarini. Gesualdo de Luca. — Boerius. Choppin. de Fontaine. Pasquelin. Chassaing. Florent. Lemaistre. Hallier. Alteserra. Desnos. Hermant. De la Mothe. Le Vayer. Gerbais. Thiers. Micault. J. Hermant. Martene. C. M. Petitdidier. J J. Petitdidier. Héliot. Guisex. Riballier. Maultrot. Tabaraud. Lanjuinais. Bouix. Montalembert. — Block. Maigret. Landmeter. Marchant. E. v. Chokier. du Fay. Gf. Mansfeld. Stellart. — Navarrus. Torres. Guttierez. Sosa. A. de Castro. Castro-Palao. Lezana. Casarubios.

Rodriguez. Miranda. Bobadilla. Joh. a cruce. Hinojosa. Mendo. Urrutigoiti. Petrus de Angelis. Murga. Aragonia. Orario. — Chlewski. Rudzienski. Joh. a s. Vladislao. Szydlowski. -- Smith.

Ambros. Beltramus (Beltramini. Augustiner aus Venedig. gest. 1602). De voto paupertatis in religione et de proprio non habendo. Venet. 1581. 4. — *Octav. Spatharii,* Aurea methodus corrigendi regulares cet. Cöln 1623 (für disciplinäres und freundschaftliches Vorgehen). — *M. Bonacina,* Tr. de clausura et poenis eam violantibus impositis. Mediol. 1626. — *Aubertus Miraeus,* Codex regularum et con-stitutionum clericalium cum notis. Brux. 1638. Fol. — *Antonius a Spiritu S. Di-rectorium regularium, in quo practicabiliores casus tum ex jure tum ex bullis pon-tif. . . . illustrantur.* Lugd. 1670. — *C. S.* Disquisitiones de tollendis regularium exemptionibus. Franc. et Lips. 1778. — *M. E.* Animadversiones in C. S. disquisi-tiones. S. l. 1789.

Riflessione entorno lo stato religioso delle monache. Ferr. 1782. 4. — *La monaca emmaestrata nel diritto che ha il principe sopra la clausura e nella liberta.* Mil. 1782. 4.

Casp. Lechner (aus Hall im Salzburg., Jesuit, † Prag 1634). Diss. theol. de renunciatione successionis et dispositione bonorum quam religionum candidati faciunt. Ingolst. 1622. 4.

2. *Congregationen.* Schels. Schulte. Schuppe. Sentis. — Sauvestre. Calmette.

3. *Bruderschaften. Vereine.* Dürr. Bassi.

F. *Sakramente* (überhaupt s. moraltheol. u. dgl.). a. *Taufe. T. von Juden-kindern.* Pathen. Zasius. Hergenröther. — Ziegler. G. Simon. Mastricht. Lyncker. Balthasar. Ranger. Willenberg. Ludovici. Balthasar. Jenichen. Aeminga.

b. *Busse. Beichte. Absolution. Ablass. Casus reservati. Jubiläum. Jurisdictio in foro interno.* Clenke. Bidermann. Weibel. Ebberth. B. Schmier. Dalbert. Erb. J. P. Hahn. Amort. P. v. Riegger. J. Jung. Eybel. P. J. Weber. P. Brunquell. T. Berg. Burk. Frey. Knopp. Hausmann. — Bode. Knorr. J. H. Böhmer. G. Simon. W. H. Brückner. Pertsch. Buddeus. Moser. Bodinus. — Spina. de Martabufiis. Zecchi. Bellarmino. Graffio. Zerola. Duardo. Germoni. Francolini. Pitoni. Andreucci. Zaccaria. Gabrielis. Guadagnini. Litta. — Auger. Regnault. Sirmond. Filesac. Bauny. Dartis. Morin. Lannoy. Garnier. Boileau. Maultrot. — Chapeaville. J. v. Chokier. Paradis. — Medina. Avellaneda. Vazquez. Cunha. Hurtado. Escobar. Gallego. Rodriguez. Joh. a cruce. Sousa.

Adr. Beier, De sigillo confessionis. Lpz. u. Frkf. 1724. 4. — *Balth. Tilesius,* De sig. conf. Jen. 1748. 4. — *J. B. Friesen,* De sacerdote jurato in confessione enunciata negante non perjuro occasione legis jurisj. rel. 9 Cod. de test. Jen. 1753. 4. — *F. Uhlein,* De sig. conf. Heid. 1828.

c. *Eherecht.* 1. *Darstellungen des kathol., kathol. u. protest.* Mocquet. Besold. Neudecker. J. Kugler. Reutlinger. J. Vogel. Dolliner. Stapf. Knopp. Bangen. Binder. Gitzler. Heiss. Kutschker. Lobenschiner. Haringer. Schulte. Silbernagl. Uhrig. Weber. — K. Mauser. Monner. Kling. v. Beust. Vigelius. Cypraeus. Arnisaeus. N. Lange. Gribe. Lobethan. Schmalz. Dabelow. Bartels. — Cariero. Gualco. Nuytz. Perrone. Vechiotti. — Gentilis. — Auger. Davezan. Tournely. Agier. Desmaisons. Nougarède. Martin. Carrière. — J. B. de Jonghe. van de Burgt. — Bronwer. Sanchez. Vazquez. Ponce de Leon. Hurtado. Castro-Palao. Andreas a m. d. — Rittner. Roskovanyi.

Conférences ecclés. de Paris sur le mariage où l'on concilie la discipline de l'église avec la jurisprudence du royaume de France. 3 ed. Par. 1748. 5 vol.

Corpus iuris matrimonialis. Sarcerius. — Le Ridant. Camus.

Decisiones, quaestiones matrimoniales. Chiericato. Pitoni. Pilieu. Mitunski.

Commentare zum 4. Buche der Dekretalen. Casus. Decisiones. Canisius. Karchne. A. Huth. Hedderich. — Chiericato. Pitoni. — Pilien. Petitdidier.

In titul. de spons. et matr. Carlier. Sannazari. Brunel. Gobert. — Marcellius. — Covarrubias. Krzysztanowic.

2. *Darstellung des protestantischen.* Sarcerius. Henning. Kitzel. Carpzov. Böckelmann. Mantzel. J. T. Richter. Schott. Loy.

3. *Geschichte.* Andres. Moy. Göschl. — Gebauer. Ayrer. G. W. Böhmer. — Nougarède.

Mich. H. Reinhard, Diss. hist. de statu causarum matrimonial. tempore reformationis. Wittenb. 1729, 30. 2 diss.

4. *Wesen, Stellung der Ehe.* Gretser. Clenke. Waizenegger. Besold. Hunnius. Salat. Berg. Moy. J. Klee. Oischinger. Hartmann. Schneemann. — Bode. Thomasius. Willenberg. J. S. Stryk. Wildvogel. W. H. Brückner. Balthasar. Justi. Nettelbladt. Göschen. Merz. Theiss. — Gerdil. Muzzarelli. Gesualdo de Luca. Majueri. Cosaccia. — Maultrot. Barruel. Tabaraud. Agier. Thiercelin. — Erasmus. — Victoria. Merlo. Ferrero. — Delert.

5. *Verhältniss von Kirche und Staat.* Oberhauser. Samhaber. Ditterich. Michl. Batz. Binterim. J. A. Theiner. Heuser. München. Schuppe. — Bruckner. J. H. Böhmer. K. A. Beck. Küstner. — Zaccaria. Gerdil. Gentilini. Biagi. Litta. Launoy. Gerbais. Leullier. Boileau. Le Ridant. Tabaraud. A. Pereira. — Diritto libero del sovrano sul matrimonio. S. l. a. et n. t. — *Diss. de potestate ecclesiae in statuendis matrimonii impedimentis.* Frib. Br. 1783 (im Juni publizirt, als *P. Engelberger* seine Thesen druckte) zu Gunsten des Staats. Verf. sagt, er habe nach dem Tode seines gelehrten Collegen Jos. v. Rummelsfelden die Prof. des öff. allg. u. bes. deutschen Kirchenr. erhalten. Aus *Schreiber* vermag ich den Verfasser *nicht zu bestimmen.* — *Oberste Gewalt in Rücksicht auf die Ehen. Ein Beytr. zur Ehererordn. Joseph's II. vom 16. Jan. 1783.* Wien u. Münch. 1784. — *Risposta del Pierano Fiorentino alla lettera dell' ecclesiastico pistoiese intorno al diritto dei sovrani pegl' impedimenti e dispense matrimoniali,* stampata in Firenze dal Pagani nel 1788. Megalopoli 1789. Gegen die neueren Ansichten unter Berufung auf *Defensio Tridentinorum canonum de ecclesiae potestate in dirimentia* matrimonium impedimenta cet. Hierapoli 1786 u. Nuova difesa cet. 1788 von *Pietro Diodato.* — *Friedr. Wilh. Fraatz,* Diss. hist. can. de iuribus episcoporum originariis quoad dispensationes in causis matrimonialibus. 1792.

Joseph Penka, Beantwortung einer eherechtl. Frage der h. Schrift, den Zeugnissen der heil. Väter und den Aussprüchen der allg. Kirchenvers. zu Trient gemäss. Olmütz 1855 (ob die Kirche trennende Eheh. aufstellen könne; die gewöhnlichen Argumente).

Der Ehebund im Bereiche der Kirche und des Staats nach Prinzipien des Protestantismus näher beleuchtet und gewürdigt. Zwickau 1839.

6. *Verlöbniss.* Wex. Kugler. Gallade. Hedderich. Ulbrich. Bersvoordt. Gregel. Lippert. — J. S. Stryk. Ludovici. Dietmar. Thomasius. Nettelbladt. Härlin. Berger. S. Stryk. Mantzel. Brückner. — Trivigiano. — Ossedowski.

7. *Eheschliessung. Aufgebot. Cirilehe. Matr. clandest.* J. P. Hahn. Gallade. Helfert. Berg. Knopp. Filser. Schulte. — Monner. J. F. Mayer. P. Müller. Ludewig. Mantzel. Werner. Laxdehn. Flügge. Friedberg. Hinschius. Meier. Scheurl. Sohm. Wasserschleben. — Nachiante. — Gentilis. — d'Espence. Horry. Sauzet. — Uffels. — Torres.

8. *Einsegnung.* Böckelmann. P. Müller. Sahme. Carrach. G. L. Bohmer. Dieckhoff.

9. *Impedimenta. Allgemein.* Bidermann. Wiestner. Dalbert. Englmayr. Tropper. P. J. Weber. Droste-Hülshoff. Moy. — Thudichum. — Feye.

J. aetatis. Gallade.

Affinitatis. Gretser. — Bechstadt. Gösche. Buchholtz. J. G. Wolff. Gebauer. Heisler. — Spina. Ramusio. — Perizonius. Noodt.

Commentarius de matrimoniis prohibitis, permissis, prohibendis, permittendis, et speciatim de connubiis cum vidua patrui. Hal. 1751.

Cognationis spiritualis. Gallego.

Consanguinitatis. Gretser. M. Friederich. Helfert. Moufang. — Bechstadt. Pachelbl. Berger. J. Weber. Buttler. Götsche. Pestel. Mantzel. P. U. Moser. Koch. Schlegel. Laspeyres. Spöndlin. H. Eichhorn. — Spina. — Vivien.

Conditionis. Gallade. Janke.

Criminis (adulterii). Gassmann. Helfert. Schultz.

Doli (Simulation). Rohr. Lichtenstein.

Erroris. Stahl. *H. Halfes,* De imp. erroris cet. Creveld 1861. — *Balthasar Daller,* Der Irrthum als trennendes Eheh. nach kath. Eher. dargest. Landsh. 1861.

Impotenz. J. G. Simon. J. Weber. Sahme. Delphinus. Biener. — Tagereau. Rouillard. Bouhier. — Ancillon. — Covarrubias.

Ligamen. Unauflöslichkeit. Zweite Ehe. Gretser. Gallade. Molckenbuhr. P. Brunquell. Hug. Binterim. Frenzel. Berg. H. Klee. — Koch.

Ordinis s. oben Seite 358.

Raptus. Colberg.

Tempus vetitum. Schott.

Vis ac metus. Ploch. Schuppe. — G. Giordano.

10. *Matrimonium mixtum. Religiöse Kindererziehung.* Serrarius. Ernst. Gerbl. Holl. Dürr. van Ess. Kastner. Linde. Ellendorf. Kunstmann. Fessler. Reinerding. Döllinger. Kutschker. Mack. Schulte. — Thomasius. Steck. Gründler. Krug. Götz. Jacobson. J. L. Koch. Zum-Bach. Thesmar. — Ponce de Leon. Ferrero. Roskovanyi. — *Friedr. Bened. Carpzov (J. Gottfr. Krause),* De eo quod justum est circa nuptias personarum diversae religionis. Ob ungleicher Religionsverwandten Heyrathen recht seyn? Witt. 1735. Diss. altera ib. 4. — *Cavalchini* (Erzb. v. Philippi). De matrimoniis inter haereticos ac inter haeret. et catholicos initis in foederatis Belgii provinciis. Dissertationes theol. et can. Rom. 1741. 4. — Quibus legibus paria ecclesiarum jura describenda sint, mixtorum matrimoniorum exemplo demonstratur. Lips. 1824. 4. (Programm). — *P. M. R.,* Kann ein kath. Mann mit einer prot. von ihrem Manne geschiedenen Frau eine gültige Ehe eingehen? und umgekehrt . . . Beantw. von P. M. R. Nebst einem Anh. über gem. Ehen. Bresl. 1826. — Ueber die gemischte Ehe. Ist es ein allgem. kath. Kirchengesetz, dass bei gem. Ehen die Kinder kath. werden müssen? Verneinend beantw. und zugleich gegen das Rundschreiben des apost. Vicars Herrn Dammers in Paderborn gerichtet u. s. w. Stuttg. 1827. — *W. v. Schütz,* Ueber die prot. Rechtsansicht wegen der gem. Ehe. Nebst einer Zugabe: Rechtfertigung des H. v. Dunin, Erzb. v. Gnesen und Posen, auf die von der königl. Regierung in Berlin durch die Staatszeitung v. 31. Dez. 1838 veröffentlichte Erklärung. Regensb. 1839. — *Paolino Dinelli,* L'affare di matrimonii misti. Letto 1838. Luc. 1840. — Der Streit über gem. Ehen und das Kirchenhoheitsrecht im Grossh. Baden. In vollständ. aktenmässiger Darstellung. Karlsr. 1847. — *Gust. Ludw. Semler.* Das Rechtsverh. der gemischten Ehen vom Standpunkte des Kirchen-, Staats- und Privatrechts. Augsb. 1852. — Siehe unten.

11. *Putativ-Gewissens-Ehe.* Schlör. — Hert. Westphal. — Mazza.

12. *Missheirath.* Dürr.

13. *Staatliche Ehehindernisse.* F. Herzog. — Thudichum.

14. *Hauskinder-Ehen.* J. P. Hahn. Zech. Gallade. Pehem. — Dauth. Eyben. Gotsche. J. H. Böhmer. K. A. Beck. Jenichen. G. L. Böhmer. — Valsechi. — Hervet. Pulvaeus. — Coras. — Muscettuln.

15. *Debitum conjugale.* Beck.

16. *De conversione conjugatorum.* Kimpfler.

17. *Dispens.* Dalbert. Eybel. — Ayrer. — V. di Justi. Zaccaria. Giovine. — Sollier. du Perray. Lanjuinais. — van de Burgt.

18. *Annullation. Scheidung. Lösung per dispensationem u. prof. religiosa.* Dietenberger. Gallade. Werkmeister. Berg. Eberl. Lippert. — Böckelmann. S. Stryk. Fink. Bode. Böningk. Brem. J. F. Kayser. Estor. Meise. J. T. Richter. Michaelis. Treitschke. Biener. Aeminga. Schnaubert. Stahl. A. L. Richter. Wiederfeld. Klee. Dedekind. Merz. Stölzel. Wasserschleben. — Cosci. — Zanchius. — Bouhier. Bonger d'Argis. Barruel. — Beza. Toullieu. — *Liberius von Bodenstein,* Disp. de jure divortii quod maritus habet proprium et peculiare adulterii caussa. Francof. 1601. — *Gottfr. Netzschmann,* Disp. jur. de adulterio, quatenus probatum justa ac legitima divortii causa est. Leipz. 1658. 4. — Traité du divorce fait par l'adultère. Scavoir s'il est permis à l'homme ou à la femme en ce cas de se remarier. Par. 1656. — *J. Gottfr. Staffel,* Diss. in. jur. de adulterio matrimonium non dirimente. Erf. 1732. 4. — *Herm. Noordkerk,* De matrimoniis ob turpe facinus quod peccatum sodomiticum vocant, jure solvendis diss. Amst. 1733. — *Burchh. Bardilis,* Disquis. inaug. de separatione cohabitationis. Von Ehescheidung zu Tisch und Bett. Tüb. 1675. 4. — *Joh. Ge. Nikolaus,* Tract. de repudiis et divortiis ex jure div. can. civ. et prov. nec non praecipue Ictorum commentationibus et responsis concinnatus. Dresd. u. Pirn. 1685. 4. — *Adr. Beier,* Diss. inaug. jur. de divortiis. Jen. 1703. 4. — *J. M. Lange,* Gründl. Beweiss, dass die divortia oder Ehescheidungen jure naturae verbothen seyn. Berl. s. a. 4. Halle 1737. 4. — *Hennet,* Du divorce. Par. 1789, 3 éd. 1792. — *Bouchotte,* Observations sur l'accord de la raison et de la religion pour le rétablissement du divorce, l'anéantissement de la séparation entre époux et la réformation des loix civiles relatives à l'adultère. Par. 1790. — Un mot sur le divorce suivi d'un projet de loi et d'un tableau des usages de tous les pays de la terre sur le mariage. Par. 1791. — *De Bonald,* Du divorce considéré au XIX siècle. Par. 1801, 3 éd. 1818. — *Ed. Vansanten,* Specimen inaug. jur. de divortio apud nos approbando. Gand. 1824. 4. — *W. Ziemssen,* Ueber Ehe und Ehescheidung nach schwed. Rechte. Greifsw. 1841. — *Joh. Ulr. Oschwald,* Die Ehescheidung mit besonderer Rücksicht auf die Gesetzgebung beleuchtet. Zürich 1849. — *Friedr. Sticinsky,* Von der Ungültigkeitserklärung als Aufhebungsart der Ehe zwischen Gliedern der evang. luther. Kirche nach livländ. Rechte. Dorpat 1851. — *Korb,* Der geistl. Sühneversuch in Ehescheidungssachen nach der V. O. v. 28. Juni 1844 u. s. w. Berl. 1852. — Die Ehe nach Lehre, Gesetz und Gebrauch der kath. Kirche. Ueber Ehescheidungen bei Kath. und Nichtkath., Mischehen und verwandte Gegenstände. Hamb. 1853. — *Strippelmann,* Das Ehescheidungsrecht nach gem. und insbesondere nach hessischem Rechte. Cassel 1854. — *L. Hundrich,* Ueber Ehen und Ehescheidungen in älterer und neuerer Zeit mit Hinsicht auf die neue preuss. Gesetzgebung. Bresl. 1855. — Die Ehescheidungsfrage vor den preuss. Kammern (Vorlagen, Bericht, Plenarverh. der 1. K.). Berl. 1855. — *Graf v. Reichenbach,* Ueber den Entw. eines Ehescheidungsges. mit Berücksichtigung der Motive. Berl. 1855. — *C. Weil,* Prakt. Bemerkungen zur preuss. Ehescheidungsgesetzgebung. Berl. 1859. 2 Abth. — *Joh. Gottl. Brenske,* Die Ehefrage bes. zum Nutz und Frommen des hohen Landtages der preuss. Monarchie vom liberalen Standpunkte aus

beleuchtet. Frankf. a. O. 1859. — *K. H. Sack*, Kirche und Civilehe. Ein Votum zur Mässigung. Magdeb. 1859. — *O. Plathner*, Civilehe und Recht der Ehescheidung in Preussen. Berl. 1859. — *Aug. Schröder*, Die Civilehe, die Wiedertrauung Geschiedener und das geistliche Gewissen. Mit Hinblick auf die preuss. Kammerverhandl. und die geistl. Praxis. Gotha 1860. — *Krl. F. Bräunig*, Das Recht der Ehescheidung auf Grund der Schrift und Geschichte. Eine Stimme aus der Kirche. Zwickau 1861. — *Huschke*, Was lehrt Gottes Wort über die Ehescheidung? Beleuchtung der Einwürfe gegen meine Schrift: „Was u. s. w. Leipz. 1861.

19. *Renovatio matr.* Guyet. — Oculicki.

20. *Partikularrecht, deutsches:* J. A. Hoffmann. Stölzel. *Englisch-amerikanisches:* Colfarm. *Französisches:* Horry. Ferrero. *Italienisches:* G. Giordano. *Oesterreichisches:* Dolliner. Kopsz. — Kuzmany. *Preussisches:* Daniel. *Sächsisches:* Hartitzsch. *Württembergisches:* Hauber.

G. *Kultus. Liturgie. Gebet. Festtage. Prozessionen. Wallfahrten. Eid. Votum. Fasten. Bilderverehrung u. s. w.* Staupitz. Gretser. Staudinger, Nicollis. Gassmann. Molckenbuhr. Pehem. Lippert. Marx. — Wildvogel. Lyncker. F. G. Struve. S. Stryk. Beyer. P. Müller. G. A. Struve. W. H. Brückner. Olearius. Moser. Becker. Biener. Göschel. — Paleotti. Selva. Zecchi. Gavanto. Mancini. T. del Bene. Lambertini. Pitoni. Montani. Stefanucci. — Mouchy. Persin. Martene. Eveillon. Maultrot. Bouix. Schenk. Molé.

Hauskirche. Oratoria. F. G. Struve. Moser. — Fortunatus a Brixia. Gattico. Bene.

Communicatio in sacris. Feller. — Dodwell.

Begräbniss. Friedhöfe. Gräff. Mooren. — Finckelthaus. Strauch. H. L. Roth. Thomasius. A. Meyer. J. H. Böhmer. Sahme. Slevogt. C. G. Hoffmann. Pertsch. Klengst. — Samueli. — Moulart.

r. Ortzen, Ueber die Versagung des kirchl. Begräbnisses durch die Pastoren bes. nach mecklenb. Rechte. Rost. 1863.

H. *Kirchenvermögen.* 1. *Geschichte:* Braun. — Colonna. Corleo. — Lacoste. Lemaistre. R. Simon. Marsollier. Mignot. — Tapia.

2. *Ueberhaupt,* insbes. *Eigenthum.* Frey. Evelt. Gräff. Arndts. Loberschiner. Hergenröther. Hirschel. Poschinger. Schulte. Uhrig. — Gleichmann. Caroc. Maurer. Hübler. Sybel. — M. Antonio. d'Angelo. Galeotti. — Affre. — Woeste. Vourzot. — Schoock. Nethenus.

3. *Rechte des Staats.* Cerfvol.

Ragionamento interno a' beni temporali posseduti dalla chiesa, dagli ecclesiastici, e da tutti quali, che si dicono „mani morte". In Venezia 1766. Confermazione del ragionamento cet. indirizzato agli autori dello scritto, che ha per titolo „mani morte" ossia lettera all' autore del ragionamento cet., divisa in cinque lettere. Ven. 1767.

J. B. S. jurisconsulti T. adcuratissima investigatio in originem ac naturam beneficiorum ecclesiasticorum, nec non in jura imperantium civilium circa eadem. Cosmopoli 1792. Vertritt das Eigenthum der jurist. Person, den Standpunkt der Staatskirche (Sorge für Benefizien), ist gegen weltliche Herrschaft von Bischöfen und Päpsten, ebenso gegen Einmischung des Staats in's Kirchliche.

E. H. *Merz,* Das Kirchengut. Ein Zeugniss für dessen Unverletzlichkeit u. s. w. Leipz. 1849. — *A. G. L. Heldmann,* Die kirchenrechtl. Bestimmungen über das Eigenthums- und Dispositionsrecht an den evang. luther. Kirchen im Oberfürst. Hessen. Marb. 1866.

Montpellier (Bischof v. Lüttich, † 1879), Défense des droits de dieu, de l'église cath. et de ses membres contre les projets de loi sur le temporel des cultes déposé à la chambre de Belgique 1864. Liège 1865.

4. *Exzerb. Oblationen. Collecten. Privilegien (Immunität).* Canisius. Gretser. Hunnius. Karg. G. J. Wagner. Ernst. Amort. Kolb. Söll. Osterwald. Wedekind. Engelhart. J. v. Riegger. — Crell. Jenichen. Brendel. — Carlier. Trevisano. Albani. Martabuffio. Vischi. Anfoso. Germoni. Piccioli. T. del Bene. Pesanzio. Pasquali. Simoni. — Pasteur. du Perray. — Van-Espen. Govarts. — Bulza. Moli. Ortitz. — Glownacki. Mamczynski. Slotwinski.

Klingebeutel. C. Ph. Richter. Wildvogel. Lairuz.

Asylrecht. Rambeck. Wiestner. G. J. Wagner. Zech. Barthel. Hedderich. — Sarpi. Pistorozzi. Assemann.

J. A. Osiander, Diss. acad. de asylis hebraeorum, gentilium, christianorum. Tüb. 1693. — *Friedr. Sauberlich*, Diss. hist. pol. sistens quaestionem, utrum in republica bene constituta sint toleranda asyla. Königsb. 1702. 4. — *Gottfr. Kampmüller*, De asylis pontificiorum quatenus juri naturae adversantur. Leipz. 1711. 4. — Discorso sopra l'asilo ecclesiastico. Firenze 1763. — *Lor. Mascambrone*, Degli asyli de' christiani. Rom 1781. 4. — (*Pompeo Neri?*) Discorso sopra l'asilo eccles. Fir. 1763. 4. — *Henri Wallon*, Du droit d' asyle. Par. 1837. — *Ch. de Beaurepaire*, Essai sur l'asile relig. dans l'empire romain et la monarchie franç. Par. 1853 fg. — *J. J. E. Proost*, Hist. du droit d'asile rel. en Belgique. Gand 1870.

5. *Zehnten.* Hunnius. Canisius. Ossanaeus. Wex. M. Friederich. Chlingensperger. V. Pichler. Strauss. Barthel. Werndle. Dürr. Horix. Endres. J. B. Will. Hedderich. Birnbaum. Permaneder. — Krolow. Slevogt. Redecker. W. H. Brückner. J. H. Böhmer. Waldschmiedt. Blumen. Schmid. Beulwitz. G. L. Böhmer. Heisler. Steiner. Kühlenthal. Teutsch. Herrmann. — A. Monta. — Rebuf. Grimaudet. Dupeyrat. de Lalande. du Perray. Drapier. J. Brunet. Lanjuinais. — Van-Espen. — Castro-Palao. — Dobrocieski. Markowicz. Cichowski. Smijewski. Zalaszowski. Slowikowski. — *C. B.*, Traité touchant l'origine des dismes et l'obligation de les payer. Par. 1687.

Syring, Aurea praxis juris decimandi cet. Nürnb. 1708. — Ansb. 1735. 4.

Nic. Zalarzocius, Jureconsultus in materia censuum et decimarum, cet. Posn. 1746. 4.

(*Jo. de Vita*), De origine et jure decimarum ecclesiast. liber sing. Rom. 1759.

Christoph Heinr. Schreeser, Kluger Zehend-Beamte, oder ausführl. Abhandl. des Zehnd-Rechts nach dessen heut. Gebrauch inn- und ausserhalb Teutschl., mit Anmerk. von *J. G. Scopp*. Nürnb. 1768. 4.

J. Mich. Schein, Von den Zehenden und dem Zehend-Rechte mit Bezug auf die alten Zehendordnungen u. s. w. Grätz 1820. 4.

Jäger, Das Zehentrecht im Königr. Bayern mit bes. Rücksicht auf den Hopfenzehnt. Ingolst. 1824.

v. Sicherer, Der Zehent nach gem. deutschen und nach bayer. Rechte. Neub. a. D. 1845.

Nic. Marmesi. Memoria intorno alle decime del regno di Sicilia. Palerm. 1848.

Jos. de Lipski, De jure decimarum ecclesiast. in Polonia animadv. hist. Vratisl. 1852. — *J. Zesterfleth*, Diss. jur. de decimis laicorum in terris protestantium. Jen. 1689. 4. — *P. van der Schelling*, Hollands Tiend-Regt cet. Rotterd. 1727. 2 Thle. — *Sven Bring*, De decimis christianorum. Lond. Goth. 1754. 4.

6. *Stellung der Benefiziaten: Eigenthum, Erbrecht, Spolien.* Canisius. Kimpfler. Rambeck. Zech. Straus. Barthel. J. A. v. Ickstatt. Neller. H. Schmidt. Wedekind. Hedderich. Diesbach. Lorenbeck. Hirschel. Schulte. Sentis. — Stypmann. Thoma-

sius. Ch. G. Bader. Chladny. C. G. Hommel. Neumann. Glück. — Rodano. Bordoni. Antonelli. T. de Rosa. Ruggieri. — Thiers. du Perray. Lanjuinais. — Navarrus. Sarmiento.

Beweis, dass ein Prediger alle Einkünfte seines Pfarramts die jemals dazu gehört, wenn sie gleich seit vierzig und mehr Jahren ungangbar geworden sind, mit Recht fordern und desshalb nicht zu ordentlichem Prozess verwiesen werden könne. Gedr. a. 1748. 4. — Wie sollen und dürfen Weltgeistliche ihr zeitliches Vermögen verwenden? und wozu sind sie bei Errichtung eines Testamentes berechtiget und verpflichtet? Beantw. von einem Weltpriester. Leitmeritz. 1853.

7. *Congrua.* Hagen. — Rebuf. du Perray. Drapier. Reymond.

8. *Pensio. Emeritirung.* Asmut. — Martabaffio. Cauzio. Gigas. Paolo Romano. Zecchi. Chiericato. — Tonduti. Richard. Tounissoux. — Barbosa.

9. *Stolgebühren. Messstipendien* u. dgl. *Quarta.* Eck. Huhndorff. — Strauch. Ludewig. Traubot. Spittler. Tittmann. Helzer. Petrus de Perusio. — Gonny. Perez. Nogueira.

Sopra l'onorario delle messe. Si tratta delle sue origine, delle illusioni ed altri abusi quindi derivati ne' ministri dell' altare e nel basso popolo. Ven. 1767. 4. *Beichtpfennig.* P. Müller. Fertsch. *A. J. de Krakewitz,* De nummo confessionario cet. Lips. 1746. 4.

10. *Pfarrgüter.* Hüffer. — Wintzer. Bluhme. — Carré. Affre.

Bildet das Staats-Einkommen der Geistlichen nach den in Rheinhessen geltenden Gesetzen eine Dotation der Pfarrstelle? und haben die Gemeinden die Verpflichtung, im Falle, dass solches zum angemessenen Unterhalte nicht ausreicht, einen Zuschuss beizusteuern? Eine Vertheidigungsschrift. Mainz 1867.

Le Bon, Législation des paroisses en Belgique. Brux. 1841.

11. *Fabrikgut.* Schurtzfleisch. Friesen. Itter. — Vanotti. — Carré. Gousset. Affre, André. — Soenens. Wilmet. Vourzot.

Otto Saedt, Die kath. Kirchenfabriken des linken Rheinufers, deren Stellung zur Kirche, zum Staate und zur Gemeinde. Köln 1854.

Carl de Syo, Das die Kirchenfabriken betr. Dekret vom 30. Dez. 1809 übers. und unter Berücksicht. der darauf bezügl. preuss. Gesetze erläutert. Köln 1861, 1864 (mit Erläuter. der erzbischöfl. Verordn. vom 31. Jan. 1849 n. A.). — Das Dekret über die Erhaltung und Verwaltung der Güter des Klerus vom 6. Nov. 1813 übers. und mit Berücksicht. der . . preuss. Ges. u. s. w. erläutert. Das. 1863. — Das Urtheil des k. Obertrib. zu Berlin von 1863 und seine Auffassung der rechtl. Stellung der Kirchenfabriken u. s. w. Köln 1863. — Das Urtheil betr. die unveränderte Gültigkeit des Art. 79 des kais. Dekretes über die Kirchenfabriken u. s. w. Neuw. 1863.

Das Kirchenvermögen und die Staatskuratel mit besond. Rücksicht auf die in Bayern bestehenden Gesetze und Verordn., betrachtet vom Standpunkte der Gesch. und des Rechtes von einem katholischen Geistlichen. Landshut 1862. *Jul. Schumann,* Die Competenz der Kirchenverwaltungen in Bayern und die rechtl. Organisation der Kirchengemeinden u. s. w. Tübing. 1863.

12. *Kirchen. Altäre. Baulast. Immunität. Dos.* Hunnius. v. Carrach. Hedderich. v. Gerstenberg. J. A. Gerstäcker. Gregel. Westhover. Helfert. Permaneder. Sainte-Marie-Eglise. Hergenröther. Hüffer. Molitor. — H. Hahn. Ziegler. Bechmann. P. Müller. Link. Marbach. J. H. Böhmer. J. F. Kayser. G. Slevogt. Essen. Kröber. Bluhme. Wilke. Reinhardt. Kletke. — Gambacurta. Servantio. Italia. Muzzarelli. — Gonny. Thiers. Piales. — Peck.

Fr. Hummel, Die Verbindlichkeit der Zehentbesitzer zur Erhaltung und Herstellung von Kirchen, Pfarr- und Kaplanei-, Messner- und Schulhäusern nebst deren bezügl. Zubehörden etc. Mit besonderer Rücksicht auf die Baulasten-Abfindungen dargestellt nach den Grundsätzen des gemeinen kathol. und protestant. Kirchenrechtes, den Bisthums-Observanzen und der württemb. Gerichtspraxis. Stuttgart 1854. **8.**

Rechtsverhältnisse der Filialen: Hert. Reiss.

Pollution. Passerini.

Kirchenstühle. Philippi. Köhler. C. G. Hommel. Kretschmar.

Glockenrecht. Ludovici.

13. *Geistliche Lehen.* J. H. Böhmer. Buder.

14. *Stiftungen zu kirchl. Zwecken und überhaupt ad piam causam.* Brendel. Schulte. — J. H. Böhmer. Wernher. Schellhammer. Rechenberg. Salig. Mantzel. J. F. E. Böhmer. Lotz. — A. Moneta. Rubeo. — Molé.

15. *Temporaliensperre.* Kahl.

16. *Veräusserung. Verjährung.* Martini. Wiestner. Haren. G. T. Wagner. Barthel. Biner. — Bode. J. H. Böhmer. — Rodano. Stiatici. Ugolini. Villagut. Turicelli. — Dunod. — Zalaszowski. Wegnynowicz.

17. *Besteuerung des Kirchenguts. Amortisation. Säcularisation. Ausgestorbene Klöster* u. dgl. *Folge in das Vermögen* u. s. w. Laymann. Glettle. Amort. Desing. P. Friederich. K. Rath. Neurenther. Behlen. v. Buininck. Münich. G. J. Wedekind. J. G. Neuberger. v. Roth. F. Berg. Frey. F. X. Bauer. Wessenberg. Krabbe. Emele. — Stützing. Plathner. Rhetius. Rothmaler. Thomasius. Brunquell. Schlettwein. Westphal. Geissler. Wahl. Schnaubert. J. F. E. Böhmer. Häberlein. Grimm. Kahl. — Dunod de Charnage. Graffin. — Peck. Van. Damme. Felders. — Campomanes.

Erweiss, dass keine liegende Güter ohne Erlaubniss des Landesfürsten in todte Hände kommen können. Zürich 1764. — Abhandl. über das dem Landesfürsten zustehende Recht wegen Uebergebung der liegenden Güter in geistliche Hände. das. — *Von dem Rechte des Landesfürsten, die geistl. Personen und Güter zu besteuern.* Anderte Aufl. Augsb. und Freyburg i. B. 1770. — *J. Ch. L. Fresenius,* Betrachtungen und versch. Rechtsfragen bei Einziehung der Jesuitengüter u. s. w. Frankf. und Leipz. 1779. — F. W. H. M., Analyse ou breve dissertação pe la qual evidentemente se demonstra en general como os corpos de mão-morta destes reinos são, e forum sempre antes, e des de o estabelecimento da monarquia, absolutamente inhabeis para adquirirem bens de roiz por compra cet. Lisboa 1790. — *J. G. Reinwald,* Was ist von den Veräusserungen der Kloster- und Stiftsgüter im Hildesheim'schen, welche unter Westfäl. Regierung verfügt worden, zu halten? Braunschw. 1816. — *Longard I.,* Die Secularisation des Kirchengutes in Deutschland durch den Reichsdeput. Hauptschl. vom 25. Febr. 1803 und der §. 37 dieses Rezesses, mit bes. Bez. auf die Stadt Coblenz. Cobl. 1856.

I. *Schulwesen. Missio canonica.* Dürr. J. M H. Schuberth. Schulte. Winkler. — Gelbke. — Mendo. A. Escobar. — Civiercowicz.

Seminarien. Theiner. — Pouan.

K. *Censur. Index* u. dgl. Gretser. Fessler. Schmid. Hergenrother. — Zaccaria. Gerdil.

L. *Gerichtsbarkeit. Prozess überhaupt.*

1. *Geschichte.* Scheill. Turk. Hergenröther. — Biener. Hebenstreit. Schilling. Jungk. Dove. Sohm. — T. del Bene. Contini.

2. *Gesammtdarstellung. Allgemeines. In Lib. II decretal.* Canisius. Laymann. Strein. Torring. Rambeck. Schambogen. Müntzer. Engel. M. Friederich. Verlohner.

Rütger v. Haren. G. J. Wagner. A. F. Ernst. Hammer. Sonner. Soll. Starch. Horix.
Hedderich. Gmeiner. Hartleben. Fessler. Gross. Mayr. — C. Ph. Richter. Strube.
Körner. Lobethan. Lievre. Hinschins. Manfredi. Mandosi. Mascardi. Marchesani.
Uberto. Matthaeucci. Cirini. Stefanucci. Busenello. Laudicina. — Aufréry. Rebuf.
Pasteur. Tonduti. Fevret. Florent. Alteserra. Horry. Ducasse. Ronix. — Wamesius.
— Quintadueñas. Vega. Narbona. Oliva. Cardoso. Cevallos. Bayo. Fuertes. —
Janidlowski.

3. *Civilprozess. Eheprozess. Gerichtsstand.* Fuchs. München. Schulte. — Berger. Wernher. Barckhauss. Ludovici. Beck. Carrach. Lengnick. Müchel. — Brezolles.
— Mamczynski. — *Felsecker.* Delineatio eorum quae in processu civili Romano per
decretales mutata sunt. Heidelb. 1828. — *H. Rothe,* Historia exceptionum litis
ingressum impedientium ex iure canonico descripta. Berol. 1858. — *Feodorus
Goecke,* De exceptione spolii. Berol. 1858. — *F. Porsch,* Die Bedeutung des Beweises durch Indicien in dem kirchl. Gerichtsverfahren, insbesondere in dem
Strafverf., zugleich ein Beitrag zu der Lehre von den Vermuthungen. Bresl. 1876.

4. *Freiwillige Gerichtsbarkeit.* Brunet. Jonsse. Durand. — Arias.

5. *Conservatoren.* A. Moneta.

6. *Exemtion.* Karg. Jacobus a S. Antonio. Kolb. — Florent.

7. *Strafrecht. Strafprozess. In lib. V. decretalium.* C. Braun. Bidermann.
Hunnius. Binsfeld. Canisius. Dript. M. Friederich. Zech. Standinger. P. v. Riegger.
Reizer. Monse. Ullheimer. Curalt. P. Brunquell. F. Berg. Drey. Polz. Helfert.
Fessler. Marx. Kober. Molitor. München. Schulte. — H. Hahn. Böckelmann. Willen-
berg. J. H. Böhmer. Bechmann. Jan. H. Schmidt. Thomasius, G. A. Struve. J. G.
Krause. Rechenberg. Mirus. F. J. Kayser. Ch. M. Pfaff. J. S. Brunquell. F. G. Pertsch.
Strube. Gärtner. v. Böhmer. Beulwitz. Dorn. Aeminga. Kammerer. Pape. Fertsch.
Biener. Stahl. Göschen. Schilling. Mejer. Nicolovius. — Spina. Rodano. Niguardo.
Grillando. de Susannis. Ugolini. Farinacci. Sarpi. Flam. Parisio. Vermiglioli.
Cappelli. Villagut. Santarelli. Gibalini. Bordoni. Serio. Verde. Orsi. Negroni.
Pallottini. Avanzini. — Grimaudet. L. Carier. Nicolaus Areletanus. Dupaquier.
Grégoire. Severt. Pasteur. Filesac. Eveillon. Davezan. Launoy. Thiers. J. Hermant.
L. E. Dupin. Rouault. Loiret. Stremler. — Beza. — Capetia. Becanus. J. de Chokier.
Van-Espen. Wynants. Cabelianw. — Villadiego. Albertino. Lugo. Simancas. Roxas.
Plaza. Pegna. Suarez. Avila. Hurtado. P. de Tapia. Castro-Palao. Vela. Leander
de S. S. F. de Corduba. Cantera, Guttierez, Miranda. Fermosini. Nogueira. Andreas
a m. d. Salazar. — Krzysztanowic. Polewic. Wilkoszowski. Minocki. — Spelman. —
Thom. Erastus, Explicatio graviss. quaest., utrum excommunicatio . . . a sacra-
mentorum usu propter admissum facinus . . . mandato nitatur divino an excogi-
tata sit ab hominibus. Peschlav. 1589. 4. — *Th. Beza Vizelius,* Tr. de vera
excom. et christiano presbyterio. Genev. 1590. 4. — *N. L. Arctander,* De excom.
eccles. cet. Giess. 1610. — Traité historique de l'excom. et de la déposition des
roys. Par. 1681. — *J. J. Schöpffer,* Disp. jur. de usu et clausa elenchi eccles.
eiusque praemiis et poenis. Rost. 1699. 4. — *Alb. Joa. de Krakowitz,* De excom.
ecclesiastica. Vom Kirchenbann. Rost. 1704. 4. — *Joh. Schack,* De convenientia
et disconvenientia excomm. majoris cum banno imperiali in genere. Greifsw.
1711. 4. — *J. Frcht,* Kurze Nachrichten von dem Kirchenbann, dessen göttl. Einsetzung und christlicher Billigkeit u. s. w. Rost. und Leipz. 1713. — *Th. Crüger,*
Observationes . . . ad historiam censurae eccles. Viteb. 1718. 4 sq. 3 diss. —
G. Ch. Golling, De jure excludendi a sacra coena et absolutione. Viteb. 1727. 4.
— *J. Ch. Meyer,* Com. qua ius excommunicandi ecclesiae vindicatur Gött. 1753. 4.
— *Sven Bring.* De interdicto. Lond. Goth. 1756. 4. — *C. Mendelssohn-Bartholdi,*

De monitione canonica. Heid. 1860. — *A. F. C. Vilmar*, Was ist in Sachen der Remotion von Pfarrern in Hessenkassel von 1656—1840 Rechtens gewesen? Marb. 1867. — *Justi Cattolici*, Icti. Meditatio prodroma de caussa excom. cet. Bon. 1773—75 (auch über die päpstliche Gewalt zur Aufhebung der Orden). — *L. A. Kähler*, Sind Kirchenstr. ein wesentl. Recht der Kirchenzucht? Magdeb. 1819. — *C. L. K. Martin*, Vom Bedürfniss der Kirchenzucht und von ihrer Ausführbarkeit mit Rücksicht auf die Presbyterialverfassung. Berl. 1831. — *W. Otto*, Versuch einer Verständigung über Kirchenzucht in der ev. Kirche. Herborn 1854 fg. 2 St. — *G. F. E. S. Fabri*, Ueber Kirchenzucht. Stuttg. 1854. — *Neide*, Die Kirchenzucht. Bonn 1856. — *Frühbuss*, Ueber Wiederbelebung der Kirchenzucht. Berlin 1859.

Alb. Willebrand, De venditionibus officiorum. Rost 1693. 4. — *Chr. H. Amthor*, De crimine simoniae eiusque larva politica. Kilon. 1705. 4. — *J. Wolfg. Jäger*, De simonia curiae Rom. Tub. 1711. 4.

Paul. Klósz, Praxis seu forma processualis fori spiritualis in Mariano-Apost. Hungariae regno usu recepti. Studiosae legum juventuti a. 1746 . . praelecta. Additae sunt notae marginales cum Instit. jur. eccl. Trident. et Ungarici super causis matrimonial. et testamentariis. Tyrn. 1794. 4.

Maximilianus Gitzler, De fori interni et externi differentia et necessitudine secundum principia iuris canonici. Vratisl. 1867.

F. Roth, Ueber die sententia ex informata conscientia im Strafverfahren gegen Kleriker. Landau 1856 (gegen *Molitor*) und Antwort auf die Erwied. des Domvicars Molitor . . . betr. der sent. ex inf. consc. das. 1857. — *Car. Braun*, De susp. ex inf. consc. ob occulta crimina inferenda (auch gegen Mol.).

8. *Inquisition*. Nigrinus. — Galassi. Bernardus Comensis. Sarpi. Alberghini. Bordoni. Serio. T. del Bene. Masini. Carena. Muzzarelli. Giunta. J. de Maistre. Menghini. — Des-Loix. Marsollier. L. E. Dupin. Faure. Lanjuinais. — Peña. Salelles. Mendez de Vasconcelos. Fermosini. Sousa. Llorente. — (*Greg. Leti*). L'inquisizione processuale. Col. 1681, 2 vol. — *P. a Limborch*, Historia inquisitionis, cui subjungitur liber sententiarum inquisitionis Tholosanae ab a. Christi 1307 ad a. 1323. Amst. 1692 f.

Don Miguel Mange, La verduda practica apost. de cl. S. Tribunal de la inquisicion. Pal. 1725. 4. Gerichtet gegen eine Broschüre: *Le prore praticate nelli tempi praesenti dagl' inquisitori di fede sono majocheroli*.

Backer, Hist. der Inquisition. Koppenh. 1741. — *A. G. Goujet*, Hist. des inquis. Col. 1759, 2 vol. — *J. Gottl. Steeb*, Diss. hist. theol. de inquisitione ad exstirpandos quos vocant haereticos in ecclesia Rom. instituta. Tüb. 1766. 4.

Fr. Becattini, Istoria dell' inquis. cet. 3. ed. Mil. 1798. — Raisonnirende Erzählung von der Stiftung, den Grundsätzen und Folgen der Inquisition, und vom kirchl. Despotismus überhaupt. Köln und Bonn 1789. — *H. Matthias Aug. Cramer*, Briefe über Inquisitionsgericht und Ketzerverfolgung in der röm. Kirche. Leipzig 1784 fg. 2 Bde.

Jos. Lavallée, Hist. des inquis. religieuses d'Italie, d'Espagne et de Portugal. Par. 1809; portug. Lisboa 1821. 4.

Gesch. der Inquis. von Spanien und Portugal von ihrer Entstehung unter Innocenz III. Nach dem Englischen. Berl. 1822. — *Antonio Puigblanch*, La inquisicion sin máscara cet. Mexico 1824, englisch von *Walton*, im deutschen Auszug Weim. 1827. — *Joh. Chowanetz*, Die Inquis., was und wie sie wirklich war. Eine populär-hist. krit. Darstellung dieser Anstalt in ihrer Gesammtheit. Aachen 1857.

Fridol. Hoffmann, Gesch. der Inquis. u. s. w. Bonn 1878, 2 Bde.

9. *Hexenprozesse* u. dgl. Joh. Faber. Binsfeld. Fickler. Laymann. Spec. Gallade. — Godelmann. — Spina. Bernardus Comensis. Ponzinibio. — Gamaleki.

V. Kirche und Staat.

1. *Geschichte. Theorie. Verhältniss.* Caesar. Schrodt. Horix. Lomberg. Wedekind. v. Frank. Deutmayr. Arndts. Zirkel. Frey. Haller. Droste-Vischering. Wessenberg. Grossing. Scheill. Riffel. Radowitz. Linde. Brandis. Ginzel. Ellendorf. Sommer. Döllinger. Fehr. Gareis. Hartle. Hergenröther. Holtgreven. Maassen. Martens. Molitor. — Schard. Zanger. Goldast. Clasen. Wedel. Pufendorf. Thomasius. Kress. K. A. Beck. Ch. M. Pfaff. Buddeus. Dahlmann. Darjes. Häberlin. Rothflscher. Kngler. Wippermann. Beausobre. Ith. Häckdorff. Müller. Stephani. Henry. Greiling. Stahl. Kind. Harless. Friedberg. Hase. Lange. Mejer. — Marta. Saraceni. Menochio. Rodolfini. Vancius. Zaccaria. Gerdil. Bolgeni. Gentilini. Mezzanotte. Pallottini. Riminesi. — Cenau. Grimaudet. Gouste. Drouet. Bedé. Miletot. Boutreux. Richer. Duval. Dupuy. Marca. Habert. Bossuet. Lemerre. L. E. Dupin. Laborde. Faure. Jousse. Maultrot. Fr. Richer. de la Luzerne. Pey. Rioust. Filon. — Petit. Bochart. L. Dumoulin. Guizot. — Abbot. Milton. — Bolognino. Labonlaye. Bauwers. — G. J. Voss. H. Grotius. — Victoria. Mariana. Salgado. Roa de Avila. Moli. Perez de Castro. Urrutigoiti. Peralta. Villaroel. Cl. Pereira. Jos. de Covarrubias. — Lakics. Roskovanyi. — Blacwood. Walpole. — *La chiesa e la republica dentro i loro limiti.* s. l. 1768. — Commentarius de finibus utriusque potestatis eccles. et laicalis. Lugani 1779. 4. — *B. Niehues, Geschichte des Verhältnisses zwischen Kaiser und Papst im M. A. I. Von Gründung beider Gewalten bis zur Erneuerung des abendländischen Kaiserthums.* Münst. 1863. — *Arthur Graf von Posadowsky-Wehner, De duobus universalis monarchiae gladiis. Secundum fontes medii aeri.* (Diss. inaug.). Vratisl. 1867.

De jure majestatis in subditos religionis praesertim negotium quod concernit tract. Francf. 1619. 4. — *Jak. Triglandius* (Pastor in Amsterdam), Diss. th. de civitatis et ecclesiae potestate. Amst. 1642. — Officia magistratus christ. circa sacrum ministerium cet. Aurist. 1648. — Das Majestätische Recht in Religions- und Kirchensachen aus den Grunds. des göttl. und natürl. Rechts. Frkf. 1782. — Ganganelli, Luther und Melanchthon ü. d. gegenw. Bewegung in der röm. Kirche. S. l. 1784 (2. Aufl.). — Sonderb. Fragmente a. d. päpstl. Rechten. Fürsten zur Beherzigung, Kirchgläub. zur Aufhellung, allen zur Lehre oder Belustigung. S. l. 1788. — Freymüthige Betracht. ü. d. gegenw. Streitigkeiten der Hierarchie u. s. w. Berl. 1789. — Unpart. Gedanken e. deutsch. Staatsrechtsgel. ü. d. etwaige Aufhebung d. Aschaffenb. Concordats u. s. w. Amsterd. 1789. — *M. Chr. Glaser,* Ueb. d. Verhältniss des Staats u. d. Kirche zu einander. Schleus. 1834. — *Friedr. Haenel, De finibus inter civit. atque ecclos. caute regendis com. jur. publ.* Dresd. 1835. — Ueb. Christenth. u. Kirche u. ihr Verhältn. z. Staat in Rücks. auf die Ansichten, welche einige Anhänger des luther. Lehrbegriffs in dieser Beziehung jetzt geltend machen. Leipz. 1836. — *Ph. Marheineke,* Die Reform d. Kirche durch den Staat. das. 1844. Der Erzbischof Clem. Aug. Freih. Droste zu Vischering als Friedensstifter zw. K. u. St. Berl. 1843. — *W. u. J. Schneegans,* Die Stellung der prot. u. kath. K. zum St., der Kultus, die Kirchenzucht u. die Sonntagsfeier. Leipz. 1845. — Die Grenzen, in denen sich der Geistl. den Gesetzen gegenüb. bewegen darf. Bresl. 1845. — *J. A. Dorner,* Das Verhältn. zw. K. u. St. a. dem Gesichtsp. evang. Wissenschaft. Bonn 1847. Ueber Reform der evang. Landesk. im Zusammenh. mit der Herstell. einer ev. deutsch. Nationalkirche. Bonn 1848. — *C. Ullmann,* Die bürgerl. u. pol. Gleichberecht. aller Confessionen, d. unbeschränkte Freiheit der

Sektenbildung u. d. Trennung der K. vom St. im Zusammenh. erwogen. Stuttg. 1848. — *J. S. Hintz*, Ueb. K. u. St. in ihrem Verhältn. zu einander und üb. d. Verfassung der ersten. Danz. 1850.

2. *Placet*. Papius. — Hesmivy. — Van-Espen. Govarts. — *Aug. A. Alex.* *Besier*, Specimen jur. publ. de juris placeti historia in B. Traj. ad Rhen. 1848.

3. *Deutschland*. *Recht des Staats in Kirchl. Dingen*. Hammer. Barthel. J. B. Krauss. Bauniza. Sündermahler. Behlen. Stainhauser v. Treuberg. Lorber v. Störchen. v. Schrodt. Horix. Ph A. Schmidt. v. Dalberg. Ott. Hedderich. Löven. Kammer. Rieffel. v. Jäger. v. Frank. Schall. v. Roth. Zirkel. Frey. Lipovsky. Fabritius. v. Wessenberg. Brauburger. Rosshirt. Warnkönig. v. Linde. Buss. Ketteler. Seitz.

Patriotische Aufforderung an die kath. Deutschen zur Aufmerksamkeit bey Schliessung eines neuen Konkordates mit dem röm. Stuhl. Deutschl. 1803.

Deutschlands werdendes Konkordat. Allen denkenden deutschen Männern zur vorläufigen Erwägung vorgelegt von Peter Hartmann, Prediger. Freib. 1811. — *Clemens, Ueber die Religionsfreiheit der Katholiken bey Gelegenheit der von den Protestanten in dem laufenden Jahre zu begehenden Jubelfeier*. Münst. 1817, 38. — *Ueber den Werth des Katholicismus und Protestantismus für den Staat. Nebst Bemerkungen über verschiedene Behauptungen von Arndt, Benzenberg u. A.* Köln 1817. — *Betrachtungen über die Selbstständigkeit und Unabhängigkeit der Kirche Gottes von einem Weltmann*. Augsb. 1817. — *Josef Hillebrand, Deutschland und Rom, oder über das Verhältniss der deutschen Nation zum röm. Stuhle hist. u. rechtl. entwickelt*. Frankf. 1818. — *(Franz von Spaun), Ueber die Grundverhältnisse des Staats zur Kirche und zur röm. Curie.* Münch. 1818. — *Beiträge zur Geschichte der kath. Kirche im 19. Jahrh. in Beziehung auf die neuesten Verhältnisse derselben gegen die röm. Curie*, Heidelb. 1818. — *Kritik des natürlichen Kirchenrechts und der neuesten Verdrehungen desselben für das Interesse der Hierarchie*. Germanien 1819. *J. G. Schollmeyer, Ueber das Verhältniss der Kirche zum Staat.* Mühlhausen 1820. 4. (Gymnasialprogr.)

Die neuesten Grundlagen der teutsch-katholischen Kirchenverfassung in Aktenstücken u. ächten Notizen von dem Emser Congress, dem Frankfurter Verein u. der preuss. Uebereinkunft. Stuttg. 1821. Aktenst. des Emser Congr., Frankf. Grundzüge 1818, Noten an Consalvi, Esposizione dei Sentimenti die Sua Santità 10. Aug. 1819 u. s. w. — *Organon, oder kurze Andeutungen über kirchl. Verfassungswesen der Katholiken in Deutschland, mit vorzugsweiser Hinsicht auf Staaten gemischter Confession*. Augsb. 1830 (1829). Kritik der Frankfurter Grundzüge, gute Darstellung der thatsächl. Verhältnisse, Vorschläge zum Bessern; kath. Standpunkt ohne Uebertreibung; interessant zur Kenntniss dessen, was damals gute Katholiken forderten. — *Beiträge zur Kirchengeschichte des neunzehnten Jahrhunderts in Deutschland oder über die neuesten kirchlichen Verhältnisse daselbst*. Augsb. 1835. *Rothes Buch* (vom Umschlage), die gefährlichste und giftigste Schrift gegen Preussen aus der Zeit vor 1837.

Katholische Zustände der Gegenwart mit bes. Rücksicht auf Deutschland u. die Schweiz. Hist.-pol. Denkschr. von einem Layen. Schaffh. 1846.

Reformationsrecht. Religionsbeschwerden. J. P. Hahn. Barthel. Krauss. Bauniza. Bocris. Dürr. — Hert. Kestner. B. G. Struve. Zech. C. G. Hoffmann. Moser. Oertel. Geissler. Bidermann. Hanker. Colberg.

Westfälischer Friede, *Normaljahr u. dgl.* Wedekind. Buininck. Dürr. Endres. Ph. A. Schmidt. Engelhart. Scheidlein. Frey. Hauser. — Montesperato. Fritsche. Schilter. Cortrejus. Schütz. Gebauer. C. G. Hoffmann. Flörke. Hoffmann. Wippermann. Steck. Koch. Maier. Biener. v. d. Becke. Tittmann. — Blondel.

Reservatum ecclesiasticum. Schreckenfeld.

Kaiserliche Advokatie. Henniges. Slevogt. Müldener. Plathner. K. A. Beck. Wund. G. L. Böhmer. Geissler. Biener. Jaup. Spittler. Hempel.

Deutsche Freiheiten gegen Rom. Emser Congress. v. Linden. v. Münch. Zaccaria. — Feller. — Schard. Schilter. Wendland. Ch. G. Buder. Estor. Beulwitz. G. L. Böhmer. Friderici. Steck. Paulus. Krug. Vater. Fikenscher. Koch. Schalk. Wasserschleben.

Recht des Landesherrn gegenüber der fremden Confession. Toleranz. J. P. Hahn. Bocria. B. Schmidt. v. Buininck. Dürr. G. J. Wedekind. Hedderich. v. Eckart. v. Linde. Fessler. — Wernsdorf. Lyncker. Wildvogel. Thomasius. J. H. Böhmer. K. A. Beck. Gebauer. Flörke. Carrach. Engau. G. L. Bohmer. Becker. Prenschen. Maier. Abele. Paulus. Krug. Tritschler. Reibel. — Lancilott.

Verhältniss der Confessionen zu einander. Simultaneum. Endres. — Moser. Planck. Schmelzer. Kind. Gr. Hohenthal. Schulz. Vogt. Wasserschleben. — Ricciulli.

Concordate, insbesondere die (ältern) deutschen. Canisius. Branden. Barthel. Würdtwein. Sündermahler. Stainhauser von Treuberg. Schlör. J. Jung. Dürr. Horix. Endres. Ph. A. Schmidt. Hedderich. Ullheimer. v. Roth. Gregel. Aschenbrenner. Dolliner. Frey. G. L. W. Kopp. Brendel. Verflassen. Scheill. Zell. v. Münch. Fessler. Brühl. Balve. Hergenröther. Lobenschiner. Schulte. Schuppe. Sicherer. Schilter. Cortrejus. J. M. Falck. Brückmann. G. L. Böhmer. Schönemann. Jacobson. Reyscher. Bluntschli. Borcagins. Hübler. Mejer. Scheurl.

(Constantin Höfler) Concordat und Constitutionseid der Katholiken in Bayern u. s. w. Augsb. 1847.

Einzelne Länder, Concordate, Rekurs u. s. w.

Baiern. Strodl. Henner.

England. Mejer.

Frankreich. Strauch. P. Zorn. Baumgarten. — Casalis. J. de Maistre. Guymier. Rebuf. Lemaistre. Dutillet. Duarenc. Hotmann. Coquille. E. du Pasquier. Fauchet. Pithou. P. Grégoire. Gillot. Bedé. Lechassier. Boutreux. E. Richer. Vulson. Rabardeau. Dupuy. Fevret. Servin. Habert. Charlas. Bossuet. Gerbais. du Perray. Fleury. Fénélon. Gibert. du Marsais. Mignot. J. Brunet. Huerne de Lamothe. Fr. Richer. Durand de Maillane. de la Luzerne. Tabaraud. Lanjuinais. Lambert. Montals. Pradt. Blanchard. Dillon. Vinsson. Frayssinous. Dupin. Caron. Affre. Montalembert. Nachet. Vervood. — Aubremont. Van-Espen. Enghien. — Sequeiros. Llorente.

Droit de régale. G. J. Phillips. — Ferrari. Sfondrati. — Ruzé. Lemaistre. Marca. du Buisson. Pinsson. Aubery. de la Mothe. Le Vayer. Audoul. Charlas. Du Perray. Faure. — Larroque.

Belgien. Ad. Prins. Des droits de souveraineté de l'état sur l'église en B. Par. 1874.

Italien. Monarchia Sicula. Hergenröther. Sentis. — Flaminius Parisius. Dini. Galeotti. Carthagena.

Oberrheinische Kirchenprovinz. Nebenius. Hirscher. Zell. Warnkönig. Bader. Buss. Longner. Lieber. Seitz. Brück. Heinrich. Prestinari. Rosshirt. — J. L. Koch.

Oesterreich. Del Pozzo. Feller.

Preussen. Kölner Ereigniss. Rotteck. Görres. Al. Müller. Ellendorf. Rintel. Lieber. Seitz. München. — Krug. Schlemmer.

Darlegung des Verfahrens der Preuss. Reg. gegen den Erzbischof von Köln. Vom 25. Nov. 1837. Berlin 1838. 4. Amtliche Denkschrift.

Der Erzbischof von Köln Clem. Aug. Freih. von Droste zu Vischering, seine Prinzipien u. Opposition u. s. w. Leipz. 1837.

Die Gefangennehmung des Erzbischofs von Köln u. ihre Motive, rechtlich erörtert von einem praktischen Juristen. Frankf. 1837.

Ueber gemischte Ehen, eine Stimme zum Frieden; zugleich Beurtheilung der Darlegung des Geheimenrathes Bunsen. Münch. 1837.

Der Erzbischof von Köln und seine Angelegenheit., zum ersten Male vollständ., gründl., wahrhaft und unp. darg. u. beleucht. von einem Rheinpreussen. Nordhausen 1838. Für die Regierung.

Der Erzbischof von Köln u. die preuss. Staatsregierung. Von einem Katholiken. Rudolst. 1838.

Promemoria, oder theol. Gutachten über den Rechtszustand des erzbisch. Stuhles in Köln seit dem 22. Nov. 1837, von P. Fr. Franz Theod. Gessler in Paderborn. Augsb. 1838.

Clemens August, Erzbischof von Köln, den 20. Nov. 1837. nach nicht ganz zweijähriger Amterverwaltung verhaftet und abgeführt auf die Festung Minden. Darstellung des Ereignisses u. Prüfung der Beschuldigungen. Augsb. 1838.

Die römische hierarchische Propaganda, ihre Parthei, Umtriebe u. Fortschritte in Deutschland. Mit Rückblicken auf die Opposition des Erzb. v. Köln, nach unumstösslichen Thatsachen geschildert von dem Verf. der Schrift: Der Erzb. v. Köln, seine Prinz. u. Opposition. Leipz. 1838.

Bemerkungen und Briefe über die kirchlichen Angelegenheiten von Köln. Bamb. 1838.

Ein Wort über das Verhältniss zwischen Staat u. Kirche (veranlasst durch die neuesten kirchl. Ereignisse zu Köln). *Keine Streitschrift. Von einem evang. Laien.* Erf. 1838.

Karl Schmitthenner, Ueber das Recht der Regenten in kirchl. Dingen, Berl. 1838.

(Heffter) Der gegenwärtige Grenzstreit zwischen Staats- u. Kirchen-Gewalt aus dem staats-kirchenrechtl. u. legislativen Gesichtspunkt erörtert von einem norddeutschen Publicisten. Halle. 1839.

Antwortschreiben des Metropolitankapitels zu Köln an den Minister von Altenstein, die Abführung des Erzbisch. betr. Friedberg.

Melch. Kaufmann. Ueber die gegenseitige Stellung der Kirche und des Staats. Luzern 1839.

A. Wilh. Rudolph. Die teutsche Kirche. Halle 1839.

Karl Riedel. Staat und Kirche. Ms. aus Norddeutschl. als Antwort an Rom und seine Freunde. Beitr. zur Gedächtnissfeier der Thronbesteigung Friedrichs d. G. Berl.

Jos. Ign. Ritter. Irenikon oder Briefe zur Förderung des Friedens u. der Eintracht zwischen Kirche und Staat. Leipz. 1840. *Offene Briefe an den K. Sup. zu Randten N. S. Herrn Eichler gegen seine Schrift: Kein u. s. w.* Breslau 1855.

J. S. Eichler, Superintendent in Randten. *Kein wohlgeordneter Staat kann die römisch-kath. Kirche frei nach ihren Gesetzen leben lassen! Aus 107 päpstl. Gesetzen gegen die Rechte der Fürsten und gegen das Wohl der Völker nachgewiesen.* Darmst. 1854.

Schweiz. Attenhofer.

Spanien. Hergenröther. — Salgado.

VI. Varia.

Apologetische u. dgl. Schriften. Pirhing. Amort. Herbst. — Pighius. Cassandt. *Pastoraltheologie u. dgl.* Obersulz. Rautenstrauch. Rechberger. Stapf. Am-

berger. — Wernher. Michelis. Ludewig. Deyling. — Vicentini. Canestri. — Molé.
Petri. — Lugo. Navarrus. Tolet. Trullench.

Juristisch - dogmatisch - moraltheologische. Laymann. Gobat. Lacroix. Then-
haven. F. Schmier. J. Reuter. Pappus v. Tratzberg. Amort. Prantl. Sebald a. S.
Christophoro. B. Stephanus. — Gibalini. Mallet. Agudi. Chiavetta. Lambertini. --
Bauny. — Alexandre. Gibert. — Henno. — Guerrero. Fragosus. Escobar. Merlo.
Perez. Joh. de s. Maria Desc. Mendo. B. Pereira. Urrutigoiti. Ferro. Murga. An-
dreas a m. d. — Mitunski.

Selecta, Abhandlungen, Beiträge u. dgl. Hunnius. Schambogen. Biner. Ph. A.
Schmidt. Eybel. Gratz. Al. Müller. Burl. Götz. Andr. Mayer. — Galland. Zaccaria.
Cafaro. Nuytz. De Luise. — Maurize. Alteserra. Martene. — Wieling. Meerman.
— Otero. G. de Luna. — Ludewig. J. H. Böhmer. F. G. Struve. Estor. Fricke.
Schnaubert. Taulner. Schuderoff. Göschel.

Casus, Consilia, Quaestiones, Resolutiones, Decisiones. Rambeck. Wiestner. V.
Pichler. Schweiger. Werenko. Schmalzgrüber. Zeller. Winckler. — Hackelmann.
Fritsche. Wildvogel. Plathner. H. Brückner. Rensner. Pertsch. G. L. Böhmer.
Nettelbladt. — P. Parisio. Gabrieli. Albani. Mandosi. Maranta. Pignatelli. Caponi.
Paleotti. Farinacci. G. A. Ricci. Villagut. Sperelli. Luca. Novari. Lambertini. An-
drea. Ursaya. Pepoli. Monacelli. Gesualdo de Luca. — Doerius. Cabot. Ciron. —
Leoninus. Wamesius. Zype. Anselmo. — Navarrus. Covarrubias. Otero. Barbosa.
Guttierez. Rodriguez. Florez. Pinhel. Janez. Fernandez. — Lipski. Marciszewski.

Zeitschriften. Werkmeister. Ruef. F. N. Bauer. Wessenberg. Al. Müller. Moy.
Buss. Ellendorf. Lippert. Vering. — Le Bret. Schnaubert. Abele. Siebenkees. G. W.
Böhmer. Rheinwald. Jacobson. A. L. Richter. Weiss. Dove.

Civilistisch-publizistisch-canonistische Arbeiten. Rambeck. Kimpfler. Schambogen.
Karg v. Bebenburg. D. Bassus. Schretter. M. Friederich. Glette. Rütger v. Haren.
Ebberth. G. J. Wagner. Staudinger. A. Söll. A. Münich. — Goddaeus. C. G. Hoffmann. Brandt. Tafinger. Wippermann. Biener. — Germoni. Tamburini. Bordoni.
Chiericato. Novari. Canestri. Spennati. — Florent. Berbisey. J. N. Guyot. — Dam-
houder. Lessius. Mean. Desirant. Sixtinus. — Cassador. Medina. Oñate. Fonta-
nella. Otero. Castro-Palao. Blay. Mendez. — Sandecius. Zawadzki. Sobieniewski.

Jurisprudentia universalis. F. Schmier. J. P. Hahn. Wesseling. Reizer. —
Reusner. — B. Pereira.

Alphabetisches Personen-Register.

Die Ziffern verweisen auf die *Seite*, die auf das Komma folgenden auf deren *Anmerkungen*, die mit vorausgehendem b auf den zweiten (und dritten) Theil.

Thiel. Andr. 632.2.
Thiele, L. b 357.
Thiercelin, Henry 674.
Thiers, J. B. 626.
Thilen, Nik. b 73.
Thomas b 273. 357.
Thomasius, Chrstn. b 74. 5. 289.26.
Thomassin, Louis 615.
Thuanus, J. A. b 351.
Thudichum, Friedr. b 247.
Thumsener b 354.
Thurmann, Kaspar b 56.
Thurn, Jak. Ant. zum, v. Zallinger 250.
Thyraeus, Pet. 129.
Tilesius, B. b 365.
Tillet, Jean du 557.
Timoteo, Ant. 451.3.
Titius, Gottl. Gerh.
Tittmann, J. A. H. b 186.
Törring, Chstph. 143.
Tolet, Frances 731.
Tomassetti, Al. 68.
Tondutti, Pierre de 585.
Torre, Giov. 455.
— Tom. de la 486.
— y Orumbella, Joseph 764.
Torelli. Gasp. 530.
Torregiani, Kard. 197.
Torres, A. de
— Frances 719.
Tosi. Joseph 408.
Toulliea, Pierre de b 261.
Tounissoux 676.
Tournely, Honoré 635.
Toussain, Dan. 130,1.
Träger, Konr. 125.
Trapp. E. Ch. b 158.
Traubot, M. b 68.
Trautmann, G. F. A. b 111.
Trautwein, Gr. 198.11.
Travers, Abbé 644.
Treitschke, K. F. b 159.
Trener, G. S. b 18,24.
Trevisano, Girol. 445.
Trezio, P. Albiniani 457.
Triglaudius, J. b 375.
Trivigiano, Tom. 446.
Tritschler b 201.
— gen. Härlin, J. G. B. b 165.
Trnka. Ant. 190.
Tropper, Joh. Nep. 273.

Trullench, Juan Gil 743.
Tugio, Mich. 69.
Turicelli, Gianb. 502.
t'Sas. Corn. 696.
Ubaldus Giraldus a S. Cajetano 534.
Uberto, Graz. 496.
Uhlacker, Christoph 223.
Uffels, Joh. van 695.
Ugolini, Bartol. 458.
Ugoni, Math. 457.
Uhrig, A. J. 441.
Uihlein, b 321. 365.
Ulbrich, Fr. Xav. 272.
Ulbricht, F. b 201.
Ullheimer. Josef 284.
Ullmann, G. b 375.
Ulm v. 261.
Ungepauer, Erasm. b 37.
Unterkirchner, Mart. 281.
Upeij, A. b 269.
Urbanus ab Ascensione 600.
Urrutigoiti, Diego Ant. Fr. 760.
Ursaya, Dom. 516.
Usleber, Paul 162.
Utz, Fr. b 351.
Valderas, F. Arias 714.
Valdes, Alonso Iñigo de 750.
Valerius. Aug. b 361.
Vallensis. Andr. 693.
Valente, Frances 743.
Valsechi, Virginio 511.
Vancius, Angelo 425.
Van-Espen 705. 194.
Vanotti, Joh. Nep. 325.
Vansanten, Ed. b 368.
Vargas Mexia. Fr. 718.
Valentinus, Caes. 752.
Vater, Joh. Sev. b 185.
Vaulx, André del 693.
Vayer de Boutigny, Roland le 616.
Vazquez, Gabriel 738.
Vechioti, S. M. 550.
Vedelius, Nikolaus b 42.
Vega, Feliciano de 745.
Vehe, Michael 126.
Vela, Joseph 744.
Velarde, P. Murillo 764.
Venator, Daniel 141.
Veniero de Leyva, Geronimo 738.
Verano, Gaet. F. 492.

Alphabetisches Wort-Register.